2025 시대에듀

스포츠지도사

2급 필기 실전문제집

한권으로 끝내기

시대에듀

머리말

Always **with you**

사람의 인연은 길에서 우연하게 만나거나 함께 살아가는 것만을 의미하지는 않습니다.
책을 펴내는 출판사와 그 책을 읽는 독자의 만남도 소중한 인연입니다.
시대에듀는 항상 독자의 마음을 헤아리기 위해 노력하고 있습니다. 늘 독자와 함께하겠습니다.

저자

시대스포츠연구소

시대스포츠연구소는 국민체육공단에서 시행하는 스포츠지도사 시험에 대비하기 위해 조직하였습니다. 다양한 스포츠지도사 시험 대비 도서를 출간하여 수험생 여러분들의 합격에 도움이 되도록 기여하고 있습니다.

최근 현대인의 무병장수 가치관과 신념에 따라 장애인, 노인, 유소년을 비롯한 모든 세대 국민의 스포츠 활동 참여가 증가하고 있습니다. 이로 인하여 체계적인 스포츠 활동 관리의 필요성이 증대됨에 따라 스포츠지도사의 역할이 더욱 강조되고 있습니다.

스포츠지도사는 프로그램 참가자들의 건강증진과 삶의 질 향상에 주력하며, 동기를 부여하고 스포츠 참여를 증진하기 위한 다양한 사업을 지도하고 관리합니다. 따라서 스포츠지도사는 스포츠 활성화와 사회의 스포츠 문화를 주도하는 중요한 임무를 수행하고 있다고 할 수 있습니다.

스포츠지도사 시험은 해마다 중요성이 높아지며, 난도 또한 높아지고 있습니다. 특히 2016년부터 시험은 점점 어려워지며, 2019년부터 2021년까지 3년 연속으로 어려운 문제들이 출제되었습니다. 또한 과목별로 난이도 차가 심하고 지엽적인 지식을 묻는 문제들도 많이 출제되고 있습니다. 따라서 수험생들에게는 과목의 난이도를 고려하여 선택과목을 결정하는 것보다 자신이 관심과 흥미를 갖는 분야를 선택하는 것이 권장됩니다.

다음은 수험생들의 효과적인 학습과 성공적인 합격을 위하여 본 도서에서 개정한 사항입니다.

---

❶ 2024년 하반기를 기준으로 최신 출제경향 및 최신 법령 반영
- 스포츠기본법 : 2022.06.16(법률), 2023.01.25(시행령)
- 국민체육진흥법 : 2025.01.01(법률), 2025.01.01(시행령), 2024.07.30(시행규칙)
- 학교체육진흥법 : 2024.03.24(법률), 2023.09.15(시행령), 2024.03.24(시행규칙)
- 체육시설법 : 2024.08.28(법률), 2024.06.18(시행령), 2024.06.07(시행규칙)

❷ 2024년 기출문제 및 해설 수록

❸ 기출문제 옆에 비슷한 유형이 출제되었던 연도를 표시해 문제의 중요성을 한눈에 볼 수 있도록 구성

자격시험을 대비할 때 기출문제의 분석과 습득도 중요하지만, 출제경향을 파악하고 새로운 유형의 문제를 접하여 개념을 복습해 보는 것도 매우 중요합니다. 본 도서의 학습과정을 차근차근 밟아가며 빠진 개념은 채우고, 알고 있는 개념은 탄탄히 다지셔서, 2025년도의 합격으로 나아가시기 바랍니다.

본 도서로 학습하는 모든 수험생들이 시험에 합격할 수 있도록 최대한 알기 쉽게 도서를 만들었습니다. 처음 공부하는 분들도 포기하지 않고 끝까지 학습한다면 반드시 합격할 수 있을 것이라고 믿습니다. 본 도서가 스포츠지도사 자격시험을 준비하는 수험생들에게 효과적인 학습의 길잡이이자 든든한 동반자가 되기를 바라며, 모든 수험생의 합격과 건승을 기원합니다.

시대스포츠연구소 드림

자격시험 안내

자격개요

❶ '스포츠지도사'란 학교 · 직장 · 지역사회 또는 체육단체 등에서 체육을 지도할 수 있도록 「국민체육진흥법」에 따라 해당 자격을 취득한 사람을 말합니다.

❷ 자격증의 특성에 따라서 전문 스포츠지도사, 생활 스포츠지도사, 유소년 스포츠지도사, 노인 스포츠지도사, 장애인 스포츠지도사로 나뉘며, 전문/생활/장애인 스포츠지도사는 1급과 2급으로 세분됩니다.

❸ '장애인스포츠지도사'란 장애유형에 따른 운동방법 등에 대한 지식을 갖추고 해당 자격종목에 대하여 장애인을 대상으로 전문체육이나 생활체육을 지도하는 사람을 말합니다.

❹ '유소년스포츠지도사'란 유소년(만3세부터 중학교 취학 전까지를 말함)의 행동양식, 신체발달 등에 대한 지식을 갖추고 해당 자격종목에 대하여 유소년을 대상으로 체육을 지도하는 사람을 말합니다.

❺ '노인스포츠지도사'란 노인의 신체적 · 정신적 변화 등에 대한 지식을 갖추고 해당 자격종목에 대하여 노인을 대상으로 생활체육을 지도하는 사람을 말합니다.

자격요건

2급 생활스포츠지도사	18세 이상인 사람
2급 전문스포츠지도사	• 18세 이상인 사람 • 해당 자격 종목에 대하여 4년 이상의 경기경력이 있는 사람 • 「고등교육법」 제2조에 따른 학교에서 체육분야에 관한 학문을 전공하고 졸업한 사람이거나 법령에 따라 이와 같은 수준의 학력(학점은행제 등)이 있다고 인정되는 사람 • 「고등교육법」 제2조에 따른 학교에서 체육분야에 관한 학문을 전공하고 졸업한 사람이거나 법령에 따라 이와 같은 수준의 학력이 있다고 인정되는 사람으로 그 경기경력 및 수업연한의 합산 기간이 4년 이상인 사람 • 문화체육관광부장관이 인정하는 고등교육법 제2조에 해당하는 외국의 학교(학제 또는 교육과정으로 보아 고등교육법 제2조에 따른 학교와 같은 수준이거나 그 이상인 학교)에서 체육분야에 관한 학문을 전공하고 졸업한 사람으로 그 경기경력 및 수업연한의 합산 기간이 4년 이상인 사람

※ 위 자격요건은 2급 전문 · 생활스포츠지도사를 기준으로 작성되었습니다. 구체적인 응시자격의 인정요건 정보는 홈페이지(sqms.kspo.or.kr)의 [시험안내 → 자격제도안내]에서 확인하시기 바랍니다.

시험일정 및 취득과정

❶ 필기시험은 특별한 이유가 없는 한 매년 1회, 4~5월경에 치러집니다. 원서접수는 시행공고가 올라온 날짜로부터 대략 일주일 정도 후에 진행되고 고사장은 선착순으로 접수되므로 최대한 빠르게 접수하는 것이 좋습니다. 시험일로부터 한 달 후 합격자가 발표됩니다.

❷ 합격자 발표 직후에 실기 · 구술시험 접수가 시작됩니다. 실기 · 구술시험 또한 고사장별 선착순으로 접수됩니다. 실기 · 구술시험까지 합격하였다면 이후 연수 과정을 거쳐 스포츠지도사 자격증을 취득할 수 있습니다.

필기시험 개요

❶ **시험형식** : 객관식(과목당 20문항 출제)

❷ **시험시간**

- 1급류(전문 · 생활 · 장애인) : 80분
- 2급류(전문 · 생활 · 노인 · 유소년 · 장애인) : 100분

❸ **응시료** : 18,000원

❹ **선택방법** : 검정일에 OMR카드에 원하는 과목 선택

❺ **합격자 결정 기준** : 과목마다 만점의 40% 이상, 전 과목 평균 60% 이상 득점

자격별 필기시험 과목

구 분		2급 전문	2급 생활	2급 장애인	유소년	노 인
선택 과목	스포츠사회학	택5	택5	택4	택4	택4
	스포츠교육학					
	스포츠심리학					
	한국체육사					
	운동생리학					
	운동역학					
	스포츠윤리					
필수 과목	특수체육론	–	–	○		
	유아체육론				○	
	노인체육론					○

5개년(2019~2023년) 필기시험 합격자수 통계

구 분	2급 전문	2급 생활	2급 장애인	유소년	노 인
2023년	3,212	26,107	1,395	383	1,111
2022년	2,083	13,261	1,060	1,700	2,449
2021년	1,779	14,378	1,740	320	938
2020년	2,305	14,750	1,666	196	1,111
2019년	1,296	12,638	837	231	874

※ 위 통계는 2024년 7월 하순 기준으로 작성되었습니다. 구체적인 응시자격의 인정요건 정보는 홈페이지(sqms.kspo.or.kr)의 [고객지원 → 자료실 → 자격시험통계자료]에서 확인하시기 바랍니다.

출제경향분석

선택 | 제1과목 스포츠사회학

스포츠사회학의 경우 대부분의 문제가 도서에 설명되어 있고 과년도 기출에 충실하게 출제되어 어렵지 않게 풀 수 있었을 것으로 생각한다. 스포츠사회학은 생소한 학자를 등장시켜 문제 난도를 조절하는 경향이 있었으나 2024년에는 새로 등장한 학자가 없었다. 2024년 기출의 경우 모든 파트에서 비슷한 비중으로 문제가 출제되었으나 [스포츠와 경제] · [스포츠와 교육] · [스포츠와 미디어] 파트의 비중이 줄었다. 한편, 스포츠교육학과 관련된 문제(스포츠 클럽법, 스포츠 육성정책모형)가 2문항 출제되었다. 대부분 중요 이론에서 파트별로 고루 출제되기 때문에 차기 시험을 위해 스포츠사회학에서 중요한 파트(스포츠사회학 이론, 정치, 일탈, 계층, 스포츠사회화) 위주로 중요 이론과 내용을 숙지하고, 각 세부 내용들을 꼼꼼하게 확인하여 외울 것을 권장한다.

선택 | 제2과목 스포츠교육학

스포츠교육학은 예년처럼 [스포츠교육의 지도방법론] 파트에서 집중적으로 문제가 출제되었으나, 체육평가에 관한 문제는 비교적 적게 출제되었다. 그와 더불어 「국민체육진흥법」과 「학교체육진흥법」을 포함한 법령 문제가 두 문제, 수업모형 및 스타일의 문제가 수업주도성 프로파일에 근거하여 한 문제 출제되어 난도가 높아졌다. 한편, 가끔 출제되던 '국민체육100'에 관한 내용이 타 과목과 본 과목 각각 한 문제씩 출제되어 앞으로도 중요하게 학습해야 할 것으로 보인다. 대부분 [스포츠교육의 지도방법론]에서 출제되기 때문에 차기 시험을 위해 수업모형 · 스타일 · 지도전략 위주로 공부하고, 기존에 출제되었던 법안들(학교체육진흥법 등)보다 현재 스포츠교육학(스포츠기본법, 국민체육진흥법)에서 중시하는 중요 법안 위주로 공부할 것을 권장한다.

선택 | 제3과목 스포츠심리학

스포츠심리학은 2023년과 마찬가지로 [인간운동행동의 이해] 파트에서 많은 문제가 출제되었으며 그 외의 부분들은 다소 고르게 출제되었다고 할 수 있다. 특징으로 꼽을 만한 점은 작년과 유사하게 여러 개념어를 묶어서 정답으로 삼는 문제들이 다수 출제되었다는 점이다. 전반적으로 스포츠심리학에서만 다루는 내용이 출제되었지만, 스포츠사회학(사회학습 이론)과 유아체육론(운동발달단계, 개방운동기술)에서 출제할 만한 내용도 출제되었으므로 출제영역이 겹치는 과목을 함께 학습하는 전략도 합격의 열쇠가 될 수 있으리라 생각된다.

선택 | 제4과목 한국체육사

한국체육사는 예년처럼 [고려 · 조선시대 체육], [한국 근 · 현대 체육] 파트에서 대다수가 출제되었다. 2023년도와 달리 국제대회 관련 문제가 적게 출제되고 새로운 문제가 다수 출제되었으나, 기존 출제된 기출문제들을 충분히 공부했다면 수월하게 합격가능한 정도의 문제 난이도로 출제되었다. 차기 시험을 위해 [고려 · 조선시대 체육], [한국 근 · 현대 체육] 파트 위주로 공부하고, 새롭게 출제될 체육사 문제를 고민하기보다는 기존에 출제되었던 체육사 문제들에 대해 더 깊게 파고들어 공부할 것을 권장한다.

선택 | 제5과목 운동생리학

운동생리학은 생소한 용어가 다수 등장하기 때문에 체감 난도가 높지만 효과적인 트레이닝을 위해서 반드시 학습해야 하는 과목이기도 하고, 2024년 기출처럼 다른 과목들이 어렵게 출제되는 경우 비교적 무난한 난이도를 유지하는 과목으로 평가되기도 한다. 다만, 2024년 기출의 경우 예년과 다르게 [내분비계와 운동] 파트가 비중 있게 출제되었다. '호르몬과 그 작용' 및 '조절되는 항상성의 종류'와 같은 전형적인 문제가 출제되어 어렵지 않게 해결하였을 것으로 생각된다. 그와 더불어 2023년과 같이 계산문제가 두 문제 있었다. 공식을 단순히 암기하기만 해서는 문제를 풀기 어려우므로 개념어와 산식, 개념어들 간의 이해를 수반한 학습이 필요하다. 운동생리학은 단원별 중요 단어를 중심으로 내용 이해를 잘해 두면 대체적으로 무난한 편이니 전략적으로 선택하는 것도 추천한다.

선택 | 제6과목 운동역학

운동역학은 계산 문제가 있어 수험생들이 기피하는 과목이다. 특히 올해는 예년과 달리 출제 경향이 조금 달라졌다. 계산 문제보다는 물리학적 개념을 묻는 문제 위주로 출제되었고, 유체에서 작용하는 힘과 관련된 문제가 두 문제나 출제되었다. 그와 더불어 [운동역학의 스포츠 적용] 파트에서 절반이 넘는 문제가 출제되었으며 [인체역학] 파트도 다른 파트에 비하면 비중이 높게 출제되었다. 운동역학은 운동과 그 원인이 되는 힘 사이의 법칙에 관련한 이해도를 묻는 문제가 매년 나오고 있어 이해도를 중심으로 공부해야 한다.

선택 | 제7과목 스포츠윤리

스포츠윤리는 2023년과 같이 스포츠와 관련된 법(스포츠기본법)에 대한 내용이 출제되고, 동물 및 환경윤리에 대한 문제가 많이 출제되었다. 한편, 스포츠윤리와 연관되지 않은 문제와, 새로운 윤리학 용어의 기초개념(예 아크라시아, 충서 등)에 대해 물어보는 문제가 많이 출제되어 난도가 높았을 것으로 예상된다. 여전히 스포츠윤리학의 기초 및 개념, 윤리이론이 빈출되고 있기 때문에 집중적으로 해당 챕터를 공부하는 것이 중요하다. 스포츠윤리는 예측하기 어렵기 때문에 기초적인 윤리이론, 개념에 대한 부분을 숙지함에 더해, 다양한 윤리 · 철학 서적을 읽어볼 것과 도덕교육 사상가와 그 도덕교육사상에 대한 내용을 숙지할 것을 권장한다.

출제경향분석

필수 | 제1과목 특수체육론

특수체육론은 2024년 시험에서 독특하게 개념에 대한 설명을 제시하고 용어를 고르게 하는 문제 및 용어의 특성을 묻는 문제, 특수체육의 현황과 관련된 문제가 다수 출제되었다. 개념은 교재별로 상이하므로 용어와 관련된 키워드를 정리해 보는 것이 내년의 시험을 대비하는 전략이 될 수 있을 것이다. 그와 더불어 매년 특수체육의 개념 및 정의와 '개별화 교육계획'에 관한 내용이 출제되기 때문에 완벽히 학습해 두어야 한다. 또한, 장애인 대상 검사도구(TGMD-2 · 3, BPFT, PAPS-D, PDMS-2)도 한두 문항씩 꾸준히 출제되고 있으므로 반드시 숙지하고 있어야 한다. 매년 출제요소가 [장애유형별 스포츠 지도전략]에 편중되어 있으므로(7개년 평균 9문항) 고득점을 위해 지적장애, 정서 · 행동 장애, 자폐성 장애, 시각 장애, 청각 장애, 지체 장애 및 뇌병변 장애 등의 정의와 상황별 스포츠 지도전략을 집중적으로 학습하는 것을 권장한다.

필수 | 제2과목 유아체육론

유아체육론은 2024년 시험에서 [유아체육의 이해] 파트가 비중 있게 출제되었다. 그와 더불어 특수체육론과 유사하게 유사한 용어의 개념을 구별하는 문제와 타 과목(스포츠심리학 · 운동역학 · 운동생리학)과 연계되는 개념이 출제되기도 했다. 유아체육은 일반 성인체육과 비교했을 때 프로그램 구성 원리와 지도 원리의 결이 좀 다르기 때문에 유아기의 신체적 · 발달적 특성에 초점을 둔 문제가 출제될 가능성이 있으므로 주의해야 한다. '영유아기 발달 특징'과 '유아체육 프로그램 구성', '유아의 기본움직임 기술 및 발달단계', 그리고 '유아의 발달이론'이 매년 출제되고 있고, '에릭슨의 심리사회발달 단계', '피아제의 인지발달이론'과 '갤러휴의 운동발달단계' 역시 출제 빈도가 매우 높아 반드시 학습해 두어야 한다.

필수 | 제3과목 노인체육론

노인체육론은 2024년 시험에서 예년과 달리 [노인과 노화의 특성], [질환별 프로그램의 설계] 파트에서 절반이 넘는 문제가 출제되었다. 체력 측정 방법과 운동 방법을 관련 지어 차기 시험을 위해 반드시 학습해야 한다. 특히 '노화에 따른 신체적 · 심리적 · 사회적 변화' 및 '노인 운동 지침', '노인성 질환별 운동방법'에 대한 문제가 빈출되기 때문에 따라서 WHO, ACSM, 국립 중앙의료원 등에서 제시한 노인 체육활동 지침과 관련된 내용들을 반드시 숙지해야 한다. 그와 더불어 '노인 운동프로그램의 원리'와 관련해서도 매년 3~4문제 정도로 출제되기 때문에 기능관련성, 난이도, 수용, 과부하, 특수성 등의 원리를 학습해 두어야 하고, '노인체력검사(SFT)'는 그중에서도 출제 빈도가 매우 높고, '국민체력100'도 최근 들어 출제 빈도가 늘고 있기 때문에 이와 관련된 내용들을 반드시 학습해야 한다.

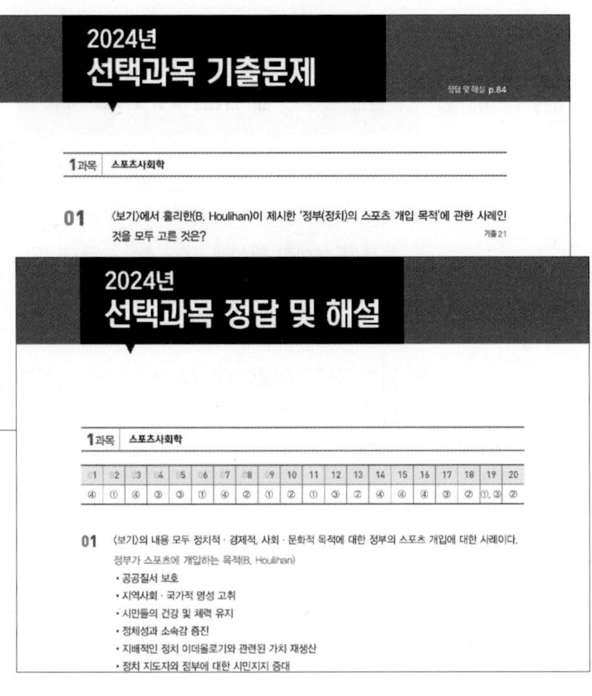

2024년
선택과목 기출문제

정답 및 해설 p.84

1과목 스포츠사회학

01 〈보기〉에서 훌리한(B. Houlihan)이 제시한 '정부(정치)의 스포츠 개입 목적'에 관한 사례인 것을 모두 고른 것은? 기출 21

2024년
선택과목 정답 및 해설

1과목 스포츠사회학

01	02	03	04	05	06	07	08	09	10	11	12	13	14	15	16	17	18	19	20
④	①	④	③	③	①	④	②	①	②	①	③	②	④	④	④	③	②	①, ③	②

01 〈보기〉의 내용 모두 정치적 · 경제적, 사회 · 문화적 목적에 대한 정부의 스포츠 개입에 대한 사례이다.
정부가 스포츠에 개입하는 목적(B. Houlihan)
• 공공질서 보호
• 지역사회 · 국가적 명성 고취
• 시민들의 건강 및 체력 유지
• 정체성과 소속감 증진
• 지배적인 정치 이데올로기와 관련된 가치 재생산
• 정치 지도자와 정부에 대한 시민지지 증대

기출이 답이다, 최신기출문제!

최신기출문제

▸ 본격적인 학습 전에 최신기출문제로 출제유형을 파악할 수 있습니다.

정답 및 해설

▸ 오답까지 상세히 설명하기 때문에 혼자서 학습하기에 어려움이 없습니다.

학습을 위한 준비운동, Pre-test!

OX문제

▸ 운동하기 전에 준비운동을 하는 것처럼, OX 문제를 통해 학습을 준비할 수 있습니다.

단답형 문제

▸ 단답형 문제를 풀면서 중요 핵심 키워드를 확인하고, 자신의 현재 수준을 점검할 수 있습니다.

CHAPTER 01 스포츠사회학

01 Pre-test

O×문제

01 스포츠사회학은 다양한 형태의 스포츠 장면에서 나타나는 사회조직, 집단행동 및 사회적 상호작용의 유형을 연구하는 학문이다. [○/×]

단답형 문제

11 거트만(A. Guttman)이 주장한 근대스포츠의 특징으로 세속화, 평등화, 전문화, 합리화, 관료화, 수량화, ( ) 등이 있다.

12 정치가 스포츠를 이용하는 방식에는 ( ), ( ), ( )이/가 있다.

13 올림픽이나 월드컵 같은 경기를 일컫는 ( )은/는 그 자체가 갖는 경제성과 이를 통해 얻을 수 있는 무형의 가치 때문에 경제적 측면에서 주목받고 있다.

14 스포츠경기장 내외에서 팀의 승리에 대한 축하의 의미와 패배, 좌절에 대한 표출로 관중들이 집단적, 자발적으로 행하는 폭력행위를 ( )이라고 한다.

15 맥루한(M. McLuhan)의 매체 이론에 따르면, 신문 · 잡지 · 라디오 등은 ( )로, TV · 만화 · 인터넷 등은 ( )로 분류할 수 있다.

이 책의 구성

02 필수 개념문제

※ 문제의 이해도에 따라 ○△✕ 체크하여 완벽하게 정리하세요.

기출유사 **01** 협의의 스포츠심리학의 연구영역이 아닌 것은?

① 운동치료　② 집단응집성
③ 리더십　④ 사회적 촉진

해설
- 광의의 스포츠심리학의 하위영역 : 협의의 스포츠심리, 운동학습, 운동제어, 건강운동심리, 운동발달
- 협의의 스포츠심리학의 연구영역 : 성격, 동기, 불안, 공격성, 집단응집성, 리더십, 사회적 촉진, 심리기술훈련 등

① 운동제어 이론　② 운동기억
③ 연습 이론　④ 운동행동모형

해설
운동제어 이론은 운동제어의 연구영역이다.

응용심화 **03** 다음 중 운동발달의 단계에 대한 설명으로 옳지 않은 것은?

① 반사움직임 단계에서 '반사'는 신경계의 미성숙으로 발생하는 불수의적 움직임이다.
② 기초움직임 단계는 반사 운동이 사라지고 불수의적인 움직임이 나타나는 단계이다.
③ 신체에 대한 인식과 균형감이 발달하고 이동운동이 발전하는 단계는 기본움직임 단계이다.
④ 호르몬 분비의 증가로 인해 체격이 커지고 운동 능력이 현저히 발달하는 단계는 성장과 세련 단계이다.

해설
운동발달의 단계는 반사움직임 단계 → 기초움직임 단계 → 기본움직임 단계 → 스포츠 기술 단계 → 성장과 세련 단계 → 최고 수행 단계 → 퇴보 단계로 진행된다. 기초움직임 단계는 1~2세의 영아에게서 나타나며 신경체계 성숙으로 반사 운동이 사라지고 수의적인 움직임이 나타나는 단계이다.

풍부한 문제와 상세한 해설, 필수 개념문제!

필수 개념문제

▸ 최신 기출경향을 완벽하게 반영한 필수 개념문제를 상세한 해설과 함께 수록하였습니다.

기출유사 & 응용심화

▸ 필수 개념문제를 기출유사 문제와 응용심화 문제로 구분하여, 효율적인 학습이 가능합니다.

1회 최종모의고사

정답 및 해설 p.568

01 스포츠사회학

01 스포츠사회학의 거시적 연구영역으로 볼 수 없는 것은?

① 정 치
② 교 육
③ 사회화

1회 정답 및 해설

01 스포츠사회학

01	02	03	04	05	06	07	08	09	10	11	12	13	14	15	16	17	18	19	20
③	④	③	②	②	④	④	②	①	②	①	②	③	②	③	①	④	③	④	③

01 스포츠사회학 연구의 거시적 영역은 대규모 사회체제를 이루고 있는 사회제도와 스포츠 간의 관계를 연구하는 것으로, 정치, 종교, 교육, 사회계층, 성역할 등이 해당된다. 반면, 스포츠사회학 연구의 미시적 영역은 소집단의 상호작용, 지도자론, 사회화, 사기, 공격성, 비행 등 소규모 사회체제에서 나타나는 사회현상과 스포츠 간의 관계를 연구하는 분야이다.

02 ④ 하이에나 저널리즘 : 권력 있는 사람이나 정치적으로 살아 있는 사람이 아닌 영향력을 잃은 사람을 집중적으로 매도하는 자극적인 보도를 말한다.
① 뉴 저널리즘 : 기존 속보성, 객관성의 관념을 거부하고, 소설의 기법을 적용하여 사건과 상황에 대한

실전처럼 대비하는 연습, 모의고사!

최종모의고사

▸ 실제 시험에 앞서 자신의 실력을 최종 점검할 수 있도록, 기출 유형이 반영된 최종모의고사 2회분을 수록하였습니다.

상세한 해설

▸ 상세한 해설을 확인하면서 자신이 놓친 개념을 다시 학습할 수 있습니다.

운동생리학 · 운동역학 공식집

시험장에서 일순위로 당연히 백퍼센트 출제되는 공식

운동생리학

02 에너지 대사와 운동

❶ 휴식대사량

- 남자 : 66.4+(13.7×체중)+(5.0×신장)−(6.8×나이)
- 여자 : 655+(9.6×체중)+(1.8×신장)−(4.7×나이)

❷ MET 운동 계산법

운동강도(METs)×3.5mL(1분당 필요한 산소량)×체중×시간(분)

❸ 호흡교환율(RER)

$$\frac{VCO_2}{VO_2}$$

06 호흡 · 순환계와 운동

❶ (심)박출량

심박수×1회 박출량

❷ 최대산소섭취량

최대 심박출량×동정맥산소차

❸ 심근산소소비량 심장의 일률

심박수×수축기 혈압

❹ 구혈량

$$\frac{\text{1회 박출량}}{\text{이완기말 혈액량}}\times 100$$

❺ 혈 류

$$\frac{\text{압 력}}{\text{저 항}}$$

❻ 혈관저항

$$\frac{\text{혈관의 길이}\times\text{혈액의 점도}}{\text{혈관의 반지름}^4}$$

❼ 맥 압

수축기 혈압−이완기 혈압

❽ 평균동맥혈압

이완기 혈압+⅓맥압

운동역학

04 운동학의 스포츠 적용

❶ 속력과 속도

$$\text{속력}(Speed)=\frac{\text{이동거리}(d)}{\text{소요된 시간}(t)}$$

$$\text{속도}(Velocity)=\frac{\text{변위}(D)}{\text{소요된 시간}(t)}$$

※ 각속도와 비교해 선속도라고 하기도 함

❺ 가속도의 법칙

힘(F)	
질량(m)	가속도(a)

$$F=m\times a$$

$$m=\frac{F}{a}$$

$$a=\frac{F}{m}$$

❻ 탄성계수(k)

$$\frac{\text{응 력}}{\text{변형률}}$$

❼ 반발계수 · 복원계수(e)

$$\sqrt{\frac{h'}{h}}$$ h'=튕겨져 올라간 … h=떨어진 높이

❽ 운동량

운동량(p)=질량(m)×속도(…)

※ 각운동량과 비교해 선운동량이라고 하기도 함

······ 과목별·단원별 공식 수록

······ 자주 사용되는 변형 공식 수록

학자별 키워드 모음

시험장에서 일순위로 당연히 백퍼센트 출제되는 학자별 키워드 모음

스포츠심리학

학 자	키워드
슈미트	• 일반화된 운동프로그램, 불변 매개변수, 가변 매개변수 • 도식이론, 회상도식, 재인도식
켈 소	다이내믹시스템 이론, 지각−동작, 협응구조, 자기조직, 비선형성
젠타일	고정화, 다양화, 이차원적 운동기술 분류, 동작의 기능, 환경적 맥락
게젤 · 에임스	운동발달 원리, 머리−꼬리, 중앙−말초, 개체발생적 발달, 양측−동측−교차
홀랜더	성격 구조, 심리적 핵, 전형적 반응, 역할 행동
매슬로	욕구위계단계, 생리적 욕구, 안전의 욕구, 소속감과 사랑의 욕구, 자기존중의 욕구, 자아실현의 욕구
칙센트미하이	몰입, 도전수준, 기술수준, 불안, 이완
데시 · 라이언	인지평가 이론, 유능성, 자결성(자기결정성)
와이너	귀인 모형, 운, 노력, 과제난이도, 능력, 안정성 차원, 내 · 외 인과성 차원, 통제성 차원
반두라	자기효능감, 성공적 수행, 대리경험, 언어적 …

스포츠사회학

학 자	키워드
파슨즈	스포츠의 사회적 기능, AGIL 조직 유형, 적응, 목표성취, 통합, 체제유지
	근대스포츠의 특징, 세속화, 평등화, 전문화, 합리화, 관료화, 수량화(계량화), 기록화
	스포츠의 정치적 특성, 대표성, 권력투쟁, 상호의존성, 보수성
	매체 이론, 감각의 참여성, 감각의 몰입성, 정의성(정세도), 핫 매체, 쿨 매체
	욕구이론, 통합적 욕구, 인지적 욕구, 정의적 욕구, 도피적 욕구
	사회계층 형성과정, 지위의 분화, 지위의 서열화, 평가, 권위, 호감, 인기
	사회학습 이론, 스포츠 사회화, 코칭, 강화, 관찰학습, 개인적 특성, 주요 타지, 사회화 상황
케년 · 슈츠	스포츠 참가, 행동적 참가, 인지적 참가, 정의적 참가, 일상적 참가, 주기적 참가, 일탈적 참가, 일차적 일탈, 이차적 일탈, 참가 중단
스나이더	스포츠 사회화의 전이, 참여 정도, 자발성, 조직 내의 사회적 관계, 주관자의 영향력, 참가자의 개인적 · 사회적 특성
코클리	스포츠일탈, 절대론적 관점, 상대론적 관점, 과잉동조, 과소동조, 몰입규범, 구분짓기규범, 인내규범, 도전규범
머 튼	스포츠일탈, 일탈행동, 아노미, 동조주의, 혁신주의, 도피주의, 의례주의, 반역주의

스포츠교육학

	키워드
	교사 지식, 교육과정 지식, 교육환경 지식, 교육목적 지식, 내용 지식, 내용교수법 지식, 지도방법 지식, 학습자에 대한 지식
	스포츠 시즌의 요소, 시즌, 팀 소속, 공식 경기, 결승전 행사, 기록 보존, 축제화

과목별 학자와 출제 키워드 수록 ········

연결된 키워드도 함께 수록 ········

2024 최신기출 키워드 모음

선택 제1과목 스포츠사회학	#정치의_스포츠_개입 #스포츠클럽법 #구조기능주의 #스포츠_육성_정책_모형 #스포츠의_세계화 #사회계층의_보편성 #사회계층_이동 #차별교제이론 #경계폭력 #상업주의 #AGIL이론 #스포츠의_상호의존성 #국제정치와_스포츠 #스포츠_세계화 #스포츠의_교육적_역기능 #성차별_이데올로기 #스포츠_일탈 #코칭(사회학습이론) #탈사회화 #과학기술과_스포츠
선택 제2과목 스포츠교육학	#내용지식(슐만의_교사지식) #동료_평가 #상규적_활동 #인성을_강조한_수업모형 #스포츠_시도_시_교사의_행동 #기본_움직임_기술 #학교스포츠클럽(학교체육진흥법) #상호학습형_교수_스타일 #학교체육_전문인_자질 #인지적_불일치(모스턴의_교수_스타일) #스포츠윤리_교육과정(국민체육진흥법) #동료교수모형 #반성적_교수(시덴탑의_교수기능) #스포츠강사의_자격조건 #리드-업게임 #스포츠교육모형(시덴탑) #현장_개선_연구 #동시처리(쿠닌의_교수기능) #국민체력100 #평정척도
선택 제3과목 스포츠심리학	#사회학습이론 #개방운동기술 #인지평가이론(데시) #정보처리단계이론 #인지재구성법 #운동발달단계 #자기효능감(반두라) #연습법 #스포츠심리상담의_윤리규정 #절차적_기억 #상황부합_리더십_모형 #운동학습과_인지역량 #계획행동이론(아젠) #정보처리이론 #심리가설 #힉의_법칙 #심상조절력 #운동수행이론 #운동실천의_요인 #심리적_불응기
선택 제4과목 한국체육사	#한국체육사의_이해 #제천의식 #성년의식 #삼국시대의_무예 #고려시대의_교육기관 #고려시대의_신체활동 #석전 #조선시대_서민들의_민속놀이 #조선시대의_무예서 #조선시대의_궁술 #교육입국조서 #배재학당 #개화기_학교_운동회 #개화기의_체육단체 #노백린 #일제강점기의_체육사적_사실, #조선체육회, #여운형, #체육정책_담당_부처의_변천, #국제대회의_성적
선택 제5과목 운동생리학	#지근섬유의_생리적_변화 #유산소_트레이닝과_미토콘드리아 #지방_분해_기전 #운동_시_심혈관계의_반응 #운동_시_심폐계의_반응 #골격근의_수축_특성 #운동수용기 #반사 #고온적응 #운동량 #율속단계효소 #근육의_힘 · 파워 · 속도의_관계 #카테콜라민 #에너지_대사 #혈당량과_항상성 #전해질과_항상성 #폐환기 #1회박출량 #골격근섬유 #근섬유의_특징

선택 제6과목 운동역학	#뉴턴의_운동법칙 #힘 #원심력과_구심력 #선운동량과_선충격량 #운동학적_분석과_운동역학적_분석 #물리량 #항력 #2차원_영상분석의_배율법 #각운동 #수중환경에서의_운동 #관성모멘트 #지레의_원리 #운동_시_인체의_무게중심 #회전운동 #인체의_무게중심 #중력가속도 #근골격계 #기저면과_안정성 #일과_일률 #운동역학의_실제
선택 제7과목 스포츠윤리	#스포츠기본법 #스포츠폭력 #성차별 #생명중심주의 #인종차별 #의무론적_윤리관 #페어플레이 #아크라시아 #정언명령(칸트) #행위공리주의 #절차적_정의 #충서(忠恕) #공리주의 #의도적_구성_반칙 #종차별주의 #매킨타이어(덕윤리) #스포츠윤리의_특성 #학생운동선수의_권익보호 #윤리적_상대주의 #기술도핑
필수 제1과목 특수체육론	#한국장애인복지체육회 #장애인스포츠지도사의_역할 #사정 · 평가 · 측정 · 검사 #TGMD-3 #개별화교육프로그램의_필수_구성요소 #원시반사 #스테이션_수업 #리드-업_게임과_기술 #조작성_운동양식 #흉추_T6의_손상 #행동관리_기법 #지적장애의_정의 #다운증후군 #보체 #뇌성마비의_분류체계 #정서 · 행동장애인의_지도 #척수손상장애인의_지도 #시각장애인의_지도 #진행성_근이영양증 #수어
필수 제2과목 유아체육론	#교수전략 #운동기술_연습_전략 #참여동기_증진_전략 #지각-운동_발달 #열사병 #프로그램의_구성원리 #성장 · 발달 · 성숙 #TGMD-2 #인지발달이론 #정보부호화단계 #2022_초등학교_체육과_교육과정 #유아체육지도법 #동작교육과정(퍼셀) #인간행동의_역학적_요인 #ACSM(2022)의_FITT_권고사항 #기술_내_발달순서(기본움직임과제) #유아기_체력측정(국민체력100) #프로그램_구성의_기본_원리 #2차원_운동_모델(갤러휴) #단계별_운동지도법
필수 제3과목 노인체육론	#노화와_생리적_변화 #면역반응이론 #쇠퇴성 #사회인지이론 #노인의_폐질환 #한국형_노인체력검사(국민체력100) #도구적_일상생활_활동 #ACSM(2022)의_노인_운동지침 #신체기능검사 #ACSM(2022)의_운동처방 #장애과정_모델(페르브뤼헌 · 예터) #심리사회적발달단계(에릭슨) #말초동맥질환 #노화와_호흡계의_변화 #당뇨병_환자의_운동 #신체활동의_심리적_효과(WHO) #노화와_인지기능의_변화 #근골격계_질환에_대한_운동처방 #치매에_대한_운동처방 #노인_운동_시_위험관리

※ 2024년 시험에 출제된 문항들의 키워드를 문항 번호 순서대로 수록했습니다.

※ 본 기출 키워드는 학습을 돕기 위해 이론별 관련 개념을 표시한 것이며, 개념 간 관계성이나 하위개념을 명시한 것이 아니므로 자세한 포함관계는 본문에서 확인하시기 바랍니다.

편집자의 TIP

1 공부할 때는 선택과 집중!

시간이 여유롭다면 다섯 과목에 모두 같은 비중을 두고 대비하는 것도 좋은 방법이 될 수 있지만, 부족한 시간을 쪼개어 학습하는 수험생들에게는 매우 비효율적인 방법입니다. 자신이 고득점을 획득할 수 있는 과목을 선정하여 더 많은 시간을 투자하고, 자신이 부족한 과목은 과락을 면할 수 있도록 준비해야 합니다. 해당 시험은 만점을 받아야 하는 시험이 아니라 기준점을 넘기기 위한 시험이라는 점을 유의하여야 합니다.

2 기계적인 암기는 피해라!

자격증 시험을 준비하는 대부분 수험생이 도서의 내용을 기계적으로 암기합니다. 하지만 실제 문제는 암기한 내용을 비틀거나 응용해서, 혹은 같은 개념을 다른 형태의 용어로 출제되기 때문에 단순 암기만으로는 한계가 있습니다. 또, 일부 과목은 도표(표, 그래프)를 제시하여 직접 계산하게 하는 문제도 출제되기 때문에 각 이론의 원리를 파악하고, 왜 그렇게 되는지 고민해 보는 시간이 필요합니다. 이 과정을 통해 각종 응용문제뿐만 아니라, 새로이 출제되는 개념까지도 추론하여 해결할 수 있을 것입니다.

3 도표(표 · 그래프)를 분석하는 힘도 기르자!

운동생리학, 운동역학과 같은 과목들은 동일한 개념을 학습자가 잘 숙지하고 있는지 도표로써 질문하는 경우가 있습니다. 무작정 공식만 달달 외운다고 해서 풀 수 있는 문제가 아닐뿐더러, 그래프의 축을 착각해서 오답을 고르는 우를 범할 수도 있습니다. 그러므로 학습 시에 도표를 분석하는 문제로 어느 정도 연습을 해둔다면 도표 문제를 만났을 때, 겁을 먹는 것이 아니라 오히려 친근함으로 대할 수 있을 것입니다.

4 커뮤니티를 활용하자!

일반적인 시험은 상대평가이기에 다른 수험생들을 경쟁자로 여기고 경계하기도 합니다. 하지만 스포츠지도사 시험은 절대평가이며, 서로의 정보를 공유하는 것이 좋은 학습 방법이 될 수 있습니다. 이를 통해 떨어진 학습 동기를 고취할 수도 있고, 자신이 미처 몰랐던 사실을 확인할 수도 있습니다. 특히, 전문자격 학습 카페 시대로(cafe.naver.com/sdwssd)를 이용하시면 정확하고 빠른 답변을 받으실 수 있습니다.

5 나만의 페이스를 찾자!

스포츠지도사도 타 수험과 마찬가지로 준비 기간이 한 달에서 수개월에 이르기까지 다양합니다. 심지어 기존에 학습한 부분이 있는 전공자의 경우 며칠만에 합격하기도 합니다. 하지만 '다른 사람은 일주일만에 붙었는데….' 와 같은 생각으로 자신을 깎아내릴 필요는 전혀 없습니다. 공부도 운동과 같이 배우고 숙달하는 데 소요되는 시간에 개인차가 있습니다. 중요한 것은 빠른 합격이 아닌, 정확하고 확실한 합격입니다. 이를 위해서는 자신의 실력과 학습 속도, 현재 배경지식의 수준을 생각해서 자신에게 맞는 학습전략과 학습계획을 세우는 것이 중요합니다.

6 절대 자신감을 잃지 말자!

늘 할 수 있다는 마음으로 하루하루 꾸준히 공부하는 것이 중요합니다. 결코 쉽지 않은 시험이지만, 자신을 믿는다면 반드시 합격할 수 있을 것입니다. 매일의 쓰디쓴 노력들은 결국 합격이라는 달콤한 열매가 되어 돌아올 것입니다. 우리 모두는 할 수 있습니다! 편집자도 여러분을 믿습니다.

이 책의 목차

최신기출

2024년 최신기출

과목별 필수문제

선택과목 700문제

필수과목 300문제

최종모의고사

선택과목

시험장에서 일순위로 당연히 백퍼센트 출제되는 공식

운동생리학

02 에너지 대사와 운동

❶ 휴식대사량

- 남자 : 66.4+(13.7×체중)+(5.0×신장)−(6.8×나이)
- 여자 : 655+(9.6×체중)+(1.8×신장)−(4.7×나이)

❷ MET 운동 계산법

운동강도(METs)×3.5mL(1분당 필요한 산소량)×체중×시간(분)

❸ 호흡교환율(PER)

$$\frac{VCO_2}{VO_2}$$

06 호흡 · 순환계와 운동

❶ (심)박출량

심박수×1회 박출량

❷ 최대산소섭취량

최대 심박출량×동정맥산소차

❸ 심근산소소비량 심장의 일률

심박수×수축기 혈압

❹ 구축량

$$\frac{\text{1회 박출량}}{\text{이완기말 혈액량}}\times 100$$

❺ 혈 류

$$\frac{\text{압 력}}{\text{저 항}}$$

❻ 혈관저항

$$\frac{\text{혈관의 길이}\times\text{혈액의 점도}}{\text{혈관의 반지름}^4}$$

❼ 맥 압

수축기 혈압−이완기 혈압

❽ 평균동맥혈압

이완기 혈압+⅓맥압

운동역학

04 운동학의 스포츠 적용

❶ 속력과 속도

$$\text{속력}(Speed)=\frac{\text{이동거리}(d)}{\text{소요된 시간}(t)}$$

$$\text{속도}(Velocity)=\frac{\text{변위}(D)}{\text{소요된 시간}(t)}$$

※ 각속도와 비교해 선속도라고 하기도 함

❷ 가속도(Acceleration)

$$\text{가속도}(a)=\frac{\text{나중 속도}(v')-\text{처음 속도}(v_0)}{\text{소요된 시간}(t)}$$

❸ 각속도와 각가속도

$$\text{각속도}(\omega)=\frac{\text{각변위}(\theta)}{\text{소요된 시간}(t)}$$

$$\text{각가속도}=\frac{\text{나중 각속도}(\omega')-\text{처음 각속도}(\omega_0)}{\text{소요된 시간}(t)}$$

❹ 선속도와 각속도의 관계

$$\text{선속도}(\omega)=\text{각속도}(\omega)\times\text{회전 반지름}(r)$$

$$=\frac{\text{각변위}(\theta)}{\text{이동 시간}(t)\times\text{회전 반지름}(r)}$$

❺ 가속도의 법칙

힘(F)	
질량(m)	가속도(a)

$F=m\times a$

$m=\frac{F}{a}$

$a=\frac{F}{m}$

❻ 탄성계수(k)

$$\frac{\text{응 력}}{\text{변형률}}$$

❼ 반발계수 · 복원계수(e)

$$\sqrt{\frac{h'}{h}}$$

h'=튕겨져 올라간 높이
h=떨어진 높이

❽ 운동량

운동량(p)=질량(m)×속도(v)

※ 각운동량과 비교해 선운동량이라고 하기도 함

⑨ 충격량

충격량(I)=충격력(F)×작용한 시간(t)

$=\dfrac{m(v'-v_o)}{\text{작용한 시간}(t)}\times$작용한 시간$(t)$

$=mv'$(나중 운동량)$-mv_0$(처음 운동량)

=운동량의 변화량

⑩ 토크(돌림힘)

편심력(F)×회전축(팔 · 모멘트)에서 힘의 작용점까지의 거리(d)

⑪ 관성모멘트

질량(m)×회전 반지름$(r)^2$

⑫ 각가속도의 법칙

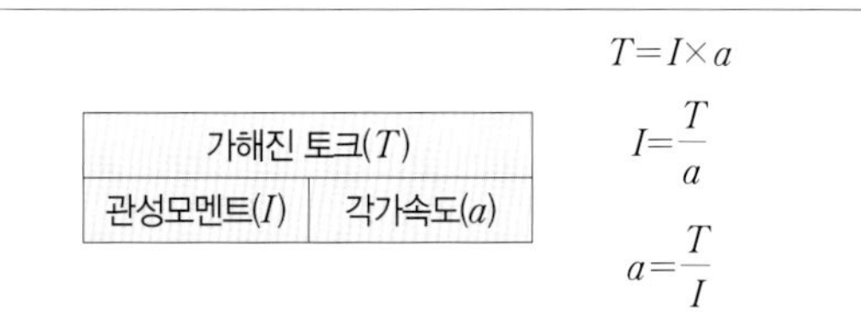

$T=I\times a$

$I=\dfrac{T}{a}$

$a=\dfrac{T}{I}$

⑬ 각운동량

각운동량=관성모멘트×각속도

=(질량×회전 반지름^2)×각속도

⑭ 구심력과 원심력

- 구심력=질량(m)×회전 반지름(r)×각속도$(\omega)^2$
- 원심력=질량$(m)\times\dfrac{\text{선속도}(v)^2}{\text{회전 반지름}(r)}$

06 일과 에너지

① 일

일(W)=힘(F)×이동거리(S)

※ 중력에 대한 일을 할 때는 F에 무게(9.8×질량), 이동거리에 높이를 대입할 수 있음

※ 마찰력에 대한 일을 할 때는 F에 마찰력을 대입할 수 있음

② 일 률

일률$(P)=\dfrac{\text{일의 양}(W)}{\text{일에 소요된 시간}(t)}$

$=$힘$(F)\times\dfrac{\text{이동거리}(S)}{\text{일에 소요된 시간}(t)}$

$=$힘(F)×속도(v)

③ 일과 에너지의 관계

일(W)=힘(F)×이동거리(S)=에너지(E)

④ 여러 가지 에너지

- 위치에너지(E_p)=질량(m)×g(중력가속도 9.8)×h(높이)
- 운동에너지$(E_k)=\dfrac{1}{2}\times m$(질량)×$v$(속도)^2

⑤ 역학적 에너지 보존의 법칙

$E=E_p$(위치에너지)$+E_k$(운동에너지)$+E_e$(탄성에너지) ⋯

자주 사용되는 단위 모음

단 위	독 음	나타내는 것
kcal	킬로칼로리	열 량
mV	밀리볼트	막전압
*d*L	데시리터	혈중농도의 단위 혈액량
L/*min*	리터 퍼 미닛	박출량
mmHg	수은주 밀리미터	혈 압
kgf	킬로그램힘	무게 · 힘
N	뉴 턴	무게 · 힘
m/s	미터 퍼 세크	속력 · 속도
m/s^2	미터 퍼 세크 제곱	가속도
rad/s	라디안 퍼 세크	각속도
rad/s^2	라디안 퍼 세크 제곱	각가속도
kg · m/s	킬로그램 미터 퍼 세크	운동량 · 충격량
N · s	뉴턴세크	충격량
J	줄	일 · 에너지
N · m	뉴턴미터	일 · 에너지
W	와 트	일 률
J/s	줄 퍼 세크	일 률
kgf · m/s	킬로그램힘 미터 퍼 세크	일 률

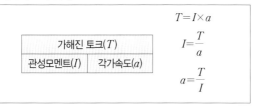

시험장에서 일순위로 당연히 백퍼센트 출제되는 학자별 키워드 모음

스포츠사회학

학 자	키워드
파슨즈	스포츠의 사회적 기능, AGIL 조직 유형, 적응, 목표성취, 통합, 체제유지
거트만	근대스포츠의 특징, 세속화, 평등화, 전문화, 합리화, 관료화, 수량화(계량화), 기록화
에티즌 · 세이지	스포츠의 정치적 특성, 대표성, 권력투쟁, 상호의존성, 보수성
맥루한	매체 이론, 감각의 참여성, 감각의 몰입성, 정의성(정세도), 핫 매체, 쿨 매체
버렐 · 로이	욕구이론, 통합적 욕구, 인지적 욕구, 정의적 욕구, 도피적 욕구
투 민	사회계층 형성과정, 지위의 분화, 지위의 서열화, 평가, 권위, 호감, 인기
레오나르드	사회학습 이론, 스포츠 사회화, 코칭, 강화, 관찰학습, 개인적 특성, 주요 타자, 사회화 상황
케년 · 슈츠	스포츠 참가, 행동적 참가, 인지적 참가, 정의적 참가, 일상적 참가, 주기적 참가, 일탈적 참가, 일차적 일탈, 이차적 일탈, 참가 중단
스나이더	스포츠 사회화의 전이, 참여 정도, 자발성, 조직 내의 사회적 관계, 주관자의 영향력, 참가자의 개인적 · 사회적 특성
코클리	스포츠일탈, 절대론적 관점, 상대론적 관점, 과잉동조, 과소동조, 몰입규범, 구분짓기규범, 인내규범, 도전규범
머 튼	스포츠일탈, 일탈행동, 아노미, 동조주의, 혁신주의, 도피주의, 의례주의, 반역주의

스포츠교육학

학 자	키워드
슐 만	교사 지식, 교육과정 지식, 교육환경 지식, 교육목적 지식, 내용 지식, 내용교수법 지식, 지도방법 지식, 학습자에 대한 지식
시덴탑	스포츠 시즌의 요소, 시즌, 팀 소속, 공식 경기, 결승전 행사, 기록 보존, 축제화
링 크	• 체육수업 방식, 적극적 수업, 과제식 수업, 스테이션 교수, 동료 수업, 질문식 수업, 협동학습, 팀 교수, 자기지도식 수업 • 학습과제 발달단계, 시작형, 확장형, 세련형, 적용형
쿠 닌	교수 기능, 상황파악, 동시적 처리, 유연한 수업전개, 여세 유지, 집단 경각, 학생의 책무성
모스턴	• 피드백의 유형, 가치적 피드백, 중립적 피드백, 교정적 피드백, 불분명 피드백 • 교수 스타일, 교수스펙트럼, 지시형, 연습형, 상호학습형, 자기점검형, 포괄형, 유도발견형, 수렴발견형, 확산발견형, 자기설계형, 자기주도형, 자기학습형

스포츠심리학

학 자	키워드
슈미트	• 일반화된 운동프로그램, 불변 매개변수, 가변 매개변수 • 도식이론, 회상도식, 재인도식
켈 소	다이내믹시스템 이론, 지각-동작, 협응구조, 자기조직, 비선형성
피츠 · 포스너	인지, 연합, 자동화
애덤스	언어적 운동, 운동
번스타인	자유도의 고정, 자유도의 풀림, 반작용의 활용, 공동작용
뉴 웰	협응, 제어
젠타일	고정화, 다양화, 이차원적 운동기술 분류, 동작의 기능, 환경적 맥락
게젤 · 에임스	운동발달 원리, 머리-꼬리, 중앙-말초, 개체발생적 발달, 양측-동측-교차
홀랜더	성격 구조, 심리적 핵, 전형적 반응, 역할 행동
매슬로	욕구위계단계, 생리적 욕구, 안전의 욕구, 소속감과 사랑의 욕구, 자기존중의 욕구, 자아실현의 욕구
칙센트미하이	몰입, 도전수준, 기술수준, 불안, 이완
데시 · 라이언	인지평가 이론, 유능성, 자결성(자기결정성)

와이너	귀인 모형, 운, 노력, 과제난이도, 능력, 안정성 차원, 내 · 외 인과성 차원, 통제성 차원
반두라	자기효능감, 성공적 수행, 대리경험, 언어적 설득, 정서적 각성
하 터	유능성동기 이론, 동기지향성, 지각된 유능성, 통제감, 숙달
나이데퍼	주의, 주의집중, 넓은 · 외적, 넓은 · 내적, 좁은 · 외적, 좁은 · 내적
링겔만	사회적 태만, 책임감 분산, 줄다리기 실험
프로차스카	변화단계 이론, 무관심, 준비, 실천, 유지
아젠 · 피시바인	합리적행동 이론, 행동에 대한 태도, 주관적 규범, 의도

스포츠윤리

학 자	키워드
벤 담	양적 공리주의, 결과론, 목적론, 최대다수, 최대행복
밀	질적 공리주의, 결과론, 목적론
칸 트	의무론, 정언적 도덕추론, 보편성, 실천이성, 선의지,
롤 스	정의, 평등한 자유의 원칙, 차등의 원칙, 기회 균등의 원칙
소크라테스	절대주의, 지, 덕
플라톤	진, 선, 미, 이데아
아리스토 텔레스	목적 지향, 도구적 목적, 본래적 목적, 올바른 사유, 인간의 책임의식, 분노
공 자	인, 의, 예, 지
맹 자	성선설, 인, 의, 극기복례, 사단, 수오지심, 측은지심, 사양지심, 시비지심
노 자	도교, 상선약수, 무위자연
테일러	생태윤리, 불침해, 비상해, 불간섭, 성실, 신뢰, 보상적 정의, 목적론적 삶의 중심
싱 어	생태윤리, 동물해방론, 공리주의, 쾌고감수능력
푸 코	규율, 권력
아렌트	악의 평범성

유아체육론

학 자	키워드
피아제	인지발달단계 이론, 감각운동기, 연습놀이, 전조작기, 상징놀이, 구체적 조작기, 형식적 조작기, 동화, 조절
스밀란스키	인지적놀이발달 이론, 기능놀이, 구성놀이, 상징놀이, 사회극놀이, 규칙이 있는 게임
파 튼	사회적놀이발달 이론, 비참여 행동, 지켜보기, 혼자놀이, 단독놀이, 병행놀이, 평행놀이, 연합놀이, 협동놀이
프로이트	정신분석 이론, 구강기, 항문기, 남근기, 리비도, 오이디푸스 콤플렉스, 엘렉트라 콤플렉스, 잠복기, 잠재기, 생식기
에릭슨	심리사회발달 이론, 기본적 신뢰감 대 불신감, 희망 대 공포, 자율선 대 수치심, 주도성 대 죄의식, 근면성 대 열등감, 자아정체감 대 정체감 혼란, 친밀감 대 고립감, 생산성 대 침체, 자아통합 대 절망
게 젤	성숙 이론, 자기규제, 상호적 교류, 기능적 비대칭, 개별적 성숙, 발달 방향
콜버그	도덕성발달 이론, 전인습적 수준, 타율적 도덕성, 개인적 · 도구적 도덕성, 인습적 수준, 대인관계적 도덕성, 법 · 질서 · 사회체계적 도덕성, 후인습적 수준, 민주적 · 사회계약적 도덕성, 보편윤리적 도덕성
갤러휴	운동발달단계, 반사운동, 반사움직임, 정보부호화, 정보해독, 원시반사, 원초반사, 초보운동, 초보움직임, 반사억제, 전제어, 기초운동, 기본움직임, 입문, 초보, 성숙, 전문운동, 전문화된 움직임, 전환, 적용, 전 생애

노인체육론

학 자	키워드
발테스	보상이 수반된 선택적 적정화 이론, 선택, 적정화, 보상

PART 1

2024년 최신기출

- 선택과목 기출문제
- 필수과목 기출문제
- 선택과목 정답 및 해설
- 필수과목 정답 및 해설

행운이란 100%의 노력 뒤에 남는 것이다.

– 랭스턴 콜먼 –

2024년 선택과목 기출문제

정답 및 해설 p.84

1과목 스포츠사회학

01 〈보기〉에서 훌리한(B. Houlihan)이 제시한 '정부(정치)의 스포츠 개입 목적'에 관한 사례인 것을 모두 고른 것은? 기출 21

> ㄱ. 시민들의 건강 및 체력유지를 위해 체육단체에 재원을 지원한다.
> ㄴ. 체육을 포함한 교육 현장의 양성평등을 위해 Title IX을 제정했다.
> ㄷ. 공공질서를 보호하기 위해 공원에서 스케이트보드 금지, 헬멧 착용 등의 도시 조례가 제정되었다.

① ㄱ
② ㄱ, ㄷ
③ ㄴ, ㄷ
④ ㄱ, ㄴ, ㄷ

02 「스포츠클럽법」(시행 2022.6.16.)의 내용으로 옳지 않은 것은?

① 지정스포츠클럽은 전문선수 육성 프로그램을 운영할 수 없다.
② 스포츠클럽의 지원과 진흥에 필요한 사항을 규정하고 있다.
③ 국민체육진흥과 스포츠 복지 향상 및 지역사회 체육발전에 기여함을 목적으로 한다.
④ 국가 및 지방자치 단체는 스포츠클럽의 지원 및 진흥에 필요한 시책을 수립 · 시행하여야 한다.

03 〈보기〉에서 스티븐슨(C. Stevenson)과 닉슨(J. Nixon)이 구조기능주의 관점으로 설명한 스포츠의 사회적 기능 중 옳은 것만을 모두 고른 것은? 기출 19

ㄱ. 사회 · 정서적 기능
ㄴ. 사회갈등 유발 기능
ㄷ. 사회 통합 기능
ㄹ. 사회계층 이동 기능

① ㄱ, ㄴ
② ㄱ, ㄷ
③ ㄴ, ㄹ
④ ㄱ, ㄷ, ㄹ

04 〈보기〉의 ㉠~㉢에 해당하는 스포츠 육성 정책 모형이 바르게 제시된 것은?

㉠ 학생들의 스포츠 참여 저변이 확대되면, 이를 기반으로 기량이 좋은 학생선수가 배출된다.
㉡ 우수한 학생선수들을 육성하면 그들의 영향으로 학생들의 스포츠 참여가 확대된다.
㉢ 스포츠 선수들의 우수한 성과는 청소년의 스포츠 참여를 촉진하고, 이를 통해 형성된 스포츠 참여 저변 위에서 우수한 스포츠 선수들이 성장한다.

	㉠	㉡	㉢
①	선순환 모형	낙수효과 모형	피라미드 모형
②	피라미드 모형	선순환 모형	낙수효과 모형
③	피라미드 모형	낙수효과 모형	선순환 모형
④	낙수효과 모형	피라미드 모형	선순환 모형

05 〈보기〉에서 스포츠 세계화의 동인으로 옳은 것만을 모두 고른 것은? 기출 16 17 19 20 21 22 23

> ㄱ. 민족주의
> ㄴ. 제국주의 확대
> ㄷ. 종교 전파
> ㄹ. 과학기술의 발전
> ㅁ. 인종차별의 심화

① ㄱ, ㄴ, ㄷ
② ㄴ, ㄷ, ㅁ
③ ㄱ, ㄴ, ㄷ, ㄹ
④ ㄱ, ㄷ, ㄹ, ㅁ

06 투민(M. Tumin) 제시한 사회계층의 특성을 스포츠에 적용한 설명으로 옳은 것은? 기출 16 18 23

① 보편성 : 대부분의 스포츠 현상에는 계층 불평등이 나타난다.
② 역사성 : 현대 스포츠에서 계층은 종목 내, 종목 간에서 나타난다.
③ 영향성 : 스포츠에서 계층 불평등은 역사발전 과정을 거치며 변천해 왔다.
④ 다양성 : 스포츠 참여에서 나타나는 사회적 불평등은 일상 생활에도 유사하게 나타난다.

07 스포츠에서 나타나는 사회계층 이동에 대한 설명으로 옳지 않은 것은? 기출 19 20 22

① 스포츠는 계층 이동을 위한 수단으로 활용된다.
② 사회계층의 이동은 사회적 상황과 개인적 상황을 반영한다.
③ 사회 지위나 보상 체계에 차이가 뚜렷하게 발생하는 계층 이동은 '수직 이동'이다.
④ 사회계층의 이동 유형은 이동 방향에 따라 '세대 내 이동', '세대 간 이동'으로 구분한다.

08 〈보기〉에서 설명하는 스포츠 일탈과 관련된 이론은? 기출 19 20

- 스포츠 일탈을 상호작용론 관점으로 설명한다.
- 일탈 규범을 내면화하는 사회화 과정이 존재한다.
- 다른 사람과 상호작용을 통해 스포츠 일탈 행동을 학습한다.

① 문화규범 이론
② 차별교제 이론
③ 개인차 이론
④ 아노미 이론

09 스미스(M. Smith)가 제시한 경기장 내 신체 폭력 유형 중 〈보기〉의 설명에 해당하는 것은?

- 경기의 규칙을 위반하는 행위지만, 대부분의 선수나 지도자들이 용인하는 폭력 행위의 유형이다.
- 이 폭력 유형은 경기 전략의 하나로 활용되며, 상대방의 보복 행위를 유발할 수 있다.

① 경계 폭력
② 범죄 폭력
③ 유사 범죄 폭력
④ 격렬한 신체 접촉

10 코클리(J. Coakley)가 제시한 상업주의와 관련된 스포츠 규칙 변화에 따른 결과로 옳지 않은 것은? 기출 22 23

① 극적인 요소가 늘어났다.
② 득점이 감소하게 되었다.
③ 상업 광고 시간이 늘어났다.
④ 경기의 진행 속도가 빨라졌다.

11 파슨즈(T. Parsons)의 AGIL 이론에 관한 설명으로 옳지 않은 것은? 기출 21 22

① 상징적 상호작용론 관점의 이론이다.
② 스포츠는 체제 유지 및 긴장 처리 기능을 한다.
③ 스포츠는 사회구성원을 통합시키는 기능을 한다.
④ 스포츠는 사회구성원이 사회체제에 적응하게 하는 기능을 한다.

12 에티즌(D. Eitzen)과 세이지(G. Sage)가 제시한 스포츠의 정치적 속성 중 〈보기〉의 설명에 해당하는 것은? 기출 20 22 23

• 국가대표 선수는 스포츠를 통해 국위를 선양하고 국가는 선수에게 혜택을 준다. • 국가대표 선수가 올림픽에 출전하여 메달을 획득하면 군복무 면제의 혜택을 준다.

① 보수성 ② 대표성
③ 상호의존성 ④ 권력투쟁

13 **〈보기〉의 ㉠~㉣에 들어갈 스트랭크(A. Strenk)의 '국제정치 관계에서 스포츠 기능'을 바르게 제시한 것은?** 기출 22 23

> • (㉠) : 1936년 베를린 올림픽
> • (㉡) : 1971년 미국 탁구팀의 중화인민공화국 방문
> • (㉢) : 1972년 뮌헨 올림픽에서의 검은구월단 사건
> • (㉣) : 남아프리카공화국의 아파르트헤이트에 대한 국제사회의 대응

	㉠	㉡	㉢	㉣
①	외교적 도구	외교적 항의	정치이념 선전	갈등 및 적대감의 표출
②	정치이념 선전	외교적 도구	갈등 및 적대감의 표출	외교적 항의
③	갈등 및 적대감의 표출	정치이념 선전	외교적 항의	외교적 도구
④	외교적 항의	갈등 및 적대감의 표출	외교적 도구	정치이념 선전

14 **베일(J. Bale)이 제시한 스포츠 세계화의 특징에 관한 설명으로 옳지 않은 것은?**

① IOC, FIFA 등 국제스포츠 기구가 성장하였다.
② 다국적 기업의 국제적 스폰서십 및 마케팅이 증가하였다.
③ 글로벌 미디어 기업의 스포츠에 관한 개입이 증가하였다.
④ 외국인 선수 증가로 팀, 스폰서보다 국가의 정체성이 강화되었다.

15 스포츠의 교육적 역기능에 해당하는 것은? 기출 15 18 21

① 정서 순화
② 사회 선도
③ 사회화 촉진
④ 승리지상주의

16 스포츠미디어가 생산하는 성차별 이데올로기에 관한 설명으로 옳지 않은 것은?

① 경기의 내용보다는 성(性)적인 측면을 강조한다.
② 여성 선수를 불안하고 취약한 존재로 묘사한다.
③ 여성들이 참여하는 경기를 '여성 경기'로 부른다.
④ 여성성보다 그들의 성과에 더 많은 관심을 보인다.

17 〈보기〉의 사례에 관한 스포츠 일탈 유형과 휴즈(R. Hughes)와 코클리(J. Coakley)가 제시한 윤리 규범이 바르게 연결된 것은? 기출 19 21 22 23

> • 2002년 한일월드컵 당시 황선홍 선수, 김태영 선수의 부상 투혼
> • 2022년 카타르 월드컵에서 손흥민 선수의 마스크 투혼

	스포츠 일탈 유형	스포츠 윤리 규범
①	과소동조	한계를 이겨내고 끊임없이 도전해야 한다.
②	과소동조	경기에 헌신해야 한다.
③	과잉동조	위험을 감수하고 고통을 인내해야 한다.
④	과잉동조	탁월성을 추구해야 한다.

18 **레오나르드(W. Leonard)의 사회학습 이론에서 〈보기〉의 설명과 관련된 사회화 기제는?**

기출 19 21 22 23

> • 새로운 운동기능과 반응이 학습된다.
> • 학습자에게 동기를 부여할 수 있게 된다.
> • 지도자가 적합하다고 생각하는 새로운 지식을 알게 된다.

① 강 화
② 코 칭
③ 보 상
④ 관찰학습

19 **스포츠로부터의 탈사회화에 관한 설명으로 옳은 것은?** 기출 17 22

① 부상, 방출 등의 자발적 은퇴로 탈사회화를 경험한다.
② 스포츠 참여를 통한 행동의 변화를 스포츠로부터의 탈사회화라고 한다.
③ 개인의 심리상태, 태도에 의해 참여가 제한되는 것을 내재적 제약이라고 한다.
④ 재정, 시간, 환경적 상황에 의해 참여가 제한되는 것을 대인적 제약이라고 한다.

20 **과학기술의 발전에 따른 스포츠의 변화에 관한 설명으로 옳지 않은 것은?** 기출 15 21

① IoT, 웨어러블 디바이스 발전으로 경기력 측정의 혁신을 가져왔다.
② 프로야구 경기에서 VAR 시스템 적용은 인간심판의 역할을 강화시켰다.
③ 4차 산업혁명에 따른 초지능, 초연결은 스포츠 빅데이터의 활용을 확대시켰다.
④ VR, XR 디바이스의 발전으로 가상현실 공간을 활용한 트레이닝이 가능해졌다.

01 슐만(L. Shulman)의 '교사 지식 유형' 중 가르칠 교과목 내용에 관한 지식에 해당하는 것은? 기출 17 18 21

① 내용 지식(Content Knowledge)
② 내용교수법 지식(Pedagogical Content Knowledge)
③ 교육환경 지식(Knowledge of Educational Contexts)
④ 학습자와 학습자 특성 지식(Knowledge of Learners and Their Characteristics)

02 동료 평가(Peer Assessment)에 관한 설명으로 적절하지 않은 것은?

① 학생들의 비평 능력이 향상될 수 있다.
② 교사는 학생에게 평가의 정확한 방법을 숙지시킨다.
③ 학생은 교사에게 받은 점검표를 통해 서로 평가한다.
④ 교사와 학생 간 대화를 통해 심층적인 정보를 수집한다.

03 〈보기〉에서 설명하는 박 코치의 '스포츠 지도 활동'에 해당하는 용어는? 기출 19

> 박 코치는 관리시간을 줄이기 위해서 다음과 같이 지도 활동을 반복한다. 출석 점검은 수업 전에 회원들이 스스로 출석부에 표시하게 한다. 이후 건강에 이상이 있는 회원들을 파악한다. 수업 중에는 대기시간을 최소화하기 위해 모둠별로 학습 활동 구역을 미리 지정한다. 수업 후에는 일지를 회수한다.

① 성찰적 활동
② 적극적 활동
③ 상규적 활동
④ 잠재적 활동

04 글로버(D. Glover)와 앤더슨(L. Anderson)이 인성을 강조한 수업 모형 중 〈보기〉의 ㉠, ㉡에 해당하는 것을 바르게 제시한 것은?

> ㉠ '서로를 위해 서로 함께 배우기'를 통해 팀원 간 긍정적 상호의존, 개인의 책임감 수준 증가, 인간관계 기술 및 팀 반성 등을 강조한 수업
> ㉡ '통합, 전이, 권한 위임, 교사와 학생의 관계'를 통해 타인의 권리와 감정 존중, 자기 목표 설정 가능, 훌륭한 역할 본보기 되기 등을 강조한 수업

	㉠	㉡
①	스포츠교육 모형	협동학습 모형
②	협동학습 모형	개인적 · 사회적 책임감 지도 모형
③	협동학습 모형	스포츠교육 모형
④	개인적 · 사회적 책임감 지도 모형	협동학습 모형

05 〈보기〉의 ㉠~㉢에 들어갈 교사 행동에 관한 용어가 바르게 제시된 것은? 기출 17 20

> • (㉠)은 안전한 학습 환경, 피드백 제공
> • (㉡)은 학습 지도 중에 소방 연습과 전달 방송 실시
> • (㉢)은 학생의 부상, 용변과 물 마시는 활동의 권리

	㉠	㉡	㉢
①	직접기여 행동	간접기여 행동	비기여 행동
②	직접기여 행동	비기여 행동	간접기여 행동
③	비기여 행동	직접기여 행동	간접기여 행동
④	간접기여 행동	비기여 행동	직접기여 행동

06 〈보기〉의 ㉠~㉢에 들어갈 기본 움직임 기술을 바르게 제시한 것은?

기본 움직임	예 시
(㉠)	걷기, 달리기, 뛰기, 피하기 등
(㉡)	서기, 앉기, 구부리기, 비틀기 등
(㉢)	치기, 잡기, 배팅하기 등

	㉠	㉡	㉢
①	이동 움직임	비이동 움직임	표현 움직임
②	전략적 움직임	이동 움직임	표현 움직임
③	전략적 움직임	이동 움직임	조작 움직임
④	이동 움직임	비이동 움직임	조작 움직임

07 「학교체육진흥법」(시행 2024.3.24.) 제10조 '학교스포츠클럽 운영'의 내용에 해당하지 않는 것은?

기출 19 22

① 학교스포츠클럽을 운영하는 경우 전담교사를 지정해야 한다.
② 전담교사에게 학교 예산의 범위에서 소정의 지도수당을 지급한다.
③ 활동 내용은 학교생활기록부에 기록하지만, 상급학교 진학자료로 활용할 수 없다.
④ 학교의 장은 학교스포츠클럽을 운영하여 학생들의 체육활동 참여 기회를 확대해야 한다.

08 다음 중 모스턴(M. Moston) '상호학습형 교수 스타일'에 관한 설명으로 적절하지 않은 것은?

① 학습자는 교과내용을 선정한다.
② 학습자는 수행자나 관찰자의 역할을 수행한다.
③ 관찰자는 지도자가 제시한 수행 기준에 따라 피드백을 제공한다.
④ 지도자는 관찰자의 질문에 답하고, 관찰자에게 피드백을 제공한다.

09 〈보기〉에서 '학교체육 전문인 자질'로 ㉠~㉢에 들어갈 용어를 바르게 제시한 것은?

(㉠)	(㉡)	(㉢)
학습자 이해 교과지식	교육과정 운영 및 개발 수업 계획 및 운영 학습 모니터 및 평가 협력관계 구축	교직 인성 사명감

	㉠	㉡	㉢
①	교수	기능	태도
②	지식	수행	태도
③	지식	기능	학습
④	교수	수행	학습

10 〈보기〉에서 설명하는 모스턴(M. Moston)의 교수 스타일의 '인지(사고)과정' 단계는?

- 학습자가 해답을 찾고자 하는 욕구가 있는 단계이다.
- 학습자에 대한 자극(질문)이 흥미, 욕구, 지식 수준과 적합할 때 이 단계가 발생한다.
- 학습자에게 알고자 하는 욕구를 실행에 옮기도록 동기화시키는 단계이다.

① 자극(Stimulus)
② 반응(Response)
③ 사색(Meditation)
④ 인지적 불일치(Dissonance)

11 〈보기〉에서 「국민체육진흥법」(시행 2024.3.15.) 제11조의 '스포츠윤리 교육 과정'에 관한 내용으로 옳은 것만을 모두 고른 것은?

> ㄱ. 도핑 방지 교육
> ㄴ. 성폭력 등 폭력 예방 교육
> ㄷ. 교육부장관령으로 정하는 교육
> ㄹ. 스포츠 비리 및 체육계 인권침해 방지를 위한 예방 교육

① ㄱ, ㄴ
② ㄴ, ㄷ, ㄹ
③ ㄱ, ㄴ, ㄹ
④ ㄱ, ㄴ, ㄷ, ㄹ

12 〈보기〉의 '수업 주도성 프로파일'에 해당하는 체육수업 모형은? 기출 17 22

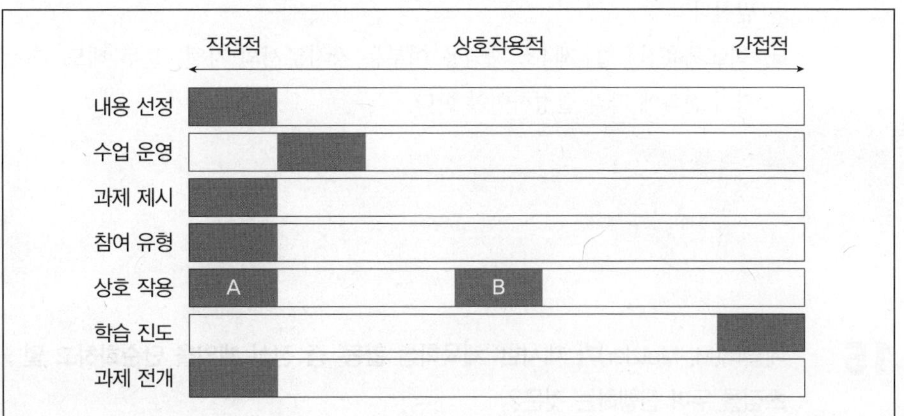

① 동료교수 모형
② 직접교수 모형
③ 개별화지도 모형
④ 협동학습 모형

13 **〈보기〉에서 설명하는 시덴탑(D. Siedentop)의 교수(Teaching) 기능 연습법에 해당하는 용어는?**

> 김 교사는 교수 기능의 향상을 위해 다음과 같은 절차로 연습을 했다.
> - 학생 6~8명의 소집단을 대상으로 학습 목표와 평가 방법을 설명한 후, 수업을 진행한다.
> - 수업에 참여한 학생들의 질문지 자료를 토대로 김 교사와 학생, 다른 관찰자들이 모여 김 교사의 교수법에 대해 '토의'를 한다.
> - 객관적인 자료를 근거로 교수 기능 효과를 살핀다.

① 동료 교수
② 축소 수업
③ 실제 교수
④ 반성적 교수

14 **스포츠강사의 자격조건에 관한 설명으로 옳은 것은?** 기출 19

①「초 · 중등교육법」 제2조 제2호에 따른 초등학교에 스포츠강사를 배치할 수 없다.
②「국민체육진흥법」 제2조 제6호에 따른 체육지도자 중에서 스포츠강사를 임용할 수 있다.
③「학교체육진흥법」 제2조 제6항 학교에 소속되어 학교운동부를 지도 · 감독하는 사람을 말한다.
④「학교체육진흥법」 제4조 재임용 여부는 강사로서의 자질, 복무 태도, 학생의 만족도, 경기 결과에 따라 결정하여야 한다.

15 **메츨러(M. Metzler)가 제시한 '체육학습 활동' 중 정식 게임을 단순화하고 몇 가지 기능에 초점을 두며 진행하는 것은?**

① 역할 수행(Role-playing)
② 스크리미지(Scrimmage)
③ 리드-업 게임(Lead-up Game)
④ 학습 센터(Learning Centers)

16 〈보기〉는 시덴탑(D. Siedentop)이 제시한 '스포츠 교육 모형'의 특징을 설명한 것이다. ㉠~㉢에 들어갈 용어가 바르게 제시된 것은?

- 이 모형의 주제 중에 (㉠)은 스포츠를 참여하는 태도와 관련된 정의적 영역이다.
- 시즌 중 심판으로서 역할을 할 때 학습영역 중 우선하는 것은 (㉡) 영역이다.
- 학습자 수준에 적합하게 경기 방식을 (㉢)해서 참여를 유도한다.

	㉠	㉡	㉢
①	박 식	정의적	고 정
②	열 정	인지적	변 형
③	열 정	정의적	변 형
④	박 식	인지적	고 정

17 〈보기〉에서 설명하는 체육수업 연구 방법으로 적절한 것은? 기출 19

- 연구의 특징은 집단적(협동적), 역동적, 연속적으로 이루어짐
- 연구의 절차는 문제 파악–개선계획–실행–관찰–반성 등으로 순환하는 과정임
- 연구의 주체는 지도자가 동료나 연구자의 도움을 받아 자신의 수업을 탐구함

① 문헌(Literature) 연구
② 실험(Experiment) 연구
③ 현장 개선(Action) 연구
④ 근거이론(Grounded Theory) 연구

18 학습자 비과제 행동을 예방하고 과제 지향적인 수업을 유지하기 위한 교수 기능 중 쿠닌(J. Kounin)이 제시한 '동시처리(Overlapping)'에 해당하는 것은?

① 수업의 흐름을 유지하면서 수업 이탈 행동 학생을 제지하는 것이다.
② 학생들의 행동을 항상 인지하고 있다는 것을 알리는 것이다.
③ 학생의 학습 활동을 중단시키고 잠시 퇴장시키는 것이다.
④ 모든 학생에게 과제에 몰입하도록 경각심을 주는 것이다.

19 〈그림〉은 '국민체력100'의 운영 체계이다. 체력인증센터가 이용자에게 제공하는 서비스가 아닌 것은?

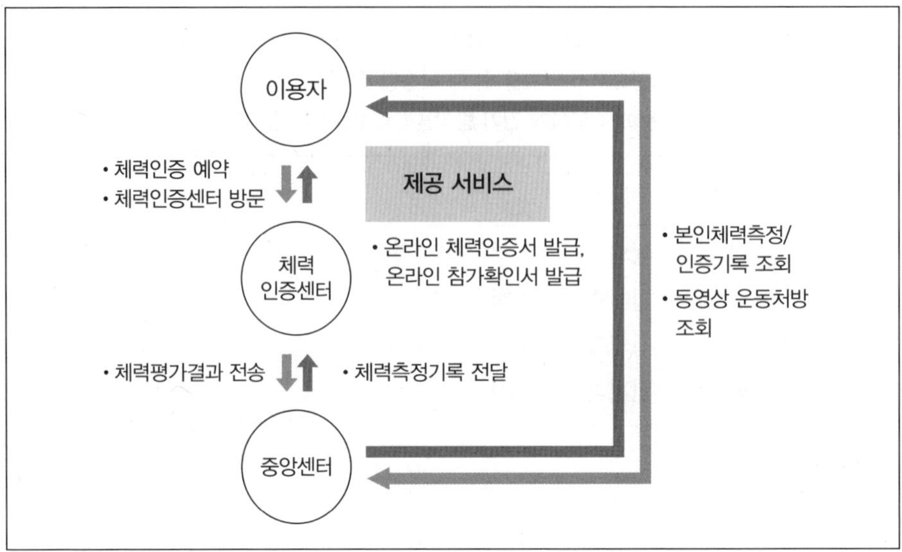

① 체력측정 서비스
② 맞춤형 운동처방
③ 국민 체력 인증서 발급
④ 스포츠클럽 등록 및 운영지원

20 〈보기〉에서 해당하는 평가기법으로 적절한 것은? 기출 18

• 운동 수행을 평가하는 데 자주 사용하는 평가 방법이다.
• 운동 수행의 질적인 면을 파악하여 수준이나 숫자를 부여하는 평가 방법이다.

① 평정척도
② 사건기록법
③ 학생저널
④ 체크리스트

01 〈보기〉가 설명하는 성격 이론은? 기출 19 21 22 23

> 자기가 좋아하는 국가대표선수가 무더위에서 진행된 올림픽 마라톤 경기에서 불굴의 정신력으로 완주하는 모습을 보고, 자기도 포기하지 않는 정신력으로 10km 마라톤을 완주하였다.

① 특성 이론
② 사회학습 이론
③ 욕구위계 이론
④ 정신역동 이론

02 개방운동기술(Open Motor Skills)에 해당하지 않는 것은? 기출 19

① 농구 경기에서 자유투하기
② 야구 경기에서 투수가 던진 공을 타격하기
③ 자동차 경주에서 드라이버가 경쟁하면서 운전하기
④ 미식축구 경기에서 쿼터백이 같은 팀 선수에게 패스하기

03 〈보기〉의 ㉠~㉢에 들어갈 개념을 바르게 나열한 것은? 기출 18 21

> • (㉠) : 노력의 방향과 강도로 설명된다.
> • (㉡) : 스포츠 자체가 좋아서 참여한다.
> • (㉢) : 보상을 받거나 처벌을 피하고자 스포츠에 참여한다.

	㉠	㉡	㉢
①	동 기	외적 동기	내적 동기
②	동 기	내적 동기	외적 동기
③	귀 인	내적 동기	외적 동기
④	귀 인	외적 동기	내적 동기

04 〈보기〉의 ㉠, ㉡에 들어갈 정보처리 단계를 바르게 나열한 것은?

기출 16 19 20 21

> • (㉠) : 테니스 선수가 상대 코트에서 넘어오는 공의 궤적, 방향, 속도에 관한 환경정보를 탐지한다.
> • (㉡) : 환경정보를 토대로 어떤 종류의 기술로 어떻게 받아쳐야 할지 결정한다.

	㉠	㉡
①	반응 선택	자극 확인
②	자극 확인	반응 선택
③	반응/운동 프로그래밍	반응 선택
④	반응/운동 프로그래밍	자극 확인

05 〈보기〉에서 설명하는 심리기술훈련 기법은?

기출 20

> • 멀리뛰기의 도움닫기에서 파울을 할 것 같은 부정적인 생각이 든다.
> • 부정적인 생각은 그만하고 연습한 대로 구름판을 강하게 밟자고 생각한다.
> • 스스로 통제할 수 있는 것에 집중하자고 다짐한다.

① 명 상
② 자생 훈련
③ 인지 재구성
④ 인지적 왜곡

06 운동발달의 단계가 순서대로 바르게 제시된 것은?

기출 18 21

① 반사단계 → 기초단계 → 기본움직임단계 → 성장과 세련단계 → 스포츠기술단계 → 최고수행단계 → 퇴보단계
② 기초단계 → 기본움직임단계 → 반사단계 → 스포츠기술단계 → 성장과 세련단계 → 최고수행단계 → 퇴보단계
③ 반사단계 → 기초단계 → 기본움직임단계 → 스포츠기술단계 → 성장과 세련단계 → 최고수행단계 → 퇴보단계
④ 기초단계 → 기본움직임단계 → 반사단계 → 성장과 세련단계 → 스포츠기술단계 → 최고수행단계 → 퇴보단계

07 반두라(A. Bandura)가 제시한 4가지 정보원에서 자기효능감에 가장 큰 영향력을 미치는 것은? **기출** 15 18 19

① 대리경험
② 성취경험
③ 언어적 설득
④ 정서적/신체적 상태

08 〈보기〉에서 연습방법에 관한 설명으로 옳은 것만을 모두 고른 것은? **기출** 16 17 18 20 21

> ㄱ. 집중연습은 연습구간 사이의 휴식시간이 연습시간보다 짧게 이루어진 연습방법이다.
> ㄴ. 무선연습은 선택된 연습과제들을 순서에 상관없이 무작위로 연습하는 방법이다.
> ㄷ. 분산연습은 특정 운동기술과제를 여러 개의 하위 단위로 나누어 연습하는 방법이다.
> ㄹ. 전습법은 한 가지 운동기술과제를 구분 동작 없이 전체적으로 연습하는 방법이다.

① ㄱ, ㄴ
② ㄷ, ㄹ
③ ㄱ, ㄴ, ㄹ
④ ㄱ, ㄷ, ㄹ

09 미국 응용스포츠심리학회(AAASP)의 스포츠심리상담 윤리 규정이 아닌 것은? **기출** 15 17 19 20 22

① 스포츠에 참여하는 모든 사람과 전문적인 상담을 진행한다.
② 직무수행상 자신의 한계를 인식하고 한계를 넘는 주장과 행동은 하지 않는다.
③ 회원 스스로 윤리적인 행동을 실천하고 남에게 윤리적 행동을 하도록 적극적으로 권장한다.
④ 다른 전문가에 의한 서비스 수행 촉진, 책무성 확보, 기관이나 법적 의무 완수 등의 목적을 위해 상담이나 연구 결과를 기록으로 남긴다.

10 〈보기〉가 설명하는 기억의 유형은?

- 학창 시절 자전거를 타고 학교에 등하교 했던 A는 오랜 기간 자전거를 타지 않았음에도 불구하고 여전히 자전거를 탈 수 있다.
- 어린 시절 축구선수로 활동했던 B는 축구의 슛 기술을 어떻게 수행하는지 시범 보일 수 있다.

① 감각 기억(Sensory Memory)
② 일화적 기억(Episodic Memory)
③ 의미적 기억(Semantic Memory)
④ 절차적 기억(Procedural Memory)

11 〈보기〉는 피들러(F. Fiedler)의 상황부합 리더십 모형이다. 〈보기〉의 ㉠, ㉡에 들어갈 내용을 바르게 나열한 것은?

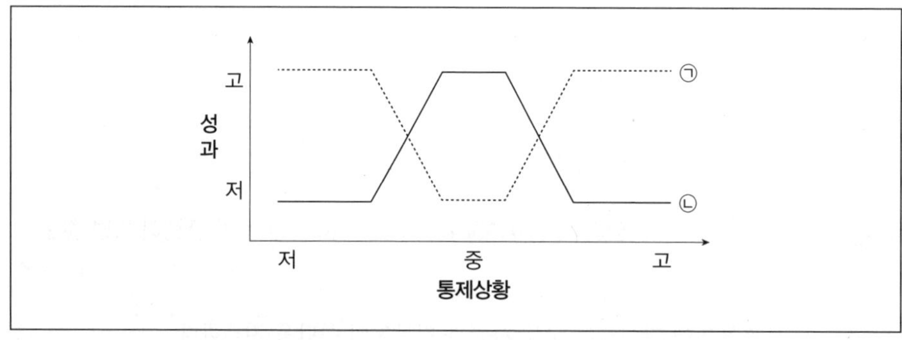

	㉠	㉡
①	관계지향형리더	과제지향형리더
②	과제지향형리더	관계지향형리더
③	관계지향형리더	민주주의리더
④	과제지향형리더	권의주의리더

12 **운동학습에 의한 인지역량의 변화에 관한 설명으로 옳지 않은 것은?**

① 정보를 처리하는 속도가 빨라진다.
② 주의집중 역량을 활용하는 주의 체계의 역량이 좋아진다.
③ 운동과제 수행의 수준과 환경의 요구에 대한 근골격계의 기능이 효율적으로 좋아진다.
④ 새로운 정보와 기존의 정보를 연결하여 정보를 쉽게 보유할 수 있는 기억체계 역량이 좋아진다.

13 **〈보기〉는 아젠(I. Ajzen)의 계획행동이론이다. 〈보기〉의 ㉠~㉣에 들어갈 개념을 바르게 나열한 것은?** 기출 17 21

> (㉠)는 행동을 수행하는 것에 대한 개인의 정서적이고 평가적인 요소를 반영한다. (㉡)은/는 어떤 행동을 할 것인지 또는 안 할 것인지에 대해 개인이 느끼는 사회적 압력을 말한다. 어떠한 행동은 개인의 (㉢)에 따라 그 행동 여부가 결정된다. (㉣)은/는 어떤 행동을 하기가 쉽거나 어려운 정도에 대한 인식 정도를 의미한다.

	㉠	㉡	㉢	㉣
①	태 도	의 도	주관적 규범	행동통제인식
②	의 도	주관적 규범	행동통제인식	태 도
③	태 도	주관적 규범	의 도	행동통제인식
④	의 도	태 도	행동통제인식	주관적 규범

14 **〈보기〉에서 정보처리이론에 관한 설명으로 옳은 것만을 모두 고른 것은?** 기출 16 19 20 21

> ㄱ. 정보처리이론은 인간을 능동적인 정보처리자로 설명한다.
> ㄴ. 도식이론은 기억흔적과 지각흔적의 작용으로 움직임을 생성하고 제어한다고 설명한다.
> ㄷ. 개방회로이론은 대뇌피질에 저장된 운동프로그램을 통해 움직임을 생성하고 제어한다고 설명한다.
> ㄹ. 폐쇄회로이론은 정확한 동작에 관한 기억을 수행 중인 움직임과 비교한 피드백 정보를 활용하여 움직임을 생성하고 제어한다고 설명한다.

① ㄱ, ㄴ
② ㄷ, ㄹ
③ ㄱ, ㄴ, ㄹ
④ ㄱ, ㄷ, ㄹ

15 **〈보기〉의 ㉠~㉢에 들어갈 개념을 바르게 나열한 것은?**

> • (㉠) : 타인의 존재가 과제수행에 미치는 영향을 말한다.
> • (㉡) : 타인의 존재만으로도 각성과 욕구가 생긴다.
> • (㉢) : 타인의 존재가 운동과제에 대한 집중을 방해하기도 하지만, 수행자의 욕구 수준을 증가시키기도 한다.

	㉠	㉡	㉢
①	사회적 촉진	단순존재가설	주의 분산/갈등 가설
②	사회적 촉진	단순존재가설	평가우려설
③	단순존재가설	관중효과	주의 분산/갈등 가설
④	단순존재가설	관중효과	평가우려설

16 힉(W. Hick)의 법칙에 관한 설명으로 옳은 것은?

기출 22

① 자극-반응 대안의 수가 증가할수록 반응시간은 길어진다.
② 근수축을 통해 생성한 힘의 양에 따라 움직임의 정확성이 달라진다.
③ 두 개의 목표물 간의 거리와 목표물의 크기에 따라 움직임 시간이 달라진다.
④ 움직임의 속력이 증가하면 정확도가 떨어지는 속력-정확성 상쇄(Speed-accuracy Trade-off)현상이 나타난다.

17 〈보기〉의 ㉠에 들어갈 용어는?

• 복싱선수가 상대의 펀치를 맞고 실점하는 장면이 계속해서 떠오른다. • 이 선수는 (㉠)을/를 높이는 훈련이 필요하다.

① 내적 심상
② 외적 심상
③ 심상 조절력
④ 심상 선명도

18 〈보기〉의 ㉠, ㉡에 들어갈 운동 수행에 관한 개념이 바르게 제시된 것은?

• 운동 기술 과제가 너무 쉬울 때 (㉠)가 나타난다. • 운동 기술 과제가 너무 어려울 때 (㉡)가 나타난다.

	㉠	㉡
①	학습 고원 (Learning Plateau)	슬럼프 (Slump)
②	천장 효과 (Ceiling Effect)	바닥 효과 (Floor Effect)
③	웜업 감소 (Warm-up Decrement)	수행 감소 (Performance Decrement)
④	맥락 간섭 효과 (Contextual-interference Effect)	부적 전이 (Negative Transfer)

19 〈보기〉에서 운동 실천을 위한 환경적 영향요인을 모두 고른 것은?

기출 16 17

ㄱ. 지도자
ㄴ. 교육수준
ㄷ. 운동집단
ㄹ. 사회적 지지

① ㄱ, ㄴ
② ㄷ, ㄹ
③ ㄱ, ㄴ, ㄹ
④ ㄱ, ㄷ, ㄹ

20 〈보기〉가 설명하는 개념은?

기출 22

농구 경기에서 수비수가 공격수의 첫 번째 페이크 슛 동작에 반응하면서, 바로 이어지는 두 번째 실제 슛 동작에 제대로 반응하지 못하는 현상이 발생한다.

① 스트룹 효과(Stroop Effect)
② 무주의 맹시 (Inattention Blindness)
③ 지각 협소화(Perceptual Narrowing)
④ 심리적 불응기(Psychological-refractory Period)

01 〈보기〉에서 한국체육사에 관한 설명으로 옳은 것만을 모두 고른 것은? 기출 15 16 17 22

ㄱ. 한국 체육과 스포츠의 시대별 양상을 연구한다.
ㄴ. 한국 체육과 스포츠를 역사학적 방법으로 연구한다.
ㄷ. 한국 체육과 스포츠에 관한 역사 기술은 사실 확인보다 가치 평가가 우선한다.
ㄹ. 한국 체육과 스포츠의 과거를 살펴보고, 이를 통해 현재를 직시하고 미래를 조망한다.

① ㄱ, ㄴ, ㄷ
② ㄱ, ㄴ, ㄹ
③ ㄱ, ㄷ, ㄹ
④ ㄴ, ㄷ, ㄹ

02 〈보기〉에서 신체활동이 행해진 제천의식과 부족국가가 바르게 연결된 것만을 모두 고른 것은? 기출 17 19 22

ㄱ. 무천 – 신라
ㄴ. 가배 – 동예
ㄷ. 영고 – 부여
ㄹ. 동맹 – 고구려

① ㄱ, ㄴ
② ㄷ, ㄹ
③ ㄱ, ㄴ, ㄹ
④ ㄴ, ㄷ, ㄹ

03 〈보기〉에 해당하는 부족국가시대 신체활동의 목적은? 기출 20

> 중국 역사 자료인 『위지 · 동이전(魏志 · 東夷傳)』에 따르면, “나이 어리고 씩씩한 청년들의 등 가죽을 뚫고 굵은 줄로 그곳을 꿰었다. 그리고 한 장(一丈) 남짓의 나무를 그곳에 매달고 온종일 소리를 지르며 일을 하는데도 아프다고 하지 않고, 착실하게 일을 한다. 이를 큰사람이라 부른다.”

① 주술의식
② 농경의식
③ 성년의식
④ 제천의식

04 〈보기〉에서 삼국시대의 무예에 관한 설명으로 옳은 것만을 모두 고른 것은? 기출 15 16 17 22

> ㄱ. 신라 : 궁전법(弓箭法)을 통해 인재를 등용하였다.
> ㄴ. 고구려 : 경당(扃堂)에서 활쏘기 교육이 이루어졌다.
> ㄷ. 백제 : 훈련원(訓鍊院)에서 무예 시험과 훈련이 행해졌다.

① ㄱ, ㄴ
② ㄱ, ㄷ
③ ㄴ, ㄷ
④ ㄱ, ㄴ, ㄷ

05 고려시대 최고 교육기관과 무학(武學) 교육이 바르게 연결된 것은? 기출 16 21 22

① 성균관(成均館) – 대빙재(待聘齋)
② 성균관(成均館) – 강예재(講藝齋)
③ 국자감(國子監) – 대빙재(待聘齋)
④ 국자감(國子監) – 강예재(講藝齋)

06 **고려시대의 신체활동에 관한 설명으로 옳지 않은 것은?** 기출 15 17 18 20 21 22 23

① 기격구(騎擊毬) : 서민층이 유희로 즐겼다.
② 궁술(弓術) : 국난을 대비하여 장려되었다.
③ 마술(馬術) : 무인의 덕목 중 하나로 장려되었다.
④ 수박(手搏) : 무관이나 무예 인재의 선발에 활용되었다.

07 **석전(石戰)의 성격에 관한 설명으로 옳지 않은 것은?** 기출 16 19 22

① 관료 선발에 활용되었다.
② 명절에 종종 행해지던 민속놀이였다.
③ 전쟁에 대비한 군사훈련에 활용되었다.
④ 실전 부대인 석투군(石投軍)과 관련이 있었다.

08 **조선시대 서민층이 주로 행했던 민속놀이와 설명으로 옳지 않은 것은?** 기출 17 21

① 추천(鞦韆) : 단오절이나 한가위에 즐겼다.
② 각저(角觝), 각력(角力) : 마을 간의 겨룸이 있었는데, 풍년 기원의 의미도 있었다.
③ 종정도(從政圖), 승경도(陞卿圖) : 관직 체계의 이해와 출세 동기 부여의 뜻이 담겨 있었다.
④ 삭전(索戰), 갈전(葛戰) : 농경사회의 대표적인 민속놀이로서 농사의 풍흉(豐凶)을 점치는 의미도 있었다.

09 조선시대의 무예서에 관한 설명으로 옳지 않은 것은? 기출 20 23

① 『무예도보통지(武藝圖譜通志)』 : 정조의 명에 따라 24기의 무예가 수록, 간행되었다.
② 『무예신보(武藝新譜)』 : 사도세자의 주도하에 18기의 무예가 수록, 간행되었다.
③ 『권보(拳譜)』 : 광해군의 명에 따라 『무예제보』에 수록되지 않은 4기의 무예가 수록, 간행되었다.
④ 『무예제보(武藝諸譜)』 : 선조의 명에 따라 전란 중에 긴급하게 필요했던 단병기 6기가 수록, 간행되었다.

10 〈보기〉에서 조선시대의 궁술에 관한 설명으로 옳은 것만을 모두 고른 것은? 기출 15 16 21 23

ㄱ. 군사 훈련의 수단이었다. ㄴ. 무과(武科) 시험의 필수 과목이었다. ㄷ. 심신 수련을 위한 학사사상(學射思想)이 강조되었다. ㄹ. 불국토사상(佛國土思想)을 토대로 훈련이 이루어졌다.

① ㄱ, ㄴ
② ㄷ, ㄹ
③ ㄱ, ㄴ, ㄷ
④ ㄴ, ㄷ, ㄹ

11 고종(高宗)의 교육입국조서(敎育立國詔書)에서 삼양(三養)이 표기된 순서는? 기출 16 17 23

① 덕양(德養), 체양(體養), 지양(智養)
② 덕양(德養), 지양(智養), 체양(體養)
③ 체양(體養), 지양(智養), 덕양(德養)
④ 체양(體養), 덕양(德養), 지양(智養)

12 〈보기〉에서 설명하는 개화기의 기독교계 학교는? 기출 19

> • 헐버트(H. B. Hulbert)가 도수체조를 지도하였다.
> • 1885년 아펜젤러(H. G. Appenzeller)가 설립하였다.
> • 과외활동으로 야구, 축구, 농구 등의 스포츠를 실시하였다.

① 경신학당
② 이화학당
③ 숭실학교
④ 배재학당

13 개화기 학교 운동회에 관한 설명으로 옳지 않은 것은? 기출 17 20

① 민족의식을 고취하는 역할을 하였다.
② 초기에는 구기 종목이 주로 이루어졌다.
③ 사회체육 발달의 촉진제 역할을 하였다.
④ 근대스포츠의 도입과 확산에 기여하였다.

14 다음 중 개화기에 설립된 체육단체가 아닌 것은? 기출 15 16 18 21 23

① 대한체육구락부
② 조선체육진흥회
③ 대동체육구락부
④ 황성기독교청년회운동부

15 〈보기〉의 활동을 주도한 체육사상가는?

- 체조 강습회 개최
- 체육 활동의 저변 확대를 위해 대한국민체육회 창립
- 체육 활동을 통한 애국심 고취를 위해 광무학당 설립

① 서재필
② 문일평
③ 김종상
④ 노백린

16 일제강점기의 체육사적 사실에 관한 설명으로 옳지 않은 것은?

기출 20 21 22 23

① 원산학사가 설립되었다.
② 체조교수서가 편찬되었다.
③ 학교에서 체조가 필수 과목이 되었다.
④ 황국신민체조가 학교체육에 포함되었다.

17 〈보기〉에서 일제강점기의 조선체육회에 대한 설명으로 옳은 것만을 모두 고른 것은?

기출 16 19 20 22 23

ㄱ. '전조선축구대회'를 창설하였다.
ㄴ. 조선체육협회에 강제로 흡수되었다.
ㄷ. 국내 운동가, 일본 유학 출신자 등이 설립하였다.
ㄹ. 종합체육대회 성격의 전조선종합경기대회를 개최하였다.

① ㄱ, ㄴ
② ㄷ, ㄹ
③ ㄴ, ㄷ, ㄹ
④ ㄱ, ㄴ, ㄷ, ㄹ

18 〈보기〉의 괄호 안에 들어갈 일제강점기의 체육사상가는?

> (　　　)은/는 '체육 조선의 건설'이라는 글에서 사회를 강하게 하는 것은 구성원의 힘을 강하게 하는 것이며, 그 방법은 교육이며, 여러 교육의 기초는 체육이라고 강조하였다.

① 박은식
② 조원희
③ 여운형
④ 이 기

19 대한민국 정부의 체육정책 담당 부처의 변천 순서가 옳은 것은? 기출 15 20 21

① 체육부 → 문화체육관광부 → 문화체육부
② 체육부 → 문화체육부 → 문화체육관광부
③ 문화체육부 → 체육부 → 문화체육관광부
④ 문화체육부 → 문화체육관광부 → 체육부

20 〈보기〉는 국제대회에서 한국 여자 대표팀이 거둔 성과를 나타낸 것이다. 〈보기〉의 ㉠~㉢에 들어갈 종목이 바르게 제시된 것은?

> • (㉠) : 1973년 사라예보 세계선수권대회에서 단체전 우승 달성
> • (㉡) : 1976년 몬트리올 올림픽대회에서 구기 종목 사상 최초의 동메달 획득
> • (㉢) : 1988년 서울 올림픽대회에서 당시 최강국을 이기고 금메달 획득

	㉠	㉡	㉢
①	배 구	핸드볼	농 구
②	배 구	농 구	핸드볼
③	탁 구	핸드볼	배 구
④	탁 구	배 구	핸드볼

01 지구성 훈련에 의한 지근섬유(Type I)의 생리적 변화로 옳지 않은 것은? 기출 19 21

① 모세혈관 밀도 증가
② 마이오글로빈 함유량 감소
③ 미토콘드리아의 수와 크기 증가
④ 절대 운동강도에서의 젖산 농도 감소

02 유산소성 트레이닝을 통한 근육 내 미토콘드리아 변화와 관련된 설명으로 옳지 않은 것은? 기출 19 20 21 22 23

① 근원섬유 사이의 미토콘드리아 밀도 증가
② 근육 내 젖산과 수소이온(H^+) 생성 감소
③ 손상된 미토콘드리아 분해 및 제거율 감소
④ 근육 내 크레아틴 인산(Phosphocreatine) 소모량 감소

03 운동 중 지방분해를 촉진하는 요인으로 옳지 않은 것은? 기출 19 20

① 인슐린 증가
② 글루카곤 증가
③ 에피네프린 증가
④ 순환성(Cyclic) AMP 증가

04 운동에 대한 심혈관 반응에 관한 설명으로 옳은 것은?

기출 16 18 19 20

① 점증 부하 운동 시 심근산소소비량 감소
② 고강도 운동 시 내장 기관으로의 혈류 분배 비율 증가
③ 일정한 부하의 장시간 운동 시 시간 경과에 따른 심박수 감소
④ 고강도 운동 시 활동근의 세동맥(Arterioles) 확장을 통한 혈류량 증가

05 〈보기〉의 ㉠, ㉡에 들어갈 용어가 바르게 나열된 것은?

기출 22

- 심장의 부담을 나타내는 심근산소소비량은 심박수와 (㉠)을 곱하여 산출한다.
- 산소섭취량이 동일한 운동 시 다리 운동이 팔 운동에 비해 심근산소소비량이 더 (㉡) 나타난다.

	㉠	㉡
①	1회 박출량	높 게
②	1회 박출량	낮 게
③	수축기 혈압	높 게
④	수축기 혈압	낮 게

06 골격근의 수축 특성을 결정하는 요인에 대한 설명 중 〈보기〉의 ㉠, ㉡에 들어갈 용어가 바르게 연결된 것은?

- 특이장력 = 근력 / (㉠)
- 근파워 = 힘 × (㉡)

	㉠	㉡
①	근횡단면적	수축속도
②	근횡단면적	수축시간
③	근파워	수축속도
④	근파워	수축시간

07 〈보기〉의 ㉠~㉢에 들어갈 용어가 바르게 나열된 것은? 기출 17 19 23

수용기	역 할
근방추	(㉠) 정보 전달
골지 건기관	(㉡) 정보 전달
근육의 화학수용기	(㉢) 정보 전달

	㉠	㉡	㉢
①	근육의 길이	근육 대사량	힘 생성량
②	근육 대사량	힘 생성량	근육의 길이
③	근육 대사량	근육의 길이	힘 생성량
④	근육의 길이	힘 생성량	근육 대사량

08 〈그림〉은 도피반사(Withdrawal Reflex)와 교차신전반사(Crossed-extensor Reflex)를 나타낸 것이다. 이에 관한 설명으로 옳지 않은 것은?

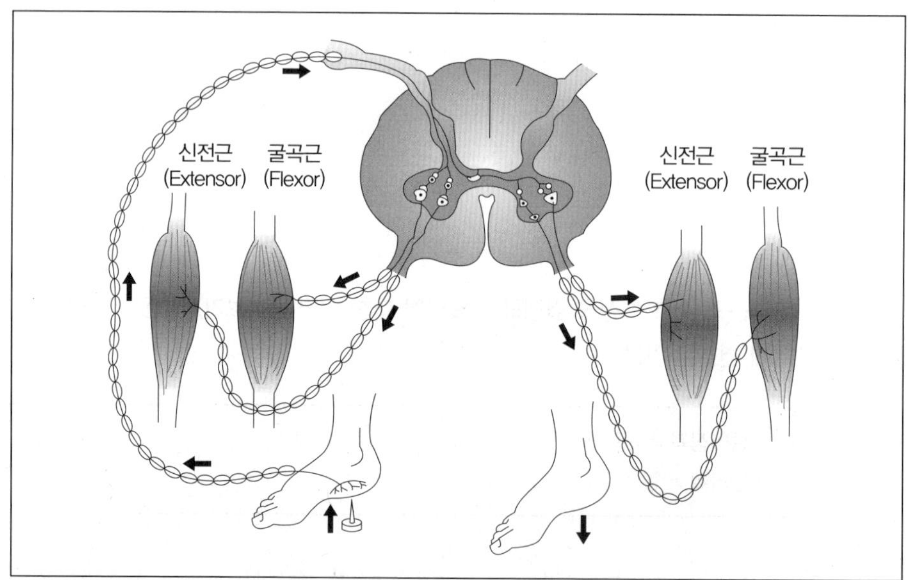

① 반사궁 경로를 통해 통증 자극에 대한 빠른 반사가 일어난다.
② 통증 수용기로부터 활동전위가 발생하여 척수로 전달된다.
③ 신체 균형을 유지하기 위해 반대편 대퇴의 굴곡근 수축이 억제된다.
④ 통증을 회피하기 위해 통증 부위 대퇴의 굴곡근과 신전근이 동시에 수축된다.

09 〈보기〉에서 고온 환경의 장시간 최대하 운동 시 운동수행능력을 저하시키는 요인으로 옳은 것만을 모두 고른 것은? (단, 심각한 탈수 현상은 발생하지 않는 환경)

기출 15 17 18

ㄱ. 글리코겐 고갈 가속
ㄴ. 근혈류량 감소
ㄷ. 1회 박출량 감소
ㄹ. 운동단위 활성 감소

① ㄱ, ㄷ
② ㄱ, ㄴ, ㄹ
③ ㄴ, ㄷ, ㄹ
④ ㄱ, ㄴ, ㄷ, ㄹ

10 〈보기〉의 조건으로 트레드밀 운동 시 운동량은?

- 체중 = 50kg
- 트레드밀 속도 = 12km/h
- 운동시간 = 10분
- 트레드밀 경사도 = 5%

(단, 운동량(일) = 힘 × 거리)

① 300kpm
② 500kpm
③ 5,000kpm
④ 30,000kpm

11 에너지 대사 과정과 속도조절효소의 연결이 옳지 않은 것은?

기출 15 17 18 21 22

	에너지 대사 과정	속도조절효소
①	ATP-PC 시스템	크레아틴 키나아제 (Creatine Kinase)
②	해당작용	젖산 탈수소효소 (Lactate Dehydrogenase)
③	크렙스회로	이소시트르산탈수소효소 (Isocitrate Dehydrogenase)
④	전자전달체계	사이토크롬산화효소 (Cytochrome Oxidase)

12 〈보기〉에서 근육의 힘, 파워, 속도의 관계에 대한 설명 중 옳은 것만을 모두 고른 것은?

기출 20 21

> ㄱ. 단축성(Concentric) 수축 시 수축 속도가 빨라짐에 따라 힘(장력) 생성은 감소한다.
> ㄴ. 신장성(Eccentric) 수축 시 신장 속도가 빨라짐에 따라 힘(장력) 생성은 증가한다.
> ㄷ. 근육이 발현할 수 있는 최대 근파워는 등척성(Isometric) 수축 시에 나타난다.
> ㄹ. 단축성 수축 속도가 동일할 때 속근섬유가 많을수록 큰 힘을 발휘한다.

① ㄱ, ㄴ, ㄷ

② ㄱ, ㄴ, ㄹ

③ ㄴ, ㄷ, ㄹ

④ ㄴ, ㄷ, ㄹ

13 카테콜라민에 대한 설명으로 옳지 않은 것은? 기출 15

① 부신피질에서 분비
② 교감신경의 말단에서 분비
③ α1 수용체 결합 시 기관지 수축
④ β1 수용체 결합 시 심박수 증가

14 〈보기〉의 에너지 대사 과정에 관한 설명 중 옳은 것만을 모두 고른 것은? 기출 16 17 18 19 20 21

ㄱ. 해당과정 중 NADH는 생성되지 않는다.
ㄴ. 크렙스 회로와 베타산화는 미토콘드리아에서 관찰되는 에너지 대사 과정이다.
ㄷ. 포도당 한 분자의 해당과정의 최종산물은 ATP 2분자와 피루브산염 2분자(또는 젖산염 2분자)이다.
ㄹ. 낮은 운동강도(예 $\dot{V}O_2max$ 40%)로 30분 이상 운동 시 점진적으로 호흡교환율이 감소하고 지방 대사 비중은 높아진다.

① ㄱ, ㄴ
② ㄱ, ㄹ
③ ㄴ, ㄷ
④ ㄴ, ㄷ, ㄹ

15 운동 중 혈중 포도당 농도를 유지하기 위한 호르몬에 대한 설명으로 옳지 않은 것은? 기출 15 16 17 18 19 20 21 23

① 성장호르몬 : 간에서 포도당신생합성 증가
② 코티솔 : 중성지방으로부터 유리지방산으로 분해 촉진
③ 노르에피네프린 : 골격근 조직 내 유리지방산 산화 억제
④ 에피네프린 : 간에서 글리코겐 분해 촉진 및 조직의 혈중 포도당 사용 억제

16 운동 중 수분과 전해질 균형에 관한 설명으로 옳은 것만을 모두 고른 것은?

기출 16 17 18 21 22

ㄱ. 장시간의 중강도 운동 시 혈장량과 알도스테론 분비는 감소한다.
ㄴ. 땀 분비로 인한 혈장량 감소는 뇌하수체 후엽의 항이뇨호르몬 분비를 유도한다.
ㄷ. 충분한 수분 섭취 없이 장시간 운동 시 체내 수분 재흡수를 위해 레닌-안지오텐신 II 호르몬이 분비된다.
ㄹ. 운동에 의한 땀 분비는 수분 상실을 초래하며 혈중 삼투질 농도를 감소시킨다.

① ㄱ, ㄴ
② ㄱ, ㄹ
③ ㄴ, ㄷ
④ ㄴ, ㄹ

17 〈표〉는 참가자의 폐환기 검사 결과이다. 〈보기〉에서 옳은 것만을 모두 고른 것은?

기출 22

참가자	1회 호흡량 (mL)	호흡률 (회/min)	분당환기량 (mL/min)	사강량 (mL)	폐포 환기량 (mL/min)
주 은	375	20	(　　)	150	(　　)
민 재	500	15	(　　)	150	(　　)
다 영	750	10	(　　)	150	(　　)

ㄱ. 세 참가자의 분당환기량은 동일하다.
ㄴ. 다영의 폐포 환기량은 분당 6L/min이다.
ㄷ. 주은의 폐포 환기량이 가장 크다.

① ㄱ, ㄴ
② ㄱ, ㄷ
③ ㄴ, ㄷ
④ ㄱ, ㄴ, ㄷ

18 1회 박출량(Stroke Volume) 증가 요인으로 옳지 않은 것은? 기출 18 19 21 22 23

① 심박수 증가
② 심실 수축력 증가
③ 평균 동맥혈압(MAP) 감소
④ 심실 이완기말 혈액량(EDV) 증가

19 골격근 섬유에 관한 설명으로 옳은 것은? 기출 16 17 18 19 20 21 23

① 근수축에 필요한 칼슘(Ca^{2+})은 근형질세망에 저장되어 있다.
② 운동단위(Motor Unit)는 감각뉴런과 그것이 지배하는 근섬유의 결합이다.
③ 신경근 접합부(Neuromuscular Junction)에서 분비되는 근수축 신경전달물질은 에피네프린이다.
④ 지연성 근통증은 골격근의 신장성(Eccentrik) 수축보다 단축성(Concentric) 수축 시 더 쉽게 발생한다.

20 지근섬유(Type I)와 비교되는 속근섬유(Type II)의 특성으로 옳은 것은? 기출 16 17 19 20 21

① 높은 피로 저항력
② 근형질세망의 발달
③ 마이오신 ATPase의 느린 활성
④ 운동신경세포(뉴런)의 작은 직경

01 뉴턴(I. Newton)의 3가지 법칙과 관련이 없는 것은? 기출 15 18 19 21

① 외력이 가해지지 않으면, 정지하고 있는 물체는 계속 정지하려 한다.
② 가속도는 물체에 가해진 힘에 비례한다.
③ 수직 점프를 할 때, 지면을 강하게 눌러야 높게 올라갈 수 있다.
④ 외력이 가해지지 않으면, 물체가 가진 각운동량은 변하지 않는다.

02 〈보기〉에서 힘(Force)에 관한 설명으로 옳은 것을 모두 고른 것은? 기출 17 20 22

ㄱ. 움직임을 일으키는 원인으로 에너지이다. ㄴ. 질량과 가속도의 곱으로 결정된다. ㄷ. 단위는 N(Newton)이다. ㄹ. 크기를 갖는 스칼라(Scalar)이다.

① ㄱ, ㄴ
② ㄱ, ㄹ
③ ㄴ, ㄷ
④ ㄷ, ㄹ

03 쇼트트랙 경기에서 원운동을 할 때 원심력과 구심력에 관한 설명으로 옳은 것은? 기출 17 20

① 원심력과 구심력은 크기가 같고, 방향이 반대이다.
② 원심력은 원운동을 하는 선수의 질량과 관계가 없다.
③ 원심력을 극복하는 방법으로 반지름을 작게 하여 원운동을 한다.
④ 신체를 원운동 중심의 방향으로 기울이는 것은 접선속도를 크게 만들기 위함이다.

04 선운동량 또는 충격량에 관한 설명으로 옳은 것은?

기출 17 18 20

① 선운동량은 질량과 속도를 더하여 결정되는 물리량이다.
② 충격량은 충격력과 충돌이 가해진 시간의 곱으로 결정되는 물리량이다.
③ 시간에 따른 힘 그래프에서 접선의 기울기는 충격량을 의미한다.
④ 충격량이 선운동량으로 전환되기 위해서는 먼저 충격량이 토크로 전환되어야 한다.

05 운동학적(Kinematic) 분석과 운동역학적(Kinetic) 분석에 관한 설명으로 옳지 않은 것은?

기출 16 17 18 20 21 22

① 일률, 속도, 힘은 운동역학적 분석요인이다.
② 운동학적 분석은 움직임을 공간적 · 시간적으로 분석한다.
③ 근전도 분석, 지면반력 분석은 운동역학적 분석방법이다.
④ 신체중심점의 위치변화, 관절각의 변화는 운동학적 분석요인이다.

06 〈보기〉에서 물리량에 대한 설명으로 옳은 것만 고른 것은?

기출 18 22

ㄱ. 압력은 단위면적당 가해지는 힘이며 벡터이다.
ㄴ. 일은 단위시간당 에너지의 변화율이며 벡터이다.
ㄷ. 마찰력은 두 물체의 마찰로 발생하는 힘이며 스칼라이다.
ㄹ. 토크는 회전을 일으키는 효과이며 벡터이다.

① ㄱ, ㄴ
② ㄱ, ㄹ
③ ㄴ, ㄷ
④ ㄷ, ㄹ

07 〈보기〉에서 항력과 관련된 설명으로 옳은 것만 고른 것은?

> ㄱ. 육상의 원반 투사 시, 최적의 공격각(Attack Angel)은 $\frac{항력}{양력}$이 최대일 때의 각도이다.
> ㄴ. 야구에서 투구 시 공에 회전을 넣어 커브 구질을 만든다.
> ㄷ. 파도와 같이 물과 공기의 접촉면에서 형성되는 난류에 의하여 발생하기도 한다.
> ㄹ. 날아가는 골프공의 단면적(유체의 흐름방향에 수직인 물체의 면적)에 비례한다.

① ㄱ, ㄴ
② ㄱ, ㄹ
③ ㄴ, ㄷ
④ ㄷ, ㄹ

08 2차원 영상분석에서 배율법(Multiplier Method)에 관한 설명으로 옳지 않은 것은?

① 동작이 수행되는 평면에 직교하게 카메라를 설치한다.
② 분석대상이 운동평면에서 벗어나면 투시오차(Perspective Error)가 발생할 수 있다.
③ 체조의 공중회전(Somersault)과 트위스트(Twist)와 같은 운동 동작을 분석하는 데 주로 활용된다.
④ 기준자(Reference Ruler)는 영상평면에서의 분석대상 크기를 실제 운동 평면에서의 크기로 조정하기 위해 사용된다.

09 〈보기〉에서 각운동에 관한 설명으로 옳은 것만 고른 것은? 기출 16 19 20 22

> ㄱ. 각속력은 벡터이고, 각속도(Angular Velocity)는 스칼라이다.
> ㄴ. 각속력(Angular Speed)은 시간당 각거리(Angular Distance)이다.
> ㄷ. 각가속도(Angular Acceleration)는 시간당 각속도의 변화량이다.
> ㄹ. 각거리는 물체의 처음과 마지막 각위치의 변화량이다.

① ㄱ, ㄴ
② ㄱ, ㄹ
③ ㄴ, ㄷ
④ ㄷ, ㄹ

10 〈보기〉의 ㉠~㉣에 들어갈 내용이 바르게 제시된 것은?

> • (㉠)가 커질수록 부력도 커진다.
> • (㉡)가 올라갈수록 부력은 작아진다.
> • (㉢)는 수중에서의 자세 변화에 따라 달라진다.
> • (㉣)은 물에 잠긴 신체의 부피에 비례하여 수직으로 밀어 올리는 힘이다.

	㉠	㉡	㉢	㉣
①	신체의 밀도	신체의 온도	무게중심의 위치	부 력
②	유체의 밀도	신체의 온도	무게중심의 위치	항 력
③	신체의 밀도	물의 온도	부력중심의 위치	항 력
④	유체의 밀도	물의 온도	부력중심의 위치	부 력

11 **〈보기〉와 같이 조건을 (A)에서 (B)로 변경하였을 때, ㉠~㉢에 들어갈 내용으로 바르게 나열한 것은? (단, 각운동량 그리고 줄과 공의 질량은 변화가 없는 것으로 가정)**

기출 17 18 21 22 23

(A)

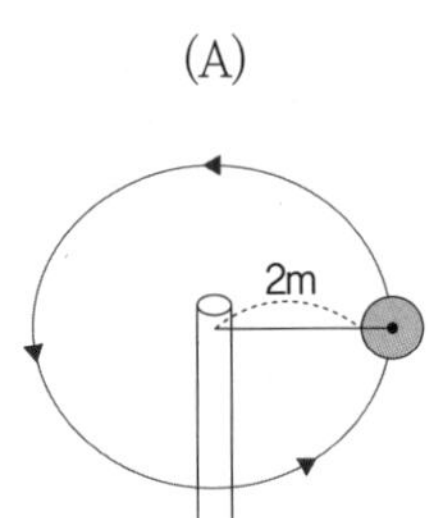

• 회전축에서 공의 중심까지 거리 : 2m
• 회전속도 : 1회전/sec

⇩

(B)

회전축에서 공까지의 거리를 1m로 줄이면, 회전반경이 (㉠)로 줄어들고 관성모멘트가 (㉡)로 감소하기 때문에 공의 회전속도는 (㉢)로 증가한다.

	㉠	㉡	㉢
①	$\frac{1}{2}$	$\frac{1}{2}$	2회전/sec
②	$\frac{1}{2}$	$\frac{1}{4}$	2회전/sec
③	$\frac{1}{4}$	$\frac{1}{2}$	4회전/sec
④	$\frac{1}{2}$	$\frac{1}{4}$	4회전/sec

12 **인체에 적용되는 지레(Levers)의 원리에 관한 설명으로 옳지 않은 것은?** **기출** 18 20 22 23

① 1종 지레에서 축(받침점)은 힘점과 저항점(작용점) 사이에 위치하고 역학적 이점이 1보다 크거나 작을 수 있다.
② 2종 지레는 저항점이 힘점과 축 사이에 위치하고 역학적 이점이 1보다 크다.
③ 3종 지레에서 힘점은 축과 저항점 사이에 위치하고 역학적 이점이 1보다 크다.
④ 지면에서 수직 방향으로 발뒤꿈치를 들고 서는 동작(Calf Raise)은 2종 지레이다.

13 〈그림〉의 수직점프(Vertical Jump) 동작에 관한 운동역학적 특성을 바르게 설명한 것은? (단, 외력과 공기 저항은 작용하지 않는 것으로 가정)

기출 15 16 17 19 20 21 22 23

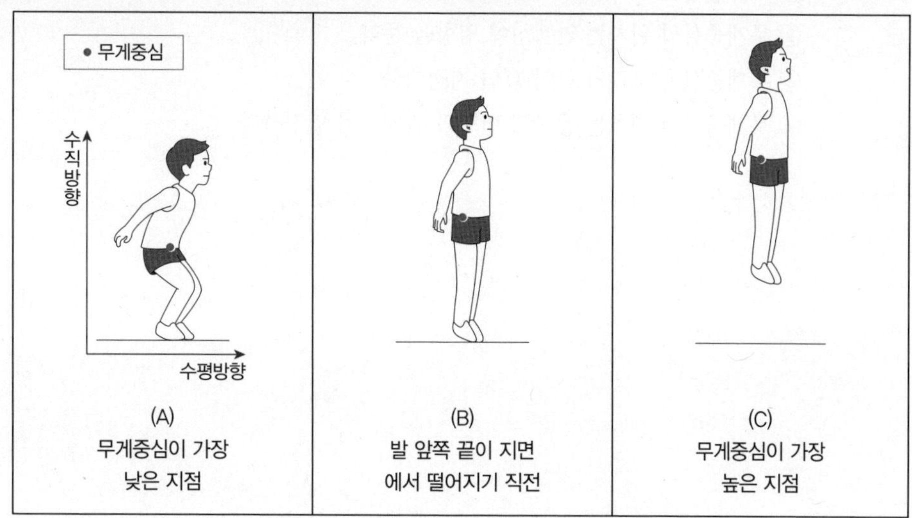

① (A)부터 (B)까지 한 일(Work)은 위치에너지의 변화량과 같다.
② (A)부터 (B)까지 넙다리네갈레근(대퇴사두근, Quadriceps)은 신장성 수축(Eccentric Contraction)을 한다.
③ (B)부터 (C)까지 무게중심의 수직가속도는 증가한다.
④ (C)지점에서 인체 무게중심의 수직속도는 0m/sec이다.

14 회전운동에 관한 설명으로 옳지 않은 것은?

① 회전하는 물체의 접선속도는 각속도와 반지름의 곱으로 구한다.
② 회전하는 물체의 각속도는 호의 길이를 소요시간으로 나누어 구한다.
③ 인체의 관성모멘트(Moment of Inertia)는 회전축의 방향에 따라 변한다.
④ 토크는 힘의 연장선이 물체의 중심에서 벗어난 지점에 작용할 때 발생한다.

15 **인체의 무게중심에 관한 설명으로 옳지 않은 것은?** 기출 15 16 17 19 20 21 22 23

① 무게중심은 인체 외부에 위치할 수 있다.
② 무게중심의 위치는 안정성에 영향을 준다.
③ 무게중심은 토크의 합이 '0'인 지점이다.
④ 무게중심의 위치는 동작의 변화와 관계없이 일정하다.

16 **중력가속도의 개념에 관한 설명으로 옳지 않은 것은?** 기출 18

① 중력가속도의 크기는 9.8m/sec^{2}이다.
② 중력가속도는 지구 중심방향으로 작용한다.
③ 인체의 무게는 질량과 중력가속도의 곱으로 산출한다.
④ 토스한 배구공이 상승하는 과정에서는 중력가속도의 영향을 받지 않는다.

17 **인체의 근골격계에 관한 설명으로 옳은 것은?**

① 골격근의 수축은 관절에서 회전운동을 일으키지 못한다.
② 인대(Ligament)는 골격근을 뼈에 부착시키는 역할을 한다.
③ 작용근(주동근, Agonist)은 의도한 운동을 발생시키는 근육이다.
④ 팔꿈치관절에서 굽힘근(굴근, Flexor)의 수축은 관절의 각도를 커지게 한다.

18 **기저면의 변화를 통해 안정성을 증가시킨 동작으로 옳지 않은 것은?** 기출 15 17 18 21 23

① 산에서 내려오며 산악용 스틱을 사용하여 지면을 지지하기

② 씨름에서 상대방이 옆으로 당기자 다리를 좌우로 벌리기

③ 평균대 외발서기 동작에서 양팔을 좌우로 벌리기

④ 스키점프 착지 동작에서 다리를 앞뒤로 교차하여 벌리기

19 **역학적 일(Work)과 일률(Power)의 개념을 바르게 설명한 것은?** 기출 15 16 17 18 19 21 23

① 일의 단위는 watt 또는 joule/sec이다.

② 일률은 힘과 속도의 곱으로 산출한다.

③ 일률은 이동한 거리를 고려하지 않는다.

④ 일은 가해진 힘의 크기에 반비례한다.

20 **운동역학을 스포츠 현장에 적용한 사례로 적절하지 않은 것은?** 기출 15 16 17 19 20 21 22 23

① 멀리뛰기에서 도약력 측정을 위한 지면반력 분석

② 다이빙에서 각운동량 산출을 위한 3차원 영상분석

③ 축구에서 운동량 측정을 위한 웨어러블 센서(Wearable Sensor)의 활용

④ 경기장 적응을 위해 가상현실을 활용한 양궁 심상훈련 지원

01 〈보기〉에서 설명하는 법령은?

> 이 법은 국민 모두가 스포츠 및 신체활동에 자유롭고 평등하게 참여하여 건강하고 행복한 삶은 영위할 수 있도록 스포츠의 가치가 교육, 문화, 환경, 인권, 복지, 정치, 경제, 여가 등 우리 사회 영역 전반에 확산될 수 있게 국가와 지방자치단체가 그 역할을 다하며, 개인이 스포츠 활동에서 차별받지 아니하고, 스포츠의 다양성, 자율성과 민주성의 원리가 조화롭게 실현되도록 하는 것을 기본 이념으로 한다.

① 스포츠클럽법
② 스포츠기본법
③ 국민체육진흥법
④ 학교체육진흥법

02 〈보기〉에서 스포츠에서 발생하는 폭력의 유형과 특징으로 옳은 것만을 모두 고른 것은?

> ㄱ. 직접적 폭력은 가시적, 파괴적이다.
> ㄴ. 직접적 폭력은 상해를 입히려는 의도가 있는 행위이다.
> ㄷ. 구조적 폭력은 비가시적이며 장기간 이루어진다.
> ㄹ. 구조적 폭력은 의도가 노골적이지 않지만 관습처럼 반복된다.
> ㅁ. 문화적 폭력은 언어, 행동양식 등의 상징적 행위를 통해 가해진다.
> ㅂ. 문화적 폭력은 위해를 '옳은 것'이라 정당화하여 '문제가 되지 않게' 만들기도 한다.

① ㄱ, ㄷ, ㅁ
② ㄱ, ㄷ, ㄹ, ㅂ
③ ㄱ, ㄴ, ㄷ, ㄹ, ㅁ
④ ㄱ, ㄴ, ㄷ, ㄹ, ㅁ, ㅂ

03 스포츠에서 여성에 대한 차별이 발생하거나 심화되는 원인으로 볼 수 없는 것은?

기출 16 17 20 23

① 생물학적 환원주의
② 남녀의 운동 능력 차이
③ 남성 문화에 기반한 근대스포츠
④ 여성 참정권

04 〈보기〉에서 (가)의 문제를 해결하기 위해 생명중심주의 입장에서 (나)를 제시한 학자는?

기출 20

(가)

스포츠에서 환경문제가 발생하는 근본 원인은 스포츠의 사회문화적 가치와 환경 혹은 자연의 보전 가치 사이의 충돌이다.

(나)

- 불침해의 의무 : 다른 생명체에 해를 끼쳐서는 안 된다.
- 불간섭의 의무 : 생태계에 간섭해서는 안 된다.
- 신뢰의 의무 : 낚시나 덫처럼 동물을 기만하는 행위를 해서는 안 된다.
- 보상적 정의의 의무 : 부득이하게 해를 끼친 경우 피해를 보상해야 한다.

① 테일러(P. Taylor)
② 베르크(A. Berque)
③ 콜버그(L. Kohlberg)
④ 패스모어(J. Passmore)

05 〈보기〉의 ㉠~㉢에 들어갈 용어로 바르게 묶인 것은? 기출 15 18 19 20 21 22 23

> • (㉠) : 생물학적, 형태학적 특징에 따라 분류된 인간 집단
> • (㉡) : 특정 종목에 유리하거나 불리한 인종이 실제로 존재한다는 사고 방식
> • (㉢) : 선수의 능력 차이를 특정 인종의 우월이나 열등으로 과장하여 차등을 조장하는 것

	㉠	㉡	㉢
①	인 종	인종주의	인종차별
②	인 종	인종차별	젠더화 과정
③	젠 더	인종주의	인종차별
④	젠 더	인종차별	젠더화 과정

06 〈보기〉의 축구 경기 비디오 판독(VAR)에서 심판 B의 판정 견해를 지지하는 윤리 이론에 가장 부합하는 것은? 기출 16 17 18 19 20 22 23

> • 심판 A : 상대 선수가 부상을 입었지만 퇴장은 가혹하다.
> • 심판 B : 그 선수가 충돌을 피할 수 있는 시간은 충분했다. 그러나 그는 피하려 하지 않았다. 따라서 퇴장의 처벌은 당연하다.

① 최대다수의 최대행복
② 의무주의
③ 쾌락주의
④ 좋음은 옳음의 근거

07 〈보기〉에 담긴 윤리적 규범과 관련이 없는 것은?

기출 18 19 21 23

> 나는 운동선수로서 경기의 규칙을 숙지하고 준수하여 공정하게 시합을 한다.

① 페어플레이(Fair Play)
② 스포츠딜레마(Sport Dilemma)
③ 스포츠에토스(Sport Ethos)
④ 스포츠퍼슨십(Sportpersonship)

08 〈보기〉의 사례로 나타나는 품성으로 스포츠인에게 권장하지 않는 것은?

> • 경기 규칙의 위반은 옳지 않음을 알면서도 불공정한 파울을 행하기도 한다.
> • 도핑이 그릇된 일이라는 점을 알고 있지만, 기록갱신과 승리를 위해 도핑을 강행한다.

① 테크네(Techne)
② 아크라시아(Akrasia)
③ 에피스테메(Episteme)
④ 프로네시스(Phronesis)

09 〈보기〉의 내용과 가장 밀접한 것은?

기출 21

> • 정정당당하게 경기에 임하라.
> • 어떠한 경우에도 최선을 다해라.
> • 운동선수는 페어플레이를 해야 한다.

① 모방욕구
② 가언명령
③ 정언명령
④ 배려윤리

10 〈보기〉의 내용에 해당하는 윤리적 태도는?

기출 17 18 21

나는 경기에 참여할 때마다, 나의 행동 하나하나가 가능한 한 많은 사람이 만족하는 데 기여할 수 있도록 노력한다.

① 행위 공리주의
② 규칙 공리주의
③ 제도적 공리주의
④ 직관적 공리주의

11 〈보기〉의 설명에 해당하는 스포츠에서의 정의(Justice)는?

기출 17 20 22

정의는 공정과 준법을 요구한다. 모든 선수에게 동등한 기회를 보장해야 한다는 공정의 원칙은 지켜지지 않을 때가 있다. 스포츠에서는 완전한 통제가 어려운 불평등을 줄이기 위해 공수교대, 전후반 진영 교체, 홈 · 원정 경기, 출발 위치 제비뽑기 등을 한다.

① 자연적 정의
② 평균적 정의
③ 분배적 정의
④ 절차적 정의

12 〈보기〉의 ㉠~㉢에 해당하는 용어가 바르게 제시된 것은?

기출 19 21

> 공자의 사상은 (㉠)(으)로 설명할 수 있다. (㉡)은/는 마음이 중심을 잡아 한쪽으로 치우치지 않는 상태를 의미하고, (㉢)은/는 나와 타인의 마음이 서로 다르지 않다는 뜻으로 배려와 관용을 나타낸다. 공자는 (㉢)에 대해 "내가 원하지 않는 일을 남에게 하지 말라(己所不欲 勿施於人)"는 정언명령으로 규정한다. 이는 스포츠맨십과 상통한다.

	㉠	㉡	㉢
①	충효(忠孝)	충(忠)	효(孝)
②	정의(正義)	정(正)	의(義)
③	정명(正名)	정(正)	명(名)
④	충서(忠恕)	충(忠)	서(恕)

13 〈보기〉의 주장과 가장 밀접한 관련이 있는 것은?

기출 17 18 21

> 스포츠 경기에서 승자의 만족도는 '1'이고, 패자의 만족도는 '0'이라고 말하는 사람이 있다. 그러나 스포츠 경기에서 양자의 만족도 합은 '0'에 가까울 수 있고, '2'에 가까울 수도 있다. 승자와 패자의 만족도가 각각 '1'에 가까울 수 있기 때문이다.

① 칸 트
② 정언명령
③ 공정시합
④ 공리주의

14 〈보기〉의 설명에 해당하는 반칙의 유형은?

기출 21

> • 동기, 목표가 뚜렷하다.
> • 스포츠의 본질적인 성격을 부정하는 의미로 해설할 수 있다.
> • 실격, 몰수패, 출전 정지, 영구 제명 등의 처벌이 따른다.

① 의도적 구성 반칙
② 비의도적 구성 반칙
③ 의도적 규제 반칙
④ 비의도적 규제 반칙

15 〈보기〉의 대화에서 '윤성'의 윤리적 관점은?

기출 17 18

> 진서 : 나 어젯밤에 투우 중계방송 봤는데, 스페인에서 엄청 인기더라구! 그런데 동물을 인간 오락의 대상으로 삼는 것은 윤리적으로 허용될 수 없는 거 아니야?
> 윤성 : 난 다르게 생각해! 스포츠 활동은 인간의 이상을 추구하기 위한 것이고, 그 이상의 실현을 위해 동물은 수단으로 활용될 수 있는 거 아닐까? 승마의 경우 인간과 말이 훈련을 통해 기량을 향상시키고 결국 사람 간의 경쟁에 동물을 도구로 활용한다고 볼 수 있잖아.

① 동물해방론
② 동물권리론
③ 종차별주의
④ 종평등주의

16 〈보기〉의 사례에서 나타나는 윤리적 태도와 가장 밀접한 관련이 있는 것은? 기출 17 18 19 23

선수는 윤리적 갈등을 겪을 때면, 우리 사회에서 오랫동안 본보기가 되어온 위인들을 떠올린다. 그리고 그 위인들처럼 행동하려고 노력한다.

① 멕킨타이어(A. MacIntyre)
② 의무주의(Deontology)
③ 쾌락주의(Hedonism)
④ 메타윤리(Metaethics)

17 스포츠윤리의 특징으로 적절하지 않은 것은? 기출 18 19 20 21 23

① 스포츠 경쟁의 윤리적 기준이다.
② 올바른 스포츠 경기의 방향이 된다.
③ 보편적 윤리로는 다룰 수 없는 독자성이 있다.
④ 스포츠인의 행위, 실천의 기준이다.

18 〈보기〉에서 학생운동선수의 학습권 보호와 관련된 것으로 옳은 것만 모두 고른 것은? 기출 15 16 18 22

ㄱ. 최저 학력 제도 ㄴ. 리그 승강 제도 ㄷ. 주말 리그 제도 ㄹ. 학사 관리 지원 제도

① ㄱ, ㄴ, ㄷ
② ㄱ, ㄴ, ㄹ
③ ㄱ, ㄷ, ㄹ
④ ㄴ, ㄷ, ㄹ

19 〈보기〉의 주장에 나타난 윤리적 관점은?

기출 20

> 스포츠 행위의 도덕적 가치는 사회에 따라, 또는 사람에 따라 다를 수 있다. 물론 도덕적 준거가 없는 것은 아니다.

① 윤리적 절대주의
② 윤리적 회의주의
③ 윤리적 상대주의
④ 윤리적 객관주의

20 〈보기〉의 대화에서 논란이 되고 있는 도핑의 종류는?

기출 23

> 지원 : 스포츠 뉴스 봤어? 케냐의 마라톤 선수 킵초게가 1시간 59분 40초의 기록을 세웠대!
> 사영 : 우와! 2시간의 벽이 드디어 깨졌네요! 인간의 한계는 끝이 없나요?
> 성현 : 그런데 이번 기록은 특수 제작된 신발을 신고 달렸으니 킵초게 선수의 능력만으로 달성했다고 볼 수 없는 거 아니야? 스포츠에 과학기술의 도입은 필요하지만 이러다가 스포츠에서 탁월성의 근거가 인간에서 기술로 넘어가는 거 아니야?
> 혜름 : 맞아! 수영의 전신 수영복, 야구의 압축 배트가 금지된 사례도 있잖아!

① 약물도핑(Drug Doping)
② 기술도핑(Technology Doping)
③ 브레인도핑(Brain Doping)
④ 유전자도핑(Gene Doping)

2024년
필수과목 기출문제

정답 및 해설 p.112

1과목 특수체육론

01 「장애인복지법」(1989)에 근거하여 최초로 설립된 장애인 체육 행정조직은?

① 대한장애인체육회
② 대한민국상이군경회
③ 한국장애인복지체육회
④ 한국소아마비아동특수보육협회

02 장애인스포츠지도사의 역할로 옳지 않은 것은?

① 장애인의 독특한 요구(Unique Needs)를 확인한다.
② 장애인의 기능 회복을 위한 치료 서비스를 제공한다.
③ 장애인에게 적합한 지도환경과 지도내용을 결정한다.
④ 스포츠와 관련된 과제, 환경 등을 장애인의 요구에 맞게 변형한다.

03 〈보기〉의 ㉠~㉣에 들어갈 용어를 옳게 나열한 것은?

> • (㉠) : 개인의 행동특성을 다양한 형태의 증거를 근거로 종합적으로 판단(예 배치)하는 과정
> • (㉡) : 수집된 자료에 근거하여 가치 판단을 내리는 과정
> • (㉢) : 행동특성을 수량화하는 과정
> • (㉣) : 운동기술과 지식 등을 측정하기 위한 도구

	㉠	㉡	㉢	㉣
①	사정	평가	검사	측정
②	평가	사정	측정	검사
③	사정	평가	측정	검사
④	평가	사정	검사	측정

04 TGMD-3(Test of Gross Motor Development-3)에 대한 설명으로 옳은 것은?

기출 17 18 21 23

① 3세~6세 아동만을 대상으로 한다.
② 규준참조평가도구로 사용할 수 없다.
③ 6가지의 이동기술 검사항목과 5가지의 공(Ball) 기술 항목을 검사한다.
④ 각 검사항목의 수행 준거를 정확하게 수행하면 1점, 정확하게 수행하지 못하면 0점을 부여한다.

05 미국장애인교육법(IDEA, 1997)에서 요구하고 있는 개별화교육프로그램(IEP)의 필수 구성요소가 아닌 것은?

기출 19 22 23

① 부모의 동의
② 학생의 현재 수행 수준
③ 학생에게 정기적으로 통지하는 방법
④ 측정할 수 있고 구체적인 연간계획과 장기목표

06 〈보기〉에서 설명하는 원시반사(Primitive Reflex)는? 기출 21 23

- 누운 자세에서 머리를 좌우로 돌렸을 때 나타나는 반응이다.
- 뒤통수 쪽의 팔과 다리는 굽혀지고, 얼굴 쪽의 팔과 다리는 펴진다.
- 뇌성마비 장애인은 반사가 사라지지 않고 남아 있다.

① 비대칭 긴장성 목반사

② 모로반사

③ 긴장성 미로 반사

④ 대칭성 긴장성 목반사

07 〈보기〉에서 설명하는 특수체육 수업방식은? 기출 18

지도자는 효과적인 농구 수업을 위해 체육관의 각기 다른 구역에 여러 가지의 과제를 준비했다. 한 가지 과제에서 시작하여 주어진 활동을 마치거나 지도자가 신호하면 학습자들은 다음 과제의 수행장소로 이동한다. 지도자는 각각의 과제를 수행하는 곳을 돌며 도움이 필요한 학습자를 지도한다.

① 스테이션 수업

② 대그룹 수업

③ 협력학습 수업

④ 또래교수 수업

08 〈보기〉는 D. Ulrich(1985)이 제시한 대근운동발단단계이다. ㉠에 들어갈 내용으로 옳은 것은?

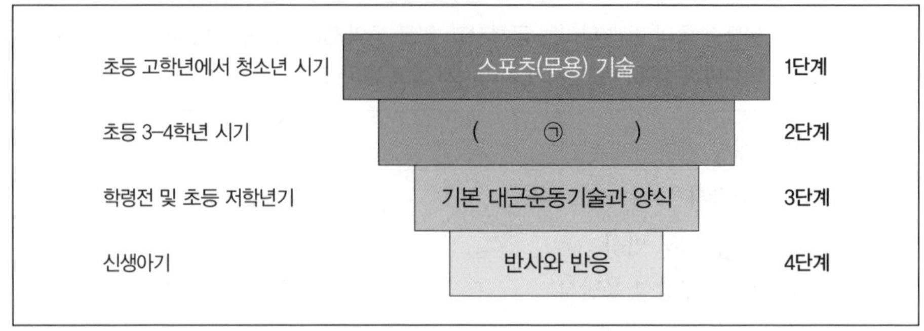

① 자세조절기술
② 물체조작기술
③ 감각지각운동기술
④ 리드-업 게임과 기술

09 운동발달의 관점에서 조작성 운동양식에 관한 설명으로 옳지 않은 것은?

① 3세에는 몸으로 끌어안으며 공을 받는다.
② 2~3세에는 다리를 펴고 제자리에 서서 공을 찬다.
③ 2~3세에는 앞을 보고 상하 방향으로 공을 친다.
④ 4~5세에는 던지는 팔과 반대쪽 발을 앞으로 내밀며 공을 던진다.

10 T6(흉추 6번) 이상의 손상이 있는 선수의 체력운동 시 고려사항으로 옳지 않은 것은?

기출 17 18 22 23

① 근육량이 적은 선수는 유산소 운동보다는 무산소 운동이 적절하다.
② 유산소 운동 중 젖산이 급격히 생성되므로 긴 휴식시간과 에너지원 보충이 필요하다.
③ 땀을 흘리는 피부 면적이 좁아 더위에서 운동하면 체온이 급격히 올라가는 것을 고려해야 한다.
④ 교감신경에 손상이 있는 경우, 심박수를 운동과정과 회복과정 그리고 운동처방에 사용한다.

11 〈표〉의 ㉠~㉢에 해당하는 행동관리 기법을 바르게 나열한 것은? 기출 17 18

성별(나이)	남자(14세)	장 소	수영장
장애유형	지적장애	프로그램	수영하기
문제행동	멈춰 서서 친구 방해하기		
상 황	지도자 A : 한국(가명)이는 수영할 때 반복적으로 멈춰 서서 친구들을 방해해요. 그때마다 잘못된 행동이라고 지적을 해도 계속하네요. 지도자 B : 우선 ㉠ 문제행동이 발생하면 바로 일정 시간 동안 물 밖에 있도록 하세요. 물과 좀 멀리요. 지도자 A : 알겠습니다. 한국이는 수중 활동을 좋아하고 물에 있으면 행복해하거든요. 지도자 B : 다른 기법도 있어요. ㉡ 문제행동을 했을 때 한국이에게 이미 주어진 정적 강화물을 상실하게 하는 방법도 있어요. ㉠과 ㉡기법으로 문제행동의 빈도가 감소한다면, 큰 틀에서 (㉢)이 됩니다.			

	㉠	㉡	㉢
①	타임아웃	반응대가	부적 벌
②	타임아웃	용 암	정적 벌
③	소 거	반응대가	정적 벌
④	소 거	용 암	부적 벌

12 미국지적장애및발달장애협회(AAIDD, 2021)의 지적장애 정의에 근거하여 〈보기〉의 ㉠~㉢에 들어갈 내용이 바르게 나열된 것은? 기출 20 22

- 표준화 검사를 통해 산출된 지능지수 점수가 (㉠) 표준편차 이하이다.
- 적응행동의 (㉡) 기술은 식사, 옷 입기, 작업 기술, 건강과 안전, 일과 계획, 전화사용 등이 포함된다.
- (㉢) 이전에 발생한다.

	㉠	㉡	㉢
①	−2	실제적	20세
②	−2	개념적	20세
③	−2	실제적	22세
④	−2	개념적	22세

PART 1

13 〈보기〉가 설명하는 장애유형에 관한 설명으로 옳지 않은 것은? 기출 18

- 21번 염색체가 삼염색체(Trisomy 21)이다.
- 의학적 문제(선천성 심장질환, 근시 등)가 있을 수 있다.
- 인종, 국적, 종교, 사회적 지위 등과 관계없이 발생하는 보편성을 지니고 있다.

① 염색체 중 상염색체(Autosome Chromosome)에 문제가 있다.
② 대부분 포만 중추의 문제로 저체중 발생 빈도가 매우 높다.
③ 근육 저긴장성 때문에 지도자의 관리하에 근력 운동이 필요하다.
④ 경추 정렬(Atlantoaxial instability)의 문제 때문에 운동 참여 시 척수손상에 대해 특히 주의한다.

14 〈보기〉가 설명하는 스페셜 올림픽 종목은? 기출 19

- 경기장은 3.66m × 18.29m 크기의 직사각형이다.
- 공식 경기는 단식 경기, 복식 경기, 팀 경기 등이 있다.
- 한 팀당 4개의 공을 소유하고, 표적구에 가까이 던진 팀이 점수를 획득하는 경기이다.

① 보체(Bocce)
② 플로어볼(Floorball)
③ 보치아(Boccia)
④ 넷볼(Netball)

15 〈표〉는 운동기능에 따른 뇌성마비의 분류체계이다. 〈표〉의 ㉠~㉢에 들어갈 내용을 바르게 나열한 것은? **기출** 16 17 19 20 21

구 분	경직형 (Spastic)	운동실조형 (Ataxia)	무정위운동형 (Athetoid)
손상 부위	운동피질	(㉠)	(㉡)
근 긴장도	과긴장성	저긴장성	근 긴장의 급격한 변화
운동 특성	• 관절가동 범위의 제한 • 가위 보행	• 평형성 부족 • 협응력 부족	• (㉢) 움직임 • 머리 조절의 어려움

	㉠	㉡	㉢
①	소 뇌	기저핵	불수의적
②	기저핵	중 뇌	수의적
③	소 뇌	연 수	불수의적
④	기저핵	소 뇌	수의적

16 〈보기〉에 근거하여 밑줄 친 ㉠에 대한 지도전략으로 옳지 않은 것은? **기출** 17

> • 틀에 박힌 일이나 의례적인 행동에 집착한다.
> • 발달 수준에 맞게 친구 관계를 형성하지 못한다.
> • 지도자가 "공을 던져라"라고 지시하면, "공을 던져라"라는 말을 반복한다.
> • ㉠ 정해진 경로로 이동하지 않거나 시간이나 장소의 갑작스러운 변화에 저항한다.

① 체육활동에 대한 시각적 일과표를 제공한다.
② 체육활동을 일정한 규칙과 순서로 진행한다.
③ 지도할 때 그림 카드, 의사소통 보드 등을 활용한다.
④ 참여자의 선호도보다는 지도자의 의도대로 진행한다.

17 척수손상 장애인의 특성에 관한 지도자의 대처로 옳지 않은 것은?

기출 16 18 19 20 22

① 욕창이 생기지 않도록 자세를 자주 바꾸게 한다.
② 기립성 저혈압의 경우 압박 스타킹을 착용하도록 한다.
③ 자율신경 반사이상(Autonomic Dysreflexia)이 발생할 때 고강도 순환 운동으로 전환한다.
④ 운동 중에 과도하게 체온이 상승하는 것을 예방하기 위해 물을 분무해 주면서 휴식을 취하도록 한다.

18 시각장애인의 지도전략으로 옳지 않은 것은?

기출 15 16 17 18 19 20 21 23

① 스포츠 참여는 안전을 위해 개인 종목만 지도한다.
② 시범은 잔존시력 범위에서 보이면서 언어적 설명을 병행하는 것이 효과적이다.
③ 지도자는 지도할 때 시각장애인에게 신체 접촉의 형태, 방법, 이유 등을 구체적으로 안내한다.
④ 전맹의 경우 스포츠 동작에 대한 이해도를 높이기 위해 관절이 굽어지는 인체 모형을 사용할 수 있다.

19 진행성 근이영양증(Muscular Dystrophy ; MD)에 관한 설명으로 옳지 않은 것은?

기출 18 20 21

① 디스트로핀(Dystrophin) 단백질 결손과 관련된 유전질환이다.
② 근위축은 규칙적인 근력 및 근지구력 운동으로 예방할 수 있다.
③ 듀센형(Duchenne MD) 장애인은 대부분 평균 이상의 지적 능력을 보인다.
④ 듀센형 장애인은 종아리 근육에 가성비대(Pseudohypertrophy)가 나타난다.

20 제시어와 〈보기〉의 수어 ㉠~㉢을 바르게 나열한 것은?

기출 19 22 23

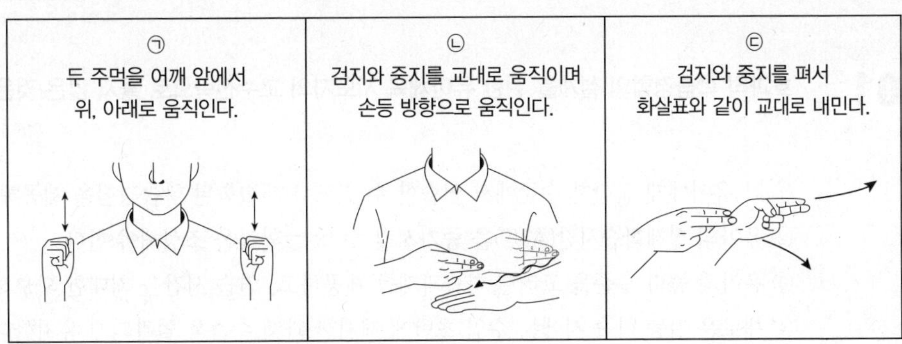
㉠
두 주먹을 어깨 앞에서
위, 아래로 움직인다.
㉡
검지와 중지를 교대로 움직이며
손등 방향으로 움직인다.
㉢
검지와 중지를 펴서
화살표와 같이 교대로 내민다.

	수 영	운 동	스케이트
①	㉠	㉡	㉢
②	㉠	㉢	㉡
③	㉡	㉠	㉢
④	㉢	㉠	㉡

01 효과적 학습경험의 설계를 위한 유아체육 지도자의 교수전략으로 옳지 않은 것은?

기출 16 18 20 21 22

① 각 유아에게 적합한 수준에서 연습할 수 있도록 개별화된 학습경험을 제공해야 한다.
② 유아의 실제학습시간(ALT)을 증가시킬 수 있는 환경을 조성해야 한다.
③ 유아의 능력 수준을 고려한 학습과제를 제공하고, 연습 시간을 최대한 확보해 준다.
④ 새로운 기능 학습 시에는 수업 초반에 제시한 과제 수준을 일관되게 유지한다.

02 유아의 운동기술 연습 시 지도자의 적합한 시범으로 옳지 않은 것은?

기출 22

① 시범에서 언어적 표현을 보다 많이 활용할 때 더 효과적이다.
② 시범은 주가적 학습단서(Learning Cue)와 함께 제공될 때 더 효과적이다.
③ 다양한 각도에서 이루어진 시범을 통해 정확한 정보를 제공한다.
④ 자주 실수하는 동작에 대해 반복적인 시범을 보여 준다.

03 유아 신체활동의 내적 참여동기를 증진시키는 효과적 교수전략으로 옳지 않은 것은?

기출 21

① 유아의 능력과 과제 난이도를 고려한 프로그램 제공을 통해 몰입을 돕는다.
② 학습과제 범위 내에서 유아에게 자율적 선택권을 부여한다.
③ 활동적으로 참여하는 유아를 격려하고 칭찬한다.
④ 프로그램 내 과제 수준을 동일하게 제공한다.

04 **유아의 지각–운동 발달에 관한 설명으로 옳지 않은 것은?** 기출 16 17 18 19 20 21 23

① 유아기는 지각–운동 발달의 최적기이다.
② 지각이란 감각수용세포가 자극으로 들어온 정보를 뇌로 전달하는 것을 뜻한다.
③ 지각–운동 발달은 아동의 운동능력을 나타내는 중요 요소 중 하나이다.
④ 유아기의 지각–운동 학습경험이 많을수록 다양한 운동상황에 반응하는 적응력이 발달된다.

PART 1

05 **〈보기〉가 설명하는 것은?**

• 체온이 40℃ 이상으로 오른다.
• 땀을 전혀 흘리지 않거나 과도하게 많이 흘린다.
• 신체 내 열을 외부로 발산하지 못해 고체온 발생 및 중추신경계의 이상을 보인다.
• 신속한 체온감소 조치와 병원 후송이 필요하다.

① 일사병
② 열사병
③ 고체온증
④ 열경련

06 **〈보기〉의 ㉠~㉢에 해당하는 설명과 유아체육 프로그램의 구성원리가 올바르게 제시된 것은?** 기출 17 20 21

㉠ 차기(Kicking)의 개념 학습 후, 정지된 공에서 빠르게 움직이는 공의 순으로 수업을 설계한다.
㉡ 대근육 운동에서 소근육 운동으로 확장된 움직임 수업을 설계한다.
㉢ 발달 단계에 따른 민감기를 고려한 움직임 수업을 설계한다.

	㉠	㉡	㉢
①	연계성	전면성	특이성
②	다양성	방향성	적합성
③	연계성	방향성	적합성
④	다양성	적합성	개별성

07 〈보기〉의 ㉠~㉢에 들어갈 용어가 바르게 제시된 것은?

㉠	• 일정 시기가 되면 자연히 발생되는 양적인 변화과정이다. • 신장, 체중, 신경조직, 세포증식의 확대에 의한 증가를 뜻한다.
㉡	• 신체, 운동, 심리적 측면에서 전 생애에 걸쳐 일어나는 체계적이고 연속적인 변화를 뜻한다. • 변화하는 속도에는 개인차가 있으며, 상승적 변화뿐 아니라 하강적 변화도 포함한다.
㉢	• 기능을 더 높은 수준으로 발전할 수 있도록 하는 질적 변화를 뜻한다. • 신체적, 생리적 변화뿐 아니라 행동 변화까지 포함한다.

	㉠	㉡	㉢
①	성숙	발달	성장
②	발달	성숙	성장
③	성장	발달	성숙
④	발달	성장	성숙

08 〈보기〉는 대근운동발달검사-Ⅱ(Test of Gross Motor Development-Ⅱ ; TGMD-Ⅱ)의 영역별 검사항목이다. ㉠, ㉡에 들어갈 항목이 바르게 연결된 것은? 기출 23

구 분	영 역	세부 검사항목
대근 운동 기술	이동 기술	달리기, 제자리멀리뛰기, 외발뛰기(Hop), (㉡), 립(Leap), 슬라이드(Slide)
	(㉠) 기술	공 던지기(Over-hand Throw), 공 받기, 공 치기(Striking), 공 차기, 공 굴리기, 공 튕기기(Dribble)

	㉠	㉡
①	안정성	갤럽(Gallop)
②	물체 조작	피하기(Dodging)
③	안정성	피하기(Dodging)
④	물체 조작	갤럽(Gallop)

09

〈보기〉는 인지발달 관점에 따른 주요 이론의 내용이다. ㉠~㉣에 들어갈 용어가 바르게 제시된 것은? 기출 17 18 19 20 21 22

이 론	발달단계	주요 개념	인지발달의 방향
인지발달단계 이론	감각운동기 전조작기 구체적 조작기 (㉡)	(㉢) 동 화 조 절	내부 → 외부
(㉠)	연속적 발달단계	내면화 (㉣) 비계설정	외부 → 내부

	㉠	㉡	㉢	㉣
①	정보처리 이론	형식적 조작기	부호화	기억기술
②	사회문화적 이론	형식적 조작기	평형화	근접발달영역
③	정보처리 이론	성숙적 조작기	부호화	근접발달영역
④	사회문화적 이론	성숙적 조작기	평형화	기억기술

10

반사 움직임 시기의 '정보 부호화 단계(Information Encoding Stage)'에 대한 설명으로 옳지 않은 것은?

① 피질의 발달과 특정 환경적 억제 요인의 감소 현상이 일어난다.
② 태아기를 거쳐 생후 약 4개월까지 관찰될 수 있는 불수의적 움직임의 특징을 보인다.
③ 뇌 중추는 다양한 강도와 지속시간을 가진 여러 자극에 대해 불수의적 반응을 유발할 수 있다.
④ 뇌하부 중추는 운동 피질보다 더 많이 발달하며 태아와 신생아의 움직임을 제어하는데 필수적이다.

11 체육과 교육과정(2022)에서 추구하는 핵심적인 신체활동 역량의 내용이 아닌 것은? 기출 23

① 움직임 수행 역량 : 운동, 스포츠, 표현 활동 과정에서 동작에 필요한 지식, 기능, 태도를 다양한 상황에 적용하며 발달한다.

② 건강관리 역량 : 체육과 내용 영역에서 학습한 신체활동을 일상생활에서 실천하며 함양한다.

③ 신체활동 문화 향유 역량 : 각 신체활동 형식의 특성을 이해하고 인류가 축적한 문화적 소양을 내면화하여 공동체 속에서 실천하면서 길러진다.

④ 자기 주도성 역량 : 신체적으로 활동적인 삶을 사는 데 필요한 움직임을 다양한 환경에서 수행하고 적용함으로써 길러진다.

12 〈보기〉의 지도자별 교수 방법이 바르게 연결된 것은? 기출 15 16 17 19 23

- A 지도자 : 콘을 지그재그로 통과하면서 드리블하는 시범을 보이고 따라 하게 유도한다. 실수하거나 느린 아이들은 지적하면서 동작을 수정해 준다.
- B 지도자 : 아이들이 개별적으로 볼을 가지고 놀면서 자유롭게 드리블을 하게 한다. 모든 공간을 쓸 수 있게 허용한다. 어떠한 신체 부위를 사용하든지 관여하지 않는다.
- C 지도자 : 인사이드 드리블, 아웃사이드 드리블 등 다양한 유형의 기술을 시범 보인다. 이후에 아이들이 자신이 좋아하거나 잘하는 기술 위주로 자유롭게 선택하여 연습할 수 있도록 유도한다.
- D 지도자 : 활동 전 아이들에게 어떻게 하면 콘을 건드리지 않고 드리블해 나갈 수 있을지 질문한 후 실제 활동을 하게 한다. 이후 다양한 수준을 가진 아이들의 수행을 관찰하게 한다.

① A 지도자 : 탐색적(Exploratory) 방법

② B 지도자 : 과제 중심 접근(Task-driented) 방법

③ C 지도자 : 지시적 교수법(Command Style Teaching)

④ D 지도자 : 안내-발견적(Guide-discovery) 방법

13 〈보기〉는 퍼셀(M. Purcell)이 제시한 동작교육과정에 관한 내용이다. ㉠~㉢에 해당하는 용어가 바르게 연결된 것은?

> • (㉠) : 전신의 움직임, 신체 부분의 움직임
> • (㉡) : 수준, 방향
> • (㉢) : 시간, 힘
> • (관계) : 파트너/그룹, 기구 · 교수 자료

	㉠	㉡	㉢
①	공간 인식	노 력	신체 인식
②	신체 인식	공간 인식	노 력
③	노 력	신체 인식	공간 인식
④	신체 인식	노 력	공간 인식

14 〈보기〉는 인간행동의 '역학적 요인'이다. ㉠~㉢에 들어갈 용어가 바르게 연결된 것은?

> • 안정성 요인 : 중력 중심, 중력선, (㉠)
> • 힘을 가하는 요인 : 관성, (㉡), 작용/반작용
> • 힘을 받는 요인 : 표면적, (㉢)

	㉠	㉡	㉢
①	지지면	가속도	거 리
②	가속도	거 리	지지면
③	지지면	거 리	가속도
④	거 리	가속도	지지면

15 〈표〉는 미국스포츠의학회(ACSM, 2022)의 '어린이와 청소년을 위한 FITT(빈도, 강도, 시간, 형태) 권고사항'이다. ㉠~㉢에 들어갈 용어가 바르게 연결된 것은? 기출 23

구 분	유산소 운동	저항 운동	뼈 강화 운동
형 태	여러 가지 스포츠를 포함한 즐겁고 (㉠)에 적절한 활동	신체활동은 (㉡)되지 않은 활동이나 (㉡)되고 적절하게 감독할 수 있는 활동으로 구성	달리기, 줄넘기, 농구, 테니스 등과 같은 활동
시 간	하루 (㉢) 이상의 운동시간이 포함되도록 함		

	㉠	㉡	㉢
①	기술 향상	분절화	60분
②	성장 발달	분절화	40분
③	성장 발달	구조화	60분
④	기술 향상	구조화	40분

16 기본 움직임 과제들의 '기술 내 발달 순서(Intraskill Sequences)'에 관한 설명으로 옳지 않은 것은? 기출 22 23

① 기본 움직임 패턴에서 신체 부위들의 발달 속도는 서로 다를 수 있다.
② 기본 움직임 기술의 습득 및 성숙은 과제 · 개인 · 환경 요인들에 영향을 받는다.
③ 움직임 기술의 발달 단계 구분은 움직임 패턴의 특수성이나 관찰자의 정교함에 영향을 받지 않는다.
④ 갤러휴(D. Gallahue)와 클렐랜드(F. Cleland)는 운동기술의 발달 순서에 대해 시작, 초보, 성숙으로 분류하였다.

17 '국민체력100'에서 제시하는 유아기 체력측정에 관한 설명으로 옳은 것만을 모두 고른 것은?

기출 16 18 20 21 23

ㄱ. 체력측정은 건강체력과 운동체력 항목으로 나뉜다.
ㄴ. 건강체력 측정의 세부항목으로는 10m 왕복 오래달리기, 상대악력, 윗몸말아올리기, 앉아윗몸앞으로굽히기 등이 있다.
ㄷ. 운동체력 측정의 세부항목으로는 5m × 4 왕복달리기, 제자리멀리뛰기, 3 × 3 버튼누르기 등이 있다.

① ㄱ, ㄴ
② ㄱ, ㄷ
③ ㄴ, ㄷ
④ ㄱ, ㄴ, ㄷ

18 유소년 운동프로그램 구성의 기본원리에 대한 설명으로 옳은 것만을 모두 고른 것은?

기출 15 17 18 19 20 21 22 23

ㄱ. 가역성의 원리 : 운동을 중단하면 운동의 효과가 없어지므로 꾸준히 지속하는 것이 중요하다.
ㄴ. 전면성의 원리 : 운동을 부상 없이 효과적으로 수행하기 위해서는 운동강도 및 운동량을 점차적으로 증가시켜야 한다.
ㄷ. 점진성의 원리 : 신체의 특정 부위에 치중하지 않고, 전신 운동을 통해 신체를 균형 있게 발달시킨다.
ㄹ. 과부하의 원리 : 운동 강도가 일상적인 활동보다 높아야 체력이 증진된다.

① ㄱ, ㄹ
② ㄴ, ㄷ
③ ㄱ, ㄷ, ㄹ
④ ㄴ, ㄷ, ㄹ

19 〈표〉는 갤러휴(D. Gallahue)의 운동에 대한 2차원 모델이다. ㉠~㉢에 들어갈 내용이 바르게 연결된 것은?

운동발달 단계	움직임 과제의 의도된 기능		
	안정성	이 동	조 작
반사 움직임 단계	직립 반사	걷기 반사	(㉢)
초보 움직임 단계	(㉠)	포복하기	잡 기
기본 움직임 단계	한발로 균형잡기	걷 기	던지기
전문화 움직임 단계	축구 페널티킥 막기	(㉡)	야구 공치기

	㉠	㉡	㉢
①	포복하기	축구 골킥하기	손바닥 파악반사
②	머리와 목 제어	육상 허들 넘기	손바닥 파악반사
③	포복하기	육상 허들 넘기	목 가누기 반사
④	머리와 목 제어	축구 골킥하기	목 가누기 반사

20 〈보기〉의 동작에서 성숙단계로 발달하도록 지도하는 방법으로 적절하지 않은 것은? 기출 22

시작 단계의 드리블 동작

① 두 발을 벌리고, 내민 발의 반대편 손을 앞으로 내밀어 드리블하도록 지도한다.
② 허리 높이에서 몸통을 약간 앞으로 기울여 드리블하도록 지도한다.
③ 공을 튀길 때 손목 스냅을 이용하여 공을 바닥 쪽으로 밀어내도록 지도한다.
④ 공을 튀길 때 손바닥으로 공을 때리도록 지도한다.

01 노화에 따른 생리적 변화로 옳은 것은?

기출 15 17 18 19 20 21 22 23

① 1회 박출량 증가
② 동 · 정맥 산소차 감소
③ 근육의 산화능력 증가
④ 심장근육의 수축시간 감소

02 〈보기〉가 설명하는 노화이론은?

기출 19

> 항체의 이물질에 대한 식별능력이 저하되어 이물질이 계속 체내에 있으면서 부작용을 일으켜 노화 촉진

① 유전적노화이론
② 교차연결이론
③ 사용마모이론
④ 면역반응이론

03 〈보기〉가 설명하는 노화의 특징은?

기출 19 23

> • 노화는 신체기능에 부정적 영향을 미쳐 사망을 초래한다.
> • 나이가 들면서 신체기능이 더 좋아지면 노화가 아니다.

① 보편성
② 내인성
③ 점진성
④ 쇠퇴성

04 〈보기〉에서 설명하는 노인의 행동 변화 이론은?

기출 17

> • 인간의 행동 변화는 환경의 영향, 개인의 내적 요인, 행동 요인에 영향을 받는다.
> • 자아효능감은 행동 변화와 밀접한 관련이 있다.
> • 운동지도자의 격려를 통해 지속적으로 운동프로그램에 참여한다.

① 지속성이론(Continuity Theory)
② 건강신념모형(Health Belief Theory)
③ 사회인지이론(Social Cognitive Theory)
④ 계획행동이론(Planned Behavior Theory)

05 노인 폐질환에 관한 설명으로 옳지 않은 것은?

① 천식의 증상은 운동으로 악화되지 않는다.
② 만성폐쇄성폐질환자의 기도저항은 호흡근 약화를 초래한다.
③ 만성폐쇄성폐질환의 주요 증상은 호흡곤란, 가래, 만성적인 기침이다.
④ 천식 환자의 운동유발성 기관지수축은 추운 환경, 대기오염, 스트레스에 의해 촉발된다.

06 한국형 노인체력검사(국민체력100)의 측정항목과 측정방법의 연결이 옳지 않은 것은?

기출 23

	측정항목	측정방법
①	협응력	8자 보행
②	심폐지구력	6분 걷기
③	상지 근기능	덤벨 들기
④	유연성	앉아 윗몸 앞으로 굽히기

07 **노인의 생활 기능 분류에서 도구적 일상생활 활동(Instrmental Activities of Daily Living ; IADLs)에 해당하는 것은?**

① 요 리
② 목 욕
③ 옷 입기
④ 화장실 사용

08 **미국스포츠의학회(ACSM, 2022)가 제시한 노인의 운동지침으로 옳지 않은 것은?**

기출 19 20 21 22

① 유연성 운동 : 약간의 불편감이 느껴질 정도로 30~60초 동안의 정적 스트레칭
② 유산소 운동 : 중강도로 주 5일 이상 또는 고강도로 주 3일 이상의 대근육 운동
③ 파워 운동 : 빠른 속도로 1 RM의 60% 이상의 고강도 근력운동을 10~14회 반복
④ 저항 운동 : 8~10종의 대근육군 운동, 초보자는 1 RM의 40~50% 강도의 체중부하 운동

09 **노인의 신체기능검사에 관한 설명으로 옳지 않은 것은?** **기출** 16 17 19 20 21 22

① 6분 걷기 검사는 6분 동안 걸을 수 있는 최대거리(m)로 심폐지구력을 평가하고, 장거리 보행이나 계단 오르기 등의 일상생활 동작과 관련이 있다.
② 기능적 팔 뻗기 검사(FRT)는 균형을 잃지 않고 팔이 닿을 수 있는 최대거리를 측정하여 동적 평형성을 평가하고, 노인의 낙상 위험도 범주 분류에 사용된다.
③ 노인체력검사(SFT)의 어깨 유연성을 평가하는 '등 뒤에서 손잡기' 검사는 머리 위로 옷을 벗거나, 자동차에서 안전벨트를 매는 동작과 관련된 항목이다.
④ 단기신체기능검사(SPPB)는 보행 속도, 균형 능력 및 의자 앉았다 일어나기 시간의 점수를 합산하여 평가하고 점수가 높을수록 더 낮은 기능을 의미한다.

10 〈보기〉에서 〈표〉의 특성을 가진 노인의 운동처방에 관한 설명으로 옳은 것만을 모두 고른 것은? (단, ACSM, 2022 기준) 기출 19 20 21 22

■ 나이 : 68세	■ 성별 : 남	■ 흡 연
■ 신장 : 170cm	■ 체중 : 65kg	■ BMI : 22.5kg/m^2
■ 혈압 : SBP 129mmHg, DBP 88mmHg		
■ LDL-C : 123mg/dL, HDL-C : 41mg/dL		
■ 공복시 혈당 : 98mg/dL	■ 근력운동의 경험 없음	
■ 지난 3개월 동안 주 2회, 20분 정도의 천천히 걷기 운동		
■ 걷기 운동 시 별다른 신체적 증상 없으나 가끔 종아리 통증이 느껴짐		

ㄱ. 심혈관질환 위험요인의 양성 위험요인은 1개이다.
ㄴ. 선별알고리즘에 따라 중강도 운동 시 의료적 허가가 권장되지 않는다.
ㄷ. 운동자각도(10점 척도) 5~6의 빠르게 걷는 유산소 운동을 한다.
ㄹ. 1RM의 40~50%의 강도로 대근육을 활용한 근력 강화 운동을 한다.
ㅁ. 과체중이므로 체중감량을 위한 운동처방을 해야 한다.

① ㄱ, ㄴ, ㄷ
② ㄱ, ㄹ, ㅁ
③ ㄴ, ㄷ, ㄹ
④ ㄷ, ㄹ, ㅁ

11 페르브뤼헌과 예터(L. Vferbruggen & A. Jette, 1994)의 장애과정 모델에서 장애에 이르는 과정을 옳게 나열한 것은?

① 손상 → 기능적 제한 → 병 → 장애
② 병 → 손상 → 기능적 제한 → 장애
③ 손상 → 병 → 기능적 제한 → 장애
④ 병 → 기능적 제한 → 손상 → 장애

12 에릭슨(Erikson, 1986)의 심리사회적 단계가 옳게 나열된 것은? 기출 16 17 21 22 23

연령 증가 ⟶

① 생산적 대 정체 → 자아 주체성 대 절망 → 친분 대 고독
② 친분 대 고독 → 생산적 대 정체 → 자아 주체성 대 절망
③ 자아 주체성 대 절망 → 생산적 대 정체 → 친분 대 고독
④ 생산적 대 정체 → 친분 대 고독 → 자아 주체성 대 절망

13 〈보기〉에서 설명하는 것은?

> • 죽상동맥경화 병변이 특징인 질환이다.
> • 위험요인은 연령, 흡연, 고혈압, 당뇨병, 이상지질혈증이다.
> • 주요 증상은 체중부하 움직임 시 하지의 간헐적 파행이다.

① 뇌졸중(Stroke)
② 근감소증(Sarcopenia)
③ 신장질환(Kidney Disease)
④ 말초동맥질환(Peripheral Arterial Disease)

14 노화에 따른 호흡계 변화로 옳은 것은? 기출 18 20 21

① 잔기량의 감소
② 흉곽의 경직성 감소
③ 생리학적 사강의 감소
④ 호흡기 중추신경 활동에 대한 민감성 감소

15 〈보기〉에서 노인 당뇨병 환자의 운동 효과로 옳은 것만을 모두 고른 것은? 기출 23

ㄱ. 인슐린 저항성 증가
ㄴ. 체지방 감소
ㄷ. 죽상동맥경화 합병증 위험 감소
ㄹ. 인슐린 민감성 감소
ㅁ. 골격근의 포도당 수송 능력 감소
ㅂ. 당뇨병 전단계에서 제2형 당뇨병으로의 진행 예방

① ㄱ, ㄴ, ㅂ
② ㄴ, ㄷ, ㄹ
③ ㄴ, ㄷ, ㅂ
④ ㄹ, ㅁ, ㅂ

16 세계보건기구(World Health Organization)가 제시한 노인의 신체활동에 대한 심리적 단기 효과는? 기출 19 22

① 이완(Relaxation)
② 기술 획득(Skill Acquisition)
③ 인지 향상(Cognitive Improvement)
④ 운동제어와 수행 (Motor Control and Performance)

17 노화에 따른 인지기능 변화로 옳지 않은 것은? 기출 15

① 유동성 지능의 감소
② 결정성 지능의 감소
③ 단기 기억력의 감소
④ 인지 처리 속도의 지연

18 노인의 근 · 골격계 질환에 관한 권장 운동으로 옳지 않은 것은? 기출 18 22

① 골다공증 : 골밀도 증가를 위한 수영
② 관절염 : 관절 부담을 적게 주는 자전거 운동
③ 척추질환 : 단축된 결합조직을 이완시키는 유연성 운동
④ 근감소증 : 넘어짐을 예방하기 위한 체중부하 근력 운동

19 〈보기〉에서 치매 노인에게 적합한 운동 형태로 옳은 것만을 모두 고른 것은? 기출 15 17 19

ㄱ. 계단 오르내리기 ㄴ. 밴드를 이용한 저항 운동 ㄷ. 물건 들고 안전하게 보행하기 ㄹ. 대근육군을 사용하는 자전거 타기

① ㄱ, ㄴ, ㄷ, ㄹ
② ㄴ, ㄷ, ㄹ
③ ㄷ, ㄹ
④ ㄹ

20 노인 운동 시 위험관리에 관한 지침으로 옳은 것만을 모두 고른 것은? 기출 15 16 17 19 20 22 23

ㄱ. 신체활동 프로그램 시작 전에 신체적 기능에 따라 참여자들을 선별한다. ㄴ. 심정지 노인의 심폐소생술 시행 중에는 자동심장충격기를 사용하지 않는다. ㄷ. 시각적 문제가 있는 경우 적절한 조명과 거울로 된 벽, 방향 표시를 한다. ㄹ. 청각적 문제가 있는 경우 잘 들리지 않는 귀 쪽으로 큰 소리로 이야기하며 지도한다. ㅁ. 심장질환의 징후인 가슴통증, 호흡곤란, 불규칙한 심박수가 나타나면 운동을 바로 중단한다.

① ㄱ, ㄴ, ㄹ
② ㄱ, ㄷ, ㅁ
③ ㄴ, ㄷ, ㅁ
④ ㄷ, ㄹ, ㅁ

2024년 선택과목 정답 및 해설

1과목 스포츠사회학

01	02	03	04	05	06	07	08	09	10	11	12	13	14	15	16	17	18	19	20
④	①	④	③	③	①	④	②	①	②	①	③	②	④	④	④	③	②	①, ③	②

01 〈보기〉의 내용 모두 정치적 · 경제적, 사회 · 문화적 목적에 대한 정부의 스포츠 개입에 대한 사례이다.

정부가 스포츠에 개입하는 목적(B. Houlihan)

- 공공질서 보호
- 지역사회 · 국가적 명성 고취
- 시민들의 건강 및 체력 유지
- 정체성과 소속감 증진
- 지배적인 정치 이데올로기와 관련된 가치 재생산
- 정치 지도자와 정부에 대한 시민지지 증대

02 「스포츠클럽법」에 '지정스포츠클럽은 전문선수 육성 프로그램을 운영할 수 없다'라는 조항은 없다. 다만, 제9조(선수의 육성 지원)에 우수선수 발굴, 육성을 위해 행정적 · 재정적 지원을 할 수 있음을 명시한다.

03 '사회갈등 유발 기능'은 갈등론적 관점에서 스포츠의 사회적 기능을 논하였을 때의 사항이다. 갈등론에서는 스포츠가 갈등, 대립, 경쟁, 투쟁의 도구로서 사회가 변화 또는 발전하게 하는 원동력이라고 논한다.

04 ㉠ 피라미드 모형 : 법령 · 시설 · 제도 등이 확충되어 스포츠 참여 저변이 확대되면, 세계 수준의 선수가 배출될 수 있다고 본다.

㉡ 낙수효과 모형 : 엘리트 스포츠로서 세계적 수준의 선수를 육성하게 되면 그 영향으로 대중이 스포츠에 참여하는 수준이 더욱 확대된다고 본다.

㉢ 선순환 모형 : 엘리트 스포츠 발전으로 인해 학생선수들이 우수한 성과를 내면, 일반 청소년들의 스포츠 참여 확대가 일어나고, 그 결과 대중의 스포츠 참여가 확대되어 우수한 스포츠 선수를 육성할 수 있다고 본다.

05 인종차별의 심화는 다양한 방면에서 갈등을 일으켜 스포츠 세계화를 저해하는 요인이 된다.

06 ② 역사성(고래성) : 스포츠 계층은 역사발전 과정을 거치며 변천한다.
③ 영향성 : 스포츠 계층은 생활 기회와 생활 양식의 변화에 영향을 받는다.
④ 다양성 : 스포츠 계층은 다양한 양상으로 존재한다.

07 세대 내 · 세대 간 이동은 시간적 거리에 따라 구분한 것이다. 한편, 사회계층을 이동 방향에 따라 구분하면 수직 · 수평 이동으로 구분할 수 있다.

08 ② · ④는 일탈 이론에 속하지만, ① · ③은 스포츠 미디어 이론에 속한다.
① 문화규범 이론 : 미디어가 스포츠를 보도하는 형태에 따라서 스포츠에 대한 태도가 바뀐다는 이론이다.
③ 개인차 이론 : 각 개인이 다양한 개인의 스포츠 관련 욕구를 충족하기 위해 미디어를 이용한다는 이론이다.
④ 아노미 이론 : 목표와 수단 간의 괴리, 무규범 · 이중규범으로 인한 혼란 등으로 일탈을 설명하는 이론이다.

09 경계 폭력은 격렬한 신체 접촉보다 그 강도가 강한 폭력으로, 종목의 규칙에 위배되지만 스포츠 규범에는 부합한다는 특성 탓에 경기의 전략으로 사용되는 폭력의 유형 중 하나이다.

10 흥미를 증진하기 위해 득점 요소를 다양화하는 과정에서 득점이 늘 수 있다.

11 파슨즈의 AGIL 이론은 거시적 관점 중 구조기능주의적 관점에서 스포츠를 조망한 이론이다.

12 ① 보수성 : 스포츠 제도는 보수적이며 이는 질서를 지지하고 유지하는 것에 기여한다.
② 대표성 : 스포츠 경기 참가자는 조직을 대표하며, 조직에 대해 강한 충성심을 품는다.
④ 권력투쟁 : 스포츠 조직 간에는 권력이 불평등하게 배분되어 있어 투쟁이 존재한다.

13 ㉠ 올림픽을 나치 정권 선전의 목적으로 사용한 것은 '정치이념 선전'의 대표적인 사례이다.
㉡ 핑퐁외교(Ping-pong Diplomacy)는 '외교적 도구'의 대표적인 사례이다.
㉢ 검은구월단 사건은 '국가 간 갈등 및 적대감의 표출'의 대표적인 사례이다.
㉣ 아파르트헤이트 사건은 '외교적 항의'의 대표적인 사례이다.

14 스포츠 세계화로 인해 스포츠 노동 이주가 증가하면, 선수의 국적(국가)보다는 스폰서에 초점이 이동하게 되고, 정체성보다는 다양성이 더욱 강화하게 된다.

15 스포츠의 교육적 기능

순기능	• 사회통합 : 교내, 학교-지역사회 등 • 전인교육 : 학업활동 및 사회화 촉진, 정서 순화 • 사회 선도 : 인권의식 신장, 장애인의 적응력 배양, 평생체육 기반 조성
역기능	• 부정행위 조장(상업주의, 일탈, 위선, 도핑, 악 · 폐습) • 교육목표 훼손(승리지상주의, 참가기회 제한, 성차별의 간접교육) • 편협한 인간의 육성(독재적인 지도자, 선후배 · 동료 간 갈등, 잘못된 규범으로의 복종)

16 선수의 여성성보다 성과에 초점을 두는 것은 오히려 성차별 이데올로기에 반하는 사례이다.

17
- 과잉동조 : 선수들의 부상 투혼과 과훈련, 태클, 벤치클리어링 등이 대표적인 사례이다. 과잉동조에 빠지면, 선수가 집단에서 만들어진 규범 · 관습 · 목표에 무비판적으로 동조하게 된다.
- 과소동조 : 선수들의 범죄와 일탈이 대표적인 사례이다. 과소동조에 빠지면, 집단에서 만들어진 규범 · 관습 · 목표를 무시 · 거부하게 된다.

18 ① 강화 : 상과 벌을 통해 행동이 변화한다.
③ 보상 : 사회학습 이론의 구성요소가 아니다.
④ 관찰학습 : 다른 사람의 행동을 관찰하여 모방이 일어난다.

19 ② 스포츠 참여를 통한 행동의 변화는 스포츠'로'의 사회화라고 한다.
④ 환경(재정, 시간, 성별, 계층, 교육수준, 직업 등)에 의한 제한은 외재적 제약이다. 대인적 제약은 말 그대로 물리적 · 심리적인 거리에 있는 사람들에 의한 제약으로 참가에 영향을 미친 중요한 사람이나 기관(주요 타자 : 가족, 좋아하는 운동 선수, 또래집단, 동료 등)을 대표적인 사례로 들 수 있다.
※ 출제오류로 최종정답에서 복수 정답 처리되었다.

20 VAR 시스템의 적용은 심판의 객관성과 공정성의 향상을 기할 뿐이지, 스포츠 자체에 변화를 기한 것이 아니기 때문에, 과학의 기술적 발전에 따른 스포츠 변화의 사례로 적절하지 않다.

2과목 스포츠교육학

01	02	03	04	05	06	07	08	09	10	11	12	13	14	15	16	17	18	19	20
①	④	③	②	②	④	③	①	②	④	③	①	④	②	③	②	③	①	④	①

01 교사의 7가지 지식(L. Shulman)

- 교육과정 지식 : 참여자 발달단계에 적합한 내용과 프로그램에 관한 지식
- 교육환경 지식 : 수업에 영향을 미치는 환경에 관한 지식
- 교육목적 지식 : 교육목적 · 목표 · 교육시스템 구조에 관한 지식
- 내용 지식 : 교과 내용에 관한 지식
- 내용교수법 지식 : 교과나 주제를 참여자 특성에 맞게 지도할 수 있는 방법에 관한 지식
- 지도방법 지식 : 모든 교과에 적용되는 지도법에 관한 지식
- 학습자에 관한 지식 : 수업에 참여하는 학습자에 관한 지식

02 동료 평가는 학생이 교사에게 받은 점검표(Checklist)로써 서로를 평가하는 방법이다. 교사와 학생 간의 대화를 통해 심층정보를 수집하는 것은 인터뷰에 대한 설명이다.

03 상규적(常規的, Routine) 활동은 말 그대로 항상(常), 수업시간마다, 규칙(規)과 같이 지키는 활동을 말한다. 집합, 출석 및 준비물 점검, 과제 제시, 유인물의 배부 및 취합 등과 같이 정해진 수업습관이 이에 해당한다. 상규적 활동은 학습시간이 아니므로 이 활동에 소비하는 시간을 최소화해야 하며, 상규적 활동의 비중을 줄이는 것은 수업 중 학습자의 부주의하고 파괴적인 행동을 억제하는 효과가 있다.

04 인성을 강조한 수업 모형(D. Glover & L. Anderson)

- 협동학습 모형 : 서로를 위해 함께 배우기 (㉠)
- 개인적 · 사회적 책임감 지도 모형 : 통합, 전이, 권한 위임, 교사와 학생의 관계 (㉡)
- 스포츠교육 모형 : 유능하고 박식하며 열정적인 스포츠인으로 성장하기

05 교사의 기여행동

직접기여 행동	• 직접 가르치는 행동, 수업 시 중요한 역할을 하는 행동 예 동작설명과 시범, 과제명료화와 강화, 긍정적 학습 환경 유지, 피드백 제공, 개인과 소집단을 위한 과제변화 · 수정, 학습자 반응의 관찰 분석
간접기여 행동	• 수업과 관련 있지만 수업에 직접 기여하지 않는 행동 예 시설보수, 과제 외 문제토론에 참여, 용변과 물 마시는 행동 처리, 부상 학생의 처리
비기여 행동	• 학습지도에 부정적 역할 예 소방 연습, 전달 방송, 교실을 방문한 손님과의 대화

06 움직임 기술의 분류

구 분		내 용
이동성 운동	이 동	공간상의 이동이 있고, 물체 및 도구를 사용하지 않는 운동기능 예 걷기, 달리기, 피하기
	비이동	공간상의 이동이 없고, 물체 및 도구를 사용하지 않는 운동기능 예 균형 잡기, 구부리기, 비틀기
조작성 운동	물체조작	물체 및 도구를 사용하나, 그것을 몸에 고정하지 않고 사용하는 운동기능 예 던지기, 토스하기, 차기
	도구조작	물체 및 도구를 사용하나, 하나를 사용하여 다른 하나를 움직이게 만드는 운동기능 예 라켓 휘둘러 공 맞추기
전략적 움직임 기술		역동적 상황에 적용되는 움직임 예 농구 수비하기, 축구공 뺏기
표현 및 해석적 움직임 기술		느낌, 개념, 생각, 주제를 표현하기 위한 움직임 예 '아리랑'을 듣고 몸으로 느낌 표현하기
움직임 주제		복잡한 패턴을 발전시키기 위해 운동기능(비이동, 이동, 조작)과 움직임(신체, 노력, 공간, 관계)을 결합 예 테니스 경기

07 학교스포츠클럽의 운영(「학교체육진흥법」 제10조 제4항)

학교의 장은 학교스포츠클럽 활동내용을 학교생활기록부에 기록하여 상급학교 진학자료로 활용할 수 있도록 하여야 한다.

08 상호학습형 교수 스타일에서 수업 참가자의 역할

- 지도자(교사) : 모든 교과의 내용과 기준 및 운영절차를 결정하고, 관찰자에게 피드백을 제공함
- 학습자 : 주어진 과제를 수행함
- 관찰자(동료교수) : 즉각적 · 지속적 피드백을 학습자에게 제공함

09 ㉠ 학습자의 특성과 교과 내용을 아는 것은 및 지식(인지)적 측면의 자질에 속한다.

㉡ 교육과정을 운영 및 개발하고 이와 연계된 사람들과 협력관계를 구축하는 것은 수행(기능)적 측면의 자질에 속한다.

㉢ 교직 이행 시 필수적인 인성과 사명감 등은 태도(인성)적 측면의 자질에 속한다.

10 의식적 사고과정의 일반 모형 'SDMR'

단 계	내 용
자극(Stimulus)	• 자극은 질문을 유발함 • 질문은 인지적 불일치를 유도하여 해답을 찾음
인지적 불일치(Dissonance)	• 불안정하거나 흥분한 상태 • 주로 해답을 찾고자 하는 욕구에 의해 나타남
사색(Meditation)	구체적인 인지 작용의 탐색
반응(Response)	• 인지작용 사이에서의 상호작용이 (다양한) 반응을 유도함 • 발견, 기억, 창조의 결과로 나타남

11 체육지도자의 양성(「국민체육진흥법」 제11조 제3항)

연수과정에는 다음의 사항으로 구성된 스포츠윤리교육 과정이 포함되어야 한다.

- 성폭력 등 폭력 예방 교육
- 스포츠비리 및 체육계 인권침해 방지를 위한 예방 교육
- 도핑 방지 교육
- 그 밖에 체육의 공정성 확보와 체육인의 인권보호를 위하여 문화체육관광부령으로 정하는 교육

12 〈보기〉의 프로파일을 보면, 내용 선정 · 과제 제시 · 참여 유형 · 과제 전개를 교수자가 직접 주도하지만, 학습 진도는 학습자가 (간접적으로) 조절하는 것을 알 수 있다. 그와 더불어 상호작용은 교수자(A)가 관찰자(B)에게 피드백을 전달하고 이를 다시 관찰자가 학습자에게 제공하는 것이기 때문에 직접적이고도 상호작용적이라는 것을 알 수 있다. 따라서 교사–관찰자–학습자가 상호작용하는 동료교수 모형임을 알 수 있다.

13 〈보기〉는 교사에 대한 평가를 통해 반성의 자료를 제공하는 방법으로 반성적 수업(교수)에 대한 설명이다.

① 동료 교수 : 적합한 발문, 피드백, 시범, 매체의 사용과 같은 몇 가지 교수 기능에만 초점을 맞추어 짧은 시간 동안 동료들을 대상으로 연습하는 방법이다.

② 축소 수업(마이크로티칭) : 제한된 범주 안에서 한 가지 구체적인 내용으로 소수의 학생들을 대상으로 하는 방법이다.

③ 실제 교수 : 교생실습을 달리 이르는 말로, 교사가 일정한 기간 동안 여러 학급에 대해서 전면적인 책임을 지고 실제로 수행하는 방법이다.

14 ① '스포츠강사'란 「초 · 중등교육법」 제2조 제2호에 따른 초등학교에서 정규 체육수업 보조 및 학교스포츠클럽을 지도하는 체육전문강사를 말한다(「학교체육진흥법」 제2조 제7호).

③ '학교운동부지도자'란 학교에 소속되어 학교운동부를 지도 · 감독하는 사람을 말한다(「학교체육진흥법」 제2조 제6호).

④ 학교의 장은 학교운동부지도자를 재임용할 때에는 직무수행 실적, 복무 태도, 학교운동부 운영 성과, 학생선수의 학습권 및 인권 침해 여부를 평가한 후 그 결과에 따라 재임용 여부를 결정해야 한다(「학교체육진흥법 시행령」 제3조 제4항).

15 ① 역할 수행 : 학습자들이 스포츠 활동 내에서 심판, 기록자, 코치, 선수 등을 경험하게 하는 방법

② 스크리미지 : 언제든지 게임을 멈출 수 있는 특징을 가진 완전게임의 형태로 지도하는 방법

④ 학습 센터(학습 스테이션) : 학습자를 소집단으로 나눠서 연습장소 주변에 지정된 몇 개의 센터(스테이션)를 순회하게 하는 방법

16 스포츠 교육 모형은 수업을 하나의 스포츠 '시즌'으로 구성하여 유능하고(심동적), 박식하고(인지적), 열정적인(정의적) 전인적 스포츠인을 양성하는 것을 목적으로 한다. 참가자의 태도인 열정은 정의적인 측면을, 게임의 규칙을 이해해야 하는 심판의 경우는 인지적인 측면을 강조한 것이다. 한편, 해당 모형은 수업 시 교사가 학습자의 수준에 맞게 경기 방식을 변형하여 참여를 유도하거나 학생이 자신의 발달단계에 맞는 스포츠를 직접 설계할 수 있다는 특징이 있다.

17 〈보기〉는 현장 개선 연구의 특징을 나열한 것이다. 현장 개선 연구는 현장교사 · 동료교사 · 대학연구자의 도움을 받아 자신의 지도 행동을 스스로 체계적 · 반성적으로 탐구하여 개선하는 것이다.

① 문헌 연구 : 연구주제에 관한 서적, 논문 등을 종합하고 분석하는 연구 방법

② 실험 연구 : 다른 변수를 통제한 후 연구 대상자에게 교육적인 처치를 가하고, 그로 인해 나타나는 변화를 파악하는 연구 방법

④ 근거이론 연구 : 질적 연구방법 중 하나로, 자료를 수집하고 이를 체계적으로 분석하여, 자료를 근거로 한 이론을 생성하는 연구 방법

18 교수 기능(J. Kounine)

- 상황파악 : 학생들의 행동을 항상 인지하고 있다는 것을 알리는 것
- 동시적 처리 : 수업의 흐름을 유지하면서 동시에 수업 이탈 행동 학생을 제지하는 것
- 여세 유지 : 학습 활동 및 수업의 흐름을 늦추거나 끊지 않고 활력 있게 이어나가는 것
- 유연한 수업전개 : 수업의 흐름을 늦추거나 끊지 않고 유연하게 이어나가는 것
- 집단경각 : 모든 학생에게 과제에 몰입하도록 경각심을 주는 것
- 개인책무성 : 교사가 학생에게 과제 수행에 대한 책임감을 부여하는 것

19 체력인증센터는 이용자에게 체력측정 서비스를 제공하고, 내담자 개별 특성에 맞게 운동 프로그램을 처방하며, 국민 체력 인증서를 발급한다. 스포츠클럽 등록 및 운영지원은 체력인증센터에서 제공하는 서비스가 아니다.

20 평정척도는 질적인(정성적인, 수치화할 수 없는) 가치가 있는 정보를 양적인(정량적인, 수치화한) 점수로 기록하는 것으로, 운동 수행을 평가하는 데에 자주 사용하는 평가 방법이다.

3과목 스포츠심리학

01	02	03	04	05	06	07	08	09	10	11	12	13	14	15	16	17	18	19	20
②	①	②	②	③	③	②	③	①	④	②	③	③	④	①	①	③	②	④	④

01 〈보기〉는 사회학습 이론의 요소 중 타인의 행동을 관찰하여 개인의 과제를 학습 · 수행하는 '관찰학습'의 사례이다.

02 개방운동기술은 농구, 축구, 야구 등 대부분의 운동 종목처럼 변화하는 환경 속에서 수행하는 운동이다. 농구에서 반칙을 당했을 때 얻을 수 있는 공격 수단인 자유투와 같이 관중을 제외한 누구의 방해도 받지 않는, 변화가 없는 환경에서 공을 던지는 것은 폐쇄운동기술에 해당한다.

03 동기는 인간 행동의 선택, 방향, 강도 및 지속을 결정짓는 심리학적 개념을 말한다. 동기는 내적 동기와 외적 동기로 나뉜다. 내적 동기는 기쁨이나 만족감을 추구하며 스스로 활동에 참여하는 것이고, 외적 동기는 외적 보상을 위해서 참여하거나 경기 결과에 따른 상 · 벌 · 칭찬을 위해 참여하는 것을 말한다.

04 정보처리 3단계(R. A. Schmidt)

㉠ 자극 확인 단계는 자극이 발생된 것을 인지하고 확인하는 단계이다. 이 단계에서 감각기로 감지된 환경정보와 운동정보를 확인한다.

㉡ 반응 선택 단계는 자극 확인이 끝난 뒤 어떠한 반응을 할 것인지 결정하는 단계이다. 감각기로 감지된 환경정보와 운동정보를 토대로 어떤 종류의 기술로 반응해야 하는지 결정한다.

05 인지 재구성은 부정적인 생각을 긍정적인 생각으로 대체하는 방법과 관련된 인지적인 기법이다. 자기가 어떤 것에 대해 부정적으로 생각하는 것(도움닫기를 할 때 파울할 것 같은 생각)이 과연 자신이 통제할 수 있는가를 인식한 다음 자신이 통제할 수 있는 것(구름판을 밟는 방법)에만 신경을 쓰고 그렇지 못한 것은 신경을 쓰지 않는 것을 말한다.

06 반사단계(출생~1세 신생아기) → 기초단계(1~2세 영아기) → 기본움직임단계(2~6세 유아기) → 스포츠기술단계(7~14세 아동기) → 성장과 세련단계(청소년 시기) → 최고수행단계(20~30세 성인 초기) → 퇴보단계(30세 이후)

07 반두라가 제안한 자기효능감 강화법 중 제일 중요한 것은 성공적인 경험을 통해 자신감을 얻는 것이다.

08 분산연습은 휴식시간이 연습시간보다 상대적으로 긴 연습법이다. 운동기술과제를 여러 개의 하위 단위로 나누어 연습하는 방법은 분습법의 부분화에 해당하는 설명이다.

09 「AASP 윤리 원칙 및 표준」(2023)

① 정의된 전문적 또는 과학적 관계 또는 역할의 맥락에서만 진단, 치료, 교육, 감독, 멘토링 또는 기타 컨설팅 서비스를 제공한다(일반 윤리 기준 : 제1조 제a항).

② 자신의 과학적 작업의 한계를 인식하고 이러한 한계를 초과하는 주장을 하거나 조치를 취하지 않는다(일반 윤리 기준 : 제2조 제e항).

③ 학생, 멘티, 감독자, 직원 및 동료의 윤리적 행동을 적절하게 장려한다(전문 제3문단).

④ 과학 및 연구 활동을 수행하는 사람은 다른 전문가와의 작업 공유를 촉진하고 책임을 보장하며 기관 또는 기관의 기타 요구 사항을 충족하기 위해 적절한 경우 기관 윤리 위원회의 승인을 포함하여 자신의 과학적 작업 및 연구를 적절하게 문서한다(일반 윤리 기준 : 제14조 제b항).

10 절차적 기억은 특정 기술과 습관을 수행하는 방법에 대한 정보를 저장하는 기억으로, 특정한 기술과 습관을 의식적으로 생각하지 않고 수행할 수 있게 한다. 예를 들어 오랜만에 자전거를 탄다거나, 은퇴한 선수가 자신이 수행했던 기술을 선보인다거나, 오랫동안 손대지 않았던 악기를 연주한다거나, 작업할 때 키보드를 보지 않고 정확한 글쇠를 두드리는 것 등이 있다.

11 ㉠ 과제지향형리더는 상황이 리더에게 매우 유리할 경우 혹은 매우 불리할 경우에 적합한 리더이다. 과제지향형리더는 언어적 강화 및 집단의식의 필요성을 인식하며, 과제의 성취도가 구성원의 관계 유지에 중요한 요소로 작용한다고 여긴다.

㉡ 관계지향형리더는 상황이 리더에게 중간일 때 적합한 리더이다. 관계지향형리더는 과제보다 상호 협조 및 긍정적 상호 관계를 중요시한다.

12 근골격계의 기능은 스포츠심리학적 처치보다는 운동역학적 처치나 운동생리학적 처치를 시행했을 때 그 효율성이 높아진다.

13
- 행동에 대한 태도와 주관적 규범은 행동에 간접적인 영향을 주지만, 행동통제인식은 의도뿐만 아니라 행동에 직접 영향을 준다.
- 운동방해 요인을 극복하고 자신이 계획한 운동을 통제할 수 있다는 생각은 운동의 지속적 실천에 꼭 필요하다.
- 구성요인으로는 태도(Attitude), 의도(Intention), 주관적 규범(Subjective Norm), 행동통제인식(Perceived Behavioral Control) 등이 있다.

14 도식이론은 일반화된 운동프로그램을 근거로 하여 운동행동의 원리를 설명한다.

15 스포츠수행의 사회심리적 요인

- 사회적 촉진 : 타인의 존재가 과제수행에 미치는 영향력을 말하는데, 사회적 추동 이론과 자기 이론으로 구분할 수 있다. (㉠)
- 단순존재가설 : 타인이 존재하는 것만으로도 수행이 달라진다고 보는 이론이다. 수행기능이 단순할수록 학습이 잘 되어 있을수록 각성이 증가할수록 수행이 향상되며, 그 반대일 경우에는 수행이 저하된다고 설명한다. (㉡)
- 관중효과 : 운동 수행 중에 그것을 타인이 보고 있음으로써 그 수행의 양이나 속도, 질 등에 영향을 받는 현상이다.
- 주의 분산/갈등 가설 : 관중으로 인한 집중의 방해 효과가 잘하려는 노력의 효과보다 크면 수행이 손상되고, 작으면 수행이 향상된다는 이론이다. (㉢)
- 평가우려설 : 자신의 수행을 지켜보는 타인의 전문성을 평가하여 수행력이 결정된다는 이론이다. 수행자가 관찰자의 전문성을 높게 평가하면 욕구가 상승하고, 수행자가 관찰자의 전문성을 낮게 평가하면 욕구가 저하된다고 설명한다.

16 힉의 법칙은 고를 수 있는 자극-반응의 대안 수(Number of Stimulus-response Alternatives)가 증가함에 따라 선택반응시간(Choice Reaction Time)이 길어지는 현상을 말한다.

17 심상 조절력은 심상을 조정하여 내가 원하는 대로 심상이 이루어지도록 연습하는 것이다. 심상 조절력은 실패하는 것을 심상하는 대신에 성공적인 것을 심상할 수 있도록 돕는다.

18 운동 행동을 설명하는 이론

- 천장 효과 : 운동 기술 과제의 난도가 너무 낮아서 검사에 응한 모든 대상자가 매우 높은 점수를 얻는 현상이다. (㉠)
- 바닥 효과 : 운동 기술 과제의 난도가 너무 높아서 검사에 응한 모든 대상자가 매우 낮은 점수를 얻는 현상이다. (㉡)
- 학습 고원 : 연습을 하는데도 운동 기능의 수준이 발달하지 않고 일시적으로 제자리에 머물러 있는 상태이다.
- 슬럼프 : 기능 수준이 오히려 전보다 퇴보된 채로 머무는 현상이다.
- 웜업 감소 : 연습을 마치고 휴식 후 운동 과제를 수행할 때 수행이 감소하는 현상이다. 이 현상은 기억의 손실 또는 망각에 의한 것이 아니라 적응적 조율과정으로 인해 일시적으로 발생되는 현상으로 인식된다.
- 수행 감소 : 모종의 사유에 의해 운동 기능의 양적 · 질적 수준이 퇴보하는 현상이다.
- 맥락 간섭 효과 : 학습과 학습 사이, 한 학습 도중에 개입된 사건이나 경험에 의하여 학습이나 기억에 방해를 받는 현상이다.
- 부적 전이 : 한 가지 과제 수행이 다른 과제 수행을 간섭하거나 제지하는 현상이다.

19 운동 실천을 위한 환경적 영향요인으로 다음과 같은 것이 있다.

- 운동지도자의 영향 : 리더십 스타일
- 운동집단의 영향 : 집단 응집력
- 물리적 환경의 영향 : 날씨, 접근성
- 사회와 문화의 영향 : 신념, 운동규범의 변화
- 사회적 지지의 영향 : 도구적 지지, 정서적 지지, 정보적 지지, 동반자 지지, 비교확인 지지

20 심리적 불응기란 1차 자극에 대한 반응을 수행하고 있을 때 2차 자극을 제시할 경우 2차 자극에 대한 반응시간이 느려지는 현상이다. 자극 간의 시간차가 40ms 이하로 매우 짧은 경우에는 1차 자극과 2차 자극을 동일한 자극으로 간주하여 심리적 불응기가 나타나지 않는데 이를 집단화라고 한다.

4과목 한국체육사

01	02	03	04	05	06	07	08	09	10	11	12	13	14	15	16	17	18	19	20
②	②	③	①	④	①	①	③	③	③	①	④	②	②	④	①	④	③	②	④

01 역사 기술(記述, Description)의 1차적인 과정은 사실 확인이다. 이를 위해 가치 평가보다는 사료를 바탕으로 사실(史實)을 객관적으로 기술하는 것이 우선이 되어야 한다.

02 부족국가별 제천의식
부여(영고), 고구려(동맹), 동예(무천), 삼한(계절제), 신라(가배)

03 『위지 · 동이전』에 따르면 등가죽을 뚫어 줄을 꿰고 나무를 꽂는 의식을 거행 후 통과하면 '큰사람'이라고 불렀으며, 이는 성인식과 주술의 신체 문화를 방증한다.

04 훈련원은 근세 조선시대에 등장한 교육기관이다. 고대 백제에서는 박사제도를 실시하였다.

05 국자감은 고려시대의 국립교육기관으로 산하에 전문7재를 두었으며, 그중 강예재에서 무예를 관장하게 하였다.

06 기격구(騎擊毬)
- 서양의 폴로 경기와 유사하며, 말을 타고(기, 騎) 채를 이용하여 공(구, 毬)을 치는(격, 擊) 경기이다.
- 귀족들 사이에서 성행한 대표적인 오락 및 여가활동이다.
- 전시에는 보격구(步擊毬)와 더불어 군사훈련의 수단으로도 사용되었다.
- 사치성으로 인한 폐단이 발생하기도 하였다.

07 석전은 세시의 민속놀이, 군사훈련, 관람스포츠, 운동경기의 수단으로 사용되었지만, 무관의 선발에는 활용되지 않았다.

08 종정도 · 승경도는 양반집 아이들이 하던 놀이로, 오늘날의 보드게임과 유사한 놀이이다. 여러 관직의 이름을 높낮이 순서로 써 놓고 1~5의 숫자가 새겨진 윤목을 던져 나온 숫자에 따라 말을 놓아 하위직부터 차례로 승진하여 고위관직에 먼저 오르는 사람이 승리하는 놀이이다.

09 『권보』는 『무예제보번역속집』에 속한 권법이다. 『무예제보』의 내용을 보충하여 편찬한 무예 실기서는 『무예제보번역속집』이다.

10 불교의 사상인 불국토사상을 토대로 훈련이 이루어진 것은 고대 신라의 화랑도이다. 조선시대에는 학사사상(學射思想)을 토대로 궁술 훈련이 이루어졌다.

11 고종은 교육입국조서에서 '덕양–체양–지양', 즉 3양에 힘쓸 것을 주장하였다.

> **참 고**
>
> 이제 짐이 교육의 강령(綱領)을 보이노니 헛이름을 물리치고 실용을 취할지어다. 곧, 덕(德)을 기를지니, 오륜의 행실을 닦아 속강(俗綱)을 문란하게 하지 말고, 풍교를 세워 인세의 질서를 유지하며, 사회의 행복을 증진시킬지어다. 다음은 몸(體)을 기를지니, 근로와 역행(力行)을 주로 하며, 게으름과 평안함을 탐하지 말고, 괴롭고 어려운 일을 피하지 말며, 너희의 근육을 굳게 하고 뼈를 튼튼히 하여 강장하고 병 없는 낙을 누려받을지어다. 다음은, 지(知)를 기를지니 사물의 이치를 끝까지 추궁함으로써 지를 닦고 성(性)을 이룩하고, 아름답고 미운 것과 옳고 그른 것과, 길고 짧은 데서 나와 남의 구역을 세우지 말고, 정밀히 연구하고 널리 통하기를 힘쓸지어다. 그리고 한 몸의 사(私)를 꾀하지 말고, 공중의 이익을 도모할지어다.

12 ① 경신학당(1886) : 언더우드가 설립하였으며, 1891년 이후 체조를 정식 교과목으로 편성하였다.
② 이화학당(1886) : 스크랜튼이 설립한 최초 여성교육기관으로, 1890년 이후 체조를 교과목으로 편성하였다.
③ 숭실학교(1897) : 윌리엄이 평양에 세운 한국 최초의 고등교육기관이다.

13 개화기 초기에 실시한 운동회에서는 주로 단체 경기와, 육상 종목(특히 달리기)이 실시되었다. 이후 점차 근대스포츠가 도입되면서 구기와 투기 종목이 실시되었다.

14 조선체육진흥회(조선체육회)는 일제 문화통치기인 1920년 7월 조선인을 중심으로 창립되었다.

15 〈보기〉는 노백린에 대한 설명이다.
① 서재필 : 이승만과 함께 구한말 체육언론인으로 활동하였으며 근대스포츠를 도입하는 데 일조하였다.
② 문일평 : 태극학보에 '체육론'을 게재하였으며, 체육이 국가를 작동한다고 주장하였다.
③ 김종상 : YMCA의 초대 간사로, 회원들에게 체조 · 아령 · 곤봉을 지도하였다.

16 원산학사는 함경남도 원산에서 관과 민의 주도하에 개화기(1883)에 설립된 최초의 근대학교로, 무사 양성을 위해 무예가 정규교육과정에 포함되어 있었다.

17 조선체육회

- 1920년 4월 1일 창간된 동아일보가 동년 7월 13일 우리 민족의 통합 체육 단체인 조선체육회를 설립했다.
- 조선의 체육을 지도, 장려하는 것을 목적으로 설립된 단체였다.
- 각 운동 단체를 후원하고 체육대회를 주최했다.
- 운동경기에 관한 연구 활동뿐만 아니라 스포츠 보급의 일환으로 운동구점을 설치하고 운영했다.
- 민족주의 사상을 토대로 일본체육단체에 대응하기 위해 창립되었다.
- 일제강점기 일장기 말소사건으로 1938년 일제에 의해 강제 해산되어 조선체육협회로 통합 · 흡수되었다.
- 오늘날의 대한체육회가 이 단체의 후신이다.

18 〈보기〉는 여운형에 대한 설명이다.

① 박은식 : 체육의 강화를 통해 강건한 인재 육성을 주장하고, 선진외국의 체조교육을 제시하였다.
② 조원희 : 일반 국민을 대상으로 하는 체육의 위상 향상에 대한 문제를 연구하였다.
④ 이기 : 대한자강회(1906)를 조직하였으며, 지덕체의 균형적 교육과 체육의 필요성을 강조하였다.

19 체육정책 담당 부처의 변천 과정

문교부 → 문화공보부 → 체육부 → 체육청소년부 → 문화체육부 → 문화관광부 → 문화체육관광부

20 ㉠ 1973년 사라예보 세계선수권대회의 여자 탁구 종목에서 최초로 단체전에서 우승하였다.
㉡ 1976년 몬트리올 올림픽의 배구 종목에서 여자 구기 종목 사상 최초로 동메달을 획득하였다.
㉢ 1988년 서울 올림픽대회의 핸드볼 종목에서 당시 최강국인 소련을 이기고 한국 여자 구기 종목 사상 첫 금메달을 획득하였다.

5과목 운동생리학

01	02	03	04	05	06	07	08	09	10	11	12	13	14	15	16	17	18	19	20
②	③	①	④	④	①	④	④	②	③	②	②	①, ③	④	③	③	①	①	①	②

01 지구성 훈련은 오랜 시간에 걸쳐 운동할 수 있는 능력을 기르는 훈련법이다. 지구성 훈련 시 먼저 동원된 속근섬유보다 나중에 동원된 지근섬유(서근섬유)가 더 많이 사용되기 때문에 지근섬유가 발달하게 된다. 발달된 지근섬유는 이전보다 미토콘드리아가 많아서 산화 능력(유산소 능력)이 우세하며 이전보다 더 많은 모세혈관에 둘러싸이게 된다. 그러므로 혈색소의 일종인 마이오글로빈의 농도도 더 높아지게 된다.

02 손상된 미토콘드리아가 스스로 사멸하는 과정을 '미토파지(Mitophagy)'라고 하는데, 이 과정에 관여하는 단백질 인자가 유산소성 트레이닝 수행 시 일정 수준으로 증가한다고 한다. 따라서 유산소성 트레이닝 시 손상된 미토콘드리아 분해 및 제거율이 감소하는 것이 아니라 증가한다.

03 인슐린은 당원의 합성에 관여하는 호르몬이다. 인슐린은 혈액에 있는 포도당을 여러 세포가 사용하게 하고, 간에서 포도당을 글리코겐으로 합성하게 하여 혈당을 낮추는 기능을 한다. 다만, 간글리코겐과 근글리코겐의 양이 일정 수준을 넘으면 중성지방으로 전환되어 결과적으로 지방의 '합성'이 촉진되므로 세간에서는 인슐린을 '지방 저장 호르몬'이라고 부르기도 한다.

04 ① 점증 부하 운동 시 이전보다 운동의 강도가 높아지므로 심근산소소비량이 증가한다.
② 고강도 운동 시 내장 기관보다는 근육으로 혈액을 많이 보내야 하기 때문에 내장 기관으로의 혈류 분배 비율이 감소하게 된다.
③ 일정한 부하라도 장시간 운동하게 되면 운동기관에 점차 더 많은 산소와 에너지를 전달해야 하기 때문에 시간 경과에 따라 심박수가 증가하게 된다.

05 ㉠ 심근산소소비량은 심박수와 수축기 혈압을 곱하여 산출한다.
㉡ 팔 운동이 다리 운동보다 교감신경 자극이 더 크기 때문에 심박수가 늘어나고, 움직이지 않는 근육(다리 근육)의 혈관이 수축하기 때문에 혈압이 높아진다. 따라서 팔 운동 시 심근산소소비량은 다리 운동 시 심근산소소비량보다 더 낮게(적게) 나타난다.

06 골격근의 수축 특성

특이장력	• 단위면적당 근육에서 발생하는 힘으로, 근육마다 다르다. • 특이장력 = 근력 / 근횡단면적
근파워	• 근육의 일률(파워)로, 순발력이라고도 하며 근육이 힘을 폭발적으로 빠르게 발휘할 수 있는 능력을 말한다. • 파워 = 힘 × 속도 = 근력 × 수축속도 = 근육이 한 일 × 수축시간

07 근육 내 수용기

근방추	근섬유의 길이 변화를 감지하여 근수축을 유발함
건방추 (골지 건기관)	건(힘줄)의 장력 변화(힘 생성량)를 감지하여 근육을 이완시킴
관절수용기	관절의 각도, 가속도, 압력으로 변형된 정보를 중추신경계로 전달함
화학수용기	근육의 대사량, 근육 내 pH, 세포 외 칼륨 농도, O_2와 CO_2의 압력 변화를 감지하여 중추신경계에 정보를 전달함

08

도피반사는 굴곡근의 수축으로써 다리를 위해성 자극으로부터 멀리하게 하려는 반사이다. 교차신전반사는 통증과 같은 위해 자극을 회피하기 위해 통증을 느낀 부위의 반대쪽 대퇴의 신전근이 수축하는 것으로, 앞서 말한 도피반사의 대상이 되는 자극의 정도가 지나칠 때 나타나는 신체의 반응이다.

09

고온 환경으로 인한 열 자극은 수분 손실을 일으켜 근혈류량을 줄어들게 한다. 줄어든 혈류로 인해 심박출량이 감소하고, 더 많은 혈액을 보내기 위해 심박수가 증가하게 된다.

10 트레드밀 에르고미터와 운동량

• 체중 = 50kp(kp는 정상적인 중력 가속도에서 1kg의 질량에 힘을 가하는 것)
• 트레드밀 속도 = 12km/h = 12,000m/60min = 200m/min
• 이동거리 = 200m × 10min = 2,000m
• 경사진 트레드밀에서의 이동거리 = 2,000m × 0.05(경사도) = 100m
• 운동량 = 힘 × 거리
= 50kp x 100m
= 5,000kpm

11 해당작용은 포스포프룩토키나아제(PFK)로써 그 속도를 조절한다.

12 근육의 힘 · 파워 · 속도

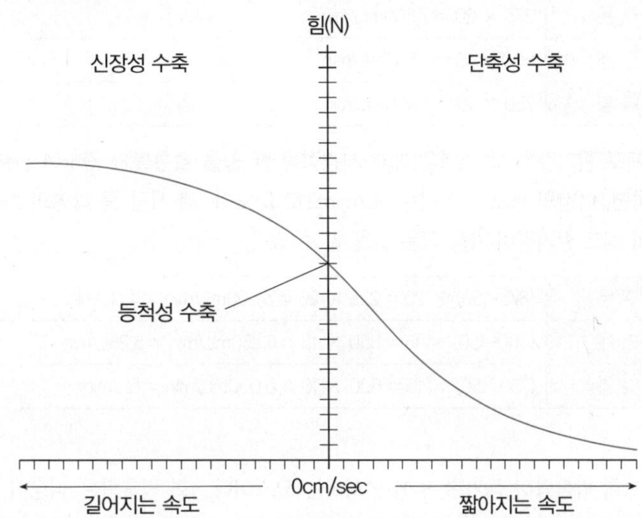

근육이 발현할 수 있는 최대 근파워는 근력과 수축 속도의 크기가 가장 큰 신장성(Eccentric) 수축 시에 나타난다.

13 ① 카테콜라민은 부신수질(부신속질)에서 분비되는 신경전달물질이자 호르몬이다. 에피네프린(아드레날린), 노르에피네프린(노르아드레날린), 도파민 등이 이에 해당한다.

③ α1 수용체에 결합하면 혈관 수축이 증가한다. 기관지 수축이 증가하는 것은 α2 수용체에 결합했을 때이다.

※ 출제오류로 최종정답에서 복수 정답 처리되었다.

14 해당과정은 당원을 분해하는 과정이다. 해당과정으로써 1단위의 포도당을 분해할 때 2단위의 ATP를 이용하여 2분자의 NADH와 4분자의 ATP, 2분자의 피루브산을 생성하게 된다.

15 노르에피네프린은 스트레스 상황에서 골격근 조직 내의 당원 분해를 차단하는 대신 유리지방산의 산화를 촉진하는 역할을 한다.

16 ㄱ. 운동 강도가 증가하면서 땀을 흘려 혈장량이 감소하면, 체내 삼투압을 조절하기 위해 부신에서 알도스테론 분비량을 늘려 물과 나트륨의 흡수를 촉진하고 칼륨을 분비케 한다.

ㄹ. 땀 분비로 인한 수분의 상실은 혈중 삼투질(무기염류)의 농도를 높여 이 이상의 체수분 유출을 막기 위해 항이뇨호르몬을 분비케 함으로써 수분의 재흡수를 촉진한다.

17 폐환기 검사의 실시

ㄱ. 분당환기량(VE)은 1회 호흡량과 호흡률의 곱으로 산출한다. 공식을 활용하여 산출하면, 아래와 같이 세 참가자 모두 7,500mL/min으로 나온다.

주 은	375 × 20 = 7,500mL/min
민 재	500 × 15 = 7,500mL/min
다 영	750 × 10 = 7,500mL/min

ㄴ · ㄷ. 폐포 환기량은 1회 호흡량에서 사강량을 뺀 값을 호흡률과 곱하여 산출한다. 공식을 활용하여 산출하면, 다영의 폐포 환기량은 6L/min으로 나오며, 세 사람 중 다영의 폐포 환기량이 가장 크고, 주은의 폐포 환기량이 가장 작은 것을 알 수 있다.

주 은	(375–150) × 20 = 225 × 20 = 4,500mL/min = 4.5L/min
민 재	(500–150) × 15 = 350 × 15 = 5,250mL/min = 5.25L/min
다 영	(750–150) × 10 = 600 × 10 = 6,000mL/min = 6L/min

18 심박수는 1회 박출량이 증가한 후에 변화하는 요소이다. 1회 박출량은 심장이 한 번 박동하여 짜내는 혈액의 양을 말하는데, 혈액을 한 번 짜낼 때 많이 짜내면 적은 횟수로도 몸에 충분한 혈액을 내보낼 수 있으므로 심박수가 감소하게 된다.

19 ② 운동단위는 감각뉴런이 아니라 '운동뉴런'이 지배하는 근섬유의 결합이다.

③ 신경근 접합부(시냅스)에서 분비되는 신경전달물질은 아세틸콜린이다.

④ 지연성 근통증은 근육의 신장성 수축을 과도하게 하고 나면 발생한다.

20 속근섬유는 수축이 빠른 섬유로, 근형질세망이 발달해 근수축에 관여하는 칼슘이온이 많이 분비되어 수축 속도가 빠른 대신, 유산소 능력이 낮아 피로에 오래 못 견디는 특성이 있다. 나머지 특성들은 지근섬유(서근섬유)의 특징들이다.

6과목 운동역학

01	02	03	04	05	06	07	08	09	10	11	12	13	14	15	16	17	18	19	20
전항 정답	③	①	②	①	②	④	③	③	④	④	③	④	②, ③	④	④	③	③	②	④

01 뉴턴의 법칙에는 만유인력의 법칙과 운동법칙이 있다.

- 만유인력의 법칙 : 모든 물체 사이에는 서로 끌어당기는 힘이 작용하고, 그 크기는 두 물체의 질량의 곱에 비례하며 두 물체 사이 거리의 제곱에 반비례한다는 법칙
- 운동 제1법칙(관성의 법칙) : 외력을 받지 않으면 물체는 정지 또는 등속도 운동 상태를 계속한다는 법칙 (①)
- 운동 제2법칙(가속도의 법칙) : 운동하는 물체의 가속도는 힘이 작용하는 방향으로 일어나며, 그 힘의 크기에 비례한다는 법칙 (②)
- 운동 제3법칙(작용–반작용의 법칙) : 모든 작용력에 대하여 항상 방향이 반대이고 크기가 같은 반작용 힘이 따른다는 법칙 (③)
- 각운동량 보존의 법칙 : 외부로부터 회전력이 작용하지 않는 한 회전체의 각운동량은 일정하게 보존된다는 법칙. 뉴턴의 운동법칙에서 도출된 것이다. (④)

※ 출제오류로 최종정답에서 전항 정답 처리되었다.

02 ㄱ. 힘과 에너지는 그 개념이 다르다. 힘은 운동을 일으키거나 운동상태를 변하게 하는 요인이고, 에너지는 물리적 일을 할 수 있는 능력을 말한다.

ㄹ. 힘은 크기와 방향을 갖는 벡터(Vector)이다.

03 원심력(遠心力)과 구심력(求心力)

- 원심력은 원운동(회전운동)을 하는 물체나 입자에 작용하는, 회전 중심(心)에서 멀어지려는(遠) 힘(力)이다.

$$F = \frac{m \times v^2}{r}$$

m은 물체의 질량, v는 선속도, r은 회전반경(반지름)을 나타낸다.

- 구심력은 원운동(회전운동)을 하는 물체나 입자에 작용하는, 회전 중심(心)으로 가까워지려는, 원의 중심으로 운동을 추구(求)하는 힘(力)이다.

$$F = m \times r \times \omega^2$$

m은 물체의 질량, r은 회전반경(반지름), ω는 각속도를 나타낸다.

- 원심력과 구심력은 크기가 같고 방향이 반대이다. (①)
- 쇼트트랙이나 스피드스케이팅, 계주와 같은 운동에서 원심력을 극복하기 위해서는 원심력은 작게, 구심력은 크게 해야 한다. 따라서 회전반지름을 작게 해야 한다. (③)

② 구심력은 물체의 질량이 클수록, 물체의 회전속도가 빠를수록, 회전반경이 클수록 커진다.

④ 신체를 원운동 중심의 방향으로 기울이는 것은 접선속도를 크게 하는 것이 아니라 구심력을 크게 만들기 위해 무게중심을 회전중심으로 옮겨 회전반경을 작게 하기 위함이다.

※ 해설상 ① · ③이 정답이나, 실제 시험에서 답안지에 ①로 표기하면 정답으로 처리된다.

04

① 선운동량(p)은 질량(m)과 선속도(v)의 곱으로 결정되는 물리량이다.

③ 시간에 따른 힘 그래프에서 접선의 기울기가 아니라 밑넓이가 충격량을 의미한다.

④ 토크와 관련된 것은 선운동량과 (선)충격량이 아니라 각운동량과 회전충격량이다.

05

운동학적 분석은 운동의 변위, 속도, 가속도, 일률, 무게중심, 관절각 등 운동 형태에 관해 분석하는 것이다. 힘은 운동역학적 분석 대상이 맞다.

06

ㄴ. 일은 물체에 힘이 작용하여 물체가 힘의 방향으로 일정한 거리만큼 움직였을 때에, 힘과 거리를 곱한 양으로 이동방향이 있으므로 벡터이다. 단위시간당 에너지의 변화율은 일률이다.

ㄷ. 마찰력은 두 물체의 마찰로 발생하는 '힘'이므로 크기와 방향을 갖는 벡터이다.

07 유체에서 투사체의 운동

ㄱ. 육상의 원반 투사 시, 최적의 공격각은 양항비($\frac{양력}{항력}$)가 최대일 때의 각도이다.

ㄴ. 커브볼은 마그누스의 힘(마그누스 효과)을 이용한 것이다. 마그누스 효과는 물체가 회전하면서 유체 속을 지나갈 때 물체의 외부에 압력이 발생하는데, 발생한 압력 차이에 의해 물체의 이동 경로가 변화한다는 이론이다.

08 2차원 영상분석은 2차원인 평면에서 동작이 일어나는 것으로 가정하여 운동 정보를 얻는 방법이다. 공중회전이나 다이빙, 트위스트와 같은 운동 동작들은 대부분 3차원에서 일어나므로 영상 왜곡을 줄이기 위해 보조기법으로 활용하는 것이다. 배율법은 주로 철봉, 역도와 같은 종목에서 활용된다.

09 ㄱ. 각속력은 크기만 갖는 각거리를 다루므로 스칼라이고, 각속도(Angular Velocity)는 크기와 방향을 갖는 각변위를 다루므로 벡터이다.

ㄹ. 각변위가 물체의 처음과 마지막 각위치의 변화량이다.

10 부력(浮力, Buoyancy)

㉣ 물체가 유체 속에 잠겨있을 때 중력의 반대 방향으로 물체를 밀어 올리려는 힘이다.

- 부력은 액체와 기체 같은 유체에서 작용하는 힘이기 때문에 유체의 이학적 성질을 결정하는 온도 · 부피에 영향을 받는다.
- 주위의 유체보다 밀도가 작은 물체는 같은 부피의 유체보다 무게가 가벼워 부력(유체의 무게)에 의해 그대로 놓으면 떠오른다. 물체와 유체의 밀도가 같은 경우엔 물체가 위치 그대로 정지해 있고, 물체의 밀도가 유체보다 클 경우엔 가라앉게 된다.

㉠ 부력은 유체의 밀도에 비례한다. 따라서 유체의 밀도가 커질수록 부력도 커진다.

$$F = -\rho Vg$$

ρ는 유체의 밀도, V는 유체에 잠긴 만큼의 물체의 부피,
g는 중력 가속도, 음의 부호는 중력의 반대 방향으로 작용한다는 것을 나타낸다.

㉡ 온도가 올라갈수록 유체는 부피가 커진다. 밀도는 부피에 반비례하므로 그 값이 작아지고, 부력은 밀도에 비례하므로 그 값이 작아진다.

$$\rho = d = \frac{m}{V'}$$

ρ는 유체의 밀도, d는 일반적으로 나타내는 밀도, m은 유체의 질량, V′는 유체의 부피를 나타낸다.

㉢ 부력 중심은 부력의 작용점이다. 물 위에 떠 있는 몸에서는 물 아래에 잠긴 부분의 기하학적 중심이 된다. 부력 중심은 물체의 모양, 떠 있는 위치와 방향에 따라 달라진다.

11 관성모멘트와 각운동량의 보존

• 관성모멘트는 회전하는 물체가 계속해서 회전을 지속하려는 성질을 유지하지 않으려는 성질로, 운동하는 물체의 질량에 비례하고 회전반지름의 제곱에 비례한다.

$$I = m \times r^2$$

I는 관성모멘트, m은 물체의 질량, r은 회전반경(반지름)을 나타낸다.

• 각운동량은 회전하는 물체의 운동량으로, 관성모멘트와 각속도에 비례한다.

$$L = I \times \omega = m \times r^2 \times \omega$$

L은 각운동량, I는 관성모멘트, ω는 각속도, m은 물체의 질량, r은 회전반경(반지름)을 나타낸다.

문제의 단서에서 물체의 질량은 일정하다고 하였으므로 임의의 질량 1kg으로 설정하여 계산하면 다음과 같다.

구 분	(A) 변화 전	(B) 변화 후	차 이
회전반경	2m	1m	$\frac{1}{2}$로 감소
관성모멘트	$I_{(A)} = 1kg \times (2m)^2 = 4kg \cdot m^2$	$I_{(B)} = 1kg \times (1m)^2 = 1kg \cdot m^2$	$\frac{1}{4}$로 감소

(A)의 경우로 각운동량을 구할 수 있다. 문제의 단서에서 각운동량은 보존된다고 하였으므로 (B)의 경우에도 각운동량 4가 나와야 하기에 회전속도(각속도)는 '4회전/sec'임을 알 수 있다.

구 분	(A) 변화 전	(B) 변화 후	차 이
각운동량	$L_{(A)} = 4kg \cdot m^2 \times 1\text{회전}/sec = 4$	$L_{(B)} = 1kg \cdot m^2 \times x\text{회전}/sec = 4$	보 존
회전속도	1회전/sec	4회전/sec	4배 증가

12 3종 지레에서 힘점은 축과 저항점 사이에 위치하고 역학적 이점이 항상 1보다 작다.

13 ① 일(Work)은 힘과 수직 이동거리의 곱이며, 위치에너지는 질량과 수직 이동거리(높이), 중력가속도의 곱이다. 위치에너지는 중력가속도를 활용할 수 있지만, 일은 그리할 수 없어서 그 변화량을 알 수 없을뿐더러 둘 간의 비교도 불가하다.

② (A)부터 (B)까지 넙다리네갈레근(대퇴사두근)은 단축성 수축을 한다.

③ (B)부터 (C)까지 무게중심의 수직가속도는 중력가속도와 같으므로 변하지 않는다.

14 ② 각속도는 단순한 호의 길이가 아닌 나중 각위치에서 처음 각위치의 차를 운동 시간으로 나누어 산출한 것이다.

③ 인체의 관성모멘트는 꼭 회전축의 방향에 따라 변하는 것만은 아니다.

※ 출제오류로 최종정답에서 복수 정답 처리되었다.

15 무게중심의 위치(높이)는 성별, 나이, 체형, 자세에 따라 달라진다.

16 토스한 공은 포물선운동을 하게 된다. 이때, 상하축(y축) 방향으로는 중력가속도의 영향을 받아 등가속도($9.8m/s^2$)직선운동을, 좌우축(x축) 방향으로는 등속도운동을 한다. 따라서 상승할 때에도 하강할 때에도 중력가속도의 영향을 받는다고 설명할 수 있다.

17 ① 골격근이 수축하고 이완함으로써 우리 몸은 수의적으로 움직일(듦, 내림, 엎침, 뒤집음, 굽힘, 폄, 비틂, 돌림 등) 수 있다.

② 인대(Ligament)는 뼈와 뼈를 연결한다. 골격근과 뼈를 연결하는 것은 건(힘줄, Tendon)이다.

④ 팔꿈치관절에서 굽힘근(굴근, Flexor)의 수축이 일어난다는 것은 '팔을 굽힌다' 내지 '팔이 굽는다'라는 말과 같다. 따라서 관절의 각도가 작아진다.

18 평균대 외발서기 동작에서 양팔을 좌우로 벌리는 것은 기저면의 변화가 아니라, 관성모멘트의 변화로 인해 수행하는 것이다. 외발서기 동작에서 양팔을 좌우로 벌리면 벌리지 않았을 때보다 회전반지름이 길어져 관성모멘트가 증가하게 된다. 관성모멘트가 증가하게 되면 회전속도가 점점 줄어든다.

19 ① 일의 단위는 joule과 N · m이다. 일률의 단위가 watt 또는 joule/sec이다.

③ 일률은 일의 양을 단위 시간(1초)로 나눈 것이다. 일의 양은 힘과 이동거리의 곱으로 나타내기 때문에 이동거리를 고려하지 않을 수 없다. 이를 공식으로 나타내면 아래와 같다.

$$\text{일률}(P) = \frac{\text{일의 양}(W)}{\text{걸린 시간}(t)} = \frac{\text{힘}(F) \times \text{이동거리}(S)}{\text{걸린 시간}(t)} = \text{힘}(F) \times \text{속도}(v)$$

④ 일은 가해진 힘의 크기에 비례한다.

20 경기장 적응을 위해 가상현실을 활용한 양궁 심상훈련을 지원하는 것은 스포츠심리학을 스포츠 현장에 적용한 사례이다.

7과목 스포츠윤리

01	02	03	04	05	06	07	08	09	10	11	12	13	14	15	16	17	18	19	20
②	④	④	①	①	②	②	②	③	①	④	④	전항 정답	①	③	①	③	③	③	②

01 〈보기〉는 '스포츠기본법의 기본이념(「스포츠기본법」 제2조)'을 인용한 것이다.

02 스포츠 상황에서의 폭력

유 형	특 징
직접적 폭력	• 상해를 입히려는 의도가 있는 행위 • 가시적이고 파괴적임
구조적 폭력	• 의도가 노골적이지 않지만 관습처럼 반복됨 • 비가시적이며 장기간 이루어짐
문화적 폭력	• 언어, 행동양식 등의 상징적 행위를 통해 가해짐 • 위해를 옳은 것이라 정당화하여 문제가 되지 않게끔 만들기도 함

03 여성 참정권의 보장은 성차별이 완화되는 요소 중 하나이다.

04 (나)는 테일러의 4가지 의무(불침해 · 불간섭 · 성실 · 보상적 정의)이다. 테일러는 자연 내 존재는 지각력 없이는 스스로 고유한 선을 가질 수 있으나 그것이 반드시 살아 있어야 함을 명시하였다. 즉, 인간 외 동물뿐만 아니라 식물을 비롯한 낮은 단계의 유기체들의 선에 대해서도 관심을 가져야 한다고 주장하였다.

05 인종 · 인종주의 · 인종차별

인 종	생물학적, 형태학적 특징에 따라 분류된 인간 집단 예 백인, 황인, 흑인 등
인종주의	인종의 특징에 따라 불평등한 억압을 합리화하는 비과학적인 사고방식 예 흑인이 백인보다 수영과 육상 경기에서 기록이 우세한 것은 사지가 긴 인종적 특성에서 비롯된 것이나, 백인이 흑인보다 그 기록이 우세한 경우에는 노력에 의한 것으로 보는 의견
인종차별	인종 집단에 따라 행동 특성의 차이나 우열이 존재한다는 신념, 또는 이에 기반한 행위 예 2023년 5월 라리가 35R에서의 비니시우스 사건

06 • 상대 선수가 부상을 입었지만 퇴장은 가혹하다는 심판 A의 말은 선수들의 운동행동을 분석할 수 있는 단서가 없기에 어느 윤리 이론이라 단정할 수 없다.
• 선수가 충돌을 피할 수 있었으나 피하지 않은 이유를 퇴장 조처를 받을 만한 부도덕한 목적(행위에 대한 동기)이 있음으로 판단하였기 때문에 심판 B의 말은 윤리 이론 중 옳고 그름을 판단하는 기준이 행위에 대한 동기임을 주장하는 의무론적 윤리체계를 바탕으로 한 것이라 할 수 있다.

07 〈보기〉의 내용은 스포츠맨십, 스포츠퍼슨십, 스포츠에토스를 포괄하는 것이다. 스포츠딜레마는 스포츠 상황에서 발생하는 두 선택지 중 어느 하나를 택해야 하는데, 그 어느 쪽을 택해도 바람직하지 못한 결과가 나오게 되는 곤란한 상황을 가리키는 것이므로 제시문과는 무관한 용어이다.

08 아리스토텔레스는 3가지 지적 덕목을 주장하였으며, 이는 아래와 같이 구성되어 있다.

에피스테메(Episteme)	과학적 · 기술적 · 전문적 지식 등의 지식
테크네(Techne)	• 솜씨나 손재주 등의 일반적인 기술부터 의술이나 변증술같이 전문적인 기술까지 총칭하는 말 • 어떠한 대상의 근본적인 원인과 작동 · 작용 원리까지 정확히 알 때에 사용할 수 있음
프로네시스(Phronesis)	• 도덕적인 앎으로, 지식을 도덕적인 차원에서 다룰 수 있는 수준을 의미함 • 실제, 경험과 연관된 실천적 지혜에 사용할 수 있음

아크라시아(Akrasia)는 '자제하지 못함'이라는 뜻으로, 실천지가 덕성과 불일치할 경우를 이르는 말이다. 카키아(Kakia, 악덕), 테리오테스(Theriotes, 짐승과 같은 품성상태)와 함께 피해야 할 품성들에 속한다.

09 정언명령(定言命令)은 어떠한 조건이나 결과와 무관하게 그 행위 자체가 선(善)하므로 절대적이고 의무적으로 행해야 하는(행하도록 정해진) 도덕 법칙을 말한다. 스포츠 참여 시 모든 선수는 페어플레이 원칙에 따라 정정당당하게 경기에 임해야 하므로 〈보기〉의 내용이 스포츠 선수에게 정언명령으로 작용할 수 있다. 한편, 가언명령(假言命令, 조건부 명령)은 어떠한 가설 · 조건에 달성하기 위한 수단으로서 내리는 명령이다. '동료 선수에게 좋은 대접을 받고 싶으면, 먼저 그 선수에게 좋은 대접을 하라'와 같은 것을 예로 들 수 있다. 가언명령은 정언명령과는 달리 그 목적에 동의하고 수긍하는 사람에게만 의미가 있을 뿐, 모든 이에게 보편타당하지 않는다는 특성이 있다.

10 행위 공리주의는 개별적 행위가 최대의 유용성을 낳는가에 초점을 두는 관점이다. 〈보기〉의 '나'는 경기에 참여 시 행동(개별 행위) 하나하나가 가능한 한 많은 사람이 만족(최대의 유용성)하는 데에 기여토록 노력하므로 행위 공리주의적 태도를 취함을 알 수 있다.

11 〈보기〉에서는 모든 선수에게 동등한 기회를 보장하기 위해 공수 교대, 전후반 진영 교체 등과 같은 절차적 공정성을 강조하고 있다. 이는 분배의 원칙을 합의해 나가는 절차에서 공정성을 실천하는 절차적 정의에 부합하는 설명이다.

12 공자의 도덕론, 충(忠)과 서(恕)

충(忠)	• 자신의 양심(도덕적 기준)에 충실한 것 • 마음(心)이 중심(中)을 잡아 한쪽으로 치우치지 않는 상태
서(恕)	• 충을 바탕으로 다른 사람의 마음을 헤아리는 것(배려와 관용) • 나와 타인의 마음(心)이 서로 다르지 않음(如)

13 〈보기〉의 내용은 승자와 패자의 만족도는 항상 1과 0으로 정해진 값은 아니며, 공리주의적 관점에서 바라봤을 때 패자여도 결과적으로 다수가 행복하다고 생각한다면 만족도는 1이 될 수 있다고 해석할 수 있다. 이와 더불어 칸트의 의무론적 윤리설에 따르면, 의무적 성격을 띤 정언명령은 공정경쟁을 꾀하는 스포츠에서 중요한 윤리요소이기 때문에 스포츠 경기의 내용을 다룬 〈보기〉와 일치한다고 볼 수 있다.

※ 출제오류로 최종정답에서 전항 정답 처리되었다.

14 반칙의 유형

구 분		스포츠의 본질적인 성격	
		해 침	해지지 않음
반칙의 동기와 목표	분명	의도적 구성 반칙	의도적 규제 반칙
	불분명	비의도적(무지적) 구성 반칙	비의도적(무지적) 규제 반칙

15 〈보기〉의 대화를 미루어보아 윤성은 스포츠 현장에서 동물의 도구화를 찬성하는 입장을, 진서는 스포츠 현장에서 동물의 도구화를 반대하는 입장을 견지함을 알 수 있다. 이를 윤리학적으로 각각 종차별주의와 종평등주의로 표현할 수 있다.

16 〈보기〉의 내용은 훌륭한 수준에 이른 위인처럼 행동하고자 노력하는 것으로 덕윤리에 해당하는 것이며 덕윤리 학자인 멕킨타이어와 밀접한 연관이 있다. 멕킨타이어는 개인의 내적 품성과 관련된 도덕성을 강조하였다.

17 스포츠윤리의 목적에는 일반 윤리학이 제시한 윤리적 원리와 덕목을 고찰하는 것도 포함되기 때문에 보편적인 윤리로 다룰 수 없는 독자성이 있다고 보기는 어렵다.

18 리그 승강 제도는 스포츠 리그에서 팀들을 실력 단위로 상위 리그와 하위 리그로 분할해 놓고, 시즌 결과에 따라 일정한 수의 리그의 위치를 맞바꾸는 것이다. 팀 창단이 계속됨에 따라 경기 개최 일정이 리그의 수를 수용할 수 없고, 창단된 리그도 경기력의 수준을 유지할 수 없기 때문에 발생한 제도이다. 해당 제도는 학생운동선수의 학습권 보호보다는 선수들의 경기력 및 체력 보호와 관련이 있는 제도이다.

19 스포츠 행위의 도덕적 가치는 절대적인 것이 아니라 사람에 따라 달라질 수 있음을 시사하는 윤리적 상대주의에 대한 설명이다.

20 기술도핑은 약물이 아닌 장비나 도구로 경기력 향상을 꾀하여 공정한 경쟁을 방해하는 도핑이다. 그 예로 킵초게의 특수 제작 신발이나, 수영의 전신 수영복, 야구의 압축 배트 등이 있다.

2024년 필수과목 정답 및 해설

1과목 특수체육론

01	02	03	04	05	06	07	08	09	10	11	12	13	14	15	16	17	18	19	20
③	②	③	④	③	①	①	전항 정답	④	①, ④	①	③	②	①	①	전항 정답	③	①	②, ③	③

01 한국장애인복지체육회는 1989년 「장애인복지법」에 근거하여 설립된 기구로 장애인 복지연구 · 복지진흥 · 체육진흥 사업을 관장한다. 1989년 설립된 이래로 한국장애인복지진흥회(2000), 한국장애인개발원(2008) 순으로 확대 개편되었다.

02 장애인의 기능 회복을 위한 치료(의료) 서비스는 의료법에서 지정한 병원급 의료기관이 담당한다.

03 사정 · 평가 · 측정 · 검사

구분	내용
사 정	• 측정 활동으로 특정 목적을 달성하기 위한 증거 및 근거자료를 수집하는 과정 • 목적의 달성에 필요한 증거 · 근거를 수집하는 데 초점
평 가	• 수집된 자료에 근거하여 판단을 내리고 의사를 결정하는 과정 • 의사를 결정하는 데 초점
측 정	• 양적 또는 질적 자료를 수집하는 과정 • 자료를 수집하는 데 초점
검 사	• 표준화된 도구로 집단 또는 개인의 특성(Trait)을 양적으로 밝히는 과정 • 대상의 특성을 밝히는 데 초점

04 ① 3~11세의 아동들을 대상으로 한다.
② 규준지향검사와 준거지향검사 방식을 모두 적용한다.
③ 6가지 이동기술(달리기, 질주하기, 뛰어오르기, 한 발로 뛰기, 수직점프, 슬라이딩) 검사와 6가지 공기술(정지한 공 치기, 드리블, 차기, 붙잡기, 던지기, 굴리기) 검사를 포함한다.

05

개별화교육프로그램(IEP)의 필수 구성요소

- 학생의 현행 수준 평가
- 연간교육목표(장기목표)와 단기교육목표
- 교육 서비스(또래 교수, 부모상담 등)와 교재 · 교구
- 교육 시작 날짜와 교육기간
- 기타 : 부모의 동의, 교육 프로그램의 책임자, 목표달성 기준과 평가절차

06

② 모로반사(Moro Reflex) : 갑자기 건드리거나 큰 소리에 자극을 받은 아기가 팔과 다리를 벌리고 손가락을 폈다가 다시 몸 쪽으로 팔과 다리를 움츠리는 것이다.

③ 긴장성 미로 반사(Tonic Labyrinthine Reflex) : 신체의 균형이 깨져 내이(內耳)의 세반고리관이 자극되었을 때, 몸 전체의 신전근의 긴장도가 증가하여 팔다리가 움츠러들거나 뻗어지는 것이다.

④ 대칭성 긴장성 목반사(Symmetrical Tonic Neck Reflex) : 머리를 뒤로 젖히면 척추가 과도하게 전만하면서 팔은 움츠러들고, 다리는 뻗어지는 것이다.

07

② 대그룹 수업 : 교사가 40명 이상의 학생을 대상으로 진행하며, 정해진 시간 안에 일정한 내용을 동시에 전달할 수 있지만, 학습자가 수동적으로 정보를 수용할 수밖에 없는 단점이 있는 수업이다.

③ 협동학습 수업 : 서로를 위해 함께 배우기를 주제로 하며, 모든 학생이 동시에 학습에 참여하고 학습과정 및 결과와 팀의 상호작용을 평가하는 방식의 수업이다.

④ 또래교수 수업 : 학생은 개인교사 역할과 학습자 역할을 번갈아 가며 수행하기 때문에 교사는 개인교사로서 간접적인 형태로 상호작용하는 방식의 수업이다.

08

대근운동발달단계(D. Ulrich, 1985)

구 분	시 기	내 용
1단계	신생아기	반사와 반응
2단계	학령전 및 초등 저학년기	게임 운동기술
3단계	초등 3~4학년 시기	기본 (대근)운동기술과 양식
4단계	초등 고학년에서 청소년 시기	스포츠 및 전문여가 운동기술

※ 출제오류로 최종정답에서 전항 정답 처리되었다.

09

기본운동기에 속하는 4~5세에는 물체를 손으로 쥐고 어깨 위로 던지는 자세를 취하며, 던지는 팔과 같은 쪽 발을 앞으로 내밀며 공을 던진다. 던지는 팔과 반대쪽 발을 앞으로 내밀며 공을 던지는 단계는 기본운동기보다 더욱 높은 단계인 숙달단계(7~14세)에서 발견되는 자세이다.

10 ① 상부 흉추가 손상된 경우 호흡 기능에 장애가 생길 수 있으므로 폐활량 증가 및 호흡기 질환의 예방을 위해 적절한 유산소 운동이 필수적이다.

④ T6 이상, 특히 교감신경계 손상이 있는 척수 손상 환자의 경우, 안정 시와 운동 시의 심박수 반응이 일반적인 경우와 다를 수 있으며, 자율신경반사이상 등의 위험이 있으므로 주의가 필요하다.

※ 출제오류로 최종정답에서 복수 정답 처리되었다.

11 ㉠ 타임아웃 : 학습자가 교사의 시야 내에 위치하지만, 수업에 참가하지 못하게 하는 것이다.

㉡ 반응대가 : 나쁜 행동이 발생했을 시 좋아하는 것(정적 강화물)을 빼앗는 것이다.

㉢ 부적 (처)벌 : 어떤 행동의 빈도를 줄이기 위해 유쾌한 자극을 박탈하는 것이다.

12 미국지적장애및발달장애협회(AAIDD, 2021)의 지적장애 정의

지적장애는 지적 기능성과 개념적, 사회적, 및 실제적 적응기술들로 표현되는 적응행동 양쪽에서 심각한 제한성으로 특징화된다. 이 장애는 개인이 22세에 도달하기 전으로 조작적으로 정의되는 발달기 동안에 진행된다.

13 〈보기〉에서 설명하는 장애유형은 다운증후군이다. 다운증후군 환자는 당분을 조절하는 기능이 낮아서 비만이 되기 쉽고 당뇨병 발병 확률이 높다.

14 ② 플로어볼 : 누구나 하키의 재미를 즐길 수 있도록 만든 종목으로, 농구코트보다 약간 넓은 플로어에서 부드러운 플라스틱 재질의 스틱과 볼을 사용하여 두 팀이 시합을 치러 정해진 시간 동안 상대 팀보다 더 많은 점수를 얻은 팀이 승리하는 경기이다.

③ 보치아 : 뇌성마비 및 이에 준하는 운동기능 장애인들을 위한 종목으로, 가죽 공을 던지거나 차고, 굴려 표적구와의 거리를 비교하여 점수를 매겨 경쟁하는 패럴림픽 정식 종목이다.

④ 넷볼 : 여성이 경기할 수 있도록 농구의 규칙을 개량한 종목이다.

15 ㉠ 운동실조형 뇌성마비는 소뇌의 기능 장애에서 기인한다. 소뇌는 평형감각기로부터 오는 정보에 따라 몸의 평형감각을 유지하고, 대뇌에서 시작된 수의 운동이 정교하고 원활하게 이루어지도록 하는 기능을 담당한다.

㉡ 무정위형 뇌성마비는 대뇌의 기저핵의 기능 장애에서 기인한다. 기저핵은 뇌의 여러 부분으로 전기적 신호와 신경전달물질을 주고받아 수의 운동 및 안구 운동, 기억과 감정 조절 등의 기능을 수행한다.

㉢ 대뇌의 기저핵이 손상되면 사지의 수의 운동이 조절되지 않아 불수의적(의지로 조절할 수 없는) 움직임이 발생한다.

16 자폐성 장애인의 운동 지도 전략

〈보기〉에 해당하는 특성이 있는 장애는 자폐성 장애이다. 자폐성 장애인들은 ㉠처럼 새롭거나 기존 환경과 다른 정보가 무작위적 또는 무계획적으로 제공될 때 부적절한 행동으로 반응할 때가 있다. 이때 처음부터 끝까지 일상적 과제를 수행하게 하면, 과제의 숙달과 완성에 대한 교사의 기대치를 높일 수 있다.

※ 출제오류로 최종정답에서 전항 정답 처리되었다.

17 자율신경의 반사에 이상 징후가 발견되면 그 즉시 운동을 중단해야 한다. 경축(본인의 의지와 무관하게 발생하는 갑작스러운 근육의 수축 현상)으로 인해 크게 다칠 수 있기 때문이다.

18 시각장애인도 시각 정보를 보강하거나 청각 정보를 부가적으로 제공하는 방법으로 축구나 농구와 같은 단체 종목을 지도할 수 있다.

19 ② 근이영양증에서 발생하는 근위축에는 수영, 걷기 등의 유산소 운동 외에 가벼운 스트레칭 등이 효과적이다.

③ 듀센 근이영양증(DMD) 환자의 약 3분의 1은 인지 장애는 거의 없지만 학습 장애가 있는데, 주로 주의 집중 · 언어 학습 및 기억 · 정서적 상호작용의 세 가지 영역에서 발생한다.

※ 출제오류로 최종정답에서 복수 정답 처리되었다.

20 스포츠와 관련 있는 수어

㉠ 운동 : 두 주먹을 어깨 앞에서 위, 아래로 움직인다.

㉡ 스케이트 : 검지와 중지를 교대로 움직이며 손등 방향으로 움직인다.

㉢ 수영 : 검지와 중지를 펴서 화살표와 같이 교대로 내민다.

2과목 유아체육론

01	02	03	04	05	06	07	08	09	10	11	12	13	14	15	16	17	18	19	20
④	①	④	②	②	③	③	④	②	①	④	④	②	①	③	③	④	①	②	④

01 기초(간단한 과제)부터 향상된 운동(난도 있는 동작)까지 조직된 프로그램을 제공하여 학습의 순서와 발달 단계의 변화에 따를 수 있도록 조직적으로 연계되도록 하여야 한다.

02 과제를 지도할 때는 언어적 표현보다는 동작과 표정으로 시범을 보이면서 설명하면, 유아들이 동작에 대해 이해를 못해서 발생하는 안전사고가 줄어든다.

03 유아의 운동기술 수준에 맞는 도전적인 프로그램을 제공하며, 유아가 과제 성취에 들인 노력에 대해 격려하여야 신체 활동 참여 동기가 증진된다.

04 감각수용세포가 자극으로부터 들어온 정보를 뇌로 전달하는 과정은 '전달과 전도'이며, 감각수용체가 외부 자극을 감지하고 전기 신호로 변환하는 것이 '지각'이다.

05 열사병의 특징과 대응

특 징	• 체내 체온조절 중추가 열 자극을 견디지 못해 그 기능을 상실하는 질환이다. • 다발성 장기손상 및 기능장애와 같은 합병증을 동반할 수 있고 치사율이 높아 온열질환 증상 중 가장 위험한 질환이다.
응급처치법	• 119에 즉시 신고한 후 환자를 시원한 곳으로 옮겨서 옷을 끌러 주고 시원한 물을 적시거나, 부채나 선풍기 등으로 몸을 식힌다. • 얼음주머니가 있으면 목, 겨드랑이 밑, 사타구니와 같은 접촉 부위에 대어 체온을 낮춘다. • 의식이 없을 경우 음료를 마시게 하는 것은 기도 폐쇄를 일으킬 수 있으므로 절대 해서는 안 된다.

06 유아발달 프로그램의 기본 원리

- 안전성의 원리 : 안전을 최우선으로 고려하여 프로그램을 구성해야 한다.
- 적합성의 원리 : 결정적 시기를 고려하여 적합한 운동을 프로그램에 구성해야 한다. (㉢)
- 방향성의 원리 : 신체발달의 방향성을 고려하여 적절한 운동을 프로그램에 구성해야 한다. (㉡)
- 특이성의 원리 : 유전과 환경요인에 따른 개인차를 고려하여 프로그램을 구성해야 한다.
- 다양성의 원리 : 전체적인 신체발달을 돕는 다양한 프로그램을 구성해야 한다.
- 연계성의 원리 : 운동발달, 인지발달, 사회성 및 정서발달의 상호작용을 통한 발달이 이루어지도록 프로그램을 연계적으로 구성해야 한다. (㉠)

운동 프로그램의 기본 원리

- 전면성의 원리 : 다양한 체력 요소가 골고루 발전되도록 운동해야 한다.
- 개별성의 원리 : 개인의 건강정도나 체력 등의 운동 능력 수준에 따라 운동의 종류나 강도를 조절해야 한다.

07 성장 · 발달 · 성숙

성 장	• 생물체의 크기 · 무게 · 부피가 증가하는 일 • 신체 조직의 비대와 증가에 초점
발 달	• 성장하여 완전한 형태에 가까워짐 • 신체 조직, 운동 기능, 심리 상태의 진전과 분화에 초점
성 숙	• 생물의 발육이 완전히 이루어짐, 몸과 마음이 자라서 어른스럽게 됨 • 신체적 · 생리적 · 심리적 상태의 진전에 초점

08 대근운동발달검사(TGMD-Ⅱ)의 영역별 검사항목

- 이동 기술 영역 : 달리기, 갤럽, 외발뛰기(홉), 립, 제자리멀리뛰기, 슬라이드
- (물체) 조작 기술 영역 : 치기, 튀기기(튕기기), 받기, 차기, 던지기, 굴리기

09 인지발달 4단계(Piaget)

- 인간은 타고난 발달단계와 학습을 통해 환경에 대해 지각하고 이해하는 인지적 발달이 이루어진다. 도식은 환경을 이해하는 틀을 말하며 동화, 조절, 평형화는 도식을 발달시키는 방법이다.
- 감각운동기(0~2세) : 감각을 사용하여 주변을 탐색하고, 새로운 경험을 찾기 위한 신체 활동을 한다(연습놀이).
- 전조작기(2~7세) : 지각운동시기로 사물과 사건의 관계를 인식하는 사고 능력의 진보가 이루어지지만 자기중심성이 강하여 다른 사람의 관점에서 사물을 이해할 수 없다(상징놀이).
- 구체적 조작기(7~11세) : 탈중심적 사고에 들어서고 사회지향적인 특징을 보이며, 구체적인 문제에 대한 논리적 사고가 가능하다(규칙이 있는 게임).
- 형식적 조작기(청소년~성인) : 가설적 · 연역적 사고가 가능하고, 논리적 사고에 의해서 문제를 해결한다.

사회문화적 이론(Vygotsky)

- 피아제(Piaget)의 인지발달 이론에 사회 · 문화적인 접근을 시도함으로써 새로운 인지발달 이론을 전개하였다. 즉 인간의 발달은 사회적 · 문화적 환경의 영향을 받는다는 이론이다.
- 학습은 아동 스스로 학습하려는 노력과 함께 부모나 교사 또는 좀 더 능력이 있는 또래와의 상호작용을 통해서 이루어진다고 주장하였다.
- 환경에 능동적으로 대응하며 운동기능을 발달시키며 지도사, 부모, 또래집단은 운동발달에 영향을 미치므로 집단 활동의 구성은 운동발달의 효과적인 교수법이다.
- 근접발달영역(Zone Proximal Development) : 성인이 이끌어 줄 수 있는 학습영역 내에 위치하는 개발 가능한 영역이다.
- 비계설정 : 성인 교사의 역할을 집을 지을 때 임시로 설치하는 '비계(飛階)'에 비유한다.

10 운동피질은 생후 6개월 전후를 기점으로 하여 발달하기 시작한다. 생후 6개월은 정보해독 단계(4개월~1세)에 해당한다.

11 자기 주도성 역량은 교육과정에 제시되지 않은 내용이다.

2022년 개정 체육과 교육과정이 추구하는 세 가지 신체활동 역량

- 움직임 수행 역량 : 신체활동 형식에 적합한 움직임의 기능과 방법을 효율적, 심미적으로 발휘할 수 있는 능력으로 운동, 스포츠, 표현 활동 과정에서 움직임에 필요한 지식, 기능, 태도를 다양한 상황에 적용하며 발달한다.
- 건강관리 역량 : 체력 및 신체적, 정신적, 사회적 건강을 유지하고 증진하는 능력으로 체육과 내용 영역에서 학습한 신체활동을 일상생활에서 실천하고, 개인과 사회적 측면에서 건강을 저해하는 요소에 적극적으로 대처하며 함양된다.
- 신체활동 문화 향유 역량 : 다양한 신체활동 문화를 전 생애 동안 즐기며 타인과 상호작용할 수 있는 능력으로 각 신체활동 형식의 특성을 이해하고 인류가 축적한 문화적 소양을 내면화하여 공동체 속에서 실천하면서 길러진다.

12 유아체육의 교수–학습 방법
① 지시적 교수법, ② 탐색적 방법, ③ 직접–교사 주도적 방법에 해당한다.

13
- 신체 인식(움직임을 위해 필요한 것, 무엇을 움직이는가) : 전신의 움직임, 신체 각 부분의 움직임, 신체의 모양 (㉠)
- 공간 인식(몸을 움직이는데 필요한 것, 어디로 움직이는가) : 개인공간, 일반공간, 수준, 방향, 경로, 범위 (㉡)
- 노력(몸을 움직이려는 마음, 어떻게 움직이는가) : 시간, 힘, 흐름 (㉢)
- 관계(몸을 움직이면서 이루는 것, 누구와 혹은 무엇과 움직이는가) : 파트너/그룹, 기구 · 교수

14 ㉠ 안정성은 중력 중심이 지지면(기저면)의 중앙에 가까울수록, 중력선이 일직선에 가까울수록 증가한다.
㉡ 관성이 크면 물체에 가해야 하는 힘의 크기가 커진다. 물체의 질량이 같으면 가속도가 클수록 힘의 크기가 커진다. 한 물체에 큰 힘을 작용하면 그 반작용으로 인한 힘의 크기도 크다.
㉢ 표면적이 좁을수록, 거리가 가까울수록 받는 힘의 크키가 커진다.

15 ACSM 제11판(2022)에는 아래와 같이 제시되어 있다.
㉠ Enjoyable and developmentally appropriate activities : 즐겁고 성장발달에 적절한 활동
㉡ Physical activities can be unstructured or structured and appropriately supervised : 신체활동은 구조화되지 않은 활동이나 구조화되고 적절하게 감독할 수 있는 활동
㉢ As part of ≥ 60 min/day of exercise : 하루 60분(1시간) 이상의 운동시간

16 움직임 패턴의 특수성과 관찰자의 정교함은 기술 내 발달 단계를 구분하는 데 중요한 역할을 한다.

움직임 패턴의 특수성	관찰자의 정교함
• 초기 단계에서는 움직임 패턴이 특수하고 고립되어 있다. • 발달이 진행될수록 움직임 패턴들이 협응되고 일반화되어 나타난다.	• 초기 단계에서는 관찰자가 움직임의 개별적인 요소들만을 인지할 수 있다. • 발달이 진행될수록 관찰자가 움직임 패턴을 더 정교하게 지각할 수 있게 된다.

17 모두 옳은 설명이며, 이 외에도 아래와 같은 특징이 있다.
- 만4~6세(48~83개월)의 유아를 대상으로 한다.
- 체력의 수준별로 종목을 달리 실시하고, 씨앗–새싹–꽃–열매의 4단계로 구분한다.
- 특히 새싹 단계에는 신체조성을 측정하기 위해 BMI를 측정한다.

18 '점진성의 원리'와 '전면성의 원리'의 설명이 바뀌어 제시되었다.

ㄴ. 전면성의 원리 : 다양한 체력 요소가 골고루 발전되도록 운동해야 한다.

ㄷ. 점진성의 원리 : 운동 강도를 조금씩 점진적으로 증가시켜야 한다.

19 ㉠ 초보 움직임 단계(생후 1~2년)는 수의적인 신체운동이 시작되는 시점이자 반사행동이 줄어들고 불완전한 기본 움직임이 나타나는 시기이며, 안정성 운동은 이동하지 않고 서서 또는 앉아서 몸의 한 축이나 관절을 축으로 하여 균형감각을 기르는 운동이다. 따라서 목의 관절을 한 축으로 하여 머리와 목의 균형감각을 기르는 '머리와 목 제어'가 이에 해당한다.

㉡ 전문화 움직임 단계(7~14세 이상)는 운동능력이 세분되며 복합된 동작 기술이 나타나는 단계이자 동작을 서로 연관시켜 일련의 동작으로 완성하는 단계이며, 이동성 운동은 자신의 위치를 이동하는 운동이다. 따라서 달리기, 리핑, 호핑 등의 동작이 일련의 동작으로 연결된 '육상 허들 넘기'가 이에 해당한다.

㉢ 반사 움직임 단계(생후 1년)는 태아와 신생아에게서 나타나는 최초의 운동 단계이며, 조작성 운동은 자신의 신체 이외의 물체를 조작하는 운동이다. 따라서 영아의 손바닥에 무엇을 올려놓으면, 손가락을 쥐는 것과 같은 반응을 하는 '손바닥 파악반사(쥐기반사)'가 이에 해당한다.

20 드리블 동작은 손을 이용하여 바닥에 공을 미는 동작을 반복하는 동작이므로, 공을 때리는 것이 아니라 밀도록 지시해야 한다.

3과목 노인체육론

01	02	03	04	05	06	07	08	09	10	11	12	13	14	15	16	17	18	19	20
②	④	④	③	①	③	①	③	④	③	②	②	④	④	③	①	②	①	전항 정답	②

01 ①·④ 동맥과 좌심실 수축성이 저하되기 때문에 심장근의 수축 시간이 길어지고, 1회 박출량과 심박출량이 감소한다.

③ 노화가 진행되면서 근육은 감소하고, 산화능력이 저하된다. 또한, 심장근 반응 감소, 운동하는 근육으로의 혈액 흐름 감소, 동·정맥 산소차 감소, 근육의 미토콘드리아 수와 크기 감소 등의 현상이 나타난다.

02 ① 유전적노화이론 : 일정한 시기가 도래하면 노화를 일으키는 특정 유전자가 적극적으로 작용하여 세포를 노화시키면서 노화가 진행된다는 이론이다.

② 교차결합(교차연결)이론 : 결합조직의 커다란 분자에 교차결합이 일어나면서 노화가 발생한다는 이론이다.

③ 사용마모이론 : 인체가 마치 기계처럼 사용에 따라 점차 마모되어 노화가 진행된다는 이론이다.

03 ① 보편성 : 노화는 누구나 보편적으로 겪는 현상이다.

② 내인성 : 노화는 생체 내에서 일방적으로 진행되는 현상이다.

③ 점진성 : 노화는 시간의 경과에 따라서 서서히 진행되는 현상이다.

04 ① 지속성이론 : 노년기에 자신의 고유한 생활습관을 유지하는 것은 자아존중감과 생활만족도를 증가시킨다는 이론이다.

② 건강신념모형 : '신념'이 건강을 추구하는 행동에 중요한 역할을 한다고 가정하는 이론이다.

④ 계획행동이론 : 개인의 행동을 자신의 신념과 행동 간의 연결로 설명하는 이론이다.

05 천식을 앓는 노인이 운동 후에 오히려 폐활량이 줄어들 수가 있는데, 이를 운동유발성 천식이라 한다.

06 국민체력100에서 노인의 상지의 근 기능은 상대악력으로 측정한다.

07 ADL과 IADL

- 일상생활능력(ADL) : 옷 입기, 걸어서 이동하기, 목욕, 식사하기, 침대에서 의자 · 휠체어로 이동하기, 화장실 사용
- 도구적 일상생활능력(IADLs) : 요리, 집안일, 빨래, 시장보기, 전화 통화, 약 먹기, 금전 관리, 대중교통 이용

08 ACSM 제11판(2022)에는 아래와 같이 제시되어 있다.

> Power Training : Light–to–moderate Loading (30% – 60% of 1–RM)

파워운동은 저강도에서 중강도의 부하로, 1 RM의 30~60% 수준의 근력운동을 실시한다.

09 SPPB 검사

- 하지기능을 평가하는 수행검사로 직립균형검사, 보행속도, 의자에서 일어나기 3가지 항목으로 구성된다.
- 과제마다 수행불능은 0점, 수행차이에 따라 최저 1점에서 최고 4점까지 점수를 부여해 과제당 4점씩 모두 성공했을 경우 12점 만점으로 한다.

10 ㄱ. ACSM 제11판(2022)에 따르면 심혈관질환 위험요인의 양성 위험요인은 4개이다. (남자 45세 이상, 흡연자, 지난 3개월 동안 주 2회 20분 정도의 천천히 걷기 운동, HDL–C 40㎎/dL 이상)

ㅁ. ACSM 제11판(2022)에 따르면 BMI 지수가 23㎏/㎡ 이상이면 과체중으로 판별하는데, 22.5㎏/㎡이므로 과체중에 해당하지 않는다.

11 장애과정 모델(L. Vferbruggen & A. Jette)

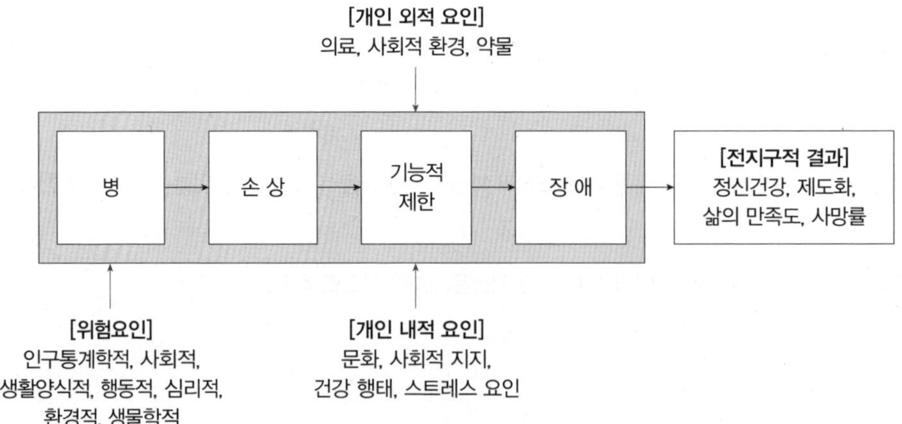

12 심리사회적 발달단계

연령대	발달과업단계	긍정적인 결과
13~18세	정체성 대 역할혼돈	자신이 누구인지 그리고 어떻게 삶을 살기 원하는지에 대한 느낌을 발달시킨다.
젊은 성인	친분 대 고독	친밀한 대인관계를 형성할 수 있다.
중년 성인	생산성 대 침체성	가족의 부양 또는 어떤 형태의 일을 하는 등 생산적이다.
노년기	자아통합 대 절망	자부심과 만족을 느끼면서 자기 삶을 되돌아보며 죽음을 위엄있게 받아들인다.

13 말초동맥질환은 일반적으로 죽상경화증으로 인해 사지의 동맥(말초기관의 동맥)이 막히거나 좁아져서 혈류가 감소하는 질환이다.

14 노화에 따라 폐포와 폐포관 주의의 탄력조직이 약화되고 석회화가 진행되어 흉곽의 경직성이 증가해 일명 '통가슴'이 되고, 잔기량의 감소와 생리학적 사강의 증가의 양상을 보인다.

15 운동과 혈당 조절

당뇨병 환자에게 인슐린과 혈당은 떼려야 뗄 수 없는 동전의 앞뒤와 같은 것이다. 췌장에서 분비되는 인슐린은 혈중 포도당량을 줄이는 역할을 한다. 인슐린이 이 역할을 제대로 하는지 아닌지를 따지는 것이 인슐린 저항성과 민감성이다. 쉽게 말해 인슐린 저항성이라는 것은 인슐린이 둔감하게 작용하는 정도를 말하고, 인슐린 민감성은 이와 반대로 인슐린이 민감하게 반응하는 정도를 의미한다. 따라서 당뇨병 환자가 운동을 하면 근육에 필요한 당 수송이 활발히 일어나야 되므로 인슐린 저항성은 감소하고(ㄱ), 인슐린 민감성은 증가하며(ㄹ), 골격근의 포도당 수송 능력이 향상(ㅁ)하게 된다.

16 WHO에서는 노인이 신체활동을 적절히 수행하면, 불안 · 우울 · 스트레스 수준이 낮아진다고 한다. 한편, 운동 기술의 획득 · 제어 · 수행이나 인지 능력의 향상과 같은 효과는 6개월 이상 꾸준히 운동을 해야 얻을 수 있는 것이라고 한다.

17 결정성 지능(Crystallized Intelligence)은 개인이 학습과 경험을 통해 습득한 지식과 기술의 총합을 의미한다. 이는 특정 분야에서 장기간 축적된 지각적 능력과 이해도를 나타내며, 교육, 경험, 환경, 문화 등 다양한 요인에 의해 형성된다. 따라서 결정성 지능은 연령과 학습 수준에 비례하여 발달하는 경향이 짙다. 좀 더 쉽게 말하자면, '연륜은 무시하지 못한다'는 말을 전문용어로 표현한 것이라고 할 수 있다.

18 수영과 같이 뼈에 체중 부하가 적은 운동은 골다공증 환자보다는 비만이나 당뇨병 환자에게 좋다. 골다공증의 치료와 예방을 위해 골밀도를 높이고 싶다면, 뼈에 일정한 체중부하를 가하는 운동을 해야 한다. 그와 더불어 꾸준한 단백질과 칼슘의 섭취, 낙상 및 부상의 방지를 위한 평형성 · 민첩성 · 유연성 운동도 추가적으로 실시해야 한다.

19 ACSM 제11판(2022)에는 아래와 같이 제시되어 있다.

- 유산소 운동 : 대근육군을 이용한 장기간의 리듬 활동(걷기, 자전거 타기, 수영, 춤 등)
- 저항성 운동 : 중량 기계 및 기타 부하 장치(밴드, 체중)를 이용한 운동
- 유연성 운동 : 모든 주요 근육군을 이용하는 느린 정적 스트레칭

※ 출제오류로 최종정답에서 전항 정답 처리되었다.

20 ㄴ. 심정지 노인의 심폐소생술 시행 시 의식이 돌아올 때까지 흉부압박, 인공호흡, 자동심장충격기(AED)를 반드시 시행하여야 한다.

ㄹ. 청각적으로 문제가 있다 하더라도 소리 지르듯 이야기하지 말아야 한다. 청각의 사용에 제한이 있다면 다른 감각을 이용해야 한다. 시각을 이용할 때는 시범을 보일 때 천천히 여러 번 반복하거나, 노인들이 익히 알고 있는 물체나 도식을 이용해 이미지를 떠올리게 하는 지시를 사용하는 방법을 사용하면 좋다. 한편 촉각을 이용하는 방법도 있다. 스킨십을 적절히 활용해 천천히 해당 동작에 사용되는 신체 부위가 어떻게 움직이는지 노인이 느끼게 하는 방법을 사용하면 좋다.

PART 2
선택과목

팀에는 내가 없지만 팀의 승리에는 내가 있다.
(Team이란 단어에는 I 자가 없지만 win이란 단어에는 있다.)
There is no "i" in team but there is in win

– 마이클 조던 –

CHAPTER 01

스포츠사회학

01 Pre-test

O×문제

01 스포츠사회학은 다양한 형태의 스포츠 장면에서 나타나는 사회조직, 집단행동 및 사회적 상호작용의 유형을 연구하는 학문이다. [○/×]

02 스포츠가 대중에게 사회적 기본 가치와 규범을 가르쳐 사회 체제유지 및 사회적 긴장을 처리한다는 기능에 중점을 두는 것은 '구조기능 이론'의 시각이다. [○/×]

03 스포츠계층은 2000년대에 들어서 새롭게 나타나게 되었다. [○/×]

04 선수로 활동하다 코치나 감독으로 이동하는 경우 수평이동에 해당한다. [○/×]

해설 03 스포츠계층은 모든 국가와 사회, 시대에 존재한다.
04 해당 사례는 수직이동에 해당한다. 수평이동은 계층적 지위의 변화가 없는 이동이다.

정답 01 ○ 02 ○ 03 × 04 ×

05 올림픽 금메달 획득 장면이 언론에 집중적으로 보도되면서 스포츠 참가가 늘어난 것은, 지역사회가 스포츠사회화의 주관자 역할을 담당한 것으로 볼 수 있다. [○/×]

06 '정의적 참가'란 실제 스포츠에 참가하지는 않지만, 간접적으로 특정 선수나 팀 또는 경기상황에 대해 감정적인 태도나 성향을 표출하는 스포츠 참가 유형이다. [○/×]

07 제국주의시대에는 문화적 수단을 활용하여 체제의 지배를 정당화했으며, 스포츠를 식민지 체제의 지배를 정당화하는 동화 정책의 일환으로 사용하였다. [○/×]

08 제도적 부정행위란 관례적으로 용인되거나 경기 전략으로 발생되는 제도화된 속임수를 말한다. [○/×]

09 스포츠계층 이론에 따르면, 중하류층은 야구나 축구 같은 종목을 기피하는 경향이 있다. [○/×]

10 스포츠 일탈의 순기능에는 규범 동조 강화, 사회적 안전판 기능 수행, 제도적 변화 유도 등이 있다. [○/×]

해설 05 금메달 획득 장면이 언론을 통해 보도되어 스포츠 참가가 늘어난 것은 대중매체가 스포츠사회화의 주관자 역할을 담당한 것이다.
09 중하류층의 경우 축구와 야구 같은 단체종목에 많이 참가하는 경향이 있으며, 상류층은 비용이 많이 발생하는 골프나 테니스 같은 개인종목에 더 많이 참가하는 경향이 있다.

05 × 06 ○ 07 ○ 08 ○ 09 × 10 ○ 정답

단답형 문제

11 거트만(A. Guttman)이 주장한 근대스포츠의 특징으로 세속화, 평등화, 전문화, 합리화, 관료화, 수량화, ( ) 등이 있다.

12 정치가 스포츠를 이용하는 방식에는 ( ), ( ), ( )이/가 있다.

13 올림픽이나 월드컵 같은 경기를 일컫는 ( )은/는 그 자체가 갖는 경제성과 이를 통해 얻을 수 있는 무형의 가치 때문에 경제적 측면에서 주목받고 있다.

14 스포츠경기장 내외에서 팀의 승리에 대한 축하의 의미와 패배, 좌절에 대한 표출로 관중들이 집단적, 자발적으로 행하는 폭력행위를 ( )이라고 한다.

15 맥루한(M. McLuhan)의 매체 이론에 따르면, 신문 · 잡지 · 라디오 등은 ( )로, TV · 만화 · 인터넷 등은 ( )로 분류할 수 있다.

16 ( )은 직접 스포츠에 참여하기보다는 TV시청을 통한 관람 스포츠를 선호하는 경향이 강하다.

정답 11 기록화 12 상징, 동일화, 조작 13 스포츠 메가이벤트 14 관중폭력 15 핫 매체, 쿨 매체 16 중 · 하류층

17 특정인의 우연적이고 일시적인 일탈 행위를 다른 사람들이 일탈자로 (   )찍었기 때문에 일탈자로서의 자아정체성이 형성되고, 이로 인해 의도적이고 지속적인 일탈이 발생하게 된다는 것은 (   )이다.

18 (   )은/는 경기력 향상을 위해 부정한 약물을 사용했는지 여부를 확인하는 검사이다.

19 (   )은/는 구단 사이에서 계약을 양도 · 양수하는 상행위로, 구단끼리 선수를 바꾸는 행위 또는 선수를 사고 파는 행위를 모두 포함한다.

20 (   ) 사건은 1972년 제20회 뮌헨 올림픽에서 발생한 사건으로 팔레스타인 테러 조직에 의한 이스라엘 선수단 인질 사건이다.

17 낙인, 낙인이론 18 도핑테스트 19 트레이드 20 검은 구월단 **정답**

02 필수 개념문제

※ 문제의 이해도에 따라 ○△✕ 체크하여 완벽하게 정리하세요.

다음 중 스포츠사회학에 대한 설명으로 옳지 않은 것은?

○△✕

① 스포츠현상을 사회현상으로 규정한다.
② 사회학의 관점에서 스포츠를 연구한다.
③ 스포츠의 맥락에서 인간의 사회행동에 대해 연구한다.
④ 사회학을 통해 인간 행동에 담긴 내면 심리에 대해 연구한다.

해설

스포츠사회학은 스포츠현상을 사회현상으로 규정하여, 이를 사회학의 이론 및 연구방법 등을 통해 설명하려는 스포츠과학의 분과 학문이다. 사회학의 하위분야로 간주하기도 하며, 스포츠에 대한 관찰 및 연구를 통해 나타나는 다양한 행동유형과 사회과정을 일반 사회구조의 측면에서 설명한다.

02 다음 보기의 사례에 나타난 스포츠의 사회적 기능으로 옳은 것은?

○△✕

> ㉠ – A국가 축구대표팀이 월드컵에서 기대를 훨씬 뛰어넘는 좋은 성적을 거두자 국민들이 남녀노소 불문하고 길거리로 나와 응원을 펼쳤다.
> ㉡ – 독재정치를 하고 있는 B는 국민들의 관심을 정치로부터 멀어지게 하기 위해 프로축구와 프로야구를 출범시켰다.

	㉠	㉡
①	사회통합 기능	사회통제 기능
②	사회통합 기능	사회정서 기능
③	사회성 함양 기능	사회통제 기능
④	사회성 함양 기능	사회정서 기능

해설

스포츠의 사회적 기능

- 사회성 함양 기능 : 여러 가지 사회적 경험을 쌓을 수 있는 사회화의 장으로서 긍정적 정서를 형성한다.
- 사회통합 기능 : 상이한 개인들 사이의 유대성과 통일성을 형성 · 유지하고 분열을 방지하며, 한편으로는 통제하는 요소를 포함한다.
- 사회정서 기능 : 현대사회의 갈등과 욕구불만으로 누적된 감정 및 공격성을 정화시켜 분출할 수 있도록 한다.
- 사회통제 기능 : 지배 집단이나 정치인들이 자신들의 이익을 위해 국민의 스포츠에 대한 관심을 증대시켜 정치적 무관심을 유도한다.

정답 01 ④ 02 ①

03 정치가 스포츠를 이용하는 방법에 대한 설명 중 ㉠, ㉡, ㉢에 들어갈 말로 옳은 것은?

ㅇ△×

> ㉠ – 대표팀이 소속 국가의 국기를 부착하고, 경기 시작 전 국가가 연주되는 등의 행위를 뜻한다.
> ㉡ – 대중이 선수 개인 또는 대표팀에게 강력한 기대를 품고 몰입하는 것을 뜻한다.
> ㉢ – 정치권력이 인위적으로 스포츠에 개입하는 행위를 뜻한다.

	㉠	㉡	㉢
①	상징화	동일화	조작화
②	상징화	조작화	동일화
③	동일화	조작화	상징화
④	조작화	동일화	상징화

해설

정치가 스포츠를 이용하는 방법
- 상징화 : 대표팀이 소속 국가의 국기를 부착하고, 경기 시작 전 국가가 연주되는 등의 행위를 뜻한다. 이런 행동을 통해 해당 선수들이 소속 국가를 상징하고 있음을 나타내 주는 것이다.
- 동일화 : 대중이 선수 개인 또는 대표팀을 자신과 동일화하여 몰입하게 되는 것을 뜻한다. 이를 통해 선수나 팀에 강력한 기대를 품게 되고 스포츠를 보는 재미가 극대화되며, 공동체적 사고를 배양할 수 있게 된다.
- 조작화 : 상징화와 동일화의 극대화를 위하여 정치권력이 인위적으로 스포츠에 개입하는 행위를 조작화 또는 조작이라고 한다. 목적을 달성하기 위한 인위적인 행위이기 때문에 윤리성, 합리성보다는 효율성을 중요시한다.

04 코클리(J. Coakley)가 제시한 일탈적 과잉동조를 유발하는 스포츠 윤리규범의 유형과 특징이 바르게 연결되지 않은 것은?

ㅇ△×

① 몰입규범 – 운동선수는 경기에 헌신해야 한다.
② 인내규범 – 운동선수는 위험과 고난을 감수해야 한다.
③ 도전규범 – 성공을 위해 어떠한 장애물도 용납하지 않아야 한다.
④ 구분짓기규범 – 운동선수는 공과 사를 구분 지을 수 있어야 한다.

해설

코클리(J. Coakley)의 일탈적 과잉동조를 유발하는 스포츠 윤리규범 유형
- 몰입규범 : 운동선수는 경기에 헌신해야 한다.
- 인내규범 : 운동선수는 스포츠 상황에서 발생하는 다양한 위험과 고통을 감내하고 경기에 임해야 한다.
- 도전규범 : 운동선수는 불가능은 없다는 긍정적인 마음가짐으로 도전해야 한다(가능성규범).
- 구분짓기규범 : 운동선수는 다른 선수들보다 뛰어난 모습을 보이기 위하여 노력해야 한다.

03 ① 04 ④ 정답

05 스포츠사회학의 연구방법 중 양적 방법론의 내용에 해당하는 것은?

◯△✕

① 주관적 · 해석적 사회과학의 연구방법이다.
② 통계적 방법으로서 표준화된 측정도구를 사용한다.
③ 현상학적 사회학, 상징적 상호작용론, 민속방법론 등을 배경으로 한다.
④ 행위자들의 동기, 가치, 목표 등을 이해하기 위한 사후 기술적 이론이다.

해설

①·③·④ 질적 방법론의 내용에 해당한다.

양적 방법론

- 연구하고자 하는 대상의 속성을 가능한 한 양적으로 표현하며, 이들의 관계를 통계분석을 통해 밝힌다.
- 인간의 다양한 의견과 경험을 표준화된 측정도구를 이용하여 수량화한다.
- 측정기술, 표집방법, 통계조사 등을 강조하며, 통계적으로 분석 가능한 수치자료를 산출한다.
- 질문지, 구조화된 면접 등의 자료수집방법을 사용한다.

06 스포츠사회학의 연구방법 중 질적 연구의 특징에 해당하지 않는 것은?

◯△✕

① 참여관찰법, 심층면접법 등의 방법을 사용한다.
② 복합적이고 세부적인 자료를 통해 사회적 현상을 연구한다.
③ 경험세계 자체의 성격을 존중한다.
④ 최근에는 질적 연구보다 양적 연구에 대한 관심이 높다.

해설

④ 이전에는 통계기법에 의한 양적 방법론을 많이 사용한 반면, 최근에는 질적 방법론에 대한 관심이 높아지고 있다.
① 질적 방법론에는 현지조사, 사례연구 등이 포함되며, 참여관찰법, 심층면접법 등의 방법을 사용한다.
② 사회적 실체 및 현상이 어떻게 이해되고 경험되는지 복합적이고 세부적인 자료를 토대로 연구한다.
③ 경험세계 자체의 성격을 존중하는 연구자의 자세를 반영하는 존재론적 입장을 방법론적으로 체계화하려 하며, 행위자들의 동기, 가치, 목표 등을 이해하게 해주는 사후 기술적 이론을 추구한다.

정답 05 ② 06 ④

07 다음 보기의 ㉠, ㉡에 들어갈 말로 옳은 것은?

> A가 어릴 때 친구들과 야구공을 주고받으며 장난을 치는 것은 (㉠)(으)로 볼 수 있지만, 학교에 입학 후 야구부에 들어가서 제도화된 규칙하에서 경쟁하는 것은 (㉡)(이)라고 할 수 있다.

	㉠	㉡
①	게 임	스포츠
②	게 임	놀 이
③	놀 이	게 임
④	놀 이	스포츠

해설

놀이나 게임과는 구별되는 스포츠의 특징으로는 제도화가 있다. 제도화는 코클리(J. Coakley)가 제시한 것으로 경기규칙의 표준화, 경기기술의 정형화 등을 일컫는 말이다. 제도화는 스포츠 활동의 조직적 · 합리적 측면을 강조한다.

게 임	놀 이	스포츠
허구성(비현실성), 비생산성, 자유로운 활동, 쾌락성	허구성(비현실성), 비생산성, 규칙 있는 활동, 불확실성, 경쟁성, 전술성	허구성(비현실성), 비생산성, 규칙 있는 활동, 불확실성, 경쟁성, 전술성, 제도화, 신체 활동성

08 스포츠사회학 이론 중 다음 보기와 같이 주장하는 이론은?

> 스포츠는 현대 자본주의 원리에 맞춰 움직이는 권력이다. 계층 간의 경제적 이해관계에 따라 조직 · 운영되고, 군중을 조종하는 데 이용된다. 그러니까 스포츠는 마약이다.

① 갈등 이론
② 상징적 상호작용 이론
③ 비판 이론
④ 구조기능주의 이론

해설

스포츠사회학의 주요 이론

- 구조기능주의 이론 : 사회를 이루는 정치, 경제, 종교, 교육, 스포츠 등이 각각 기능을 가지고 있고 유기체처럼 서로 연결되어 있다고 본다. 스포츠가 사회에 어떤 기능을 하는지 관심을 둔다.
- 갈등 이론 : 마르크스의 사상에 근거한 이론으로, 경제적 이해관계가 대립되는 집단이나 개인들 간의 경쟁 · 갈등이 사회의 본질이라고 본다. 스포츠는 권력을 지닌 집단이 대중을 통제하는 수단이라고 주장한다.
- 비판 이론 : 스포츠가 사회를 구성하는 데 직접 관여한다고 보고, 스포츠를 통한 사회 변화의 가능성에 관심을 둔다.
- 상징적 상호작용 이론 : 인간은 상황을 주관적으로 해석하고 능동적으로 행동하는 존재이기 때문에 사회구조보다 개인의 역량이 중요하다고 본다.

07 ④ 08 ① 정답

09 스포츠사회학의 상징적 상호작용 이론에 대한 설명으로 옳지 않은 것은?

○△✕

① 구성원들 간의 상호작용과 관계에 관심을 갖는다.
② 사회를 대립과 갈등 구조가 아닌 공동체로 설명한다.
③ 인간은 상황을 주관적으로 해석하고 능동적으로 행동한다고 본다.
④ 구성원들이 이룬 사회구조와 제도에 초점을 맞춘다.

해설

상징적 상호작용 이론은 사회구조나 제도에 초점을 맞추는 것이 아니라, 인간을 중심으로 한 문제 해결을 주장한다.

10 스포츠사회학의 구조기능주의 이론에서 주장하는 스포츠의 기능이 아닌 것은?

○△✕

① 사회통합
② 사회체제 유지
③ 사회통제
④ 사회적응

해설

권력 집단이 하위집단을 통제하기 위해 스포츠를 이용한다고 보는 것은 갈등 이론이다.

11 다음 중 스포츠 집단의 특징에 대한 설명으로 옳지 않은 것은?

○△✕

① 구성원으로서 일체감을 가진다.
② 외부로부터 집단 존재의 당위성을 인정받는다.
③ 목표달성을 위한 높은 기능수준을 요구한다.
④ 사회적으로 연계된 역할 및 지위체계를 갖춘다.

해설

스포츠 집단의 특징

- 과업의 수행을 위해 집합행동을 한다.
- 구성원으로서 일체감 및 동료의식을 느낀다.
- 외부로부터 집단 존재의 당위성을 인정받는다.
- 집단의 규칙, 규범, 가치에 동조한다.
- 사회적으로 연계된 역할 및 지위체계를 갖춘다.
- 집단 응집력을 통해 집단의 유지 · 발전에 힘쓴다.

정답 09 ④ 10 ③ 11 ③

12 다음 보기에서 설명하는 사회학습 이론의 사회화 방법은?

> 고등학교 축구부 소속 A선수는 프로 축구 선수 B가 현란한 드리블로 경기를 이끌어 나가는 것을 보았다. 그 후 A는 B의 드리블 과정과 방법을 면밀히 관찰하여 자신의 것으로 발전시키는 데 성공하였다.

① 강 화
② 코 칭
③ 역할수행
④ 관찰학습

해설

④ 관찰학습 : 타인의 행동을 관찰함으로써 간접적으로 바람직한 행동을 학습하는 것이다.
① 강화 : 어떤 행동을 강화하기 위해서 외적보상을 활용하는 것이다.
② 코칭 : 사회화 주관자에 의하여 새로운 지식과 기능을 학습하는 것이다.
③ 역할수행 : 사회학습 이론의 사회화 방법에 해당하지 않는다. 역할수행과 관련이 있는 것은 역할 이론이다. 역할 이론에서는 개인이 사회구조 속에 처한 상황을 인식하여 자기 역할을 완전하게 수행하려고 시도하면서 사회화가 이루어진다고 말하였다.

13 다음 중 거트만(A. Guttmann)의 근대 스포츠 특징으로 옳지 않은 것은?

① 관료화 – 규칙을 정하고 경기를 조직적으로 운영한다.
② 전문화 – 포지션 분화와 리그의 세분화를 촉진한다.
③ 세속화 – 경제적 · 사회적 가치와 같은 세속적 관심의 충족을 추구한다.
④ 기록화 – 시간, 기록, 거리 등 경기에 수반되는 모든 것을 측정할 수 있는 수치로 표현한다.

해설

근대 스포츠의 특징(A. Guttmann, 1978)
- 관료화 : 규칙을 정하고 경기를 조직적으로 운영한다.
- 전문화 : 포지션 분화와 리그의 세분화를 촉진한다.
- 세속화 : 경제적 · 사회적 가치와 같은 세속적 관심의 충족을 추구한다.
- 평등화(평등성) : 참가 대상, 게임 규칙, 경쟁 조건의 측면에서 평등함을 추구한다.
- 합리화 : 규칙 · 전략과 같은 합리적인 수단으로 구성된다.
- 수량화(계량화) : 시간, 기록, 거리 등 경기에 수반되는 모든 것을 측정할 수 있는 수치로 표현한다.
- 기록화 : 기록을 수립하고 경신하는 것을 추구한다.

12 ④ 13 ④ 정답

14 정치의 스포츠 이용 방법에 대한 설명으로 적절하지 않은 것은?

○△✕

① 선수의 승리가 개인의 영광이 아닌 소속된 조직 혹은 국가의 지위 향상이라는 상징적인 의미를 부여한다.
② 선수 혹은 국가 대표팀에게 대중이 일체감을 느껴 소속감과 애국심을 가지게 된다.
③ 특정 국가와의 경기 직전에 상대방 국가와의 갈등에 초점을 둔 기사를 내보낸다.
④ 상징, 동일화, 조작은 일련의 과정으로, 반드시 순서대로 변화한다.

해설

④ 상징, 동일화, 조작은 일련의 과정이지만 동시다발적으로 발생하기도 한다.
① 상징 : 스포츠에서의 승리를 단순한 개인이나 팀 간의 경쟁이 아닌 국가, 지역 간의 경쟁으로 표현하는 것이다.
② 동일화 : 대중이 선수 개인 또는 대표팀을 자신과 일체시키는 태도이다.
③ 조작 : 상징과 동일화의 효과를 극대화하기 위하여 정치권력이 인위적으로 개입하는 행위이다.

PART 2

15 다음은 스트렌크(A. Strenk)가 제시한 국제정치에서 스포츠의 기능에 관한 설명이다. ㉠~㉣에 해당하는 내용이 바르게 연결된 것은?

○△✕

- (㉠) – 2002년 한일 월드컵 4강 진출로 대한민국이 축구 강국으로 인식
- (㉡) – 1980년 모스크바 올림픽에서 서방 국가들의 보이콧 선언
- (㉢) – 1936년 베를린 올림픽에서 나치즘의 정당성과 우월성 과시
- (㉣) – 1971년 일본에서 열렸던 세계 탁구 선수권 대회의 인연을 바탕으로 미중관계 개선

	㉠	㉡	㉢	㉣
①	외교적 도구	정치이념 선전	국위선양	외교적 항의
②	국위선양	외교적 항의	정치이념 선전	외교적 도구
③	국위선양	외교적 도구	외교적 항의	외교적 도구
④	외교적 도구	외교적 항의	외교적 도구	정치이념 선전

해설

㉠ 자국 축구팀의 성적과 국가의 위상을 동일시하여 상승효과를 나타내는 것은 스포츠의 정치적 기능 중 국위선양의 예에 해당한다.
㉡ 올림픽에서 한 국가에 대한 타국의 보이콧은 반대 정치체제에 대한 외교적 항의 수단으로 스포츠가 기능한 예이다.
㉢ 베를린 올림픽에서 나치즘의 정당성과 우월성을 과시하기 위한 수단으로 스포츠를 이용하는 것은 스포츠의 정치적 기능 중 정치이념 선전의 예에 해당한다.
㉣ 세계 탁구 선수권 대회를 계기로 미국과 중국의 관계가 개선된 것은 스포츠의 정치적 기능 중 외교적 도구의 예에 해당한다.

정답 14 ④ 15 ②

16 다음 보기의 학자가 스포츠의 계급 · 계층을 바라보는 관점으로 가장 적절한 것은?

○△×

> 자본주의에서 사유재산은 소외된 인간 생활의 표현에 불과하다. 그러므로 우리는 사유재산을 적극적으로 지양하여야 한다. 사유재산의 적극적인 지양은 모든 소외의 지양으로 이어지며, 계급이 소멸된 사회에서 인간다운 삶을 가능하게 할 것이다.

① 골프는 상류계급의 스포츠이다.
② 상류계급이 스포츠에 참가하는 이유는 자신의 지위 과시이다.
③ 프로스포츠 감독과 선수의 사회계층 수준은 단순히 연봉으로 평가할 수 없다.
④ 운동선수들은 재능과 능력을 착취당하여 지배층의 권력과 이익 보존 수단으로 활용된다.

해설

보기는 마르크스(K. Marx)에 대한 설명으로, 마르크스는 스포츠가 자본주의 사회에서 일부 지배집단에 의해 조작되고 그들의 이익을 증진시키는 데 이용된다고 주장하였다.
① 부르디외(P. Bourdieu)는 생활양식과 같은 사회 · 문화적 요소를 계급 결정, 요인으로 간주하였다.
② 베블런(T. Veblen)은 그의 저서인 『유한계급론』에서 '현시적(과시적) 소비'에 대해 비판하였다.
③ 베버(M. Weber)는 사회계층을 분석할 때 단일 요인이 아닌 다차원적 요인을 고려해야 한다고 주장하였다.

17 올림픽 경기에 정치가 영향을 미친 사례에 대한 설명으로 옳은 것은?

○△×

① 1976년 몬트리올 올림픽 – 소련의 보이콧으로 인해 공산진영 국가들이 대거 불참하였다.
② 1972년 뮌헨 올림픽 – 팔레스타인 테러 단체인 '검은 9월단'이 이스라엘 선수들을 인질로 잡고 경찰과 총격전을 벌여 선수단 전원이 사망하는 참사가 발생했다.
③ 1948년 런던 올림픽 – 뉴질랜드 럭비대표팀에 대한 항의로 아프리카 국가들이 불참하였다.
④ 1964년 도쿄 올림픽 – 소련의 헝가리 침공에 대한 항의로 스페인, 네덜란드, 스위스가 불참하였다.

해설

① 1984년 LA 올림픽, ③ 1976년 몬트리올 올림픽, ④ 1956년 멜버른 올림픽에 대한 설명이다.

16 ④ 17 ② 정답

18 상업주의가 스포츠에 미친 영향이 아닌 것은?

① 스포츠의 심미적 가치 중시
② 프로스포츠 출현과 가속화
③ 흥미 본위의 경기규칙 제정
④ 경기성적, 위험한 묘기 연출, 금전적 보상, 선수의 탁월성 지향

해설

스포츠의 심미적 가치보다 영웅적 가치가 중시된다.

상업주의가 스포츠에 미친 영향

- 본질의 변화 : 아마추어리즘 퇴조, 스포츠의 직업화
- 구조의 변화 : 인기종목 경기시간 조정, 규칙 개정, 경기 중 광고 삽입
- 내용의 변화 : 심미적 가치(선수의 재능, 노력)보다 영웅적 가치(묘기, 승리) 대두
- 조직의 변화 : 경기의 '쇼'화, 예산확보를 위한 스포츠 조직의 노력

19 상업주의 스포츠가 출현하기 위한 일반적인 사회조건으로 옳지 않은 것은?

① 자본주의적 시장 경제체계
② 자본 집중화
③ 소비문화의 발전 정도
④ 인구 밀도가 낮은 소도시

해설

인구 밀도가 높은 대도시일수록 스포츠 흥행 가능성이 높다.

20 다음 대화 중 잘못된 정보를 전달하고 있는 사람으로 옳은 것은?

- A학생 : 프로스포츠의 순기능에 대해 이야기해 보자. 먼저 프로스포츠는 국민들에게 흥밋거리를 제공하여 여가 선용, 스포츠 참여 확산, 사회적 긴장 해소 등의 기능을 수행해.
- B학생 : 지역연고제로 진행되는 프로스포츠 리그는 지역을 대표하는 팀의 존재로 인해 공동체의식을 유발하고 지역경제를 활성화시키기도 해.
- C학생 : 경마, 경정, 경륜 같은 일부 종목들은 합법적인 도박의 기회를 제공하여 국민들이 불법 도박에 빠지는 것을 막아줘.
- D학생 : 프로스포츠가 존재함으로 인해 아마추어 선수들은 자신의 장래에 대한 희망과 목표를 가지고 운동에 전념할 수 있어.

① A학생 ② B학생 ③ C학생 ④ D학생

해설

프로스포츠가 합법적인 도박의 기회를 제공하는 것은 맞지만, 이로 인해 국민들의 사행심을 조장하고 더 나아가 승부조작 같은 불법적 행동을 유발하기도 한다.

정답 18 ① 19 ④ 20 ③

다음 보기의 빈칸에 들어갈 우리나라 학원스포츠의 문화적 특성에 해당하는 것은?

> 우리나라는 국위선양이라는 명목으로 많은 학생선수들의 학습권과 의무를 침해해왔다. 경기력 향상과 승리 지상주의만을 위한 학원스포츠 운영은 결국 위계중심의 권위주의, 집합문화, 획일화된 집단주의, 강요문화 등이 나타나게 되었다. 이러한 배타주의적 성격의 문화공동체로서 학원스포츠는 고립된 ( )라고 표현하기도 한다.

① 섬 문화
② 군사주의 문화
③ 신체소외 문화
④ 마초이즘 문화

해설

류태호 교수(2014)는 선후배 관계, 집단 문화, 획일적 집단, 복종의 문화 등 일반적인 학생과 구별되어 운동선수들이 겪는 고립된 문화를 '섬 문화'라고 지칭하였다.

다음 보기에서 설명하는 스포츠 일탈에 관한 스포츠사회학 이론은?

> 승부조작은 그 자체로는 일탈행위에 해당된다. 그러나 승부조작이 발생하면 사람들은 그런 행동을 경멸하게 되고, 이에 대한 경각심을 가지게 된다. 이런 측면에서 일탈은 현존하는 사회질서 유지에 기여한다고 할 수 있다.

① 갈등 이론
② 낙인 이론
③ 구조기능 이론
④ 차별교제 이론

해설

스포츠에서의 하위 부분인 일탈이 사회체계 전체적 활동에 기여한다고 보는 입장은 구조기능 이론에 해당한다.

21 ① 22 ③ 

23 다음 보기에서 설명하는 스포츠 일탈 이론은?

기존의 일탈 연구는 범죄행동이 발생하였을 때 행위자의 심리적 성향 또는 환경적 조건에 초점을 두어 객관적으로 발생된다고 보았다. 그러나 (　　)에서는 특정 행동에 대한 사회 · 문화적 평가와 소외의 결과가 규정된다고 본다. 이 이론은 일탈자의 사회적 지위, 환경 요인, 심리적 동기 등에는 큰 관심이 없으며, '어떤 사람의 행동이 왜 일탈로 규정되는지'를 규명하는 것에 관심이 있다. 따라서 개인의 행동 자체보다는 그 행동에 대한 사회적 반응에 더 큰 관심을 보이며, 이 반응이 행위자의 정체성 형성에 미치는 영향과 일탈의 증폭과정에 관심을 둔다.

① 갈등 이론　　② 낙인 이론
③ 구조기능 이론　　④ 차별교제 이론

해설

보기는 낙인 이론에 해당한다. 낙인 이론은 특정인의 우연적이고 일시적인 일탈 행위(1차적 일탈)를 다른 사람들이 일탈자로 낙인찍었기 때문에 일탈자로서의 자아정체성이 형성되어 의도적이고 지속적인 일탈(2차적 일탈)이 발생하게 된다는 이론이다. 대표적인 학자로는 레머트(E. Lemert)와 베커(H. Becker)가 있다.

① 갈등 이론에서는 사회구조나 제도의 불합리함과 불평등으로 인하여 일탈이 발생한다고 주장한다.

③ 구조기능주의의 대표적인 일탈 이론은 머튼(R. Merton)과 뒤르켐(D. Durkheim)의 아노미 이론이 있다. 먼저 뒤르켐(D. Durkheim)은 급격한 사회변동으로 인하여 규범이 붕괴되고 이에 따라 발생한 가치관의 혼란이 일탈의 원인이라 주장했다. 머튼(R. Merton)은 목표와 수단의 괴리에 의하여 일탈이 발생한다고 주장하였다. 한편으로 구조기능주의에서는 일탈 역시 사회기능 유지에 긍정적인 영향을 미친다고 주장하기도 한다.

④ 친밀한 집단 속에서 잘 일어나고, 일탈유형과의 접촉에 의하여 일탈이 발생한다고 주장하는 이론은 차별교제 이론이며, 대표적인 학자로는 서덜랜드(E. Sutherland)가 있다.

24 스포츠의 사회통합 기능에 대한 설명이 아닌 것은?

○△✕

① 격리된 개인을 공통의 관점으로 결집력이 있는 집단 속으로 통합시키는 데 중점을 둔다.

② 대리적 즐거움을 추구하는 관중 상황은 심리적인 측면에서 다른 방법으로는 정화할 수 없는 감정을 방출시키고 그 통로를 제공하는 기능을 수행한다.

③ 스포츠 활동은 사회화의 한 형태로서 개인을 집단 속으로, 집단을 문화의 형태 속으로 통하는 기능을 수행한다.

④ 사회체계가 효과적으로 기능할 수 있도록 체계를 구성하고 있는 상이한 개인들 사이의 유대성 · 통일성 유지, 분열 방지, 통제하는 요소를 포함한 기능이다.

해설

스포츠의 사회정화 기능은 스포츠 참가자뿐만 아니라 그것을 관람하는 관중들에게도 잉여 에너지를 발산시킬 수 있는 배출구를 제공하는 것이다. ②은 스포츠의 사회정화 기능에 해당한다.

> **스포츠의 사회적 기능**
> 사회통제 기능, 사회통합 기능, 사회정화 기능, 사회성 함양 기능

정답 23 ② 24 ②

25 ○△×

다음 보기에서 설명하는 스포츠의 사회적 기능은?

> 스포츠는 참가자뿐만 아니라 관람하는 관중들에게도 잉여 에너지를 발산시킬 수 있는 배출구를 제공한다.

① 사회성 함양 기능　　② 사회통합 기능
③ 사회통제 기능　　④ 사회정화 기능

해설

스포츠의 사회정화 기능

- 대리적 즐거움을 추구하는 관중 상황은 심리적인 측면에서 다른 방법으로는 정화할 수 없는 감정을 방출시키고 그 통로를 제공하는 기능을 수행한다.
- 스포츠 활동은 현대사회의 갈등과 욕구불만으로 누적된 감정 및 공격성을 정화시키고, 분출할 수 있는 방향 전환의 기능을 수행한다.

○△×

스포츠의 대중매체 이론 중 보기에서 설명하고 있는 이론은?

> - 대중매체에 대하여 상이하게 반응하는 하위집단이 존재하고 있다는 것을 가정한다.
> - 스포츠의 소비 형태 및 변화가 연령 · 성 · 사회계층 · 교육수준 · 결혼여부에 따른 차이가 있다는 사실에 근거하고 있다.

① 사회범주 이론　　② 사회관계 이론
③ 문화규범 이론　　④ 개인차 이론

해설

대중매체 이론

구분	내용
사회관계 이론	• 비공식적 사회관계는 개인이 대중매체의 메시지에 대해 반응하는 태도를 수정하게 하는 중요한 역할을 한다. • 개인의 대중매체 스포츠 소비 유형은 다른 사람의 가치와 행동에 의해 다양하게 영향을 받는다.
문화규범 이론	• 대중매체는 현존의 사상이나 가치를 선택적으로 제시하며 강조한다. • 개인의 대중매체 스포츠 소비 유형은 스포츠 취급 양태에 따라서 다양하게 영향을 받는다.
개인차 이론	• 대중매체가 관람자의 개인적 특성에 호소하는 메시지를 제공하여 개인의 욕구 충족을 제공한다. • 대중매체는 게임의 과정에 대한 지식, 게임의 결과에 대한 지식, 그리고 경기자와 팀에 대한 통계적 지식을 제공해 준다.
사회범주 이론	• 대중매체에 대하여 상이하게 반응하는 하위집단이 존재하고 있다는 것을 가정한다. • 스포츠의 소비 형태 및 변화가 연령 · 성 · 사회계층 · 교육수준 · 결혼여부에 따른 차이가 있다는 사실에 근거하고 있다.

25 ④ 26 ① 정답

27 학원스포츠의 문제점 중 환경적 제약에 관한 내용은?

① 소수로 제한된 엘리트 운동선수 육성
② 우수 지도자의 부재로 인한 학교운동부 운영의 질 저하
③ 학교 체육과 엘리트 체육 사이에 발생하는 불균형과 단절
④ 학습권 박탈로 인하여 발생하는 삶의 질 저하

해설

학원스포츠의 환경적 문제

- 예산의 부족
- 시설 낙후, 접근성이 떨어지는 시설 등 부실한 체육시설 환경
- 우수 지도자의 부재로 인한 학교운동부 전체적인 운영의 질 저하

28 대중매체 이론에 관한 설명 중 옳지 않은 것은?

① 개인차 이론은 개인의 대중매체 스포츠 소비 유형은 스포츠 취급 양태에 따라서 다양하게 영향을 받는다는 이론이다.
② 미디어의 영향력이 서로 다른 하위집단의 구성원에게 획일적으로 미치지 않을 수 있다는 것을 가정하는 디 플로어(M. de Fleur)의 이론은 사회범주 이론이다.
③ 개인의 대중매체 스포츠 소비 유형이 다른 사람의 가치와 행동에 의해 다양하게 영향을 받는다는 이론은 사회관계 이론이다.
④ C회사는 축구경기를 보면서 자사의 맥주를 마시는 것이 남자다운 행동이라고 광고하여 매출을 상승시켰는데, 이런 전략은 문화규범 이론에 근거를 둔 것이다.

해설

개인차 이론은 개인이 자신의 독특한 심리적 욕구를 충족시키기 위해 대중매체를 이용한다는 이론이다. ①은 문화규범 이론에 대한 설명이다.

정답 27 ② 28 ①

29 ○△✕

다음 보기의 내용과 연관된 대중매체의 기능으로 가장 적절한 것은?

> 스포츠 활동이나 스포츠 관람을 통해 새로운 도전을 시도하거나 자신의 억제된 감정을 방출하도록 한다.

① 정보의 기능　　② 통합적 기능
③ 도피적 기능　　④ 각성적 기능

해설

대중매체의 기능

- 정보의 기능 : 대중매체는 게임의 과정에 대한 지식, 게임의 결과에 대한 지식, 그리고 경기자와 팀에 대한 통계적 지식을 제공해 준다.
- 통합적 기능 : 대중매체는 타 사회집단과 친화할 수 있도록 하고, 다른 관중과 사회적 경험을 공유하게 하며, 공동체 의식을 갖게 한다.
- 도피적 기능 : 대중매체는 불안, 초조, 욕구불만, 좌절 등의 감정을 정화해준다.
- 각성적 · 정의적 기능 : 대중매체는 흥미와 흥분을 제공해 준다.

30 ○△✕

다음 중 대중매체가 스포츠에 미친 긍정적인 영향이 아닌 것은?

① 생활체육이 축소되었다.
② 스포츠 기술의 발달에 일조하였다.
③ 스포츠에 대한 관심을 증폭시켰다.
④ 경기인구를 증가시켰다.

해설

대중매체는 생활체육을 확산하여 아마추어리즘을 확대한다.

> 대중매체가 스포츠에 미친 긍정적인 영향
> - 스포츠를 보급하여 경기 인구를 증가시켰다.
> - 생활체육을 확산하며 아마추어리즘을 확대하였다.
> - 스포츠에 대한 대중의 관심을 증폭시켰다.
> - 스포츠를 통한 사회통합의 계기를 마련하였다.
> - 스포츠 기술의 발달에 일조하였다.
> - 스포츠의 균형 있는 발전에 기여하였다.

29 ③ 30 ① 정답

31 다음 중 대중매체가 스포츠에 미친 부정적인 영향이 아닌 것은?

○△×

① 스포츠의 지나친 상업화
② 아마추어리즘의 확대
③ 인기 위주 종목의 편향적 발전
④ 흥미 위주의 볼거리 제공

해설

아마추어리즘의 확대는 대중매체가 스포츠에 미친 긍정적인 영향에 해당한다.

대중매체가 스포츠에 미친 부정적인 영향

- 스포츠의 지나친 상업화, 선수의 상품화
- 순수 아마추어스포츠의 활성화 저해
- 스포츠 종목의 편향적 발전
- 흥미 위주의 볼거리 제공
- 경기시간 및 경기 룰의 인위적 변경
- 일탈행위 유발

32 다음 보기에서 설명하는 저널리즘 관련 용어는?

○△×

> 권력이 있는 사람이나 정치적으로 살아있는 사람이 아닌, 힘없고 영향력을 잃은 사람을 집중적으로 매도하는 저널리즘을 말한다.

① 하이에나 저널리즘
② 팩 저널리즘
③ 옐로 저널리즘
④ 가차 저널리즘

해설

② 팩 저널리즘 : 보도에 독창성과 개성이 없고 단조로운 저널리즘을 말한다.
③ 옐로 저널리즘 : 특정 선수나 코치의 개인 사생활을 의도적으로 파헤치거나 선수나 스포츠 관계자를 웃음거리로 만드는 기사를 보도하는 관행을 말한다.
④ 가차 저널리즘 : 특정 정치인이나 저명인사의 사소한 말실수나 당황해하는 행동 등을 맥락과는 무관하게 오직 흥미 위주로 보도하는 저널리즘을 말한다.

정답 31 ② 32 ①

33 다음 보기의 밑줄 친 내용에 적절한 용어는?

> 저널리스트가 특정 선수나 코치의 개인 사생활을 의도적으로 파헤치거나 선수나 스포츠관계자를 웃음거리로 만드는 기사를 보도하는 관행은 일시적으로 신문의 판매부수를 높이지만, 궁극적으로 저널리스트의 직업적 윤리관에 어긋나는 행위로서 사회적으로 비난 받는다.

① 하이프 저널리즘
② 옐로 저널리즘
③ 뉴 저널리즘
④ 블랙 저널리즘

해설

① 하이프 저널리즘 : 오락만 있고 정보가 결여된 새로운 유형의 뉴스를 말한다.
③ 뉴 저널리즘 : 기존의 속보성, 객관성의 관념을 거부하고, 소설의 기법을 적용하여 사건과 상황에 대한 표현을 독자에게 실감나게 전달하는 언론사조를 말한다.
④ 블랙 저널리즘 : 비공개된 정보 등을 발표 · 보도하겠다고 위협하거나 보도하여 특정한 이익을 얻는 것을 목적으로 하는 저널리즘 활동을 말한다.

34 다음 중 신자유주의 시대의 스포츠 세계화에 대한 특징으로 적절한 것은?

① 다양한 스포츠 상품을 소비할 수 있게 되었다.
② 전통스포츠의 발전을 위하여 국가가 적극적으로 개입한다.
③ 스포츠 시장의 경계가 국경을 초월해 전 세계로 확대되었다.
④ 스포츠에 대한 관심은 증가했지만 프로스포츠의 이윤은 줄어들었다.

해설

① 신자유주의의 영향으로 표준화된 상품을 소비하게 되었다.
② 신자유주의는 국가의 개입을 최소화하며, 이에 따라 인기 있는 스포츠 위주로 보급되고 있다.
④ 시장이 확대되고 상업성이 증대되면서 프로스포츠의 이윤이 극대화되었다.

35 스포츠 미디어 유형 중 맥루한(M. McLuhan)의 매체 이론상 분류가 다른 것은?

① 라디오　　② 화 보
③ 잡 지　　④ TV

해설

스포츠 미디어의 유형
• 핫 매체 : 신문, 잡지, 화보, 라디오, 영화 등
• 쿨 매체 : TV, 만화, 인터넷, 모바일 기기, 비디오 게임 등

33 ② 34 ③ 35 ④ 정답

36 다음 보기에서 알 수 있는 스포츠가 미디어에 미치는 영향으로 옳은 것은?

○△✕

> 대중매체는 클로즈업, 이중화면, 정지동작, 반복방영 등의 다양한 보도 기술을 이용하여 시청자의 취향에 맞춰 경기를 편집하고, 대형 스크린의 개발 등을 통해 스포츠를 보다 흥미롭게 연출하고 있다.

① 미디어의 보급 및 확산
② 미디어에 콘텐츠를 제공
③ 스포츠의 상품화
④ 미디어 기술의 발달

해설

스포츠의 영향력이 확대되면서 미디어는 관중의 욕구를 충족시켜주기 위해 다양한 보도 기법을 개발하게 되었다.

37 스포츠가 TV에 미치는 영향에 관한 설명으로 옳지 않은 것은?

○△✕

① 경기 일정에 따라 편성표가 변화하였다.
② 스포츠를 통해 TV는 광고수익을 얻을 수 있다.
③ 투자하는 금액이 타 프로그램보다 커서 수익성이 낮다.
④ 스포츠는 TV의 인기 있는 콘텐츠 중 하나로 자리잡았다.

해설

일반프로그램과 달리 스포츠는 방송프로그램 생산 과정에 소요되는 비용이 거의 없으므로 수익성이 높다.

38 매스미디어와 스포츠의 관계에 대한 설명으로 옳지 않은 것은?

○△✕

① 스포츠경기의 경기시간 변경 등은 미디어의 방송편성 스케줄에 적합하도록 변화되어 왔다.
② 매스미디어는 스포츠조직이 안정적으로 재원을 조달할 수 있는 기초를 만들어주었다.
③ 매스미디어는 선수들의 복장이나 용품 등이 단순하게 디자인된 것에서 탈피하여 시청자나 관중의 눈에 보다 더 잘 띄도록 화려하게 제작되는 데 큰 영향을 미쳤다.
④ 매스미디어는 스포츠의 상업화에 지대한 영향을 미쳤으나 대중화에는 큰 영향을 미치지 못하였다.

해설

매스미디어는 스포츠의 상업화와 대중화 모두에 큰 영향을 미쳤다.

정답 36 ④ 37 ③ 38 ④

39 맥루한(M. McLuhan)의 매체 이론에 근거한 핫(Hot) 매체 스포츠의 특성으로 옳은 것을 모두 고른 것은?

㉠ 핸드볼	㉡ 테니스
㉢ 관람자의 감각몰입성 높음	㉣ 문자시대 적합
㉤ 매체 자체의 낮은 정의성	㉥ 장기간 개별적 수용에 적절

① ㉠, ㉢, ㉥　　② ㉠, ㉣, ㉤

③ ㉡, ㉣, ㉥　　④ ㉢, ㉤, ㉥

해설

매체 유형

핫 매체	쿨 매체
• 문자시대 적합 • 매체 자체의 높은 정의성 : 메시지 자체의 논리성, 사전계획, 직접적 전달 • 수용자의 낮은 감각참여와 낮은 감각몰입성으로 매체 수용 • 일시적 전달보다 장기간 개별적 수용에 적절 • 신문, 잡지, 라디오, 화보, 영화	• 전자시대 적합 • 매체 자체의 낮은 정의성 : 즉흥적 · 비논리적 · 일시적 • 수용자의 높은 감각참여와 높은 감각몰입성으로 매체 수용 • 복잡한 정보의 제한적 제공 • TV, 만화, 인터넷

40 다음 보기의 빈칸에 들어갈 알맞은 용어는?

> • (　　)에서의 편재성은 어디에나 존재하고 발견할 수 있는 보편적인 사회 · 문화 현상이다.
> • (　　)이 사회적이라는 것은 생물학적 불평등뿐만 아니라 보다 광범위한 사회 · 문화적 현상을 나타내는 것으로, 스포츠 계층 체계가 항상 사회의 다른 측면과 관련을 맺고 있음을 의미한다.
> • (　　)의 다양성은 권력, 재산, 위광이 모든 사람에게 동등하게 부여될 수도 그렇지 않을 수도 있다는 것을 뜻한다.

① 스포츠 계층　　② 스포츠 집단

③ 스포츠 조직　　④ 스포츠 경쟁

해설

스포츠 계층

특정 사회제도 내에서 스포츠가 개인의 사회적 · 문화적 · 생물학적 특성에 따라 개인 및 종목 등에서 차별적으로 배분되어 나타나는 상호 서열적이며 위계적인 체계이다.

39 ③ 40 ① 정답

다음 보기의 내용이 설명하는 스포츠 계층의 특성은?

> • 스포츠 계층은 역사의 발전과정을 거치며 변천해 왔다.
> • 사회계층에 따른 참여와 관람의 불평등은 스포츠가 사회적 가치와 태도를 반영하고 있는 사회 제도의 일부라는 측면에서 일반 사회의 불평등 역사와 그 맥을 같이 해오고 있다.

① 사회성 ② 보편성
③ 고래성 ④ 다양성

해설

스포츠 계층의 특성
- 사회성 : 스포츠 계층은 광범위한 사회 · 문화적 현상을 반영하며, 스포츠 계층 체계가 항상 사회의 다른 측면과 관련을 맺고 있음을 의미한다.
- 보편성 : 스포츠 계층은 보편적인 사회 · 문화적 현상으로서 어느 곳에나 존재한다.
- 고래성(古來性) : 스포츠 계층은 역사의 발전과정을 거치며 변천한다.
- 다양성 : 스포츠 계층은 권력, 재산, 위광이 모든 사람에게 동등하게 부여될 수도 그렇지 않을 수도 있으므로 다양한 형태로 나타난다.
- 영향성 : 스포츠 관람 형태는 사회계층과 밀접한 관련을 맺고 있으며, 사회계층이 지니는 경제적 능력 및 시간의 이용, 생활양식 등에 따라 차이를 나타낸다.

다음 보기에서 나타나는 스포츠 계층이동 유형을 나열한 것으로 옳은 것은?

> 김시대는 A팀에서 선수로 활동하다가 더 높은 연봉을 약속받고 B팀으로 이적하였다. 그는 B팀에서 은퇴 후 B팀의 코치로 일하였고 훗날 B팀의 감독이 되었다.

① 수평이동, 수직이동, 세대 내 이동
② 수평이동, 세대 간 이동, 개인이동
③ 수직이동, 세대 내 이동, 집단이동
④ 세대 내 이동, 개인이동, 집단이동

해설

김시대가 A팀에서 B팀으로 이적한 것은 수평이동, B팀에서 선수 → 코치 → 감독으로 활동한 것은 수직이동, 김시대의 생애주기 내에서 발생한 이동이므로 세대 내 이동, 개인의 능력과 노력에 의해서 이동이 발생하였으므로 개인이동이라고 볼 수 있다.

정답 41 ③ 42 ①

43 다음 중 사회계층과 스포츠의 관계에 대한 설명으로 가장 적절한 것은?

① 상류층은 하류층에 비해 상대적으로 스포츠 활동에 적극적이고 능동적이다.
② 상류층은 참여 스포츠보다 관람 스포츠를 선호한다.
③ 하류층은 경제적 · 시간적인 부족으로 인해 개인종목을 선호한다.
④ 스포츠 참여형태 및 선호종목은 사회계층에 따라 차이를 보이지 않는다.

해설

사회계층과 스포츠

상류층	• 하류층에 비해 상대적으로 스포츠 활동에 적극적 · 능동적이다. • 직접 참여하는 스포츠를 선호한다. • 경제적 · 시간적인 여유를 필요로 하는 개인종목을 선호한다. • 골프, 테니스, 스키, 수영, 사냥, 조정 등
하류층	• 상류층에 비해 상대적으로 스포츠 활동에 소극적 · 수동적이다. • 관람 스포츠를 선호한다. • 경제적 · 시간적인 부족으로 인해 집단활동에 의한 단체종목이나 투기종목을 선호한다. • 축구, 야구, 씨름, 복싱, 레슬링, 육상 등

44 다음 중 상류층의 개인 스포츠 참여도가 높은 이유에 해당하지 않는 것은?

① 상류층은 스포츠 활동에 소극적이고 수동적이므로 단체 스포츠에 참여하지 않는 경향이 있다.
② 상류층은 경제력이 높으므로 비교적 고가의 시설과 장비가 필요한 개인 스포츠 참여도가 높다.
③ 상류층은 과시욕과 엘리트의식에 의해 특정 종목 선호의 관습적 분위기가 만연하다.
④ 상류층으로서 고위전문직이나 사업가는 단체 스포츠에 참여할 기회가 적다.

해설

상류층은 타 계층에 비해 상대적으로 스포츠 활동에 적극적 · 능동적이며, 직접 참여하는 스포츠를 선호한다.

상류층의 개인 스포츠 참여도가 높은 이유

- 상류층은 하류층에 비해 경제력이 높으며, 특히 골프나 사냥 등과 같은 일부 개인 스포츠는 시설 · 장비 등을 마련하는 데 상당한 비용이 소요된다.
- 상류층 간에는 사회적 과시욕과 엘리트의식 등으로 특정 종목을 강조하는 생활 관습적 분위기가 만연하다.
- 상류층은 직업적 특성상 근무시간 조정이 자유롭다.
- 고위전문직이나 사업가의 경우 단체 스포츠에 참여하는 것이 사실상 어렵다.

43 ① 44 ① 정답

45 다음 중 하류층이 선호하는 스포츠의 특징에 대한 설명으로 옳지 않은 것은?

① 하류층이 선호하는 스포츠는 학력과 무관하다.
② 직접 참여하는 스포츠를 선호하고, 개인경기의 관람률이 높다.
③ 남성다움을 강조하는 스포츠를 선호한다.
④ 경기에 열중함으로써 감정을 배출한다.

해설

하류층은 상류층에 비해 단체경기 또는 투기종목의 관람률이 높다.

하류층이 선호하는 스포츠의 특징

- 신체적 묘기나 남성다움을 강조하는 스포츠를 선호한다.
- 고도의 스피드와 강력한 힘을 중심으로 한 박진감 넘치는 스포츠를 선호한다.
- 경기에 열중함으로써 감정을 배출할 수 있는 도구가 된다.
- 필요한 장비와 기능이 직업적 활동이나 일상 생활과 밀접하게 연관된다.
- 학력과 무관한 스포츠를 선호한다.
- 개인경기에 비해서 단체경기 또는 투기종목의 관람률이 높다.

46 스포츠 계층의 이론 중 기능주의에 대한 설명으로 가장 적절한 것은?

① 사회계층은 기능상의 능력 및 중요도에 따라 차별적인 보상을 한다.
② 사회계층은 사회통합을 저해하며 계층 간 위화감을 조장한다.
③ 스포츠는 사회의 계층구조를 무력화하여 평등의 가치를 실현한다.
④ 스포츠는 사회적 약자에게 사회참여의 기회를 확대한다.

해설

① 사회계층은 기능상의 능력 및 중요도에 따라 차별적인 보상을 함으로써 사회성원의 동기를 유발하는 기능적 장치이다.
② 사회적으로 분담된 역할이 서로 조화 · 융합을 이루면서 사회통합이 이루어진다.
③ 스포츠는 사회의 계층구조를 강화하며, 이를 통해 사회적 목적을 강조하고 유능한 사람의 참여를 유도한다.
④ 스포츠는 사회적 상승이동의 수단이 되며, 이를 통해 유능한 사람에 대한 보상과 위광이 제공된다.

정답 45 ② 46 ①

47 다음 보기에서 설명하는 프로스포츠의 제도는?

> 구단이 소속팀 선수를 상대로 다음 시즌 연봉계약 우선권을 가지도록 규정한 것을 (　　)(이)라고 한다. 이는 프로스포츠 리그의 존립을 유지해주기 위한 것이라 할 수 있다. 이 제도는 선수의 자유로운 이동을 막는 제도이면서 동시에 선수들이 1년 동안 보수를 보장받을 수 있도록 돕는 제도이기도 하다. 이런 점에서 (　　)은/는 구단에게 유리한 악법이면서 동시에 선수들에게 보호막이 되는 양면성을 지닌다.

① 트레이드(Trade)
② 샐러리 캡(Salary Cap)
③ 보류조항(Reserve Clause)
④ 최저연봉제(Minimum Salary)

해설

③ 프로스포츠에서 시행되는 제도 중 구단이 소속팀 선수를 상대로 다음 시즌 연봉계약 우선권을 가질 수 있도록 규정한 것이다.
① 구단 사이에서 계약을 양도 · 양수하는 상행위로, 구단끼리 선수를 바꾸는 행위 또는 선수를 사고파는 행위를 모두 포함한다.
② 한 팀 선수들의 연봉 총액이 일정액을 넘지 못하도록 제한하는 제도로, 전체적인 리그 질 향상에 기여한다.
④ 선수들의 기본적인 생활권을 위하여 선수의 연봉에 하한선을 둔 것으로 선수를 보호하기 위한 제도이다.

48 다음 중 스포츠 계급 · 계층에 대한 마르크스(K. Marx)의 주장으로 옳은 것은?

① 생활양식과 같은 사회 · 문화적 요소를 계급 결정 요인으로 간주하면서, 사회 · 문화적 요소에 따라 스포츠를 즐기는 양상이 변화한다고 주장하였다.
② 그의 저서인 「유한계급론」에서 '현시적(과시적)' 소비에 대해 비판하였다.
③ 사회계층을 분석할 때 단일 요인이 아닌, 다차원적 요인을 고려해야 한다고 주장하였다.
④ 스포츠가 자본주의 사회에서 일부 지배집단에 의해 조작되고, 그들의 이익을 증진시키는 데 이용된다고 주장하였다.

해설

① 부르디외(P. Bourdieu), ② 베블런(T. Veblen), ③ 베버(M. Weber)의 주장이다. 마르크스는 스포츠가 자본주의 사회에서 일부 지배집단에 의해 조작되고, 그들의 이익을 증진시키는 데 이용된다고 주장하였다. 이 이론에 따르면 운동선수는 기득권의 권력 유지를 위해 이용되는 피지배계급에 속한다.

47 ③ 48 ④ 정답

49 다음 중 스포츠 사회화에 대한 설명으로 옳지 않은 것은?

◯△✕

① 스포츠 사회화는 개인이 신체적 발달과정을 통해 성장하는 과정이다.
② 스포츠 활동에 참여하여 자신의 능력을 발휘하도록 변화하는 과정이다.
③ 다른 집단성원과의 상호작용을 통해 자신의 역할을 습득하는 과정이다.
④ 개인이 스포츠 집단의 일원이 되는 과정이다.

해설

스포츠 사회화는 개인이 스포츠 문화권의 가치체계를 내면화함으로써 스포츠 집단의 구성원이 되어가는 과정을 말한다. 개인은 스포츠를 통해 집단성원이 가지는 가치관, 신념, 태도 등을 집단 내 다른 성원들과의 상호작용을 통해 학습함으로써, 자신의 사회적 행동을 유형화하며 자신의 역할을 습득한다.

50 〈보기〉에 해당하는 스포츠 사회화 과정으로 옳은 것은?

◯△✕

> • 명수 – 배드민턴 지도자가 되어 중학교에서 스포츠클럽의 코치를 맡게 되었다.
> • 재석 – 명수의 권유로 댄스 스포츠를 배우게 되었다.
> • 준하 – 사회인 야구에 참여하여 준법 정신, 협동심이 강한 사람이 되었다.
> • 형돈 – 어깨 관절 손상으로 수영 선수 생활을 그만두었다.

	명수	재석	준하	형돈
①	스포츠 재사회화	스포츠 탈사회화	스포츠를 통한 사회화	스포츠로의 사회화
②	스포츠를 통한 사회화	스포츠로의 사회화	스포츠 재사회화	스포츠 탈사회화
③	스포츠 탈사회화	스포츠를 통한 사회화	스포츠로의 사회화	스포츠 재사회화
④	스포츠 재사회화	스포츠로의 사회화	스포츠를 통한 사회화	스포츠 탈사회화

해설

스포츠 사회화의 과정

- 스포츠로의 사회화 : 스포츠에 참가하는 그 자체를 의미한다.
- 스포츠를 통한 사회화 : 스포츠 장면에서 학습된 기능 · 특성, 가치, 태도, 지식, 성향(인성, 도덕적 성향) 등이 다른 사회현상으로 전이 · 일반화되는 과정이다.
- 스포츠로부터의 탈사회화 : 참여중단, 중도탈락, 은퇴(자발적 · 비자발적) 등 스포츠 참가를 중단하는 것을 의미한다.
- 스포츠로의 재사회화 : 스포츠 참가를 중단하고 스포츠의 장으로부터 이탈해 있던 비참가자가 새롭게 흥미를 느끼는 종목이나 포지션 및 타 지역에서 다시 스포츠 활동을 재개하게 되는 경우를 의미한다.

정답 49 ① 50 ④

51 거트만(A. Guttman)이 주장한 근대 스포츠의 특징에 대한 설명으로 옳지 않은 것은?

○△×

① 시간, 거리, 기록 등 측정이 가능한 것은 모두 측정하고 통계를 냈다.
② 높은 수준의 운동 수행을 위해 전문화가 추진되었다.
③ 여성과 일반 대중의 참가가 확대되고 평등의 원칙이 강조되었다.
④ 돈, 명예 등 세속적인 충족보다 스포츠의 본질을 추구했다.

해설

근대 스포츠는 즐거움, 돈, 명예, 건강 등 세속적인 충족을 추구하기 시작했다.

52 스포츠 사회화 과정이 순서대로 바르게 연결된 것은?

○△×

① 스포츠로의 사회화 → 스포츠를 통한 사회화 → 스포츠 탈사회화 → 스포츠 재사회화
② 스포츠를 통한 사회화 → 스포츠 탈사회화 → 스포츠 재사회화 → 스포츠로의 사회화
③ 스포츠 탈사회화 → 스포츠 재사회화 → 스포츠로의 사회화 → 스포츠를 통한 사회화
④ 스포츠 재사회화 → 스포츠로의 사회화 → 스포츠를 통한 사회화 → 스포츠 탈사회화

해설

스포츠로의 사회화를 통해 스포츠에 참가하게 되고 스포츠를 통한 사회화로 스포츠 참가의 결과가 나타난다. 이후 운동선수의 교육수준, 현재와 미래의 재정적 상황, 새로운 직업에 대한 기회, 신체능력의 저하 등에 의해 스포츠 탈사회화가 일어난다. 마지막으로 스포츠 탈사회화를 통해 스포츠로부터 이탈해 있던 비참가자가 다시 스포츠 활동을 재개하게 되는 것을 스포츠 재사회화라고 하는데 모든 은퇴선수의 재사회화가 이루어지는 것은 아니다.

53 다음 중 스포츠 사회화의 과정에 관한 설명으로 옳지 않은 것은?

○△×

① 스포츠로의 사회화 – 스포츠 활동에 참여하는 것 자체를 말한다.
② 사회화 주관자 – '주요 타자' 혹은 '준거집단'이라고도 한다.
③ 스포츠를 통한 사회화 – 스포츠 활동을 통해 인격형성과 규율습득 및 경쟁심과 도덕성 함양 등 바람직한 결과를 학습하는 것이다.
④ 스포츠로의 재사회화 – 스포츠 탈사회화 과정을 거친 후 다시 스포츠 활동에 참여하는 것으로, 다른 종목이 아닌 동일 종목으로만 가능하다.

해설

스포츠로의 재사회화는 동일 종목 또는 다른 종목으로 나타날 수 있다. 어떤 선수가 은퇴한 후 같은 종목 또는 다른 종목의 선수나 코치로 활동하게 되는 것은 모두 스포츠로의 재사회화 사례이다.

51 ④ 52 ① 53 ④ 정답

54 ○△× **다음 중 '스포츠로의 사회화(Socialization into Sport)'에 대한 설명으로 옳은 것은?**

① 스포츠 활동을 통해 인격을 형성하고 규율을 습득하는 것이다.
② 생활양식의 급작스러운 변화로 인해 개인이 새로운 사회적 역할을 가지는 것이다.
③ 스포츠 활동에 참여하는 것 자체를 말하는 것이다.
④ 스포츠 활동을 통해 경쟁심과 시민정신을 획득하는 것이다.

해설

'스포츠로의 사회화(Socialization into Sport)'는 스포츠 활동에 참여하는 자체를 말하는 것이다. 이러한 스포츠 활동 참여에는 사회화 주관자가 큰 영향을 미친다.

55 ○△× **다음 중 스포츠를 통한 사회화에 대한 설명으로 옳은 것은?**

① 참가자 개인의 출신이나 인종은 사회화의 전이에 영향을 미치지 않는다.
② 사회화 주관자의 위신은 사회화의 전이에 영향을 미치지 않는다.
③ 참가자와 지도자의 관계가 친밀한 경우 사회화의 전이가 부정적으로 나타난다.
④ 스포츠 활동에 자발적으로 참여한 사람은 사회화의 전이가 긍정적으로 나타난다.

해설

① 참가자 개인의 사회적 계층, 출신, 인종 등은 스포츠를 통한 사회화의 전이에 영향을 미친다.
② 사회화 주관자의 위신 또는 위력에 따라 역할의 전이성이 달라진다.
③ 참가자와 지도자의 관계가 친밀한 경우 사회화의 전이가 긍정적으로 나타난다.

56 ○△× **다음 중 스포츠에서의 탈사회화의 주된 원인이 아닌 것은?**

① 경제적 성공
② 육체적 스트레스
③ 단체 내에서의 부적응
④ 스포츠 활동에 대한 기대감 상실

해설

'스포츠에서의 탈사회화'는 스포츠에 참여하여 활동을 지속해오던 개인이 다양한 요인으로 인해 스포츠를 중단하거나 탈락 또는 은퇴하는 경우로서, 스포츠 활동에 대한 기대감의 상실, 육체적 · 정신적 스트레스, 부적절한 대인관계, 단체 또는 조직 내에서의 부적응 등이 주된 원인이다.

정답 54 ③ 55 ④ 56 ①

57 다음 보기에서 설명하는 미디어 이론은?

> • 사람은 자신이 처한 사회구조적 위치나 배경에 영향을 받는다.
> • 미디어의 영향력은 서로 다른 하위집단 구성원에게 획일적이지 않을 수 있다.

① 문화규범 이론(Cultural Norms Theory)
② 사회범주 이론(Social Categories Theory)
③ 개인차 이론(Individual Differences Theory)
④ 사회관계 이론(Social Relationships Theory)

해설

① 문화규범 이론 : 대중매체가 현존 사상 또는 가치를 선택적으로 제시한다고 주장한다.
③ 개인차 이론 : 관람자의 인성 특성에 흥미를 끄는 이미지를 제공한다고 주장한다. 충족욕구에는 인지적, 정의적, 도피적, 통합적 욕구가 있다.
④ 사회관계 이론 : 개개인이 대중매체에서 원하는 정보를 선택하고 해석할 때는 중요타자와 사회관계의 영향을 받는다는 이론이다.

58 ㉠과 ㉡이 설명하는 것으로 적절한 것은?

> ㉠ 스포츠로부터 이탈해 있던 비참가자가 다시 스포츠 활동을 재개하는 경우를 말한다.
> ㉡ 스포츠 참가자가 자의 혹은 타의로 스포츠로부터 이탈되는 경우를 말한다.

	㉠	㉡
①	스포츠로의 사회화	스포츠로의 사회화
②	스포츠로의 재사회화	스포츠로의 탈사회화
③	스포츠를 통한 사회화	스포츠를 통한 사회화
④	스포츠로부터의 탈사회화	스포츠로부터의 탈사회화

해설

• 스포츠를 통한 사회화 : 스포츠 장면에서 학습된 기능, 특성, 가치, 태도, 지식, 성향(인성, 도덕적 성향) 등이 다른 사회현상으로 전이 · 일반화되는 과정이다.
• 스포츠로의 사회화 : 스포츠에 참가하는 그 자체를 전제로, 스포츠에 입문하게 되는 것이다.
• 스포츠로부터의 탈사회화 : 자발적 혹은 비자발적 요인으로 선수은퇴를 하는 것이다.
• 스포츠로의 재사회화 : 스포츠로부터 이탈해 있던 비참가자가 다시 스포츠 활동을 재개하는 것이다.

57 ② 58 ② 정답

59 개인의 스포츠 참여에 영향을 미치는 요인 중 사회화 상황요인에 대한 설명으로 옳지 않은 것은?

○△✕

① 정치, 경제, 종교 등이 스포츠사회화에 영향을 미친다.
② 물리적 환경을 배제한 사회적 · 심리적 상황에 해당한다.
③ 스포츠 활동 프로그램은 개인의 자발적인 참여를 유도한다.
④ 스포츠지도자의 활동이 개인의 스포츠 참여 동기를 높인다.

해설

② 사회화 상황요인으로서 시설, 공간, 설비품 등의 물리적 환경은 개인의 스포츠 참여 욕구와 연결되며, 운동 및 학습의 효율성에 영향을 미친다.
① 개인이 처한 사회적 상황 및 문화적 배경, 즉 정치 · 경제 · 종교 · 제도 · 전통 · 지역성 등이 스포츠사회화에 영향을 미친다.
③ 스포츠 활동 프로그램은 개인의 신체 활동의 목적, 흥미 등을 지속적으로 유지시키며 자발적인 참여를 유도한다.
④ 스포츠지도자는 조직체의 활동 및 유지 · 발전에 중요한 역할을 담당하며, 스포츠 참여의 동기를 높인다.

PART 2

60 스포츠 일탈의 개념으로 옳지 않은 것은?

① 경기규칙을 위반하는 행동
② 사람, 용구, 재산에 손해를 끼치는 행위
③ 페어플레이 정신에서 벗어나는 행위
④ 경기규칙에 대해 이의제기를 하는 행위

해설

경기규칙에 대한 정당한 이의제기는 스포츠 일탈과 관련 없다.

정답 59 ② 60 ④

61 다음 보기에서 나타나는 스포츠 일탈의 원인으로 옳은 것은?

> 학생선수인 A는 일반 학생으로서 우수한 성적을 거두는 동시에, 운동선수로서 시합에서 승리하기 위해 열심히 훈련할 것을 주문받았다. 학생과 선수 사이에서 갈등하던 A는 시합에서 승리하기 위해 고의적으로 반칙했다.

① 승리에 대한 강박
② 경쟁적 보상구조
③ 양립하기 힘든 가치의 지향
④ 역할 갈등

해설

① 승리에 대한 강박 : 정해진 규정과 승리를 향한 행위 사이의 갈등을 말한다. 승리를 위해 규정된 연습시간 이외에 훈련하는 것을 예로 들 수 있다.
② 경쟁적 보상구조 : 성적에 따른 보상으로 인해 페어플레이 정신을 위반하는 일탈 행동이 발생할 수 있다.
③ 양립하기 힘든 가치의 지향 : 스포츠경기에서는 스포츠맨십과 페어플레이 정신이 이상적인 반면, 어떠한 희생을 감수하더라도 승리를 추구하는 것이 실제상황이기 때문에 어느 한쪽을 위배하지 않고 두 가지 가치를 동시에 실현하는 것은 쉽지 않다.

62 다음 중 스포츠 일탈의 순기능에 해당하는 것은?

① 사회조화와 질서에 대한 위협과 긴장 초래
② 스포츠 체계 질서인 예측 가능성을 위협하여 긴장 조성
③ 규범 존재의 재확인으로 규범에 대한 동조 강화
④ 일탈행동의 제도화(폭력, 공격, 규칙위반)를 통한 부정적 행동습득의 내면화

해설

①·②·④ 스포츠 일탈의 역기능이다.

스포츠 일탈의 순기능

- 규범 존재의 재확인으로 규범에 대한 동조 강화
- 부분적 스포츠 일탈은 사회적 안전판 역할 수행
- 원칙적 역기능이지만 제한적 발생 시 순기능 수행
- 사회개혁과 창의성 부여 : 현재 일탈은 다음 세대 규범으로 확립

61 ④ 62 ③ 정답

63 ○△✕ **스포츠 일탈로서 '제도적 부정행위'에 해당하는 것은?**

① 승부조작
② 금지약물 투여
③ 경기가 끝난 후의 보복성 폭행
④ 파울을 유도하기 위한 과도한 액션

해설

①·②·③ 일탈적 부정행위에 해당한다.

64 ○△✕ **다음 보기에서 설명하는 스포츠 일탈의 유형은?**

> 긍정적 일탈 행위의 하나로 과잉동조(Overconform)라고도 한다. 일상에 지장을 줄 정도로 과하게 운동에 참여하는 경우를 말한다.

① 운동 중독 ② 약물 복용
③ 부정 행위 ④ 스포츠 폭력

해설

운동 중독은 긍정적 일탈에 해당하지만, 과하면 해롭기 때문에 적정선을 유지해야 한다.

65 ○△✕ **다음 보기의 빈칸에 들어갈 적절한 용어는?**

> (　　)은 스포츠경기장 내외에서 팀의 승리에 대한 축하의 의미와 패배, 좌절의 표출로 관중들이 집단적, 자발적, 비구조화되어 일어나는 폭력행위를 말한다.

① 부정행위 ② 관중폭력
③ 조직적 일탈 ④ 스포츠 상업화

해설

관중폭력의 원인과 이론
관중폭력은 쟁점성 관중폭력과 우발적 관중폭력으로 나뉘는데, 보기의 사례는 우발적 관중폭력에 해당한다. 쟁점성 관중폭력은 사회적으로 내재된 갈등이 스포츠경기에서 표출되어 관중의 집단 행동으로 나타나는 폭력행위이다.

정답 63 ④ 64 ① 65 ②

66 다음 보기에서 설명하는 스포츠 참가의 정도는?

○△×

> 중년층에서 대표적으로 나타나는 현상으로, 자신의 직업을 등한시하거나 포기하고 골프나 테니스와 같은 스포츠 활동 참가에 모든 시간을 소비하는 상태를 말한다.

① 일상적 참가　　② 주기적 참가
③ 일차적 일탈 참가　　④ 이차적 일탈 참가

해설

스포츠의 참가 정도 및 유형

- 일상적 참가 : 스포츠 활동에 정규적으로 참가하고 활동이 개인의 생활과 조화를 잘 이루고 있는 상태이다.
- 주기적 참가 : 일정 간격을 유지하면서 스포츠에 지속적으로 참가하는 상태이다.
- 일차적 일탈 참가 : 자기 직업을 등한시하고, 시간 대부분을 스포츠 참가에 할애하는 상태이다.
- 이차적 일탈 참가 : 단순히 기분 전환을 위한 스포츠 관람의 차원을 넘어 경기결과에 거액의 금전을 걸고 도박을 할 정도로 스포츠 관람에 탐닉한 상태이다.

67 다음 보기의 내용이 설명하는 용어는?

○△×

> 전 세계의 스포츠를 하나의 체계로 엮는 데 국가적 차원에서 상호거래를 통해 세계 사회에 효율적으로 적응해갈 수 있는 형태와 경험의 유형을 발전시켜가는 총체적 과정이다.

① 스포츠의 체계화　　② 스포츠의 세계화
③ 스포츠의 보편화　　④ 스포츠의 평등화

해설

스포츠의 세계화

- 스포츠는 세계인이 공유하는 가장 대표적인 문화현상이다.
- 스포츠는 지난 100여 년 간 세계화가 가장 활발히 진행된 분야이다.

66 ③ 67 ② 정답

68 스포츠 세계화에 영향을 미친 원인이 아닌 것은?

○△×

① 종 교
② 국수주의
③ 제국주의
④ 테크놀로지의 진보

해설

스포츠 세계화에 영향을 미친 원인은 국수주의가 아니라 민족주의이다.

스포츠 세계화에 영향을 미친 원인

- 민족주의 : 스포츠 세계화에 결정적인 영향을 미친 주된 요인 중 하나이다. 민족의 경계에 속한 사람들을 결집시켰으며, 이들에게 '하나'라는 정체성을 부여하여 '민족형성'에 결정적 영향을 미쳤다.
- 종교 : 빅토리아시대의 기독교 신앙과 스포츠의 결합은 협동, 희생, 건강, 페어플레이 등을 강조했다. 우리나라의 YMCA는 오늘날 한국 생활체육의 기틀을 마련하는 데 기여한 것으로 평가된다.
- 제국주의 : 스포츠를 통한 동화정책은 문화적 수단을 활용하여 체제의 지배를 정당화하고 강압보다 동의를 획득하는 방식으로 이루어졌다.
- 테크놀로지의 진보 : 교통, 통신, 미디어 등 고도로 발전된 테크놀로지는 스포츠의 세계화에 결정적 영향을 미쳤다.

PART 2

69 다음 보기에서 설명하는 스포츠 폭력의 유형으로 옳은 것은?

○△×

> ㉠ – A는 축구경기 중 뛰어난 기술로 자신을 농락했던 선수에게 보복하기 위해 위험한 태클을 했다.
> ㉡ – B는 야구경기 중 상대방 유격수의 더블플레이를 방해하기 위해 과감하게 슬라이딩했다.

	㉠	㉡
①	적대적 공격	도구적 공격
②	도구적 공격	적대적 공격
③	일탈적 공격	도구적 공격
④	적대적 공격	일탈적 공격

해설

스포츠 폭력의 유형

- 적대적 공격 : 상대에게 해를 가할 목적으로 분노적 공격 행위를 하는 것을 말한다.
- 도구적 공격 : 승리, 보상, 위광을 위한 외적 목표를 추구하는 행위를 말한다.

정답 68 ② 69 ①

70 관중폭력의 발생원인으로 볼 수 없는 것은?

① 관중의 수　　② 소 음
③ 관람 좌석 형태　　④ 관람 목적

해설

관중폭력의 발생원인
- 관중의 수 : 많을수록 통제가 어려워 폭력 발생 가능성이 높다.
- 소음 : 지나친 소음은 신경을 자극하여 흥분을 유도한다.
- 관람 좌석 형태 : 앉아서 보는 경기보다 서서 볼 때 폭력적인 행동이 자주 발생한다.
- 관중 밀도 : 관중 수의 밀도가 높을수록 공격적으로 행동한다.
- 관중 구성 : 관중의 열성도, 적극성에 따라 폭력성이 가변적이다.

71 나이스비트(J. Naisbitt)의 메가트렌드 이론에 따른 21세기 스포츠분야의 전망으로 옳지 않은 것은?

① 스포츠계의 여성의 영향력 증대
② 스포츠 관련 시설 및 용품들이 고도로 과학화
③ 도시화로 인한 실외운동 정책 비중 증가
④ 동양의 신체문화 관련 산업 확대

해설

도시화로 인해 실내운동 정책 비중이 증가할 것으로 예상했다.

72 기술 발전으로 인해 발생할 미래사회 스포츠 변화로 적절하지 않은 것은?

① 가상현실 스포츠
② 국제스포츠에서 배분의 불평등 심화
③ 온라인 스포츠 동호회의 활성화
④ 사이버 공간을 활용한 스포츠 교육 프로그램

해설

② '국제스포츠에서 배분의 불평등 심화'는 기술 발전으로 인한 스포츠 변화로 적절하지 않다.
①・③・④ 멀티미디어의 발달과 스포츠과학의 적용, 통신기술의 발달과 새로운 스포츠의 도입 등으로 미래 사회에서 예상되는 스포츠 변화에 해당한다.

70 ④ 71 ③ 72 ② 정답

73 ○△✕ **스포츠의 변화에 대한 예측으로 적절하지 않은 것은?**

① 기성 노인층의 스포츠 참여율이 점차 감소할 것이다.
② 국제스포츠 조직이 확대되어 범세계적 교류가 증진될 것이다.
③ 정보통신기술의 발전으로 스포츠정보의 비중이 더 커질 것이다.
④ 서구스포츠가 전 세계적 스포츠문화 영역으로 확대될 가능성이 있다.

해설

건강하게 스포츠를 즐기려는 노인층의 스포츠 참여율은 점차 증가할 것이다.

PART 2

74 ○△✕ **다음 보기에서 설명하는 스포츠 노동이주 유형으로 옳은 것은?**

> ㉠ – 축구선수 A는 자녀들의 교육을 위해 교육환경이 좋은 도시를 연고로 하는 팀으로 이적했다.
> ㉡ – 야구선수 B는 전성기 시절 미국에서 활동하다가 은퇴 후 한국으로 돌아와 코치생활을 하고 있다.
> ㉢ – 농구선수 C는 중국 팀에서 연봉을 훨씬 많이 주겠다는 연락을 받고 중국으로 이적했다.

	㉠	㉡	㉢
①	개척자형	귀향민형	유목민형
②	정착민형	귀향민형	용병형
③	개척자형	용병형	귀향민형
④	정착민형	유목민형	용병형

해설

스포츠 노동이주 유형

- 유목민형 : 종목의 특성이나 개인의 취향에 의해 이주한다.
- 정착민형 : 보다 나은 환경에서 거주하기 위해 이주한다.
- 개척자형 : 이주한 국가와 친밀한 관계를 형성한다.
- 귀향민형 : 다른 나라로 이주했다가 다시 자국으로 귀향한다.
- 용병형 : 경제적 보상으로 인해 이주한다.

정답 73 ① 74 ②

정치의 스포츠 이용방식에 대한 설명으로 옳지 않은 것은?

① 상징과 동일화의 효과를 극대화하기 위해 인위적으로 개입하는 행위를 '조작'이라 한다.
② 대중이 선수 개인이나 대표팀을 자신과 일체시키는 태도를 '동일화'라고 한다.
③ 상징 효과에 의해 승리는 개인의 성취보다 그가 속한 성, 인종, 지역, 민족, 국가의 영광으로 해석되는 경향이 있다.
④ 대중이 상징을 띤 선수나 팀을 자신의 대표로 받아들이지 않아도 스포츠 경기 자체는 정치적 의미를 지닌다.

해설

상징이 존재하더라도 이를 수용하는 대중이 상징을 띤 선수나 팀을 자신의 대표로 받아들이지 않는 경우, 스포츠 경기는 그 이상의 정치적 의미를 지니기 어렵다.

76 **다음 중 올림픽의 이념에 대한 내용이 아닌 것은?**

① 민족주의 심화
② 상호이해
③ 인류의 번영과 평화 추구
④ 국제 친선 증진

해설

민족주의의 심화는 올림픽 경기의 정치화 요인에 해당하며, 올림픽 경기의 정치화 요인에는 상업주의 팽창, 정치권력의 강화 보상 등이 있다.

77 **통신 및 전자매체의 발달이 스포츠에 미친 영향으로 볼 수 없는 것은?**

① 스포츠 정보화와 유비쿼터스 패러다임
② 스포츠의 다양화 및 e-Sports 확대
③ 미디어에 의한 스포츠 정보 제공
④ 스포츠 참가로 인한 사회적 상승이동의 수단 제공

해설

스포츠의 참가로 인한 사회적 상승이동의 수단을 제공하는 것은 사회이동의 기제로서 스포츠의 역할에 해당한다.

75 ④ 76 ① 77 ④ 정답

78 ◯△✕ 개인이 스포츠 활동을 통해 사회집단의 구성원이 되고, 해당 사회가 지니는 문화를 체득하여 자신의 정체성을 발현시키는 과정은?

① 스포츠 관람 ② 스포츠 사회화
③ 스포츠 참가 ④ 스포츠 이벤트

해설

스포츠 사회화는 스포츠라는 영역에서 일어나는 사회화를 의미하며, 스포츠를 통하여 집단구성원이 공통으로 지니는 가치관, 신념, 태도 등을 집단 내 다른 구성원과의 상호작용을 통해 습득하는 과정으로 정의할 수 있다.

79 ◯△✕ 스포츠 메가이벤트에 대한 설명으로 옳지 않은 것은?

① 메가이벤트 개최 과정에서 스포츠산업 및 관광산업이 발달한다.
② 메가이벤트를 개최하는 국가는 모두 막대한 수익을 창출했다.
③ 다국적 기업들은 메가이벤트의 공식 스폰서가 되기 위해 기꺼이 자본을 지불한다.
④ 메가이벤트를 개최하는 국가의 자부심 증가로 국민 통합과 결속이 이루어진다.

해설

스포츠 메가이벤트의 개최로 인해 경제적인 적자를 보는 국가도 적지 않다.

80 ◯△✕ 다음 보기의 빈칸에 들어갈 적합한 용어는?

> (   )의 경제적 효과는 경제부문과 사회부문에 걸쳐 발생한다. 대회 개최국과 개최 도시에서의 대규모 투자와 외국인 관광객들을 포함한 관람객들의 광범위한 소비 지출로 인해 경제적 효과를 발생시킬 뿐만 아니라 국민통합, 지역사회 자긍심 구축, 관광산업의 발전 등 다양한 사회적 효과가 유발된다.

① 스포츠 메가이벤트 ② 프로스포츠
③ 학원스포츠 ④ 아마추어리즘

해설

스포츠의 메가이벤트란 월드컵대회나 올림픽과 같은 대규모 국제적인 스포츠 행사를 통칭한다.

정답 78 ② 79 ② 80 ①

CHAPTER 02 스포츠교육학

01 Pre-test

O×문제

01 스포츠교육학은 체육교육과정, 체육수업활동, 체육교사교육 등을 연구영역으로 한다. [○/×]

02 학교체육진흥법의 목적은 학생의 체육 활동 강화 및 학교운동부 육성 등 학교체육 활성화에 필요한 사항을 정함으로써, 학생들이 건강하고 균형 잡힌 신체와 정신을 가질 수 있도록 기여하는 것이다. [○/×]

03 진보주의 교육이론은 '체조 중심의 체육'에서 '신체를 통한 교육'으로 전환되는 철학적 근거를 마련해주었다. [○/×]

04 체육전문인의 형식적 교육이란 고도로 제도화되고 관료적이며, 교육과정에 의하여 조직된 교육으로서, 단기간의 세미나, 워크숍, 컨퍼런스 참여 등이 이에 해당한다. [○/×]

해설 04 단기간의 세미나, 워크숍, 컨퍼런스 참여 등은 무형식적 교육에 해당한다.

01 ○ 02 ○ 03 ○ 04 × 정답

05 스포츠교육 행정가는 스포츠와 관련하여 행정, 사무, 교육, 프로젝트 기획, 개발 등의 업무를 담당하는데, 학교체육 행정가, 생활체육 행정가, 특수체육 행정가로 구분된다. [○/×]

06 문제해결 중심의 지도에 활용할 수 있는 체육수업 모형이나 방식으로 적절한 모형은 '탐구수업 모형'이다. [○/×]

07 협동학습 모형은 귀인 이론에 기초한 전략으로, 팀의 성공을 위해 자신의 능력에 맞게 최대한 공헌하는 것에 의미를 둔다. [○/×]

08 동료교수 모형에서 개인교사는 수업 도중 교사의 역할을 담당하는 학습자로, 동료교수 모형의 특징은 개인교사와 학습자의 역할이 바뀌는 것이다. [○/×]

09 형성평가란 일정 기간의 교육프로그램이 실시된 후 처음에 설정된 프로그램의 성공기준에 비추어 결과 및 달성도를 가늠하는 것이 주목적인 평가를 말한다. [○/×]

10 교육평가는 '교육목표 설정 → 평가장면 선정 → 평가도구 제작 → 평가실시 및 결과 처리 → 결과의 해석 및 활용'의 절차를 거친다. [○/×]

해설
05 스포츠교육 행정가는 학교체육 행정가, 생활체육 행정가, 전문체육 행정가로 구분한다.
09 보기는 총괄평가에 대한 설명이다. 형성평가란 교수학습이 진행되는 과정에서 학습자에게 피드백을 주고, 교과과정과 수업방법을 개선시키기 위해서 실시하는 평가를 말한다.

정답 05 × 06 ○ 07 ○ 08 ○ 09 × 10 ○

단답형 문제

11 스포츠교육학이란 학교체육, 생활체육, ( )체육을 모두 포괄한다.

12 스포츠기본법상 건강과 체력 증진을 위하여 행하는 자발적이고 일상적인 스포츠 활동은?

13 모스턴(M. Mosston)은 피드백 유형을 네 가지로 구분했는데 이것에는 ( ), ( ), ( ), ( )이 있다.

14 국민체육진흥법상 체육지도자란 스포츠지도사, 건강운동관리사, 유소년스포츠지도사, ( )스포츠지도사, ( )스포츠지도사를 말한다.

15 학교체육진흥법상 학교의 장은 일정 비율 이상의 학교스포츠클럽을 해당 학교의 ( )이 선호하는 종목의 학교스포츠클럽으로 운영하여야 한다.

11 전문 12 생활스포츠 13 가치적 피드백, 중립적 피드백, 불분명 피드백, 교정적 피드백 14 장애인, 노인 15 여학생 정답

16 연습형 교수스타일은 피드백이 주어진 기억/모방 과제를 학생이 개별적으로 연습하는 것으로, 숙련된 운동 수행은 과제의 (   )학습과 관련이 있음을 이해해야 한다.

17 지도자가 자신의 머리 뒤에도 눈이 있다는 듯이 학습자들의 행동을 파악하는 것으로 지도자가 학습자들 간에 발생하는 사건을 인지하는 것은 쿠닌(J. Kounin)의 교수기능 중 (   )에 해당한다.

18 수업 시작 전 학생들의 출발점 행동을 파악하기 위해서 실시하는 평가활동으로, 교사의 교수계획을 수립하는 데 중요한 정보를 제공하는 체육평가는?

19 제도화된 교육이 아닌 과거의 선수 경험이나 비형식적인 멘토링, 실제적인 코칭 경험, 동료 코치나 선수들과의 대화 등 일상적인 경험으로부터 얻는 학습은?

20 헬리슨(D. Hellison)이 제시한 개인적 · 사회적 책임감 수준 단계에서 (   )는 다른 사람에게 피드백을 제공하고 훌륭한 본보기가 되는 단계이다.

정답 16 반복 17 상황이해 18 진단평가 19 비형식적 학습 20 전이

02 필수 개념문제

※ 문제의 이해도에 따라 ○△× 체크하여 완벽하게 정리하세요.

01 스포츠교육의 주요 개념에 관한 설명으로 옳지 않은 것은?

① 진보주의 교육이론 – '체조 중심의 체육'에서 '신체를 통한 교육'으로 전환되는 철학적 근거를 마련하였다.
② 체력 중심의 교육 – 건강 중심적, 이상적인 남성상, 아마추어리즘과 페어플레이 정신이 강조되었다.
③ 움직임 교육 – 1950년대 이후의 체육 교육은 특정 종목이나 동작에 대해 상세하게 학습하는 방향으로 바뀌었다.
④ 신체의 교육 – 20세기 초까지의 스포츠교육은 신체의 발달과 건강을 위한 '신체기능교육' 교과로서 편성되었다.

해설

1950년대 이후, 특정 종목이나 활동 자체를 배우기보다는 각 활동 속에 내재된 움직임의 보편적 원리를 학습하는 데 중점을 두었다. 목표로 학생들의 건강증진, 스트레스 해소, 바른인성 함양을 실천하는 것을 목적으로 한 운동이다.

02 스포츠교육학에 관한 설명으로 옳지 않은 것은?

① 학교체육 프로그램과 생활체육 프로그램의 Fitness와 Sport를 모두 포함하고 있다.
② 체육학문화 운동은 1960년대 중반 미국을 중심으로 시작하여 대학체육의 획기적인 전환점이 되었다.
③ 교육적 관점에서 청소년의 신체 활동만을 다룬다.
④ 체육학의 합법적 하위 학문영역의 하나로 분명한 자리를 구축하였다.

해설

스포츠교육학은 교육적 관점에서 모든 연령층의 신체 활동을 다룬다.

01 ③ 02 ③ 정답

03 스포츠교육에 대한 설명으로 옳지 않은 것은?

○△✕

① 스포츠교육은 모든 연령층을 대상으로 한 신체활동을 다룬다.
② 스포츠교육의 연구영역은 체육교육과정, 체육교육행정, 체육교사교육 등이다.
③ 스포츠교육은 학교체육, 생활체육, 전문체육을 모두 포괄한다.
④ 스포츠교육은 다양한 스포츠참여에서 일어나는 교육적 현상을 분석 · 기술한다.

해설

스포츠교육
스포츠교육의 연구영역은 체육교육과정, 체육수업방법, 체육교사교육 등이다.

PART 2

04 생활체육 분야에서 체육지도자의 자질 및 역할로 적절하지 않은 것은?

○△✕

① 성인층을 대상으로 하는 프로그램을 구성하고 지도한다.
② 사회 · 문화적 책임감을 갖고 스포츠 활동을 지도한다.
③ 참여자가 지속적으로 스포츠 활동에 참여하도록 안내한다.
④ 운동기능을 지도하는 데 필요한 이론적 지식을 갖추어야 한다.

해설

다양한 연령층을 대상으로 하는 프로그램을 구성하고 지도하여야 한다.

05 다음 보기에서 설명하고 있는 교사지식은?

○△✕

체육지도자가 청소년에게 축구 기본 기술을 지도하는 방법에 대한 지식

① 교육과정 지식 ② 교육환경 지식
③ 내용교수법 지식 ④ 내용 지식

해설

내용교수법(PCK)의 개념
- 교과 내용을 학생들이 잘 이해할 수 있도록 표현하고 공식화하는 방법이다.
- 특정 내용을 특정 학생들의 이해를 촉진할 수 있도록 가르치는 방법에 대한 교사의 지식이다.

정답 03 ② 04 ① 05 ③

06 체육지도자가 학교스포츠클럽 지도를 계획할 때 고려해야 할 요소가 아닌 것은?

○△✕

① 자율적 활동이므로 학생의 흥미 유발
② 학생의 운동 경험에 따른 자발적 참여 유도
③ 다양한 활동시간을 고려하여 운영
④ 문화체험 기회는 배제하고 스포츠 인성 함양에 집중

해설

스포츠 인성의 함양과 스포츠 문화체험을 모두 고려해야 한다.

07 스포츠교육모형의 6가지 특성에 대한 설명으로 옳지 않은 것은?

○△✕

① 결승전 행사 – 모든 경기를 한 가지 형태로 통일하여 마무리한다.
② 시즌 – 연습 기간, 시즌 전 기간, 정규시즌 기간, 최종경기를 포함한다.
③ 축제화 – 결승전 행사 때 축제 분위기로 마무리한다.
④ 공식경기 – 경기의 공정성과 더 나은 경기 참여를 위해 시즌을 조직하고 의사결정에 참여한다.

해설

스포츠교육모형 6가지 요소

- 시즌 : 연습 기간, 시즌 전 기간, 정규시즌 기간, 최종경기를 포함한다.
- 팀 소속 : 시즌 동안 한 팀의 일원으로 참여한다.
- 공식경기 : 경기의 공정성과 더 나은 경기 참여를 위해 시즌을 조직하고 의사결정에 참여한다.
- 결승전 행사 : 시즌은 팀 경쟁, 개인 경쟁 등 다양한 형태로 마무리한다.
- 기록 보존 : 경기수행에 대해 기록하고 분석한다.
- 축제화 : 결승전 행사 때 축제 분위기로 마무리한다.

08 체육학습의 효율성과 목표달성을 위해 교사가 갖춰야 할 7가지 지식에 해당하지 않는 것은?

① 교육환경 지식　　② 학습자에 관한 지식
③ 내용교수법 지식　　④ 평가기법 지식

해설

슐만(L. S. Shulman)의 7가지 교사 지식

- 내용 지식 : 가르칠 교과내용에 관한 지식
- 지도방법 지식 : 교과에서 활용되는 지도법에 관한 지식
- 내용교수법 지식 : 특정 내용을 특정 학생들이 이해할 수 있도록 가르치는 교수방법에 관한 지식
- 교육과정 지식 : 각 학년 발달단계에 적합한 교육과정에 관한 지식
- 교육환경 지식 : 수업에 영향을 미치는 환경에 관한 지식
- 학습자에 관한 지식 : 수업에 참여하는 학습자에 관한 지식
- 교육목적 지식 : 수업이 달성할 교육목적에 관한 지식

06 ④ 07 ① 08 ④ 정답

다음 보기의 대화에서 박교사가 제공한 피드백 방식은?

• 영　수 : 선생님, 언더토스 다리 동작이 어떤지 봐주세요. (영수가 언더토스를 한다) • 박교사 : 많이 좋아졌구나, 아주 좋아! 정말 잘했어.

① 교정적 피드백
② 부정적 피드백
③ 긍정적 피드백
④ 구체적 피드백

해설

① 교정적 피드백은 행동을 변화시키는 데 목적이 있다.
② 부정적 피드백은 해결책은 제시하지 않고, 부정적인 행동을 설명하는 것이다.
④ 구체적 피드백은 학습자에게 매우 유용한 정보를 제공한다.

PART 2

10 **스테이션 티칭의 특징으로 적절하지 않은 것은?**

① 보편화된 전략으로 과제 교수전략이라고도 한다.
② 기구가 부족한 수업상황에서는 사용할 수 없다.
③ 학습자들이 서로 다른 과제들을 동시에 익히도록 하는 데 효과적이다.
④ 교육이 끝난 후 다음 장소로 옮겨감으로써 수업이 진행되는 협력교수의 일종이다.

해설

스테이션 티칭은 주로 기구가 부족한 수업상황에서 사용한다.

스테이션 티칭

- 보편화된 전략으로 과제 교수전략이라고도 한다.
- 둘 또는 그 이상의 과제들이 동시에 진행되도록 환경을 정리하여 학생들이 스테이션을 이동하면서 학습하게 된다.
- 학습자들이 서로 다른 과제들을 동시에 익히도록 하는 데 효과적이다.
- 지도자의 관점에서 볼 때 학생들 관찰이 다소 어렵다.
- 교육이 끝난 후 다음 장소로 옮겨감으로써 수업이 진행되는 교수법이다.
- 학습자는 능동적으로 수업에 참여할 수 있으나 효과적인 학습을 위해서는 사전에 독립적인 연습이 선행되어야 한다.
- 가장 어려운 것은 학습자의 반응에서 운동 수행의 질을 유지하는 것이다.

정답 09 ③ 10 ②

11 협동학습 모형이 추구하는 지도목표로 옳지 않은 것은?

① 학습태도 개선
② 팀 내 개인 간의 경쟁도모
③ 사회성과 대인관계 개선
④ 자기 존중감에 기여

해설

협동학습 모형의 지도목표
- 학습태도 개선
- 자기 존중감에 기여
- 사회성과 대인관계 개선

12 국민체육진흥법의 주요 용어 중 옳지 않은 것은?

① '체육'이란 운동경기 · 야외 운동 등 신체 활동을 통하여 건전한 신체와 정신을 기르고 여가를 선용하는 것을 말한다.
② '생활체육'이란 건강과 체력 증진을 위하여 행하는 자발적이고 일상적인 체육 활동을 말한다.
③ '스포츠비리'란 체육의 공정성을 저해하는 행위를 말한다.
④ '도핑'이란 선수의 운동능력을 강화시키기 위하여 국제법상 금지 목록에 포함된 약물 또는 방법을 복용하거나 사용하는 것을 말한다.

해설

체육지도자의 정의(국민체육진흥법 제2조 제10호)
'도핑'이란 선수의 운동능력을 강화시키기 위하여 문화체육관광부장관이 고시하는 금지 목록에 포함된 약물 또는 방법을 복용하거나 사용하는 것을 말한다.

※ 개정 국민체육진흥법(2025.1.1. 시행)과 내용의 차이가 없습니다.

13 학습단서의 선택과 조직 중 효과적인 단서로 옳지 않은 것은?

① 단서의 정확성
② 단서의 요점과 간결성
③ 연령에 맞는 용어
④ 평가가 가능한 표현

해설

효과적인 단서의 특징
- 정확성 : 단서가 정확해야 한다.
- 요점과 간결성 : 학습자가 수행해야 하는 과제에 중요한 부분을 담고 있어야 한다.
- 양적 적절성 : 단서의 수가 많지 않아야 한다.
- 사용된 어휘의 적절성 : 학습자의 연령과 학습수준에 적합한 단어를 사용해야 한다.

11 ② 12 ④ 13 ④ 정답

14 ○△✕ **둘 이상의 학생들이 교사 역할과 학습자의 역할을 번갈아 맡으며 협력하여 정해진 과제를 학습해 나가는 수업방법은?**

① 협동학습 모형 ② 동료교수 모형
③ 직접교수 모형 ④ 탐구수업 모형

해설

① 협동학습 모형 : 전통적인 소집단 학습의 단점을 해결하고 학습자 간의 협력적인 상호작용을 촉진하기 위해 긍정적 상호의존, 개인적 책무성, 협동기술, 집단보상 등을 강조한 교수방법이다.
③ 직접교수 모형 : 교사의 시범이 곧 학습자의 모델이 되므로 교과내용에 대한 고도의 전문성이 요구되는 교수방법이다.
④ 탐구수업 모형 : 학생들이 논리적 사고과정을 통하여 그들의 질문이나 문제를 해결할 수 있도록 학습을 구조화한 수업방식이다.

PART 2

15 ○△✕ **다음 보기에서 제시하고 있는 포괄형 교수 스타일의 특징은?**

- 정 교사는 달리기를 지도하기 위해서 트랙의 길이를 100m, 500m, 1,000m로 나누었다.
- 학습자들은 자신의 능력에 맞는 트랙을 선택하였다.

① 교사가 학습자의 출발점을 결정한다.
② 과제수행 능력에 대한 개인의 차이를 인정한다.
③ 모든 학습자가 같은 수준의 과제를 수행한다.
④ 교사는 학습자가 선택한 수준에 대해 가치가 담긴 피드백을 제공한다.

해설

보기에서 제시하는 포괄형 교수 스타일의 특징은 과제수행 능력에 대하여 개인의 차이를 인정하여 지도한다는 것이다.

16 ○△✕ **탐구수업 모형에 관한 설명으로 옳지 않은 것은?**

① 교사의 질문이 지도 방법의 핵심이다.
② 과정보다는 결과를 중시한다.
③ 인지학습 이론을 바탕으로 지적능력을 개발시킨다.
④ 심동적 영역에서 학생의 표현력, 창의력, 기능의 개발을 돕는다.

해설

탐구수업 모형은 결과보다는 과정을 중요시한다. 이 모형은 자료를 토대로 새로운 지식을 획득하고 의문점을 풀어가는 모형으로, 교사가 학생의 동기를 유발할 수 있도록 문제를 제시하고 학생은 해답을 찾는 과정을 통해 지식을 습득한다.

정답 14 ② 15 ② 16 ②

17 다음 보기에서 정 교사가 고려하고 있는 것은?

O△X

> 정 교사는 남학생에게 기계체조를 지도할 때, 초보자에게는 기초기술을, 숙련자에게는 응용기술을 가르쳤다.

① 학습자의 기능수준
② 학습자의 체격 및 체력
③ 학습자의 동기유발 상태
④ 학습자의 감정코칭 능력

해설

보기는 학습자의 기능수준을 고려한 내용이다.

18 상호학습형 교수 스타일에 관한 설명으로 옳지 않은 것은?

O△X

① 참여자들은 2인 1조로 각각 수행자와 관찰자의 역할을 정한다.
② 수행자가 과제를 연습하고 스스로 평가한다.
③ 수행자는 주어진 과제를 연습하고 관찰자는 수행자에게 피드백을 제공한다.
④ 교사는 관찰자에게 피드백을 제공한다.

해설

수행자가 과제를 연습하고 스스로 평가하는 것은 자기점검형 스타일에 대한 설명이다.

> 상호학습형 스타일
> - 상호학습형 스타일은 '특정 기준에 의하여 주어진 사회적 상호작용 및 피드백'이라고 할 수 있다.
> - 교사의 역할이란 모든 교과내용 및 기준을 정하고, 세부 운영절차와 관련된 결정을 내리며, 관찰자에게 피드백을 제공하는 것이다.
> - 학습자의 역할은 자기 동료와 함께 두 명이 짝을 이루며 움직임을 수행하는 것이다. 이때 한 명의 학습자는 주어진 과제를 수행하고, 다른 한 명의 학습자는 교사가 개발해 놓은 기준 용지를 사용하여 즉각적이고 지속적인 피드백을 제공하는 관찰자의 역할을 맡게 된다.

17 ① 18 ② 정답

19 다음 중 보기에서 설명하고 있는 체육평가 유형은?

○△✕

> • 수업과정에서 학생들의 수업 진행 상황을 파악하기 위한 평가활동이다.
> • 평가결과는 교사들이 자신의 교수 활동을 수정하기 위한 기초 자료로서 활용할 수 있다.

① 형성평가　　② 상대평가
③ 절대평가　　④ 수행평가

해설

② 상대평가 : 교육성취도를 평가할 때 집단 내의 상대적인 서열을 중심으로 평가하는 방식이다.
③ 절대평가 : 학생들의 교과별 학업성취도를 평가할 때 집단 내의 다른 학생들의 성취 정도와 비교하여 평가하는 것이 아니라, 사전에 설정된 교수 · 학습목표를 준거로 하여 그 목표의 달성도를 평가하는 방식이다.
④ 수행평가 : 실제 스포츠 활동 상황에서 참여자가 알고 있는 것과 할 수 있는 것을 평가하는 방식이다.

PART 2

20 협력교수의 일종으로, 둘 또는 그 이상의 과제들이 동시에 진행되도록 환경을 정리하여 학생들이 다음 장소로 이동하면서 학습하는 방법은?

○△✕

① 평행 교수　　② 마이크로 티칭
③ 스테이션 교수　　④ 팀 교수

해설

① 평행 교수 : 두 교사가 학급의 학생을 반으로 나누어 각 교사가 따로 반을 교수하므로 개별화 교수가 가능한 방법이다.
② 마이크로 티칭 : 예비지도자가 모의 상황에서 동료 또는 소수 참여자들을 대상으로 일정한 시간 내에 구체적인 내용으로 지도기능을 연습하는 방법이다.
④ 팀 교수 : 두 교사가 한 교실 안에서 공유된 교수 지도력을 보이는 방법이다.

21 다음 중 자기학습형 교수 스타일에 해당하는 것은?

○△✕

① 교사는 공통교과내용만 정해주고, 학습자가 관련 활동을 결정한다.
② 학습자 스스로 필요한 학습을 설계 · 실행하고, 필요에 따라 교사를 활용한다.
③ 학습자가 과제를 수행하고 평가기준에 준하여 스스로 평가한다.
④ 학습자가 학습에 대한 모든 의사결정을 하고 스스로 성취해 나간다.

해설

④ 자기학습형 스타일의 경우, 학습자가 교사의 역할을 할 수 있어야 한다.
① 자기설계형 스타일에 대한 설명이다. 학습자의 창의적 능력을 개발시킬 수 있는 방법이다.
② 자기주도형 스타일에 대한 설명이다. 학습자가 주도적으로 프로그램을 만들고 실행하고 평가한다.
③ 자기점검형 스타일에 대한 설명이다. 교사가 교과내용 및 수업 절차를 결정하면, 학습자는 과제를 수행하고 평가기준에 준하여 스스로 평가한다.

정답 19 ① 20 ③ 21 ④

22 스포츠교육 전문인으로서의 성장 방법에 대한 설명 중 옳지 않은 것은?

① 형식적 성장은 제도화된 교육과정에 의한 것으로, 성적 · 학위 · 자격증을 부여하는 교육이다.
② 무형식적 성장은 공식적인 교육기관 밖에서 행해지는 조직적인 학습의 기회다.
③ 비형식적 성장은 일상적인 경험 혹은 과거의 선수시절 경험을 바탕으로 하는 회상적인 반성에 의해 이루어진다.
④ 무형식적 성장은 형식성이 떨어져서 다른 교육방법에 비해 효과가 떨어진다.

해설

훌륭한 스포츠교육 전문인으로 성장하기 위해서는 다양한 교육방법을 모두 활용해야 한다. 형식적 성장 · 무형식적 성장 · 비형식적 성장 간의 우열을 가리기는 힘들다.

23 운동선수를 대상으로 한 스포츠교육의 목표로 가장 적절한 것은?

① 승리를 위해 모든 수단과 방법을 가리지 않는다.
② 운동과학의 지식을 응용하여 최고의 기능을 발휘할 수 있도록 한다.
③ 운동 능력 개발을 최우선 목표로 하여 강력한 훈련 프로그램을 실행한다.
④ 운동기술을 익히고 시합을 하는 과정에서 참된 자신과 가능성을 깨닫고 삶 속에서 지속적으로 실천해 가도록 한다.

해설

운동선수를 대상으로 한 스포츠교육은 운동기술을 익히고 시합을 하는 과정에서 참된 자신과 가능성을 깨닫고, 삶 속에서 이를 지속적으로 실천하는 것이다.

24 헬리슨(D. Hellison)의 개인적 · 사회적 책임감 모형의 단계 중 보기의 괄호 안에 들어갈 내용으로 옳은 것은?

타인 감정 존중 → (　　) → 자기방향 설정 → 돌봄과 배려 → 전이

① 자기책임감　　② 무책임
③ 참여와 노력　　④ 주체적 행동

해설

헬리슨(D. Hellison)의 개인적 · 사회적 책임감 지도모형에서 제시하는 책임감 수준 단계는 낮은 단계부터 '무책임감 → 타인의 권리와 감정 존중 → 참여와 노력 → 자기방향 설정 → 돌봄과 배려 → 전이' 순이다.

22 ④ 23 ④ 24 ③ 정답

다음 보기에서 설명하고 있는 교육모형은?

> • 통합적인 성격을 지니고 있지만 특히 책임감을 개발하는 것에 초점
> • 교사로 하여금 학생들의 책임감을 증진시켜주고 이기심과 이타심 사이에 발생하는 긴장을 해결해 줄 수 있는 다양한 방안을 개발하는 데 도움을 줌

① 헬리슨(D. Hellison)의 개인적 · 사회적 책임감 모형
② 갤러휴(D. Gallahue)의 발달단계 모형
③ 매슬로(A. Maslow)의 욕구위계 이론
④ 로저스(C. Rogers)의 비지시적 상담 모형

해설

헬리슨(D. Hellison)의 책임감 모형은 자제능력이 어느 정도이고, 이타적 행동을 어느 정도로 할 수 있는가에 주목한다. 이 모델에서 학생들은 자기 자신과 타인에 대한 책임정신과 관련된 행동들을 배우며 운동기능, 스포츠 종목, 체력활동에 참여하는 것을 책임감 있는 판단과 행동을 배우는 기회로 삼는다. 또한 자신의 책임을 기꺼이 감수하며 다른 사람의 권리, 감정, 그리고 욕구 등에 대하여 조심해야 할 사회적 책임을 가지고 있다는 점을 배운다.

26 **스포츠지도 시 학습과제를 전달하기 위해 사용하는 질문 유형에 대한 설명으로 적절하지 않은 것은?**

① 회상형(회고적) 질문 – 기억수준의 대답이 요구되는 질문
② 가치형(가치적) 질문 – 취사선택, 태도, 의견 등을 표현하는 데 필요한 질문
③ 수렴형(집중적) 질문 – 어떤 사건에 대한 개인적 가치, 태도, 의견 등의 표현이 요구되는 질문
④ 확산형(분산적) 질문 – 경험하지 않은 새로운 문제에 대한 해결방법을 찾기 위해 요구되는 질문

해설

수렴형(집중적) 질문은 이전에 경험했던 내용의 분석 및 통합에 필요한 질문이다.

정답 25 ① 26 ③

27 교육과정의 모형 중 발달단계 모형의 특징으로 옳지 않은 것은?

O△X

① 기능, 지식, 태도의 통합에 적절한 모형이다.
② 발달단계를 고려하면 개인차 수업이 가능하다.
③ 기능, 지식, 태도의 전인교육에 대한 구체적 근거가 부족하다.
④ 사회성 모형의 경우 기능과 태도의 통합에 부적절하다.

해설

발달단계 모형

- 장점 : 기능, 지식, 태도의 통합에 적절한 모형이다. 사회성 모형의 경우 기능과 태도의 통합에 적합하고, 발달단계를 고려한 개인차 수업이 가능하다.
- 단점 : 기능, 지식, 태도의 전인교육에 대한 구체적 근거가 부족하고, 특정 발달단계에 직접 영향을 줄 수 있는 교육내용 선정에 무관심하다.

28 교육과정 모형 중 아래 보기의 내용을 포함하는 것은?

O△X

교육내용, 교육체조, 교육게임의 내용을 상호 통합하고, 프로그램의 계열화를 위한 논리적 기초를 제공한다.

① 움직임 분석 모형
② 발달단계 모형
③ 스포츠교육 모형
④ 개인의미 모형

해설

움직임 분석 모형

- 개인의 독자성, 전인적 통합, 움직임의 탐색을 통한 문제해결력 및 창의력 증진
- 지식과 기능의 통합에 적절한 모형
- 교육내용, 교육체조, 교육게임의 내용을 상호 통합하고, 프로그램의 계열화를 위한 논리적인 기초를 제공
- 신체 활동에 사용되는 시간이 적어 기능영역 발달에 한계
- 정의적 영역 발달에 관한 논리 부족
- 신체 활동 무시 및 내용에 한정된 관념화
- 게임, 무용, 체조 등과 같은 움직임이 주제

27 ④ 28 ① 정답

29 다음 보기의 내용을 모두 포함하는 교육과정 개선의 관점으로 옳은 것은?

> • 교사중심의 상향식 접근과 관련된 관점이다.
> • 교사를 교육과정에 관한 의사결정에 참여하고 변화를 시작하는 주도세력으로 본다.
> • 교사는 프로그램 개편과 변화에 직접적 영향을 미치며, 교육환경의 복잡성에 초점을 둔다.

① 기능적 관점　② 생태적 관점
③ 문화적 관점　④ 효율적 관점

해설

교육과정 개선의 관점

구분	내용
기능적 관점	• 전문가, 행정가 중심의 하향식 접근과 관련된 관점이다. • 교육과정이 체계적인 연구를 통해 개발되고 학교에 보급되는 형태에 관한 관점이다. • 이 관점은 교육과정 개편의 최종 산물로 어떤 내용과 지식을 제공할 것인지에 초점을 두어야 하는데, 교사들이 교육과정 자료집에서 제시한 지침들을 따라야 한다.
생태적 관점	• 교사중심의 상향식 접근과 관련된 관점이다. • 교사를 교육과정에 관한 의사결정에 참여하고 변화를 시작하는 주도세력으로 본다. • 교사는 프로그램 개편과 변화에 직접적 영향을 미치며, 교육환경의 복잡성에 초점을 둔다.
문화적 관점	• 기능적 관점과 대치되는 관점으로 변화의 중심에 교사가 있다. • 교육과정의 개선은 학교교육에 참여하는 구성원 간의 상호작용을 통해 결정된다. • 교사 스스로 변화의 정당성을 이해하고자 노력하며, 능동적으로 의식의 전환을 도모한다.

30 모스턴(M. Mosston)의 포괄형(Inclusion) 교수 스타일에 관한 설명으로 적절하지 않은 것은?

① 지도자는 발견 역치(Discovery Threshold)를 넘어 창조의 단계로 학습자를 유도한다.
② 지도자는 기술 수준이 다양한 학습자들의 개인차를 수용한다.
③ 학습자가 성취 가능한 과제를 선택하고 자신의 수행을 점검한다.
④ 과제 활동 전, 중, 후 의사결정의 주체는 각각 지도자, 학습자, 학습자 순서이다.

해설

유도발견형 스타일로, 해당 교수 스타일에서 교사는 학습자가 발견해야 할 해답에 대한 계열적 질문을 제공하여 학습자 스스로 발견 역치를 넘어 창조 단계로 넘어오도록 유도한다. 포괄형 교수 스타일은 학습자가 자신의 수준을 인식하여 수행할 수 있는 난이도의 과제를 선택하여 수업을 진행하는 방법이다.

정답 29 ② 30 ①

다음 보기는 지역 스포츠클럽 강사의 코칭 일지 일부이다. ㉠에 해당하는 스포츠교육의 학습영역과 ㉡에 해당하는 체육 학습활동이 바르게 묶인 것은?

> **코칭 일지**
>
> 오늘은 축구의 ㉠ 역사와 전략, 규칙에 대한 내용으로 수업을 진행하였다. 이후 축구 전략과 규칙에 대해 제대로 이해하기 위한 전술 연습을 진행하였다. ㉡ 모의 전술 게임을 진행하는 중 '티칭모멘트'가 발생하였을 때 언제든지 게임을 멈추고 전략과 전술을 지도하는 수업활동을 활용하였다.

	㉠	㉡
①	정의적 영역	스크리미지(Scrimmage)
②	인지적 영역	스크리미지(Scrimmage)
③	정의적 영역	리드-업 게임(Lead-up Games)
④	인지적 영역	리드-업 게임(Lead-up Games)

해설

㉠ 스포츠교육의 학습영역에서 정의적 영역이란 감정이나 가치 · 태도 · 인성 등의 보이지 않는 것들이 포함된 영역이고, 인지적 영역이란 논리 · 지식 · 개념 · 이론적 원리 등을 포함하는 영역이다. 역사와 전략, 규칙에 관한 내용은 인지적 영역에 해당한다.

㉡ 스크리미지(Scrimmage)는 전술게임모형 과정에서 활용되는 변형 게임의 한 종류로, 전술측면의 변형게임이다. 티칭모멘트가 발생할 경우 게임을 멈출 수 있는 완전 게임의 형태이다.

32

다음 보기에서 설명하는 수업 모형으로 옳은 것은?

> • 배우는 교과내용으로서의 스포츠를 그 스포츠의 본 모습에 가장 가까운 형태로 체험하기 위한 것이다.
> • 학생들은 작은 소집단으로 나뉘고, 그 안에서 각자의 역할을 담당한다. 이는 책임있는 수업활동의 참여와 자기주도적인 학습활동을 원활히 하는 데 필수적인 요소라고 할 수 있다.
> • 평가방식으로는 더하기식 평가와 곱하기식 평가가 있다.

① 탐구수업 모형
② 전술게임 모형
③ 개인적 · 사회적 책임감지도 모형
④ 하나로수업 모형

해설

보기에서 설명하는 수업모형은 하나로수업 모형이다. 하나로수업 모형은 인문적 체육교육을 근거로 실시하고, 전인적 인간(Whole Person)으로 성장시키는 것이 목적이며, 게임(기법적 차원)과 문화(심법적 차원)로 구성되어있다.

31 ② 32 ④ 정답

33 ◯△✕

체육교과에서 다양한 수업 모형이 필요한 이유로 옳지 않은 것은?

① 체육교과는 다른 어떤 과목보다 다양한 영역의 목표를 포괄하고 있다.
② 체육교과는 다른 어떤 과목보다 다양한 활동 장소에서 이루어진다.
③ 체육교과는 지적발달을 목적으로 교육활동을 전개한다.
④ 수업장소가 개방되어 있고 여러 가지 교수매체를 활용하고 있다.

해설

다른 교과 교육은 매번 같은 교실에서 이루어지지만 체육교과는 교실, 운동장, 체육관, 보조체육관, 다목적 룸, 강당 등 수업장소가 계속 바뀌고, 여러 가지 교수매체를 활용하는 경우가 많다. 따라서 수업내용과 학습 장소에 적합한 다양한 수업모형이 필요하다. 그뿐만 아니라 같은 내용을 여러 차시에 걸쳐 반복 지도한다면, 자칫 단조로운 수업이 될 가능성이 있으므로 새롭고 흥미로운 수업모형 적용이 요구된다.

PART 2

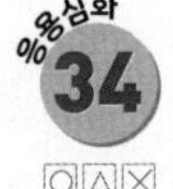

◯△✕

청소년 스포츠코칭 프로그램 설계 시 고려사항으로 옳은 것은?

① 네트형 스포츠에서 공격 계획을 수립하는 등의 일반적인 게임 전략들은 배구 선수의 운동 수행 능력에 도움이 되지 않는다.
② 코치가 게임분류 체계를 이용하면 같은 범주의 스포츠 안에서 일반적인 움직임의 요소들을 고려한 수업을 운영할 수 있다.
③ 영역형 스포츠에서 공간을 만들어 내는 것과 같은 기초 지식들은 하키나 농구 게임에서 볼 수 있는 전술과 전략에 큰 도움이 되지 못한다.
④ 표적형 스포츠에서는 자기 역할에 대한 책임감이 무엇보다 중요하다.

해설

① 네트형 스포츠에서 공격 계획을 수립하는 등의 일반적인 게임 전략들이 배구 선수의 운동 수행 능력을 증진시킬 수 있다.
③ 영역형 스포츠는 받기, 던지기, 치기 등과 같은 경기 기능을 사용하여 상대 영역에서 득점을 올리는 것으로, 영역형 스포츠에서 공간을 만들어 내는 것과 같은 기초 지식들은 하키나 농구 게임에서 큰 도움이 될 수 있다.
④ 필드형 스포츠에 대한 설명이다. 표적형 스포츠는 표적을 맞추는 것을 중점으로 두며, 정확성이 가장 중요하다.

정답 33 ③ 34 ②

35 맨로스(D. Manross)와 템플튼(C. Templeton)이 제시한 우수 체육교사의 특징으로 옳지 않은 것은?

① 철저하고 완벽한 수업계획을 수립한다.
② 전체 학생에게 초점을 둔다.
③ 독창적인 피드백을 제공한다.
④ 반성적 사고와 행동을 가지고 있다.

해설

우수 체육교사의 특징(D. Manross & C. Templeton)
- 철저하고 완벽한 수업계획을 수립한다.
- 전체 학생에게 초점을 두기보다는 개별 학생에게 초점을 둔다.
- 독창적인 피드백을 제공한다.
- 반성적 사고와 행동을 가지고 있다.
- 자동화(전문성)된 행동특성을 가지고 있다.
- 교과내용을 통달하고 있다.

36 학습과제의 단계화 중 다음 보기에 해당하는 것은?

폼이나 느낌과 같이 운동기능의 질적 측면에 초점이 맞추어진 과제

① 시작형 과제
② 확장형 과제
③ 세련형 과제
④ 적용형 과제

해설

학습과제의 단계화
- 시작형 과제 : 가장 기초적인 수준에서 학생이 학습할 수 있도록 개발한 과제이다.
- 확장형 과제 : 난이도와 복잡성이 덧붙여진 형태의 과제이다.
- 세련형 과제 : 폼이나 느낌과 같이 운동기능의 질적 측면에 초점이 맞추어진 과제이다.
- 적용형 과제 : 배운 기능을 실제 상황에서 다양하게 활용하도록 만든 과제이다.

37 과제 관련 피드백 유형 중 가치 관련 내용이 담긴 구체적 피드백의 예로 적절한 것은?

① 멋진 패스다. 아주 좋다.
② 엄지손가락 올리기
③ 슛을 할 때 디딤발을 앞으로 두지 말고 조금 뒤로 빼.
④ 잘했다. 지금처럼 머리를 들고 주변을 봐야 패스할 위치를 쉽게 찾을 수 있단 말이지.

해설

긍정 혹은 부정 같은 가치판단에 관한 내용과 구체적 피드백이 함께 들어있는 것은 ④이다.
① 언어적 긍정적 피드백
② 비언어적 긍정적 피드백
③ 교정적 피드백

35 ② 36 ③ 37 ④ 정답

국민체육진흥을 위한 정책과 계획의 수립에 대한 설명으로 옳지 않은 것은?

① 문화체육관광부장관은 국민체육진흥에 관한 기본시책을 수립 · 시행한다.

② 지방자치단체의 장은 기본시책에 따라 연도별 국민체육진흥 시행계획을 수립하여 시행하여야 한다.

③ 문화체육관광부장관은 기본시책을 수립한 때에는 시 · 도지사에게 알려야 한다.

④ 국민체육진흥에 관한 기본시책에는 체육시설의 설치와 유지 · 보수 및 관리에 관한 사항도 포함되어야 한다.

해설

국민체육진흥 시책(국민체육진흥법 시행령 제3조 제3항)
문화체육관광부장관은 기본시책에 따라 연도별 국민체육진흥 시행계획을 수립하여 시행하여야 한다.

※ 개정 국민체육진흥법(2025.1.1. 시행)과 내용의 차이가 없습니다.

PART 2

39

다음 중 학교스포츠클럽에 관한 설명으로 옳지 않은 것은?

① 체육 활동에 취미를 가진 같은 학교의 학생으로 구성되어 학교가 운영하는 스포츠클럽을 뜻한다.

② 학생들의 자율 체육 활동을 활성화하고 건강체력증진과 활기찬 학교분위기 조성을 목표로 한다.

③ 학교의 장은 학교스포츠클럽 활동내용을 학교생활기록부에 기록하여 상급학교 진학 자료로 활용할 수 있도록 하여야 한다.

④ '하는 스포츠'에서 '보는 스포츠'로의 학생 참여를 확대하여 산발적으로 행해지는 활동이다.

해설

학교스포츠클럽의 운영 방향
- '보는 스포츠'에서 '하는 스포츠'로의 학생 참여 확대
- 학교 현장에서 산발적으로 행해지고 있는 자율 체육 활동, 스포츠동아리, 체육 활동 등을 조직적으로 관리하여 운영
- 학교체육과 지역 생활체육 활동의 연계를 통한 우수 체육 활동 모델 확산

정답 38 ② 39 ④

40 학교체육진흥법에서 규정하고 있는 학교운동부 운영사항 중 옳지 않은 것은?

① 학교의 장은 학생선수가 최저학력에 도달하지 못한 경우에는 별도의 기초학력보장 프로그램을 운영하여 최저학력이 보장될 수 있도록 노력하여야 하며, 필요할 경우 경기대회 출전을 제한할 수 있다.
② 학교의 장은 학생선수의 학습권 보장 및 신체적 · 정서적 발달을 위하여 학기 중의 상시 합숙훈련이 근절될 수 있도록 노력하여야 한다.
③ 국가 및 지방자치단체는 예산의 범위에서 학교운동부 운영과 관련된 경비를 지원할 수 있다.
④ 학교의 장은 원거리에서 통학하는 학생선수를 위하여 반드시 기숙사를 운영해야 한다.

해설

학교운동부 운영 등(학교체육진흥법 제11조 제5항)
학교의 장은 원거리에서 통학하는 학생선수를 위하여 기숙사를 운영할 수 있다. 이 경우 필요한 사항은 교육부령으로 정한다.

※ 개정 학교체육진흥법(2024.3.24. 시행)과 내용의 차이가 있습니다.

41 학교체육진흥법의 체력증진과 체육 활동 활성화 중 정과 체육과 관련이 깊은 내용으로 적절한 것은?

① 체육교육과정 운영 충실 및 체육수업의 질 제고
② 교원의 체육 관련 직무연수 강화 및 장려
③ 유아 및 장애학생의 체육 활동 활성화
④ 학교 간 경기대회 등 체육 교류활동 활성화

해설

정과 체육이란 체육교육과정에 기초하여 이루어지는 체육수업을 말한다. 학교체육진흥의 조치 중 체육교육과정 운영 충실 및 체육수업의 질 제고가 정과 체육의 영역에 해당한다.

40 ④ 41 ① 정답

42 다음 중 노인을 대상으로 운동을 지도할 때 유의해야 할 점으로 옳지 않은 것은?

① 운동 중의 신체 상황을 지속적으로 점검하거나 대화를 통해 건강상태를 파악한다.
② 개인차보다는 효율적인 운동 수행을 더 중요하게 고려한다.
③ 약간의 충격에도 쉽게 부상을 입을 수 있기 때문에 강한 충격이 가해지는 운동은 삼간다.
④ 크게 부담이 가지 않을 정도로 오랫동안 움직일 수 있는 운동을 선택한다.

해설

노인의 개인차를 고려하여 신체적 능력에 적합한 운동을 해야 한다.

43 직접교수 모형에서 학습 영역의 우선 순위를 순서대로 바르게 연결한 것은?

① 인지적 → 심동적 → 정의적
② 인지적 → 정의적 → 심동적
③ 심동적 → 인지적 → 정의적
④ 정의적 → 심동적 → 인지적

해설

① 탐구수업 모형에 대한 설명이다.
② 동료교수 모형의 교수 전략의 실행자가 개인교사일 경우에 대한 설명이다.
④ 여기에 해당하는 모형은 없다.

44 학습과제 전달을 위한 요소 중 학습과제에서 가장 중요한 특징을 학생에게 전달하기 위해 지도자가 사용하는 단어로 옳은 것은?

① 학습목표
② 학습내용
③ 학습요령
④ 학습단서

해설

학습단서
- 학습과제에서 가장 중요한 특징을 학생에게 전달하기 위하여 교사가 사용하는 단어나 문장을 말한다.
- 교사의 언어적 설명과 학습단서를 포스터나 유인물로 작성하여 학생들이 참조할 수 있게 하여 학습효과를 증진시킨다.

정답 42 ② 43 ③ 44 ④

45 다음 보기의 괄호 안에 들어갈 말로 적합한 것은?

> 학습과제의 개발은 학습과제의 선정, (   ), 그리고 조직의 3가지 활동의 통합 과정이다.

① 철 학 ② 단계화
③ 상 황 ④ 목 표

해설

학습과제의 개발은 학습단원의 학습목표를 성취하기 위하여 가장 적합한 학습과제를 선정하고, 이 과제들을 낮은 수준에서 높은 수준으로 단계화시키며, 과제를 효과적이고 흥미롭게 배우기 위하여 공간, 시간, 용구, 사람 등의 학습 환경을 조직하고 배열하는 과정이다.

46 학습과제로 선정된 활동을 단계적으로 세분하여 구체적 과제들을 개발하는 절차 중 아래 보기에 해당하는 것은?

> 난이도와 복잡성이 더해진 형태로 운동기능의 양적 측면에 초점이 맞추어진 과제

① 시작형 과제 ② 세련형 과제
③ 확장형 과제 ④ 적용형 과제

해설

① 시작형 과제 : 학습활동을 기초적인 수준에서 학생이 학습할 수 있도록 구안된 과제이다.
② 세련형 과제 : 자세나 느낌과 같은 운동기능의 질적 측면에 초점이 맞추어진 과제이다.
④ 적용형 과제 : 수업 중 학습한 운동기능을 실제상황에서 다양하게 활용하도록 만든 과제이다.

47 다음 중 반성적 교수전략에 대한 설명으로 옳은 것은?

① 제한된 범주 안에서 한 가지 구체적인 내용으로 소수 학생을 대상으로 모의 수업을 해보는 방법이다.
② 둘 이상 과제를 동시에 진행하기 위한 교수방법으로서, 학습환경을 나누어 학생들이 스테이션을 이동하면서 학습하게 하는 방법이다.
③ 소수 집단을 대상으로 10~20분 단위 수업을 해보는 방법이다.
④ 체육 지도자가 동료나 연구자의 도움을 받아 자신의 강좌를 탐구하여 개선하는 데 목적이 있다.

해설

반성적 교수전략은 자신의 교수 행동을 지속적으로 조정 · 검토하고 평가하는 순환적 · 나선적 과정이다. 체육 지도자가 동료나 연구자의 도움을 받아 자신의 강좌를 반성적으로 탐구하여 개선하는 방식으로 이루어진다. 더 나은 수업을 위한 반성적 교수의 과정은 연구의 과정과 흡사하여, 현장개선연구라고도 부른다.

45 ② 46 ③ 47 ④ 정답

케미스(S. Kemmis)와 맥타거트(R. McTaggart)의 자기반성적 실행연구 사이클 모형에서 다음 보기의 괄호 안에 들어갈 말로 옳은 것은?

계획 → 실행 → (　　) → 반성 → 수정과 재계획

① 토 의　　② 평 가
③ 검 토　　④ 관 찰

해설

케미스(S. Kemmis)와 맥타거트(R. McTaggart)의 자기반성적 실행연구 사이클 모형
- 1단계 : 문제 파악 및 변화의 계획
- 2단계 : 계획의 실천과 변화의 과정 및 결과에 대한 관찰
- 3단계 : 이러한 과정 및 결과에 대한 성찰(반성)
- 4단계 : 수정과 재계획

49  **다음 중 학습자 간 동료평가에 대한 설명으로 옳지 않은 것은?**

① 짧은 시간에 신뢰도 높은 자료를 수집할 수 있다.
② 동료평가는 자기평가보다 신뢰성이 높다.
③ 지도자는 평가하는 학생에게 처음에는 제한된 범위에서 시작하여 점차 확장하도록 해야 한다.
④ 학생들에게 피드백을 제공하지 못한다는 단점이 있다.

해설

④ 학생들에게 피드백을 제공한다는 이점이 있다.
① 동료평가는 친구들로 하여금 학생의 평가를 돕도록 함으로써 교사가 짧은 시간에 신뢰성 높은 자료를 수집할 수 있는 가장 효과적인 방법이다.
② 동료평가는 자기평가보다 좀 더 신뢰성이 높은 것으로 간주되고 있다.
③ 유용한 자료를 제공해주는 동료학생의 능력은 교사가 처음에는 제한된 책임범위로부터 시작하고 이를 점차 확대해 나가도록 함으로써 증진되고, 평가를 맡은 학생은 점점 더 자신감이 생김에 따라 책임 범위를 점차 넓혀간다.

정답 48 ④ 49 ④

50 스포츠지도자의 자질로 옳지 않은 것은?

① 뛰어난 인격을 유지하며 학습자들의 모범이 되어야 한다.
② 학습자가 올바른 도덕적 의식을 가질 수 있도록 지도해야 한다.
③ 승리를 위해 수단과 방법을 가리지 않는 열정에 대해 지도해야 한다.
④ 학습자에게 페어플레이, 팀워크, 배려심 등을 지도해야 한다.

해설

스포츠지도자는 규칙을 준수하고 정정당당하게 승리하는 것이 옳은 것이라고 지도해야 한다.

51 다음 중 직접교수 모형의 특징으로 옳지 않은 것은?

① 학습자들이 각각의 과제나 기능을 실행하고 있을 때 높은 비율로 피드백을 제공한다.
② 학습자는 많은 의사결정을 할 수 있으며, 어떤 분명한 학습목표를 염두에 두고 있다.
③ 학습자가 연습과제와 기능연습에 높은 비율로 참여하도록 안내한다.
④ 학습의 과정에 지도자가 주도적으로 참여하는 교수모형이다.

해설

직접교수 모형의 학습자는 의사결정을 하기 어렵고 대부분 지도자의 지도에 따르며 교사의 질문에 대답한다. 지도자는 어떤 분명한 학습목표를 염두에 두고 학습자에게 바람직한 움직임, 기술, 개념 등을 보여주는 모형을 제시한다.

52 직접교수 모형을 사용하는 지도자들이 학생의 학업성취를 증진하기 위해 실행하는 내용으로 옳지 않은 것은?

① 지도자는 학습을 구조화한다.
② 지도자는 풍부하고 상세하게 설명한다.
③ 지도자는 학습 마무리 단계에서 피드백을 제공하고 교정해준다.
④ 지도자는 많은 질문을 하고, 명확하고 활동적인 연습을 제공한다.

해설

지도자는 학습의 전 과정에서 학습자가 연습하는 것을 관찰하고 학습자에게 피드백을 제공하고 잘못된 부분을 교정해준다.

50 ③ 51 ② 52 ③ 정답

53 다음 보기에서 설명하는 체육평가 유형은?

○△✕

> 이 평가법은 각자의 성적을 그대로 표현하기 때문에 각 개인이 목표에 얼마나 도달하였는지 알 수 있다는 장점이 있는데, 이는 학년이나 학급에 특히 우수한 학생, 반대로 열등학생이 많은 경우에도 효율적이다. 그러나 평가결과가 교사 주관에 의해 좌우되기 쉽고, 다른 집단과의 비교가 어렵다는 단점이 있다.

① 진단평가 ② 총괄평가
③ 상대평가 ④ 절대평가

해설

상대평가가 학업성과를 다른 학생과 비교하여 성적의 위치를 부여하는 평가방법인 데 비해, 절대평가는 어떤 절대적인 기준에 의하여 개개 학생의 성적을 평가하는 방법이다. 일반적으로 '어떤 절대적인 기준'은 교육목표(학습지도의 목표)를 지칭한다.

54 다음 보기에서 설명하는 스포츠대회의 경기운영방식으로 옳은 것은?

○△✕

> ㉠ – 참가한 팀이 다른 팀과 모두 최소 한 번씩 경기를 치르는 방식
> ㉡ – 단일 리그로 순위를 산정하여 상위 50% 팀과 하위 50% 팀을 각각 다른 조에 편성하여 조별 리그를 진행하는 방식

	㉠	㉡
①	조별리그	녹다운 토너먼트
②	조별리그	스플릿 토너먼트
③	통합리그	녹다운 토너먼트
④	통합리그	스플릿 토너먼트

해설

- 통합리그 : 참가한 팀이 다른 팀과 모두 최소 한 번씩 경기를 치르는 방식으로, 승패 결과를 누적 기록하여 순위를 산정한다. 순위가 고착화될 가능성이 높다.
- 조별리그 : 복수 조를 편성하여 조별로 경기를 하고 그 결과에 따라 순위를 산정한다. 패배한 팀이 즉각 탈락하는 토너먼트 대회보다 늦게 진행된다.
- 녹다운 토너먼트 : 패배한 팀은 탈락하고 승리한 팀끼리 다음 경기를 진행하여 최종 우승팀을 가리는 방식이다. 패배한 팀의 순위를 산정하기 어렵다는 단점이 있다.
- 스플릿 토너먼트 : 단일 리그로 순위를 산정하여 상위 50% 팀과 하위 50% 팀을 각각 다른 조에 편성하여 조별 리그를 진행하는 방식이다.

정답 53 ④ 54 ④

55 체육지도자의 전문가로서 성장방법 중 고도로 제도화된 체육전문인 교육을 통하여 이루어지는 것은?

① 형식적 성장　　② 무형식적 성장
③ 반성적 성장　　④ 비형식적 성장

해설

스포츠교육 전문인으로서의 성장방법

- 형식적 성장 : 형식적인 체육전문인 교육을 통하여 이루어진다. 형식적 체육전문인 교육이란 고도로 제도화되고, 관료적이며, 교육과정에 의하여 조직된 교육으로 성적, 학위 또는 자격증을 부여하는 교육이다.
- 무형식적 성장 : 형식적 성장의 어려움으로 세미나, 워크숍, 컨퍼런스 참여 같은 공식화된 교육기관 밖에서 행해지는 조직적인 학습의 기회로서 비교적 단기간에 자발적으로 이루어진다.
- 비형식적 성장 : 일상적인 경험으로부터 얻는 배움의 형식으로, 과거의 선수경험, 비형식적인 멘토링, 실제적인 코칭 경험, 동료 코치나 선수들과의 대화에서 얻을 수 있다.

56 개방기술에 해당되지 않는 운동 종목은?

① 축 구　　② 야 구
③ 테니스　　④ 볼 링

해설

- 개방기술 : 빠른 운동 반응을 위해 시간적 제한성을 갖는다. 예 축구, 아이스하키, 야구, 테니스, 탁구 등
- 폐쇄기술 : 운동 반응을 위한 시간적 제한이 크게 요구되지 않는다. 예 골프, 볼링, 양궁 등

57 스포츠교육학이 추구하는 가치 영역 중 보기에 해당하는 것은?

학업 성적, 지적 기능, 문해력과 수리력 등

① 인지적 영역
② 평가적 영역
③ 심동적 영역
④ 정의적 영역

해설

스포츠교육학이 추구하는 가치 영역

- 심동적 영역 : 건강 및 체력, 스포츠 기능
- 정의적 영역 : 심리적 건강, 사회적 기술, 도덕적 인격
- 인지적 영역 : 학업 성적, 지적 기능, 문해력과 수리력

55 ① 56 ④ 57 ① 정답

58 스포츠교육학의 실천 영역이 바르게 묶인 것은?

ⓞⓐⓧ

① 학교체육, 생활체육, 전문체육
② 생활체육, 전문체육, 전인체육
③ 전인체육, 학교체육, 생활체육
④ 전인체육, 학교체육, 전문체육

해설

스포츠교육학의 실천 영역은 학교체육, 생활체육, 전문체육으로 분류된다.

59 지도내용의 발달적 조직에서 발달적 내용분석의 세 가지 순서는?

ⓞⓐⓧ

① 확대 → 세련 → 적용(응용)
② 확대 → 적용(응용) → 세련
③ 적용(응용) → 확대 → 세련
④ 세련 → 확대 → 적용(응용)

해설

학습과제의 발달적 내용분석은 확대, 세련, 적용(응용)의 순서로 이루어진다. 분석 시 복잡성과 난이도의 점진적 발달, 운동 수행의 질에 대한 관심, 응용 경험의 통합 등의 요인을 고려해야 한다. 이를 통해 연습조건, 운동 수행의 질, 응용 경험을 통합할 수 있으며, 지도사는 운동 경험을 계열성 있게 제시할 수 있는 구조를 제공받을 수 있다.

60 측정도구가 측정하려는 현상을 일관성 있게 측정하는 능력, 즉 어떤 측정도구를 동일한 현상에 반복 적용하여 동일한 결과를 얻게 되는 정도를 나타내는 것은?

ⓞⓐⓧ

① 타당도　② 신뢰도
③ 실용도　④ 정확도

해설

신뢰도는 측정도구가 측정하려는 현상을 일관성 있게 측정하는 능력을 말한다. 즉, 어떤 측정도구를 동일한 현상에 반복 적용하여 동일한 결과를 얻게 되는 정도를 그 측정도구의 신뢰도라 한다.

정답 58 ① 59 ① 60 ②

61 평가의 타당도를 측정하는 방법 중 다음 보기에서 설명하는 타당도는?

○△✕

> 평가도구가 그것이 평가하려고 하는 교육내용(교육목표)을 얼마나 충실히 측정하고 있는가를 논리적으로 분석 · 측정하려는 것이다.

① 내용타당도
② 준거타당도
③ 구인타당도
④ 예언타당도

해설

내용타당도의 개념

- 평가도구가 그것이 평가하려고 하는 교육내용(교육목표)을 얼마나 충실히 측정하고 있는가를 논리적으로 분석 · 측정하려는 것이다.
- 주로 교수－학습과정에서 설정했던 교육목표를 평가도구가 얼마나 충실히 측정하고 있는지를 검증할 때 쓰이는 타당도의 개념이다.

62 스포츠교육에서 사용하는 평가기법 중 다음 보기의 내용에 해당하는 기법은?

○△✕

> 학생의 성적을 수, 우, 미, 양, 가로 평가하는 것이 대표적이다.

① 체크리스트
② 평정 척도
③ 루브릭
④ 학습자 일지

해설

② 평정 척도는 매우 만족, 만족, 보통, 불만족, 매우 불만족 등의 단계 중 하나를 선택하게 하는 기법이다.
① 체크리스트 : 여러 가지 목록들을 나열하여 체크하도록 하는 방법으로 다른 평가기법에 비해 제작과 활용이 용이하다.
③ 루브릭 : 항목별 · 수준별로 세분된 항목의 표를 사용하여 칸에 선택의 이유를 넣어야 한다.
④ 학습자 일지 : 학습자 스스로 학습 진행이나 학습 내용들을 자세히 기록 · 관찰하는 것이다.

61 ① 62 ② 정답

63 〈보기〉에서 설명하는 스포츠 교육 평가의 신뢰도 검사 방법은?

○△✕

> • 동일한 검사에 대해 시간 차이를 두고 2회 측정해서 측정값을 비교해 차이가 작으면 신뢰도가 높고, 크면 신뢰도가 낮은 것으로 판단한다.
> • 첫 번째와 두 번째 측정 사이의 시간 차이가 너무 길거나 짧으면 신뢰도가 낮게 나올 수 있다.

① 검사-재검사
② 동형 검사
③ 반분 신뢰도 검사
④ 내적 일관성 검사

해설

검사-재검사
검사-재검사 방법은 동일한 검사를 같은 집단에 두 번 실시하여 두 검사 간의 결과값을 바탕으로 신뢰도를 측정하는 방법이다. 검사 과정에서 첫 번째 검사와 두 번째 검사의 시간적 간격이 너무 길거나 짧으면 신뢰도가 낮게 측정될 수 있다.

64 스포츠교육학의 3대 연구영역 중 다음 보기에 해당하는 것은?

○△✕

> 학습내용과 활동, 학습과제 선택에 관한 교사의 가치와 믿음 등을 파악한다.

① 교수법
② 교사교육
③ 교육과정
④ 교육행정

해설

스포츠교육학의 3대 연구영역
- 교사교육(Teacher Education) : 교수훈련, 교수능력 개발에 관점을 두고 있다.
- 교육과정(Curriculum) : 학습내용과 활동, 학습과제 선택에 관한 교사의 가치와 믿음 등을 파악한다.
- 교수법(Teaching) : 교수계획, 상호작용기술, 교수법의 비교, 학습평가, 과제제시 등의 효율적인 교수방법을 모색한다.

정답 63 ① 64 ③

PART 2

다음 보기는 K코치의 반성 일지이다. ㉠, ㉡, ㉢에 해당하는 피드백이 바르게 나열된 것은?

> **반성 일지**
>
> 오늘 초등학교 방과 후 축구 수업에서 지난 시간에 이어 모둠별로 왕복 드리블 연습을 수행하였다. 평소 축구에 관심이 많던 영수는 과제를 정확하게 수행하였고, 이에 대해 나는 ㉠ 웃으며 엄지를 세웠다. 하지만 민수는 여전히 공을 다루는 게 어려워 보였다. 나는 민수에게 "㉡ 드리블할 때 공을 힘껏 차면 안 돼! ㉢ 공을 굴리듯 조심스럽게 차면서 달리면 공이 멀리 가지 않게 드리블할 수 있어."라고 피드백하였다.

	㉠	㉡	㉢
①	언어적 피드백	긍정적 피드백	교정적 피드백
②	언어적 피드백	부정적 피드백	중립적 피드백
③	비언어적 피드백	긍정적 피드백	중립적 피드백
④	비언어적 피드백	부정적 피드백	교정적 피드백

해설

피드백의 분류

- 제공자에 따른 분류 : 내재적 피드백(감각 피드백), 외재적 피드백(보강 피드백)
- 내용(정밀성)에 따른 분류 : 일반적 피드백, 구체적 피드백
- 정확성에 따른 분류 : 정확한 피드백, 부정확한 피드백
- 즉시성에 따른 분류 : 즉시적 피드백, 지연적 피드백
- 시기에 따른 분류 : 동시적 피드백, 종말적 피드백
- 양식에 따른 분류 : 언어적 피드백, 비언어적 피드백
- 평가에 따른 분류 : 긍정적 피드백, 부정적 피드백, 중립적 피드백
- 교정 특성에 따른 분류 : 교정적 피드백, 교정정보가 없는 피드백(잘못된 부분만 제공)

66 교수–학습과정의 구성 요소로 옳게 묶인 것은?

① 계획, 실행, 평가　　② 계획, 전환, 분석
③ 실행, 전환, 평가　　④ 분석, 전환, 실행

해설

교수–학습과정의 구성요소는 계획, 실행, 평가이다. 교수–학습의 효율성을 높이기 위해 계획 수립에서 실행 및 평가에 이르기까지 일정한 절차를 두어야 한다.

65 ④ 66 ① 정답

다음 보기의 ㉠, ㉡에 해당하는 평가기법으로 적절한 것은?

축구 평가 계획

㉠ 자기 평가 도구

구 분	예	아니오
1. 공을 원하는 위치로 패스할 수 있는가?		
2. 슛을 할 때 보내고자 하는 방향으로 정확하게 찰 수 있는가?		
3. 상황에 맞춰 발의 안쪽과 바깥쪽을 모두 활용할 수 있는가?		

㉡ 축구 수업에 대한 태도평가
- 수강생의 축구에 대한 열의와 호기심 등을 물어봄
- 반구조화 된 내용으로 질의응답을 함

	㉠	㉡
①	평정 척도	면접법
②	평정 척도	관찰법
③	체크리스트	관찰법
④	체크리스트	면접법

해설

평가기법의 유형
- 관찰법 : 객관적 · 지속적으로 관찰한다.
- 면접법 : 질문지나 대화를 통해 학습자에 대한 정보를 수집한다.
- 평정 척도 : 상대적 가치에 따라 평가한다.
- 프로젝트 : 소집단별로 과제 수행정도를 평가한다.
- 체크리스트 : 자기 동작을 확인하기 위한 자기 평가를 한다.
- 루브릭 평가 : 평가기준을 학습자에게 알리고 교사가 검토한다.
- 포트폴리오 기법 : 특정 주제에 대한 지식을 나타내기 위해 여러 자료를 모아 만든 작품을 평가한다.

정답 67 ④

68 다음 보기의 내용과 관련이 있는 교수-학습 지도의 일반원리는?

○△✕

학습자 각자의 요구와 능력에 알맞은 학습활동의 기회를 주어야 한다는 원리

① 자발성의 원리
② 개별화의 원리
③ 사회화의 원리
④ 통합의 원리

해설

① 자발성의 원리 : 학습자 스스로가 능동적으로 학습에 참여하게 하는 원리
③ 사회화의 권리 : 협동적 경험이 중시되어야 한다는 원리
④ 통합의 원리 : 학습을 부분적 · 분과적으로 지도하는 것이 아니고 종합적인 시각에서 지도해야 한다는 원리

69 다음 보기에서 설명하는 체육수업 모형은?

○△✕

- 학교 상황에서 학생에게 실제적이고 교육적으로 풍부한 스포츠 경험을 제공하기 위해 설계하였다.
- '유능하고 박식하며 열정적인 스포츠인'으로 성장하는 데 목적이 있다.

① 직접교수 모형
② 스포츠교육 모형
③ 개별화지도 모형
④ 전술게임 모형

해설

스포츠교육 모형은 참여자들이 스포츠에서 다양한 역할을 경험하여 '유능하고 박식하며 열정적인 스포츠인'으로 성장하는 데 목적을 두고 있으며, 체육프로그램에 참여한 학생들이 스포츠, 무용, 신체 활동에서 실제로 즐거운 학습 경험을 가질 수 있도록 개발되었다.

68 ② 69 ② 정답

70 마튼스(R. Martens)의 전문체육 프로그램 개발에 관한 설명으로 옳지 않은 것은?

○△✕

① 전문체육 프로그램은 '선수에게 필요한 기술 파악 → 선수 이해 → 상황 분석 → 우선순위 결정 및 목표 결정 → 지도방법 선택 → 연습계획 수립' 순으로 개발된다.
② '선수 이해'를 위해서는 선수들의 신체적 · 심리적 · 사회적 · 경제적 상황을 파악해야 한다.
③ 목표는 구체적이고 성취 가능한 것으로 설정해야 한다.
④ 목표에 따라 다양한 지도방법을 사용할 수 있는데, 지도방법에는 직접형, 과제형, 상호형, 유도발견형, 문제해결형 등이 있다.

해설

선수를 이해하기 위해서는 선수들의 신체적 · 심리적 · 사회적 발달단계를 파악해야 한다. 현재 체력, 건강상태 등에 대한 면밀한 분석, 사전 운동 경험, 기술 수준, 운동에 대한 열정 및 동기, 개인의 성격 및 팀 내에서의 동료와의 관계 등 선수 개개인에 대한 충분한 이해가 필요하다. 경제적 상황은 선수 이해와 관련이 없다.

71 다음 보기와 같은 역할을 해야 하는 교수법은?

○△✕

> • 교사의 역할은 학습자에게 전달해야 할 교과에 대한 특정 문제와 주제를 결정하는 것
> • 학습자의 역할은 특정 문제에 대한 다양한 설계, 해답, 반응을 발견하는 것

① 자기설계형 ② 자기학습형
③ 수렴발견형 ④ 확산발견형

해설

④ 확산발견형 : 구체적인 인지 작용을 통해 어느 한 문제 혹은 상황에서 확산적인 반응을 발견하는 것이다.
① 자기설계형 : 교사의 역할은 세부 공통 교과내용을 선정하는 것이고, 학습자의 역할은 관련 활동을 결정하는 것이다.
② 자기학습형 : 교사와 학습자의 역할이 분리되지 않고, 학습자가 곧 교사의 역할을 해야 한다.
③ 수렴발견형 : 교사의 역할은 교과내용을 결정하고 질문을 만드는 것이고, 학습자의 역할은 논리 · 추론 등을 통해 해답을 발견하는 것이다.

정답 70 ② 71 ④

다음 보기의 대화에서 각 지도자들이 활용하고 있거나, 활용하고자 하는 평가유형이 바르게 나열된 것은?

> • A : 저는 첫 수업을 시작하기 전에 반드시 학생들에게 최종 목표를 분명하고 명확하게 설명해요. 그리고 이제 그 목표의 달성 여부를 종합적으로 확인하고자 시즌 마지막 평가를 실시할 예정이에요.
> • B : 저는 학교스포츠클럽에서 아이들에게 축구를 가르치고 있는데, 매 수업에서 수시로 학생들의 기본 기능을 평가하고 있어요.
> • C : 이번에 학교스포츠클럽에 들어가게 되었는데 많이 배우고 갑니다. 저는 들어가자마자 학생들의 기본기 수준이 어느 정도인지 평가해서 수업을 조정하려 해요.

	A	B	C
①	총괄평가	형성평가	진단평가
②	진단평가	형성평가	총괄평가
③	총괄평가	진단평가	형성평가
④	형성평가	총괄평가	진단평가

해설

평가의 유형
- 총괄평가 : 일정 기간 동안의 학습과정을 끝마친 후 실시하는 평가로, 학습목표의 달성도를 개인별 또는 집단별로 평가하여 학생들의 성적을 작성하거나 기능과 능력을 점검하기 위한 평가이다.
- 형성평가 : 수업 과정 중 학생들의 수업 진행 상황을 파악하기 위한 평가이다.
- 진단평가 : 수업 시작 전 학생들의 출발점 행동을 파악하기 위한 평가이다.

학교체육진흥법에서 학교스포츠클럽 운영에 관한 내용으로 옳지 않은 것은?

① 학교의 장은 학생들이 신체 활동 프로그램에 참여할 수 있도록 학교스포츠클럽을 운영하여 학생들의 체육 활동 참여기회를 확대하여야 한다.
② 학교의 장은 학교스포츠클럽을 운영하는 경우 학교스포츠클럽 전담교사를 지정하여야 한다.
③ 학교스포츠클럽 전담교사에게는 학교 예산의 범위에서 소정의 지도수당을 지급한다.
④ 학교의 장은 학교스포츠클럽 활동내용을 학교생활기록부에는 기록할 수 없다.

해설

학교스포츠클럽 운영(학교체육진흥법 제10조 제4항)
학교의 장은 학교스포츠클럽 활동내용을 학교생활기록부에 기록하여 상급학교 진학자료로 활용할 수 있도록 하여야 한다.

※ 개정 학교체육진흥법(2024.3.24. 시행)과 내용의 차이가 없습니다.

72 ① 73 ④ 정답

74 ○△×

지도자가 수업이 성공했다고 판단했을 때 성공 여부의 판단기준으로 가장 적절한 것은?

① 학생들이 수업에 얼마나 즐겁게 참여했는가?
② 수업 중 학생들이 규칙을 얼마나 잘 준수했는가?
③ 수업 중 학생들이 얼마나 열심히 참여했는가?
④ 학생들이 목표를 얼마나 달성했는가?

해설

지도자가 수업의 성공여부를 판단할 때 가장 중요한 기준은 목표달성 여부이다.

75 ○△×

일반학생 대상 스포츠 프로그램 운영 시 지도자의 행동 중 옳지 않은 것은?

① 신체 활동에 적용할 수 있는 충분한 기회를 제공한다.
② 다른 사람에 대한 존중과 협동의 중요성을 강조한다.
③ 승리의 중요성에 대해 지속적으로 강조한다.
④ 건강한 삶을 영위하기 위한 수단으로서 스포츠의 중요성을 이해시킨다.

해설

선수가 아닌 일반학생을 지도하는 것이므로 승리의 강조보다 건강한 삶의 영위수단으로서 스포츠의 중요성을 이해시키고, 다른 사람에 대한 존중과 협동의 중요성을 강조해야 한다.

76 ○△×

좋은 학습단서에 대한 설명으로 옳지 않은 것은?

① 간단하고 정확하다.
② 학생의 연령과 기능수준보다 높다.
③ 학습과제의 특성에 매우 적합하다.
④ 계열적으로 조직되어 연습할 수 있다.

해설

좋은 학습과제는 학생의 연령과 기능수준에 적합해야 한다.

정답 74 ④ 75 ③ 76 ②

77 다음 보기의 대화는 모스턴(M. Mosston)의 교수 스타일 특성 중 어떤 것에 해당하는가?

○△×

> • 교사 : 태권도에서 위에서 아래로 상대가 가격할 경우 어떤 동작을 취해야 효율적일까?
> • 학생 : 머리막기 동작이요.
> • 교사 : 그렇지! 그렇다면 머리막기 동작에서 충격량을 줄이기 위해 신경써야 하는 것은 무엇이 있을까?
> • 학생 : 팔꿉관절이 특정 각도를 유지하도록 해야 합니다.

① 자기점검형 스타일　② 포괄형 스타일
③ 유도발견형 스타일　④ 확산발견형 스타일

해설

③ 유도발견형 스타일 : 미리 예정되어 있는 해답을 학습자가 발견하도록 유도하는 일련의 계열적이며, 논리적인 질문을 설계하는 것이다.
① 자기점검형 스타일 : 학습자가 과제를 수행하고 스스로 평가하는 것이다.
② 포괄형 스타일 : 다양한 기술 수준에 있는 학습자들이 스스로 수행할 수 있는 난이도를 선택하여 동일한 과제에 참여하는 것이다.
④ 확산발견형 스타일 : 교사가 문제를 정해주면 학습자가 내용을 설계하고 조합하여 자신만의 창작물을 만들어내는 것이다.

78 학습과제의 연습 중 보기에 해당하는 학습 형태는?

○△×

> • 연습과정에서 친구들이 적극적인 도움을 주고받는 방식의 과제학습 방식
> • 친구에게 시범이나 설명을 직접하거나 듣고 피드백을 해준다.
> • 각각의 학생은 교사의 역할을 대신한다.

① 과제식 학습　② 질문식 학습
③ 동료 학습　④ 협동적 학습

해설

① 과제식 학습 : 학생들이 동시에 서로 다른 학습과제를 연습하도록 수업환경을 조직하는 것이다.
② 질문식 학습 : 과제가 학생들에게 질문의 형태로 제시되는 과제연습 방식이다.
④ 협동적 학습 : 동료 수업이 변형된 형태로 지적, 기능적 학습 성취뿐만 아니라 사회적 측면의 효과도 함께 얻을 수 있는 과제연습 방식이다.

77 ③ 78 ③ 정답

학교체육진흥법에 따른 '학교체육 진흥의 조치'에서 학생의 체력증진과 체육 활동 활성화를 위해 취해야 할 조치로 옳지 않은 것은?

① 체육교육과정 운영 충실 및 체육수업의 질 제고
② 학생선수의 학습권 보장 및 인권보호
③ 비만 판정을 받은 학생에 대한 대책
④ 국가대표선수 발굴 및 대회 개최

해설

학교체육진흥의 조치 등(학교체육진흥법 제6조 제1항)

학교의 장은 학생의 체력증진과 체육 활동 활성화를 위하여 다음의 조치를 취하여야 한다.

- 체육교육과정 운영 충실 및 체육수업의 질 제고
- 제8조에 따른 학생건강체력평가 및 제9조에 따라 비만 판정을 받은 학생에 대한 대책
- 제10조에 따른 학교스포츠클럽 및 제11조에 따른 학교운동부 운영
- 학생선수의 학습권 보장 및 인권보호
- 여학생 체육 활동 활성화
- 유아 및 장애학생의 체육 활동 활성화
- 학교체육행사의 정기적 개최
- 학교 간 경기대회 등 체육 교류활동 활성화
- 교원의 체육 관련 직무연수 강화 및 장려
- 그 밖에 학교체육 활성화를 위하여 필요한 사항

※ 개정 학교체육진흥법(2024.3.24. 시행)과 내용의 차이가 없습니다.

다음 보기의 내용이 설명하는 수업 모형은?

> • 귀인 이론에 기초한 교수 전략이다.
> • 지도자는 학생의 인지적 교육과 사회성 학습을 위한 격려자의 역할을 한다.

① 전술게임 모형
② 동료교수 모형
③ 탐구수업 모형
④ 협동학습 모형

해설

협동학습 모형에 대한 설명이다. 협동학습 모형에서는 책임감 있는 팀원이 되고, 자신의 잠재능력을 최대로 개발하며, 팀의 성공을 위해서 자신의 능력에 맞게 공헌을 하는 것에 의미를 둔다.

정답 79 ④ 80 ④

CHAPTER

03 스포츠심리학

01 Pre-test

O×문제

01 광의의 스포츠심리학의 하위 학문영역에는 운동제어, 운동학습, 운동발달, 운동처방, 스포츠심리학, 건강운동심리학 등이 있다. [○/×]

02 운동발달 개념은 학령기부터 사망까지의 지속적인 과정에 해당한다. [○/×]

03 운동기술을 학습할 때 일시적으로 운동 수행 능력이 정체되는 현상을 '고원 현상'이라고 한다. [○/×]

04 홀랜더(E. Hollander)의 성격 구조에서 성격의 가장 기초적 단계이며 기본적 수준으로 깊숙이 내재되어 있는 실제 이미지를 뜻하는 것은 심리적 핵이다. [○/×]

해설 01 운동처방은 포함되지 않는다.
02 운동발달은 전생애에 걸쳐 단계적이고 지속적으로 진행되는 것으로 발달의 속도에는 개인차가 존재한다.

01 × 02 × 03 ○ 04 ○ 정답

05 적정수준의 각성이 최고의 운동 수행을 가져온다는 이론은 적정각성수준 이론(역U 가설)이다. [○/×]

06 운동은 상태불안을 감소시키는 데 효과적이며, 장기간 규칙적으로 운동할 경우 특성불안과 우울증이 감소하고 자아존중감이 향상된다. [○/×]

07 변화단계 이론에서 현재 운동을 하고 있지 않으나 6개월 이내에 운동을 시작할 의도를 가지고 있는 단계는 '계획단계'이다. [○/×]

08 과거의 성공 경험을 회상하거나 미래의 성공적 운동 수행을 상상함으로써 자신감을 향상시키고 집중력을 높이는 기법을 '인지 재구성'이라고 한다. [○/×]

09 각성수준을 운동선수 개인이 어떻게 해석하느냐에 따라 각성수준과 정서의 관계가 바뀐다는 이론은 '전환 이론'이다. [○/×]

10 스포츠 심리상담자는 내담자의 정서적인 안정과 상담을 위해 내담자와 사적인 관계를 맺어야 한다. [○/×]

해설 08 심상에 대한 설명이다. 인지 재구성이란 자기가 걱정하고 있는 것이 자신이 통제할 수 있는 것인지 인식한 다음, 자신이 통제할 수 있는 것에 대해서만 신경쓰고 통제할 수 없는 것은 걱정하지 않는 것이다.

10 상담자는 상담자와 내담자 간의 치료적 · 사회적 · 개인적 관계에 주의를 기울여야 한다. 상담자는 내담자에 대한 자신의 영향력을 충분히 자각하고 있어야 하며, 전문적 판단에 영향을 미칠 수 있는 관계를 맺어서는 안 된다.

정답 05 ○ 06 ○ 07 ○ 08 × 09 ○ 10 ×

단답형 문제

11 (　　)(이)란 선수들의 상태불안 수준은 개인차가 매우 크기 때문에, 최고의 수행을 발휘할 수 있는 선수 자신만의 고유한 불안 수준이 존재한다는 이론이다.

12 이전의 경험 또는 수행이 새로 접하는 운동기술의 습득에 영향을 미치는 것을 (　　)(이)라고 한다.

13 젠타일(A. Gentile)은 운동학습의 단계를 움직임의 개념 습득, (　　), 다양화 단계로 구분했다.

14 (　　)은/는 신체적, 언어적 또는 시각적인 방법을 사용하여 학습자의 운동 수행에 직접적인 도움을 제공하고, 이를 통해 학습자의 수행오류 및 두려움을 감소시키고자 하는 이론이다.

15 (　　)에 따르면 운동이 우울증에 긍정적 효과가 있는 이유는 세로토닌, 노르에피네프린, 도파민과 같은 뇌의 신경전달물질의 변화 때문이다.

16 농구를 처음 하는 사람이 공을 가지면 주변이 안 보이고 오직 앞만 보이는 현상은 주의 집중을 설명하는 현상 중 (　　)(으)로 설명할 수 있다.

11 최적수행지역 이론 12 전이 13 고정화 14 가이던스 기법 15 모노아민 가설 16 지각협소화 정답

17 (　　)은/는 최상의 운동 수행을 발휘하는 데 필요한 이상적인 상태를 갖추기 위해 선수들이 으레 수행하는 습관화된 동작을 말한다.

18 사회적 태만의 원인으로는 할당 전략, 최소화 전략, 무임승차 전략, (　　)이/가 있다.

19 특정 상황에서 자신에게 주어진 과제를 성공적으로 달성할 수 있다는 자신감은 (　　)(이)다.

20 와이너(B. Weiner)의 귀인 이론에서 (　　)은/는 내적이고 안정적이며 통제 불가능한 요인이다.

PART 2

정답 17 루틴 18 반무임승차 전략 19 자기효능감 20 능력

02 필수 개념문제

※ 문제의 이해도에 따라 ○△× 체크하여 완벽하게 정리하세요.

01 협의의 스포츠심리학의 연구영역이 아닌 것은?

○△×

① 운동치료 ② 집단응집성
③ 리더십 ④ 사회적 촉진

해설

- 광의의 스포츠심리학의 하위영역 : 협의의 스포츠심리, 운동학습, 운동제어, 건강운동심리, 운동발달
- 협의의 스포츠심리학의 연구영역 : 성격, 동기, 불안, 공격성, 집단응집성, 리더십, 사회적 촉진, 심리기술훈련 등

02 다음 중 운동학습의 연구영역으로 옳지 않은 것은?

○△×

① 운동제어 이론 ② 운동기억
③ 연습 이론 ④ 운동행동모형

해설

운동제어 이론은 운동제어의 연구영역이다.

> 스포츠심리학의 영역과 역할
>
> - 스포츠심리학 : 성격, 동기, 불안, 공격성, 집단응집성, 리더십, 사회적 촉진, 심리기술훈련 등
> - 운동학습 : 운동행동모형, 운동학습과정, 운동기억, 전이, 피드백, 연습 이론 등
> - 운동발달 : 유전과 경험, 운동기능의 발달, 학습 및 수행 적정연령, 노령화 등
> - 운동제어 : 정보처리 이론, 운동제어 이론, 운동의 법칙, 반사와 운동, 협응 구조 등
> - 건강운동심리학 : 운동참가 동기, 운동 수행 지속, 정신건강, 운동의 심리적 효과 등

03 다음 중 운동발달의 단계에 대한 설명으로 옳지 않은 것은?

○△×

① 반사움직임 단계에서 '반사'는 신경계의 미성숙으로 발생하는 불수의적 움직임이다.
② 기초움직임 단계는 반사 운동이 사라지고 불수의적인 움직임이 나타나는 단계이다.
③ 신체에 대한 인식과 균형감이 발달하고 이동운동이 발전하는 단계는 기본움직임 단계이다.
④ 호르몬 분비의 증가로 인해 체격이 커지고 운동 능력이 현저히 발달하는 단계는 성장과 세련 단계이다.

해설

운동발달의 단계는 반사움직임 단계 → 기초움직임 단계 → 기본움직임 단계 → 스포츠 기술 단계 → 성장과 세련 단계 → 최고 수행 단계 → 퇴보 단계로 진행된다. 기초움직임 단계는 1~2세의 영아에게서 나타나며 신경체계 성숙으로 반사 운동이 사라지고 수의적인 움직임이 나타나는 단계이다.

01 ① 02 ① 03 ② 정답

월스(T. A. Wills)와 시나르(O. Shinar)가 주장한 사회적 지지 유형의 5가지 분류에 대한 설명으로 옳지 않은 것은?

○△×

① 정서적 지지는 다른 사람을 격려하고 걱정하는 과정에서 생기는 것이다.
② 동반 지지는 동반자의 역할을 하는 사람으로부터 제공되는 응원을 말한다.
③ 도구적 지지는 존경, 애정, 관심 등의 행위를 말한다.
④ 비교확인 지지는 다른 사람과의 비교를 통해 자신의 생각이 정상적이라는 것을 확인하는 것이다.

해설

도구적 지지는 실질적인 지지를 제공하는 것으로 현물, 현금, 노동력, 시간, 과업환경 등을 제공하는 것이다.

05 **자기효능감 이론에서 설명하는 자기효능감의 원천이 아닌 것은?**

○△×

① 행동이상 인식 ② 간접 경험
③ 언어적 설득 ④ 신체/정서 상태

해설

자기효능감의 원천
- 수행 경험 : 성공적인 수행 경험을 떠올리는 것
- 간접 경험 : 타인의 수행 경험을 보고 판단하는 것
- 언어적 설득 : 수행 성공을 믿도록 설득하는 것
- 신체/정서 상태 : 안정적인 정신과 신체 상태

06 **자기효능감에 대한 설명 중 옳은 것은?**

① 자기효능감이 낮은 선수는 위기에 잘 대처한다.
② 타인의 수행에 대한 대리경험 혹은 관찰은 자기효능감 향상에 도움이 된다.
③ 자기효능감은 자신감 같은 추상적인 믿음이다.
④ 각성상태에 대해 긍정적으로 인식할 때 자기효능감이 하락할 수 있다.

해설

① 자기효능감이 높은 선수는 위기에 잘 대처한다.
③ 자기효능감은 특성 기술을 잘 수행할 수 있다는 구체적 믿음이다.
④ 각성상태에 대해 부정적으로 인식할 때 자기효능감이 하락할 수 있다.

정답 04 ③ 05 ① 06 ②

07 다음 용어에 대한 설명으로 옳지 않은 것은?

① 운동학습이란 운동 수행에 따른 인체의 생화학적 변화 과정을 중심으로 인체 운동을 연구하는 것이다.
② 운동발달이란 스포츠와 운동 수행에 발달심리학 지식을 적용한 분야로, 인간의 전 생애에 걸친 운동의 발달을 연구하는 것이다.
③ 운동제어란 신경심리적 과정과 생물학적 메커니즘을 통해 움직임이 어떻게 생성 · 조절되는지에 관해 연구하는 분야이다.
④ 운동학습, 운동제어, 운동발달을 모두 합쳐 운동행동이라 한다.

해설

운동 수행에 따른 인체의 생화학적 변화 과정을 중심으로 인체 운동을 연구하는 분야는 운동생리학이다. 운동학습은 주로 인지적 과정에 초점을 두고, 운동기술을 효율적으로 학습 · 수행하기 위한 관련 변인을 연구하는 분야이다.

08 젠타일(A. Gentile)의 운동학습 단계에 대한 설명으로 옳지 않은 것은?

① 움직임의 개념 습득 단계와 고정화 및 다양화 단계로 구분한다.
② 고정화 및 다양화 단계는 운동기술의 유형에 관계없이 단일한 움직임을 적용한다.
③ 사격이나 양궁과 같은 폐쇄운동 종목에서는 운동기술 수행의 고정화가 필요하다.
④ 럭비나 축구와 같은 개방운동 종목에서는 운동기술 수행의 다양화가 필요하다.

해설

젠타일(A. Gentile)의 운동학습 단계

- 움직임의 개념 습득 단계 : 움직임의 형태 및 환경적인 특징 구분을 학습한다. 운동기술과 관련 있는 정보와 그렇지 않은 정보를 구분해 나가는 단계이다.
- 고정화 및 다양화 단계 : 운동기술 수행의 고정화 및 다양하게 변하는 환경과 동작의 요구에 맞게 움직임을 적응시키는 것에 중점을 두고 연습하는 단계이다.

09 피츠(P. M. Fitts)와 포스너(M. I. Posner)의 운동학습 단계에 대한 설명 중 옳지 않은 것은?

① 인지단계는 과제 수행을 위한 전략을 선택하고 잘못된 수행의 해결책을 찾는 단계이다.
② 연합단계는 동작의 일관성이 점점 좋아지는 단계이다.
③ 자동화단계는 동작 실행 시 의식적 주의가 거의 필요 없는 단계이다.
④ 인지단계에서는 오류 수정 능력이 없지만 자동화단계에서는 오류를 탐지하고 수정할 수 있다.

해설

인지단계는 학습해야 할 운동기술의 특성을 이해하고 그 과제를 수행하기 위한 전략을 개발하는 단계이다.

07 ① 08 ② 09 ① 정답

10 다음 중 인간 발달의 원리에 대한 설명으로 옳지 않은 것은?

○△×

① 발달은 일정한 순서와 방향성을 띤다.
② 발달은 연속적으로 진행되며 그 속도가 일정하다.
③ 발달은 기능적 분화와 통합화의 과정에 의해 이루어진다.
④ 발달에는 결정적인 시기가 존재한다.

해설

발달은 전 생애를 통해 지속되며, 연속적으로 진행된다. 그러나 발달의 속도는 일정하지 않다.

PART 2

11 다음 중 분습법이 유리한 경우가 아닌 것은?

○△×

① 과제가 복잡한 경우
② 학습자의 전체 동작에 대한 기억능력이 있는 경우
③ 장시간 주의집중을 할 수 없는 경우
④ 특정 부분에 대한 동작 학습에 어려움이 있는 경우

해설

전습법과 분습법의 비교

전습법	• 운동 과제가 연속적인 부분 동작으로 이루어진 경우 • 과제가 단순한 경우 • 과제가 전체로서 의미를 가지는 경우 • 학습자의 전체 동작에 대한 기억능력이 있는 경우 • 장시간 주의집중을 할 수 있는 경우 • 기술이 숙달된 경우
분습법	• 운동 과제가 독립적인 부분 동작으로 이루어진 경우 • 과제가 복잡한 경우 • 과제가 개별적인 기술로 구성된 경우 • 학습자의 전체 동작에 대한 기억능력에 한계가 있는 경우 • 장시간 주의집중을 할 수 없는 경우 • 특정 부분에 대한 동작 학습에 어려움이 있는 경우

정답 10 ② 11 ②

12 다음 중 보기의 내용에 해당하는 것은?

○△✕

> • 특수한 경험이나 훈련 또는 연습 등에 의해 개인이 내적으로 변하는 것이다.
> • 후천적 변화에 해당한다.

① 발 달
② 성 장
③ 성 숙
④ 학 습

해설

① 전 생애에 걸쳐서 나타나는 지적 · 정서적 · 사회적 · 신체적 측면 등 전인적인 측면에서의 변화를 의미한다.
② 신체 크기의 증대, 근력의 증가 등과 같은 양적인 확대를 의미한다.
③ 경험이나 훈련에 관계없이 인간의 내적 또는 유전적 기제의 작용에 의해 나타나는 변화를 의미한다.

13 운동제어체계에 관한 설명으로 옳지 않은 것은?

○△✕

① 운동제어체계는 미리 저장된 참고 기제가 있는지 여부에 따라 폐쇄회로와 개방회로로 나뉜다.
② 폐쇄회로체계는 연속적인 피드백이 주어진다.
③ 폐쇄회로체계는 정확성이 낮은 동작을 설명하는 데 유용하다.
④ 개방회로체계는 매우 빠른 동작을 설명하는 데 유용하다.

해설

폐쇄회로체계는 정확성이 높은 동작을 설명하는 데 유용하다.

> 폐쇄회로체계와 개방회로체계의 비교
>
> 미리 저장된 참고기제가 있으면 폐쇄회로체계, 없으면 개방회로체계이다. 폐쇄회로체계는 연속적인 피드백이 주어지고, 참고기제의 에러를 계산하여 정확성이 높은 동작을 설명하는 데 유용하다. 반면, 개방회로체계는 감각이 제어에 기여하지만 운동 수행에 필수적인 것은 아니며, 피드백 없이 빠른 동작을 설명하는 데 유용하다.

12 ④ 13 ③ 정답

14 다음 빈칸에 들어갈 적절한 용어는?

□△☒

(　　　)의 역할은 인간의 운동생성 기전 및 원리를 규명하는 것이다.

① 운동제어　　② 운동학습
③ 운동프로그램　　④ 운동발달

해설

운동제어
유기체 · 환경 · 과제의 상호작용 속에서 나타나는 복잡한 인간운동행동의 원리를 동작 · 지각 · 인지적인 측면에서 규명하는 연구 분야이다.

PART 2

15 다음 중 자기효능감 이론에 대한 설명으로 옳지 않은 것은?

□△☒

① 자기효능감 이론은 1977년 반두라(A. Bandura)에 의해 처음 소개되었다.
② 내적동기, 외적동기, 무동기의 세 가지 형태에 따라 인간의 성취행동이 달라진다고 본다.
③ 자기효능감은 과거의 수행, 간접 경험, 언어적 설득, 신체와 정서 상태에 따라 달라진다.
④ 자기효능감이 높을수록 지속적인 운동실천 가능성이 높아진다.

해설

내적동기, 외적동기, 무동기의 세 가지 형태에 따라 인간의 성취행동이 달라진다는 이론은 자결성 이론이다.

16 스포츠에서 자신감을 향상시키는 방법이 아닌 것은?

□△☒

① 심 상　　② 마음의 준비
③ 경기에 대한 책임감　　④ 신체의 상태

해설

자신감을 향상시키는 방법에는 성공적인 경기수행, 자신감 있는 행동, 자신감 있는 생각, 심상, 신체의 상태, 마음의 준비 등이 있다. 그러나 경기 수행에 대한 부담감과 책임감은 자신감 향상과 관계가 없다.

정답 14 ① 15 ② 16 ③

17 **운동행동의 변화단계 이론에 대한 설명으로 옳은 것은?**

① 변화단계 이론은 운동행동의 변화를 4단계로 구분한다.
② 동일한 단계에 속하더라도 모두가 같은 특성을 지니는 것은 아니다.
③ 운동행동의 변화단계 중 가장 낮은 단계는 '준비단계'이다.
④ 각 단계는 진보할 수도 있고 퇴보할 수도 있다.

해설

① 변화단계 이론은 운동행동의 변화를 무관심, 관심, 준비, 실천, 유지 등 일반적으로 5단계로 구분한다.
② 동일한 단계에 속한 사람들은 유사한 특성을 지니지만, 다른 단계에 속한 사람들은 서로 다른 특성을 보인다.
③ 운동행동의 변화단계 중 가장 낮은 단계는 '계획 전 단계(무관심)'이다.

18 **다음 중 성격에 대한 설명으로 옳지 않은 것은?**

① 한 사람이 다른 사람에게 드러내 보이는 전체적인 인상이다.
② 다른 사람과의 공통성을 유추할 수 있는 인격적 특성이다.
③ 개인의 신체적 · 정신적 체제의 역동적 조직이다.
④ 사회적 가치를 지닌 습관의 체제이다.

해설

성격은 환경에서의 적응양상을 결정하는 개인의 다양한 특징 및 행동방식의 종합체로서, 한 사람을 다른 사람과 구분되도록 하는 독특한 특성이다.

17 ④ 18 ② 정답

19 다음 보기에서 설명하는 홀랜더(E. Hollander)의 성격 구조로 옳은 것은?

> • 성격의 가장 안정된 부분으로 장시간에 걸쳐 상당히 일정하게 유지되는 특성이다.
> • 외부 상황의 변화에 영향을 거의 받지 않는다.

① 심리적 핵 ② 전형적 반응
③ 역할과 관련된 행동 ④ 사회적 환경

해설

심리적 핵
• 성격의 가장 기초적 단계이며 기본적 수준을 의미한다.
• 개인의 태도, 가치, 흥미, 동기, 믿음, 신념 등을 포함한다.
• 성격의 가장 안정된 부분으로, 장시간에 걸쳐 상당히 일정하게 유지되는 특성이다.
• 외부 상황의 변화에 영향을 거의 받지 않는다.

> • 전형적 반응(Typical Responses) : 환경에 적응하는 방식 또는 반응하는 방식을 나타낸다.
> • 역할 관련 행동(Role-related Behavior) : 사회적인 역할에 따른 개인의 행동을 나타낸다.

20 다음 중 성격 구조에 대한 설명으로 옳은 것은?

① 심리적 핵은 인간의 성적 욕망을 의미한다.
② 개인의 가치관이나 흥미 등은 전형적 반응에 해당한다.
③ 전형적 반응은 개인의 심리적 핵을 이해하기 위한 지표로 활용된다.
④ 역할 관련 행동은 변화에 민감하지 않은 성격 구조이다.

해설

③ '전형적 반응'은 환경에 적응하는 방식 또는 반응하는 방식을 나타내는 것으로서, 그 사람의 심리적 핵을 이해하기 위한 지표로 활용할 수 있다.
① '심리적 핵'은 인간의 내면적이고 순수한 측면을 나타내는 것으로서, 성격 구조상 가장 안정된 부분이다.
② 개인의 가치관이나 흥미 등은 '심리적 핵'에 해당한다.
④ '역할 관련 행동'은 가장 변하기 쉬운 성격 구조이다.

정답 19 ① 20 ③

다음 보기의 빈칸에 들어갈 내용이 적절하게 나열된 것은?

> (㉠)은 인지적 불안과 신체적 불안이 서로 독립적이며, 운동 수행에 서로 다른 영향을 미친다고 주장한다. 또한, 인지적 불안과 신체적 불안의 수준에 따라 서로 다른 불안감소기법을 적용해야 한다고 주장한다. 신체적 불안이 높은 경우에는 (㉡), 인지적 불안이 높은 경우에는 (㉢)과 같은 인지적 기법으로 불안을 감소시켜야 한다고 본다.

	㉠	㉡	㉢
①	다차원적 불안 이론	점진적 이완 기법	인지 재구성 훈련
②	최적수행지역 이론	점진적 이완 기법	인지 재구성 훈련
③	다차원적 불안 이론	역조건형성법	점진적 이완 기법
④	최적수행지역 이론	역조건형성법	점진적 이완 기법

해설

인지적 불안과 신체적 불안이 운동 수행에 서로 다른 독립적 영향을 미친다고 주장한 이론은 '다차원적 불안 이론'이다. '다차원적 불안 이론'에서는 신체적 불안의 해소를 위하여 점진적 이완 기법이, 인지적 불안 해소를 위해서는 인지 재구성 훈련과 같은 인지적 기법이 필요하다고 설명한다.

22 다음 중 성격의 일반적인 특성에 해당하지 않는 것은?

① 일관성　　② 독특성
③ 안정성　　④ 책임성

해설

성격의 특성
- 일관성 : 성격은 상황이 변화하여도 일관되게 나타난다.
- 안정성 : 성격은 시간의 변화에도 안정되게 유지되는 행동방식이다.
- 독특성 : 성격은 한 개인을 타인과 구분해주는 독특한 행동방식이다.
- 내용 : 성격은 언어로 정의 가능한 개인의 행동방식이다.

성격과 성격 연구에 관한 설명으로 옳지 않은 것은?

① 성격이란 어떤 사람을 다른 사람과 구별되도록 해주는 여러 특성들을 말한다.
② 팀 대표를 선발할 경우 빙산형 프로파일을 우선해야 한다.
③ 운동을 꾸준히 실천하면 A형 행동의 빈도가 낮아진다.
④ 대부분의 우수 선수는 훈련과 시합 상황에서 인지적 전략을 사용한다.

해설

빙산형 프로파일은 우수 선수가 비우수 선수보다 정신적으로 건강하다는 것을 보여주는 지표로, 선수의 능력을 나타낸 지표가 아니므로 이를 근거로 팀 대표를 선발하거나 경기력을 예측하는 것은 바람직하지 않다.

21 ① 22 ④ 23 ② 정답

24 매슬로(A. Maslow)의 욕구위계 이론에서 ㉠, ㉡, ㉢에 들어갈 말로 옳은 것은?

○△×

> ㉠ – 배고픔, 목마름, 수면, 성욕 등 본능적 욕구
> ㉡ – 목표달성 · 권력 · 사회적 지위에 대한 욕구
> ㉢ – 다른 욕구들이 충족되었을 때 나타나는 마지막 욕구로 자기만족을 위한 욕구

	㉠	㉡	㉢
①	생리적 욕구	자아실현의 욕구	자기존중의 욕구
②	생리적 욕구	자기존중의 욕구	자아실현의 욕구
③	안전의 욕구	소속감과 사랑의 욕구	자아실현의 욕구
④	안전의 욕구	생리적 욕구	자기존중의 욕구

해설

매슬로(A. Maslow)의 욕구위계 이론
인간의 욕구는 위계적으로 조직되어 있으며 하위 단계의 욕구가 충족되어야 상위 단계의 욕구가 발현될 수 있다는 이론으로 인간의 욕구는 다음과 같다.

구 분	욕 구	내 용
1단계	생리적 욕구	배고픔, 목마름, 수면, 성욕 등 본능적 욕구
2단계	안전의 욕구	정서적 · 신체적 위험으로부터 보호 받으려는 욕구
3단계	소속감과 사랑의 욕구	친밀과 애정 및 소속의 욕구
4단계	자기존중의 욕구	목표달성 · 권력 · 사회적 지위에 대한 욕구
5단계	자아실현의 욕구	가장 마지막에 나타나는 최상위 욕구로 자기만족을 위한 욕구

25 다음 중 보기의 내용에 해당하는 것은?

○△×

> • 자신의 힘으로 예측하거나 통제할 수 없는 좋지 않은 일들이 발생함으로써 나타난다.
> • 자율신경계의 각성을 유발하는 정서 부적응상태이다.

① 각 성
② 불 안
③ 강 박
④ 불 만

해설

불안은 자신의 힘으로 통제 및 예측이 불가능한 좋지 않은 일들로 인해 발생하는 근심과 걱정을 동반하는 우울상태 또는 흥분상태를 말한다.

정답 24 ② 25 ②

26 다음 중 특성불안과 상태불안에 대한 설명으로 가장 옳은 것은?

○△×

① 상태불안은 긴장이나 걱정 등 일시적으로 느끼는 정서 상태를 말한다.
② 상태불안은 어떠한 상황을 위협적이라고 지각하는 성격적 특징이다.
③ 특성불안은 객관적 위험의 강도와 직접적으로 연관된다.
④ 상태불안의 정도가 높은 사람은 상대적으로 더 높은 특성불안을 경험한다.

해설

② 특성불안이 어떠한 상황을 위협적이라고 지각하는 성격적 특징이다.
③ 특성불안은 선천적으로 타고난 잠재적 특성으로서 객관적 위험의 강도와 관계없는 불안 반응이다.
④ 특성불안의 정도가 높은 사람은 상대적으로 더 높은 상태불안을 경험한다.

27 불안의 유형과 그 설명의 연결이 옳은 것은?

○△×

① 촉진불안 – 긍정적으로 받아들여 수행에 도움이 되는 불안
② 상태불안 – 성격적으로 타고난 불안
③ 경쟁불안 – 머릿속으로 걱정하는 불안
④ 특성불안 – 상황에 따라 달라지는 불안

해설

불안의 유형

- 촉진불안 : 긍정적으로 받아들여 수행에 도움이 되는 불안이다.
- 상태불안 : 상황에 따라 일시적으로 변하는 정서 상태를 말한다.
- 경쟁불안 : 스포츠 경기상황에서 경쟁과정에 수반하여 나타나는 불안이다.
- 특성불안 : 환경 위협 정도와 무관하게 개인적 특성이나 기질 등 성격적으로 타고난 불안이다.

28 다음 중 스포츠 상황에서 실패에 대한 공포나 불만족스러운 신체적 증상으로 인해 발생하는 불안에 해당하는 것은?

○△×

① 상태불안 ② 특성불안
③ 경쟁불안 ④ 인지불안

해설

경쟁불안은 경쟁상황에서 느끼는 불안으로서 스포츠 상황에서 두드러지게 나타나며, 경쟁 특성불안과 경쟁 상태불안으로 구분된다. 경쟁 특성불안이 경쟁적 상황을 위협적으로 지각하는 것인 반면, 경쟁 상태불안은 현재 경쟁적 상황에서 수행자가 느끼는 불안을 의미한다. 실패에 대한 공포, 불만족스러운 신체 증상, 느낌상 부적합성, 통제력의 한계, 죄의식의 유발 등이 경쟁불안의 원인이다.

26 ① 27 ① 28 ③ 정답

29 운동 수행 과정에서 나타나는 심리적인 불안을 측정하는 방법이 아닌 것은?

◯△✕

① MAS　　② STAI
③ CSAI-2　　④ EKG

해설

④ EKG : 생리적 측정방법 중 하나로, 심전도를 측정하는 것이다.
① MAS : 테일러(Taylor)의 표준불안 척도이다.
② STAI : 스필버그(Spielberger)의 상태-특성불안 척도이다.
③ CSAI-2 : 마튼스(Martens)의 스포츠 경쟁불안 척도이다.

30 불안과 운동 수행의 관계에 대한 이론 중 다음 보기의 내용에 해당하는 것은?

◯△✕

> 각성 수준이 낮은 상태에 있다가 점차적으로 증가하는 경우 선수들의 수행력도 향상된다. 그러나 적정 각성 상태를 지나면, 오히려 수행력이 저하된다.

① 추동 이론　　② 역U 가설
③ 최적수행 이론　　④ 다차원적 불안 이론

해설

역U 가설(적정수준 이론)은 각성의 수준이 상승할 때 특정 지점까지는 운동 수행에 긍정적인 영향을 주지만, 적정 각성 상태를 넘어설 경우 운동 수행이 오히려 저하된다는 이론이다.

31 다음 중 최적수행지역 이론에 대한 설명으로 옳지 않은 것은?

◯△✕

① 운동 수행 현장에서 입수한 자료를 토대로 각성의 최적수행 범위를 파악한다.
② 선수들은 자신의 적정 각성상태 및 불안상태에서 최고의 경기력을 발휘할 수 있다.
③ 최적의 불안상태는 하나의 점이 아닌 띠 모양으로 나타난다.
④ 최적수행영역 밖에서의 상태불안 및 운동 수행과의 관계도 규명할 수 있다.

해설

최적수행지역 이론은 실제 현장에서의 적용가치가 크지만, 최적수행영역 밖에서의 상태불안과 운동 수행의 관계를 설명할 수 없다.

정답 29 ④ 30 ② 31 ④

과제목표성향(Task-goal Orientation)보다 자기목표성향(Ego-goal Orientation)이 높은 선수의 일반적인 특성으로 가장 적절한 것은?

① 비교의 준거는 자기 자신이다.
② 기술의 향상에서 더욱 유능한 느낌이 든다.
③ 아주 쉽거나 아주 어려운 과제를 선택한다.
④ 실패할 경우 다시 도전하는 긍정적인 태도를 가진다.

해설

③ 자기목표성향인 선수는 아주 쉽거나 아주 어려운 과제를 선택하여 자기 자신을 보호하려는 경향이 있다.
①·②·④ 과제목표성향 선수의 일반적인 특성이다.

33  **다음 보기에서 설명하는 경쟁불안과 운동 수행 간의 관계 이론은?**

> 불안이 증가할수록 수행은 증진되며, 적정수준의 각성상태에서 운동 수행이 극대화된다. 하지만 각성수준이 더욱 증가하여 과각성상태가 되면 수행은 저하된다.

① 전환 이론
② 최적수행지역 이론
③ 적정수준 이론
④ 욕구 이론

해설

적정수준 이론은 역U 가설이라고도 불리며 적정수준의 각성이 최고의 운동 수행을 가져온다는 이론이다. 적정수준 이론에서 불안과 운동 수행의 관계는 곡선적인 개념이며, 최적의 각성수준에 영향을 미치는 요인에는 개인의 특성불안 수준, 수행자의 과제에 대한 학습단계, 과제의 난이도 등이 있다.

34  **동기에 대한 설명으로 옳은 것은?**

① 내적동기는 외적 보상에 의하여 통제되는 동기를 뜻한다.
② 내적동기는 스스로 동기부여가 되지 않아 외적 보상에 관심이 없는 것이다.
③ 외적동기는 스스로 기쁨과 만족을 추구하며 활동에 참여하는 것이다.
④ 외적동기의 종류로는 확인규제, 외적규제, 의무감규제 등이 있다.

해설

동기의 종류

- 내적동기 : 스스로 기쁨과 만족을 추구하며 활동에 참여하는 것으로, 감각 체험, 과제 성취 욕구 등이 있다.
- 외적동기 : 외적 보상에 의하여 통제되는 동기로, 확인규제, 의무감규제, 외적규제 등이 있다.
- 무동기 : 스포츠 수행에 대한 어떠한 동기도 부여되지 않는 상태이다.

32 ③ 33 ③ 34 ④ 정답

35 다음 중 성취동기에 대한 설명으로 옳지 않은 것은?

○△×

① 모든 인간 행동은 기본적으로 성취를 위한 것이라고 가정한다.
② 상금, 트로피, 칭찬 같은 내적동기가 성취동기에 영향을 미친다.
③ 실패회피욕구가 적을수록 성취동기는 커진다.
④ 성공성취동기와 실패회피동기의 두 가지 개념으로 구성되어 있다.

해설

상금, 트로피, 칭찬은 외적동기이다.

성취동기와 욕구

- 성공성취욕구 : 자신감과 내적욕구 같이 성취동기에 긍정적인 영향을 주는 욕구이다.
- 실패회피욕구 : 실패에 대한 공포와 불안으로 인해 성취동기에 부정적인 영향을 준다.
- 성공성취동기가 높을수록, 실패회의욕구가 낮을수록 성취동기는 커진다.

PART 2

36 다음 중 내적동기를 높이기 위한 방법이 아닌 것은?

○△×

① 언어적 · 비언어적 칭찬을 한다.
② 연습 내용과 순서를 변경한다.
③ 성공 경험을 가지도록 한다.
④ 결과지향적인 목표에 역점을 두도록 한다.

해설

선수들의 내적동기 증진을 위해서는 결과보다 과정에 초점을 두는 것이 중요하다. 과정에 초점을 둔 내적동기 향상 방법에는 과제 난이도 조절을 통한 성공경험 제공과 운동 수행에 대해 적극적으로 칭찬하는 것 등이 있다.

37 다음 중 운동선수의 의지에 의해 통제가 가능한 귀인의 요소에 해당하는 것은?

○△×

① 능 력
② 운
③ 노 력
④ 과제 난이도

해설

귀인과 각 차원의 관계

귀인 요소	원인 소재	안정성 여부	통제가능성 여부
능 력	내 적	안정적	통제불가능
노 력	내 적	불안정적	통제가능
과제 난이도	외 적	안정적	통제불가능
운	외 적	불안정적	통제불가능

정답 35 ② 36 ④ 37 ③

38 전이의 유형 중 한 가지 과제의 수행이 다른 과제의 수행을 돕거나 촉진하는 것은?

ⓄⒶⓍ

① 영의전이
② 부적전이
③ 정적전이
④ 양측성전이

해설

전이의 분류

- 정적전이 : 한 가지 과제의 수행이 다른 과제의 수행을 돕거나 촉진하는 경우를 말한다.
- 부적전이 : 한 가지 과제의 수행이 다른 과제의 수행을 간섭하거나 제지하는 경우를 말한다.
- 영의전이 : 한 가지 과제의 수행이 다른 과제의 수행에 아무런 영향도 미치지 않는 경우를 말한다.
- 양측성전이 : 어느 한쪽 손이나 발의 특정 운동기술 발전이 반대쪽 손발 혹은 대각선의 손발에도 촉진적인 영향을 주는 경우를 말한다.

39 다음 중 운동의 심리적 효과가 아닌 것은?

ⓄⒶⓍ

① 불안 및 스트레스 감소 효과
② 서파 수면을 증가시키는 효과
③ 자기개념과 자기존중감의 향상
④ 최대산소섭취량의 증가

해설

최대산소섭취량의 증가는 운동의 생리적 효과 중 심폐계에 미치는 효과이다.

> **운동의 심리적 효과**
> - 우울증을 감소시킨다.
> - 불안 및 스트레스를 감소시킨다.
> - 활력 수준이 높아지며, 긍정적인 정서를 체험할 수 있다.
> - 서파 수면을 증가시키고, REM 수면을 감소시켜 숙면을 유도한다.
> - 자기개념과 자아존중감 향상에 기여한다.

38 ③ 39 ④ 정답

40 스포츠심리학 용어 중 다음 보기에서 설명하는 것은?

○△×

> 유도선수인 김영수는 대회에서 우승하는 자신의 모습을 상상하며 훈련에 집중하고 있다.

① 각성반응의 조절
② 자기효능감
③ 자기존중감
④ 러너스 하이(Runner's High)

해설

각성반응의 조절

심상을 통하여 성공적으로 수행하는 모습을 떠올림으로써 대처 방안을 구상하고, 과제에 집중함으로써 불안과 긴장을 조절한다.

41 경쟁불안과 운동 수행과의 관계 이론 중 보기에서 설명하는 것은?

○△×

> 인지적 불안은 초조함, 걱정과 같은 감정으로 운동 수행에 주로 부정적인 영향을 주는 반면, 신체적 불안은 생리적 각성으로 적정수준이면 운동 수행에 긍정적인 영향을 준다.

① 다차원적 이론
② 최적수행지역 이론
③ 적정수준 이론
④ 욕구 이론

해설

불안의 다차원적 이론

- 인지적 불안과 신체적 불안은 서로 독립적이며, 운동 수행에 서로 다른 영향을 준다.
- 인지적 불안과 신체적 불안의 수준에 따라 서로 다른 불안감소 기법을 적용해야 한다. 신체적 불안 수준이 높을 경우에는 점진적 이완 기법으로, 인지적 불안이 높은 경우에는 인지재구성 훈련과 같은 인지적 방법으로 불안을 감소시켜야 한다.

42 운동 수행의 목표 중 다음 보기의 내용에 해당하는 것은?

○△×

> "경기 규칙을 준수하자!"

① 장기목표
② 수행목표
③ 전략목표
④ 행동 및 태도목표

해설

행동 및 태도목표는 교육적인 관점에서 올바른 행동과 에티켓, 페어플레이 정신을 습득하도록 지도하는 것이다.

정답 40 ① 41 ① 42 ④

43 다음 중 운동 수행 목표설정 시 유의사항으로 옳은 것은?

○△×

① 목표는 크고 많을수록 좋다.
② 장기목표를 세우는 경우, 단기목표를 세울 필요는 없다.
③ 목표는 타인과의 비교 및 경쟁을 토대로 설정하는 것이 좋다.
④ 목표는 일정한 시간적인 근거를 토대로 한계성을 가져야 한다.

해설

목표설정 시 유의사항

- 목표는 구체적이어야 한다.
- 목표는 측정이 가능해야 한다.
- 목표는 수정 및 조절이 가능해야 한다.
- 목표는 현실적이고 성취 가능한 것이어야 한다.
- 목표는 일정한 시간적인 근거를 토대로 한계성을 가져야 한다.
- 긍정적인 방향으로 목표를 세워야 한다.
- 목표는 참여자의 자발적인 수용으로 이루어져야 한다.
- 타인과의 비교보다는 참여의 수행수준 향상에 관한 목표를 설정한다.
- 장기목표(상위목표)와 함께 단기목표(하위목표)를 반드시 설정한다.
- 목표달성의 진척상황을 수시로 피드백해야 한다.
- 목표달성을 위한 구체적인 전략을 명시한다.
- 너무 많은 목표를 한꺼번에 세우지 않도록 한다.
- 참여자의 목표에 대해 주위사람들이 명확히 인식하도록 하며, 참여자의 목표달성을 위해 적극적으로 지원하게 한다.

〈보기〉에서 설명하는 개념은?

○△×

> 체육관에서 관중의 함성과 응원 소리에도 불구하고, 작전타임에 코치와 선수는 서로 의사소통이 가능하다.

① 스트룹 효과(Stroop Effect)
② 지각협소화(Perceptual Narrowing)
③ 무주의 맹시(Inattention Blindness)
④ 칵테일파티 효과(Cocktail Party Effect)

해설

칵테일파티 효과(Cherry, E.C, 1953)
칵테일파티 효과는 뇌의 선택적 청취 능력으로 인해 발생하는 현상으로, 응원과 함성 소리로 인해 소란스러운 상황에서도 선수들이 코치와 의사소통이 가능한 이유를 설명할 수 있다.

43 ④ 44 ④ 정답

45 다음 보기에서 설명하는 자기결정성 이론의 동기 유형으로 가장 적절한 것은?

○△✕

> 철수는 배구에 흥미를 느끼고 스포츠클럽 활동을 시작하였다. 처음에는 사람들과의 관계를 중시하여 참가를 지속하였지만, 어느 순간 더 많은 승리를 거두는 것이 목표가 되었다. 자연스럽게 대회에도 참가하게 되었으며, 우승을 목표로 열심히 운동하고 있다.

① 무동기(Amotivation)
② 외적규제(External Regulation)
③ 확인규제(Identified Regulation)
④ 의무감규제(Introjected Regulation)

해설

② 보기는 대회의 우승이라는 외적 보상을 얻기 위해 스포츠 활동에 참여한 사례이다.
① 무동기 : 스포츠 활동 참가에 대한 아무 동기가 없는 상태이다.
③ 확인규제 : 운동 자체를 목표로 두는 것이 아닌, 다이어트나 건강 증진 등을 목표로 스포츠 활동에 참여하는 동기 유형이다.
④ 의무감규제 : 스포츠 활동 불참에 대한 죄책감이나 불안 등의 외적동기 요인이 내면화되어 스포츠 활동에 참가하는 동기 유형이다.

46 다음 보기에서 설명하는 운동 수행 중 주의집중 향상 기법은?

> • 동작을 의식적으로 수행하는 것이 아니라, 연습으로 몸에 배게 하여 자동적으로 수행하게 하는 훈련법이다.
> • 자신이 가진 기술에 대한 확신이 중요하다.

① 모의 훈련
② 과정지향 목표
③ 기능의 과학습
④ 신뢰 훈련

해설

① 모의 훈련 : 실제 경기 상황과 비슷한 환경을 만들어 실전처럼 훈련하여 집중도를 높인다.
② 과정지향 목표 : 경기의 승패와 같은 결과보다, 운동 수행의 과정을 중시하여 훈련하는 것이다.
③ 기능의 과학습 : 여러 가지 수행을 동시에 훈련하여 배분 기술을 향상시킨다.

정답 45 ② 46 ④

다음 중 보기에서 설명하는 것은?

> 선수들이 최상의 운동 수행을 발휘하는 데 필요한 이상적인 상태를 갖추기 위한 자신만의 고유한 동작이나 절차를 말한다.

① 주의집중　② 심 상
③ 루 틴　④ 동 기

해설

① 주의집중은 시합과 관련된 요인에 주의를 기울이고 이에 집중하는 것을 뜻한다.
② 심상은 기억 속에 있는 경험을 회상하며 운동을 수행하는 과정을 상상하는 것을 뜻한다.
④ 동기는 목표를 향해서 행동을 시작하도록 하는 내적 과정을 말한다.

다음 보기에 해당하는 와이너(B. Weiner)의 귀인 범주를 바르게 나열한 것은?

> 축구선수 철수는 경기에서 패배한 것을 상대 팀이 자신의 팀보다 더욱 실력이 뛰어났기 때문이라고 생각하였다.

	㉠	㉡	㉢
①	안정적 요인	외적 요인	통제 가능 요인
②	안정적 요인	외적 요인	통제 불가능 요인
③	불안정적 요인	내적 요인	통제 가능 요인
④	불안정적 요인	내적 요인	통제 불가능 요인

해설

보기에서 철수는 패배의 원인을 실력 차이로 인한 '과제 난이도'라고 생각하고 있다.

와이너(B. Weiner)의 귀인 범주

귀인 요소	안정성 차원	원인소재 차원	통제성 차원
운	불안정	외 적	통제 불가능
노 력	불안정	내 적	통제 가능
과제 난이도	안 정	외 적	통제 불가능
능 력	안 정	내 적	통제 불가능

47 ③ 48 ② 정답

49 다음 보기의 빈칸에 들어갈 용어는?

○△×

( )은 기억 속에 있는 감각 경험을 회상하여 외적인 자극 없이 내적으로 수행하는 과정이다.

① 목표설정
② 심 상
③ 체계적 둔감화
④ 인지적 재구성

해설

심 상

- 실제 운동 수행 전에 평소의 성공적인 수행 경험을 떠올리는 것으로, 운동기능 향상에 도움을 준다.
- 심상은 근육조직의 활동을 일으키며 신체적 경쟁에 준비할 수 있도록 해준다.
- 심상이 운동 수행에 있어 향상을 가져오기 위한 매개변인은 심상의 지향, 과제를 개념화시킬 수 있는 개인의 능력, 개인의 기술수준이다.

PART 2

50 다음 중 심상에 대한 설명으로 옳지 않은 것은?

○△×

① 실제 일어나지 않은 사건이라도 지각적 경험과 유사하게 발생하는 마음속의 영상을 말한다.
② 실제 연습과 병행하지 않더라도 근육 강화 효과가 매우 크다.
③ 내적 심상은 1인칭 시점으로 운동하는 모습을 상상하는 것이다.
④ 외적 심상은 외부 관찰자의 시각으로 상상한 모습이다.

해설

근육 조직의 강화에도 효과가 있으나, 실제 연습과 병행하지 않을 경우 효과가 크지 않다.

51 다음 집단 응집의 요소 내용 중 '과제 응집'에 해당하는 것은?

○△×

① 자신의 경기력에 대한 만족도
② 집단에의 소속감
③ 인정받고 싶은 욕구
④ 집단성원으로서의 자부심

해설

과제 응집(Task Cohesion)과 사회적 응집(Social Cohesion)

- 과제 응집 : 팀 성적에 대한 만족도, 집단 개별성원의 경기력에 대한 만족도, 과제 자체에 대한 만족도 등
- 사회적 응집 : 집단에의 소속감, 집단성원으로서의 자부심, 인정받고 싶은 욕구 등

정답 49 ② 50 ② 51 ①

52 집단 응집력 향상을 위한 원칙으로 옳지 않은 것은?

① 집단목표에 따른 개인목표 설정
② 구성원 간의 친밀감 형성
③ 명확한 집단목표
④ 구성원 간의 역할분담

해설

집단 응집력 향상을 위해서는 집단의 목표에 따라 개인의 목표를 조절하는 것보다, 모두의 동기부여에 도움이 되는 집단의 목표를 설정하는 것이 유리하다.

53 다음 중 사회적 태만을 방지하기 위한 방법으로 옳지 않은 것은?

① 누가 얼마나 노력했는지 확인할 수 있도록 한다.
② 타인의 역할보다는 자신의 역할에 집중할 수 있게 한다.
③ 팀 내의 상호작용을 촉진시켜 개인의 책임감을 높여야 한다.
④ 목표를 설정할 때 집단 목표와 개인 목표를 모두 설정한다.

해설

타인의 역할을 경험해 보는 것은 팀 내 상호작용을 촉진시켜 개인의 책임감을 높인다.

54 집단에서 나타나는 사회적 태만 현상에 대한 설명으로 옳지 않은 것은?

① 집단 구성원이 많을수록 책임감이 분산되어 개인이 게을러지는 현상이다.
② 개인의 동기가 감소하면서 집단의 실제 능력도 줄어든다.
③ 사회적 태만 현상이 발생하는 원인으로 할당 전략, 최대화 전략, 무임승차 전략을 들 수 있다.
④ '나 하나쯤이야' 하는 심리 현상으로서 링겔만 효과라고 한다.

해설

사회적 태만 현상이 발생하는 원인으로 할당 전략, 최소화 전략, 무임승차 전략, 반무임승차 전략을 들 수 있다.

52 ① 53 ② 54 ③ 정답

55 캐론(A. Carron)의 스포츠 팀 집단 응집력의 개념적 체계 4가지 요인이 아닌 것은?

① 환경적 요인
② 개인의 요인
③ 리더십 요인
④ 심리사회적 요인

해설

캐론(A. Carron)의 스포츠 팀 응집력의 개념적 체계
- 환경적 요인 : 계약책임, 조직의 성향
- 개인의 요인 : 개인의 성향, 만족, 개인차
- 리더십 요인 : 지도자 행동, 리더십 유형, 코치–선수 대인관계, 코치–팀 관계
- 팀 요인 : 팀의 목표, 승부욕, 팀의 능력, 팀의 안정성

56 다음 보기에서 집단 응집력의 요구수준이 높은 스포츠를 모두 고른 것은?

㉠ 야 구
㉡ 레슬링
㉢ 농 구
㉣ 핸드볼
㉤ 조 정
㉥ 아이스하키

① ㉠, ㉡, ㉤
② ㉡, ㉤, ㉥
③ ㉢, ㉣, ㉥
④ ㉡, ㉣, ㉤

해설

보기에서 집단 응집력의 요구수준이 높은 스포츠는 농구, 핸드볼, 아이스하키이다.

스포츠 종목에 따른 집단 응집력의 요구수준

집단분류	상호협력집단	상호협력–상호반응집단	상호반응집단
상호의존성	낮 음	중 간	높 음
종 목	양궁, 볼링, 육상, 골프, 사격, 스키, 레슬링	미식축구, 야구, 소프트볼, 조정, 수영	농구, 아이스하키, 축구, 핸드볼, 배구
집단응집력의 필요 정도	낮 음	중 간	높 음

정답 55 ④ 56 ③

다음 보기의 내용에 해당하는 리더십의 행동유형으로 적절한 것은?

> 지도자는 구성원의 복지에 관심을 가지며, 긍정적인 팀 분위기를 조성하고 따뜻한 인간관계를 형성한다.

① 사회적 지지행동
② 민주적 행동
③ 긍정적 보상행동
④ 전제적 행동

해설

리더십의 행동유형

훈련과 지시행동	구성원에게 힘든 훈련을 강조하며, 기술과 전술을 지도한다. 또한 집단 체계의 중요성을 강조하며, 구성원 개개인의 활동을 조정 · 통제하는 유형이다.
민주적 행동	목표설정 및 의사결정의 과정은 물론 연습방법 등에 대해서도 구성원들의 자발적인 참여를 유도한다. 또한 집단 내의 긴장과 갈등을 최소화하기 위해 위계적 서열구조를 지양하며, 구성원 간의 상호작용을 강조하는 유형이다.
전제적 행동	절대적인 권력을 행사하며, 모든 의사결정 및 집행의 과정을 독단적으로 수행한다. 구성원의 대리인으로서 행동하며 자신의 권위를 강조하는 한편, 구성원에게 복종을 요구하는 유형이다.
사회적 지지행동	구성원의 복지에 관심을 가지며, 긍정적인 팀 분위기를 조성하고 따뜻한 인간관계를 형성하는 유형이다.
긍정적 보상행동	구성원의 성과를 인정하고, 그 결과에 합당한 보상을 하기 위해 노력하는 유형이다.

58 강화에 대한 설명으로 옳지 않은 것은?

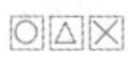

① 정적강화는 반응이나 행동발달을 촉진시킨다.
② 숙련자일수록 강화의 빈도를 늘려야 한다.
③ 부적강화는 불쾌 자극을 제거하여, 긍정적 행동의 빈도를 증가시키는 것이다.
④ 강화란 어떤 행동에 대한 자극을 제시하여, 반응 확률을 증가시키는 것이다.

해설

강화는 초보자일수록 더욱 자주 제시하고, 숙련자일수록 강화의 빈도를 감소시켜야 한다.

57 ① 58 ② 정답

59 ◯△✕

다음 중 정적강화로서의 상(償)의 올바른 사용에 해당하지 않는 것은?

① 보상이 되는 칭찬을 자주한다.
② 효과적인 강화를 위하여 상은 클수록 좋다.
③ 명확하게 설정된 목표를 달성하는 경우 상을 준다.
④ 상을 통해 참여자를 조종한다는 인상을 주지 않도록 한다.

해설

상은 무조건 클수록 좋은 것이 아니다. 결과와 비교하여 과도한 상은 피하는 것이 바람직하다.

60 ◯△✕

사회적 촉진현상에 대한 설명으로 옳지 않은 것은?

① 수행능력이 사회적 촉진자의 영향을 받는 현상으로, 관중 효과라고도 한다.
② 개인이 집단에 속해있을 때와 그렇지 않을 때의 운동 수행 결과는 다를 수 있다.
③ 관중은 초보선수의 운동 능력을 향상시킨다.
④ 관중의 종류에 따라 사회적 촉진효과가 다르다.

해설

관중의 존재는 초보선수의 불안 수준을 높여서 운동 능력을 저하시킨다.

◯△✕

다음 제시문에서 설명하는 심리기술 훈련은?

> 축구선수 A는 연습할 때 늘 좋은 실력을 보였다. 그러나 실전에서는 잔실수를 반복하며 좋은 경기력을 보이지 못하였다. 이에 대해 A선수의 다리 부분에 감지기를 부착하여 근 긴장도를 측정하고, 가슴에 감지기를 붙여 심박수를 측정하였다. 그 뒤 불안감이 상승할 때 다리 근육의 긴장도가 함께 증가하는 것을 보여주며 자신의 불안을 조절할 수 있도록 도왔다.

① 심상 훈련(Imagery Training)
② 자생 훈련(Autogenic Training)
③ 바이오피드백 훈련(Biofeedback Training)
④ 점진적 이완 훈련(Progressive Relaxation Training)

해설

제시문은 몸에 부착된 감지기를 통해 심박수, 근육 긴장 등의 생리적 기능 변화를 알려주어 신체기능을 의식적으로 조절하도록 유도하는 기법인 바이오피드백 훈련(Biofeedback Training)의 사례이다.

① 여러 감각을 동원하여 마음속으로 어떤 경험을 떠올리는 것을 심상이라 하는데, 심상을 스스로 통제하고 조절하여 효과적으로 이용할 수 있도록 연습하는 것을 심상 훈련이라 한다.
② 연속되는 회기에서 심장과 호흡을 이완하는 방법을 익혀 감각적으로 긴장을 제거하는 훈련을 말한다.
④ 모든 중요한 근육을 한 번에 하나씩 이완시켜 점차적으로 모든 근육을 이완시키고, 이를 통해 긴장 수준과 스트레스 수준을 낮추는 기법을 말한다.

정답 59 ② 60 ③ 61 ③

운동의 심리적 효과에 대한 설명으로 옳지 않은 것은?

○△✕

① 유산소 운동은 불안을 감소시키는 효과가 있다.
② 우울증 개선이 목적이라면, 운동 기간을 길게 잡는 것이 중요하다.
③ 운동 전에 자기존중감이 낮은 경우, 운동으로 인한 자기존중감 향상 효과가 크다.
④ 운동이 인지능력에 주는 효과가 가장 큰 연령층은 청소년이다.

해설

운동은 인지능력을 향상시켜주는 효과가 있는데, 장년층 · 노년층에서 가장 효과가 크다.

다음 보기에서 설명하는 자기효능감 강화 방법은?

○△✕

> 농구선수인 A는 경기의 승부를 결정짓는 마지막 자유투를 하게 되었다. 자신의 손에 오늘의 승리가 달려있다고 생각하니 불안하였지만, 지난 시즌 결승에서 자신의 버저비터(Buzzer Beater) 득점으로 승리한 경험을 떠올려 자신감을 되찾았다.

① 성공 경험
② 대리 경험
③ 언어적 설득
④ 정서적 각성

해설

보기의 사례는 성공적인 수행 경험을 떠올려 자기효능감을 강화한 사례이다.

> 운동선수의 자기효능감에 대한 선행요인과 관계
> - 성공 경험 : 과거의 성공 경험을 떠올리는 것은 자기효능감 향상에 긍정적인 영향을 준다.
> - 대리 경험 : 다른 사람의 수행을 관찰하여 형성된 관찰자의 감정은 부분적으로 자기효능감에 영향을 미친다.
> - 언어적 설득 : 수행자로 하여금 과제를 성취할 수 있는 능력이 있다는 믿음을 주는 방법이다.
> - 정서적 각성 : 특정 과제를 수행할 때의 자기효능감은 생리적 · 정서적 각성 수준의 영향을 받는다.

62 ④ 63 ① 정답

64 〈보기〉에 제시된 공격성에 관한 설명과 이론(가설)이 바르게 연결된 것은?

> • (㉠) – 환경에서 관찰과 강화로 공격행위를 학습한다.
> • (㉡) – 인간의 내부에는 공격성을 유발하는 에너지가 존재한다.
> • (㉢) – 좌절(예 목표를 추구하는 행위가 방해받는 경험)이 공격 행동을 유발한다.
> • (㉣) – 좌절이 무조건 공격행동을 유발하지 않고, 공격행동이 적절하다는 외부적 단서가 있을 때 나타난다.

	㉠	㉡	㉢	㉣
①	사회학습 이론	본능 이론	좌절–공격 가설	수정된 좌절–공격 가설
②	사회학습 이론	본능 이론	수정된 좌절–공격 가설	좌절–공격 가설
③	본능 이론	사회학습 이론	좌절–공격 가설	수정된 좌절–공격 가설
④	본능 이론	사회학습 이론	수정된 좌절–공격 가설	좌절–공격 가설

해설

㉠ 환경에서 관찰과 강화로 공격행위를 학습하는 이론은 사회학습 이론이다.
㉡ 인간의 내부에 공격성을 유발하는 에너지가 존재한다는 이론은 본능 이론이다.
㉢ 좌절이 공격 행동을 유발하는 것은 좌절–공격 가설이다.
㉣ 수정된 좌절–공격 가설은 좌절–공격 가설과 사회학습 이론이 결합된 이론으로, 좌절과 학습 모두 공격의 원인이 될 수 있고, 공격은 학습에 의해 수정될 수 있다고 보았다.

65 다음 중 불안과 각성에 대한 현장지도자의 고려사항으로 옳지 않은 것은?

① 선수가 어느 정도의 불안과 각성 수준에서 최상의 수행력을 발휘하는지 선수 스스로 파악할 수 있도록 배려한다.
② 운동 수행에 영향을 미치는 불안 수준이 개인적 · 상황적 요소의 상호작용에 의해 결정됨을 인지한다.
③ 경쟁은 모든 선수에게서 긍정적인 운동 수행 효과를 보이므로, 지도과정에서 이를 적극적으로 활용한다.
④ 동일한 상황에서도 선수의 개인차를 고려하여 불안과 각성 수준을 조정한다.

해설

경쟁이 모든 선수에게서 긍정적인 운동 수행 효과를 보이는 것은 아니다. 불안 및 각성의 수준은 선수의 개인차에 따라 다르게 나타나며, 지도자는 선수의 불안이 운동 수행에 미치는 부정적인 효과를 줄이기 위하여 노력해야 한다.

정답 64 ① 65 ③

66 스포츠심리상담에서 상담자가 활용할 수 있는 상담기법에 대한 설명으로 옳지 않은 것은?

① 라포르 – 내담자와 상담자 사이에 형성된 상호신뢰관계를 의미한다.
② 경청 – 상담자가 내담자의 언어적 · 비언어적 메시지를 듣는 과정을 의미한다.
③ 신뢰 형성 기술 – 내담자의 개인적 고민이나 감정적 호소에 귀를 기울인다.
④ 관심 보여주기 – 내담자의 말이 끝난 후 한참동안 고민하는 모습을 보인다.

해설

내담자에게는 생각할 시간을 충분히 주고 상담자는 반응을 짧게 하는 것은 '공감적 이해' 기법에 해당한다. '관심 보여주기' 기법의 예시로는 내담자 향해 앉기, 개방적 자세, 적절한 눈 맞춤, 편안한 몸짓과 표정 등이 있다.

67 운동상담사의 자질에 대한 설명으로 옳지 않은 것은?

① 풍부한 대인관계 기술이 필요하다.
② 자신의 개인적인 욕구를 상담 장면에서 드러내지 않는 극기가 필요하다.
③ 내담자의 문제에 대한 해답을 즉각적으로 제시해야 한다.
④ 스포츠에 관한 지식뿐만 아니라 사회 전반에 대한 지식을 갖춰야 한다.

해설

상담의 역할은 문제에 대한 해답을 제시하는 것이 아니라, 문제를 해결할 수 있도록 돕는 것이다. 상담사는 내담자가 해답을 직접 찾도록 유도하는 조력자의 역할을 수행해야 한다.

68 기억의 형태에 대한 설명으로 옳지 않은 것은?

① 환경으로부터의 자극이 인간의 기억체계로 들어오는 첫 단계는 감각기억이다.
② 감각기억보다 단기기억은 다소 긴 시간동안 정보를 보유할 수 있다.
③ 단기기억에 저장된 정보들이 좀 더 많은 주의나 특별한 조처를 거치면, 장기기억으로 전환된다.
④ 감각시스템으로 유입된 정보 중 필요한 정보만을 선택하여 처리하는 것이 장기기억이다.

해설

필요한 정보만을 선택하여 처리하는 것은 단기기억이다.

> 기억의 형태
>
> - 감각기억 : 환경으로부터의 자극이 기억체계로 들어오는 첫 단계가 감각 정보이며, 감각시스템을 통해서 들어온 정보는 병렬적으로 처리한다. 아주 짧은 시간 동안에 많은 양의 정보가 감각기억에 저장된다.
> - 단기기억 : 감각기억보다 다소 긴 시간 동안 정보를 보유할 수 있는 단기기억은 감각시스템으로부터 유입된 모든 정보를 처리할 수 없기 때문에, 필요한 정보만을 선택하여 처리한다.
> - 장기기억 : 단기기억에 저장된 정보들은 자극의 수용자가 더 많은 주의를 기울이거나, 특별한 조처를 취하면 장기기억으로 전환된다. 저장된 정보의 양은 단기기억에 비해 무제한적이며, 정보가 기억의 체제 속에 머무는 기간도 장기적이고 영속적이다.

66 ④ 67 ③ 68 ④ 정답

응용심화 69 성격의 정의에 대한 학자들의 견해를 연결한 것으로 옳은 것은?

> ㉠ – 성격이란 자기의 고유한 환경에서 적응을 결정짓는 개체 내의 역동적인 조직체를 말한다.
> ㉡ – 성격이란 근본적으로 현상학적인 것이며, 주로 설명적인 개념으로서 자아의 개념에 의존한다.
> ㉢ – 성격이란 인간이 주어진 환경에 놓여 있을 때 무엇을 할 것인가를 구별짓는 것을 말한다.

	㉠	㉡	㉢
①	올포트(G. Allport)	카텔(J. Cattell)	로저스(C. Rogers)
②	로저스	올포트	카텔
③	올포트	로저스	카텔
④	로저스	카텔	올포트

해설

그 외 매디(S. Maddi)는 성격이란 인간의 심리학적 행동(사고, 감정, 행위 등)에서 공통점과 차이점을 결정해 주는 항상성 있는 특징과 경향성이라고 정의했다.

70 피드백에 대한 설명으로 옳지 않은 것은?

① 현재의 수행을 유지하며 성공적인 자신의 운동 수행에 대해 자신감을 갖도록 해준다.
② 학습자의 불필요한 행동을 줄여주고 무엇을 수정해야 할지 정보를 제공한다.
③ 피드백 정보는 스스로 인지할 수 없고, 지도자나 타인의 충고에 의해 얻을 수 있다.
④ 수행자 자신의 노력에 의하여 여러 감각 수용기를 통하여 받을 수 있는 반응이다.

해설

효율적인 운동학습을 위해서는, 지도자나 타인의 충고에 의한 외재적(보강) 피드백뿐만 아니라 자신의 감각에 의한 내재적(자기통제) 피드백도 활용해야 한다.

정답 69 ③ 70 ③

71 운동심리학의 신체 활동 변화단계에 대한 설명으로 옳지 않은 것은?

① 계획 전 단계 – 현재 운동을 하고 있지 않으며, 앞으로 6개월 내에도 운동을 할 의도가 없는 단계
② 준비 전 단계 – 현재 운동을 하고 있지 않으며, 앞으로 1개월 내에도 운동을 할 의도가 없는 단계
③ 계획단계 – 현재 운동을 하고 있지 않으나, 앞으로 6개월 내에 운동을 할 의도를 가지고 있는 단계
④ 준비단계 – 규칙적으로 운동을 하고 있지 않으나, 1개월 내에 운동을 할 의도를 가지고 있는 단계

해설

변화단계 이론에서 '준비 전 단계'라는 말은 없다. 변화단계 이론은 '계획 전 단계 → 계획단계 → 준비단계 → 실천단계 → 유지단계' 과정을 거쳐 행동이 변화한다고 보았다.

72 공격행위를 환경 속에서 관찰과 강화에 의해 학습된 것이라고 설명하는 이론은?

① 좌절–공격 가설　　② 사회학습 이론
③ 생물학적 본능 이론　　④ 단서촉발 이론

해설

사회학습 이론
개인의 도덕성은 사회적 규범을 내면화함으로써 발달하는데, 내면화 과정이 부모와의 동일화 과정을 통하여 이루어지는 것이 아니라, 모델링과 강화에 의하여 이루어진다고 보는 이론이다.

73 다음 중 나이데퍼(R. Nideffer)의 주의 유형 중 '협의–외적 유형'에 해당하는 것은?

① 마라톤　　② 볼 링
③ 배 구　　④ 테니스

해설

나이데퍼(R. Nideffer)의 주의 유형
- 광의–외적 : 재빠른 상황 판단 예 농구, 배구
- 광의–내적 : 분석과 계획 예 테니스
- 협의–외적 : 하나 또는 두 개의 단서에 전적으로 주의집중 예 골프, 볼링, 미식축구 쿼터백
- 협의–내적 : 수행에 대한 정신적 연습 및 정서조절 예 마라톤, 보디빌딩

71 ② 72 ② 73 ② 정답

74 ○△✕

스포츠를 통한 인성 발달 전략에 대한 설명으로 옳지 않은 것은?

① 상황에 맞는 바람직한 행동을 설명한다.
② 도덕적으로 적절한 행동에 대하여 설명한다.
③ 바람직한 행동을 강화하고, 적대적 공격행동은 처벌한다.
④ 격한 상황에서 자신의 감정을 공격적으로 표출하도록 격려한다.

해설

④ 격한 상황에서 자신의 감정을 공격적으로 표출하도록 격려하는 것은 스포츠를 통한 인성 발달 전략이 아니다.
①·② 스포츠에 참가함으로써 도덕적·사회적 가치를 체험하고 배울 수 있다. 이를 통해 협동, 존중, 정직, 공정, 최선, 성실 등의 다양한 가치와 덕목 또한 배울 수 있다.
③ 페어플레이, 스포츠맨십 등의 스포츠 정신은 적대적이고 부도덕한 행동에 대한 처방이 될 수 있다.

PART 2

75 ○△✕

심상 훈련 프로그램 개발단계에 대한 설명으로 옳은 것은?

① 교육단계 – 선수의 심상 능력의 측정
② 습득단계 – 선명도, 조절력, 감각지각능력 향상
③ 수정단계 – 선수의 요구에 따라 체계적 연습
④ 측정단계 – 심리 훈련 프로그램의 평가 및 보완

해설

심상 훈련 프로그램 개발단계
- 교육단계 : 심상훈련에 관한 오리엔테이션
- 측정단계 : 선수의 심상 능력을 측정하는 단계
- 습득단계 : 선명도, 조절력, 감각지각능력 향상
- 연습단계 : 선수의 요구에 따라 체계적 연습
- 수정단계 : 심리 훈련 프로그램의 평가 및 보완

76

상담윤리에서 '내담자와의 관계'에 해당하지 않는 것은?

① 상담자는 내담자에게 상담의 목적과 목표, 규칙들을 미리 알려주어야 한다.
② 상담자는 내담자와 전문적 판단에 영향을 미칠 수 있는 관계를 맺어서는 안 된다.
③ 상담자와 내담자 간의 치료적 관계와 사회적 혹은 개인적 관계에 대해 주의한다.
④ 소속기관의 사정상 상담을 계속할 수 없을 때 상담자는 다른 기관이나 상담자에게 의뢰하여야 한다.

해설

내담자가 상담에서 이득을 얻지 못하거나 상담자 능력의 한계 또는 소속기관의 사정상 상담을 계속할 수 없을 때 상담자가 다른 기관이나 상담자에게 의뢰하여야 하는 것은 '상담자의 책임감'에 관한 내용이다. 또한 상담자는 내담자가 호소하는 문제를 해결함으로써 내담자의 복리를 증진시켜야할 의무가 있다.

정답 74 ④ 75 ② 76 ④

77 스포츠 심리상담의 절차로 옳은 것은?

○△X

① 접수 및 신청 → 스포츠상담 안내 및 교육 → 개인 및 팀 접촉 → 평가 및 해석 → 심리기술 훈련 → 현장적용 → 확인 및 평가
② 접수 및 신청 → 스포츠상담 안내 및 교육 → 심리기술 훈련 → 개인 및 팀 접촉 → 평가 및 해석 → 현장적용 → 확인 및 평가
③ 접수 및 신청 → 개인 및 팀 접촉 → 확인 및 평가 → 스포츠상담 안내 및 교육 → 심리기술 훈련 → 현장적용 → 평가 및 해석
④ 접수 및 신청 → 개인 및 팀 접촉 → 스포츠상담 안내 및 교육 → 심리기술 훈련 → 평가 및 해석 → 확인 및 평가 – 현장적용

해설

스포츠 심리상담의 절차

- 접수 및 신청 : 선수 정보와 호소 문제를 바탕으로 상담 방향을 설정한다.
- 스포츠상담 안내 및 교육 : 상담 목적을 확인하고 내담자의 요구를 수용하며 친밀감을 형성한다.
- 개인 및 팀 접촉 : 구조화된 상담을 한다.
- 평가 및 해석 : 심리기술 프로파일을 분석하고 심리기술을 선택한다.
- 심리기술 훈련 : 결정된 심리기술 훈련을 실제로 실시한다.
- 현장적용 : 훈련 과정에서 숙련된 심리기술을 시합상황에 적용한다.
- 확인 및 평가 : 심리기술과 심리적 성숙을 평가하고, 상담을 지속할지 종료할지 등을 결정한다.

78 운동 실천 중재전략에서 운동 실천의 환경 요인이 아닌 것은?

○△X

① 집단 응집력
② 날씨, 운동시설, 접근성
③ 행동, 신념, 운동규범의 변화
④ 운동 강도, 지속 시간, 운동 경력

해설

운동 강도, 지속 시간, 운동 경력 등은 운동 실천의 운동 특성 요인에 해당한다.

77 ① 78 ④ 정답

다음 중 합리적 행동 이론에 대한 설명으로 적절한 것은?

① 의도는 행동에 대한 태도와 주관적 규범에 의해 형성된다.
② 태도와 주관적 규범은 행동에 간접적인 영향을 주지만, 행동통제 인식은 의도뿐만 아니라 행동에 직접 영향을 준다.
③ 행동을 변화시키는 데 자기효능감, 의사결정균형, 변화과정의 세 요인이 영향을 준다.
④ 운동과 관련된 환경이나 정책은 개인 수준을 넘는 것으로 개인의 운동에 영향을 준다.

해설

② 계획행동 이론, ③ 변화단계 이론, ④ 사회생태학 이론에 대한 설명이다.

합리적 행동 이론

- 개인의 의도는 행동을 예측하는 단 하나의 변인이다.
- 의도는 행동에 대한 태도와 주관적 규범에 의해 형성된다.
- 행동에 대한 태도는 특정 행동의 실천 결과에 대한 신념과 결과에 대한 평가에 영향을 받는다.
- 주관적 규범은 타인의 기대에 대한 인식과 기대에 부응하려는 동기에 영향을 받는다.

다음 보기에서 설명하는 스포츠 참가 유형은?

> 사회기관, 학교, 매스컴 등을 통해 스포츠에 관련된 정보를 습득함으로써 이루어지는 스포츠 참가를 말한다.

① 행동적 참가
② 인지적 참가
③ 정의적 참가
④ 이차적 참가

해설

① 행동적 참가 : 경기자 자신의 직접적인 참가 활동과 선수로서의 참가 이외에 스포츠를 직접 생산하거나 소비자로서 참여하는 것이다.
③ 정의적 참가 : 실제로 스포츠에 참여하지는 않지만 감정적으로 스포츠에 깊숙이 개입하는 것을 말한다.

정답 79 ① 80 ②

CHAPTER

04 한국체육사

01 Pre-test

○×문제

01 체육 역사에 대한 견해, 해석, 관념, 사상 등은 '사료'이고, 과거 체육과 관련된 사실을 담고 있는 역사자료는 '사관'이다. [○/×]

02 선사시대에는 활쏘기, 사냥 등 생존수단으로서의 신체 활동이 주가 되었다. [○/×]

03 현대의 윷놀이는 부족국가시대에 추천이라는 용어로 지칭되었다. [○/×]

04 화랑도는 신라 진흥왕 시기에 인재 양성의 목적으로 기존 제도를 정비하여 체계화되었다. [○/×]

05 편력은 일종의 야외활동으로 시와 음악 관련 활동 및 각종 신체 활동을 포함하였고, 석전이라고도 부른다. [○/×]

해설 01 체육 역사에 대한 견해, 해석, 관념, 사상 등은 '사관'이고, 과거 체육과 관련된 사실을 담고 있는 역사자료는 '사료'이다.
03 윷놀이는 저포라는 용어로 지칭되었으며, 추천은 그네뛰기를 말한다.
05 석전은 많은 사람들이 두 편으로 나뉘어 서로 돌팔매질을 하여 승부를 겨루던 놀이로 다른 말로 변전, 편전, 편쌈이라고 부르기도 하였다.

01 × 02 ○ 03 × 04 ○ 05 × 정답

06 훈련원은 병조와 더불어 무예를 주관하는 국가 기관이다. [○/×]

07 고려시대 최고의 국립 교육기관은 성균관이다. [○/×]

08 조선시대 양반들은 성리학의 영향으로 신체 활동을 경시하여 궁술이나 격구 등의 신체 활동을 하지 않았다. [○/×]

09 우리나라의 최초의 근대적인 체육단체는 대한체육구락부이다. [○/×]

10 1925년 평양기독교청년회관에서 결성된 조선체육회는 민족주의적 체육단체로서 각종 운동대회를 개최했다. [○/×]

해설 07 성균관은 조선시대 최고의 국립 교육기관이고, 고려시대 최고의 국립 교육기관은 국자감이다.
08 신체 활동은 경시하였지만 궁술은 육예 중 하나라 하여 무신은 물론 문신들도 즐겨 하였다.
10 관서체육회에 대한 설명이다.

정답 06 ○ 07 × 08 × 09 ○ 10 ×

단답형 문제

11 부족국가시대에 사람들이 파종과 수확을 할 때 하늘에 지내던 제사는?

12 (　　)은/는 선사시대부터 존재했던 신체 활동으로서, 삼국시대에는 무사훈련을 위해 기마술과 함께 중요시되었다.

13 화랑도는 (　　)의 '세속오계'를 바탕으로 충성보국할 수 있는 문무겸비의 인재를 양성하였다.

14 의박사, 역박사, 오경박사 등의 박사제도를 운영한 나라는?

15 말을 타고 나무로 된 공을 장시라는 막대로 쳐서 골문에 넣는 고려시대의 체육 활동은?

16 (　　)은/는 고려시대 때 무신정변의 원인이 되었다.

17 개화기에 타구라고도 불렸으며 1905년 황성기독교청년회 초대 총무였던 질레트(P. Gillete)가 황성기독교청년회 회원들에게 최초로 가르친 이 스포츠는?

11 제천행사 12 활쏘기(궁술) 13 원광 14 백제 15 격구 16 수박(희) 17 야구 정답

18 1936년 (　　) 올림픽 경기대회 마라톤 종목에서는 손기정 선수가 금메달을, 1992년 (　　) 올림픽 경기대회 마라톤 종목에서는 황영조 선수가 금메달을 획득하였다.

19 정부가 국민체육을 진흥하기 위해 1962년 제정한 최초의 체육관련법은?

20 1907년에 신민회의 이승훈이 설립한 학교로, 대운동회를 매년 1회 실시하였던 학교는?

PART 2

정답 18 베를린, 바르셀로나 19 국민체육진흥법 20 오산학교

02 필수 개념문제

※ 문제의 이해도에 따라 ○△× 체크하여 완벽하게 정리하세요.

01 체육사에 관한 설명으로 옳지 않은 것은?

○△×

① 각 시대의 체육관이나 그 방법 등과 관련된 시대적 · 사회적 배경 등을 역사적으로 연구하는 학문이다.
② 현재의 체육 상황을 명확히 인식하여 이를 바탕으로 장래를 현명하게 통찰하기 위한 학문이다.
③ 스포츠와 관련하여 발생하는 사회화, 경쟁, 협동, 갈등, 사회계층 등을 연구하는 학문이다.
④ 이미 있었던 인간의 체육적 여러 사상을 연구하는 학문이다.

해설

③ 스포츠사회학의 연구영역이다.

02 선사시대의 신체문화에 대한 설명으로 옳지 않은 것은?

○△×

① 상식적, 기초적 체육이 존재했다.
② 활, 창, 돌도끼 등의 도구를 사용하는 방법은 하나의 기술로 인정되었다.
③ 석촉이 발견된 것으로 보아 궁술이 발전하였음을 알 수 있다.
④ 성인식과 주술의 문화가 존재하였다.

해설

선사시대에는 학교를 전제로 하는 오늘날의 상식적인 체육은 존재하지 않았다. 다만 수렵은 이 시대의 중요한 식량 획득의 수단이자 스포츠이기도 하였다.

03 다음 중 부족국가시대의 체육 활동으로 옳지 않은 것은?

○△×

① 사 냥　　② 격 구
③ 궁 술　　④ 씨 름

해설

격구는 당나라에서 전해진 신체문화로 고려시대에 크게 성행하였다.

01 ③ 02 ① 03 ② 정답

04 체육사 연구에서 사관(史觀)에 관한 설명으로 적절하지 않은 것은?

① 유물사관, 관념사관, 진보사관, 순환사관 등이 있다.
② 체육 역사에 대한 견해, 해석, 관념, 사상 등을 의미한다.
③ 체육 역사가의 관점으로 다양한 과거의 역사적 사실을 해석한다.
④ 과거 체육과 관련된 사실을 담고 있는 역사자료를 의미한다.

해설

사관과 사료
과거의 체육과 관련된 사실을 담고 있는 역사자료는 사료이다. 이러한 사료를 바라보는 다양한 관점들을 사관이라 한다.

05 제천행사에 대한 설명으로 옳지 않은 것은?

① 파종과 수확을 할 때 모든 사람들이 하늘에 지내는 제사이다.
② 고구려의 동맹, 부여의 영고, 옥저의 팔관회, 신라의 가배 등이 있다.
③ 제천행사 중 각종 무예가 실시되었다.
④ 하늘을 숭배하고 제사하는 원시 종교 의식이다.

해설

팔관회는 제천행사가 아니라 삼국시대에 시작되어 고려시대 국가행사로 치러진 종교행사이다.

06 부족국가시대의 생활과 신체문화에 대한 설명으로 옳지 않은 것은?

① 정신적, 육체적인 고통을 참고 이겨내야만 사회의 일원으로 인정하는 성인식은 부족 국가 사회에는 흔한 의식이었다.
② 당시의 지배층들은 무예를 통하여 유희적 생활을 하였고, 무술의 연마를 겸하여 기사로서의 사냥 등을 즐겼다.
③ 석전, 수박, 각저 등이 이 시대부터의 전통이다.
④ 무예의 교육이 궁마나 병서를 익히기 쉬운 환경에 있던 사람들에 의한 부자지간의 전수로 이루어졌다.

해설

조선시대의 무예교육에 관한 설명이다.

정답 04 ④ 05 ② 06 ④

07 신라시대 화랑도 체육에 관한 설명으로 옳지 않은 것은?

① 야외활동을 통해서 호연지기를 함양하였다.
② 신체적 단련을 통해 강한 청소년을 양성하였다.
③ 귀족자제들이 참여하여 무예수련을 하였다.
④ 유교사상을 주요 기반으로 성장하였다.

해설

유불선(儒佛仙)이 합쳐진 통합정신이 화랑도의 정신적 기반이 되어 신라가 삼국 통일을 하는 원동력이 되었다.

> **화랑도 체육**
>
> 군사 · 종교 · 예술 집단 활동으로 도덕적 품성과 미적 정조 함양, 신체적 단련을 통한 청소년 양성, '세속오계'를 바탕으로 충성보국할 수 있는 문무겸비의 인재 양성, 국가의 관료로 등용하던 교육제도로서의 기능을 하였다.

08 삼국시대의 체육 활동이 아닌 것은?

① 기마술　　② 궁 술
③ 투 호　　④ 봉 희

해설

봉희는 오늘날의 골프와 유사한 조선시대의 유희였다. 주로 왕족인 종친과 부마 그리고 문무의 고관대작들이 실시하였다.

09 삼국시대 신라의 체육사상으로 옳지 않은 것은?

① 신체미의 경시사상　　② 심신 일체론적 체육관
③ 군사주의 체육사상　　④ 불국토 사상

해설

신라 화랑도의 우두머리인 화랑은 귀족의 자제로서 외모가 수려한 자를 선발하였다. 이를 통해 신라에는 신체미 숭배사상이 있었음을 알 수 있으며, 따라서 삼국시대에 신체미를 경시했다는 것은 사실이 아니다.

07 ④　08 ④　09 ① 정답

10 삼국시대의 놀이 중 다음 보기의 내용이 설명하는 것은?

○△×

> 중국에서 도입된 놀이로서 일정한 거리에서 항아리를 놓고 화살과 같은 것을 던져 넣는 오락이다. 그러나 단순한 놀이라기보다는 궁술과 같이 사례(射禮)의 일종으로서 자신의 수양 그리고 대인 관계에서의 예의와도 관련이 있다.

① 각 저　　② 궁 술
③ 투 호　　④ 축 국

해설

투호란 '항아리 안에 넣는다'라는 의미이다. 각저는 씨름, 궁술은 활쏘기, 축국은 공차기를 말한다.

11 삼국시대에 행해졌던 저포에 대한 설명으로 옳은 것은?

○△×

① 오늘날의 바둑을 가리킨다.
② 일정한 거리에서 항아리를 놓고 화살과 같은 것을 던져 넣는 오락이었다.
③ 대나무를 가랑이에 넣고 말처럼 끌고 다니는 놀이이다.
④ 윷놀이와 유사한 형태의 놀이이다.

해설

저포는 윷놀이와 유사한 형태의 놀이이다. 오늘날의 바둑은 과거에 위기(圍棋)라고 지칭되었으며, 일정한 거리에서 항아리를 놓고 화살과 같은 것을 던져 넣는 오락은 투호이다. 대나무를 가랑이에 넣고 말처럼 끌고 다니는 놀이는 죽마놀이라 한다.

12 황성기독교청년회라는 이름으로 창설된 단체의 활동으로 옳지 않은 것은?

○△×

① 첫 사업은 제1회 전조선야구대회였다.
② 1916년 최초의 실내체육관을 건립하였다.
③ 1910년 한일병합 이후에도 스포츠 보급 활동에 기여하였다.
④ 질레트(P. Gillette) 등 외국인 선교사를 주축으로 근대스포츠를 도입하였다.

해설

① 전조선야구대회는 대한체육회의 전신인 조선체육회에 의해 1920년 11월 4일 개최되었다.
② 황성기독교청년회는 1916년 최초의 실내체육관을 건립하여 근대체육의 기틀을 마련하였다.
③ YMCA는 1903년에 창설된 후 일제강점기를 거쳐 현재에 이르기까지 스포츠 보급 활동에 기여하고 있다.
④ 질레트(P. Gillette)에 의해 야구와 농구가 도입되었고, 배구를 소개하기도 하였다.

정답 10 ③ 11 ④ 12 ①

13 삼국시대에 시행된 민속스포츠에 대한 설명으로 옳지 않은 것은?

① 격구 – 달걀 크기 정도의 공을 쳐서 일정한 거리에 있는 문에 넣는다.
② 축국 – 공을 발로 차는 놀이이다.
③ 각저 – 두 사람이 맞잡고 힘을 겨룬다.
④ 방응 – 막대기로 공을 쳐서 상대편의 문에 넣는다.

해설

방응은 매사냥을 가리키며, 일본은 이 매사냥의 문화를 백제로부터 전수받았다. 고구려, 백제, 신라 삼국이 모두 매사냥을 하였다.

14 다음 보기에 해당하는 고려시대 대표적인 국립교육기관은?

7재에 강예재를 두어 무예를 실시하였던 기관

① 국자감　② 서 당
③ 서 원　④ 성균관

해설

관리 양성 기관의 성격을 띤 국자감은 경사 6학(국자학, 태학, 사문학, 율학, 산학, 서학)과 7재[여택재(주역), 대빙재(상서), 경덕재(모시), 구인재(주례), 복응재(예기), 양정재(춘추), 강예재(무학, 병학)], 양현고, 서적포로 구성되었다.

15 고려시대 격구에 대한 설명으로 옳지 않은 것은?

① 말을 탄 채로 채를 들어 공을 쳐서 상대방의 문에 넣는 놀이이다.
② 마상타구와 보타구로 나뉜다.
③ 군사훈련의 수단이자 귀족스포츠의 성격을 지녔다.
④ 승자에게 벼슬을 주는 등 출세의 방법이 되기도 했지만, 무신정변의 원인이 되기도 했다.

해설

수박희는 승자에게 벼슬이 지급되는 등 무신으로의 출세 수단이기도 했다. 무신정변은 젊은 문신 한뢰가 수박희에서 패배한 무신 이소응의 뺨을 때리며 비웃은 사건이 발단이 되어 발생했다.

> 격 구
> - 군사훈련 · 연무 수단
> - 무예적 요소와 유희적 요소를 동시에 지님
> - 귀족들의 오락 및 여가 활동
> - 사치성으로 인해 대중적인 스포츠는 되지 못함

13 ④ 14 ① 15 ④ 정답

16 다음 중 고려시대에 귀족이 주로 즐겼던 신체문화가 아닌 것은?

○△×

① 격 구　　② 투 호
③ 방 응　　④ 석 전

해설

석전은 돌을 들고 싸우는 집단 놀이로 변전 혹은 편싸움이라고도 하며, 삼국시대부터 조선시대까지 이어진 서민들의 민속놀이다. 그밖의 고려시대 서민 민속놀이로 씨름, 그네뛰기(추천), 석전, 연날리기(풍연) 등이 있다.

PART 2

17 고려시대의 유희 중 방응에 대한 설명으로 옳은 것은?

○△×

① 가죽 주머니로 공을 만들어 발로 차던 공차기이다.
② 말을 달리면서 쏘는 궁술을 말한다.
③ 변전, 편전, 편쌈이라고도 한다.
④ 매를 놓아 사냥하는 것으로 귀족의 유희로 매우 성행하였다.

해설

고려시대의 방응
- 고려시대에 매우 성행한 왕과 귀족의 유희적 스포츠로, 매를 풀어 사냥을 하는 것이다.
- 충렬왕 즉위 1년에 응방, 응방도감이 설치되는 등 체계적 관리가 이루어졌다.
- 무예의 훈련, 체력 및 용맹성 증진의 수단으로도 사용했다.
- 이때 주인이 써 놓은 이름표를 '시치미'라고 하였으며, 이는 '시치미 떼다'라는 표현의 어원이기도 하다.

18 고려시대 신체 활동에 관한 내용으로 옳지 않은 것은?

○△×

① 연날리기는 군사적 목적과 놀이의 성격을 띠고 행해졌는데, 삼국시대부터 전승되어 조선시대에서 행해졌다.
② 격구는 귀족들에게 성행하며 무신정권기에 엄청난 규모의 경기장이나, 지나치게 화려한 말장신구 등의 사치가 극에 달할 정도였다.
③ 투호는 삼국시대부터 행해졌으며 삼국시대와는 달리 서민들이 즐기던 놀이가 되었다.
④ 매로 사냥하는 방응이 성행했다.

해설

투호는 왕족과 귀족들이 행하던 놀이였다.

정답 16 ④ 17 ④ 18 ③

19 고구려 교육기관 중 결혼 전의 청소년들이 모여서 밤낮으로 독서하고 활쏘기를 연습하던 곳은?

○△×

① 동 맹 ② 경 당
③ 국자감 ④ 화 백

해설

경당은 고구려의 사학 교육기관이다. 일반 평민층이 그들의 자제를 교육하기 위해 경전과 궁술을 가르친 곳으로 밤낮으로 독서하고 활쏘기를 연습하였다.

- 동맹 : 고구려에서 10월에 행하던 제천의식으로 '동명(東明)'이라고도 한다.
- 화백 : 신라시대 국가의 중요한 정책을 결정하던 귀족들의 회의기구이다.

다음 보기의 내용이 설명하는 놀이는?

- 삼국시대 여자들이 주로 즐기던 놀이였다.
- 축판희, 도판희(跳板戱) 등으로도 불리었다.

① 숨바꼭질 ② 널뛰기
③ 술래잡기 ④ 그네뛰기

해설

널뛰기는 긴 널빤지의 한가운데에 짚단이나 가마니로 밑을 괴고 양 끝에 한 사람씩 올라서서 마주보고 번갈아 뛰면서 즐기는 여자들의 놀이로 초판희(超板戱), 판무(板舞), 도판희(跳板戱)라고도 하였다.

21 삼국시대의 각 국가별 교육단체가 잘못 연결된 것은?

○△×

① 신라 – 화랑도
② 고구려 – 경당
③ 백제 – 의박사
④ 백제 – 태학

해설

태학은 고구려의 교육기관으로 국가 관리의 양성이 목적이었다. 백제는 의박사, 역박사, 오경박사 등의 박사제도를 도입하였다.

19 ② 20 ② 21 ④ 정답

22 〈보기〉에서 조선시대의 훈련원에 관한 설명으로 옳은 것을 모두 고른 것은?

○△☒

> ㉠ 성리학 교육을 담당하였다.
> ㉡ 활쏘기, 마상무예 등의 훈련을 실시하였다.
> ㉢ 무인 양성과 관련된 공식적인 교육 기관이었다.
> ㉣ 〈무경칠서(武經七書)〉, 〈병장설(兵將說)〉 등의 병서 습득을 장려하였다.

① ㉠, ㉡
② ㉢, ㉣
③ ㉡, ㉢, ㉣
④ ㉠, ㉡, ㉢, ㉣

해설

훈련원은 병조와 더불어 무예를 주관하는 국가 기관으로, 무예의 시험과 훈련, 병서의 강습을 담당하던 공식 교육 기관이다. 활쏘기와 마상무예에 중점을 두고 훈련을 실시하였으며 전술을 연구하기도 하였다. 조선시대에 성리학 교육을 담당한 교육 기관은 성균관, 향교, 서원이다.

23 조선시대의 육예(六藝) 중 '궁시' 등의 신체 활동과 관련이 있는 것은?

○△☒

① 서(書)
② 예(禮)
③ 사(射)
④ 수(數)

해설

육예는 '예(禮), 악(樂), 사(射), 어(御), 서(書), 수(數)'이며, 이는 각각 예학(예의범절), 악학(음악), 궁시(활쏘기), 마술(말타기 또는 마차몰기), 서예(붓글씨), 산학(수학)에 해당한다.

24 우리나라 무예를 24기로 나누고 각각의 무예를 그림으로 풀어 설명한 책으로, 무사 교육을 위한 일종의 교과서는?

○△☒

① 활인심방
② 무예도보통지
③ 무예신서
④ 활인서

해설

무예도보통지는 조선시대 정조 때 만들어진 무예서로 기존의 동양 3국의 무예서적을 참고하여 24기의 각종 기예에 대하여 종합적으로 편찬한 책이다.

정답 22 ③ 23 ③ 24 ②

25 다음 보기의 내용이 설명하는 조선시대 무예서적은?

○△✕

> • 임진왜란 이후 조선에서 무예를 체계화하고 발전시키기 위해 편찬된 무예서적이다.
> • 중국의 기예인 장창 등을 조선의 군사들이 쉽게 익힐 수 있도록 풀이한 책이다.

① 기효신서
② 무예신보
③ 무예제보
④ 무예도보통지

해설

선조는 훈련도감의 실무자인 한교를 시켜 무예제보를 편찬하도록 하였다. 무예제보는 중국의 기예인 장창 등을 조선의 군사들이 쉽게 익힐 수 있도록 풀이한 책이다.

- 기효신서 : 중국 명나라 장군 척계광이 저술한 병서로 왜군을 소탕하기 위한 목적으로 집필되었다.
- 무예신보 : 영조 때 사도세자의 명으로 무예제보의 6기에 12가지 기예를 더 넣어 편찬한 무예서이다.
- 무예도보통지 : 조선 정조 때 이덕무 · 박제가 · 백동수 등이 왕명에 따라 편찬한 종합무예서로, 무예신보의 18기에 다시 6기를 더하여 24기의 무예를 정리하여 수록하였다.

26 조선시대의 활쏘기에 대한 설명으로 옳지 않은 것은?

○△✕

① 군사훈련의 수단으로 활용되었다.
② 심신수련활동이었다.
③ 유 · 불 · 선 사상을 토대로 한 행동양식이었다.
④ 무과과목의 하나로 인재 선발의 기준이 되기도 하였다.

해설

조선시대의 활쏘기는 무과과목의 하나로 인재 선발의 기준이었으며, 군자들의 심신수련활동이었다. 왕과 신하가 활쏘기를 통해 군신 간의 예의와 화합을 유지하고, 군왕으로서 국가통치의 중요한 덕목인 학문적 소양과 더불어 무예적인 소양을 갖추기 위해 조선 초부터 대사례(大射禮)를 거행하였다.

27 조선시대의 체육사상이 아닌 것은?

○△✕

① 숭문천무와 문무겸전의 대립
② 불국토 사상
③ 자기수양 수단으로서 활쏘기 강조
④ 학사사상

해설

조선시대는 유교문화이다. 불국토는 삼국시대의 사상으로, 국가를 신성하고 존엄하게 생각하며 목숨을 걸어서라도 국토를 지켜내야 한다는 것이다.

25 ③ 26 ③ 27 ② 정답

28 이황의 활인심방에 관한 설명으로 적절하지 않은 것은?

① 명의 주권이 저술한 도가 계열의 의서를 도입한 것이다.
② 도인법, 도인체조에 관한 서적으로 예방의학적 내용이다.
③ 허준의 동의보감에 영향을 받아 저술하였다.
④ 현대의 스트레칭과 비슷한 두드리기, 다리굴신과 고대건강법이 담겨 있다.

해설

허준의 동의보감은 퇴계 이황 사후 40년이 지난 후에 완성되었다.

29 조선시대의 신체 활동 중 다음 보기에서 설명하는 것은?

> 오늘날의 필드하키와 유사한 형태의 경기로 보이는 신체문화로서 조선 후기까지 전국적으로 행해지던 집단경기였다. 편을 갈라 공기나 나무토막을 긴 막대로 쳐서 상대편 문 안에 넣은 경기로 추정된다.

① 투 호
② 장치기
③ 석 전
④ 각 저

해설

장치기에 관한 설명이다. 각저는 씨름을 말한다.

30 조선시대 궁술에 관한 설명으로 옳지 않은 것은?

① 체육 및 교육의 요소와 스포츠의 특성을 함께 지닌 무예였다.
② 목전, 철전, 유엽전, 편전, 기사 등의 종목으로 나누어졌다.
③ 성리학이 국시였던 조선에서는 궁술을 경시하였다.
④ 조선시대 무과를 비롯한 여러 시험제도에서 인재 선발의 기준이 되었다.

해설

궁술은 육예 중 하나로서 인간 형성을 지향할 수 있는 방법으로 여겨졌으며, 공자가 궁술을 인간 형성에 목적을 둔 수련행위로 보았기 때문이 특히 강조되었다. 이런 이유로 조선은 국가적인 활쏘기 행사인 대사례와 지방에서 조직적인 활쏘기 대회인 향사례와 같은 유교적 행사와 같은 제도적인 장치를 통해 활쏘기를 장려하였다.

정답 28 ③ 29 ② 30 ③

고려시대 신체 활동인 수박(手搏)에 대한 설명으로 옳지 않은 것은?

① 무신들이 반란을 일으킨 주요 원인이 되었다.
② 맨손이나 발로 격투를 벌여 상대방과 승부를 가르는 무예이다.
③ 무예 기술인 수박희 능력은 인재 선발의 기준이 되기도 했다.
④ 무인 양성을 위한 교육기관인 훈련원에서 실시하였다.

해설

훈련원은 조선시대 무인 양성을 위한 교육기관이다. 고려시대에는 국학과 향학에서 무예를 가르쳤는데, 국학 7재 중 강예제에서 수박, 궁술, 마술, 기사, 기창 등을 실시했다.

〈보기〉에서 설명하는 조선시대의 무예서는?

- 24종류의 무예가 기록되어 있다.
- 정조의 명령하에 국가사업으로 간행되었다.
- 한국, 중국, 일본의 관련 문헌 145권이 참조되었다.

① 무예제보(武藝諸譜)
② 무예신보(武藝新譜)
③ 무예도보통지(武藝圖譜通志)
④ 무예제보번역속집(武藝諸譜翻譯續集)

해설

무예도보통지

무예도보통지는 1790년 정조의 명으로 박제가, 이덕무, 백동수에 의해 간행된 병서이다. 무예제보 6기와 무예신보 18기를 바탕으로 24기의 기예를 그림과 글로 해설한 것이 특징이다. 왜란의 영향으로 기예와 창술의 내용을 강화하였으며 궁술에 관한 내용은 수록되어있지 않다.

31 ④ 32 ③ 정답

다음 보기에서 설명하는 조선시대 신체 활동은?

각저, 각력, 상박, 각희 등으로 불렸으며 현재까지 행하여지는 민속 스포츠이다. 유흥과 오락의 일면을 보였던 고려시대와 달리, 마을대항전이나 풍년을 기원하는 단오절 놀이 등 연례적인 대규모 축제에 즐겨 행하였다.

① 씨 름
② 장치기
③ 제기차기
④ 다리밟기

해설

씨름에 관한 설명이다.

> **다리밟기**
> 대보름날 밤에 다리를 밟는 전통적인 민속놀이로 이날 밤에 다리를 밟으면 다리병을 앓지 않는다고 하여 서울과 지방 각지에서 성행하였다.

PART 2

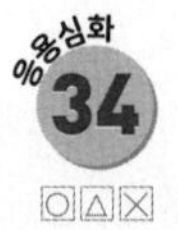

다음 보기에서 조선시대 체육과 스포츠 문화에 대한 설명으로 옳은 것을 모두 고른 것은?

㉠ 활쏘기는 육예의 하나로, 무인뿐만 아니라 문인 그리고 백성들도 익히고 즐겨한 무예이다.
㉡ 무예 시험은 '목전, 철전, 편전' 같은 활쏘기와 말을 타고 하는 '기사, 기창'이 있다.
㉢ 유교의 영향과 성리학의 발달로 숭문천무 사상이 유행하였다.
㉣ 양반과 달리 평민들은 봉희, 석전, 씨름, 장치기 등을 즐겼다.

① ㉠, ㉡
② ㉠, ㉢
③ ㉡, ㉢
④ ㉢, ㉣

해설

㉠ 활쏘기와 ㉣ 봉희는 조선시대 양반 사회에서 성행한 신체 활동이다.

정답 33 ① 34 ③

35 교육입국조서에 대한 설명으로 옳지 않은 것은?

① 우수한 청년의 해외 유학을 장려하였다.
② 1895년에 고종이 발표하였다.
③ 덕양(德養) · 체양(體養) · 지양(智養)을 교육의 3대 강령으로 삼는다.
④ 체조가 정식 과목으로 채택되는 데 영향을 주었다.

해설

우수한 청년의 해외 유학을 장려한 것은 갑오개혁의 내용이다.

교육입국조서

- 고종이 새로운 교육 제도의 필요성을 인식하고 1895년에 발표하였다.
- 교육의 기회가 전 국민으로 확대되는 데에 기여하였다.
- 전통적 유교 중심 교육에서 벗어난 지 · 덕 · 체 조화의 전인교육이 발전하는 계기가 되었다.
- 소학교 및 고등과정에서 체조가 정식과목으로 채택되는 데 영향을 주었다.

36 조선시대 무과제도와 무예에 대한 설명으로 옳은 것은?

① 무과는 초시, 복시의 2종류로 나뉜다.
② 일반 무사들은 시험을 보지 않았다.
③ 무예 시험은 목전, 철전, 편전과 같은 활쏘기와 말을 타고 하는 기사와 기창이 있다.
④ 기예를 위주로 보는 시험의 시취 내용은 무예로 이루어졌다.

해설

① 무과는 초시, 복시, 전시의 3종류로 나뉜다.
② 일반 무사들도 무예 시험을 치러야만 했다.
④ 기예를 위주로 보는 시험의 시취 내용은 무예와 논문 형태인 강서로 구분된다.

37 다음 중 '무예도보통지'에 대한 설명으로 옳은 것은?

① 정조시대에 최고의 군사운영체계를 위해 기병과 보병의 무예를 정리한 책이다.
② 임진왜란 이후 원앙진을 운용하는 데 필요한 무예를 정리한 책이다.
③ 살수무예의 필요성이 증대되면서 사도세자의 주도하에 저술한 책이다.
④ 권법, 왜검 등 임진왜란 당시 명과 왜를 통해 익힌 무예들을 추가로 정리한 책이다.

해설

② 무예제보, ③ 무예신보, ④ 무예제보번역속집에 관한 설명이다.

35 ① 36 ③ 37 ① 정답

38 조선시대의 체육에 대한 설명 중 옳지 않은 것은?

○△×

① 정조는 문과 무를 양립시키는 것을 국가를 부강하게 하는 계책으로 생각하여 규장각과 장용영(壯勇營)을 설립하고, 이를 통한 지적교육과 신체교육의 균형을 맞추기 위해 노력하였다.
② 문무겸전(文武兼全)이라는 완전한 인간을 추구하는 것이 조선시대의 전반적인 교육 사상으로 자리잡고 있어서 문신들도 무예를 훈련하는 것이 중요한 일과였다.
③ 조선은 문반과 무반의 두 사회 지도층인 양반으로 구성된 사회였으나, 정신적인 면을 중요시한 유교적 특성으로 인해 문존무비(文尊武卑)의 숭문천무(崇文賤武) 사상이 만연했다.
④ 조선시대 유학적 전통에는 활쏘기와 말을 다루는 기술이 육예(六藝)에 포함되어 있었으나, 지식적 교육에 비해 신체적 교육은 천시받던 시대였다.

해설

조선시대에는 문무겸전을 중요시했지만 현실적으로 실현되지는 않아서 문신이 무신보다 우대받았던 시대였다.

39 다음 중 원산학사에 대한 설명으로 옳지 않은 것은?

○△×

① 1883년 설립된 우리나라 최초의 근대식 학교이다.
② 정현석, 어윤중, 정헌시 등이 주체가 되어 설립하였다.
③ 설립 이듬해, 고종으로부터 교명 현판을 하사받았다.
④ 교과과정에 전통무예를 포함하였고 무예반에서 별군관을 양성하였다.

해설

고종으로부터 교명 현판을 하사받은 학교는 배재학당이다.

배재학당

- 1885년 미국 선교사 아펜젤러에 의해 설립
- 우리나라 최초로 외국인이 설립한 근대식 교육기관
- 배재학당의 기독교학생회는 훗날 YMCA의 전신이 됨

정답 38 ② 39 ③

개화기 · 일제강점기 체육단체에 대한 설명으로 옳지 않은 것은?

① 대한체육구락부는 1907년 노백린에 의해 설립된 단체로 체육의 질적 향상 및 보급이 목적이었다.
② 조선체육협회는 일제강점기에 조선의 체육 단체를 관리하기 위해 일본인 중심으로 설립된 단체이다.
③ 황성기독교청년회운동부는 1906년 설립되었으며 개화기 체육단체 중 가장 활발하게 활동했다.
④ 대한흥학회운동부는 일본 유학생 단체가 중심이 되어 1909년 도쿄에서 결성되었다.

해설

① 대한국민체육회에 대한 설명이다.

- 대한체육구락부 : 1906년 3월에 김기정, 현양운 등 30여 명에 의해 발족된 우리나라 최초의 근대적 체육 단체이다.
- 대한국민체육회 : 1907년 10월에 우리나라 근대체육의 선구자였던 노백린에 의해 설립되었다.

개화기 체육이 가지는 역사적 의미로 옳지 않은 것은?

① 한국체육사의 전환기로서 체육의 개념이 정립되고, 체육 활동 가치에 대한 근대적 각성이 일어났다.
② 체조가 교과목으로 채택되고, 고종이 교육조서를 통해 덕육, 지육과 함께 체육을 중요한 교육의 영역으로 인정했다는 점에서 교육 체계 내에서 체육의 위상이 정립되었다고 볼 수 있다.
③ 자본론적 세계주의가 스포츠와 함께 도입되어 사상적 다양성에도 영향을 미쳤다.
④ 다양한 스포츠가 도입되고 각종 사회 스포츠 단체가 설립되어 근대적 체육과 스포츠 문화가 창출된 시대였다.

해설

개화기에는 사회진화론적 자강론, 민족주의 등이 사상적 조류였다.

40 ① 41 ③ 정답

42

개화기 학교 운동회에 관한 설명으로 옳지 않은 것은?

① 최초의 운동회는 1896년 5월 2일 영어 학교에서 개최한 '화류회'이다.
② 초창기 운동회에서 실시된 종목은 주로 체조였다.
③ 운동회는 학교와 사회가 어우러진 축제였다.
④ 운동회를 통해 학교 스포츠가 발달하였다.

해설

초창기 운동회에서 실시된 종목은 주로 육상이었다.

43

다음 보기에서 일제강점기 조선교육령 공포기(1910~1914) 체육에 대한 설명으로 옳은 것을 모두 고른 것은?

㉠ 체육의 자주성 박탈과 우민화교육의 잠재적 의도를 가짐 ㉡ 학교체조에서 보통체조로 명칭 전환, 유희, 수영, 스케이팅 등이 새롭게 추가 ㉢ 체조 중심에서 유희 · 스포츠 중심으로 변경 ㉣ 전시 동원 체제에 맞는 학제로 개편하여 체육 군사화

① ㉠, ㉣ ② ㉠, ㉡
③ ㉡, ㉣ ④ ㉡, ㉢

해설

㉢ 체조교수요목 개편기 체육(1927~1941), ㉣ 통제기 체육(1941~1945)에 관한 설명이다.

44

다음 중 일제강점기에 도입된 스포츠가 아닌 것은?

① 권 투 ② 탁 구
③ 테니스 ④ 역 도

해설

테니스는 개화기인 1883년에 미국인 초대 공사 푸트(L. Foote)에 의해 도입되었고, 1908년 탁지부 일반관리의 운동회 때 정구경기종목으로 채택되었다.

정답 42 ② 43 ② 44 ③

다음 중 일제강점기에 도입된 스포츠에 대한 설명으로 옳은 것은?

① 권투는 광무대와 단성사의 주인이었던 박승필 등이 유각권구락부를 조직하여 회원들 간에 서울 단성사에서 행한 것이 처음이었다.
② 탁구는 기독교청년회에서 보급하였다. 기록상으로는 1916년 기독교청년회의 미국인 반하트(B. Banhart)가 탁구를 지도했다는 이야기와 김영구가 도입했다는 설이 있다.
③ 배구는 1916년 YMCA의 간사였던 질레트(P. Gillet)에 의해 처음 소개되었으며, 최초의 배구경기는 1917년 3월 YMCA 회원과 일본 유학생의 친선경기였다.
④ 스키는 1924년 일본인 사카구치에 의해 소개되었으며, 1927년 조선철도국이 중심이 되어 보급하였다.

해설

② 배구에 관한 설명이다.
③ 질레트가 아니라 미국인 반하트(B. Banhart)에 의해 소개되었으며, 최초의 배구경기는 1917년 3월 YMCA 회원과 서울에 거주 하던 서양인들의 친선경기였다.
④ 럭비에 관한 설명이다.

46 **다음 중 일제강점기 민족주의 체육 활동에 관한 내용으로 옳지 않은 것은?**

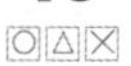

① 병식체조를 통한 민족의식 고취
② 청년회의 체육 활동
③ 근대 스포츠의 수입과 발달을 위해 노력한 YMCA 스포츠 운동
④ 전통 스포츠의 보존운동과 운동경기를 통한 저항

해설

병식체조를 통한 민족의식을 고취한 것은 개화기시대의 민족주의적 체육 양상이다.

45 ① 46 ① 정답

47

○△×

다음 보기에서 설명하는 체육단체로 옳은 것은?

> • 1925년 평양 기독교 청년회관에서 결성하였다.
> • 1934년 이래로 전 조선 빙상대회(1월)를 비롯한 체육대회 개최하였다.
> • 1934년 총독부 축구 통제령에 대한 반대 투쟁을 벌였다.

① 조선체육회　　② 관서체육회

③ 대한국민체육회　　④ 소년광창체육회

해설

① 조선체육회 : 1920년에 창립되었으며, 현 대한체육회의 전신이다.

③ 대한국민체육회 : 개화기의 체육단체로 1907년 10월에 노백린의 발기로 조직되었다. 병식체조 중심의 학교체육을 비판했다.

④ 소년광창체육회 : 1909년 조직되어 청년의 신체를 건강하게 하기 위해 체조나 정구회를 연일 거행할 계획으로 조직한 단체이나, 자세한 활동은 기록에 남아있지 않다.

48

○△×

다음 중 조선체육회에 대한 설명으로 옳지 않은 것은?

① 일본인들이 조직했던 '조선체육협회'에 대응할 수 있는 민족주의 사상을 토대로 한 단체가 필요하다는 생각에서 창립된 단체였다.

② 조선인의 체육을 지도 · 장려하는 것이 목적이었다.

③ 조선체육회는 첫 사업으로 1920년 11월 배재학교 운동장에서 제1회 전조선축구대회를 열었다.

④ 1938년 조선체육회는 일제에 의해 강제로 해산되어 조선체육협회로 통합되었다.

해설

조선체육회는 첫 사업으로 1920년 11월 배재학교 운동장에서 제1회 전조선야구대회를 열었다. 그 대회가 오늘날 전국체전의 출발점이 되었다. 전조선축구대회는 그 다음해인 1921년에 개최되었으며, 그 외에도 전조선정구대회(1921), 전조선육상경기대회(1924), 전조선종합경기대회(1934) 등의 대회를 개최하였다.

정답 47 ② 48 ③

49 다음 보기의 빈칸에 들어갈 단체로 옳은 것은?

1920년에 조직된 (   )은/는 1923년 전인천유년야구대회를 개최했고, 일본팀과 경기를 하다가 충돌하기도 하였다.

① 체조연구회
② 한용단
③ 청강체육회
④ 성계구락부

해설

① 체조연구회는 1909년 체육교사였던 조원희 등이 보성중학교에서 조직한 단체이다. 체육의 실제면에서 제기되는 기술과 이론을 연구하여, 당시 유치하고 비조직적인 수준에 머물러있던 체육을 지도, 개선, 진흥시켰으며, 이를 통해 국민의 심신을 강건하게 할 것을 지도하였다. 우리나라 체육을 병식체조에서 학교체육으로 개혁하는 데 크게 이바지하였다.
③ 청강체육회는 중등학교 재학생인 최성희 등에 의해 1910년 조직한 단체로, 매주 수요일과 일요일에 정기적으로 축구경기를 실시하였다. 교내 체육 활동의 성격을 띤 우리나라 최초의 학교체육부라고 할 수 있다.
④ 성계구락부는 1910년 농 · 상공부의 유지들 간에 친목을 도모하고 오락을 즐기기 위해 조직된 단체이다.

50 다음 중 일제강점기에 체육 활동을 통해 민족의 긍지를 높였던 민족운동에 대한 설명으로 옳지 않은 것은?

① 1936년 베를린 올림픽 마라톤에서 금메달과 동메달을 차지한 손기정과 남승룡의 쾌거는 민족적 긍지를 드높였다.
② 일본의 전통적인 스포츠와 일왕이 주관하는 대회의 불참 운동을 통해 우리 민족의 자긍심을 세웠다.
③ 1920년대 일본인들이 주최하는 대회에 참석하여 우리 민족의 우월성을 입증하고 일본을 제압하였다.
④ 민족 지도자들은 궁술, 씨름과 같은 전통경기를 부활시켜 민족적 자존심과 우리의 전통적 스포츠 정신을 보전하려고 하였다.

해설

다양한 종류의 스포츠 활동에 참가하여 일본인을 이기는 것으로 우리 민족의 자긍심을 드높였다.

49 ② 50 ② 정답

51 다음 중 일장기 말소 의거에 관한 설명으로 옳지 않은 것은?

ⓄⒶⓍ

① 동아일보 기자 이길용이 동아일보의 전속화가인 이상범에게 부탁하여 손기정 선수 유니폼의 일장기를 지워버린 채 동아일보에 실은 사건이다.

② 신문사 관련자 8명은 모두 사형 처분을 받았다.

③ 사장단은 일장기 말소 사건의 배후로 지목되어 고문을 받았다.

④ 동아일보는 1936년 8월 29일부터 무기한 정간처분을 받았다가 거의 1년 후인 1937년 6월 2일 복간되었다.

해설

사진 수정을 제안한 이길용 기자와 이상범 화가를 비롯한 8명의 사원이 구속되어 40여 일의 고초를 겪은 끝에 '언론기관에 일절 참여하지 않을 것, 시말서를 쓸 것, 다른 사건이 있을 때에는 가중 처벌을 각오할 것' 등을 내용으로 하는 서약서에 서명하고 풀려났다.

52 우리나라가 올림픽에서 최초로 금메달을 획득한 종목으로 옳은 것은?

ⓄⒶⓍ

① 육 상 ② 태권도

③ 레슬링 ④ 복 싱

해설

1976년 몬트리올 올림픽에서 레슬링 종목의 양정모 선수가 우리나라 최초로 올림픽 금메달을 획득하였다.

53 각 교육 과정의 체육 과목의 목표에 관한 내용 중 옳지 않은 것은?

ⓄⒶⓍ

① 제1차 교육과정(1954~1965)에서는 진보주의 교육사상이 도입되어 경험과 생활중심 교육을 강조하였다.

② 제3차 교육과정(1973~1981)에서는 학문중심의 교육과정으로 학문적 체계가 강조되었고 1 · 2차 교육과정에서 제시되었던 놀이 형태를 벗어나 '운동'이라는 용어를 새롭게 사용하였다.

③ 제4차 교육과정(1981~1987)의 교육 핵심내용은 자율적 인간교육과정이었다.

④ 제6차 교육과정(1992~1997)의 핵심내용과 사조는 교육과정의 분권화 실시를 통한 통합교육과정 지향과 탐구중심, 자유, 자주성을 중시하는 것이었다.

해설

제4차 교육과정의 핵심은 인간중심교육과정이었다.

정답 51 ② 52 ③ 53 ③

54 20세기 한국체육과 관련된 내용으로 옳은 것은?

○△×

① 엘리트 체육에 치중되었다.
② 남북체육교류는 1990년대부터 꾸준히 이루어지지 못하였다.
③ 체육 진흥을 주도적으로 추진해 온 주체는 민간 체육단체이다.
④ 개화기와 일제강점기 체육은 서민들의 유희와 오락거리일 뿐이었다.

해설

① 20세기 한국체육은 엘리트 체육에 집중되는 경향이 있었다.
② 남북체육교류는 조금씩이나마 이루어져 2018 평창 올림픽 여자 하키 남북 단일팀, 2018 자카르타-팔렘방 아시안게임 농구 · 카누 · 조정 남북 단일팀 등의 성과를 이뤘다.
③ 대한민국 정부는 꾸준히 체육 활동을 강조하였으며, 국민체육진흥법 등을 통해 주도적으로 체육 진흥을 추진하였다.
④ 일제강점기의 체육은 서민들의 민족정신을 고취하는 역할을 함께 수행하였다.

55 미군정기의 스포츠 활동에 대한 설명으로 옳지 않은 것은?

○△×

① 대한체육회의 전신인 조선체육회가 부활하였다.
② 조선체육회의 재건과 함께 각종 경기단체들이 설립되었다.
③ 일제의 탄압으로 중단되었던 제18회 전조선종합경기대회를 부활시켜 후일 이 대회를 26회 전국체육대회로 추인하게 되었다.
④ 헬싱키 올림픽에서 역도의 김성집이 우리나라 최초로 금메달을 획득하였다.

해설

헬싱키 올림픽은 이승만 정권기인 1952년에 개최되었다. 우리나라 최초의 올림픽 금메달은 1976년 몬트리올 올림픽에서 레슬링의 양정모가 획득했다.

56 다음 보기의 빈칸에 들어갈 말로 옳은 것은?

○△×

> 박정희 정권이 주도한 체육과 스포츠진흥운동의 큰 목적은 범국민적인 체육 및 스포츠 진흥을 통해 건전하고 강인한 국민성을 함양하려는 (　　)사상에 토대를 둔 것이었다.

① 건민주의　　② 국가주의
③ 엘리트주의　　④ 민족주의

해설

건민이란 사전적으로 '건전한 국민'을 뜻한다. 박정희의 건민사상이란 국가를 부강하게 건설하기 위해서는 우선 건전한 국민성을 길러야 한다는 신념체계이다.

54 ① 55 ④ 56 ① 정답

57 다음 보기에서 북한의 체육환경 및 남북체육교류에 관한 설명으로 옳은 것을 모두 고른 것은?

> ㉠ 1964년 도쿄 올림픽에 남북한이 단일팀으로 참가하는 것을 추진하였으나 결렬되었다.
> ㉡ 북한 체육은 국방력을 강화하고 사회주의 건설을 성공적으로 수행하기 위한 수단이다.
> ㉢ 1991년 41회 세계탁구선수권대회에서 남북 단일팀을 구성하였다.
> ㉣ 2000년 6·15 공동선언으로 조성된 남북 화해로 호주 시드니 하계올림픽에서 남북 공동 입장하였다.

① ㉠, ㉡, ㉢
② ㉠, ㉢, ㉣
③ ㉡, ㉢, ㉣
④ ㉠, ㉡, ㉢, ㉣

해설

모두 맞는 설명이다.

58 다음 보기의 정책이 시행된 순서로 옳은 것은?

O△X

> ㉠ – '체력은 국력'이라는 슬로건을 채택하고 국민체육진흥법을 제정
> ㉡ – 대한체육회와 국민생활체육회를 통합
> ㉢ – 'Sport for All Movement'라는 기조 아래 체육부를 신설하는 등 생활체육 확산
> ㉣ – 전국소년체육대회를 개최하고 학생들의 체력 향상을 위한 체력장 제도 실시

① ㉢ → ㉠ → ㉣ → ㉡
② ㉣ → ㉠ → ㉡ → ㉢
③ ㉠ → ㉢ → ㉣ → ㉡
④ ㉠ → ㉣ → ㉢ → ㉡

해설

㉠ 1960년대 초 박정희 정권에서 실시된 정책이다.
㉡ 국민생활체육회는 생활체육 활성화를 위해 1991년 설립된 단체로 2016년 대한체육회와 통합되었다.
㉢ 1980년대 전두환 정권에서 실시된 정책이다.
㉣ 1970년대 초 박정희 정권에서 실시된 정책이다.

정권별 스포츠 정책

- 미군정 : 조선체육회 부활, 전국체전 실시
- 이승만 정권 : 조선체육회를 대한체육회로 개칭, 런던 올림픽 참가
- 박정희 정권 : 국민체육진흥법 제정, 태릉선수촌 설립, 전국소년체육대회 실시, 체력장 제도 실시, 사회체육진흥 5개년 실시, 한국체육대학교 설립, 우수선수 병역면제 · 메달리스트 연금제도 도입
- 전두환 · 노태우 정권 : 국군체육부대 창설, 체육부 설립, 프로스포츠 출범, 서울 올림픽 개최, 국민체육진흥공단 설립, 국민생활체육진흥종합계획 수립
- 2000년대 이후 : 2002 월드컵 개최, 대한장애인체육회 설립, 진천선수촌 완공, 평창 동계올림픽 개최

정답 57 ④ 58 ④

59 다음 보기의 빈칸에 들어갈 내용으로 옳은 것은?

○△×

> 국민체육진흥법의 목적은 "국민의 체력을 증진하고, 건전한 정신을 함양하여 명랑한 국민 생활을 영위하게 하며, 나아가 체육을 통하여 국위선양에 이바지함을 목적으로 한다."라고 명시되어 있었다. 그러나 2021년 2월 19일부터 시행되는 '국민체육진흥법'의 목적에는 (   )(이)라는 목표와 개념이 추가되었다.

① 우수선수 육성
② 체육인 인권보호
③ 국방체육의 대중화
④ 엘리트 스포츠 타파

해설

체육지도자의 선수에 대한 성폭력, 상해와 폭행 등의 문제가 대두되고 있어 이에 대한 근본적인 해결책 마련으로 건전한 스포츠환경 조성과 체육인의 인권보호를 강화하는 한편, 스포츠의 최고의 가치인 공정성을 확보하고, 스포츠비리 등으로부터 선수를 보호하기 위하여 법을 개정하였다.

〈보기〉에서 설명하는 단체는?

○△×

> • 외국인 선교사가 근대 스포츠인 야구, 농구, 배구를 도입하였다.
> • 1916년에 실내 체육관을 준공하여, 다양한 실내 스포츠를 활성화하였다.

① 황성기독교청년회
② 대한체육구락부
③ 조선체육회
④ 조선체육협회

해설

황성기독교청년회

황성기독교청년회는 1903년 서울에서 창설된 단체이다. 총무였던 YMCA 선교사 질레트를 주축으로 하여 서구 스포츠의 보급과 한국 민속 스포츠의 부활에 기여했다.

59 ② 60 ① 정답

배재학당에 대한 설명으로 옳지 않은 것은?

① 1911년 야구반이 설치되었다.
② 선교사인 아펜젤러(H. Appenzeller)에 의해 설립되었다.
③ 통역관을 양성하여 국가의 발전을 도모하는 것이 설립 목적이다.
④ 특별활동 및 과외활동으로 야구, 축구 등의 서양식 스포츠가 행해졌다.

해설

아펜젤러(H. Appenzeller)는 배재학당의 설립목적으로 "우리는 통역관(通譯官)을 양성하거나 학교의 일군을 양성하려는 것이 아니요, 자유의 교육을 받은 사람을 내보내려는 것이다."라고 말하였다.

배재학당

- 한국 최초의 '서양식' 근대 교육기관이다.
- 선교사인 아펜젤러(H. Appenzeller)에 의해 1885년 설립되었다.
- 고종이 1886년 6월 '배재학당'이라 이름 지어 간판을 써주었다.
- 실기로서 체조와 교련이 실시되었으며, 야구나 테니스 등의 근대 스포츠도 도입되었다.

62 개화기 선교사에 의해 조직된 '황성기독교청년회'가 보급한 체육 종목이 아닌 것은?

① 야 구 ② 농 구
③ 탁 구 ④ 핸드볼

해설

1903년 미국인 선교사 필립 질레트 등이 황성기독교청년회(YMCA)를 창설하여 선교와 청년 계몽을 위해 야구, 농구, 배구, 탁구, 권투 등을 보급하였다.

63 태릉선수촌에 대한 설명이 아닌 것은?

① 국가대표선수들을 과학적으로 육성하는 기반이 되었다.
② 1966년 우수 선수 합숙소로 훈련 시설 없이 개설하였다.
③ 한국프로스포츠협회가 우수선수의 육성을 위해 건립했다.
④ 스포츠를 통한 국위선양 및 국민통합 실현의 목적이 있다.

해설

태릉선수촌

- 대한체육회가 우수선수 육성을 위해 건립하였다.
- 1966년 우수 선수 합숙소로 훈련 시설 없이 개설되었다.
- 설립 목적은 스포츠를 통한 국위선양 및 국민통합 실현이다.

정답 61 ③ 62 ④ 63 ③

64 ⭘△✕ **1990년대에 출범한 프로스포츠 종목으로 옳은 것은?**

① 프로야구 ② 프로축구
③ 프로씨름 ④ 프로농구

해설

우리나라에 프로농구가 처음 탄생한 것은 한국농구연맹(KBL)이 창립된 1996년 10월 16일이다. 프로씨름, 프로축구, 프로야구는 1980년대에 프로스포츠로 출범하였다.

65 ⭘△✕ **체육사 연구영역의 세부영역이 아닌 것은?**

① 통사적, 세계사적 영역 ② 보편적, 일반적 영역
③ 개별적, 특수적 영역 ④ 시대적, 지역적 영역

해설

체육사 연구의 세부영역
- 통사적, 세계사적 영역
- 시대적, 지역적 영역
- 개별적, 특수적 영역

66 ⭘△✕ **다음 중 한국 근 · 현대 체육사의 내용과 해당하는 연도가 적절하게 연결된 것은?**

① 1965년 – 국민체육진흥법 공포
② 1985년 – 체육부 신설
③ 1992년 – 국민체육진흥공단 설립
④ 2008년 – 문화관광부에서 문화체육관광부로 개편

해설

① 1962년 : 국민체육진흥법 공포
② 1982년 : 체육부 신설
③ 1989년 : 국민체육진흥공단 설립

64 ④ 65 ② 66 ④ 정답

조선체육회에 대한 설명으로 옳지 않은 것은?

① 1925년 제1회 조선신궁경기대회를 개최하였다.
② 일제에 의해 강제 해산되어 조선체육협회로 통합되었다.
③ 일본체육단체에 대한 대응으로 1920년 조선인 중심으로 창립되었다.
④ 첫 사업으로 제1회 전조선야구대회를 개최하였다.

해설

1925년 경성운동장 준공을 계기로, 조선체육협회를 필두로 하여 일제의 후원 아래 제1회 조선신궁경기대회가 개최되었다.

조선체육회

- 1920년 현 대한체육회의 전신인 '조선체육회' 창립
- 일본 '조선체육협회'에 대응
- 제1회 전조선야구대회 개최
- 1938년 조선체육협회에 통합

개화기 체육교육에 대한 설명으로 옳은 것은?

① 원산학사는 한국 최초로 체육과를 개설하였다.
② 개화기에 도입된 스포츠 종목은 야구, 축구, 농구, 배드민턴 등이 있다.
③ 배재학당, 이화학당 등의 신식학교에서는 체조를 교육과정에 포함하였다.
④ '전시학도체육훈련' 지침을 두어 전력 증강에 목표를 두었다.

해설

① 1883년 설립된 한국 최초의 근대식 학교인 원산학사는 무예반을 개설하여 병서와 사격 과목을 편성하였지만, 이를 최초의 체육과목으로 보기에는 무리가 있다. 현대의 체육 역할을 하였던 체조과목이 편성된 것은 1890년대의 일이며, 체육이 소학교 및 고등과에서 정식 교과목으로 채택된 것은 교육입국조서가 반포된 후의 일이다.
② 배드민턴이 우리나라에 보급된 것은 광복 이후의 일이며, 1957년 대한배드민턴협회가 조직되면서 경기적 배드민턴이 소개되기에 이르렀다.
④ '전시학도체육훈련' 지침은 일제의 제4차 조선교육령(1943.4~1945.8)에 해당하며, 체육 활동을 통제하기 위한 정책이었다.

정답 67 ① 68 ③

69 조선체육협회에 대한 설명으로 옳지 않은 것은?

○△✕

① 1919년 일본인이 중심이 되어 설립되었다.
② 조선일보사의 적극적인 후원으로 창립되었다.
③ 일본체육협회의 조선지부 역할을 담당하였다.
④ 1925년 전조선신궁대회를 개최했고, 1927년 우리나라 첫 마라톤 대회를 개최했다.

해설

조선체육협회는 조선신문사의 적극적인 후원으로 창립되었다. 조선일보사는 관서체육회에서 개최한 제1회 전조선축구대회를 후원했다.

70 일제강점기 민족주의 체육 활동에 대한 설명으로 옳지 않은 것은?

○△✕

① 일본단체가 주관하는 대회에 한국인이 참가하였다.
② 체육부를 조직하여 각종 스포츠를 한국 사회에 보급하였다.
③ 학교체육에서 순수체육보다는 군사훈련을 지향하였다.
④ 민족 전통 경기 부활과 보급이 이루어졌다.

해설

일제는 1943년 학교체육을 군사교육체제로 전환하는 등 체육 · 스포츠를 탄압하였지만, 민족주의자들은 학교체육에서 순수체육을 지향하였다.

71 일제강점기의 시기별 학교체육의 내용으로 옳은 것은?

○△✕

① 조선교육령공포기(1911~1914) – 체조 중심 교육에서 유희와 스포츠 중심 교육으로 변화하였다.
② 학교체조교수요목의 제정과 개정기(1914~1927) – 군국주의를 바탕으로 군사훈련을 강요하였다.
③ 체육통제기(1941~1945) – 체조과를 체련과(體鍊科)로 변경하고 체육을 점차 교련화하였다.
④ 학교체조교수요목개편기(1927~1941) – 일본군 체조교원을 채용하여 민족주의 체육을 규제하였다.

해설

① 조선교육령공포기(1911~1914) : 각종 유희가 도입되었지만, 유희와 스포츠 중심 체육이 이루어진 시기라고 할 수는 없다. 이 시기의 체육 목적은 체육의 자주성 박탈과 우민화 교육이었으며, 이 때문에 민족주의 체육 활동이 통제되었다.
② 학교체조교수요목의 제정과 개정기(1914~1927) : 병식체조가 교련으로 이관 분리되면서 민족주의 체육을 말살하고자 하였으며, 일본식 유희가 도입되었다.
④ 학교체조교수요목개편기(1927~1941) : 체조 중심이었던 기존의 체육 교육 방향이 유희와 스포츠 중심으로 변화하였다. 이에 따라 다양한 학교대항전과 운동경기대회가 성행한 시기이다.

69 ② 70 ③ 71 ③ 정답

YMCA가 한국 체육에 미친 영향으로 옳지 않은 것은?

① 제1회 전조선야구대회를 개최하였다.
② 야구, 농구 같은 서구스포츠를 보급했다.
③ 스포츠지도자를 양성 · 배출했다.
④ 전국적인 조직망을 통해 스포츠를 확산시켰다.

해설

제1회 전조선야구대회를 개최한 것은 조선체육회이다.

YMCA가 한국체육에 미친 영향

- YMCA 조직망을 통한 스포츠 대중화
- 서구스포츠 소개 및 활성화
- 민속스포츠인 그네뛰기, 씨름, 국궁의 부활에 기여
- 스포츠지도자 양성 · 배출
- 체육과 스포츠 가치에 관한 계몽

광복 이후 우리나라에 나타난 체육사상이나 운동에 대한 설명으로 옳지 않은 것은?

① 엘리트스포츠 육성을 통한 스포츠민족주의
② 국민체조 보급과 국민체육진흥법을 공포하여 다양한 스포츠 문화 정책 시행
③ 서양체육사상과 전통체육사상이 융합된 양토체육사상
④ 스포츠진흥정책을 통해 강건한 국민성을 함양하는 건민체육사상

해설

양토체육사상은 중국의 체육사상이다. 광복 이후 우리나라는 엘리트스포츠 육성을 통한 스포츠민족주의가 형성되기 시작하였으며, 체육진흥운동을 통한 굳건한 국민성을 함양하는 '건민체육사상'이 나타났다. 또한 국민체조를 보급하고 국민체육진흥법을 공포하는 등 다양한 스포츠 문화 정책을 펼쳐, 대중스포츠운동이 자리 잡았다.

정답 72 ① 73 ③

다음 보기에서 설명하는 정부가 시행한 체육 정책으로 옳지 않은 것은?

- '체력은 국력'이란 슬로건 채택
- '국민재건체조' 제정

① 체육의 날 제정 ② 태릉선수촌 건립
③ 국민체육진흥법공포 ④ 국군체육부대의 창설

해설

보기의 내용은 박정희 정권에 해당하는데, 국군체육부대의 창설은 1984년 전두환 정권 때이다.

박정희 정권의 체육 관련 정책

- '체력은 국력' 슬로건 채택
- 1961년 '국민재건체조' 제정
- 1962년 9월 17일 국민체육진흥법 공포
- 국민체육진흥법 제7조 1항에 근거하여, 체육의 날(10월 15일) 제정
- 국민체육진흥법 시행령 제14조에 근거하여, 매년 4월의 마지막 주를 '체육주간'으로 지정
- 1966년 태릉선수촌 완공
- 대한체육회 회관 개관
- 대한체육회, 대한올림픽위원회, 대한학교체육회의 세 사단법인이 대한체육회로 통합
- 1976년 사회체육진흥 5개년 계획을 통한 지역사회와 직장체육 진흥 정책
- 1977년 국립 한국체육대학교 설립
- 1977년 대한체육회 산하 사회체육 위원회 설치

각 차수별 교육과정에서 체육목표의 내용으로 옳지 않은 것은?

① 제1차 교육과정은 전인교육을 강조하고 특별활동을 선정하였다.
② 제2차 교육과정부터 모든 학교급에서 교과목 명칭이 '체육'으로 통일되었다.
③ 제3차 교육과정은 경험 · 생활 중심을 중요시하고 체육 교과에 레크리에이션을 추가하였다.
④ 제4차 교육과정부터 초등학교에서는 놀이를 벗어난 '운동'이라는 용어를 사용하였다.

해설

초등학교에서 놀이를 벗어난 '운동'이라는 용어를 사용한 것은 제3차 교육과정기부터이다. 제4차 교육과정기에는 개인 · 사회 · 학문을 골고루 강조한 인간중심 교육과정을 중요시하고 남녀별 교육 내용 구분, 움직임 교육과정을 도입하였다.

74 ④ 75 ④ 정답

76 남북체육교류협력 내용의 연결이 옳지 않은 것은?

○△×

① 1991년 – 남북 단일팀 기본 합의서 마련하여 단일팀 구성
② 2000년 – 시드니 올림픽 개막식 남북한 공동 입장
③ 2003년 – 대구 유니버시아드 대회 북한 선수단 파견
④ 2008년 – 베이징 올림픽 남북한 개폐회식 공동 입장

해설

2008년 베이징 올림픽에서는 정치적인 이유로 공동 입장이 무산되었다.

77 우리나라에서 개최한 국제 스포츠 대회 중 다음 보기에 해당하는 것은?

○△×

> • 일본과 치열한 유치 과정에서 적극적인 외교활동을 펼쳐 유치를 결정지었다.
> • 화합, 문화, 복지, 희망, 번영이라는 5대 특징을 가지고 이루어졌으며, 당시 역대 최대 규모의 선수단이 참가하여 최고의 성적을 거두었다.

① 1986년 서울 아시안게임
② 1988년 서울 올림픽대회
③ 2003년 대구 유니버시아드 대회
④ 2002년 한일 월드컵대회

해설

1988년 9월 17일에 개막한 서울 하계올림픽(제24회)에 대한 설명이다. 12년 만에 IOC 회원국 가운데 대부분인 160개국이 참가한 역대 최대 규모의 올림픽이었다. '손에 손잡고'가 공식 주제곡이었으며 화합, 문화, 복지, 희망, 번영이라는 5대 특징을 가지고 이루어졌다.

정답 76 ④ 77 ②

78 ○△✕ **1964년 동경 올림픽에 대비한 '우수선수강화훈련단'이 결성되어 국가대표 선수들의 훈련을 위해 1966년 설립된 체육시설은?**

① 태릉선수촌
② 잠실주경기장
③ 종합운동장
④ 태백선수촌

해설

태릉선수촌은 대한민국의 국가대표 선수 훈련을 위해 박정희 정권 1966년에 설립된 합숙기관이다. 2010년에 이르러서는 시설 노후화와 태릉과 강릉의 유네스코 문화재 복원 필요성이 맞물리면서 챔피언하우스, 승리관, 월계관, 운동장 등의 시설을 상징적으로 남기고 철거할 예정이다. 이에 따라 충청북도 진천군에 새로이 진천선수촌이 개촌하였다. 다만, 체육계에서는 지리적 편의를 이유로 태릉선수촌 철거에 반대하고 있다.

79 **대한민국의 국제대회 참가 기록으로 옳은 것은?**

① 아테네 올림픽에서 손기정 선수가 마라톤 금메달을 획득하였다.
② 서윤복 선수가 보스톤 마라톤 대회에서 우승하였다.
③ 대한민국 국호로 참가한 최초의 하계올림픽은 멜버른 올림픽이다.
④ 런던 올림픽에서 송순천 선수가 권투 밴텀급에서 한국 최초의 은메달을 획득하였다.

해설

① 손기정 선수가 마라톤 금메달을 획득한 경기는 1936년 베를린 올림픽이다.
③ 대한민국 국호로 참가한 최초의 하계올림픽은 1948년 런던 올림픽이다.
④ 송순천 선수가 권투 은메달을 획득한 올림픽은 1956년 멜버른 올림픽이다.

78 ① 79 ② 정답

80 다음 보기에서 설명하는 동계올림픽의 개최 순서로 옳은 것은?

ㅇㅿX

> ㉠ – 우리나라가 대한민국 국호와 태극기를 들고 최초로 참가한 동계올림픽
> ㉡ – 쇼트트랙에서 김기훈 선수가 대한민국 최초의 동계올림픽 금메달을 획득
> ㉢ – 남북한 공동 입장이 성사된 최초의 동계올림픽
> ㉣ – 여자 아이스하키팀이 남북 단일팀으로 참가

① ㉠ → ㉡ → ㉢ → ㉣
② ㉠ → ㉢ → ㉡ → ㉣
③ ㉠ → ㉡ → ㉣ → ㉢
④ ㉠ → ㉢ → ㉣ → ㉡

해설

㉠ 1948년 생모리츠 동계올림픽
㉡ 1992년 알베르빌 동계올림픽
㉢ 2006년 토리노 동계올림픽
㉣ 2018년 평창 동계올림픽

한국 동계올림픽의 역사

대회	내용
1948년 생모리츠	• 대한민국이 태극기를 들고 처음으로 참가한 동계올림픽이다. • 대한민국에서는 세 명의 선수가 출전하였다.
1952년 오슬로	• 6 · 25 전쟁으로 인해 대한민국이 참가하지 못하였다. • 8 · 15 광복 이후 대한민국 선수단이 참가하지 못한 유일한 동계올림픽이다.
1992년 알베르빌	• 스피드스케이팅 1,000m에 출전한 김윤만 선수가 대한민국 최초의 동계올림픽 메달을 획득하였다(은메달). • 쇼트트랙 남자 1,000m에 출전한 김기훈 선수가 대한민국 최초의 동계올림픽 금메달을 획득하였다.
2006년 토리노	• 남북한 공동 입장이 성사된 최초의 동계올림픽이다.
2018년 평창	• 우리나라에서 개최된 최초의 동계올림픽이다. • 여자 아이스하키 종목에 남북 단일팀으로 참가하였다.

정답 80 ①

CHAPTER 05

운동생리학

01 Pre-test

○×문제

01 체력은 인간 생활 활동의 기초가 되는 신체적 능력으로 방위체력과 행동체력으로 나뉘며, 행동체력은 근력과 순발력으로 나뉜다. [○/×]

02 ATP를 생성하는 대사 경로에는 ATP-PCr 시스템, 해당과정, 산화시스템이 있다. [○/×]

03 동화작용이란 체내의 복잡한 물질을 간단한 물질로 분해하는 과정을 말한다. [○/×]

04 1METs는 안정 시 1분 동안 사용한 산소의 양이다. [○/×]

해설 01 체력은 방위체력과 행동체력으로 나뉘며, 행동체력은 건강체력과 운동체력으로 나뉜다.
03 이화작용에 대한 설명이다. 동화작용은 간단한 물질을 화학적 변화를 통해 복잡한 물질로 합성하는 과정을 말한다.

01 × 02 ○ 03 × 04 ○ 정답

05 신장성 수축은 근육의 길이가 길어지면서도 힘을 발휘할 수 있는 수축으로, 근육의 길이가 늘어나는 동안 장력이 발생한다. [○/×]

06 근육의 길이를 감지하여 근육의 과도한 신장을 억제하는 기관은 근방추이다. [○/×]

07 심장은 혈액의 역류를 방지하기 위해서 3개의 판막을 가지고 있다. [○/×]

08 혈액이 산소를 운반하는 방법에는 헤모글로빈과의 결합을 통한 운반, 혈장을 통한 운반이 있다. [○/×]

09 대동맥판은 혈액이 대동맥에서 좌심실로 이동하는 것을 도와주는 기능을 한다. [○/×]

10 체온 강하 시 나타나는 생리적 반응으로는 피부혈류량 증가, 심박수 감소, 근육의 떨림 등이 있다. [○/×]

해설 07 심장은 4개의 판막을 가지고 있다.
09 대동맥판은 좌심실에서 대동맥으로 나간 혈액이 좌심실로 역류하는 것을 막아준다.
10 체온 강하 시 피부혈관 수축으로 피부혈류량이 감소한다.

정답 05 ○ 06 ○ 07 × 08 ○ 09 × 10 ×

단답형 문제

11 운동의 효과는 운동 중에 사용된 근육에만 영향을 미친다는 운동 훈련의 원리는 무엇인가?

12 세포는 항상 전위차를 유지하기 위해 세포막에서 에너지(ATP)를 써서 나트륨-칼륨펌프를 가동하는데, 세포 밖으로는 나트륨이온을 (　　　)개씩 내보내고 세포 안으로는 칼륨이온을 (　　)개씩 들여보내며 일정한 전위차를 유지한다.

13 근육수축이 시작되는 일정한 정도 이상의 자극을 무엇이라고 하는가?

14 생체 에너지원은 유기화합물인 (　　), (　　), (　　)이다.

15 매 호흡 시 일정량의 공기가 공기전달 통로에 머물러 가스 교환에 참여하지 않는 환기량을 무엇이라고 하는가?

11 특이성의 원리　12 3, 2　13 역치　14 탄수화물, 지방, 단백질　15 사강 환기량 정답

16 위급 상황이나 스트레스 상황에서 맥박 증가, 혈압 상승, 소화 억제 등을 유발하는 자율신경계는 무엇인가?

17 에피네프린과 노르에피네프린의 총칭으로 운동 시에 생리적 · 대사적 조절능력과 관련이 있는 호르몬은 무엇인가?

18 항상성 조절의 방법에는 호르몬과 신경계의 (　　), (　　)이/가 있다.

19 심장(심실)이 1회 수축하면서 내뿜는 혈액의 양을 무엇이라고 하는가?

20 피부와 공기의 수증기압 차이에 의한 열의 이동을 무엇이라고 하는가?

정답 16 교감신경계 17 카테콜아민 18 피드백, 길항작용 19 1회 박출량 20 증발

02 필수 개념문제

※ 문제의 이해도에 따라 ○△× 체크하여 완벽하게 정리하세요.

01 **운동에 관련된 용어와 그 설명의 연결이 옳지 않은 것은?**

① 체력이란 인간 생활 활동의 기초가 되는 신체적 능력을 뜻하는 말로, 방위체력과 행동체력으로 분류된다.

② 신체 활동이란 운동을 포함한 인체의 모든 움직임을 포함하는 용어이다.

③ 같은 운동자극이라면 그 반응방식은 모든 사람이 동일하다.

④ 운동이란 체육에서 통상 심신단련이나 수련을 목적으로 신체를 여러 가지로 움직이는 것을 뜻한다.

해설

같은 운동자극이라도 그 반응방식은 사람에 따라 다르게 나타나며, 이를 '운동의 특이성'이라고 한다.

02 **다음 중 보기의 내용에 해당하는 것은?**

외부로부터의 자극이나 외부환경의 변화가 내부환경에 영향을 미치는 경우, 인체는 이를 즉시 정상적인 상태로 되돌리거나 일정한 상태를 유지하려고 한다.

① 적 응

② 반 응

③ 조 절

④ 항상성

해설

인체의 기관은 고유의 기능을 수행하는 동시에, 기관계로서의 조화로운 조절활동을 통해 항상성(Homeostasis)을 유지하고자 한다. 항상성이 깨지면, 인체는 각종 이상이나 질병에 노출된다.

01 ③ 02 ④ 정답

03 운동생리학에 대한 설명으로 옳지 않은 것은?

① 인체생리학의 한 분야로서, 일시적이거나 반복적인 운동으로 야기되는 인체기관계의 반응과 적응 현상, 생리기능 변화와 그 변화의 원인을 연구하는 학문이다.
② 운동생리학의 기초지식은 다양한 대상자의 개인차에 따른 지도에 도움이 된다.
③ 인체의 발육 발달, 운동의 영향, 운동기술 습득과 발달단계에 도움이 된다.
④ 수요자의 건강욕구에 부응하기 위해 스포츠지도자에게 요구되는 지식은 건강관련 지식이 아닌, 전문적이고 세분화된 지식이다.

해설

스포츠지도자는 수요자의 건강욕구에 부응하기 위해 포괄적 건강관련 지식이 요구된다.

04 체력에 관한 설명 중 옳지 않은 것은?

① 방위체력은 운동기술을 습득하고 향상하는 데 필요한 체력을 말한다.
② 행동체력은 건강 관련 체력과 운동기술 관련 체력으로 나뉜다.
③ 건강 관련 체력은 사람이 활동하는 데 필요한 체력을 말한다.
④ 운동기술 관련 체력은 순발력, 민첩성, 평형성, 스피드 등이 있다.

해설

방위체력은 자극에 견디고 생명을 유지 · 발전시키는 데 필요한 능력이다. 방위체력은 물리 · 화학적 스트레스를 견디는 능력, 생물학적 스트레스를 견디는 능력, 생리적 스트레스를 견디는 능력 등이 있다.

05 다음 중 근피로의 주요 원인으로 옳지 않은 것은?

① 심박수의 증가
② 젖산의 생성 · 축적
③ 근글리코겐의 감소
④ ATP-PC의 감소

해설

근피로의 주요 원인

- ATP-PC의 감소
- 간글리코겐의 감소
- 근글리코겐의 감소
- 젖산의 생성 · 축적
- 암모니아의 생성 · 축적
- 칼륨이온의 축적
- 혈액의 pH 농도, 호르몬 수준, 체온 등의 변화
- 동기수준, 각성수준, 심리적 피로 등

정답 03 ④ 04 ① 05 ①

06 인원질과정(ATP–PCr 시스템)을 통해서 에너지를 공급하는 운동종목이 아닌 것은?

○△×

① 800m 수영
② 100m 달리기
③ 높이뛰기
④ 역 도

해설

운동 시간이 짧은 단거리 달리기, 다이빙 등의 고강도 운동에서는 근수축에 필요한 에너지를 무산소성 과정인 인원질과정으로 공급받는다. 800m 수영의 경우 유산소 대사를 통해 에너지를 공급받는다.

07 다음 중 ATP–PCr 시스템에 대한 설명으로 가장 옳지 않은 것은?

○△×

① 운동을 시작하면 크레아틴키나아제에 의한 ATP가 생성된다.
② 무산소성 에너지 시스템으로 고강도 근수축에 필요한 에너지를 공급한다.
③ 발생하는 에너지가 적기 때문에, 주로 저강도 근수축 운동 시에 활용된다.
④ 크레아틴인산(PCr)이 분해될 때 발생하는 에너지를 이용하여 ATP를 재합성한다.

해설

ATP–PCr 시스템은 단시간에 많은 에너지를 합성할 수 있으므로, 운동 시간이 7~8초 정도로 짧은 단거리 달리기, 다이빙 등의 고강도 운동 시에 주로 활용된다.

08 다음 중 신체의 평형을 유지하고 자세를 바로잡는 역할을 하는 것은?

○△×

① 대 뇌
② 중 뇌
③ 소 뇌
④ 간뇌(사이뇌)

해설

① 대뇌는 감각과 수의운동의 중추에 해당한다.
② 중뇌는 시각과 청각의 반사중추에 해당한다.
④ 간뇌(사이뇌)의 시상은 감각연결의 중추, 시상하부는 생리조절의 중추에 해당한다.

06 ① 07 ③ 08 ③ 정답

다음 표의 ㉠, ㉡, ㉢에 들어갈 내용으로 옳은 것은?

구 분	인원질 시스템	젖산 시스템	유산소 시스템
음식/화학적 연료	크레아틴	(㉠)	지방, 단백질, 글리코겐
산 소	사용 안함	(㉡)	사용함
반응속도	가장 빠름	빠 름	느 림
상대적 ATP 생성량	매우 적음	매우 적음	(㉢)

	㉠	㉡	㉢
①	글리코겐	사용함	적 음
②	단백질	사용함	매우 적음
③	글리코겐	사용 안함	많 음
④	지 방	사용함	적 음

해설

ATP 생성에 따른 에너지 시스템의 비교

구 분	인원질 시스템	젖산 시스템	유산소 시스템
음식/화학적 연료	크레아틴	글리코겐	지방, 단백질, 글리코겐
산 소	사용 안함	사용 안함	사용함
반응속도	가장 빠름	빠 름	느 림
상대적 ATP 생성량	매우 적음	매우 적음	많 음

다음 중 지방에 대한 설명으로 옳지 않은 것은?

① 유리지방산 형태로 가수분해된 지방은 혈액을 타고 돌며 신체의 에너지원으로 활용된다.
② 체내에 칼로리 섭취가 부족한 경우 중성지방을 분해하여 에너지원으로 사용한다.
③ 중성지방은 리파아제에 의해 지방산과 글리세롤로 분해된다.
④ 운동 강도가 증가함에 따라 에너지 생산을 위한 주연료는 탄수화물에서 지방으로 전환된다.

해설

운동 강도가 증가함에 따라 에너지 생산을 위한 주연료는 지방에서 탄수화물로 전환된다.

정답 09 ③ 10 ④

PART 2

11 ○△✕

다음 보기의 빈칸에 들어갈 적절한 용어는?

> (　　　)는 유기화합물 분해를 통해 생성되는, 근수축 지속에 필요한 에너지를 말한다.

① 생체에너지
② 화학적 에너지
③ 역학적 에너지
④ 전기에너지

해설

② 화학적 에너지 : 화학 결합에 의해 물질 내에 보존되어 있는 에너지를 말한다.
③ 역학적 에너지 : 역학적인 상태에 의하여 정해지는 에너지로 '기계적 에너지'라고도 한다.
④ 전기에너지 : 전자의 이동으로 발생하는 에너지를 말한다.

○△✕

체중이 56kg인 혜수가 줄넘기를 10METs 강도로 10분 간 하였을 때, 운동 중 소비한 총 칼로리의 값은?

① 94kcal　　② 96kcal
③ 98kcal　　④ 100kcal

해설

안정 시 체중 1kg에 대한 분당 산소섭취량은 3.5mL이며, 이를 대사당량(MET ; Metabolic Equivalent)이라고 한다. MET의 단위는 mL/kg/min을 사용하며, 1MET는 3.5(mL/kg/min)이다. 1MET는 체중 1kg일 때의 분당 산소섭취량을 의미하므로, 몸무게가 56kg일 때의 분당 산소섭취량은 '3.5(mL/kg/min) × 56(kg)'으로 구할 수 있다. 그런데 1kcal의 에너지를 발생시키기 위해서는 산소가 약 200mL 필요하므로, 몸무게가 56kg인 혜수의 분당 소비 칼로리는 '3.5(mL/kg/min) × 56(kg) ÷ 200(mL)'으로 구할 수 있다. 여기서 운동의 강도가 10METs이고 운동 시간이 10분이므로, 이때의 총 운동 소비 칼로리는 10(METs) × 3.5(mL/kg/min) × 56(kg) ÷ 200(mL) × 10(min) = 98(kcal)이다.

11 ① 12 ③ 정답

13 다음 신경계의 구조를 도식화한 그림 중 ㉠, ㉡, ㉢에 들어갈 말로 옳은 것은?

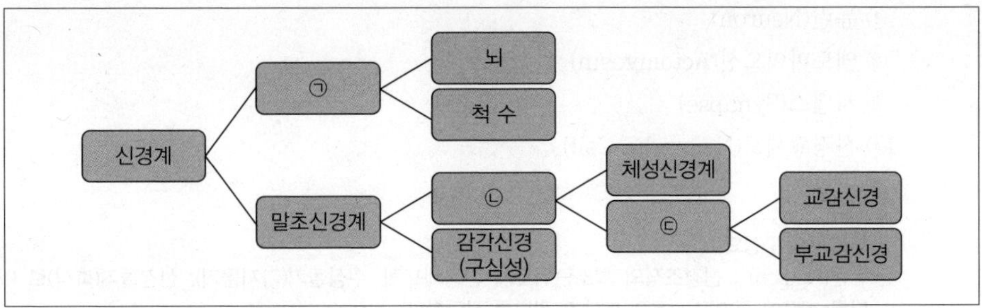

	㉠	㉡	㉢
①	운동신경계	중추신경	자율신경계
②	중추신경계	운동신경(원심성)	자율신경계
③	운동신경계	자율신경	중추신경계
④	중추신경계	운동신경(원심성)	중추신경계

해설

- 중추신경계는 뇌와 척수로 구성되며 말초신경계는 중추신경계 외부의 모든 신경구조를 의미한다.
- 운동신경(원심성)은 중추신경계에서 얻은 정보를 근섬유나 내장기관으로 전달하며, 체성신경계와 자율신경계로 구분할 수 있다.
- 자율신경계는 내장근, 평활근, 심장근, 내분비선 같은 불수의적인 운동을 조절하며, 신체의 내부 환경을 일정하게 유지하는 항상성(Homeostasis) 조절에 중요한 역할을 한다.

14 척수에서 받은 정보를 조절하여 대뇌피질로 보내는 그물처럼 생긴 신경망으로 뇌간과 시상을 연결하는 기관은?

① 소 뇌
② 망상체
③ 척 수
④ 전정기관

해설

① 소뇌 : 골격근을 조절하여 몸의 평형을 유지하고, 운동을 조절하여 복잡한 운동이 가능하도록 한다.
③ 척수 : 척추 내에 위치하는 중추신경으로 뇌와 말초신경의 감각과 운동신경을 연결한다.
④ 전정기관 : 귀의 내이에 위치하며 균형, 평형, 회전운동을 감지하는 중추평형기관이다.

정답 13 ② 14 ②

15 ○△✕

다음 중 신경조직의 최소단위로서 '신경원'에 해당하는 것은?

① 뉴런(Neuron)
② 액토마이오신(Actomyosin)
③ 시냅스(Synapse)
④ 신경교세포(Neuroglia Cell)

해설

신경조직의 구성요소
- 뉴런(Neuron) : 신경조직의 최소단위로서 신경세포체, 수상돌기(가지돌기), 신경돌기(축삭)로 이루어지며, 다른 세포에 전기적 신호의 형태로 정보를 전달한다.
- 시냅스(Synapse) : 뉴런과 뉴런 사이에 접합하는 부위로서, 신경세포의 충격이 다음 신경세포로 전달된다.
- 신경교세포(Neuroglia Cell) : 신경세포의 보호 및 지지, 영양소 공급 등 신경세포의 환경적인 조건을 제공하는 역할을 한다.

16 ○△✕

뉴런의 종류 중에서 다음 보기의 내용으로 옳은 것은?

- 감각 뉴런에서 전달된 자극에 적절한 명령을 내린다.
- 감각 뉴런과 운동 뉴런을 연결한다.
- 뇌와 척수를 구성한다.

① 구심성 뉴런
② 연합 뉴런
③ 원심성 뉴런
④ 중운동 뉴런

해설

뉴런의 종류

구분	내용
감각 뉴런(구심성 뉴런)	• 감각기관에서 받아들인 자극을 연합 뉴런으로 전달 • 감각 뉴런이 모여 감각 신경을 이룸
연합 뉴런(혼합 뉴런)	• 감각 뉴런에서 전달된 자극에 적절한 명령을 내림 • 감각 뉴런과 운동 뉴런을 연결 • 뇌와 척수를 구성
운동 뉴런(원심성 뉴런)	• 연합 뉴런의 명령을 반응기관으로 전달 • 운동 뉴런이 모여 운동 신경을 이룸 • 전체 신경의 약 60%에 해당함

15 ① 16 ② 정답

다음 보기의 신경전달물질 중 흥분성 전달물질로 옳은 것을 모두 고른 것은?

㉠ 글라이신	㉡ 글루탐산
㉢ 아드레날린	㉣ GABA

① ㉠, ㉢　　② ㉡, ㉢, ㉣
③ ㉠, ㉡, ㉢　　④ ㉡, ㉢

해설

- 흥분성 신경전달물질 : 아드레날린, 글루탐산
- 억제성 신경전달물질 : 글라이신, GABA, 엔도르핀(일반적으로 억제성), 세로토닌(일반적으로 억제성, 일부 흥분성)

PART 2

18 ◯△✕ **다음 중 골격근에 대한 설명으로 옳지 않은 것은?**

① 근육의 모양은 횡문근이다.
② 수의적으로 움직이는 것이 불가능하다.
③ 자세유지 기능이 있다.
④ 근원섬유는 미세섬유로 구성된다.

해설

골격근은 생체의 의사에 따라 근육운동을 유발시킬 수 있는 수의근이다.

다음 중 지근섬유에 관한 설명으로 옳은 것은?

① 흰색을 띠고 있기 때문에 백근(White Muscle)이라고 한다.
② 지근섬유에 포함된 마이오글로빈은 산소를 운반하는 역할을 한다.
③ 모세혈관망이 발달되어 있다.
④ 단시간 운동에너지 생성에 적합하다.

해설

① 지근섬유는 마이오글로빈 함량이 높아서 붉은 색을 띠고 있기 때문에 적근(Red Muscle)이라고 한다.
② 마이오글로빈은 산소를 저장하는 역할을 한다.
④ 지근섬유는 미토콘드리아 수가 많기 때문에 장시간 운동에너지 생성에 적합하다.

정답 17 ④ 18 ② 19 ③

다음 중 속근섬유에 대한 설명으로 옳지 않은 것은?

① 백근(White Muscle)이라고 한다.
② 에너지 생성속도가 빠르다.
③ 무산소적 대사능력이 높다.
④ 장시간의 활동에 적합하다.

해설

④ 산소 부족 상태에서도 탄수화물 분해 능력이 크기 때문에 단시간 무산소 운동에 적합하다.
① 속근섬유는 백근(White Muscle)이라고 한다.
② 근육의 동원 속도가 빠른 대신, 지근섬유에 비해 쉽게 피로해진다. 에너지 생성속도가 빠르고, 젖산을 분해하여 에너지를 생성하는 능력을 갖고 있다.
③ 인원질량이 많고 마이오신 ATPase 활성도가 높기 때문에 무산소적 대사능력이 높다.

21 **다음 중 기관계의 종류 및 기능에 대한 설명으로 옳지 않은 것은?**

① 골격계는 인체의 지주역할을 하며, 뼈 · 연골 · 인대 등이 속한다.
② 호흡기계는 산소를 공급하고 이산화탄소를 배출하며, 코 · 인두 · 후두 · 기관 · 기관지 등이 속한다.
③ 순환기계는 음식물 및 에너지를 공급하며, 입 · 식도 · 위 · 소장 · 대장 등이 속한다.
④ 내분비계는 호르몬을 생산 · 분비하는 역할을 하며, 갑상선 · 췌장 · 난소 등이 속한다.

해설

입, 식도, 위, 소장, 대장 등이 속하며, 음식물 및 에너지를 공급하는 것은 소화기계에 대한 설명이다. 순환기계는 영양분을 공급하고 노폐물을 운반하는 기능을 하며, 심장, 혈액, 혈관, 림프계 등이 속한다.

22 **다음 보기의 빈칸에 들어갈 내용으로 적절한 것은?**

> 근육미세섬유인 근세사에는 가는 근육미세섬유인 (㉠)와/과 굵은 근육미세섬유인 (㉡)이/가 있다.

	㉠	㉡
①	액틴(Actin)	마이오신(Myosin)
②	마이오신(Myosin)	액틴(Actin)
③	트로포닌(Troponin)	트로포마이오신(Tropomyosin)
④	트로포마이오신(Tropomyosin)	트로포닌(Troponin)

해설

근육의 구조
- 근육은 근섬유가 모여 형성된 근육다발이 다시 여러 개의 다발을 이룬 형태이다.
- 근섬유를 감싸는 막을 '근막'이라 한다.
- 근섬유에는 근원섬유가 나란히 근형질 속에 묻혀 있는데, 근원섬유는 많은 미세섬유(근세사)로 되어 있다.
- 미세섬유는 굵은 세사인 마이오신(Myosin)과 가는 세사인 액틴(Actin), 트로포마이오신(Tropomyosin), 트로포닌(Troponin)으로 구성된다.

20 ④ 21 ③ 22 ① 정답

23 다음 중 근섬유의 종류와 특징에 대한 설명으로 옳은 것은?

① 지근은 지구성 운동에 유리한 근육이다.
② 지근섬유는 속근섬유보다 근피로 저항력이 낮다.
③ 속근섬유는 지근섬유에 비해 수축 속도가 느리다.
④ 속근섬유a는 속근섬유x보다 유산소성 능력이 더 낮다.

해설

② 지근섬유는 속근섬유보다 근피로에 대한 저항력이 높다.
③ 속근섬유는 지근섬유에 비해 수축 속도가 빠르므로, 폭발적인 스피드가 필요한 운동에 적합하다.
④ 속근섬유a는 속근섬유x보다 유산소성 능력이 높다.

근섬유의 유형별 특징

구 분	수축 속도	근피로 저항력	유산소성 능력	무산소성 능력
지근섬유 (Type I)	느 림	높 음	높 음	낮 음
속근섬유a (Type II a)	빠 름	보 통	중 간	높 음
속근섬유x (Type II x)	빠 름	낮 음	낮 음	매우 높음

24 해당과정(Glycolysis)에 대한 설명으로 옳지 않은 것은?

① 주 에너지 공급원은 글루코스와 유리지방산이다.
② 세포 내의 산소 공급이 없을 때 에너지를 얻는 방법이다.
③ 1분자의 포도당(글루코스)이 분해되면서, 2분자의 ATP와 2분자의 피루브산(Pyruvate)이 생성된다.
④ 400m 전력 달리기 시 필요한 ATP를 공급한다.

해설

주 에너지 공급원이 글루코스와 유리지방산인 시스템은 산화시스템(유산소 대사)이다.

정답 23 ① 24 ①

다음 중 근수축 시 발생하는 변화로 옳지 않은 것은?

	구 분	수축기	이완기
①	근원섬유마디	길어짐	짧아짐
②	I대	짧아짐	길어짐
③	H대	짧아짐	길어짐
④	필라멘트 중첩부	길어짐	짧아짐

해설

근수축 시 근육 내의 변화
근수축 시 필라멘트의 길이는 변하지 않지만, 근원섬유마디의 길이는 짧아진다.

26 다음 중 근육통의 원인이 아닌 것은?

① 근육 내 젖산 생성
② 세포 내 칼슘이온의 항상성 파괴
③ 근육 연결조직의 파열
④ ATP-PC의 감소

해설

'ATP-PC의 감소'는 단시간에 고강도 운동을 하는 경우의 근피로에 해당하는 원인이다. 근육통은 고강도의 격렬한 운동을 수행한 후 하루나 이틀 동안 경험하는 통증이다. 근육통의 원인에는 근육 내 젖산 생성, 근육 경련, 근육 및 연결조직의 파열, 세포 내 칼슘이온의 항상성 파괴 등이 있다.

다음 중 보기의 내용에 해당하는 근수축은?

- 근수축 시 근육에 주어지는 부하는 변하지만 근육의 길이 변화는 거의 없다.
- 철봉 매달리기, 줄다리기 등의 운동과 연관된다.

① 등속성 수축
② 등장성 수축
③ 등척성 수축
④ 구심성 수축

해설

근수축의 종류

등척성 수축	• 근수축 시 근육에 주어지는 부하는 변하지만 근육의 길이에는 변화가 거의 없다. • '정적 수축' 또는 '유지 수축'이라고도 한다.
등장성 수축	• 근육의 길이가 짧아지는 구심성(단축성) 수축, 근육의 길이가 길어지는 원심성(신장성) 수축으로 구분된다.
등속성 수축	• 특수한 기구나 장비를 사용하여 근수축으로 인한 길이의 변화에 따라 부하를 변화시키는 것이다. • 관절각이 동일한 속도로 움직이는 수축 형태이다.

25 ① 26 ④ 27 ③ 정답

28 장시간 고강도 유산소성 운동 시 피로를 지연시키거나 회복하기 위한 방법으로 옳지 않은 것은?

① 운동 전에 글리코겐 로딩을 실시한다.
② 운동 중 스포츠 음료를 섭취한다.
③ 운동 후 1~2시간 이내에 충분한 수분과 글리코겐을 섭취한다.
④ 운동 직후 회복을 위해 최대한 움직이지 않고 안정을 취한다.

해설

장시간 고강도 유산소 운동 후 가벼운 운동으로 젖산을 제거하는 것이 좋다.

29 호르몬의 특성으로 옳지 않은 것은?

① 내분비샘에서 분비된 후 혈액을 통해 이동하며, 표적 기관이나 표적 세포에만 작용한다.
② 미량으로 여러 생리 작용을 조절한다.
③ 분비량이 많으면 과다증, 분비량이 적으면 결핍증이 나타난다.
④ 신경계보다 신호 전달 속도가 빠르지만, 작용 범위가 좁고 효과가 짧게 지속된다.

해설

호르몬에 의한 작용은 신경계보다 신호 전달 속도가 느리지만, 작용 범위가 넓고 효과가 오래 지속된다.

30 뇌하수체 전엽에서 분비되는 성장호르몬의 기능에 대한 설명으로 옳은 것은?

① 단백질, 지방, 탄수화물 대사와 모든 조직의 성장에 영향을 미친다.
② 신장에서 물의 재흡수를 촉진시켜 체내 수분량을 조절한다.
③ 갑상선 호르몬의 합성과 분비를 유도한다.
④ 부신피질에 작용하여 선세포(Glandular Cell)를 증식시키고, 호르몬의 합성과 분비를 촉진한다.

해설

② 항이뇨호르몬, ③ 갑상선자극호르몬, ④ 부신피질자극호르몬에 대한 설명이다.

성장호르몬 역할

- 근육을 성장시킨다.
- 단백질, 지방, 탄수화물 대사와 모든 조직의 성장에 영향을 준다.
- 혈장 포도당 이용을 감소시켜서 인슐린 활성을 억제한다.
- 간에서 포도당 합성을 증가시킨다.
- 지방조직으로부터 지방산 동원을 증가시킨다.

정답 28 ④ 29 ④ 30 ①

31 다음 중 분비되는 내분비기관이 다른 호르몬은?

○△×

① 성장호르몬
② 갑상선자극호르몬
③ 부신피질자극호르몬
④ 티록신

해설

①·②·③ 뇌하수체 전엽에서 분비되는 호르몬이다.
④ 갑상선에서 분비되는 호르몬이다.

32 운동에 따른 호르몬의 반응으로 옳지 않은 것은?

○△×

① 운동을 마치면 호르몬 분비량이 감소하면서, 혈중 호르몬 농도가 즉시 떨어진다.
② 장시간 운동 시, 뇌하수체와 부신의 기능 저하로 호르몬 분비가 줄면서 피로해진다.
③ 운동을 시작하면 아드레날린과 노르아드레날린이 빠르게 분비·작용한다.
④ 호르몬은 운동 중 근육에 에너지를 공급하기 위해 글루코스를 분해하여 혈중 포도당을 증가시킨다.

해설

운동을 마치고 회복기에 접어들면, 호르몬 분비량은 감소하지만, 혈액 중 호르몬 농도는 한동안 높은 값을 유지한다.

33 다음 중 알도스테론에 대한 설명으로 옳은 것은?

○△×

① 수분과 혈장량 조절 기능이 있다.
② 교감신경계의 신경자극에 의해 분비된다.
③ 심박출량을 증가시키고, 근육 및 간에서 글리코겐의 분해를 촉진한다.
④ 염증 및 알레르기 증상을 완화한다.

해설

②·③ 부신수질호르몬에 관한 설명이다.
④ 코르티솔에 관한 설명이다.

알도스테론(전해질 코르티코이드)의 기능

- 수분과 혈장량 조절(Na^+/H_2O 균형)
- 소듐과 포타슘의 균형 유지
- 신장 혈압 강하 또는 신장에 대한 교감신경계 활성화

31 ④ 32 ① 33 ① 정답

34 다음 중 코르티솔에 대한 설명으로 옳지 않은 것은?

○△✕

① 포도당을 새로 만드는 작용을 촉진한다.
② 자궁 근육을 수축시키고, 모유 분비를 촉진한다.
③ 염증 및 알레르기 증상을 완화한다.
④ 말초신경 조직에서 항인슐린작용 및 소염작용을 한다.

해설

옥시토신은 뇌하수체 후엽에서 분비되는 호르몬으로, 자궁 근육을 수축시키고 모유 분비를 촉진한다.

코르티솔(당질 코르티코이드)의 기능

- 간에서 글리코겐 합성
- 말초신경 조직에서 항인슐린작용 및 소염작용
- 간 이외의 말초조직에서 아미노산 분해 촉진
- 염증 및 알레르기 증상을 완화
- 포도당을 새로 만드는 작용(당신생 작용)을 촉진
- 혈중 글루코스 농도의 상승
- 지방세포에서 지방분해를 촉진

PART 2

35 다음 보기에서 설명하는 호르몬으로 옳은 것은?

○△✕

- 내분비기능을 갖고 있는 생식기관(정소, 난소)에서 분비된다.
- 남성호르몬에는 테스토스테론, 안드로스테론, 아드레노스테론 등이 있는데, 일괄해서 안드로겐이라고 한다.
- 여성호르몬에는 에스트로겐과 프로게스테론이 있다.

① 옥시토신 ② 성선호르몬
③ 칼시토닌 ④ 글루카곤

해설

① 옥시토신 : 뇌하수체 후엽에서 분비되는 호르몬으로, 자궁 근육을 수축시키고 모유 분비를 촉진한다.
③ 칼시토닌 : 갑상선에서 분비되는 호르몬으로, 혈액 속의 칼슘 농도를 유지하는 작용을 한다.
④ 글루카곤 : 췌장에서 분비되는 호르몬으로, 인슐린과 함께 혈당량을 조절한다.

정답 34 ② 35 ②

36 신경계의 구조에 대한 설명으로 옳은 것은?

① 신경계의 정보는 전기적 임펄스로 전달된다.
② 중추신경계는 자율신경계와 체성신경계로 나누어진다.
③ 체성신경계는 내장근 · 평활근 · 심근의 운동, 내분비선의 작용과 같은 불수의적 운동을 조절한다.
④ 말초신경계는 내분비 호르몬 분비율을 변화시킨다.

해설

신경계의 구조
- 신경계의 정보는 전기적 임펄스로 전달된다.
- 중추신경계 : 뇌와 척수로 구성된 신경계의 종합사령부로 내분비 호르몬 분비를 조절한다.
- 말초신경계 : 외부 자극을 감각수용기를 통해 받아들여, 감각신경계를 통해 척수를 거쳐 뇌로 전달한다. 자율신경계와 체성신경계로 나뉘는데, 자율신경계는 불수의적 운동을 조절하고, 체성신경계는 골격근의 수의적 움직임을 조절한다.

37 뉴런의 구조에 대한 설명으로 옳지 않은 것은?

① 말이집에서도 활동전위가 발생한다.
② 신경말단의 시냅스소포는 신경전달물질을 포함하고 있다.
③ 신경세포체에는 핵과 여러 세포 소기관이 있으며, 뉴런의 생명활동을 조절한다.
④ 수상돌기는 타 뉴런이나 감각기로부터 자극을 수용하고, 축삭돌기는 타 뉴런이나 반응기로 자극을 전달한다.

해설

뉴런의 구조
말이집에서는 활동전위가 발생하지 않는다. 참고로 말이집 뉴런이 말이집이 없는 민말이집 뉴런보다 흥분의 전달속도가 더 빠르다. 이는 말이집 뉴런에서 도약전도가 일어나기 때문이다.

38 신경세포의 자극 전달과정으로 옳은 것은?

① 자극 → 축삭 → 축삭종말 → 수상돌기 → 신경세포체
② 자극 → 신경세포체 → 축삭종말 → 축삭 → 수상돌기
③ 자극 → 축삭종말 → 축삭 → 신경세포체 → 수상돌기
④ 자극 → 수상돌기 → 신경세포체 → 축삭 → 축삭종말

해설

뉴런은 인체 신경계의 기본 단위로 세포체, 수상돌기, 축삭으로 구성되어 있으며, 감각기관을 통해 수용된 자극을 감지하여 전달하고 반응한다. 신경세포의 전기적 신호는 '신경자극 → 수상돌기 → 세포체 → 축삭 → 축삭종말' 순서로 전달된다.

36 ① 37 ① 38 ④ 정답

39 다음 중 골격근의 구조로 옳지 않은 것은?

○△×

① 모양상 횡문근이며, 기능상 수의근이다.
② 골격근은 근다발(근섬유의 다발)로 구성된다.
③ 근섬유는 근원섬유와 근형질로 구성되며, 하나의 근섬유는 1,000개의 이상의 근원섬유를 포함한다.
④ 근형질세망은 근섬유를 싸고 있는 막으로, 건과 연결되어 있으며 활동전위의 전도가 일어난다.

해설

근섬유를 싸고 있는 막은 근섬유막이다. 근형질세망은 근형질에 있는 그물 모양의 망상조직으로, 근수축에 필요한 칼슘을 저장한다.

PART 2

40 다음 보기의 빈칸에 공통으로 들어갈 용어로 적절한 것은?

○△×

- 근섬유에는 ( )가 평형하게 나란히 근형질 속에 묻혀 있으며, ( )는 많은 근세사로 되어 있다.
- ( )는 밝고 어두운 가로 줄무늬의 굴절성을 띠고 있는데, 어두운 띠의 복굴절성과 밝은 띠의 단굴절성으로 구분된다.

① 속근섬유　　② 중간근섬유
③ 근원섬유　　④ 지근섬유

해설

근원섬유
- 섬유모양의 구조체로서 전체 근섬유의 90% 정도를 차지하며 지름은 약 1 마이크로미터이다.
- 가는 근세사 액틴필라멘트와 굵은 근세사 마이오신필라멘트로 구성되어 있다.
- 근원섬유는 더 세부적으로 근섬유분절이라고 하며, Z반이라는 얇은 층으로 나뉜다.

41 유산소 운동 후 심혈관계에 대한 변화로 옳은 것은?

○△×

① 운동을 하기 전과 비교하여 안정 시 심박수 증가
② 운동을 하기 전과 비교하여 안정 시 1회 박출량 증가
③ 운동을 하기 전과 비교하여 최대 운동 시 근혈류량 감소
④ 운동을 하기 전과 비교하여 최대 운동 시 산소소비량 감소

해설

① 안정 시 심박수 감소
③ 최대 운동 시 전체활동근으로 공급되는 근혈류량 증가
④ 최대 운동 시 산소소비량 증가

정답 39 ④ 40 ③ 41 ②

지근섬유에 대한 설명으로 옳은 것을 모두 고른 것은?

㉠ 인원질량이 많고 마이오신 ATPase 활성도가 높기 때문에 무산소적 대사능력이 높다.
㉡ 산소 부족 상태에서도 탄수화물 분해 능력이 크기 때문에 단시간의 활동에 적합하다.
㉢ 산소수송로인 모세혈관망이 발달되어 있다.
㉣ 미토콘드리아 수가 많기 때문에, 장시간 운동 시의 에너지 생성에 유리하다.
㉤ 유산소성 에너지 대사가 높기 때문에 피로에 대한 내성이 크다.

① ㉠, ㉡, ㉢
② ㉡, ㉣, ㉤
③ ㉠, ㉢, ㉣
④ ㉢, ㉣, ㉤

해설

㉠ · ㉡ 속근섬유에 대한 설명이다.

지근섬유(서근섬유)

- 마이오글로빈 함량이 높아서 붉은 색을 띠고 있기 때문에 적근(Red Muscle)이라고 한다.
- 마이오글로빈은 산소를 저장하는 역할을 한다.
- 산소수송로인 모세혈관망이 발달되어 있다.
- 미토콘드리아 수가 많기 때문에, 장시간 운동 시 에너지 생성에 유리하다.
- 유산소성 에너지 대사가 높기 때문에 피로에 대한 내성이 크다.
- 장거리 선수의 근육 형태이다.

췌장 호르몬인 인슐린의 분비장소와 작용을 연결한 것으로 옳은 것은?

① 랑게르한스섬의 베타세포 – 글루코스를 글리코겐으로 저장
② 랑게르한스섬의 알파세포 – 글루코스를 글리코겐으로 저장
③ 랑게르한스섬의 알파세포 – 글리코겐을 글루코스로 분해 촉진
④ 랑게르한스섬의 베타세포 – 글리코겐을 글루코스로 분해 촉진

해설

췌장에 있는 랑게르한스섬의 베타세포에서 인슐린이 분비되고, 알파세포에서 글루카곤이 분비된다. 체내 혈당량 상태에 따라 분비되는 호르몬이 달라지는데, 혈당량이 높으면 인슐린이 분비되고 혈당량이 낮으면 글루카곤이 분비되어 체내 혈당량을 일정하게 유지시켜 준다. 인슐린은 글루코스(포도당)를 글리코겐으로 저장하여 혈당량을 떨어뜨리고, 글루카곤은 글리코겐을 글루코스로 분해하여 혈당량을 높여준다.

42 ④ 43 ① 정답

44
○△×

다음 보기는 인체의 에너지원인 ATP에 관한 것이다. 빈칸에 들어갈 용어로 옳은 것은?

ATP는 1개의 (   )와/과 3개의 (   )으로 구성된다.

① 아데노신 – 무기인산
② 아데닌 – 글리코겐
③ 리보스 – 젖산
④ 크레아틴 – 피루브산

해설

ATP는 인체가 이용할 수 있는 중요한 에너지원으로 근세포에 저장되어 있다. ATP는 1개의 아데노신과 3개의 무기인산으로 구성되는데, ATPase 효소에 의해 아데노신 2인산과 무기인산으로 분해되면서 에너지가 발생한다.

45
○△×

다음 중 1회 박출량을 결정하는 요인이 아닌 것은?

① 폐활량
② 심장의 수축력
③ 대동맥 및 폐동맥 혈압
④ 심장으로 되돌아오는 정맥혈의 양

해설

1회 박출량이란 심장이 1회 수축하면서 내뿜는 혈액의 양을 말하며, 이를 결정하는 요인은 심장으로 되돌아오는 정맥혈의 양, 대동맥 및 폐동맥 혈압, 심장의 수축력 등이 있다.

46
○△×

골격근의 운동효과에 대한 설명으로 옳지 않은 것은?

① 산소 및 영양 공급능력 향상
② 지구성 훈련을 통해 모세혈관 밀도 증대
③ 근섬유 당 근원섬유의 수 증가
④ 미토콘드리아 수와 밀도 증대

해설

골격근의 운동효과
- 근육의 크기 증가 : 근섬유 당 근원섬유의 크기 증대
- 대사능력 향상 : 산소 및 영양 공급능력 향상, 지구성 훈련을 통해 모세혈관 밀도 증대, 마이오글로빈 증가, 미토콘드리아 수와 밀도 증대

정답 44 ① 45 ① 46 ③

47 근육 수축의 단계에 대한 설명 중 옳은 것은?

① 안정단계 → 수축단계 → 자극 · 결합단계 → 이완단계 → 재충전단계 순으로 진행된다.
② 안정단계에서는 액틴과 마이오신이 강하게 결합되어 있다.
③ 수축단계에서는 액틴과 결합된 마이오신 머리에서 ATP가 ADP와 Pi로 분해 및 방출되며, 강한 힘이 발생한다.
④ 재충전단계에서는 액틴과 마이오신의 재순환이 일어나고, 칼슘이 존재할 경우 안정단계로 되돌아간다.

해설

근육 수축의 단계

안정단계	• 액틴과 마이오신이 약한 결속 상태거나, 결속되지 않은 안정된 상태 • ATP가 마이오신에 결합되어 있는 상태 • 칼슘은 근형질세망에 저장된 상태
자극 · 결합단계	신경자극에 의해 축삭 종말에서 아세틸콜린이 분비 → 근육세포의 활동전위(Action Potential) 발생 → 근형질세망으로부터 근형질 내로 칼슘이온(Ca^{2+}) 방출 → 칼슘이온(Ca^{2+})이 트로포닌과 결합하여 마이오신과의 결합부위를 막고 있던 트로포마이오신을 들어올림 → 액틴과 마이오신이 결합
수축단계	액틴과 결합된 마이오신 머리에서 ATP가 ADP와 Pi로 분해 및 방출되며, 강한 힘 발생 → 액틴이 근섬유마디 중심으로 미끄러져 들어가 근육이 짧아지며 근수축이 발생
재충전단계	마이오신 머리에 ATP가 재합성(재충전) → ATP가 마이오신에 결합하면서 액틴과의 결합이 풀림 → 액틴과 마이오신의 재순환 → 칼슘 존재 시 수축단계로 재순환
이완단계	신경자극이 아예 중지되면 트로포닌으로부터 칼슘이온(Ca^{2+})이 근형질세망으로 재이동 → 트로포마이오신이 액틴분자의 결합부위를 덮어 근육이 안정 상태로 다시 돌아감

48 다음 보기의 빈칸에 들어갈 용어로 옳은 것은?

> 부신수질은 에피네프린(아드레날린), 노르에피네프린(노르아드레날린), 도파민을 합성하는데, 이 세 가지 호르몬을 ( )이라고 한다.

① 인슐린　　② 카테콜아민
③ 코르티솔　　④ 글루카곤

해설

카테콜아민(Catecholamine)은 에피네프린과 노르에피네프린의 총칭으로 운동 시에 생리적 · 대사적 조절능력과 관련이 있다.

47 ③ 48 ② 정답

49 다음 중 순환계에 해당하는 것은?

○△X

① 심장, 척수, 담낭(쓸개)
② 갑상선(갑상샘), 부신(곁콩팥), 췌장(이자)
③ 혈액, 혈관, 림프계
④ 소장, 대장, 타액선(침샘)

해설

순환계는 인체의 내부환경에 영양분을 공급하고 노폐물을 운반하는 기능을 하는 심장, 혈액, 혈관, 림프계 등이 해당한다.

PART 2

50 다음 보기의 빈칸에 공통으로 들어갈 용어로 옳은 것은?

○△X

• ( )은 내피세포만으로 된 내막을 갖고 있다. • 조직세포로 산소와 영양물질을 공급한다. • 조직세포에서 ( )으로 노폐물이 이동한다.

① 동 맥　　② 정 맥
③ 모세혈관　　④ 혈 장

해설

① 동맥 : 심장에서 조직으로 혈액을 수송하는 역할을 하는 혈관이다.
② 정맥 : 조직에서 심장으로 혈액을 수송하는 역할을 하는 혈관이다.
④ 혈장 : 이온, 단백질, 호르몬으로 구성된 혈액의 구성물질이다.

지구력 트레이닝에 의해 나타나는 순환계의 변화에 대한 설명으로 옳지 않은 것은?

○△X

① 심장의 무게, 부피, 좌심실벽 두께와 용적이 증가한다.
② 회복기의 심박수는 훈련 전과 비교하여 훈련 후에 변화가 없다.
③ 근육 내에 분포된 모세혈관의 밀도가 높아진다.
④ 총 혈액량의 증가와 함께 적혈구 양도 증가한다.

해설

지구력 트레이닝으로 심장의 용적이 증가하여 심박출량이 증가한다. 심박출량의 증가로 인해 심박수는 오히려 감소하게 되는데, 이를 '스포츠 심장'이라고 한다.

정답 49 ③ 50 ③ 51 ②

호흡교환율(Respiratory Exchange Ratio ; RER)이 보기와 같을 때의 생리적 현상에 대한 설명으로 가장 적절한 것은?

호흡교환율(RER) = 0.8

① 에너지 대사의 주 연료는 지방이다.
② 산소 소비량보다 이산화탄소 생성량이 많다.
③ VO_2max 80% 이상의 고강도 운동을 수행하고 있다.
④ 호흡교환율이 0.9일 때보다 고강도 운동을 수행하고 있다.

해설

호흡교환율이 0.8일 때 에너지 대사의 주 연료는 지방이며, 탄수화물은 약 33% 정도 사용된다.

호흡교환율과 에너지대사

호흡교환율 (높을수록 고강도 운동)	탄수화물로부터 소비되는 칼로리(%)	지방으로부터 소비되는 칼로리(%)
0.70	0.0	100.0
0.75	15.6	84.4
0.80	33.4	66.6
0.85	50.7	49.3
0.90	67.5	32.5
0.95	84.0	16.0
1.00	100.0	0.0

53 

심박출량에 대한 설명으로 옳지 않은 것은?

① 안정 시의 심박출량은 4~6L이다.
② 심박출량은 심장 용적에 관계없이 일정하다.
③ 심장의 수축운동에 의해 1분 동안 박출되는 혈액량을 말한다.
④ CO(심박출량) L/분 = HR(심박수)회/분 × SV(1회 박출량 mL/분)

해설

심박출량은 심장 용적이 늘어남에 따라 증가한다(작은 동물 < 큰 동물, 어린이 < 어른).

52 ① 53 ② 정답

54 다음 중 호흡계에 대한 설명으로 옳은 것은?

○△×

① 세포들의 가스교환은 혈액을 통해 이루어진다.
② 산소의 운반은 호흡계에 의해서만 이루어진다.
③ 폐환기에서는 날숨에 의해 산소가 폐로 들어온다.
④ 내호흡은 폐(허파)와 혈액 사이의 가스교환을 말한다.

해설

① 체내 가스의 교환은 폐(허파)를 통해 이루어지지만, 세포들의 경우 혈액을 통해 가스교환이 이루어진다.
② 산소와 이산화탄소의 운반은 호흡계와 순환계의 연합에 의해 수행된다.
③ 폐환기에서 산소가 폐로 들어오는 것은 들숨에 의해서이다.
④ 내호흡은 세포 내에서 산소를 소비하고 이산화탄소를 생성하여 혈액으로 들어오게 하는 것이다.

PART 2

55 다음 중 호흡계에 대한 설명으로 옳지 않은 것은?

○△×

① 비강(코안)은 냄새, 필터, 가습 및 가온의 기능을 한다.
② 인두는 공기의 통로이자 소리를 내는 기관으로, 성대주름과 후두덮개가 있다.
③ 폐활량이란 최대한으로 들이마셨다가 완전히 내뿜을 수 있는 공기량을 말한다.
④ 호흡작용은 중추신경계의 호흡조절중추에 의해서 조절된다.

해설

공기의 통로이자 소리를 내는 기관은 후두이다. 인두는 호흡기계통과 소화기계통을 함께 공유하고 있는 기관으로서, 비강과 후두 사이에 위치하여 공기와 음식이 각각 폐와 식도로 잘 넘어갈 수 있도록 구분한다.

56 폐순환의 경로로 옳은 것은?

○△×

① 우심실 → 폐동맥 → 폐 → 폐정맥 → 좌심방
② 우심방 → 폐동맥 → 폐 → 폐정맥 → 좌심실
③ 우심실 → 폐정맥 → 폐 → 폐동맥 → 좌심방
④ 우심방 → 폐정맥 → 폐 → 폐동맥 → 좌심실

해설

폐순환
폐순환은 체내에서 발생하는 가스교환에 수반되는 순환으로 우심실 → 폐동맥 → 폐 → 폐정맥 → 좌심방의 순서로 순환한다.

정답 54 ① 55 ② 56 ①

57 ◯△✕ **폐용적과 폐용량의 개념에 대한 설명으로 옳지 않은 것은?**

① 폐활량 – 공기를 최대한 흡입하였을 때 폐 내에 있는 공기량이다.
② 잔기량 – 호흡을 통해 공기를 배출한 후에도 폐 내에 잔류하고 있는 공기량이다.
③ 1회호흡량 – 안정상태에서 1회에 들이마시거나 내쉬는 공기의 양이다.
④ 흡기용량 – 정상호흡에서 최대한 흡입할 수 있는 양이다.

해설
폐활량은 공기를 최대한 들이마신 후 최대한 배출시킬 수 있는 양이다. ①은 총폐용량에 대한 설명이다.

58 ◯△✕ **다음 보기의 (가)와 (나)에 들어갈 용어로 옳은 것은?**

> (가) – 3억 개 이상의 폐포가 있으며 모세혈관망으로 둘러싸여 폐포와 모세혈관 사이에 가스교환이 이루어진다. 폐포의 전 표면적은 신체표면의 약 40배 정도이다.
> (나) – 세포가 혈액으로부터 산소를 취해 소모하고, 대사 결과 생성된 이산화탄소를 혈액으로 유희하는 작용으로 '세포호흡'이라고도 한다.

	(가)	(나)
①	전도영역	내호흡
②	호흡영역	내호흡
③	내호흡	전도영역
④	외호흡	호흡영역

해설
- 전도영역 : 폐호흡 영역에 대한 수분 첨가와 공기 여과의 기능을 수행하며, 습도유지에 의한 체온보호와 폐조직이 건조해지는 것을 예방한다.
- 외호흡 : 폐환기, 폐포공기와 혈액 사이의 가스교환, 혈액에 의한 산소 및 이산화탄소를 운반하는 것을 말한다.

59 ◯△✕ **분당환기량에 대한 설명으로 옳은 것은?**

① 분당환기량은 '1회호흡량 × 잔기량'으로 계산할 수 있다.
② 성인남자의 환기량은 약 80~100L/min이고, 성인여자는 45~80L/min이다.
③ 남자의 최대환기량은 180L/min이고, 여자의 경우 100L/min이다.
④ 분당환기량은 '폐포 환기량 – 사강 환기량'으로 산출할 수 있다.

해설
① 분당환기량은 1분 동안 흡기와 호기되는 공기의 양으로 '1회호흡량 × 호흡 수'로 계산할 수 있다.
③ 성인여자의 최대환기량은 130L/min이다.
④ 폐포 환기량이란 폐포에 도달하는 공기이며, 사강 환기량은 공기전달 통로에 머물러 가스교환에 참여하지 않는 환기량이다. 따라서 분당환기량은 폐포 환기량과 사강 환기량의 합이다.

57 ① 58 ② 59 ② 정답

60 다음 보기에서 설명하는 용어로 옳은 것은?

○△×

> • 성인남자 기준의 평균치는 약 1,000~1,200mL이다.
> • 1회호흡량을 들이마신 후, 다시 최대로 들이마실 수 있는 공기량이다.

① 잔기량　　② 1회호흡량
③ 흡기예비용적　　④ 호기예비용적

해설

① 잔기량 : 호흡을 통해 폐 내의 공기를 배출한 후에도 폐 내에 잔류하고 있는 공기량이다.
② 1회호흡량 : 안정상태에서 1회에 들이마시거나 내쉬는 공기의 양이다.
④ 호기예비용적 : 1회환기량을 내쉰 후에 다시 최대로 내쉴 수 있는 공기량이다.

61 호흡교환율(Respiratory Exchange Ratio ; RER)과 에너지대사에 대한 설명이 적절하지 않은 것은?

○△×

① 지방의 산화에는 탄수화물의 산화보다 더 많은 산소가 필요하다.
② 호흡교환율이 0.85일 때 탄수화물과 지방을 모두 에너지대사에 이용한다.
③ 호흡교환율의 계산에서 ATP 생성에 기여하는 단백질의 역할은 무시된다.
④ 이산화탄소 생산량이 일정할 때 산소소비량이 높아지면 호흡교환율은 증가한다.

해설

호흡교환율은 이산화탄소 생산량을 산소소비량으로 나눈 값이므로, 산소소비량에 반비례하고 이산화탄소 생산량에 비례한다.

62 고지 환경에 노출되었을 때 나타나는 생리적 반응으로 적절하지 않은 것은?

○△×

① 호흡수가 증가한다.
② 심박출량이 증가한다.
③ 적혈구 수는 증가한다.
④ 지구성 운동 능력이 증가한다.

해설

산소 분압의 감소로 인하여 지구성 운동 능력이 감소한다.

정답 60 ③ 61 ④ 62 ④

63 다음 보기의 내용에 해당하는 기관계는?

> • 체내에서 혈액 및 림프액을 생성한다.
> • 호르몬과 항체, 영양분, 이온, 물 등의 체내 순환을 담당한다.

① 신경계
② 순환계
③ 내분비계
④ 골격계(뼈대계통)

해설

순환계

• 순환계는 체내에서 혈액 및 림프액을 생성한다.
• 호르몬과 항체, 영양분, 이온, 물 등의 체내 순환을 담당한다.
• 호흡계와의 협력을 통해 세포의 유지 및 기능을 위한 산소와 영양소를 공급하고, 이산화탄소와 각종 노폐물을 제거한다.
• 체온을 조절하고 질병에 대한 저항력을 높이는 등 생명활동에 중요한 기능을 수행한다.

64 말초신경계의 고유수용기에 대한 설명으로 옳지 않은 것은?

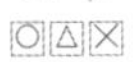

① 고유수용기는 자세 감각을 수용한다.
② 근방추와 골지건기관을 말한다.
③ 중추신경계의 명령을 신체기관으로 전달한다.
④ 운동 수행에 중요한 역할을 한다.

해설

말초신경계는 감각수용기에서 신체 상태에 대한 감각정보를 받아들여 중추신경계로 전달하는 감각신경과, 중추신경계의 명령을 신체 기관에 전달하여 운동 반응을 하도록 하는 운동신경으로 구분된다. 감각신경의 감각수용기로 기계수용기, 온도수용기, 통각수용기, 전자수용기, 화학수용기, 고유수용기 등을 들 수 있는데, 특히 운동 수행에 중요한 역할을 하는 고유수용기에는 근방추와 건방추(골지건기관), 관절수용기가 있다. 근방추와 골지건기관은 근육의 신전과 수축에 대한 정보를 제공한다.

63 ② 64 ③ 정답

65 ○△×

다음 중 심장의 구조에 대한 설명으로 옳은 것은?

① 우심방은 대정맥에서 온 정맥혈을 받아 우심실로 보낸다.
② 우심실은 우심방에서 온 혈액을 좌심방으로 보낸다.
③ 좌심방은 폐동맥(허파동맥)에서 온 혈액을 좌심실로 보낸다.
④ 좌심실은 좌심방에서 온 혈액을 대정맥으로 보낸다.

해설

심장의 구조

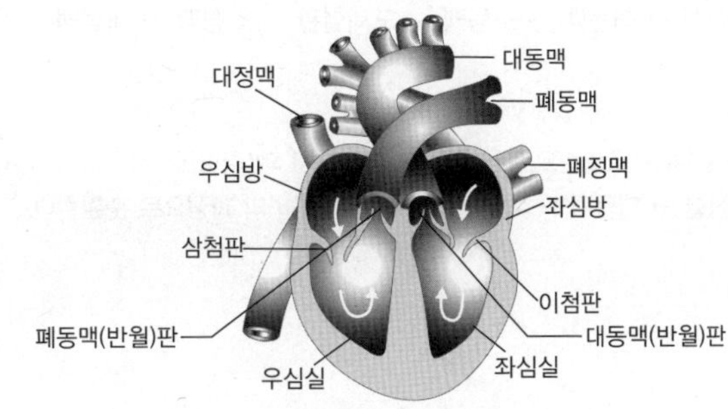

우심방	• 심장의 우측 위편에 위치한다. • 대정맥에서 온 정맥혈을 받아 우심실로 보낸다.
우심실	• 심장의 우측 전하부에 위치한다. • 우심방에서 온 혈액을 폐동맥으로 보낸다.
좌심방	• 심장의 좌측 후부에 위치한다. • 폐정맥에서 온 혈액을 좌심실로 보낸다.
좌심실	• 심장의 좌측 전부에 위치한다. • 좌심방에서 온 혈액을 대동맥을 통해 전신으로 보낸다.

66 ○△×

다음 중 혈액이 대동맥에서 좌심실로 이동하는 것을 방지하는 기능을 가진 것은?

① 이첨판
② 삼첨판
③ 폐동맥판(허파동맥판)
④ 대동맥판

해설

④ 대동맥판 : 대동맥 입구에 있는 판막으로서, 심장의 이완기에 혈액이 대동맥에서 좌심실로 이동하는 것을 방지한다.
① 이첨판 : 혈액이 좌심실에서 좌심방으로 역류하는 것을 방지한다.
② 삼첨판 : 혈액이 우심실에서 우심방으로 역류하는 것을 방지한다.
③ 폐동맥판(허파동맥판) : 혈액이 폐동맥에서 우심실로 이동하는 것을 방지한다.

정답 65 ① 66 ④

67 다음 중 체순환의 과정을 순서대로 나열한 것으로 옳은 것은?

① 좌심실 → 대정맥 → 소정맥 → 모세혈관 → 소동맥 → 대동맥 → 우심방
② 좌심실 → 대동맥 → 소동맥 → 모세혈관 → 소정맥 → 대정맥 → 우심방
③ 좌심실 → 소동맥 → 대동맥 → 모세혈관 → 대정맥 → 소정맥 → 우심방
④ 좌심실 → 소정맥 → 대정맥 → 모세혈관 → 대동맥 → 소동맥 → 우심방

해설

체순환(온몸순환)은 대순환으로서 혈액이 심장에서 나와 전신으로 순환한 다음 다시 심장으로 들어오는 순환을 말하며, '좌심실 → 대동맥 → 소동맥 → 모세혈관 → 소정맥 → 대정맥 → 우심방'의 과정으로 순환한다.

> 폐순환의 과정
>
> 폐순환(허파순환)은 소순환으로서 혈액이 심장에서 폐(허파)로 이동하여 다시 심장으로 돌아오는 순환을 말하며, '우심실 → 폐동맥 → 폐 → 폐정맥 → 좌심방'의 과정으로 순환한다.

68 유산소 과정의 크렙스 회로에 대한 설명으로 옳지 않은 것은?

① 미토콘드리아 내 산소를 사용하여 ATP를 생성한다.
② 이산화탄소가 빠지고 전자와 수소이온이 분리되며, 시트르산이 회로의 모든 과정을 거치는 가운데 에너지가 발생한다.
③ 근육 속의 당(글리코겐 및 글루코스)이 젖산으로 전환되는 과정을 거쳐 에너지를 생성한다.
④ 산소가 있을 경우 해당 작용에서 분해된 포도당 분자가 아세틸조효소(Acetyl-CoA)로 전환된다.

해설

해당작용 시스템에서는 근육 속의 포도당(글루코스)이 피루브산으로 분해되는 무산소성 해당작용과, 피루브산이 젖산으로 전환되어 축적되는 젖산 시스템이 일어난다.

> 운동이 약 40~60초 이상 지속될 때에는 혈액으로부터 활동 근육의 산소를 공급받아 ATP합성이 진행되는데, 이를 유산소성 과정이라 한다. 크렙스 회로(TCA회로)는 대표적인 유산소성 과정으로, 1분자의 당에서 생성된 2분자의 피루브산이 CO_2, 전자, 수소이온으로 분해되는 과정이다.

67 ② 68 ③ 정답

69 다음 중 심전도에 대한 설명으로 옳지 않은 것은?

○△✕

① 심장주기 간 발생하는 전압의 변화를 체표로 유도하여 그림으로 나타낸 것이다.
② 심장의 수축운동을 발생시키는 자극이 일어나는 지점을 '동방결절'이라고 한다.
③ 심장 수축으로 인해 심장의 근섬유에 발생하는 전압은 대략 100mV이다.
④ 발생한 전압은 전신에 동일하게 나타난다.

해설

심전도(Electrocardiogram)는 심장주기 간 발생하는 전압의 변화를 체표로 유도하여 그림으로 나타낸 것이다. 심장 수축으로 인해 심장의 근섬유에 발생하는 전압은 대략 100mV이며, 이때 발생한 전압은 전신에 약간 다르게 나타난다.

PART 2

70 다음 중 심박출량을 나타내는 공식으로 옳은 것은?

○△✕

① 심박출량 = 심박수 × 1회 박출량
② 심박출량 = 심박수 ÷ 1회 박출량
③ 심박출량 = 최고 · 최저혈압의 평균 × 1회 박출량
④ 심박출량 = 최고 · 최저혈압의 평균 ÷ 1회 박출량

해설

심박출량
- 심박출량은 1분간 심실에서 분출된 혈액량을 말한다.
- 정상 상태의 경우 심박출량은 대략 4.2 ~ 5.6L정도이다.
- 심박출량 = 심박수 × 1회 박출량

71 세포막의 물질이동원리 중 다음 보기의 내용에 해당하는 것은?

○△✕

막의 내 · 외 압력 차이로 인해 압력이 높은 쪽에서 낮은 쪽으로 액체가 이동한다.

① 여과(Filtration)　　② 확산(Diffusion)
③ 삼투(Osmosis)　　④ 능동수송(Active Transport)

해설

② 확산 : 물질분자가 분산하는 것이다.
③ 삼투 : 선택적 투과막에 의해 특정 물질입자만을 투과시키는 것을 말한다.
④ 능동수송 : 필요한 물질을 세포 내로 끌어들이며, 불필요한 물질을 세포 외로 배출하는 것이다.

정답 69 ④ 70 ① 71 ①

72

◯△✕

다음 중 혈관의 구성에 대한 설명으로 옳지 않은 것은?

① 동맥은 심장에서 몸의 각 부분으로 나가는 혈관이다.
② 정맥은 동맥보다 근육층이 얇아 탄성이 떨어진다.
③ 동맥은 정맥에 비해 압력이 세기 때문에 혈액 역류방지를 위한 판막이 있다.
④ 모세혈관은 단층 내피세포로 구성되어 있으며, 삼투 · 여과 작용을 한다.

해설

판막이 있는 것은 동맥이 아닌 정맥이다. 이는 평균 압력이 낮은 정맥의 피가 역류하는 것을 막기 위해서이다. 정맥은 평균 압력이 2mmHg 수준인 반면 동맥은 평균 압력이 100mmHg로, 동맥에는 혈액 역류방지를 위한 판막이 필요하지 않다.

73

◯△✕

다음 중 혈장의 기능으로 옳지 않은 것은?

① 체온 유지
② 혈액농도 유지
③ 영양소 및 노폐물 운반
④ 식균작용

해설

혈장은 영양소, 호르몬, 항체, 노폐물 등을 운반하고, 체온 및 혈액상태를 유지한다. 식균작용을 통해 세균을 무력화하는 것은 백혈구의 기능이다.

◯△✕

다음 중 순환계와 운동에 대한 설명으로 옳지 않은 것은?

① 심장의 1회 박출량 증가는 심박출량의 증가로 이어진다.
② 장기간 운동을 한 사람은 운동을 하지 않은 사람에 비해 심박수가 높게 나타난다.
③ 운동을 할 때 산소섭취량과 심박수는 보통 비례관계를 보이며 증가한다.
④ 운동을 하더라도 최저혈압에는 큰 변화가 일어나지 않는다.

해설

장기간 운동을 한 사람은 운동을 하지 않은 사람에 비해 1회 박출량이 많은 반면, 심박수는 낮게 나타난다.

72 ③ 73 ④ 74 ② 정답

75 ○△×

다음 중 열손실 기전과 그 설명의 연결이 옳은 것은?

① 복사 – 신체와 다른 물체의 물리적 접촉 없이 열이 이동함

② 전도 – 인체와 공기접촉을 통해 일어남

③ 대류 – 피부에서의 발한을 통해 열이 이동함

④ 증발 – 신체와 물질의 접촉을 통해 일어남

해설

열손실 기전

- 복사 : 물체 표면에서 다른 물체로의 물리적 접촉이 없는 열의 이동
- 전도 : 신체와 물질의 접촉을 통한 열의 이동
- 대류 : 인체와 공기접촉을 통한 열의 이동
- 증발 : 땀의 분비와 호기를 통한 수분의 증발로 열이 이동

PART 2

○△×

다음 보기에서 설명하는 병으로 옳은 것은?

> • 갑자기 고온다습한 날씨에 노출되거나, 격렬하게 운동한 경우에 주로 발생한다.
> • 증상으로는 심박수의 증가, 직립자세에서의 혈압강하, 두통, 현기증, 무기력증, 발한량의 감소 등이 있다.
> • 수분을 보충해야 하고, 심한 경우 정맥주사를 맞아야 한다.

① 열순응　　② 열경련

③ 열탈진　　④ 열사병

해설

① 열순응 : 열에 대한 내성이 증가되는 생리적 현상이다.

② 열경련 : 격렬한 운동 중이나 후에 나타나는 근경련, 체액과 전해질 농도의 불균형으로 일어나는 경우가 많다.

④ 열사병 : 지나친 체온증가로 체온조절기전이 작동하지 못한 상태로, 땀이 멎고 피부가 건조해진다.

○△×

고온 환경에서 장기간 신체 활동을 할 경우의 열순응 반응이 아닌 것은?

① 피부 혈류량 감소　　② 열생성 능력의 증가

③ 열충격 단백질 생성 증가　　④ 높은 발한율

해설

열순응 반응으로 ① · ③ · ④ 외에 혈장량 증가, 운동 중 발한 시점의 조기화, 땀에 의한 염분 손실량 감소 등이 있다. ② '열생성 능력의 증가'는 저온 순응에 대한 설명이다.

정답 75 ① 76 ③ 77 ②

고온 환경에서 운동 시 나타나는 현상에 대한 설명으로 옳지 않은 것은?

① 체온의 상승과 심박수의 증가로 근육의 글리코겐 이용률이 감소하고 젖산의 생산량도 감소한다.
② 운동 시 대사열에 의해 심부온도가 41℃까지 올라간다.
③ 훈련된 선수는 훈련되지 않는 사람에 비해 체온조절 능력이 좋아 동일한 운동 강도에서 낮은 심부온도를 나타낸다.
④ 피부의 혈류 순환량이 증가되어 정맥환류량이 감소하므로, 심박수의 증가를 초래한다.

해설

고온 환경에서는 발한으로 인한 혈장량의 감소로 피부로의 순환량이 줄어든다. 순환량의 축소를 보상하기 위해 심박수가 증가하며, 글리코겐의 이용률이 증가함에 따라 젖산의 생산량이 증가하게 되어 피로와 경기력의 저하가 나타난다.

79

다음 보기에서 체온조절중추에 대한 설명으로 옳은 것을 모두 고른 것은?

> ㉠ 난방기구의 자동온도조절기와 같은 구실을 한다.
> ㉡ 체내 온도에 대한 기준값이 설정되어 있다.
> ㉢ 체온이 올라갈 때는 땀샘을 자극하여 발한량을 증가시킨다.

① ㉢
② ㉠, ㉢
③ ㉠, ㉡
④ ㉠, ㉡, ㉢

해설

체온조절중추
- 간뇌의 시상하부에 위치해 있다.
- 체내 온도에 대한 기준값이 설정되어 있다.
- 난방기구의 자동온도조절기와 같은 구실을 한다.
- 체온이 올라갈 때는 땀샘을 자극하여 발한량을 증가시킨다.

다음 중 고지 환경에서의 신체변화로 옳지 않은 것은?

① 심박출량이 증가한다.
② 폐확산능력이 증가한다.
③ 심박수가 감소한다.
④ 마이오글로빈농도가 상승한다.

해설

고지 환경에서는 심박수가 증가한다.

78 ① 79 ④ 80 ③ 정답

CHAPTER 06

운동역학

01 Pre-test

O×문제

01 운동역학의 연구 목적으로는 운동 장비 개발, 운동 동작 분석, 안전 도모 등이 있다. [○/×]

02 힘점이 받침점에서 멀면, 작용점에 가해야 되는 힘은 커진다. [○/×]

03 힘의 3요소에는 크기, 방향, 작용점이 있다. [○/×]

04 무게는 질량과 중력가속도의 곱으로 구한다. [○/×]

05 인체의 무게중심은 성별과 연령에 관계없이 그 특성이 동일하다. [○/×]

해설 02 힘점이 받침점에서 멀면 작용점에 가해야 되는 힘이 커지지만, 반대로 가까우면 작용점에 가해야 하는 힘이 작아진다.
05 무게중심은 성별, 연령에 따라 그 특성이 다르다.

정답 01 ○ 02 ○ 03 ○ 04 ○ 05 ×

06 거리, 속력은 스칼라(Scalar)양, 속도와 가속도는 벡터(Vector)양이다. [○/×]

07 인체의 운동 중, 횡단면(수평면)의 운동에는 회전, 회내, 회외가 있다. [○/×]

08 충격력을 작게 하려면 충돌 시간을 길게 해야 한다. [○/×]

09 토크(Torque)란 물체에 작용하여 물체를 회전시키는 원인이 되는 물리량을 말한다. [○/×]

10 지면반력이란 물체가 지구에 가해진 힘에 대한 반작용으로 지구에 의해 발생하는 크기는 동일하고 방향은 반대인 힘을 말한다. [○/×]

해설 08 충격력은 충격량을 시간으로 나눈 값이다. 충격력을 작게 하려면 충돌 시간을 길게 해야 한다. 충돌 시간을 길게하는 방법에는 공을 바로 받는 것이 아니라 받는 동작에서 팔을 뻗어 공을 몸쪽으로 당겨 받는 것이 있다.

06 ○ 07 ○ 08 ○ 09 ○ 10 ○ 정답

단답형 문제

11 (　　)은/는 힘과 가속에 영향을 받는 운동 상태를 연구하고, (　　)은/는 힘의 평형 상태를 연구한다.

12 굴곡, 외전, 신전과 내전 등이 연속적으로 일어나는 동작으로, 장축이 원을 그리는 운동은?

13 (　　)은/는 지면 착지 직전에 가장 크고, (　　)은/는 수직 최고점에서 가장 크나, 역학적에너지는 언제나 (　　).

14 신체와 그 신체를 지지하는 부분이 만나는 면으로 바닥에 신체의 중심이 미치는 면적은?

15 인체 지레의 대부분으로, 힘점이 받침점과 작용점 사이에 있는 지레의 종류는 무엇인가?

16 물체가 어떤 면과 접촉할 때 그 물체의 운동을 방해하는 힘을 마찰력이라 하는데, 마찰력의 방향은 물체의 운동 방향과 (　) 방향으로 작용한다.

정답 11 동역학, 정역학 12 회선 13 운동에너지, 위치에너지, 일정하다 14 기저면 15 3종 지레 16 (정)반대

17 마찰력의 크기는 접촉면이 클수록, 무게가 무거울수록 (   ).

18 회전운동에서 물체를 원의 중심으로 잡아당기는 힘은 (   )(이)고, 운동체의 관성에 의해 물체가 회전 궤도를 벗어나려고 하는 경향을 나타내는 가상의 힘은 (   )(이)다.

19 일을 일하는 데 걸린 시간으로 나눈 것을 (   )(이)라고 하는데, 이는 (   )(1초)당 한 일의 양을 말한다.

20 (   )은/는 공기나 물과 같은 유체 속에서 물체가 회전하면서 특정 방향으로 운동하게 될 때, 물체가 그 이동속도의 수직 방향으로 힘(압력)을 받아 경로가 휘어지는 현상이다.

17 커진다 18 구심력, 원심력 19 일률, 단위시간 20 마그누스 효과 정답

02 필수 개념문제

※ 문제의 이해도에 따라 ○△× 체크하여 완벽하게 정리하세요.

01 스포츠 현장에서 나타나는 인체 운동을 관찰하여 그 움직임을 변화시키는 힘에 대해 연구하고, 그 원인을 규명하는 학문 분야는?

○△×

① 운동제어　② 운동역학
③ 운동발달　④ 운동생리학

해설

① 운동제어 : 인간의 운동 생성의 기전 및 원리를 규명한다.
③ 운동발달 : 신체 및 신경 · 근육의 발달, 인지능력의 발달과 환경의 상호작용을 통하여 인간의 운동기능이 어떻게 변화하는가를 연구한다.
④ 운동생리학 : 일시적 또는 반복적인 운동으로 인해 야기되는 인체기관계의 반응과 적응 현상, 생리기능 변화와 그 변화의 원인을 연구하는 학문이다.

02 운동역학의 연구목적이 아닌 것은?

○△×

① 동작 수행 시 상해 예방을 통한 안전성 향상
② 동작 수행 시 상해의 원인규명
③ 운동 수행 전 선수들의 심리분석
④ 동작의 효율적 수행을 통한 운동기술의 향상

해설

운동역학의 연구목적
- 동작의 효율적 수행을 통한 운동기술의 향상
- 동작 수행 시 상해의 원인규명 및 예방을 통한 안전성 향상
- 효율적이고 안전한 운동 수행을 고려한 과학적인 스포츠 장비 개발

03 운동역학의 연구영역이 아닌 것은?

○△×

① 운동 동작의 분석　② 운동프로그램 구성
③ 힘의 측정　④ 인체 측정

해설

운동프로그램 구성은 운동생리학과 트레이닝방법론에서 주로 연구된다.

정답 01 ② 02 ③ 03 ②

04 운동역학의 필요성에 대한 설명으로 옳지 않은 것은?

① 인체 움직임의 원리를 이해함으로써 운동 수행의 효율성을 높인다.
② 동작을 가르칠 때 '왜 그렇게 해야 하는지'를 설명함으로써 학습 효과를 높인다.
③ 동작을 분석하여 효과적인 지도 방안을 개발한다.
④ 손상된 근육을 회복시키는 프로그램을 개발한다.

해설

근육이 손상되었을 경우, 근육 손상 원인을 분석하는 것이 운동역학의 역할이다.

05 다음 중 정역학에 대한 설명으로 옳지 않은 것은?

① 작용하는 힘들 사이의 관계가 평형을 이룬 상태를 분석 대상으로 하는 학문 분야
② 작용하는 힘들의 합이 '0'인 상태를 연구
③ 운동을 일으키는 힘의 작용과 물체의 운동을 취급하는 고전 역학의 한 부문
④ 여러 가지 힘들이 작용하여 균형을 이루고 있는 상태를 연구

해설

정역학은 물체의 운동이 아닌 정지해 있는 물체의 특성을 연구한다. ③은 동역학에 대한 설명이다.

06 일률(Power)에 대한 설명으로 옳지 않은 것은?

① 일률은 단위시간에 수행한 일이다.
② 스포츠에서는 순발력이라는 용어로 사용된다.
③ 운동의 원천으로서 일을 할 수 있는 능력이다.
④ 운동 중 일률은 무산소성 파워와 유산소성 파워로 구분한다.

해설

운동의 원천으로서 일을 할 수 있는 능력인 에너지(Energy)에 대한 설명이다.

04 ④ 05 ③ 06 ③ 정답

07 운동역학과 생체역학에 대한 설명으로 옳지 않은 것은?

① 운동역학은 인간 동작에 대한 설명을 연구 대상으로 한다.
② 운동역학의 연구 대상은 생체역학과 달리 스포츠 활동에서의 인체의 움직임에 한정되어 있다.
③ 생체역학은 생물체를 뜻하는 Bio와 역학을 뜻하는 Mechanics의 합성어이다.
④ 생체역학의 연구 대상은 오직 인간의 운동에 한정된다.

해설

생체역학은 모든 생물체의 운동을 연구한다.

08 다음 중 지레의 법칙을 최초로 발견하고 연구한 사람은?

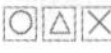

① 아르키메데스(Archimedes)
② 아리스토텔레스(Aristoteles)
③ 뉴턴(I. Newton)
④ 갈릴레오 갈릴레이(G. Galilei)

해설

고대 그리스 최고의 수학자이며 물리학자인 아르키메데스는 지렛대의 원리, 아르키메데스의 원리, 부력, 유체역학, 귀류법 등을 발견하고 증명했다.

09 해부학적 자세에 대한 설명으로 옳지 않은 것은?

① 시선은 전방을 향한다.
② 레오나르도 다 빈치(Leonardo Da Vinci)가 그렸던 인체비례도를 바탕으로 양발과 양팔을 벌리고 기선은 전방을 향한 자세이다.
③ 인체를 곧게 세운 직립자세이다.
④ 각 분절의 운동축과 운동면은 해부학적 자세를 기준으로 한다.

해설

해부학적 자세는 양쪽 발꿈치를 붙인 상태에서 발끝을 약간 외측으로 벌리고, 손바닥을 앞쪽으로 향하게 하여 팔을 체간에 붙이고 똑바로 선 자세를 의미한다.

정답 07 ④ 08 ① 09 ②

300N 아령을 정지 상태에서 위로 들어 올린 후 다시 정지시키는 동작에서 아령에 가해진 시간-수직 힘 크기 그래프로 가장 적절한 것은?

① 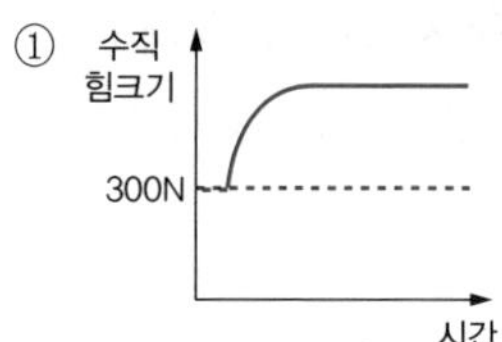

② 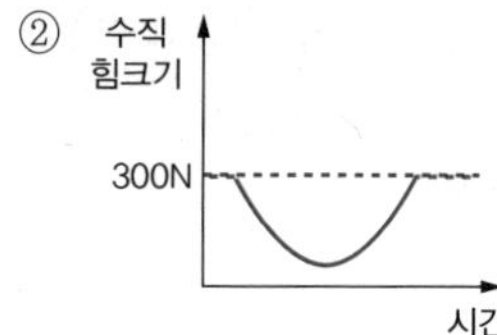

③ 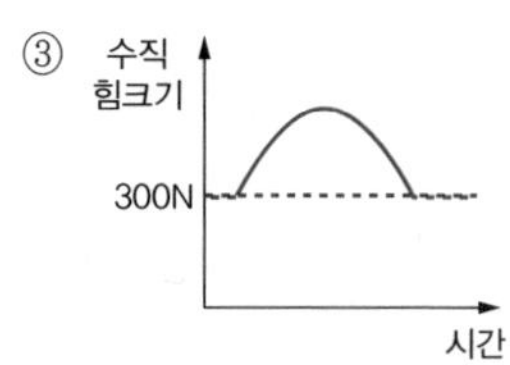

④ 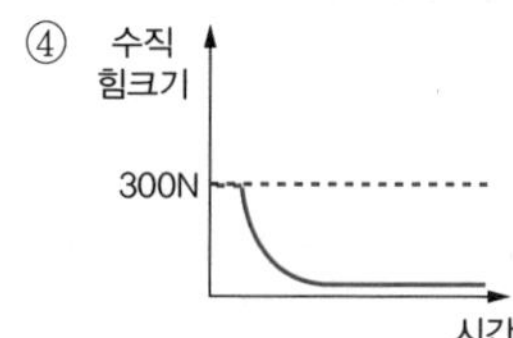

해설

멈춰있는 상태의 아령에는 300N만큼 중력이 수직 힘으로 작용한다. 아령을 들어올리기 위해서는 아령에 작용하는 중력보다 큰 수직 힘이 필요하므로 그래프는 증가한다. 이후 움직임을 멈추게 되면 아령에 가해지는 수직 힘은 중력뿐이기 때문에 다시 300N으로 고정된다.

400m 원형트랙 한 바퀴를 50초에 달린 A선수와 400m를 직선 달리기로 40초에 달린 B선수의 평균속도와 평균속력에 대한 설명으로 적절한 것은? (단, 원형트랙의 출발점과 도착점의 위치는 일치함)

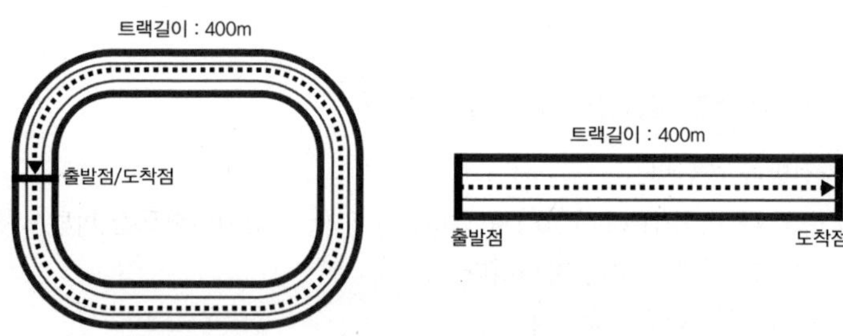

① A선수의 평균속도는 8m/s이다.
② A선수의 평균속도와 B선수의 평균속도는 같다.
③ B선수가 원형트랙을 40초에 달렸다면 A선수와 B선수의 평균속도는 동일할 것이다.
④ A선수가 중간에 넘어진 후 다시 뛰어 같은 시간에 완주한다면 평균속도는 빨라질 것이다.

10 ③ 11 ③ 정답

해설

③ 둘 모두 변위가 0m이므로 평균속도는 0m/s로 동일할 것이다.
① 변위가 0m이므로 A선수의 평균속도는 0m/s이다.
② A선수의 평균속도는 0m/s이고, B선수의 평균속도는 10m/s이다.
④ 출발점과 도착점의 변화가 없으므로 평균속도는 0m/s로 동일하다.

> 속도와 속력의 공식
>
> $속도 = \frac{변위}{이동시간}$, $속력 = \frac{이동거리}{이동시간}$

12 **신체의 일부가 앞쪽으로 당겨지는 운동으로 어깨나 하악(아래턱)이 앞으로 나오는 운동은?**

① 전인(Protraction)
② 거상(Elevation)
③ 외번(Eversion)
④ 배측굴곡(Dorsiflexion)

해설

② 거상(상승) : 어깨나 하악(아래턱)을 위쪽으로 들어 올리는 동작이다.
③ 외번 : 발바닥을 몸의 외측으로 향하게 하는 운동이다.
④ 배측굴곡 : 발을 발등면으로 들어 올리는 운동이다.

13 **관절운동에서 발의 특이한 운동 형태로 발바닥이 몸의 정중면을 향하게 하는 운동은?**

① 내번(Inversion)
② 외번(Eversion)
③ 내전(Adduction)
④ 신전(Extension)

해설

② 외번 : 발바닥이 몸의 외측으로 향하게 하는 동작이다.
③ 내전 : 외전의 반대되는 운동으로 사지를 몸의 정중선까지 오게 하는 동작이다. 즉, 해부학적 자세로 되돌아오는 것을 말한다.
④ 신전 : 굴곡의 반대되는 운동으로 각이 커져 서로 멀어지는 동작이다.

정답 12 ① 13 ①

14 굴곡, 외전, 신전과 내전 등이 연속적으로 일어나는 동작으로 장축이 원을 그리는 운동은?

① 회선(Circumduction)
② 회전(Rotation)
③ 회외(Supination)
④ 회내(Pronation)

해설

② 회전(Rotation) : 어떤 뼈가 그 자신의 긴 축을 중심으로 도는 것이며 이것은 제 1, 2 경추 사이에서만 가능한 운동이고, 고관절이나 견관절 부위에서 흔히 일어나는 운동이다. 상완골과 대퇴골의 전면을 안쪽으로 돌리는 것을 내측회전, 전면을 바깥쪽으로 돌리는 것을 외측회전이라 한다.
③ 회외(Supination) : 전완에서 일어나는 운동으로 손바닥이 전방을 향하게 하는 외측 회전운동이다.
④ 회내(Pronation) : 손등이 전방을 향하게 하는 내측 회전운동이다.

15 관절의 운동 중 다음 보기의 내용에 해당하는 것은?

• 시상면을 따라 고정된 뼈와 움직이는 뼈 사이의 각이 커지고 서로 멀어지는 운동이다. • 굽힌 팔꿈치나 무릎을 펴는 운동이 해당한다.

① 굴곡(Flexion)
② 신전(Extension)
③ 외전(Abduction)
④ 내전(Adduction)

해설

관절의 운동

- 굴곡, 굽힘(Flexion) : 시상면을 따라 고정된 뼈와 움직이는 뼈 사이의 각이 감소하고 서로 가까워지는 운동이다.
- 신전, 폄(Extension) : 굴곡(굽힘)과 반대되는 것으로서, 시상면을 따라 고정된 뼈와 움직이는 뼈 사이의 각이 커지고 서로 멀어지는 운동이다.
- 외전, 벌림(Abduction) : 몸의 정중선 또는 정중면에서 사지(팔다리)가 멀어지도록 하는 운동이다.
- 내전, 모음(Adduction) : 외전(벌림)과 반대되는 것으로서, 몸의 정중선 또는 정중면에서 사지(팔다리)가 가까워지도록 하는 운동이다.
- 회전, 돌림(Rotation) : 뼈의 긴 축을 중심으로 도는 운동으로서, 내측회전과 외측회전이 있다.
- 회선, 휘돌림(Circumduction) : 굴곡(굽힘), 신전(폄), 외전(벌림), 내전(모음) 등이 연속적으로 일어나는 것으로서 장축이 원을 그리는 운동이다.

16 인체가 운동하기 위해 힘을 발휘하는 운동의 회전축이 아닌 것은?

① 전후축(Sagittal Axis)
② 좌우축(Frontal Axis)
③ 수직축(Longitudinal Axis)
④ 수평축(Horizontal Axis)

해설

인체의 축(Axis)

운동을 하기 위해 힘을 발휘하는 대부분의 운동들은 각운동을 하며 회전하는 축이나 중심을 가지고 있다.

- 전후축(Sagittal Axis) : 인체의 앞과 뒤를 지나는 축
- 좌우축(Frontal Axis) : 인체의 오른쪽과 왼쪽을 지나는 축
- 수직축(Longitudinal Axis ; 장축) : 인체 꼭대기(머리)에서 바닥(발바닥)까지 지나는 축

14 ① 15 ② 16 ④ 정답

17 근육의 신장성(원심성) 수축(Eccentric Contraction)이 아닌 것은?

○△×

① 스쿼트의 다리를 굽히는 동작에서 큰볼기근(대둔근, Gluteus Maximus)의 수축
② 팔굽혀펴기의 팔을 펴는 동작에서 위팔세갈래근(상완삼두근, Triceps Brachii)의 수축
③ 턱걸이의 팔을 펴는 동작에서 넓은등근(광배근, Latissimus Dorsi)의 수축
④ 윗몸일으키기의 뒤로 몸통을 펴는 동작에서 배곧은근(복직근, Rectus Abdominis)의 수축

해설

팔굽혀펴기의 팔을 펴는 동작에서 위팔세갈래근의 수축은 근육의 길이가 짧아지며 장력이 발생하는 움직임으로 단축성(구심성) 수축에 해당한다.

신장성(원심성 수축)

근육의 신장성(원심성) 수축은 근육의 길이가 늘어나며 장력이 발생하는 수축이다. 다리를 굽힐 때의 대둔근, 턱걸이할 때 팔을 펴는 동작에서의 광배근, 윗몸일으키기할 때 뒤로 몸을 펴는 동작에서의 복직근은 그 길이가 늘어나며 장력이 발생한다.

18 해부학적 방향용어 중 '근위(Proximal)'에 해당하는 방향은?

○△×

① 인체의 정중 시상면 또는 어떤 구조물의 중앙선에서 먼 방향
② 체간이나 기시점(Point of Origin)에 가까운 방향
③ 체간이나 기시점에서 먼 방향
④ 신체의 정중 시상면 또는 어떤 구조물의 중앙선에 가까운 방향

해설

① 외측(Lateral), ③ 원위(Distal), ④ 내측(Medial)에 해당한다.

19 인체에서 관절을 유기적으로 움직일 수 있도록 해주는 것은?

○△×

① 근 육 ② 골 격
③ 힘 줄 ④ 인 대

해설

근육의 기능
- 관절의 유기적인 움직임을 돕는다.
- 힘줄을 연결하거나 관절 등의 뼈에 직접 붙어 탈락을 방지한다.
- 힘을 주어 운동할 수 있도록 한다.

정답 17 ② 18 ② 19 ①

운동의 종류에 대한 설명으로 옳지 않은 것은?

① 회전운동의 회전축은 반드시 내부에 존재한다.
② 자유투 과정에 있는 농구공은 병진운동을 한다.
③ 야구의 커브볼은 회전운동과 병진운동이 함께 나타난다.
④ 병진운동에는 행글라이딩의 상승 · 하강 운동이 포함된다.

해설

① 회전운동의 회전축이 외부에 있는 경우도 있다. 예를 들어, 대차운동의 경우 신체 외부의 철봉이 회전축이 된다.
② 포물선운동은 대표적인 병진운동이다.
③ 커브볼에서 야구공 자체는 회전운동을 하지만, 야구공의 중심은 선운동을 하게 된다.
④ 곡선운동 역시 병진운동의 사례이다.

야구 수행에 관한 변인 중 벡터(Vector)에 해당하는 것은?

① 야구공의 질량
② 경기장의 기온
③ 야구 배트의 무게
④ 타격되어 날아가는 야구공의 평균속력

해설

① · ② · ④ 질량, 온도, 속력, 밀도 등은 스칼라(Scalar)에 해당한다.

다음 보기의 빈칸에 들어갈 적절한 용어는?

( )은/는 물체의 관성 모멘트와 각속도의 함수로서 회전하는 물체가 가진 특성이다. 더 큰 관성 모멘트를 지닌 물체일수록, 또는 더 빠른 각속도로 움직이는 물체일수록 큰 ( )을/를 지닌다.

① 회전충격량　　② 토 크
③ 관성 모멘트　　④ 각운동량

해설

① 회전충격량 : 회전충격량은 주어진 시간 동안 가해진 회전력의 총량이며 각운동량의 변화를 일으킨다.
② 토크 : 물체를 회전시키려는 힘을 말한다.
③ 관성 모멘트 : 회전운동에서 외부에서 가해진 회전력에 대해 물체의 운동 상태를 변화시키지 않으려는 저항 특성이다.

20 ① 21 ③ 22 ④ 정답

800N 바벨을 2m 들어 올린 후 다시 바닥에 내려놓았을 때 역학적 일의 양은?

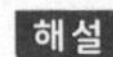

① 0J
② 400J
③ 800J
④ 1600J

해설

일은 물체의 작용하는 힘과 힘 방향의 변위의 곱으로 구할 수 있다. 여기서 바벨을 들어 올렸다 내려놨으므로 힘 방향의 변위는 0이 되고, 역학적 일의 양은 0J이다.

시소의 중심으로부터 5m 지점에 몸무게가 600N의 사람이 앉아 있다. 몸무게가 300N인 사람이 반대편에 앉아 시소의 평형을 유지하기 위해서 필요한 시소의 중심으로부터의 거리는?

① 5m
② 10m
③ 15m
④ 20m

해설

일 = 작용하는 힘 × 힘 방향의 변위
300N × D = 600N × 5m
300D = 3,000
∴ D = 10m

25 힘의 3가지 요소로 옳지 않은 것은?

① 힘의 방향
② 힘의 크기
③ 힘의 작용점
④ 힘의 작용시간

해설

힘의 3요소

- 힘의 방향(물체의 방향)
- 힘의 크기(거리 및 속도)
- 힘의 작용점(능률 및 회전)

정답 23 ① 24 ② 25 ④

타조가 520m를 8초 동안 달렸을 때 평균속력으로 옳은 것은?

① 60m/s ② 65m/s
③ 70m/s ④ 75m/s

해설

평균속력 = $\frac{\text{이동거리}}{\text{이동시간}}$이므로, $\frac{520m}{8s}$ = 65m/s이다.

27 다음은 어떤 물체의 회전운동을 그림으로 표현한 것이다. (A), (B), (C)에 들어갈 용어가 순서대로 나열된 것은?

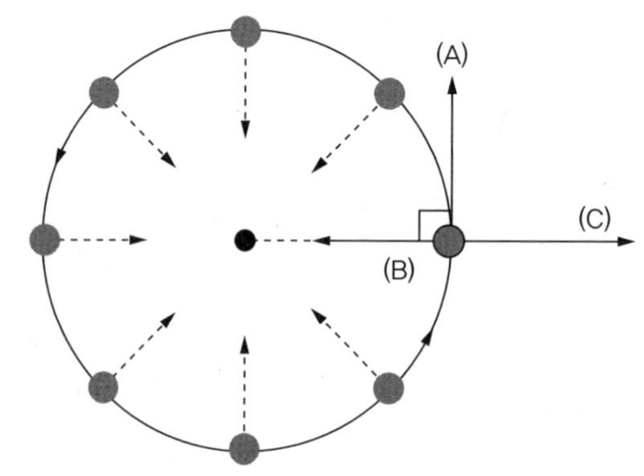

	(A)	(B)	(C)
①	각속도	구심력	원심력
②	각속도	원심력	구심력
③	선속도	구심력	원심력
④	선속도	원심력	구심력

해설

원의 운동 용어

- 구심력 : 물체를 구속시켜 원주 위를 운동하게 하는 원인이며, 원의 회전중심으로 향하는 힘이다.
- 원심력 : 물체를 잡아당기는 구심력에 대한 반작용으로서, 회전하는 물체가 회전궤도를 이탈하고자 하는 가상의 힘이다.
- 선속도 : 회전운동을 하는 물체의 회전 반지름의 접선방향으로 작용하는 힘이다.
- 각속도 : 어떤 순간에서 나타나는 각변위의 변화율이다.

26 ② 27 ③ 정답

28 인체의 무게중심에 관한 설명 중 옳은 것은?

○△✕

① 신체 내부에만 존재한다.
② 체형에 관계없이 배꼽 아래 2cm 밑에 존재한다.
③ 중력에 의해 인체에 작용하는 회전력의 합이 '0'이 되는 지점에 존재한다.
④ 자세가 변해도 중심의 위치는 변하지 않는다.

해설

인체의 무게중심
- 인체의 무게중심은 회전력(토크)의 합이 '0'인 지점이다.
- 성별, 연령 등의 요소에 따라 무게중심의 위치는 달라진다.
- 인체의 자세에 따라 변화하는데, 인체 외부에 존재할 수도 있다.

29 다음 보기에서 설명하는 인체의 무게중심의 결정법은?

○△✕

> - 개별 신체 분절의 질량과 무게중심의 위치 등은 선행연구의 사체(Cadaver) 자료를 이용한다.
> - 각 분절의 위치는 영상분석에서 디지타이징을 통해 각 분절의 끝점을 좌표화하여 산출한다.
> - 전체 신체의 무게중심점을 결정하기 위해서는 다중분절시스템을 이용한 평형분석법을 이용한다.

① 분절법
② 균형법
③ 반작용판법
④ 평형판 측정법

해설

분절법은 신체의 각 분절에 대한 무게와 무게중심을 측정하는 것이며, 사체(死體) 연구를 통해 신체분절 모수치를 구한다.

30 인체평형의 안정성에 대한 설명으로 옳지 않은 것은?

○△✕

① 기저면이 넓을수록 안정된다.
② 인체나 물체의 무게중심 높이와 반비례한다.
③ 수직중심선이 기저면의 중앙에 가까울수록 안정성이 높다.
④ 수직중심선이 외력의 반대 방향으로 치우치면 안정성이 커진다.

해설

인체에 중력을 제외한 외력이 작용할 경우, 수직중심선이 외력이 작용하는 쪽으로 치우치면 안정성이 커지고 그 반대로 치우치면 안정성이 작아진다.

정답 28 ③ 29 ① 30 ④

31 무게중심의 높이와 수직중심선에 대한 설명으로 옳은 것은?

○△×

① 무게중심의 높이는 변하지 않는다.
② 안정성은 언제나 물체의 무게중심 높이와 반비례한다.
③ 수직중심선이 기저면의 중앙에 가까울수록 안정성이 낮다.
④ 인체에 외력이 작용할 경우, 수직중심선이 외력이 작용하는 쪽으로 치우치면 안정성이 낮아진다.

해설

① 무게중심의 높이는 물체의 위치에 따라 변할 수 있다.
③ 수직중심선이 기저면의 중앙에 가까울수록 안정성이 높지만, 기저면 바깥으로 나갈수록 안정성은 떨어진다.
④ 인체에 중력을 제외한 외력이 작용할 경우, 수직중심선이 외력이 작용하는 쪽으로 치우치면 안정성이 커지고 그 반대로 치우치면 안정성이 작아진다.

32 몸무게가 400N인 선수가 10m 높이에서 다이빙할 때의 역학적에너지에 대한 설명으로 적절하지 않은 것은? (단, 공기저항은 무시함)

○△×

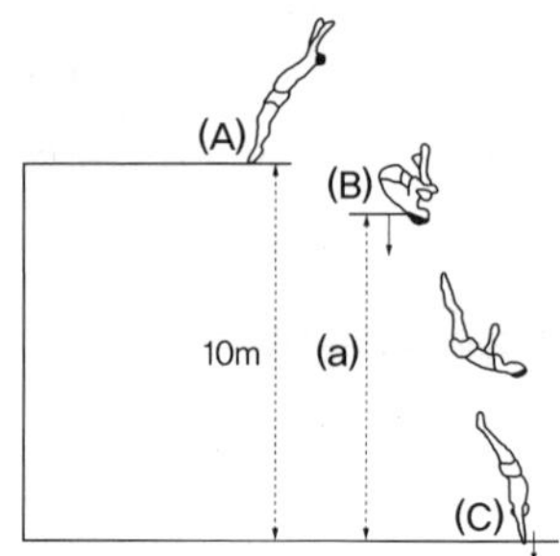

① (A)지점에서 운동에너지는 위치에너지의 절반이다.
② (B)에서의 운동에너지가 1,200J이라면 (a)는 7m이다.
③ (C)에서의 운동에너지는 4,000J이다.
④ 위치에너지가 최대가 되는 지점과 운동에너지가 최소가 되는 지점은 같다.

해설

① 다이빙대 위에 서있는 선수라면 위치에너지가 최대가 되고 운동에너지가 '0'이 된다.
② 그림의 운동에서 역학적에너지의 총량은 4,000J이다. 역학적에너지 보존의 법칙에 따라 에너지의 총량은 보존되므로, (B)에서의 운동에너지가 1,200J이라면 위치에너지는 2,800J이다. 무게가 400N인 선수의 위치에너지는 400 × (a)로 구할 수 있으므로 (a)는 7m이다.
③ 착지 직전의 운동에너지는 하강운동의 역학적에너지 총량과 같으므로, (C)에서의 운동에너지는 4,000J이다.
④ 위치에너지가 최대가 되는 지점은 다이빙대에 서있을 때이므로, 운동에너지가 최소가 된다.

31 ② 32 ① 정답

33 물체에 힘을 가할 때 발생하는 충격량의 크기가 다른 것은?

○△✕

① 한 사람이 3초 동안 30N의 일정한 힘을 발생시켰을 때
② 한 사람이 2초 동안 45N의 일정한 힘을 발생시켰을 때
③ 한 사람이 5초 동안 20N의 일정한 힘을 발생시켰을 때
④ 한 사람이 9초 동안 10N의 일정한 힘을 발생시켰을 때

해설

충격량의 크기는 충격력과 충돌시간의 곱으로 산출한다. ①·②·④는 90N만큼의 힘을 발생시켰으므로 충격량은 90J이지만, ③의 경우 100J의 힘을 발생시켜 나머지와 크기가 다르다.

34 운동의 종류에 대한 설명 중 옳지 않은 것은?

○△✕

① 질점계의 모든 질점이 똑같은 변위로 평행 이동하는 운동은 각운동이다.
② 병진운동은 직선운동과 곡선운동으로 구분된다.
③ 물체나 신체가 고정된 축 주위를 회전하는 운동은 회전운동이다.
④ 병진운동과 회전운동이 혼합된 운동 형태를 복합운동이라고 한다.

해설

질점계의 모든 질점이 똑같은 변위로 평행 이동하는 운동은 병진운동(선운동)이다.

35 안정성에 대한 설명으로 옳은 것은?

○△✕

① 안정성은 기저면과 물체의 중심까지의 거리에 비례한다.
② 지면에서의 운동에서는 무게중심이 높이 있을수록 안정적이다.
③ 물체 또는 인체가 정적 또는 동적자세의 균형을 잃지 않으려는 저항을 말한다.
④ 두 손으로 철봉에 매달리는 것보다 한 손으로 매달리는 것이 더 안정적이다.

해설

① 안정성은 기저면과 물체의 중심까지의 거리에 반비례한다.
② 지면에서의 운동에서는 무게중심이 낮게 있을수록 안정적이다.
④ 한 손으로 철봉에 매달리는 것보다 두 손으로 매달리는 것이 더 안정적이다.

정답 33 ③ 34 ① 35 ③

36 기저면에 대한 설명으로 옳지 않은 것은?

○△×

① 인체 또는 물체 등이 지면과 접촉하는 각 점들로 이루어진 전체 면적이다.
② 안정성을 높이려면 기저면을 넓혀야 한다.
③ 한 발로 지지하고 선 자세보다 두 발로 지지한 자세의 안정성이 높다.
④ 지팡이 등 물체를 이용하여 지면을 지지하는 경우 기저면은 좁아진다.

해설

지팡이 등 물체를 이용하여 지면을 지지하는 경우 기저면이 넓어져 안정성은 더욱 높아진다.

37 속력과 속도에 대한 설명으로 옳지 않은 것은?

○△×

① 평균속력 – 물체의 방향에 구애받지 않고 물체의 빠르기를 나타내고자 할 때 사용되는 물리량
② 순간속도 – 시간 t에서 점 $P(t)$의 순간속도는 시간 변화량 Δt 동안 움직인 변위 t 변화율인 평균속도를 구하는 공식에서 Δt를 '0'에 가깝게 수렴하여 미분한 값
③ 평균속도 – 일정한 시간 동안 이동하는 물체의 위치 변화율을 방향과 함께 나타내는 물리량
④ 평균속도 – 이동한 거리 d를 시간 변화량 t로 나눈 값

해설

평균속도는 시간 변화량(Δt) 동안 점 $P(t)$에서 점 $P(t + \Delta t)$로 움직인 변위의 변화율을 의미한다. ④은 평균속력에 대한 설명이다.

36 ④ 37 ④ 정답

38 ⓞ△ⓧ 〈보기〉의 그림에 제시된 덤벨 컬(Dumbbell Curl) 운동에서 팔꿈치관절 각도(θ)와 팔꿈치관절에 발생되는 회전력(Torque)의 관계를 옳게 나타낸 그래프는? (단, 덤벨 컬 운동은 등각속도 운동임)

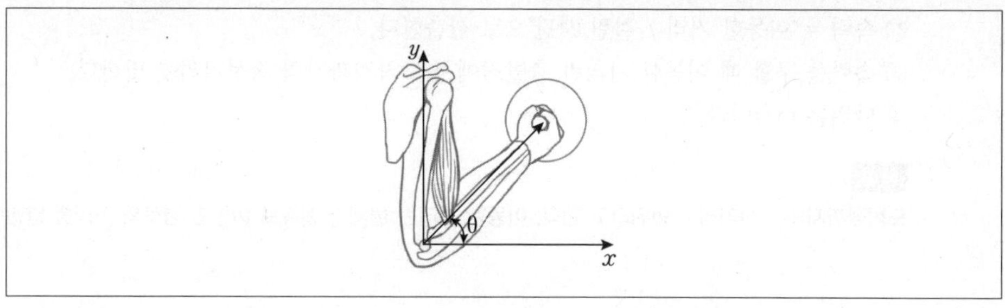

① 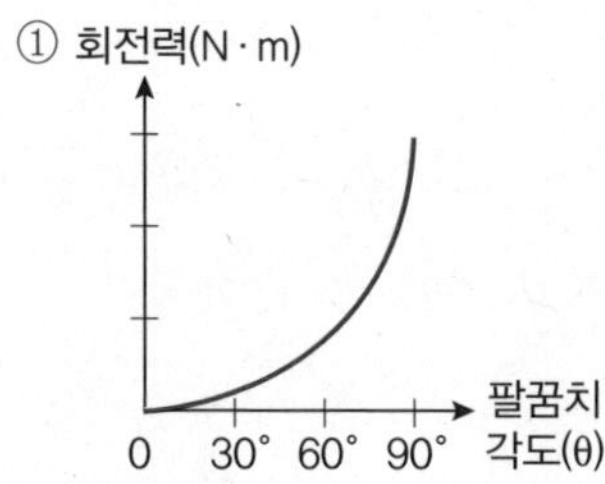

② 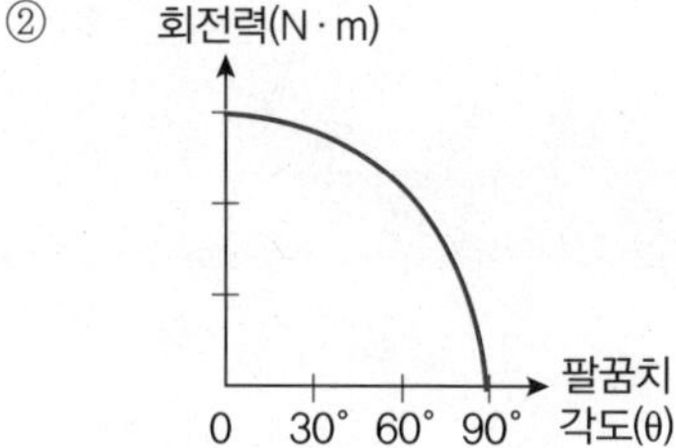

③ 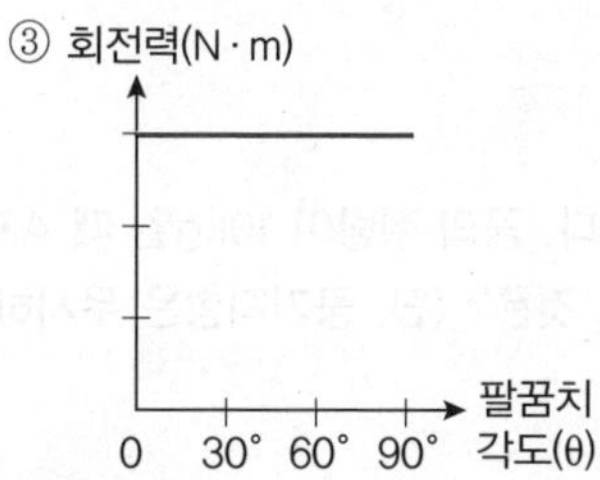

④ 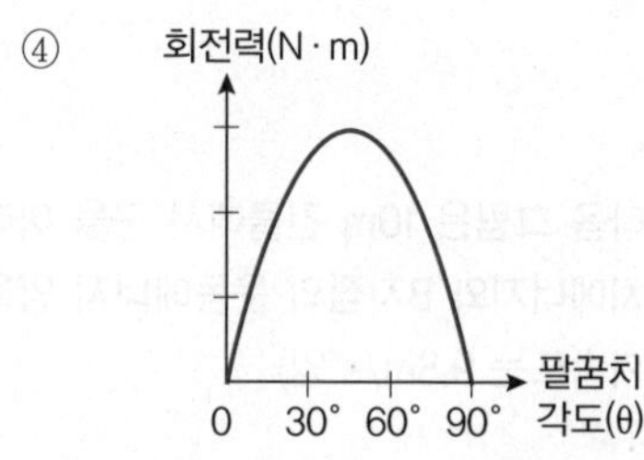

해설

회전력은 물체를 회전시켜 각운동량을 생성하는 힘이다. 〈보기〉의 덤벨 컬이 등각속도 운동이라는 조건은 어떤 각에서도 항상 같은 속도로 팔꿈치가 굽혀진다는 뜻으로, 팔꿈치 각이 90°에서 0°도 줄어들수록 편심력이 증가하여 회전력도 증가하게 된다.

39  인체 지레에 대한 설명으로 옳지 않은 것은?

① 인체 지레는 2종 지레가 대부분이다.
② 팔을 펴거나 공을 던질 때, 머리를 앞뒤로 움직일 때 1종 지레를 사용한다.
③ 인체 지레의 3요소는 뼈, 근육의 부착점, 무게가 실리는 부하점이다.
④ 인체 지레를 활용하여 효율적인 운동이 가능하다.

해설

인체에 적용되는 지레는 3종 지레가 가장 많다.

정답 38 ② 39 ①

40 속력(Speed)에 대한 설명 중 옳지 않은 것은?

① 일정한 시간에 이동한 거리로 빠르기를 나타낸다.
② 속력 = '이동한 거리 / 걸린 시간'으로 산출한다.
③ 속력을 구할 때 이동한 거리란 출발점에서 도착점까지의 직선거리를 말한다.
④ 단위는 m/s이다.

해설

도착점까지의 직선거리는 변위라고 한다. 이동한 거리는 물체가 실제로 이동한 경로의 거리를 말한다.

41 다음 그림은 10m 건물에서 공을 아래로 던지는 상황이다. 공의 질량이 10kg일 때 A지점의 위치에너지와 B지점의 운동에너지 양을 적절하게 나열한 것은? (단, 공기저항은 무시하며, 중력가속도는 $9.8m/s^2$임)

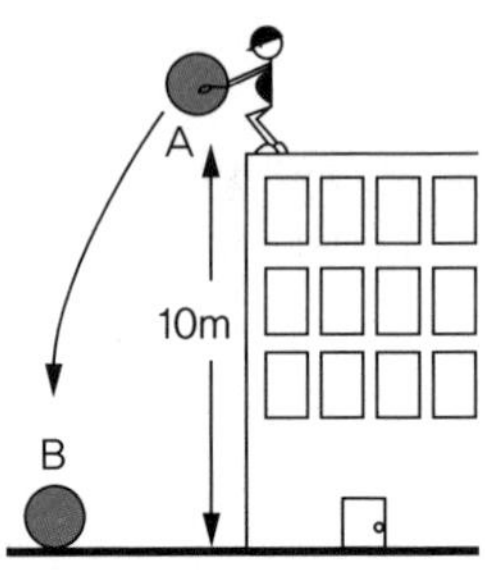

	A지점의 위치에너지	B지점의 운동에너지
①	980	980
②	1,000	0
③	0	980
④	1,000	1,000

해설

A지점의 위치에너지 = 질량 × 중력가속도 × 높이 = 10(kg) × $9.8(m/s^2)$ × 10(m) = 980
역학적에너지 보존의 법칙에 따라 B지점의 운동에너지는 A지점의 위치에너지와 같다.

40 ③ 41 ① 정답

42 스칼라(Scalar)와 벡터(Vector)에 관한 설명으로 옳지 않은 것은?

○△✕

① 온도, 질량, 시간 등 그 크기만으로도 충분히 의미를 전달할 수 있는 물리량을 스칼라라 한다.
② 방향을 제시한 상태에서 크기만 있는 것을 스칼라라 한다.
③ 크기와 방향이 있는 물리량을 벡터라 한다.
④ 힘, 속도, 가속도 등과 같은 물리량을 벡터라 한다.

해설

스칼라는 방향 없이 크기만 있다.

43 다음 중 항목과 단위의 연결이 옳지 않은 것은?

○△✕

	항 목	단 위
①	가속도	m/s
②	일	Joule(J)
③	일률(파워)	Watt(W)
④	토 크	Kgf/m

해설

m/s는 가속도가 아닌 속도의 단위이다. 가속도의 단위는 m/s^2이다.

44 자유낙하운동에 대한 설명으로 옳지 않은 것은?

○△✕

① 일정한 속도로 떨어진다.
② 처음 속도는 '0'이다.
③ 들고 있던 물체를 떨어뜨렸을 때 아래로 떨어지는 운동을 말한다.
④ 등가속도 운동을 한다.

해설

떨어지는 속도가 일정한 것이 아니라 일정한 가속도로 운동하는 상태이다.

> 자유낙하운동
>
> 어떠한 물체가 처음 속도가 '0'인 상태에서 중력과 같은 일정한 힘을 받아 일정한 가속도로 운동하는 상태를 말하며, 무게가 달라도 동시에 떨어진다는 이론이다.

정답 42 ② 43 ① 44 ①

45 다음 중 각가속도에 대한 설명으로 옳은 것은?

① 단위는 radian/s이다.
② 원운동하는 물체가 실제로 이동하는 빠르기를 말한다.
③ 회전속도가 변화할 때 1초 동안 변화하는 정도를 말한다.
④ 사이클 경기 시 각가속도를 크게 하기 위해서는 자전거 바퀴의 반지름을 크게 하면 된다.

해설

① 단위는 radian/s^2이다.
② 구심가속도에 관한 설명이다.
④ 속력이 같을 때 반지름이 작을수록 크다.

> 각가속도
> - 단위시간에 변한 각속도
> - 각가속도 = (처음 각속도 – 마지막 각속도) / 단위시간
> - 원운동하는 물체의 가속도는 항상 중심을 향하고 속력이 클수록 크다.
> - 속력이 같을 때는 반지름이 작을수록 크다.

46 등속 원운동에 대한 설명이 아닌 것은?

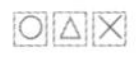

① 일정한 빠르기로 원을 그리며 도는 물체의 운동을 말한다.
② 창던지기나 포환던지기도 등속 원운동을 이용한 운동이다.
③ 물체의 운동 방향과 수평인 방향으로 힘이 작용했을 때의 물체 운동이다.
④ 체조선수가 철봉에서 회전 운동을 할 때 나타난다.

해설

등속 원운동은 물체의 운동 방향과 수직인 방향으로 힘이 작용했을 때의 물체 운동이다.

47 작용과 반작용의 법칙에 대한 설명으로 옳지 않은 것은?

① A에 힘이 가해지면 그만큼의 힘이 반대쪽 B에 존재한다.
② 반작용은 작용하는 힘과 크기는 동일하고 방향은 정반대이다.
③ 달리기 시에는 지면과 인체의 접촉 시간이 적어 반작용의 영향을 피할 수 있다.
④ 총을 쏘면 총이 뒤로 밀리는 작용과 같은 원리이다.

해설

달리기를 할 때는 지면반력이라는 반작용에 영향을 받는다.

> 지면반력
> 인체가 중력으로 지면을 누를 때 이와 똑같은 힘이 몸으로 되돌아오는 것으로, 발바닥이 넓게 오랫동안 지면에 닿아 있을수록 힘을 크게 할 수 있다.

45 ③ 46 ③ 47 ③ 정답

역도선수가 1000N의 바벨을 1.5m 들어 올리는 데 3초가 걸렸을 때의 일률은?

① 250J　② 500J
③ 1000J　④ 2000J

해설

$$\text{일률} = \frac{\text{일}}{\text{시간}} = \frac{\text{힘} \times \text{힘 방향의 변위}}{\text{시간}} = \text{힘} \times \text{힘 방향의 속도}$$

$\frac{1000 \times 1.5}{3} = 1000 \times \frac{1}{2} = 500$　∴ 일률은 500(J)이다.

마찰력에 대한 설명으로 옳지 않은 것은?

① 마찰력은 물체가 다른 물체에 접촉하면서 운동할 때 접촉면에 생기는 운동을 방해하는 힘이다.
② 마찰력은 접촉면을 수직으로 누르는 전압력에 반비례한다.
③ 마찰력은 물질의 종류에 따른 특성을 반영하는 마찰 계수와 전압력의 곱으로 나타낸다.
④ 최대 마찰력은 움직이기 시작하려고 할 때의 마찰력을 말한다.

해설

마찰력은 접촉면을 수직으로 누르는 전압력에 비례한다.

> 마찰력
> - 정마찰력 : 정지하고 있는 물체에 작용하는 마찰력이다.
> - 최대 마찰력 : 움직이기 시작하려는 때의 마찰력이다.
> - 동마찰력 : 움직이고 있을 때 작용하는 마찰력이다.

50 **다음 중 마찰력과 관계있는 사례로 볼 수 없는 것은?**

① 추울 때 몸을 움츠리는 것
② 자동차 브레이크
③ 첼로와 같이 현악기를 켜는 활
④ 수영할 때 입는 전신 수영복

해설

추울 때 몸을 움츠리는 것은 표면적을 줄여서 외부로 빠져나가는 전도열을 줄이기 위한 것으로 마찰력과는 관계없다.

정답 48 ② 49 ② 50 ①

51 ○△✕ **다음 중 탄성력에 대한 설명으로 옳지 않은 것은?**

① 양궁은 탄성력을 이용한 대표적인 스포츠이다.
② 물체에 힘이 작용하여 물체의 운동 상태가 변하거나 물체에 변형이 일어났을 때 원상태로 돌아가려는 성질을 탄성이라 하며, 이때 작용하는 힘을 탄성력이라 한다.
③ 인체 조직의 탄성은 조직의 형태, 연령, 건강상태 등에 따라 결정된다.
④ 공의 탄성이 크면 바운드 후 속도의 감소가 크고, 탄성이 작으면 충격력이 유실되는 비율이 낮아 충돌 후 속도의 증가율이 커진다.

해설

공의 탄성이 크면 바운드 후의 속도의 증가가 크고, 탄성이 작으면 충격력이 유실되는 비율이 높아 충돌 후 속도의 증가율이 작아진다.

52 ○△✕ **양력에 대한 설명 중 옳지 않은 것은?**

① 운동 방향에 정반대로 작용하여 운동을 저지하는 힘이다.
② 양력은 운동하는 물체의 모양과 운동하는 방향의 관계에 따라 변한다.
③ 양력은 운동 속도의 제곱에 비례하여 증가한다.
④ 물체가 이동할 때 물체의 부피 때문에 발생한 주변 유체의 흐름으로 인한 압력차 때문에 발생한다.

해설

운동 방향에 정반대로 작용하여 운동을 저지하는 힘은 '마찰력'이다.

53 ○△✕ **부력에 대한 설명으로 적절하지 않은 것을 모두 고른 것은?**

> ㉠ 깊이에 따라 점차 증가하는 압력의 차이가 물체에 미치는 종합적인 힘을 부력이라 한다.
> ㉡ 물체의 무게가 부력보다 크면 물에 잠기게 되고 부력보다 작으면 뜨는데, 물체의 무게에 대한 부력의 비율을 비중이라 한다.
> ㉢ 부피를 가진 물체의 부력의 크기는 물체의 부피에 해당하는 유체의 무게보다 크다.
> ㉣ 지방보다 근육의 비중이 작다.

① ㉠, ㉡ ② ㉡, ㉢
③ ㉢, ㉣ ④ ㉡, ㉢, ㉣

해설

㉢ 유체 속에 떠 있는 물체와 같은 부피의 유체 무게와 같다.
㉣ 근육보다 지방의 비중이 작다.

51 ④ 52 ① 53 ③ 정답

54 다음 중 탄성력을 활용한 스포츠가 아닌 것은?

○△✕

① 양 궁
② 레슬링
③ 다이빙
④ 장대높이뛰기

해설

탄성력이란 외력에 의해 일시적으로 변형된 물체가 원래의 모양으로 돌아가려는 힘을 말하며, 이를 활용한 스포츠에는 양궁, 야구, 다이빙, 장대높이뛰기 등이 있다.

55 운동량(Momentum)에 대한 설명으로 옳지 않은 것은?

① 운동량은 물체의 질량과 속도의 곱으로 정의할 수 있다.
② 운동량은 크기와 방향성이 있는 벡터 값이다.
③ 외력의 합이 '0'이라면 두 물체의 충돌에서 힘의 작용 전후의 운동량 총합은 일정하게 유지된다.
④ 속도의 방향과 운동량의 방향은 수직으로 작용한다.

해설

운동량의 방향과 속도의 방향은 항상 같다.

56 마그누스 효과(Magnus Effect)에 해당하지 않는 것은?

○△✕

① 야구의 커브 볼
② 탁구의 루프 드라이브
③ 골프의 퍼팅
④ 배구의 플로터 서브

해설

공의 회전력과 주변 공기의 압력 차이에 의해 공의 진행방향이 휘어지는 현상을 '마그누스 효과'라고 한다. 퍼팅은 땅 위를 굴러가는 공의 운동으로 유체 속에서 운동하는 것이 아니므로 마그누스 효과와는 무관하다.

정답 54 ② 55 ④ 56 ③

57 충격량(Impulse)에 대한 설명으로 옳은 것은?

○△✕

① 물체가 받는 힘의 효과를 나타내는 물리량으로 힘과 질량의 곱으로 나타낸다.
② 특정 물체에 가한 충격량은 그 물체의 운동량 변화와 반비례한다.
③ 충격을 받는 시간이 길어지면 충격량은 작아진다.
④ 날아오는 물체를 잡을 때, 그 물체로 인한 충격력을 줄이기 위해서는 시간이 길어질수록 유리하다.

해설

① 충격량은 힘과 시간의 곱으로 나타낸다.
② 특정 물체에 가한 충격량은 그 물체의 운동량 변화와 동일하다.
③ 충격량은 시간에 비례하므로, 충격을 받는 시간이 길어지면 충격량이 커진다.

58 토크(Torque)에 관한 설명으로 옳지 않은 것은?

○△✕

① 물체의 중심을 향해 힘이 가해졌을 때 토크가 발생한다.
② 회전을 일으키는 효과이다.
③ 회전축으로부터의 저항 팔이 클수록 커진다.
④ 시소는 토크의 원리를 이용한 놀이기구이다.

해설

토크는 비틀림 모멘트라고도 하며, 중심축을 향하는 방향이 아닐 때 토크가 발생한다.

59 〈보기〉의 ㉠~㉣에 들어갈 내용을 바르게 연결한 것은?

○△✕

> 다이빙 선수의 공중회전 동작에서는 다이빙 플랫폼 이지(離地) 직후에 다리와 팔을 회전축 가까이 위치시켜 관성 모멘트를 (㉠)시킴으로써 각속도를 (㉡)시켜야 한다. 입수 동작에서는 팔과 다리를 최대한 펴서 관성 모멘트를 (㉢)시킴으로써 각속도를 (㉣)시켜야 한다.

	㉠	㉡	㉢	㉣
①	증가	감소	증가	감소
②	감소	증가	증가	감소
③	감소	감소	증가	증가
④	증가	증가	감소	감소

57 ④ 58 ① 59 ② **정답**

해설

관성 모멘트

관성 모멘트는 물체가 회전 운동을 유지하려는 성질로, 이는 회전 반지름의 제곱과 물체의 질량의 곱으로 표현된다. 다이빙 선수가 공중회전 동작에서 팔다리를 회전축 가까이 위치시키는 이유는 회전 반지름을 줄여 관성 모멘트를 감소시키고, 각속도를 증가시켜 더 빠르게 회전하려는 이유에서다. 반면에 입수 동작에서 팔다리를 최대한 펴는 이유는 회전 반지름을 늘려서 관성 모멘트를 증가시키고, 각속도를 감소시켜 수면으로의 저항을 줄여 더 쉽게 입수하려는 이유에서다.

60 ○△×

뉴턴의 3대 운동법칙에 대한 설명 중 옳지 않은 것은?

① 제1법칙은 관성의 법칙으로 '물체가 외부로부터 힘을 받았을 때 힘의 방향으로 움직인다'는 것이다.
② 제2법칙에서 가속도의 크기는 힘에 비례하고 질량에 반비례한다.
③ 제3법칙의 예로는 보트를 타고 노를 뒤로 저으면 배는 앞으로 가는 것이 있다.
④ 작용 · 반작용의 법칙은 '물체에 힘이 작용하면 항상 크기가 같고 방향이 정반대인 반작용의 힘이 동시에 작용한다'는 것이다.

해설

뉴턴의 운동법칙

구 분	정 의	사 례
제1법칙 (관성의 법칙)	물체는 외부로부터 힘이 가해지지 않을 때 현재의 상태를 계속 유지하려고 한다.	버스가 급출발하거나 급정거할 경우 승객들이 뒤로 혹은 앞으로 쏠린다.
제2법칙 (가속도의 법칙)	물체가 외부로부터 힘을 받으면 물체는 힘의 방향으로 가속된다.	자전거를 타고 페달을 강하게 밟을수록 자전거는 외력이 커져 가속되면서 앞으로 간다.
제3법칙 (작용 · 반작용의 법칙)	물체에 힘이 작용하면 항상 크기가 같고 방향이 정반대인 반작용의 힘이 동시에 작용한다.	보트를 타고 노로 물을 뒤로 밀면 배는 앞으로 간다.

61 ○△×

다음 중 관성의 법칙의 예로 볼 수 없는 것은?

① 옷에 묻은 먼지를 턴다.
② 뛰어가던 사람이 돌에 걸려 넘어진다.
③ 버스가 급정거하면 승객이 앞으로 쏠린다.
④ 로켓이 가스를 분사해서 추진력을 얻는다.

해설

로켓이 가스를 분사하여 앞으로 나아가는 것은 작용 · 반작용 법칙에 의한 것이다.

정답 60 ① 61 ④

다음은 아령을 들어 올리는 과정을 그림으로 표현한 것이다. 이때 사용된 지레의 종류는?

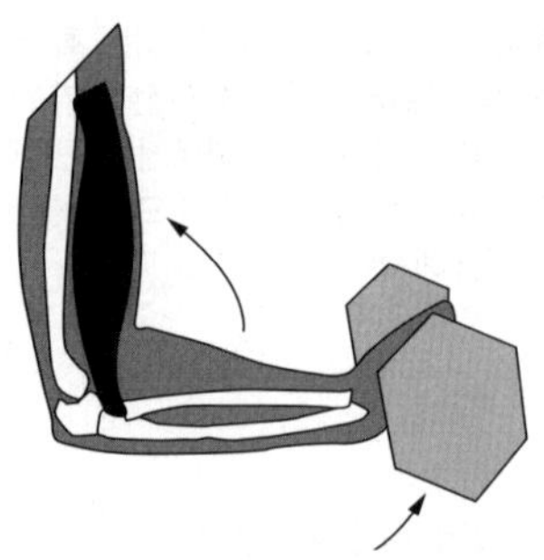

① 1종 지레
② 2종 지레
③ 3종 지레
④ 1종 지레와 3종 지레의 혼합

해설

아령을 들어 올릴 때의 구심성 수축은 3종 지레의 예이다.

3종 지레

- 축(받침점)이 지레의 한 끝에 있고, 받침점과 작용점(저항점) 사이에 힘점이 위치한다.
- 발휘되는 힘이 저항보다 더 커야만 저항을 극복할 수 있기 때문에 힘의 효율성이 떨어지지만, 운동범위나 운동속도의 측면에서는 이득을 얻는다.

63

운동에너지(Kinetic Energy)에 대한 설명으로 옳은 것은?

① 물체가 움직일 때 그 물체의 운동을 방해하는 힘이다.
② 운동에너지의 단위는 N · m이다.
③ 운동하고 있는 물체는 정지할 때까지 다른 물체에 일을 할 수 있는 에너지를 갖고 있다.
④ 일을 얼마나 빠르게 수행했느냐에 따라 에너지 양이 다르다.

해설

① 마찰력에 대한 설명이다.
② 운동에너지의 단위 = J = kg · $(m/s)^2$
④ 일률에 대한 설명이다.

62 ③ 63 ③ 정답

64 위치에너지와 운동에너지에 관한 설명으로 옳지 않은 것은?

○△✕

① 높은 곳에 있던 물체는 지구의 중력에 의해 아래로 떨어지면서 위치에너지는 감소하고 운동에너지는 증가한다.
② 위치에너지는 바닥에 떨어졌을 때 최대가 된다.
③ 물체의 위치에너지와 운동에너지의 합을 역학적에너지라 한다.
④ 공기의 저항을 무시하고 물체에 외력이 작용하지 않는다면, 역학적에너지는 서로 전환되며 에너지 총합은 항상 일정하게 보존된다.

해설

바닥에 떨어졌을 때 위치에너지는 '0'이다.

65 일률(Power)에 대한 설명으로 옳지 않은 것은?

○△✕

① 일률의 단위는 와트(Watt)이다.
② 스포츠에서는 순발력이라는 용어로 사용된다.
③ 일률을 향상시키기 위한 근육수축 속도의 향상 훈련은 효과가 없다.
④ 일률은 같은 양의 일을 하는 데 시간이 얼마나 걸리는가 하는 능률을 말한다.

해설

일률은 같은 양의 일을 하는 데 시간이 얼마나 걸리는가 하는 능률로 시간이 짧을수록 능률이 높다. 그러므로 근육수축 속도의 향상 훈련은 일률을 향상시키는 데 효과가 있다.

66 다이빙선수가 다이빙을 할 때의 역학적에너지에 대한 설명으로 옳지 않은 것은?

○△✕

① 10m 보드 위에 서 있는 다이빙선수의 운동에너지는 '0'이다.
② 다이빙선수의 다이빙 과정에서 역학적에너지는 일정하게 유지된다.
③ 다이빙선수의 위치에너지가 가장 작은 시점은 입수 직전이다.
④ 다이빙 직전 보드에서 발이 떨어지는 순간에 운동에너지가 최대가 된다.

해설

운동에너지는 입수 직전에 최대가 되고, 다이빙 보드에 서있을 때 최소가 된다.

정답 64 ② 65 ③ 66 ④

운동학적 분석의 예로 옳지 않은 것은?

① 100m 달리기의 속도 측정
② 외줄타기의 인체중심 측정
③ 씨름에서 상대방의 무게중심 측정
④ 보행 시의 지면반력 측정

해설

지면반력의 측정은 운동역학적 분석의 예이다.

운동학적 분석

- 운동의 형태에 관한 분석방법이며 힘과는 관계없이 인체운동을 보고 측정하여 기술한다.
- 양적 변화 : 변위, 속도, 가속도, 무게중심, 인체중심, 방향, 위치 등

운동역학적 분석의 예로 옳지 않은 것은?

① 축구 드리블 거리의 측정
② 멀리뛰기 착지 시의 체중이 받는 중력 계산
③ 보행 시의 발목의 인대 활동도 측정
④ 투수가 공을 던질 때 어깨 근육의 활성도 측정

해설

드리블하는 동안 이동거리를 측정하는 것은 운동학적 분석의 예이다.

운동역학적 분석

- 운동의 원인이 되는 힘, 운동을 유발하는 힘의 분석에 초점을 둔다.
- 질적 변화 : 외력(중력, 마찰력, 지면반력), 내력(근모멘트, 근육 · 인대활동), 역학적 에너지

67 ④ 68 ① 정답

69 ○△×

동작분석의 절차로 옳은 것은?

① 실험 → 계획 → 자료처리 → 분석
② 실험 → 계획 → 분석 → 자료처리
③ 계획 → 자료처리 → 실험 → 분석
④ 계획 → 실험 → 자료처리 → 분석

해설

동작분석이란 다양한 매체와 방법을 통해 인체 운동을 분석하는 것으로, '계획 → 실험 → 자료처리 → 분석'의 순서로 이루어진다.

○△×

다음 중 정성적 분석에 대한 설명으로 옳은 것은?

① 측정을 통해 얻은 객관화된 수치적 자료를 이용하여 동작을 분석한다.
② 분석에 주관적인 판단이 개입될 수 있다.
③ 자료처리에 많은 시간이 필요하다.
④ 인체의 움직임에 대한 과학적 분석과 그 결과를 활용하므로 객관적 연구가 가능하다.

해설

①·③·④ 정량적 분석에 대한 설명이다.

정성적 분석

- 분석자의 경험이나 지식 등을 바탕으로 한 분석방법이다.
- 스포츠 현장에서의 즉각적인 활용이 용이하다.
- 분석자와 선수 사이의 판단기준의 차이로 인한 의사소통의 갈등 가능성이 있다.

71 ○△×

정성적 분석과 정량적 분석 방법에 대한 설명으로 옳지 않은 것은?

① 정성적 분석은 분석자의 역량에 따라 판단에 차이가 발생한다.
② 정량적 분석은 카메라, 지면반력기 등 다양한 장비를 활용한다.
③ 정성적 분석은 피드백에 많은 시간이 걸린다.
④ 정량적 분석은 수치화된 데이터를 통한 피드백이 가능하다.

해설

정성적 분석은 빠른 피드백이 가능하다.

정답 69 ④ 70 ② 71 ③

72 영상 분석에 대한 설명 중 옳지 않은 것은?

① 동작분석방법은 2차원 분석법과 3차원 분석법으로 나눌 수 있다.
② 2차원 분석은 기록된 영상으로부터 실제 좌표를 산출하기 위해서 배율법을 많이 사용한다.
③ 2차원 분석은 동작이 한 평면에서 일어나는 것으로 가정하고, 움직이는 운동체의 운동정보를 얻는 방식이다.
④ 2차원 분석 시 투시오차 발생 가능성을 줄이기 위해 될 수 있는 대로 카메라를 운동면에 가까이 설치하는 것이 좋다.

해설

2차원 분석 시 투시오차를 줄이려면 카메라를 운동면에서 멀리 설치해야 한다.

투시오차가 증가하는 경우

- 분석 대상점이 운동면에서 멀리 벗어날수록
- 영상면과 운동면 사이의 거리가 짧을수록
- 카메라와 운동면 사이의 거리가 가까울수록

73 근전도 측정에 대한 설명으로 옳지 않은 것은?

① 극세선전극은 운동기술의 분석에는 맞지 않는다.
② 침전극 및 극세선전극은 미세 근육활동을 분석할 때 주로 사용된다.
③ 근전도 분석은 근육운동에 관여하는 수많은 개별 활동전위들을 종합 · 누적하여 검출하는 것이다.
④ 표면전극은 근육과 인접한 피부에 부착하며 심층의 근육활동을 분석할 때 주로 사용한다.

해설

표면전극은 큰 근육이나 근육군의 활동을 분석하는 데 적합하며, 심층의 근육활동을 분석하는 데는 적절하지 않지만, 실험과정이 보다 간편하고 다양한 상황에 적용할 수 있다.

72 ④ 73 ④ 정답

74 근전도 신호를 통해 얻는 주요 정보 중 옳지 않은 것은?

○△✕

① 근육의 동원순서 ② 근육의 활동 정도
③ 근지구력 ④ 근피로

해설

근전도 신호를 통해 얻는 주요 정보

- 근육의 활동 여부
- 근활동의 정도
- 근육의 피로도
- 근육의 동원순서

75 다음 중 각 용어에 대한 설명이 적절한 것은?

○△✕

① 인체가 지면과 접촉할 때 지면으로부터 받는 힘을 근전도라 한다.
② 근수축에 의하여 발생된 전기신호를 감지하여 기록한 것을 지면반력이라 한다.
③ 압력분포측정기 활용은 질병의 진단, 선수용 신발의 개발, 감각기 대체 등에 이용된다.
④ 동작분석은 기록된 동작의 영상으로부터 근육의 동원순서, 근육의 활동정보, 근피로 등을 찾아내고 분석한다.

해설

① 지면반력에 관한 설명이다.
② 근전도에 관한 설명이다.
④ 근육의 동원순서, 근육의 활동정보, 근피로를 찾는 것은 근전도법이고, 동작분석은 인체운동의 움직임을 측정하여 운동기술 동작의 분석 및 체계적인 해석을 한다.

76 다음 보기에서 설명하는 분석방법은?

○△✕

카메라 등의 영상장비를 통해 운동 수행을 기록하고, 기록된 영상으로부터 인체나 물체의 운동에 대한 정보를 추출하는 일련의 과정을 말한다.

① 힘 분석 ② 동작 분석
③ 영상 분석 ④ 근전도 분석

해설

① 운동의 원인인 인체의 내 · 외부에 작용하는 힘을 측정하여 분석하는 것이다.
② 다양한 매체와 방법을 통해 인체 운동을 분석하는 것이다.
④ 근육의 수축을 유발하는 전기적 신호를 측정하여 분석하는 것이다.

정답 74 ③ 75 ③ 76 ③

77 다음 중 완전 비탄성 충돌에 의한 운동종목은?

○△×

① 당 구 ② 사 격
③ 농 구 ④ 복 싱

해설

- 완전 탄성 충돌(탄성계수 = 1) : 충돌물체 상호 간의 충돌 전과 충돌 후의 상대 속도가 같은 경우로서, 충돌에 의한 에너지의 손실이나 에너지 형태의 전환이 없는 경우(예 당구)
- 불완전 탄성 충돌(0 < 탄성계수 < 1) : 충돌에 의하여 물체가 일시적으로 변형된 후에 다시 충돌 전의 형태로 복원되는 경우(예 농구의 리바운드, 야구의 배팅, 축구의 킥, 테니스, 복싱 등)
- 완전 비탄성 충돌(탄성계수 = 0) : 충돌 후에 서로 분리되지 않는 경우(예 양궁, 사격, 구기 종목에서의 모든 받기 동작 등)

78 도르래에 100J의 일을 공급하여 도르래가 회전할 때 마찰로 인해 30J의 에너지를 열로 잃었고 출력된 일은 70J이다. 이때 도르래의 효율은?

○△×

① 50% ② 60%
③ 70% ④ 80%

해설

출력된 일이 70J에 해당하므로 도르래의 효율은 70%이다.

79 다음 보기의 빈칸에 적절한 내용을 바르게 나열한 것은?

○△×

> (㉠)와 (㉡)를 합하여 역학적에너지라 하며, 오직 역학적에너지만을 고려하는 계에서 두 에너지의 총량이 항상 일정하다는 것을 역학적 (㉢)이라 한다.

	㉠	㉡	㉢
①	운동에너지	탄성에너지	에너지 보존법칙
②	힘에너지	위치에너지	질량 보존법칙
③	운동에너지	위치에너지	에너지 보존법칙
④	운동에너지	힘에너지	운동량 보존법칙

해설

운동에너지와 위치에너지를 합하여 역학적에너지라 하며, 오직 역학적에너지만을 고려하는 계에서 두 에너지의 총량이 항상 일정하다는 것을 역학적에너지 보존법칙이라 한다.

77 ② 78 ③ 79 ③ 정답

다음 그림에서 야구선수가 배트를 휘두를 때 적용되는 지레는?

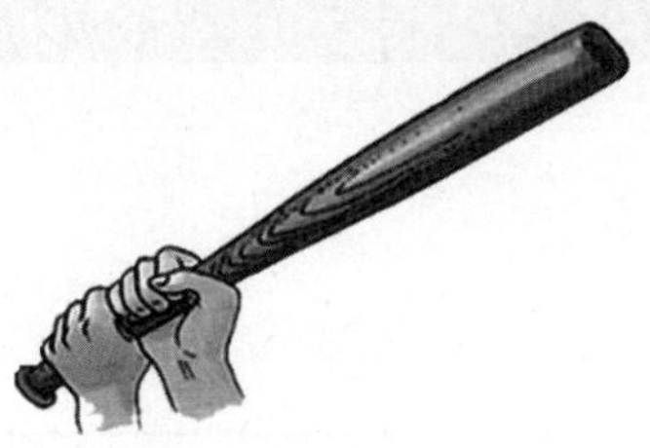

① 1종 지레
② 2종 지레
③ 3종 지레
④ 1종 지레와 3종 지레의 혼합

해설

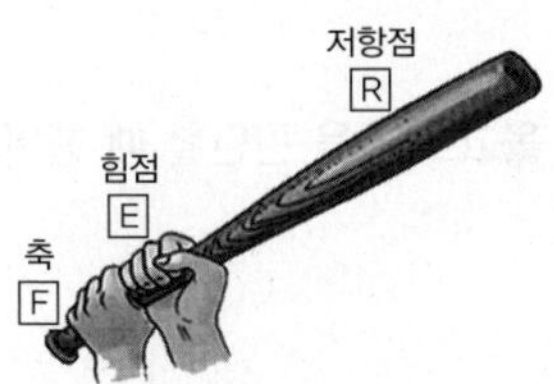

야구배트를 휘두르는 순간의 저항점, 힘점, 축은 그림과 같이 '축-힘점-저항점'의 순서로 배열되는 3종 지레에 해당한다.

지레의 종류

- 1종 지레 : 축(받침점)이 힘점과 작용점(저항점) 사이에 위치하는 지레로, 목관절의 신전이 대표적이다.
- 2종 지레 : 축(받침점)이 있고 그 다음에 작용점(저항점)과 힘점이 위치하는 지레로, 발뒤꿈치 들고 서기가 대표적이다.
- 3종 지레 : 축(받침점), 힘점, 작용점(저항점)의 순으로 위치하여 운동의 범위와 속도에서 이득을 본다.

정답 80 ③

CHAPTER 07

스포츠윤리

01 Pre-test

○×문제

01 아레테(Arete)는 사람이나 사물이 본질적으로 가지고 있는 탁월성 또는 덕을 의미한다. [○/×]

02 의무론적 도덕추론은 행위의 옳고 그름을 판단할 때 행위의 의도나 수단보다 행위의 결과를 중시한다. [○/×]

03 도핑은 페어플레이 정신에 반하는 행위이지만, 선수의 건강을 손상시키지는 않는다. [○/×]

04 테일러가 주장한 생태윤리의 4가지 행위 의무에서 '불침해(비상해)의 의무'란 소극적 의무로서, 인간이 다른 생명체에게 해를 끼치면 안 된다는 의무이다. [○/×]

해설 02 의무론적 도덕추론은 결과의 좋고 나쁨이 아니라 행위가 도덕적 의무를 준수했는가를 판단 기준으로 삼는다.
03 도핑은 금지된 약물을 복용하거나 주입하기 때문에 선수의 건강을 손상시킬 수 있다(의학적, 건강상).

01 ○ 02 × 03 × 04 ○ 정답

05 페어플레이(Fair Play)란 스포츠인이 지켜야 할 준칙과 실천해야 하는 행동지침이다. [○/×]

06 분배적 정의의 관점에서는 피겨스케이팅에서 어려운 동작을 수행하였을 때 높은 점수를 받는 것 또한 불공정한 행위이다. [○/×]

07 칸트(I. Kant)에게 도덕성의 기준은 선의지이다. [○/×]

08 의도적 반칙을 허용하는 입장에서는 반칙을 하지 않고 승리하는 것이 명예롭고 스포츠 윤리적인 승리라고 생각한다. [○/×]

09 국내에는 프로야구를 제외하고 프로농구, 프로배구, 프로축구에서 모두 승부조작이 있었다. [○/×]

10 스포츠의 지속 가능한 발전을 위해 스포츠만의 환경 운동이 아닌 국가적, 국제적 협력과 공조가 필요하다. [○/×]

해설
05 스포츠맨십(Sportsmanship)에 대한 설명이다.
06 분배적 정의의 관점에서 공정한 과정을 거쳐서 세운 기준에 따른 불평등은 수긍할 수 있다.
08 의도적 반칙을 허용하는 입장에서는 반칙도 경기의 일부이며, 의도적 반칙은 승리를 위해 허용된 전략이라고 생각한다.
09 국내 프로야구에서는 2012년 승부조작 사건이 있었으며, 프로축구, 프로배구를 조사하는 과정에서 프로야구에 대한 정보를 입수, 수사과정에서 승부조작이 밝혀졌다.

정답 05 × 06 × 07 ○ 08 × 09 × 10 ○

단답형 문제

11 (　　)은/는 스포츠매너에서 유래된 말로서, 공평한 조건에서 공정하게 경쟁하는 것을 의미한다.

12 테일러의 생태윤리의 4가지 행위 의무에는 불침해(비상해)의 의무, (　　), 성실(신뢰)의 의무, 보상적 정의의 의무가 있다.

13 백인 선수의 성취는 개인의 노력에서 비롯되었고, 흑인 선수의 성취는 선천적인 재능에서 비롯되었다는 견해는 (　　)차별에 해당한다.

14 스포츠맨십, 페어플레이 같은 윤리적 품성의 실천과 습관화를 강조하는 교육은?

15 스포츠윤리 중 선한 행위를 하는 것이 의무라는 생각은 (　　)적 견해이다.

16 스포츠윤리센터는 (　　)이/가 감독한다.

11 페어플레이 12 불간섭의 의무 13 인종 14 덕 교육 15 의무론 16 문화체육관광부장관 정답

17 스포츠맨십은 학생운동선수에게 인간의 내면적 즐거움과 관대함이 형성되는 ( ) 충족적 가치, 사회화 과정이 학습되는 ( ) 통합적 가치 그리고 상대방의 행복과 복지를 위한 ( )적 가치 등 교육적인 가치를 제공하는 윤리적인 규범을 가지고 있다.

18 맹자의 사단 중 타인을 불쌍히 여기는 마음은 ( )이며, 자신이나 타인의 불의를 부끄러워하고 선하지 못함을 미워하는 마음은 ( )이다.

19 문화체육관광부가 지목하고 있는 '스포츠 4대 악'으로는 조직 사유화, 승부조작 및 편파판정, (성)폭력, ( )이/가 있다.

20 스포츠 분야에서의 각종 비리와 학교폭력 등의 근본 원인 중 하나는 승리를 해야만 보상과 미래를 보장받을 수 있는 ( )의 영향이 매우 크다.

정답 17 자아, 사회, 윤리 18 측은지심, 수오지심 19 입시비리 20 성적(승리)만능주의

02 필수 개념문제

※ 문제의 이해도에 따라 ○△× 체크하여 완벽하게 정리하세요.

01 다음 중 윤리에 대한 설명으로 옳지 않은 것은?

○△×

① 윤리는 관습과 법을 평가하는 기준이므로, 관습과 법보다 더 근본적인 것이다.
② 윤리는 거듭된 사회적 평가를 바탕으로 형성된다는 의미에서 하나의 사회현상이라고 할 수 있다.
③ 모든 사람에게 보편타당한 윤리란 존재하지 않는다.
④ 윤리는 인간이 부딪힌 문제상황에 적합한 지침이라는 점에서 삶의 지혜라고 할 수 있다.

해설

윤리는 여러 가지 관습 가운데 오랜 세월을 거치면서 합리적이라고 인정받은 것이므로, 보편적 윤리규범이 존재한다.

02 다음 중 도덕과 윤리의 개념을 비교한 내용으로 옳지 않은 것은?

○△×

① 윤리는 마땅히 행해야 할 도리인 반면, 도덕은 윤리의 옳고 그름을 따지는 것이다.
② 도덕은 주관적인 면을 중시하지만, 윤리는 실질적인 면을 중시한다.
③ 도덕은 일상 생활에서 그 의미를 찾지만, 윤리는 학문에서 그 의미를 찾는다.
④ 도덕은 그 자체로 의미가 있는 반면, 윤리는 도덕과 법의 종합적인 의미가 있다.

해설

도덕과 윤리는 기본적으로 같은 개념이다. 하지만 좁은 의미로 사용될 때에는 약간의 차이가 있다. 도덕은 인간으로서 마땅히 지켜야 할 행동의 준칙이며, 도덕적인 행위를 왜 해야 하는지에 대해 따지지 않는다. 자식이 부모를 공경하고 윗사람에게 예를 차리는 것 등은 그 자체가 도덕적인 것이다. 반면 윤리는 도덕적 행위의 원인과 근거를 연구하고 밝히려고 하는 것이다. 따라서 윤리는 도덕적 행위가 왜 옳고 그른지를 이론적으로 분석하고 연구하는 것이라 할 수 있다. 자식이 부모를 공경하고 윗사람에게 예를 차리는 이유를 인간의 본성에서 그렇게 하기를 요구하기 때문이라거나, 사회의 안정과 질서를 위해서 등으로 규명하는 것이 윤리의 예이다.

01 ③ 02 ① 정답

03 다음 중 윤리이론에 대한 설명으로 옳지 않은 것은?

○△✕

① 결과론적 윤리는 사형제도가 흉악한 범죄를 억제해 다수 시민의 생명과 재산을 보호할 수 있는 등 결과만 좋으면 존치해야 한다고 본다.

② 의무론적 윤리는 '사람을 죽여서는 안 된다'라는 명제는 그 결과와 무관하게 옳기 때문에 사형제도나 자살 등을 반대한다.

③ 결과론적 윤리는 행위의 결과와 행위의 목적을 동시에 정당화하기 때문에 인격과 덕성에 대해 매우 중요시하는 이론이다.

④ 의무론적 윤리는 시대나 상황이 변해도 여전히 지켜야 할 도덕규칙이 있으며 목적이나 결과가 가져올 사태의 좋고 나쁨에 상관없이 반드시 행해야 할 의무가 있다고 본다.

해설

결과론적 윤리는 최대다수의 최대행복을 추구하는 공리주의나 실용주의, 절대불변의 도덕규칙은 없고 처한 상황에 따라 판단이 얼마든지 달라질 수 있다고 보는 상황윤리와 상통한다.

결과론적 윤리와 의무론적 윤리

- 결과론(목적론)적 윤리 : 개인이나 집단의 행위가 어떤 선을 가져오느냐에 관심을 두며, 행동의 동기보다 결과에 치중한다. 즉, 행위의 옳고 그름이 결과의 좋고 나쁨에 의존한다고 보기 때문에 목적만 선하다면 수단은 정당화될 수 있다고 본다.
- 의무론적 윤리 : 결과론적 윤리처럼 행위의 목적이나 결과에 중점을 두는 것이 아니라 행위자의 심성과 동기를 강조한다. 시대나 상황이 변해도 여전히 지켜야 할 도덕규칙이 있으며 목적이나 결과가 가져올 좋고 나쁨에 상관없이 반드시 행해야 할 의무가 있다고 본다.

04 다음 중 스포츠윤리학의 내용에 대한 설명으로 옳지 않은 것은?

○△✕

① 스포츠를 윤리학적 이론과 적용이란 관점에서 조명한다.

② 스포츠 행위에 대한 올바른 목적과 의미를 탐구하는 분야이다.

③ 스포츠를 통한 페어플레이 정신과 스포츠맨십 등을 심도 있게 다룬다.

④ 스포츠 영역을 넘어 일상적인 생활에서도 윤리성의 함양을 위해 노력한다.

해설

스포츠윤리학은 스포츠 현장에서 발생하는 도덕적 문제에 대한 감수성을 개발하고 건전한 윤리적 의사결정을 가능하게 한다.

정답 03 ③ 04 ④

05 고대 동양의 사상가인 (A)가 (B)에게 해줄 말로 가장 적절한 것은?

- (A) : 인간은 본디 식욕과 색욕만 가지고 태어난다. 이는 인간 외의 동물도 동일하다. 인간의 성이란 마치 물과 같아 동쪽으로 터놓으면 동쪽으로 흐르고 서쪽으로 터놓으면 서쪽으로 흐를 뿐이며, 날 때부터 정해진 물의 길이 존재하는 것은 아니다.
- (B) : 승부조작은 반드시 막아야 한다. 승부조작은 스포츠의 기본 정신을 훼손하는 행위이며, 프로선수뿐만 아니라 프로스포츠를 지지해주는 관중들에 대한 모독이다. 따라서 승부조작에 가담한 선수를 영구제명하고, 큰 벌금을 물게 하여 엄벌해야 한다. 오직 강한 처벌과 규제만이 승부조작을 막을 수 있기 때문이다.

① 인간의 본성은 선하기 때문에 인위적인 처벌은 효과가 없을 것이다.
② 인간의 본성은 선하지도 악하지도 않기 때문에 엄벌하여 죄를 묻는 것이 옳다.
③ 승부조작에 가담한 선수에 대한 처벌보다 우선되어야 할 것은 사전 교육을 통한 예방이다.
④ 인간의 정신은 경험 이전에는 백지상태이므로 승부조작을 저지른 선수를 용서하고 재발 방지 교육을 시행해야 한다.

해설

(A)는 '성무선악설(性無善惡說)'을 주장한 고자(告子)이다.
③ 고자(告子)는 인간의 본성을 악하지도 선하지도 않은 상태로 생각하여 교육의 중요성을 강조하였다. 따라서 승부조작에 가담한 선수에 대한 처벌보다 우선되어야 할 것은 사전 교육을 통한 예방이라는 주장이 고자(告子)의 의견에 가장 가깝다고 할 수 있다.
① 고자(告子)는 인간의 본성에는 선함이나 악함이 없다고 말하며, 교육과 수기를 강조하였다.
② 엄벌하여 죄를 물어야 한다는 것은 고자(告子)의 주장과는 거리가 있다. 오히려 인간의 본성은 악하기 때문에 처벌하여 다스려야 한다는 한비자(韓非子)의 주장에 가깝다.
④ 인간의 정신이 경험 이전에 백지상태라고 주장한 것은 서양의 철학자인 로크(J. Locke)이다. 로크(J. Locke)는 인간에게 주어진 본래적인 관념은 존재하지 않으며, 인간이란 무엇인가를 경험하기 이전에는 아무런 관념도 없는 마치 백지와 같다고 주장하였다.

06 다음 중 윤리학에 대한 설명으로 옳지 않은 것은?

① 크게 목적론적 윤리학과 의무론적 윤리학으로 구분된다.
② 목적론적 윤리학은 행복 또는 쾌락의 가치를 중요시한다.
③ 의무론적 윤리학의 대표적인 이론은 공리주의이다.
④ 목적론적 윤리학은 플라톤, 아리스토텔레스가 대표적이고, 의무론적 윤리학은 칸트가 대표적이다.

해설

목적론적 윤리학의 대표적인 이론은 공리주의이다. 공리주의는 또 양적인 쾌락을 중시하는 양적 공리주의와 질적인 쾌락을 중시하는 질적 공리주의로 나누어진다.

05 ③ 06 ③ 정답

07 ○△×

다음 중 스포츠맨십의 필요성으로 옳지 않은 것은?

① 스포츠 정신에 어긋나는 행동은 스포츠의 가치를 저하시키기 때문이다.
② 선수, 심판, 지도자 및 관중까지 스포츠를 통해 덕을 함양하고 표현할 수 있기 때문이다.
③ 스포츠 정신을 통해 경쟁과 대립을 완화시킬 수 있기 때문이다.
④ 관람자들이 도덕적 만족감과 함께 윤리적인 희열을 느낄 수 있기 때문이다.

해설

도덕적 만족감은 스포츠의 기본적인 특성과 관련이 없으며, 스포츠를 통해 얻을 수 있는 개인의 부차적인 만족감에 해당한다.

08 ○△×

〈보기〉에서 나타난 홍철과 동훈의 공정시합에 관한 관점이 바르게 연결된 것은?

> • 홍철 : 승부조작은 경쟁적 스포츠의 본래적 가치를 훼손시키는 행위지만, 경기규칙을 위반하지 않았다면 윤리적으로 문제없는 것이 아닌가?
> • 동훈 : 나는 경기규칙을 위반하지 않았다 하더라도, 스포츠의 역사적 · 사회적 보편성과 정당성 속에서 형성되고 공유된 에토스(Shared Ethos)에 충실해야 한다고 생각해! 그래서 스포츠의 가치를 근본적으로 훼손시키는 승부조작은 추구해서도, 용인되어서도 절대 안 돼!

	홍 철	동 훈
①	생태중심주의	인간중심주의
②	형식주의	비형식주의
③	비형식주의	형식주의
④	인간중심주의	생태중심주의

해설

페어플레이의 유형
페어플레이의 유형에는 형식적 페어플레이와 비형식적 플레이가 있다. 형식적 페어플레이는 〈보기〉 속 홍철의 논지처럼 규칙 내에서 행하는 경쟁이고, 비형식적 페어플레이는 〈보기〉 속 동훈의 논지처럼 참여자 간의 존중과 공정한 가치 태도를 바탕으로 경기의 관습을 지키며 행하는 경쟁이다.

정답 07 ④ 08 ②

09 스포츠맨십에 대한 설명 중 다음 ㉠, ㉡에 들어갈 단어로 적절한 것은?

ⓞⓐⓧ

> 스포츠맨십은 학생운동선수에게 인간의 내면적 즐거움과 관대함이 형성되는 (㉠) 충족적 가치, 사회화 과정이 학습되는 (㉡) 통합적 가치 그리고 상대방의 행복과 복지를 위한 윤리적 가치 등 교육적인 가치를 제공하는 윤리적인 규범을 가지고 있다.

	㉠	㉡
①	자 아	사 회
②	자 아	집 단
③	집 단	사 회
④	집 단	조 직

해설

인간의 내면적 즐거움과 관대함이 형성되는 것과 관련 있는 가치는 '자아 충족적 가치'이고, 사회화 과정이 학습되는 것과 관련 있는 가치는 '사회 통합적 가치'이다.

10 놀이와 스포츠에 대한 설명으로 옳지 않은 것은?

ⓞⓐⓧ

① 스포츠는 규칙 안에서 신체의 탁월성을 발휘하여 승리를 추구하는 것이다.
② 경쟁의 요소는 놀이와 스포츠의 즐거움을 더해준다.
③ 놀이는 스포츠처럼 제도화되진 않았지만 나름의 규칙을 가진다.
④ 스포츠는 승리를 추구하지만, 놀이는 활동 자체가 목적이다.

해설

스포츠는 승리를 추구하므로 경쟁의 요소가 강하지만, 놀이는 활동 자체가 목적이므로 경쟁의 요소가 억제된다.

09 ① 10 ② 정답

11 다음 중 페어플레이 정신의 윤리적 관점에 대한 설명으로 옳지 않은 것은?

① 페어플레이 정신의 근본은 인간을 동등한 이성적 존재로 인식하는 것이다.
② 경기 중 상대를 인격적으로 무시하는 것은 페어플레이 정신에 어긋나지만 윤리적으로 비난받지는 않는다.
③ 스포츠 경기 중 스스로가 최선을 다하지 않는 것도 자신의 이성성에 대해 올바른 가치판단을 하지 못하는 행동이므로, 윤리적으로 비난받을 수 있다.
④ 경기 과정에서의 페어플레이 정신은 규칙 준수와 스포츠에 참여하는 모든 사람에 대한 존중으로 이어질 수 있다.

해설

페어플레이 정신은 정정당당한 경기와 타인에 대한 배려의 실현을 의미하는 것으로 타인을 인격적으로 무시하는 것은 윤리적 · 도덕적으로 비난받아 마땅한 것이다.

PART 2

12 다음 보기에서 ㉠, ㉡에 들어갈 말로 옳은 것은?

ㅇ△×

> ㉠ – 지난 시즌 손흥민 선수가 보여주었던 경기력은 매우 훌륭했다.
> ㉡ – 지난 시즌 손흥민 선수는 본인의 경력 중 가장 많은 골을 넣었다.

	㉠	㉡
①	가치판단	가치판단
②	가치판단	사실판단
③	사실판단	가치판단
④	사실판단	사실판단

해설

사실판단은 참과 거짓을 파악할 수 있는 것이고, 가치판단은 개인의 가치관에 따라 달라지는 주관적인 판단이다. 손흥민 선수의 경기력이 훌륭했다는 것은 주관적인 평가이므로 ㉠은 가치판단이다. 손흥민 선수가 지난 시즌 본인의 경력 중 가장 많은 골을 넣었다는 것은 참인지 거짓인지 구별할 수 있으므로 ㉡은 사실판단이다.

정답 11 ② 12 ②

13 다음 중 공리주의에 대한 설명이 옳지 않은 것은?

① 행위의 옳고 그름의 판단은 그 행위로 인해 나온 결과에 의존한다.
② 개인에게 선은 다른 사람에게 악이 될 수도 있다.
③ 모든 결과를 정확히 예측하기란 어렵다.
④ 소수의 권리가 침해되는 것을 막아준다.

해설

공리주의는 결과론적 윤리로 최대다수의 최대행복을 주장하지만, 더 많은 사람들이 이익을 취할 수 있도록 선택하는 과정에서 소수의 권리가 침해될 수도 있다.

14 다음 중 체육인 윤리강령의 내용이 아닌 것은?

① 스포츠 고유 가치에 대한 존중
② 국가와 사회에 대한 체육인의 역할
③ 존경받는 체육인상의 정립
④ 스포츠윤리 교육시설의 설치와 운영

해설

체육인 윤리강령

- 1장 스포츠 고유 가치에 대한 존중
- 2장 국가와 사회에 대한 체육인의 역할
- 3장 존경받는 체육인상의 정립
- 4장 체육윤리위원회의 설치와 운영

15 스포츠의 목적과 관련하여 다음 보기의 빈칸에 들어갈 말로 옳은 것은?

> 인간의 유희 욕구를 만족시키고 건강 및 삶의 질 향상에 기여하며, 건전한 여가활동을 통해 삶의 질을 향상시키고 (　　)의 욕구를 충족시키고자 한다.

① 경 쟁　　② 인 내
③ 책 임　　④ 공정성

해설

나머지 보기인 책임, 인내, 공정성 등은 스포츠에서 준수해야 할 윤리적 덕목에 해당한다.

13 ④ 14 ④ 15 ① 정답

16 스포츠에서 장애인 차별의 극복 방안에 대한 내용으로 옳지 않은 것은?

○△✕

① 스포츠에 있어 신체적 한계를 뛰어넘는다는 것은 장애인과 비장애인 모두에게 공통된 조건이므로, 장애인도 비장애인과 같은 스포츠를 즐길 수 있는 권리가 있다는 인식을 확산시킨다.

② 스포츠를 통해 장애의 경계를 허물고 개인적 성취감과 사회적인 인식을 개선할 수 있다.

③ 장애인을 위한 체계적인 생활체육 지도와 교통 및 편의활동 보조, 운동 공간의 제공 등을 통해 장애인 차별을 극복할 수 있다.

④ 장애인 스포츠 프로그램인 패럴림픽 등을 통해 비장애인과 장애인의 구분 없이 모두가 참가할 수 있는 스포츠 공간을 확대한다.

해설

패럴림픽은 장애인올림픽위원회(IPC)가 주최하여 4년 주기로 개최되는 신체적 · 감각적 장애가 있는 운동선수들이 참가하는 국제경기대회로, 올림픽이 열리는 해에 올림픽 개최국에서 열린다. 1948년 루트비히 구트만이 제2차 세계대전 부상병들이 입원해 있던 스토크 맨더빌 병원에서 '스토크 맨더빌 게임'을 열었는데, 이것이 패럴림픽의 전신이다.

17 다음 중 스포츠에서 나타나는 성차별에 대한 내용이 아닌 것은?

○△✕

① 유도 대표팀 합숙소 식당에서 남자 선수들이 여자 선수들의 몸무게를 거론하며 식사를 하고 있다.

② 여자 농구부의 코치가 주말 휴식 기간에 술을 마시는 자리에 선수를 불러 술을 따르게 하였다.

③ 남녀 펜싱 선수들이 함께하는 단체 훈련 과정에서 훈련 내용과는 상관없이 여자 선수들에게 여성성을 강조하는 행위를 요구하였다.

④ 남자 100m 달리기와 여자 100m 달리기는 현격한 기록차이가 존재하기 때문에 남자 경기와 여자 경기를 나누어 진행했다.

해설

남녀 간에는 신체적인 차이가 있기 때문에, 대부분의 스포츠는 남성과 여성을 구분해서 진행된다. 위와 같은 사례는 성차별이 아닌 성구분에 해당한다.

정답 16 ④ 17 ④

18 〈보기〉의 괄호 안에 공통으로 들어갈 용어는?

□○□△□X

> • 혜련 : 스포츠에는 규칙으로 통제된 (   )이 존재해. 대표적으로 복싱과 태권도와 같은 투기종목은 최소한의 안전장치가 마련되고, 그 속에서 힘의 우열이 가려지는 것이지. 따라서 스포츠 내에서 폭력은 용인된 폭력과 그렇지 않은 폭력으로 구분할 수 있어!
> • 미선 : 아니, 내 생각은 달라! 스포츠 내에서의 폭력과 일상 생활에서의 폭력은 본질적으로 동일하지. 그래서 (   )은 존재할 수 없어.

① 합법적 폭력　　② 부당한 폭력
③ 비목적적 폭력　　④ 반사회적 폭력

해설

스포츠와 폭력

〈보기〉는 격투 스포츠의 윤리적 논쟁에 대한 내용이다. 테러나 학대, 사적제재와 같은 폭력은 불법적인 폭력이지만, 격투기와 같이 스포츠 규칙에 의해 통제된 힘의 사용은 합법적(정당한) 폭력으로 인정된다. 이처럼 정당성의 기준에 따라 폭력의 적법성이 가변적이기 때문에 폭력을 절대악으로 간주할 수만은 없다.

19 다음 보기의 스포츠 문제에 대한 설명으로 적절하지 않은 것은?

□○□△□X

> • 과거 올림픽의 일부 경기에는 여자가 출전할 수 없었다.
> • 근대 올림픽의 창시자인 쿠베르탱은 여성의 올림픽 출전을 거부하였다.
> • 일부 여성 스포츠의 복장은 선정성으로 문제가 된 적이 있다.

① 보부아르(S. Beauvoir)의 이론에 따르면, 여성다움과 남성다움은 사회적 산물에 불과하다.
② 롤스(J. Rawls)의 이론에 따르면, 동일한 능력을 가진 남녀는 직위와 직급 등의 차원에서 균등한 기회를 보장받아야 한다.
③ 울스턴크래프트(M. Wollstonecraft)의 이론에 따르면, 남녀의 차이는 선천적인 것이 아닌 차별적 사회구조에 의한 것이다.
④ 벤담(J. Bentham)의 이론에 따르면, 여성의 출전권을 제한하여 얻는 사회적 이익이 여성들의 손해보다 크기 때문에 여성 차별은 불가피하다.

해설

④ 여성에 대한 차별이 사회 전체적 이익 극대화로 이어지지 않는다.
① 보부아르(S. Beauvoir)는 "여자는 태어나는 것이 아니라 여자로 만들어지는 것이다"라고 말하며, 여성성이란 사회적 편견의 산물임을 강조하였다.
② 롤스(J. Rawls)의 기회 균등의 원칙에 대한 설명이다.
③ 울스턴크래프트(M. Wollstonecraft)는 여성에게도 동등한 교육의 기회가 제공되어야 한다고 주장하였다.

18 ① 19 ④ 정답

다음 보기의 대화에 나타난 스포츠윤리 문제에 대한 설명으로 가장 적절한 것은?

- A : 야 너 어제 올림픽 육상 100m 경기 봤어?
- B : 봤지.
- A : 난 사람이 그렇게 빨리 뛸 수 있는지 몰랐어.
- B : 맞아 정말 빠르더라. 특히 금메달을 딴 그 흑인은 흑표범 같았어.
- A : 역시 흑인이라 그런가? 다리 근육도 튼튼해 보이고 몸이 각이 져 있더라.
- B : 맞아. 신체구조상 흑인은 더 탄력적이고 근육이 쉽게 발달하는 것 같아.
- A : 나도 그런 것 같아. 그래서 난 가끔 흑인이 부럽기도 해.

① 흑인에게만 해당되는 문제이다.
② 관련된 용어로는 유리천장, 유리절벽 등이 있다.
③ 단일민족 국가라 하여도 피해가기 어려운 문제이다.
④ 국적이 다른 사람 사이에서는 일어나지 않는 문제이다.

해설

③ 보기의 사례는 '인종차별'에 대한 것이다. 유엔은 '단일민족'을 강조하는 우리나라에 대해 "단일민족을 강조하는 것은 다른 인종, 국가 출신 사람들이 같은 영토 내에 함께 살며 이해와 관용, 우의를 증진하는 데 장애가 될 수 있다"라고 말하며 인종과 출신 국가에 대한 차별을 근절해야 한다고 권고하였다.
① 인종차별은 모두에게 해당되는 문제이다.
② 유리천장, 유리절벽은 성차별과 관련된 용어이다.
④ 인종차별은 그 사람의 국적과는 무관하다. 같은 국적끼리도 일어날 수 있고, 국가 간에 발생할 수도 있다.

21

다음 중 환경문제에 대한 윤리적 판단으로 가장 적절한 것은?

① 산업화를 위해서는 어쩔 수 없이 환경오염을 감수해야 한다.
② 과학기술 발달로 환경오염을 충분히 해결할 수 있다.
③ 고의가 아닌 경우라면 환경오염은 크게 문제되지 않는다.
④ 환경문제에 대한 지식과 관심은 물론 오염 방지를 위한 실천의지가 필요하다.

해설

환경문제를 해결하기 위해서는 생태계의 보전과 다양성을 이해할 수 있는 지식을 가져야 하며, 인간이 자연의 지배자가 아니라 자연의 한 구성원에 불과하다는 사실을 인정해야 한다. 또한 환경오염 문제의 심각성을 인식하고 환경문제를 해결하기 위해 책임감을 갖고 적극적으로 참여해야 한다.

정답 20 ③ 21 ④

22 다음 중 스포츠 폭력에 해당하지 않는 것은?

기출유사

○△×

① 농구경기에서 경기 판정 시비로 인한 선수의 심판 폭행
② 야구경기에서 선수들 간의 신경전에서 나오는 주먹다짐
③ 축구경기에서 패배를 인정하지 못한 관중들이 경기장으로 진입하여 선수를 폭행하는 경우
④ 복싱경기에서 상대 선수의 복부를 주먹으로 치는 경우

해설

격투기 종목, 특히 원초적인 격투종목에 해당하는 복싱이나 이종격투기의 경우 철저하게 정해진 룰과 심판의 중재와 의료진의 구비 등 안전의 확인이 바탕이 되어, 선수의 합의에 의해 진행되는 종목이다. 폭력성이 극대화된 경기이지만, 경기 자체가 스포츠 폭력 문제에 해당하지는 않는다. 다만 청소년들이 지도자나 보호자의 지도 없이 서로 맞붙어 치고받으며 싸우는 행위를 여과 없이 지켜볼 경우, 폭력행동 학습에 영향을 미칠 수 있다.

23 다음 중 스포츠 폭력의 성격이 가장 이질적인 것은?

○△×

① 축구경기에서 공격적인 태클로 상대를 다치게 한 경우
② 농구경기에서 시간이 얼마 남지 않자, 상대선수를 몸으로 밀어 자유투를 허용한 경우
③ 럭비경기에서 공을 가진 선수를 막기 위해 강하게 부딪혀, 상대 선수의 무릎을 다치게 한 경우
④ 야구경기에서 상대 선수가 조롱 섞인 말을 하자, 화를 참지 못하고 상대 선수의 몸에 고의로 공을 던져 다치게 한 경우

해설

승리하기 위한 목적 없이 상대방에 대한 분노로 인하여 행하는 폭력은 적대적 폭력에 해당한다. ①·②·③은 승리라는 목적을 달성하기 위한 도구적 폭력이다.

> 폭력의 유형
>
> - 적대적 폭력 : 승리하기 위한 목적 없이 상대방에 대한 좌절과 분노로 인해서, 적대심을 가지고 가해지는 폭력이다.
> - 도구적 폭력 : 승리라는 목적을 달성하기 위해서 가해지는 폭력으로, 상대에 대한 적대심이나 개인적 감정이 결여된 형태이다.

22 ④ 23 ④ 정답

다음 중 문화체육관광부에서 선정한 '반드시 없어져야 할 스포츠 4대악'이 아닌 것은?

① 도 핑 ② (성)폭력
③ 조직 사유화 ④ 승부조작 및 편파판정

해설

문화체육관광부는 2014년 반드시 없어져야 할 '스포츠 4대악(惡)'으로 '승부조작 및 편파판정', '(성)폭력', '입시비리', '조직 사유화'를 선정했다. 문체부는 비리를 저지르는 체육단체에 대해서는 국가보조금을 전액 삭감하고 입시비리가 적발된 고교와 대학의 운동부에 대해서는 신입생 선발을 제한하기로 결정한 바 있다.

다음 보기의 상황에 대한 학자의 주장으로 적절하지 않은 것은?

시대중학교에 다니는 철수는 평소 양심적으로 교칙을 준수하고, 모범적으로 생활하고 있다. 하지만 농구 경기가 시작되면 승리를 위해 거칠게 몸싸움을 하고, 공격적인 언행을 일삼는다. 그 결과 이기는 경기가 지는 경기보다 많았지만, 상대팀 선수가 철수의 거친 행동 때문에 다치기도 하였다.

① 칸트(I. Kant) – 다른 사람의 인격을 수단으로 대한다는 점에서 잘못되었다.
② 베버(M. Weber) – 승리라는 동기는 선한 것이므로 결과와 무관하게 옳은 행동이다.
③ 나딩스(N. Noddings) – 상대방에 대한 배려가 부족한 행위이므로 잘못되었다.
④ 니부어(R. Niebuhr) – 철수는 도덕적이지만 소속된 단체의 이익을 위해서 이기적인 모습이 된 것이다.

해설

② 베버(M. Weber) : 동기가 선해도 결과에 대한 책임을 져야 한다는 책임윤리를 주장하였다.
① 칸트(I. Kant) : 자신과 모든 사람을 수단으로 대하지 말고 목적으로 대하라고 주장하였다.
③ 나딩스(N. Noddings) : 상대에 대한 배려를 모든 사람으로 점차 확산시켜야 한다는 내용의 배려윤리를 주장하였다.
④ 니부어(R. Niebuhr) : 사람들은 소속된 단체의 이익을 위해서라면 보다 쉽게 이기적인 행동을 취한다는 사회윤리를 주장하였다.

정답 24 ① 25 ②

26 도핑에 대한 설명으로 옳지 않은 것은?

○△×

① 경기력을 향상시키기 위해 의도적으로 약물을 투여하는 것이다.
② 도핑은 선수를 보호하기 위해 이루어지는 것으로, 선수생활 중에는 도핑에서 자유로울 수 없다.
③ 사용되는 약물을 도프(Dope)라고 하는데, 남아메리카의 원주민들이 종교행사에서 흥분제로 사용하던 독한 술을 어원으로 한다.
④ 약물을 통해 근육을 강화하고 집중력을 오랫동안 지속시키는 등 경기력을 현저하게 향상시킬 수 있다.

해설

도핑은 스포츠에서 경기력을 향상시키기 위한 목적으로 사용되었는데, 약물을 습관적으로 사용하게 되면 선수들의 건강을 해치게 되는 폐해를 일으킬 수 있다. 따라서 이러한 폐해를 방지하고 공정성을 유지하기 위해서 도핑 검사가 실시되었다.

27 승부조작에 대한 설명으로 옳지 않은 것은?

○△×

① 승부조작은 스포츠 경기에서 외적인 이득 획득을 목적으로 경기의 과정과 결과를 왜곡시키는 것이다.
② 스포츠의 공정성을 포함한 근본적 가치를 훼손한다.
③ 범죄행위로서 행위자에 대한 형법적 책임이 있으므로, 스포츠인의 인적손실이 발생한다.
④ 유일한 해결방안으로 외적 통제를 통한 제도적, 법적 처벌강화 및 관리감독 강화가 있다.

해설

승부조작을 해결하기 위해서는 외적 통제를 통한 해결도 중요하지만 지도자 · 심판 · 스포츠 단체 · 선수 · 학부모 등을 대상으로 하는 윤리교육의 강화 같은 내적 통제도 필요하다.

28 스포츠 폭력에 대한 설명으로 옳지 않은 것은?

○△×

① 이종격투기에서 이루어지는 폭력은 합법적 스포츠 활동이므로, 윤리적으로 문제되지 않는다.
② 스포츠 폭력은 운동선수, 감독, 심판 등 스포츠인이나 관중이 스포츠 활동과 관련하여 신체적 · 언어적 · 성적 폭력을 행하는 것을 의미한다.
③ 폭력을 본능으로 인정하는 동시에 규범으로 통제한다는 면에서 스포츠 폭력의 이중성을 엿볼 수 있다.
④ 선수 간의 스포츠 폭력은 경기 중 승리를 위한 전략으로서 시도되기도 한다.

해설

이종격투기에서 이루어지는 폭력은 통제되고 합법적인 활동이지만, 윤리적인 측면에서는 논쟁이 끊이지 않는다. 권투나 태권도 같은 격투기는 최소한의 안전장치가 있지만 이종격투기는 맨몸으로 싸우기 때문에 다칠 위험이 크고, 관중이나 선수들이 폭력에 무뎌지고 중독될 위험이 있기 때문이다.

26 ② 27 ④ 28 ① 정답

29 ◯△✕

다음 중 학생선수의 인권이 위협받는 요인이 아닌 것은?

① 코치, 선배와의 위계적 · 억압적인 관계
② 일반 학교 시간표와 운동 훈련시간표의 병행
③ 거친 시합으로 인한 부상 및 체력적인 문제
④ 주된 생활공간이 합숙소와 체육관, 운동장으로 교육과 단절

해설

학생선수의 인권을 위협하는 요소

- 이분법적 시간표 : 수업시간표와 훈련시간표의 병행으로 인해 학습권과 다양한 경험을 할 수 있는 기회를 박탈당한다.
- 합숙 생활 : 교육과 단절된 합숙소의 운영 및 각종 불합리한 위계질서를 경험한다.
- 위계적 · 억압적인 관계 : 정신력 강화 명목의 구타 및 규율 강화를 빌미로 한 언어폭력 등을 경험한다.
- 승리 지상주의 : 일부 현격한 성과를 거둔 소수의 학생을 제외한 대부분의 학생이 운동을 중도 포기하게 된다. 운동을 포기하며 프로로 진출하지 못한 학생의 경우 학습의 부재 및 기타 이유로 기초 생활에 문제가 발생할 수 있다.

◯△✕

스포츠 상황에서 발생할 수 있는 윤리의식 결여 사례가 아닌 것은?

① 수영에서 좀 더 좋은 기록을 내기 위해 일시적으로 금지된 약물을 복용하였다.
② 프로야구에서 스트라이크존에 항의하던 타자가 더그 아웃으로 들어온 뒤 흥분하여 배트를 집어 던졌다.
③ 프로농구 A팀은 다음 연도에 높은 드래프트 픽을 받기 위해 시즌 막바지 주전선수를 내보내지 않고 대부분의 게임에 패했다.
④ 배드민턴 대표팀은 경기에서 유리한 조 편성을 위해 경기를 고의로 패배했다.

해설

선수가 자책하는 등의 과격한 행위는 비윤리적인 행위가 아니라 스포츠 경기 몰입과정에서 올 수 있는 자연스러운 행위이다.

정답 29 ③ 30 ②

31 다음 중 스포츠지도자의 폭력이 발생하는 이유로 옳지 않은 것은?

○△✕

① 경기력 강화, 정신력 강화라는 명목 하에 지도자의 폭력이 정당화된다.
② 지도자의 안정적인 근무 형태로 인해 발생한다.
③ 폭력으로 인한 일시적인 성과에 주목한다.
④ 지도자는 선수의 생활에 대한 전반적인 영역에서 권력을 행사할 수 있다.

해설

지도자의 불안정한 근무 형태는 지도자가 승리 지상주의를 추구하여 선수들에게 폭력을 행사하게 되는 원인 중 하나이다.

32 다음 중 학교체육의 인성교육적 가치가 아닌 것은?

○△✕

① 정서 발달 ② 인지 발달
③ 사회성 발달 ④ 경쟁심 발달

해설

학교체육의 인성교육적 가치

- 정서 발달 : 신체 활동을 통해 부정적 정서가 감소하고, 긍정적 정서가 증진된다.
- 인지 발달 : 뇌기능이 발달하고, 전략적 사고 능력이 증가한다. 이를 통해 공감과 배려 등 반성적 사고의 동기를 획득할 수 있다.
- 사회성 발달 : 공격성과 에너지의 긍정적인 해소를 통하여 부정적 행동을 예방하고, 협동심이나 리더십 같은 사회적 성향 발달에 도움이 된다. 또한 자기관리나 목표설정, 동기 조절과 같은 생활기술 발달에 도움이 된다.
- 도덕성 발달 : 도덕적 판단 · 사고 능력이 발달하며, 도덕적 행위에 대한 공감과 실천 능력이 발달한다.

33 다음 중 스포츠 인성교육의 방법이 아닌 것은?

○△✕

① 인지주의적 접근 ② 덕 교육적 접근
③ 통합적 접근 ④ 훈련 접근

해설

스포츠 인성교육의 방법

- 인지주의적 접근 : 스포츠 인성교육의 목표로 개인의 도덕적 자율성 함양과, 상황에 대한 도덕적 판단 능력을 강조하는 접근 방법이다.
- 덕 교육적 접근 : 도덕적으로 옳은 행동을 실천하는 사람을 기를 것을 강조하는 접근 방법으로, 인류의 보편적 윤리인 덕의 습관화와 품성의 내면화에 초점을 둔다.
- 통합적 접근 : 인간의 도덕성을 지식 또는 감성과 같은 어느 한 가지 특성으로 설명할 수 없다고 생각하여, 인지주의적 접근과 덕 교육적 접근을 포괄하는 접근 방법이다. 통합적 접근에서는 도덕적 지식의 함양과 정서 및 행동에 대한 포괄적인 관점에서 도덕 교육을 강조한다.

31 ② 32 ④ 33 ④ 정답

34 스포츠에서 심판윤리에 관한 설명으로 옳지 않은 것은?

○△×

① 심판의 사회윤리는 협회나 종목단체의 도덕성과 밀접한 관련이 있다.
② 심판은 공정하고 엄격한 도덕적 원칙을 적용해야 한다.
③ 심판의 개인윤리는 청렴성, 투명성 등의 인격적 도덕성을 의미한다.
④ 심판은 '이익동등 고려의 원칙'에 따라 전력이 약한 팀에게 유리한 판정을 할 수 있다.

해설

심판은 스포츠 정신을 바탕으로 도덕적으로 엄격하고, 공정한 판정으로 승패를 결정해야 한다. 전력이 약한 팀에 유리한 판정을 내리는 것은 공정하지 않으므로 심판윤리에 어긋나는 행동이다.

35 체육 · 스포츠와 관련한 유전자조작 문제에 대한 대처방안으로 옳지 않은 것은?

○△×

① 스포츠 영역에서 경기력 향상을 위한 유전자조작은 엄격히 금지되어야 한다.
② 유전자공학에 대한 전문 감독관을 육성하여 통제를 강화해야 한다.
③ 유전자조작 자체의 반인륜성을 고려할 때, 유전자조작 분야의 연구를 전면적으로 금지해야 한다.
④ 스포츠의 승리 지상주의를 완화하여, 생활체육과 아마추어리즘이 뿌리내리도록 한다.

해설

③ 유전자조작이 인간을 대상으로 이루어지거나 윤리적 통념을 어기면 문제가 되지만, 유전자조작 자체에 문제가 있는 것은 아니다. 예를 들어 유전자조작을 통해 백신이나 혈액응고인자 등을 대량생산함으로써, 더 많은 사람들이 치료를 받을 수 있게 되는 등 긍정적인 영향도 존재한다.
① 스포츠 현장에서의 인체에 대한 유전자조작은 그 자체로 비윤리적이면서, 동시에 공정성과 같은 가치를 훼손하기 때문에 엄격히 금지해야 한다. 현재 세계반도핑기구(World Anti-Doping Agency ; WADA)에서는 유전자 및 세포 조작을 도핑으로 규정하고 금지하고 있다.
② 스포츠 현장에서 유전자조작이 문제가 될 수 있다는 경각심이 일어난 것은 최근의 일이 아니지만, 여전히 적발과 검사 등에 어려움이 많다. 따라서 유전자공학과 관련된 전문 감독기관을 설립하고, 감독관을 육성할 필요가 있다.
④ 스포츠 상황에서 유전자조작이 발생하는 원인 중 하나는 지나친 승리 지상주의로 인한 과도한 경쟁이다. 따라서 승리 지상주의적인 스포츠의 현재 상황을 개선하여 생활체육과 아마추어리즘이 뿌리내린다면, 유전자조작의 사례가 줄어들 것이다.

정답 34 ④ 35 ③

36 스포츠 분야에서 생체공학기술이 활용된 사례로 옳지 않은 것은?

① 의족 스프린터 피스토리우스(O. Pistorius)는 일반인과 경쟁해도 뒤지지 않는 J자형 의족으로 장애인 올림픽이 아닌 일반 올림픽의 대표선수로 활동해 결국 메달을 따냈다.
② 프랑스의 수영복 회사인 아레나는 물과의 마찰을 줄여주고 근육의 떨림을 최소화할 수 있는 전신 수영복을 개발하였다.
③ 미국의 시모어(K. Seymour)는 타조의 관절형태에서 아이디어를 얻어 시속 40km로 달릴 수 있는 신발을 개발하였다.
④ 나이키에서는 기존 팔꿈치 보호대에서 탄소를 더 첨가해 30% 가벼운 타자 팔꿈치 보호대를 출시하여, 타자들이 좀 더 가볍고 편안하게 착용할 수 있게 하였다.

해설

생체공학이란 단순히 기계나 제품 그 자체가 아닌, 기계보다 뛰어난 기능을 갖는 생체의 기능을 공학적으로 결합하고 실현하여 활용하는 학문분야이다. 스포츠에서의 생체공학은 인간 신체의 활용을 극대화할 수 있는 다양한 기술을 개발하는 분야를 말한다.

37 다음 보기의 밑줄 친 내용에 입각한 정책으로 볼 수 없는 것은?

> 만약 사람이 '무지의 베일(Veil of Ignorance)' 상태에 있다면, 분배의 과정에서 사회적 약자를 반드시 고려할 것이다. 이는 사회적 약자에 대한 연민이나 동정에 의한 것이 결코 아니다. 인간을 지극히 합리적인 존재라고 정의할 때, 인간은 자신이 사회적 약자가 될 경우를 고려하여 사회적 약자를 배려하는 선택을 할 것이다. 따라서 사람들은 <u>사회적 약자에 대해 더 많은 혜택을 제공하는 불평등</u>에 기꺼이 합의할 것이며, 불평등이란 이 같은 상황에서만 허용되어야 한다.

① 저소득층을 위한 무료 건강검진을 실시한다.
② 스포츠센터를 이용하기 어려운 저소득층을 위해 회원권을 제공한다.
③ 오직 학교 밖 청소년을 위한 스포츠클럽 활동 프로그램을 시행한다.
④ 동일한 능력을 가진 선수가 사회적 약자라고 차별받는 것을 방지하는 법안을 발표한다.

해설

보기는 롤스(J. Rawls)의 정의의 원칙 중 '차등의 원칙'에 해당한다. 같은 능력을 가진 사람이 동일한 직위·직책 등의 선정에서 동일한 기회를 획득해야 한다는 원칙은 롤스의 정의의 원칙 중 '기회 균등의 원칙'이다.

36 ④ 37 ④ **정답**

38 다음 중 스포츠지도사의 윤리에 대한 설명으로 옳지 않은 것은?

○△×

① 선수들의 안전을 위해 적절한 트레이닝 방법을 사용한다.
② 책임감 있는 코칭을 위해 항상 선수들을 존중한다.
③ 선수들을 존경하는 마음에서 선수들의 목표를 존중하고 현실적인 목표를 제시한다.
④ 권위를 지키기 위해 노력하고 다른 사람의 협조 없이 자신 스스로 이겨내야 한다.

해설

일반 코칭 윤리 원칙

- 선수들의 안전과 웰빙 : 적절한 트레이닝 방법을 사용하고 연령 및 기술수준에 따른 과제를 부여할 것
- 책임감 있는 코칭 : 항상 선수들을 존중하고 헌신적으로 행동할 것, 정직하고 언행이 일치하도록 할 것, 다른 코치나 조언자들과 상담하는 것을 인정하고 전문가와 협조할 것
- 선수들에 대한 존경 : 성, 인종, 지역, 문화에 대한 차별 없이 선수들을 대할 것, 선수들을 신뢰하고 목표를 존중할 것
- 청렴한 관계 : 다른 코치들을 존중하고 그에 따른 행동을 하게 할 것
- 명예로운 스포츠 : 선수들에게 높은 수준의 행동 모델로 행동하며 호의적일 것, 심판들의 역할을 존중하고 경기는 규정에 따라 공정하게 견지할 것

39 다음 중 스포츠경기 관람자의 사실판단에 대한 설명으로 옳지 않은 것은?

○△×

① 3번 타자의 타구는 2루타로 인정되었다.
② 7회말 원아웃 상황에서 1루 주자의 2루 도루는 성공하지 못했다.
③ 1루 주자가 더블플레이를 방해하면서 2루수의 다리를 건드린 것은 잘못된 행위이다.
④ 비디오 판독 결과 앞선 7번 타자의 타구는 파울로 선언되었다.

해설

상황에 따라 판단이 주관적으로 해석될 수 있는 부분은 사실판단이 아니다.

> 사실판단과 가치판단
> - 사실판단 : 어떤 것에 대해 있는 그대로 보고 판단하는 것으로, 객관적인 사실에 비추어 참과 거짓이 결정된다.
> - 가치판단 : 어떤 사실이나 대상의 중요성이나 가치를 판단하는 것으로, 사람의 가치관이 개입되는 주관적인 판단으로 참과 거짓을 밝히거나 검증하기가 어렵다.

정답 38 ④ 39 ③

40 스포츠에서 나타나는 종차별주의에 대한 설명으로 옳지 않은 것은?

① 투우, 승마, 폴로 등은 동물을 이용한 합법적인 경쟁 스포츠이므로 종차별주의와는 무관하다.
② 종차별주의의 원인에는 인간의 폭력적 욕구에 대한 대리만족도 포함되어 있다.
③ 과거에는 물론 현재까지 만연해 있다.
④ 종차별주의는 인간 중심적 사고방식으로 인해 나타나게 되었다.

해설

투우, 승마, 폴로 등은 동물을 이용한 합법적인 경쟁 스포츠이지만, 동물을 경쟁 · 유희 · 연구의 도구로 이용하는 종차별주의의 사례이다.

41 다음 보기의 대화에 대한 설명으로 옳지 않은 것은?

> • 철수 : 나는 승마를 좋아해. 하지만 승마장이 우리 집에서 멀리 있어서 불편해. 조금 더 가까운 곳에 승마장이 생겼으면 좋겠어.
> • 영희 : 하지만 승마장을 건설할 때 수많은 자연이 파괴돼. 차라리 산악자전거를 타면서 자연을 즐기는 것은 어때?
> • 민수 : 맞아. 자연환경을 개발하지 않고 즐기는 스포츠 활동에 참가하는 게 좋아. 그래서 나도 여름이면 바다에 가서 서핑을 즐기지.
> • 진희 : 오 그거 괜찮은데? 우리 올 여름 방학에는 다함께 바다에 가지 않을래? 수영도 하고, 일광욕도 하고 말이야. 하지만 피부가 너무 타면 안 되니 선크림을 꼭 챙기자.

① 선크림의 사용으로 인하여 환경오염이 발생할 수 있다.
② 승마는 동물학대나 종차별주의라는 비판을 받을 수 있다.
③ 철수는 자연환경을 인간의 편의에 따라 개발해야 한다고 주장할 것이다.
④ 자연을 개발하지 않고 즐기는 산악자전거나 서핑은 친환경적이다.

해설

산악자전거나 서핑 등의 스포츠 활동은 그 자체로 환경오염을 유발할 수 있다.

40 ① 41 ④ 정답

42

스포츠인의 윤리에 대한 설명으로 옳지 않은 것은?

① 스포츠인의 윤리는 일반윤리 덕목과는 전혀 다른 별개의 학문이다.
② 체육인으로서 갖추어야 할 기본적인 도덕적 품성이다.
③ 체육인이 '어떻게 행동하는 것이 바른 것인가'에 대한 것이다.
④ 진정한 스포츠인으로 거듭날 수 있도록 하는 도덕적 품성이다.

해설

스포츠인의 윤리는 일반윤리 덕목과 크게 다르지 않다. 스포츠윤리의 목적은 일반윤리학이 제시한 윤리적 원리와 도덕적 덕목을 스포츠 상황에서 고찰하고, 스포츠 참여자의 특정행동을 권장하기 위해 도덕적 가치들을 살펴보는 것이다.

PART 2

43

다음 보기의 동양 철학자들이 나눈 가상 대화 내용 중 적절하지 않은 것은?

> ㉠ 고 자 : 인간의 본성은 물과 같아 정해진 성질이 없다. 그러므로 스포츠 활동에서 발생하는 폭력은 제대로 교육받지 못했기 때문이다.
> ㉡ 맹 자 : 교육받지 못해서라는 의견에는 동의하지만, 인간의 본성은 선하다. 선한 인간이 교육과 수행의 부족으로 인해 폭력적으로 행동하게 되는 것이다.
> ㉢ 순 자 : 교육과 수행으로 해결된다니, 너무 속편한 소리이다. 인간의 본성은 악하다. 스포츠 활동에서 발생하는 폭력은 교육으로 해결될 문제가 아니다.
> ㉣ 한비자 : 나는 순자의 의견에 공감되는 부분이 있다. 인간은 본디 악한 존재이다. 따라서 스포츠 활동에서의 폭력을 방지하려면 더 엄격한 규칙과 제재가 필요하다.

① ㉠
② ㉡
③ ㉢
④ ㉣

해설

순자(荀子)는 인간의 본성이 본디 악하다는 성악설을 주장하면서, 선한 행동은 후천적 행함에 의한 것이라 주장하였다. 그러나 순자가 교육을 경시한 것은 아니며, 오히려 맹자와 마찬가지로 교육과 수기를 통해 선한 인간을 만들어야 한다고 주장하였다.

정답 42 ① 43 ③

44 스포츠윤리의 독자성에 대한 설명으로 옳지 않은 것은?

○△×

① 스포츠 도덕은 스포츠 규칙의 자발적 준수를 의미한다.
② 스포츠의 문제해결과 관련하여 법의 필요성을 강조한다.
③ 스포츠에서 규칙위반은 경기의 일부로 받아들여지기도 한다.
④ 비도덕적 행위의 유형과 공정성의 조건을 제시한다.

해설

스포츠윤리란 스포츠 활동의 참여자가 마땅히 행하거나 지켜야 할 도리를 말한다. 스포츠 활동을 하며 성문화되어 있는 법률적 규범인 경기 규칙뿐 아니라, 옳고 그른 행위에 대한 가치판단 기준으로 작용하는 스포츠 예절이나 스포츠 정신 등 도덕적 규범을 준수하는 것이 스포츠윤리이다.

45 (가)의 입장에서 (나)의 상황을 비판하는 말로 가장 적절한 것은?

○△×

(가)	도덕적 행위는 그 자체로 목적이 되어야 한다. 만약 어떤 사람이 '너의 성공을 위하여 사람을 살려라'라는 명령에 따라 사람을 구했다면 윤리적이라 할 수 없다. 윤리적인 행동을 위한 도덕 법칙은 그 자체로 최고의 가치를 지니는 목적이어야 한다. 도덕적 행위는 의지의 격률이 언제나 보편타당한 입법 원칙에 부합할 때 비로소 가능해진다.
(나)	강등을 눈앞에 둔 프로축구팀의 감독은 주전인 A에게 공격적인 태클로 상대방 팀의 에이스를 다치게 할 것을 지시하였다. 이에 A는 경기가 시작하기 전까지 고민하였지만, 이내 팀 전체의 이익이 상대 팀 한명의 피해보다 크기 때문에 의도적인 태클이 타당하다고 생각하였다. 결국 상대방 선수가 태클로 인한 부상으로 교체되었고, 이 팀은 강등을 면할 수 있었다.

① 최대다수의 행복을 고려할 때는 양뿐만 아니라 질도 고려해야 해.
② 인위적인 행위로 스포츠의 결과를 망쳤기 때문에 A의 행동은 잘못된 거야.
③ 진정한 정의를 위해서는 인욕(人欲)을 제거하고 하늘의 이치를 보존해야 해.
④ 정의로운 행동은 인간 내면에 잠재된 선의지를 따르는 것인데, A는 이를 지키지 않았어.

해설

④ (가)는 칸트(I. Kant)의 의무론적 윤리이론이다. 칸트는 내면에 잠재된 선의지에 따라 행위 자체가 목적이 되도록 행동할 것을 주장하였다.
① 쾌락을 고려할 때 양뿐만 아니라 질적인 차이를 함께 고려해야 한다고 말한 것은 밀(J. Mill)의 질적 공리주의이다.
② 인위적 행위를 통해 무언가에 개입하는 것을 경계하는 도교적 사상에 가깝다.
③ 성리학의 수양론 중 하나인 존천리 거인욕(存天理 去人欲)에 가깝다.

44 ② 45 ④ 정답

다음 중 보기에 해당하는 용어는?

- 사람이나 사물이 가지고 있는 본질적 탁월성을 의미한다.
- 현대적으로는 흔히 덕(Virtue)으로 번역한다.

① 에토스(Ethos)
② 아곤(Agon)
③ 아레테(Arete)
④ 로고스(Logos)

해설

고대 그리스인들에게 추구해야 할 대상이었던 아레테(Arete)는 어떤 대상이 가지고 있는 탁월성, 본질, 뛰어남 등을 의미하는 말이다.

PART 2

아곤(Agon)과 아레테(Arete)에 대한 설명으로 옳지 않은 것은?

① 아곤(Agon)은 경쟁을 통해 타인보다 뛰어나지려는 열망을 의미한다.
② 아곤(Agon)은 고대 그리스의 운동경기에서 경쟁을 의미한다.
③ 아레테(Arete)는 스포츠에서 목적달성, 경쟁의 승리 같은 결과에 초점을 맞춘 개념이다.
④ 아레테(Arete)는 경쟁의 개념을 포함하면서, 스포츠에서 탁월성을 추구하는 것을 의미한다.

해설

아곤(Agon)은 스포츠에서 목적달성, 경쟁의 승리 같은 결과에 초점을 맞춘 개념이다.

스포츠에서 성차별을 극복하기 위한 방안으로 옳지 않은 것은?

① 전통적인 여성상에서 탈피하려는 노력이 필요하다.
② 남성 선수와 지도자들에게 특별 교육을 실시한다.
③ 성별과 무관하게 공정한 기회를 제공한다.
④ 선수 스스로 신체적, 지적, 정서적 그리고 사회적 능력을 향상시키도록 노력한다.

해설

스포츠에서의 성차별은 여성뿐만 아니라 남성에게도 발생할 수 있다. 따라서 남성 선수와 지도자들에게만 교육을 실시하는 것은 바람직하지 않다.

정답 46 ③ 47 ③ 48 ②

49 다음 보기의 사례에서 투수가 선택한 윤리체계 이론은?

○△×

감독은 빈볼을 지시했지만, 투수는 이것이 도덕원칙에 어긋난다고 생각하여 정상적으로 투구했다.

① 의무론적 윤리
② 결과론적 윤리
③ 인간중심주의적 윤리
④ 공리주의적 윤리

해설

의무론적 윤리

- 결과와 무관하게 그 행위 자체가 도덕규칙의 판단기준이 된다.
- 반드시 지켜야 할 도덕원칙이 행위의 옳고 그름을 결정한다.
- 서로 다른 보편적 도덕원칙이 상충할 경우, 행동 방향을 제시하지 못한다는 한계가 있다.

50 테일러(P. Taylor)가 제시한 인간의 4가지 의무 중 다음 보기의 내용과 관계있는 의무는?

○△×

스포츠 활동과정에서 다른 생명체를 해치는 행위

① 신뢰의 의무
② 불간섭의 의무
③ 불침해의 의무
④ 보상적 정의의 의무

해설

인간의 4가지 의무(P. Taylor)

- 불침해의 의무 : 다른 생명체에 해를 가해선 안 된다.
- 불간섭의 의무 : 자연과 생태계에 간섭하지 않는다.
- 신뢰의 의무 : 사냥, 낚시처럼 동물을 속여 신뢰를 깨지 않는다.
- 보상적 정의의 의무 : 다른 생명체에 해를 끼쳤을 때 피해를 보상한다.

51 다문화사회의 스포츠 정책에 관한 내용으로 옳지 않은 것은?

○△×

① 다문화사회는 민족 · 인종 · 종교 · 언어 등 다양한 문화가 공존하는 사회적 형태로, 단일문화에 반대되는 개념이다.
② 스포츠는 다문화사회에서 사회적 갈등과 비용을 최소화시키기 위한 중요한 정책적 수단이다.
③ 스포츠의 사회통합 기능으로 다문화사회 구성원의 응집력을 강화시킬 수 있다.
④ 우리나라는 단일민족 국가로 다문화사회와 관련된 스포츠 정책을 찾아보기 힘들다.

해설

우리나라는 외국인 근로자의 국내노동시장 진입, 국제결혼 등으로 다문화사회로 진입하고 있다. 이에 따라 다문화가정 체육 활동 지원, 이민자들의 생활체육 욕구 및 실태조사, 다문화가정 체육교육 프로그램 개발 등이 진행되고 있다.

49 ① 50 ③ 51 ④ 정답

52 체육의 심리학적 가치 중 동물적, 반사회적, 비도덕적인 성향을 순화 및 구체화해 주는 것은?

○△×

① 신체의 성장 발달 촉진
② 정서적 감정의 순환
③ 근원적 경향성(Original Tendency)의 정화
④ 욕구불만의 해소

해설

근원적 경향성(Original Tendency)이란 인간의 마음속에 존재하는 욕심, 소유, 폭력 등의 선천적이며 동물적인 공격성을 의미한다. 이런 본능적 폭력성은 스포츠 활동을 통한 도덕성과 윤리성의 함양으로 정화할 수 있다.

PART 2

53 다음 중 규제적 규칙을 위반한 행위가 아닌 것은?

○△×

① 수영 선수가 화상을 숨기려고 전신 수영복을 입고 출전하였다.
② 태권도 선수가 상대를 다치게 하려고 허리 아래 부위를 가격하였다.
③ 축구 경기에서 팀 간 실력차이를 극복하고자 12명 대 11명으로 진행하였다.
④ 사이클 선수가 더 좋은 성적을 내기 위하여 자전거를 개조하여 전동 모터를 달았다.

해설

구성적 규칙과 규제적 규칙

구성적 규칙	스포츠의 일반적인 규칙과 경기 진행방식을 서술하는 것으로 구성적 규칙이 위반될 경우 스포츠가 성립하지 않는다.	• 축구는 한 팀에 11명이다. • 태권도에서 정확히 타격하면 점수를 준다.
규제적 규칙	개별 행위에 적용되는 세밀한 규칙으로 구체적 · 강제적인 규정으로 각 종목의 특성에 따라 만들어진 규칙으로 개인의 행동을 규제하는 것이다.	• 금지 약물 복용 금지 • 수영에서의 전신 수영복 착용 금지

정답 52 ③ 53 ③

다음 보기와 같이 주장한 고대 동양의 사상가가 승리지상주의에 대해 취했을 입장으로 가장 적절한 것은?

> 하늘과 땅 이전에 뒤섞여 이루어진 것이 있으니, 들여다보면 고요하고 텅 비어 있노라. 홀로 서있으나 변하지 않고, 두루 펼쳐져 있으나 위태롭지 않으니, 가히 천하의 어머니라 할 만하다. 나는 그 이름을 알지 못하지만 자(字)를 '도(道)'라고 칭하고, 억지로 이름을 붙인다면 '큼[大]'이라 할 것이다. 세상에는 네 가지 큰 것이 있는데, 사람도 그 중 하나이다. 사람은 땅의 법도(法道)를 따르고, 땅은 하늘의 법도를 따르며, 하늘은 도의 법도를 따르고 도는 자연의 법도를 따른다.

① 겸양과 배려로 상대를 대하고, 인위적 제도나 구속은 최소화하여야 한다.
② 승리와 같은 외물에 얽매이지 않고 자유롭게 살아가는 정신적 자유가 중요하다.
③ 다른 사람과 내가 이어져 있음을 깨닫고 승리만 강조하는 세태에서 벗어나야 한다.
④ 스포츠 활동은 승리라는 목적 때문이 아닌, 그 자체로 보편타당한 입법의 원리가 되도록 행동해야 한다.

해설

① 보기의 사상가는 노자(老子)이다. 노자는 겸양과 배려로 상대를 대하고, 인위적 제도나 구속은 최소화하는 무위자연(無爲自然)을 강조하였다.
② 장자(莊子)의 소요자재(逍遙自在)에 해당하는 설명이다. 소요자재란 인간의 삶에서 시간과 공간, 다른 사물과 같은 외물에 얽매이지 않고 자유스럽게 살아가는 정신적 경지를 의미한다.
③ 불교에서는 연기설(緣起說)을 주장하였다. 연기설이란 만물의 인과관계와 상호의존성을 강조한 것으로, 모든 존재는 서로 본질적으로 이어져있다는 주장이다.
④ 칸트(I. Kant)는 어떤 행동을 할 때, 그 행위 자체가 목적이 되도록 행동할 것을 강조하였다. 예를 들어 '사람을 살려야 한다.'는 목적으로 사람을 구하면 올바른 행위이지만, '나의 명예를 위하여 사람을 살려야 한다.'는 결과가 같더라도 정언명령에 따른 것이 아니므로 옳지 않다는 것이다. 이처럼 조건이나 상황에 좌우되지 않는 무조건적인 명령을 '정언명령'이라 한다.

54 ① 정답

55 ○△✕ **다음 중 우리나라 스포츠의 사회적 이슈로 옳지 않은 것은?**

① 엘리트 중심의 스포츠 정책과 생활체육 정책이 분리되어 있다.
② 계층에 따른 스포츠 참여 불평등 문제가 발생하고 저소득층의 스포츠 복지 소외가 나타난다.
③ 스포츠윤리적 이슈(불법스포츠도박, 승부조작, 도핑, 폭력 등)가 자주 발생한다.
④ 축구 · 야구 등 인기종목 국가대표팀에 포함된 다수의 귀화 선수로 인해 순혈주의 논쟁이 발생한다.

해설

우리나라 국가대표팀에는 아직 귀화 선수가 많지 않지만 비인기 종목을 중심으로 점점 귀화 선수가 늘어나는 추세이다.

56 ○△✕ **다음 보기에서 설명하는 사람으로 옳은 것은?**

스포츠경기 상황에서 규칙이 준수되도록 외적 통제 강화를 담당한다.

① 단 장
② 관 중
③ 감 독
④ 심 판

해설

스포츠윤리 교육을 통해 내적 통제를 강화할 수 있으며, 규칙이나 규정을 통해 외적 통제를 강화할 수 있다. 심판은 규칙의 시비를 가리는 사람으로, 외적 통제를 강화한다.

57 ○△✕ **다음 중 페어플레이에 대한 설명으로 옳지 않은 것은?**

① 영국의 귀족과 신사가 스포츠를 즐길 때 강조한 것이다.
② 공평한 조건에서 공정하게 경쟁하는 것이다.
③ 보편적인 스포츠윤리라고 말할 수는 없다.
④ 스포츠의 규칙 준수를 포함하는 개념이다.

해설

페어플레이는 공평한 조건에서 공정한 경쟁을 하는 보편적인 스포츠윤리로, 스포츠의 규칙 준수를 포함한다.

정답 55 ④ 56 ④ 57 ③

58 다음 주장 중 그 성격이 가장 이질적인 것은?

① 쾌고감수능력이 있는 모든 대상은 차별받아서는 안 된다.
② 모든 생명을 유지하고 촉진 · 발전시키는 것이 도덕적 선이다.
③ 생명의 훼손이 불가피하더라도 도덕적 책임이 없어지는 것은 아니다.
④ 다른 모든 생명도 나의 생명과 같으며, 신비한 가치를 지녔으므로 존중해야 한다.

해설

① 싱어(P. Singer)는 쾌고감수능력이 있는 모든 대상은 인간과 동등한 도덕적 고려의 대상이라고 주장하였다. 쾌고감수능력이란 쾌락과 고통을 느낄 수 있는 능력이다. 즉, 싱어의 주장은 인간을 위해 사육되는 가축이나 경마를 위한 말 등의 동물에게 쾌고감수능력이 있으니, 도덕적 고려의 대상으로 삼아야 한다는 것이다. 그러나 도덕적 고려의 대상을 쾌고감수능력의 여부로 구분하기 때문에 동물을 제외한 생물의 권리에 대해서 경시한다는 한계를 가진다.
② · ③ · ④ 슈바이처(A. Schweitzer)의 사상이다. 슈바이처는 '인간은 살고자 하는 수많은 생명들에 둘러싸여 있는 생명'임을 강조하며 모든 생명을 경외하고 존중해야 한다고 주장하였다.

59 스포츠윤리 이론 중 덕윤리의 특징으로 적절하지 않은 것은?

① 스포츠 상황에서의 행위의 정당성보다 개인의 인성을 강조한다.
② 비윤리적 행위는 궁극적으로 스포츠인의 올바르지 못한 품성에서 비롯된다.
③ '어떠한 행위를 하는 선수가 되어야 하는가'보다 '무엇이 올바른 행위인지'를 판단하는 데 더 주목한다.
④ 스포츠인의 미덕을 드러내는 행동은 옳은 것이며, 악덕을 드러내는 행동은 그릇된 것으로 간주한다.

해설

덕윤리는 행위자의 인품이나 덕성을 강조하므로 '어떠한 행위를 하는 선수가 되어야 하는가'에 더 주목한다. 어떤 행위의 도덕성을 판단할 때 무엇이 올바른 행위인지, 행위 자체가 도덕적 의무를 준수하였는지에 주안점을 두는 윤리관은 의무론적 윤리관이다.

58 ① 59 ③ 정답

(가)의 입장에서 (나)의 사례를 분석한 것으로 가장 적절한 것은?

(가) 개인적으로 도덕적인 사람도 사회 내의 어느 집단에 속하면 집단에 맹목적으로 충성하는 경우가 많다. 집단에 대한 맹목적 충성은 이타적 충동으로 이어지기도 하지만, 개인의 반성적이며 비판적인 이성을 말살하는 형태로 출현하기도 한다. 집단에 대한 개인의 헌신이 지닌 맹목적인 성격이야말로, 도덕적 제한을 받지 않고 무한대로 집단의 권력을 행사하는 토대가 된다.

(나) 1964년 5월 24일. 페루 리마 국립경기장에서는 페루와 아르헨티나가 도쿄 올림픽 본선 자격을 두고 경기를 펼쳤다. 후반 35분 아르헨티나 측에서 자책골이 나왔지만 주심은 이 득점을 무효로 선언하였고, 페루 선수들이 강하게 항의했지만 경기가 계속되었다. 페루 관중들의 불만은 점점 강해졌으며, 결국 심판은 위협을 느껴 경기시간이 5분이나 남았음에도 경기를 종료하였다. 그러자 분노가 극에 달한 4만여 명의 관중이 스탠드를 뛰어넘었고, 경찰은 최루탄을 쏘고 경찰견을 풀었다. 이 과정에서 수많은 사람들이 죽거나 크게 다쳤고, 페루 정부는 결국 계엄령을 선포하였다.

① 부도덕한 개인들이 모여 부도덕한 집단을 형성하였기에 발생한 사고이다.

② 관중난동을 일으키는 사람은 개별로 존재할 때도 폭력적인 성향을 지닌다.

③ 매우 도덕적인 사람도 어떤 집단에 소속되면 집단의 이익을 위한 비도덕적 행동을 보일 수 있다.

④ 사회적 불만이 표출된 것이므로 사회적 강제력이 아닌 기독교적 사랑으로 문제를 해결할 수 있다.

해설

(가) 니부어(R. Niebuhr)의 사회윤리에 해당한다.

③ 니부어는 매우 도덕적인 사람이라 하여도, 집단에 대한 소속감으로 인하여 이기적이며 폭력적으로 행동할 수 있다고 하였다.

① 니부어에 의하면 도덕적 개인이 모인 집단도 부도덕한 집단이 될 수 있다.

② 니부어는 아주 평범하거나 도덕적으로 훌륭한 사람이더라도 자신이 속한 집단에 의해 부도덕한 행동을 하게 된다고 보았다.

④ 니부어는 기독교적 사랑과 자비는 한계가 있으며, 선의지에 의한 도덕적 사회 강제력의 필요성을 인정하였다. 그러나 이러한 사회적 강제력이 최소화될 때 이상적이라고 말하였다.

정답 60 ③

다음 보기의 (A)~(D)에 들어갈 내용의 연결이 적절하지 않은 것은?

레스트(J. Rest)의 도덕성 4구성요소 모형

구 분	스포츠윤리 교육에 적용
도덕적 민감성 (Moral Sensitivity)	(A)
도덕적 판단력 (Moral Judgement)	(B)
도덕적 동기화 (Moral Motivation)	(C)
도덕적 품성화 (Moral Character)	(D)

① (A) – 스포츠 상황에서 도덕적 딜레마를 지각하게 한다.
② (B) – 스포츠 상황에서 옳고 그름을 판단하게 한다.
③ (C) – 다른 가치보다 정정당당하게 경기하는 것에 가치를 두게 한다.
④ (D) – 수단과 방법을 가리지 않고 목표를 쟁취하는 실행력을 키우게 한다.

해설

도덕적 품성화(도덕적 실행력)는 도덕적 행동을 표출하기 위해 용기를 잃지 않고 도덕적 목표를 지켜내는 실행력을 뜻한다. 이를 스포츠윤리 교육에 적용한다면 '스포츠 상황에서 장애 요인을 극복하여 실천할 수 있는 강한 의지, 용기, 인내 등의 품성을 갖게 한다.'가 적절하다.

61 ④ 정답

다음 보기의 A선수에 대해 아렌트(H. Arendt)가 할 말로 적절하지 않은 것은?

○△×

> 농구팀의 주장인 A는 평소 아주 가정적인 사람이자 모든 선수의 모범이었다. 하나뿐인 딸을 위하여 헌신하였으며, 항상 열심히 연습하였다. 그런 그가 도핑 사건에 휘말릴 것이라 예상한 사람은 아무도 없었다. 그러나 농구협회가 비리로 물갈이된 후 첫 농구 대회 결승에서 시행된 도핑테스트 결과 그의 몸에서 다량의 '아나볼릭 스테로이드'가 검출되었다. 많은 사람들이 충격에 빠졌으며, 선수에 대한 비판 여론이 일었다. 이에 대해 선수 A의 관계자는 "도핑은 농구대회의 흥행을 위해서 관습적으로 행해졌던 것으로, A선수가 의도한 바는 아니었다."라고 주장하였다. 실제로 구(舊) 농구협회는 결승의 흥행을 위해서 도핑, 매수 등의 온갖 비리를 저질러왔으며 수많은 선수들이 이에 연루된 것으로 밝혀졌다.

① A선수의 행동은 악마와 같은 의지와 동기를 가지고 이루어진 악한 행동이었다.
② A선수의 경우처럼 악행은 평범한 사람들에 의해 성실하게 이루어지기도 한다.
③ 인간은 '복수성(複數性)'을 가진 존재로 사회적 여건에 따라 인간성이나 양심이 달리 나타난다.
④ A선수는 관습에 의해 생각했을 것이고, 이런 '사유불능성(思惟不能性)'이 악행으로 이어졌다고 볼 수 있다.

해설

아렌트(H. Arendt)는 그녀의 저서 『악의 평범성』에서 인간성이나 양심은 사회적인 여건에 따라 나타난다고 주장하였다.

① 아렌트는 선악 어느 쪽의 의도도 가지지 않은 평범한 사람이 어떤 동기나 신념, 악의도 없이 행하는 악을 '악의 평범성'이라 칭하였다.
② 아렌트는 악행이 평범한 사람들에 의해 성실하게 이루어지기도 한다고 말하였다.
③ 아렌트에 따르면 인간은 '복수성'을 지닌 존재이므로, 성실하고 착한 사람이면서 동시에 악인이 될 수 있다.
④ 아렌트는 '악의 평범성'의 원인 중 하나로 상식이나 관습에 대해 의심 없이 수용하는 '사유불능성'을 꼽았다.

63 스포츠 활동을 개최하는 것에서 파생되는 환경적 이슈가 아닌 것은?

○△×

① 생물의 다양성을 보존해야 한다.
② 생태계를 보호해야 한다.
③ 스포츠시설을 대중화해야 한다.
④ 문화유산을 안전하게 보호해야 한다.

해설

스포츠에서 파생되는 환경윤리적 문제

- 스포츠 시설물 확보로 인한 환경파괴
- 스포츠 활동 자체로 야기되는 자연훼손
- 생태윤리학적 접근(인간과 인간, 인간과 자연)
  - 인간중심주의 : 자연을 보호하는 이유는 인간의 이익을 위한 것
  - 자연중심주의 : 자연에 복종, 순응하는 것이 인간의 목적
  - 스포츠와 자연환경의 상반된 욕구 해소 요구

정답 62 ① 63 ③

64 다음 콜버그(L. Kohlberg)의 도덕성 발달 단계 모형 중 연습을 하는 이유가 (A)에 해당하는 사람으로 옳은 것은?

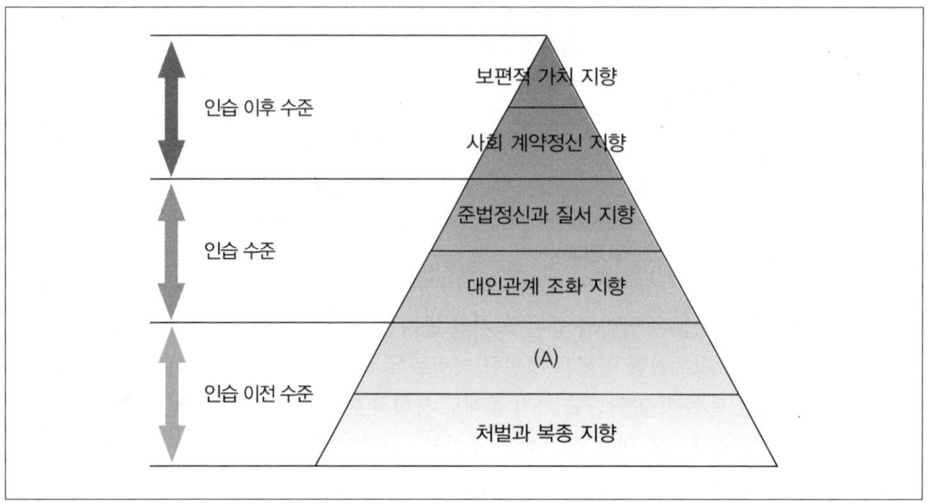

① 철수는 더 좋은 성적을 내기 위하여 드리블 연습에 몰두하였다.
② 지성은 많은 사람들에게 리더십 있는 모습을 보이기 위해 연습에 몰두하였다.
③ 재홍은 경기에서 패배하였을 때 코치가 잔소리하는 것이 두려워 연습에 몰두하였다.
④ 주영은 시합이 얼마 남지 않았으며, 팀에서 정한 연습 시간이기 때문에 연습에 몰두하였다.

해설

(A)는 '도구적 목적 지향 단계'이다. 이 단계에서는 개인의 이득이나 보상을 목표로 한다.
① 더 좋은 성적을 내기 위하여 드리블 연습에 몰두하는 것은 '도구적 목적 지향 단계'라고 할 수 있다.
② 많은 사람들에게 리더십 있는 모습을 보이고자 연습에 몰두하는 것은 '대인관계 조화 지향 단계'라고 할 수 있다.
③ 잔소리와 같은 처벌에 대한 두려움으로 연습에 몰두하는 것은 '처벌과 복종 지향 단계'라고 할 수 있다.
④ 법과 규칙 등의 질서를 위하여 연습에 몰두하였으므로 '준법정신과 질서 지향 단계'라 할 수 있다.

64 ① 정답

65 최첨단 전신 수영복의 착용을 금지하는 이유로 옳지 않은 것은?

○△✕

① 선수의 혈액 순환을 방해해 안전을 위협하기 때문이다.
② 스포츠 공정성을 훼손하기 때문이다.
③ 신체적 탁월성이 아닌 장비에 의존하기 때문이다.
④ 기구나 장비에 의존하는 기술도핑이기 때문이다.

해설

전신 수영복 착용을 금지하는 이유

- 스포츠 공정성 훼손
- 장비가 아니라 신체적 탁월성으로 경쟁하여야 함
- 기구나 장비에 의존하는 기술도핑임

PART 2

생명윤리에 대한 A, B, C 세 학자의 주장 중 옳지 않은 것은?

○△✕

> • A : 승마에서 기수가 자신과 함께 오래 활동한 말에게 감사의 정(情)을 표현하는 것은 언제나 직접적으로 인간의 자기 자신에 대한 의무일 따름이다.
> • B : 하나의 종을 위한 선(善)이 반드시 모든 종을 위한 선이 되지는 않는다. 무당벌레가 진딧물을 잡아먹는 것처럼 말이다. 이 같은 측면에서 모든 생명체는 그 자신의 선을 가지는 목적론적 삶의 중심이라 할 수 있다.
> • C : 마음껏 달리지 못하고 마구간에 갇혀 있는 말의 모습은 비참하고 애처롭다. 도덕적으로 무능력한 존재일지라도, 삶의 주체인 동물들의 도덕적 권리를 침해하는 것은 옳지 않다.

① A는 인간이 본래적으로 동물보다 더 우월하다고 말할 것이다.
② B는 목적론적 삶의 중심으로서 인간이 가장 우월하다고 주장할 것이다.
③ C는 인간과 동물이 동등한 본래적 가치를 가지고 있다고 본다.
④ 세 학자는 모두 인간을 항상 수단이 아닌 목적으로서 대해야 한다는 주장에 동의할 것이다.

해설

A – 칸트(I. Kant), B – 테일러(P. Taylor), C – 레건(T. Regan)이다.
② 테일러는 종마다 지향하는 선이 다름을 근거로 모든 생명체의 평등을 주장하였다.
① 칸트는 인간을 다른 동물에 비하여 높은 차원의 존재라고 생각하였다.
③ 레건은 인간과 동물은 동등한 본래적 가치를 가지고 있으니, 동물의 가치를 침해서는 안 된다고 주장하였다.
④ 테일러와 레건의 생명윤리 고려 대상에는 인간이 포함되며, 칸트는 인간을 항상 목적으로 대할 것을 주장하였으므로 세 학자 모두 인간을 수단이 아닌 목적으로 대해야 한다는 주장에 동의할 것이다.

정답 65 ① 66 ②

다음 보기의 글쓴이의 주장에 대한 반박으로 적절하지 않은 것은?

> 인간은 말(言)과 기호를 사용할 수 있다. 말과 기호를 사용할 수 있다는 것은 곧 사고할 수 있다는 것이며, 이는 다시 말해 인간이 모든 상황에 적절하게 대처할 수 있다는 것을 의미한다. 반면 동물은 어떠한가? 말과 기호를 사용하기는커녕 기계적으로 움직일 뿐이다. 따라서 동물에게 영혼이 있다는 말처럼 허무맹랑하고 우스운 이야기는 없다. 오직, 생각할 수 있는 사람만이 영혼을 가졌으며, 사고하지 못하며, 비이성적 존재인 동물은 그저 기계에 불과하다. 그러므로 승마를 위해 키워지는 말도, 싸움을 위해 키워지는 싸움소도 도덕의 범주에서 이야기할 수는 없다.

① 싱어(P. Singer) – 동물도 쾌고감수능력을 지녔으므로 도덕적으로 고려해야 한다.
② 레건(T. Regan) – 인간과 동물은 동등한 본래적 가치를 지니고 있으니 동물의 가치를 침해해서는 안 된다.
③ 테일러(P. Taylor) – 모든 동물의 선(善)의 기준은 다른데, 인간의 선으로 동물이 열등하다 주장할 수는 없다.
④ 레오폴드(A. Leopold) – 인간을 중심으로 사고하는 것은 지당하지만, 모든 생명체를 동등하게 존중할 필요가 있다.

해설

보기는 데카르트(R. Descartes)의 '동물 기계론'과 유사하며, 동물은 기계에 불과하므로 도덕적 판단의 대상이 아니라고 말하고 있다.

④ 레오폴드(A. Leopold)는 인간중심주의에서 탈피하여 생태계의 모든 대상을 동등하게 존중받아야 할 고유 내적 가치를 지닌 존재로 간주하였다. 테일러와 매우 유사하지만 레오폴드는 생태주의중심자로, 도덕적 숙고의 대상을 무생물까지 포함시키고자 하였다.
① 싱어(P. Singer)는 쾌락과 고통을 느낄 수 있는 대상을 도덕적으로 고려해야 한다고 주장하였다.
② 레건(T. Regan)은 동물이 다른 사람의 이익이나 욕구와는 관계없이 그 자체로 본래적 가치를 지닌다고 생각하였는데, 그 이유는 동물 스스로가 자기 삶의 주체라고 생각하였기 때문이다.
③ 테일러(P. Taylor)는 모든 생명체는 '목적론적 삶의 중심'으로서 인간의 필요와는 구분되는 고유한 가치를 지니며, 각 개체마다 나름의 선(善)의 기준이 있다고 주장하였다. 또한 선을 갖는 실체들은 '내재적 존엄성'을 가진다고 주장함으로써 모든 생명체를 존중해야 한다고 말하였다.

67 ④ 정답

68 다음 보기의 빈칸에 들어갈 비영리 단체는?

> 미국에서는 운동만 죽어라고 하면 1등이 될 수도 있다는 극단의 논리를 완충시켜보자는 취지로 최저학력제를 만들고, (   )라는 기구를 두어 이를 감독 및 총괄하도록 구조화시킨 바 있다.

① NCAA　　② PTA
③ PGA　　④ ESPN

해설

NCAA(The National Collegiate Athletic Association)는 미국과 캐나다 내의 수많은 대학교들의 운동 경기 프로그램을 조직하는 학교, 컨퍼런스, 조직 및 개인이 속한 비영리 단체로 최저학력제를 관리 감독하는 조직이다.

> **최저학력제**
> 운동부 학생들에게 일정 수준의 공부를 시켜 '운동 이외에 다른 것도 있음'을 알려주고, 최소한의 대비를 하도록 만들어주는 제도다.

69 다음 보기의 ㉠~㉢에 들어갈 말이 순서대로 적절하게 나열된 것은?

> • A : (㉠)가 도입되면서 운동할 시간이 줄어 많이 힘들어.
> • B : 하지만 그 제도는 우리의 (㉡)을 보장하기 위한 것이기도 해.
> • A : 아무리 그래도 선수에게 가장 중요한 것은 운동인데, 갑자기 (㉠)를 적용해 버리다니… 게다가 대학에서는 (㉢) 때문에 C학점을 못 받으면 경기출전도 못한다며?
> • B : (㉢) 역시 마찬가지라고 생각해. (㉡)은 우리가 누려야 하는 필수적인 권리이면서 동시에 우리의 삶을 위한 것이고, 또 의무이기도 해. 반대 의견이 있을 수는 있지만, 나는 개인적으로 (㉡)을 보장하기 위한 제도들을 환영해.

	㉠	㉡	㉢
①	최저학력제	학습권	C제로룰
②	최저학력제	경기출전권	B제로룰
③	기초학력제	경기출전권	C제로룰
④	기초학력제	학습권	B제로룰

해설

• 최저학력제 : 전교 석차 하위 30%에 포함되면 각종 대회 출전 자격을 박탈하는 제도이다.
• 학습권 : 원하는 것을 학습할 권리 및 학습을 위하여 필요한 교육을 요구할 권리이다.
• C제로룰 : 직전 두 학기 평균 학점이 C0 미만인 경우, 대학생 선수의 경기 출전을 금지하는 제도이다.

정답 68 ① 69 ①

70 ○△✕

세계도핑방지기구(WADC)가 발표한 국제표준의 '상시 금지 약물'을 모두 고른 것은?

ㄱ. 동화작용제
ㄴ. 베타차단제
ㄷ. 호르몬 및 대사 변조제
ㄹ. 카나비노이드

① ㄱ, ㄴ
② ㄱ, ㄷ
③ ㄴ, ㄹ
④ ㄷ, ㄹ

해설

세계반도핑기구(WADC)에서 규정하는 금지 약물 국제 표준(2021년 1월 발행)

상시 금지 약물	경기기간 금지 약물	특정스포츠 금지 약물
• 비승인 약물 • 동화작용제 • 펩티드 호르몬, 성장인자, 관련 약물 및 유사제 • 베타-2 작용제 • 호르몬 및 대사 변조제 • 이뇨제 및 기타 은폐제	• 흥분제 • 마약류 • 카나비노이드류 • 글루코코르티코이드 * 상시 금지 약물 포함	• 베타차단제류

71 ○△✕

다음 보기의 A선수가 취한 윤리적 입장의 난점으로 가장 적절한 것은?

A선수는 빠른 속도로 달리다가 수비수를 돌파하는 과정에서 넘어졌다. 이를 본 심판은 수비수가 위험한 반칙을 했다고 생각하고 패널티킥을 선언하였다. A선수는 이에 대해 "상대 수비수가 발을 걸어 넘어진 것이 아니며, 내가 빠르게 달리는 과정에서 혼자 넘어진 것이다."라고 말하였다. 심판은 이 말을 듣고 패널티킥을 번복하였다. 훗날 인터뷰에서 A선수는 "아무 잘못이 없는 선수에게 피해를 주는 것은, 그것이 설령 우리 팀 전체를 위한 행동이더라도 나의 양심을 위반하는 행위이기 때문에 정직하게 이야기했다"라고 말했다.

① 인간의 내면적 동기에 대한 고려가 부족하다.
② 악한 방법으로 이끌어낸 좋은 결과는 옳다고 할 수 없다.
③ 행위의 결과로 선악을 판단하기 때문에 결과를 예측하기 어렵다.
④ 절대적인 도덕 의무가 상충하는 경우 해결책을 제시하기 어렵다.

해설

④ 보기는 의무론적 윤리이론에 따라 행동한 사례라고 볼 수 있다. 의무론적 윤리이론의 난점은 절대적인 도덕적 의무가 상충하는 경우 해결책을 제시하기 어렵다는 것이다.
①·②·③ 결과론적 윤리이론의 난점으로 볼 수 있다.

70 ② 71 ④ 정답

72 스포츠경영자의 윤리에 대한 설명으로 옳지 않은 것은?

○△✕

① 윤리적 리더십으로 사회적 책임을 실천한다.
② 스포츠인들에게 존경받을 만한 윤리성을 갖추고, 윤리적 문화를 확산시킨다.
③ 스포츠 조직의 윤리적 운영을 통해 사회공헌을 실천한다.
④ 윤리적 가치로 스포츠 경기를 진행한다.

해설

경기의 진행은 심판의 역할이다.

73 현대스포츠에서 발생하는 승부조작의 해결방안이 아닌 것은?

○△✕

① 권위주의에 기반한 수직적 교육체계 마련
② 승부조작 방지 규정 마련
③ 감시시스템 구축
④ 관련단체의 법적 지위와 윤리 교육 강화

해설

승부조작의 해결방안
- 비도덕적인 관행을 개선
- 승부조작 방지 규정 마련
- 감시시스템 구축
- 관련단체의 법적 지위와 윤리 교육 강화

74 다음 사례의 A에게 결여된 심판의 자질은?

○△✕

> 프로야구팀인 D는 포스트시즌에서 좋은 성과를 거두기 위하여 경기의 심판에게 돈을 주고 자신들에게 유리한 판정을 해줄 것을 요구하였다. 심판인 A는 약 300만원의 돈을 받고 경기의 판정을 D팀에 유리하게 내렸고, D팀은 사상 최초로 결승에 진출하였다.

① 자율성 ② 전문성
③ 공정성 ④ 개방성

해설

A는 돈을 받고 자신의 개인적 감정에 의해 판정을 내렸는데, 이는 치우침과 사사로움 없이 공평해야 한다는 '공정성'이 결여된 사례이다. 그밖에 심판의 자질로는 청렴성, 전문성 등이 있다.

정답 72 ④ 73 ① 74 ③

75 스포츠지도자의 역할로 옳지 않은 것은?

① 스포츠지도자는 사명감과 책임감을 갖고, 항상 모범적이어야 한다.
② 스포츠지도자는 갈등 해결을 위해 선수와 소통해야 한다.
③ 스포츠지도자는 선수들의 실력 향상과 팀 질서 유지를 위하여 선수들을 처벌할 권리가 있다.
④ 스포츠지도자는 선수들을 윤리적 · 교육적으로 훈련하고, 인격적으로 존중해야 한다.

해설

선수들의 실력 향상과 팀 질서를 위한다는 명목으로 스포츠지도자들이 자행하는 폭력이 정당화되는 관행이 있는데, 이는 승리 지상주의가 가져온 잘못된 현상이다. 이러한 관행을 개선하려면 폭력에 대한 인식을 바꿀 필요가 있고, 지도자 평가기준 및 제도의 개선도 필요하다.

76 학교체육의 목적으로 적절하지 않은 것은?

① 전략적 · 창의적 사고의 발달
② 내재적 가치와 체력 및 건강의 유지 · 증진
③ 갈등 해소의 기회 제공
④ 운동에 치중된 엘리트 육성

해설

학교체육의 목적은 사회적 일탈행위에 대한 정화적 역할, 학교환경에 적응하고 갈등을 해소할 수 있는 기회 제공, 사회적 존재로서의 공동체의식 고취, 내재적 가치와 체력 및 건강의 유지 · 증진, 정서 순화, 사회적 함양이라는 외재적 가치 추구, 인간으로서 인간의 '삶의 질'을 높이는 데 그 목적을 두고 있다.

77 A와 같이 말한 철학자가 B의 의견에 대해 제기할 수 있는 반론으로 가장 적절한 것은?

> • A : 인간은 의지의 준칙이 언제나 동시에 보편적 입법의 원리로서 타당할 수 있도록 행동해야 한다.
> • B : 마라톤 선수가 넘어진 선수를 부축하여 승리를 포기하고 아름다운 패배를 선택한다면, 이것은 해당 선수의 자비롭고 자애로운 덕의 발현이자 '실천지(Practical Wisdom)'의 활용일 뿐이다. 그렇기에 도덕적 행동에서 가장 중요한 것은 도덕 행위자 그 자신의 품성과 덕이다.

① 마라톤 선수는 최대다수의 행복 실현을 위하여 자신의 이기심을 극복한 것이다.
② 마라톤 선수의 행동은 자애로운 심성의 발현이 아닌 그 행동 자체가 옳기 때문이다.
③ 마라톤 선수가 다른 선수를 도운 것은 측은지심이 인(仁)의 형태로 발한 것이라 할 수 있다.
④ 마라톤 선수는 보편타당한 관습에 의거하여 행동하였을 뿐, 자애로운 덕이 발현된 것이 아니다.

75 ③ 76 ④ 77 ② 정답

해설

A는 칸트(I. Kant)에 대한 설명이며, B는 '덕윤리'와 관련된 내용이다.

② 칸트는 옳은 행동은 다른 목적을 가지는 것이 아닌, 그 행동 자체가 보편타당한 원칙이 될 수 있을 때 성립한다고 말하였다.

① 공리주의적 사고방식이다.

③ 맹자(孟子)의 사단설(四端說)과 연관이 있다. 맹자는 측은 · 수오 · 사양 · 시비의 네 가지 품성을 인간의 본성이 선하다는 단서(端緖)로 제시하면서, 네 가지 품성이 발현될 경우 인의예지(仁義禮智)라는 덕이 된다고 주장하였다.

④ 칸트는 행동의 기준을 주관적이며 외부적인 관습에 두지 않고, 내면적인 선의지가 중요하다고 생각하였다.

PART 2

78 다음 보기의 행위에 대한 윤리학자들의 주장으로 적절하지 않은 것은?

> 한국마사회의 조사에 따르면 2014년부터 2018년까지, 경주마에 대한 도핑 사건이 16건이나 발생하였다. 금지약물을 살펴보면 '볼데논', '플루낙신' 등의 통증완화제가 검출되었으며, 이들 약물은 신진대사를 활성화하거나 통증을 일시적으로 완화해 운동 능력을 개선하는 효과가 있다.

① 싱어(P. Singer) – 동물은 인간과 동일하게 도덕적으로 행동할 수 있으므로 도핑은 금지해야 한다.

② 벤담(J. Bentham) – 말에게 금지 약물을 투약하는 것은 경마를 즐기는 사람들 전체의 이익을 해하는 것이므로 도핑을 금지해야 한다.

③ 패스모어(J. Passmore) – 말에게 행한 도핑은 미래 세대의 인간에게 악영향을 미칠 확률이 있으므로 경주마 도핑을 금지해야 한다.

④ 아퀴나스(T. Aquinas) – 동물에게는 도덕적 지위가 없으므로 경주마 도핑을 금해야 하는 이유는 스포츠의 공정성 같은 인간의 가치관에 의한 것이라 할 수 있다.

해설

① 싱어(P. Singer) : 쾌고감수능력이 있는 동물을 도덕적 고려의 대상으로 삼아야 한다고 말했지만, 동물이 스스로 도덕적 행동을 할 수 있다고 말하지는 않았다.

② 벤담(J. Bentham) : 공리주의자로서 최대다수의 최대행복을 주장하였다.

③ 패스모어(J. Passmore) : 인간중심적인 관점에서 미래의 인간에게 해악을 끼쳐서는 안 된다는 것을 근거로, 현재의 인간을 위한 생태계 파괴나 환경오염 등을 비판하였다.

④ 아퀴나스(T. Aquinas) : 신의 섭리에 의해 동물은 자연의 과정에서 인간이 사용하도록 운명지어졌다고 말하며, 동물의 도덕적 지위를 인정하지 않았다.

정답 78 ①

79 학생선수의 학습권 침해를 방지하기 위한 제도로 적절하지 않은 것은?

① 최저학력제
② 주말리그 제도
③ 전국대회 참여 횟수 제한
④ 학기 중 상시 합숙훈련

해설

학기 중 상시 합숙훈련 등 장기적 합숙훈련은 학생선수의 생활권을 침해하여 학생으로서의 정상적인 생활과 학습권을 침해할 수 있다.

(가)와 같이 주장한 사상가가 (나)의 감독에게 비판할 내용으로 가장 적절한 것은?

> (가) 각 개인은 자기 자신에 대한 완전한 소유권을 지닌다. 올바른 재화의 분배는 온전하게 개인의 자유가 위임받아야 하며, 국가가 이에 개입하는 것은 최소화해야 한다. 국가는 개인의 소유권을 침해해서는 안 되며, 절차는 공정해야 한다. 이 같은 절차의 공정함이 전제가 될 때, 결과가 어떻든 그 사회는 정의로운 사회라 할 수 있을 것이다.
>
> (나) 선수 : 감독님, 며칠이나 쉬지 않고 훈련하는 것은 너무 가혹합니다. 우리에게 개인 시간을 보장해주셨으면 합니다.
> 감독 : 이제 곧 A매치 시합이 있을 것이고, 이 시합에서 이기는 것이 경제 불황에 지친 국민들을 위한 선물이 될 것이다. 이기고 나서 충분한 휴가를 보장해 줄 터이니, 너희가 조금 희생하자꾸나.

① 개인의 자유를 제한하기에 국가는 존재 자체가 필요 없습니다.
② 개인의 자유가 공익을 위하여 희생되는 것은 정의롭지 못합니다.
③ 개인의 자유는 설령 그것이 타인의 자유를 침해하더라도 존중받아야 합니다.
④ 개인의 자유를 충분히 보장해야 불평등이 존재하지 않는 정의로운 사회를 만들 수 있습니다.

해설

(가)는 노직(R. Nozick)의 주장이다.
② 노직은 공익을 위해 개인에게 희생을 강요하는 것은 정의롭지 못하다고 주장하였다.
① 노직이 최소화된 국가를 이상적으로 본 것은 맞지만, 국가 그 자체를 불필요하다고 주장하지는 않았다.
③ 노직은 취득의 원리에 대해 로크의 주장을 사용하여 타인의 취득을 방해하지 않아야 한다고 전제하였다. 여기서 취득의 원리란 소득이 정당하다면 그 소유는 정당하다는 원리이다. 이에 더해 노직은 이전의 원리와 교정의 원리를 함께 제시하였다. 이전의 원리란 이전의 과정이 정당하다면 그 소유는 정당하다는 것이며, 교정의 원리는 취득과 이전의 원리에 부합하지 않는 경우 국가가 나서서 부정의를 해결해야 한다는 원칙이다.
④ 노직은 정의로운 사회라 하여도 불평등은 존재할 수 있다고 말하였다.

79 ④ 80 ② 정답

PART 3
필수과목

교육은 우리 자신의 무지를 점차 발견해 가는 과정이다.

– 윌 듀란트 –

CHAPTER

01 특수체육론

01 Pre-test

O×문제

01 특수체육은 장애가 있거나 활동에 어려움이 있는 사람들을 대상으로 하는 체육 활동을 말하는 것으로, 학습자의 흥미와 능력을 고려한 발달 활동과 게임, 스포츠, 무용 등 다양한 프로그램을 통칭한다. [○/×]

02 각 장애인별 능력과 수준을 고려하여 적절한 교육목표와 방법을 선택한 후 학습계획을 세우는 것을 개별화교육이라고 한다. [○/×]

03 근력과 유산소 능력이 부족한 장애학생의 스포츠 프로그램은 일반 스포츠 프로그램과 동일하게 진행하여 근지구력을 향상시킨다. [○/×]

04 문제행동을 일으켰을 때 강제적으로 반복해서 책임지게 하여 원래대로 돌리게 하는 방법을 소거(Extinction)라고 한다. [○/×]

해설 03 근력과 유산소 능력이 부족한 장애학생을 위하여 스포츠 프로그램을 변형하거나 활동을 선택적으로 제공해야 한다.
04 과잉교정(Overcorrection)에 대한 설명이다. 소거(Extinction)는 문제행동의 강화 원인을 파악하고, 그 강화를 제거하는 것이다.

정답 01 ○ 02 ○ 03 × 04 ×

05 전음성 난청은 이름처럼 음파가 정상적으로 전달되지 않아 발생하는 난청이다. [○/×]

06 개별화교육프로그램(IEP)의 목표 진술 3요소에는 조건, 기준, 행동이 있다. [○/×]

07 수업시간에 돌아다니거나 소리를 지르는 행동, 또래들과의 다툼 등을 통해 교사와 또래들로부터 스스로를 고립시키고 또래관계를 비롯한 사회적 관계 형성을 어렵게 만드는 행동을 '품행장애'라고 한다. [○/×]

08 전신반응 검사, 봉반응 검사, 태핑 검사, 사이드 스텝, 왕복 달리기 등은 심폐지구력을 측정하는 검사이다. [○/×]

09 자폐성장애인에게는 수영 · 사이클 · 인라인스케이트 등과 같이 연속 동작으로 구성된 스포츠들이 적합하다. [○/×]

10 언어 표현 능력이 인지 능력에 비하여 현저하게 부족한 사람은 정서장애로 분류된다. [○/×]

해설

07 과잉행동에 대한 설명이다. 품행장애는 사람과 동물에 대한 공격성, 재산의 파괴, 사기 또는 도둑질, 심각한 규칙위반 등의 행동 양상을 적어도 6개월 이상 지속할 경우에 진단된다.

08 전신반응 검사, 봉반응 검사, 태핑 검사, 사이드 스텝, 왕복 달리기 등은 민첩성을 측정하는 검사이다. 심폐지구력 검사는 하버드 스텝, 왕복 오래달리기, 오래달리기, 12분 달리기 등으로 측정할 수 있다.

10 정서장애인은 일반적인 상황에서 부적절한 행동이나 감정을 보여 학습에 어려움이 있는 사람을 뜻한다.

05 ○ 06 ○ 07 × 08 × 09 ○ 10 × 정답

단답형 문제

11 장애인을 위한 교수방법 중 하나로, 스스로의 과제 지향적인 행동을 계속적으로 점검함으로써 바람직한 행동을 유도하는 방법은?

12 장애인스포츠의 중요한 목적 중 하나는 장애인의 사회적 참여와 삶의 질을 최적화하는 것인데, 최적화 과정은 장애인의 (　　)을/를 필요로 한다.

13 간헐강화계획의 하나로, 정해진 수만큼 반응이 나타난 뒤에 보상물을 제공하는 것은?

14 위닉(J. Winnick)의 장애인스포츠 통합 연속체계에서 '장애인을 위한 보조 도구가 약간 필요하지만, 장애인 선수가 일반 스포츠에 규칙 변형 없이 통합적으로 참여'하는 단계는?

15 지적장애인에게 스포츠를 지도하는 적절한 방법을 세 가지 기술하시오.

16 (　)은/는 측정을 통해 대상의 수준을 파악하는 것으로, 측정과 평가의 중간 개념이다. 특수체육 분야에서는 선별이나 진단 및 평가 단계에서 시행되는 자료수집 과정과 관련된 활동을 의미한다.

정답 11 자기점검법 12 임파워먼트 13 고정비율강화계획 14 편의를 제공한 일반 스포츠 15 언어지도, 시범지도, 직접지도 16 사정

17 2013년 장애학생들의 체력수준을 파악하고 관리하기 위해 우리나라에서 개발되었으며, 학령기 장애인 및 다양한 장애유형에 적용할 수 있는 검사 도구는?

18 만 8세 이상의 지적 · 자폐성장애인들이 참가하는 국제 스포츠 대회로, 국제올림픽위원회(IOC)로부터 올림픽이라는 표현을 사용해도 된다고 허락받은 유일한 대회는?

19 장애인교육 및 지도에 필수적인 요소로, 긍정적 행동에 대해서는 칭찬 · 보상을 하고 부정적 행동에 대해서는 벌 · 조치를 취함으로써 학습자가 바람직한 행동을 하도록 돕는 것을 (　　)(이)라고 한다.

20 생태학적 과제분석의 3대 구성 요소에는 (　　), (　　), (　　)이/가 있다.

17 PAPS-D 18 스페셜 올림픽(Special Olympics) 19 강화 20 수행자, 수행환경, 수행과제 정답

02 필수 개념문제

※ 문제의 이해도에 따라 ○△✕ 체크하여 완벽하게 정리하세요.

01 특수체육에 대한 설명으로 적절하지 않은 것은?

○△✕

① '특수체육'에서 '특수'는 체육을 수식하는 말로 체육의 대상자를 말한다.
② '특수체육'은 장애인이라는 독특한 집단을 위해 계획된 개별화 프로그램이다.
③ '특수체육'은 심동적, 인지적, 정의적 가치를 추구한다.
④ '특수체육'은 장애인들을 위한 신체 활동 지원뿐만 아니라 의료기관 중심의 처치도 강조한다.

해설

의료처치는 의료인들이 담당해야 할 부분이다. 특수체육은 장애인이라는 독특한 집단을 위해 계획된 개별화 프로그램으로서 장애인들이 신체의 움직임, 활동, 놀이, 게임, 정규종목의 스포츠 등을 통하여 즐거움과 만족감을 느낄 수 있도록 비장애인들이 참여하는 프로그램의 규정을 장애인에게 적절하도록 변형 또는 적절한 방법들을 개발하여 적용시키는 것이라고 정의할 수 있다.

PART 3

02 특수체육의 최우선 목표로 옳은 것은?

○△✕

① 육체적인 발달
② 민주시민 정신 함양
③ 사회성 함양
④ 즐거움, 경험, 자기표현의 극대화

해설

특수체육에서는 전통적인 체육이 추구하는 '육체적인 발달', '민주시민 정신 함양'과 '사회성 함양'이라는 목표를 최우선으로 두지 않는다. 특수체육 참여의 직접적인 이유가 되는 '즐거움', '경험'과 '자기표현의 극대화'를 최고의 목표로 보고 있다.

03 장애인을 대상으로 표준화 검사를 수정하여 실시할 때 주의할 점으로 옳지 않은 것은?

○△✕

① 수정하여 실시하기 전에 일단 지침대로 검사를 완전히 실시한다.
② 수정 전 지침서에 수정 지침이 있는지 확인한다.
③ 지침서의 범위를 넘어선 수정을 사용한 경우에는 규준과 비교하여 검사 결과를 해석한다.
④ 지침서에 제시되어 있는 수정 지침의 범위를 넘어선 수정을 할 때는 대체점수로 보고한다.

해설

지침서의 범위를 넘어선 수정을 사용한 경우에는 규준과 비교하여 검사 결과를 해석해서는 안 된다.

정답 01 ④ 02 ④ 03 ③

04 특수체육, 즉 장애인을 위한 체육프로그램 중 장애인의 신체적인 결함이나 자세를 교정하기 위하여 시행되는 체육프로그램은?

① 의료체육
② 장애인체육
③ 적응체육
④ 엘리트체육

해설

특수체육의 세 가지 분류

- 의료체육(Remedial Physical Education) : 장애인의 신체적인 결함이나 자세를 교정하기 위하여 시행되는 체육프로그램을 의미한다.
- 장애인체육(Special Physical Education) : '특정한 장애인만을 위하여 개발되고, 시행되는 체육 프로그램'들로서 일반인의 참여가 불가능하다.
- 적응체육(Adapted Physical Education) : 장애인들에게 일반인이 수행하는 전통적인 체육프로그램에 참여할 수 있도록 규칙과 방법을 변형하여 실행하는 체육을 의미하며, '특수체육'이라고도 한다.

05 비장애인이 장애인을 바라보는 관점으로 가장 옳은 것은?

① 사랑과 평등의 관점으로 본다.
② 평등과 동정의 관점으로 본다.
③ 무조건적인 사랑으로 대해야 한다.
④ 항상 도움을 받는 존재로 여겨야 한다.

해설

장애인을 대할 때는 사랑과 평등의 관점을 지녀야 한다. 다만, 장애인을 항상 도움이 필요한 존재로 규정하고 무조건적인 사랑으로 대하는 것은 지양해야 한다.

06 특수체육에서 실시하는 측정평가의 목적으로 적절하지 않은 것은?

① 학습자의 학력 진보 상태를 정확히 진단하기 위한 것이다.
② 각 개인의 장점을 파악하기보다는 결함을 보완 · 교정하기 위한 것이다.
③ 성장, 학습 진도 상태, 교과지도에 관한 기록을 만든다.
④ 실행해야 할 교과 내용과 보조자료를 파악한다.

해설

측정평가는 개개인의 결함을 파악하여 교정하고, 장점을 찾아내는 역할을 한다.

04 ① 05 ① 06 ② 정답

07

○△×

장애인을 위한 체력 측정평가 시 고려할 점이 아닌 것은?

① 체력 요인별 측정법을 다양하게 고려한다.
② 가급적 준거 지향 검사보다는 규준 지향 검사를 활용한다.
③ 체력 기준표가 없을 경우 개인의 향상도에 근거를 둔다.
④ 지적장애인의 경우 익숙한 종목을 측정종목으로 선정하는 것이 좋다.

해설

장애인을 위한 체력 측정평가 시 가급적 규준 지향 검사(N-R Test)보다는 준거 지향 검사(C-R Test)를 실시하는 것이 좋다.

PART 3

08

○△×

최소제한환경(Least Restrictive Environment ; LRE)에 관한 설명으로 옳은 것은?

① 완전통합(Full Inclusion)의 개념을 포함한다.
② 장애인에게는 무조건 편의를 제공해야 한다.
③ 장애인의 개인적 요구에 따라 서비스를 제공한다.
④ 장애인은 비장애인과 함께 신체활동을 할 수 없다.

해설

최소제한환경
장애가 있는 학생을 능력에 가장 적합한 환경에 배치하는 것을 의미한다. 점진적 · 단계적 통합교육을 제공하고, 장애의 다양성으로 동일한 LRE는 거의 없으며 개별화교육계획을 바탕으로 배치 환경을 자주 점검해야 한다.

09

○△×

장애인들의 심폐지구력 검사로 옳지 않은 것은?

① 록포트 걷기 검사 ② 암 에르고미터
③ 스텝 검사 ④ 1RM

해설

1RM은 최대 근력을 알아보기 위한 검사이다.

정답 07 ② 08 ② 09 ④

10 장애인 교육 중 행동의 장기적인 유지 및 증가 기법으로 옳지 않은 것은?

○△✕

① 토큰강화　② 행동계약
③ 신체적 촉진　④ 포 화

해설

포화는 문제행동을 싫증날 때까지 반복하게 하여 문제행동을 줄이는 방법으로, 일시적인 효과를 거둘 수 있지만, 장기적인 유지는 어렵다.

11 체육시간에 소리를 질러 시선을 끄는 아동에게 취할 수 있는 강화로 가장 적절한 것은?

○△✕

① 박 탈　② 소 거
③ 촉 진　④ 과잉교정

해설

소거는 모두가 관심을 보이지 않거나 무시하여 스스로 특정행동을 멈추게 할 때 사용할 수 있다.

12 과제분석(Task Analysis)에 대한 설명으로 옳지 않은 것은?

○△✕

① 한 동작을 세부적으로 나누어 가르치는 방법으로, 단계적인 지도가 용이하다.
② 과제 난이도 순서로 분석하는 것이 일반적이며, 장애가 심할수록 과제분석이 세분화된다.
③ 체력수준별 과제분석과 수행능력별 과제분석으로 나눌 수 있다.
④ 과정을 마쳤을 때 무엇을 평가해야 하는지 예측 가능하다.

해설

과제분석은 동작중심의 과제분석, 유사활동 중심의 과제분석, 영역중심의 과제분석으로 나눌 수 있다.

10 ④ 11 ② 12 ③ 정답

13 〈보기〉에서 사용하는 행동관리 기법은?

☐☐☐

> 처음에는 두 손으로 보조를 하다가 한 손으로 보조를 하거나, 언어적 보조를 하다가 언어적 보조를 점차적으로 제거한다.

① 칭찬(Praise)
② 용암(Fading)
③ 토큰 강화(Token Economy)
④ 프리맥의 원리(Premack Principle)

해설

행동관리 기법
용암(溶暗, Fading) : 반응의 빈도를 증가시키기 위한 절차의 궁극적인 목적은 보조 또는 강화인 없이 반응하는 것이다. 용암법은 이를 위해 절차적으로 조건을 변경해 가는 과정, 또는 반응을 유도하는 어떤 식별자극이나 촉구를 점진적으로 감소하는 것을 말한다.

PART 3

14 장애인 건강 체력 검사도구 중 심폐능력, 근골격계 등을 고려하여 장애인들의 능력과 기능에 맞추어 선택할 수 있는 도구로 옳은 것은?

① TGMD-2 ② BPFT
③ PAPS-D ④ Fitnessgram

해설

BPFT는 장애유형별 특성을 고려하여 총 27개의 항목으로 되어 있다. 장애인뿐 아니라 비장애인에 대한 결과도 함께 확인할 수 있기 때문에, 통합체육 상황에서도 유용하게 사용할 수 있다.

15 장애인체육의 효과와 가치에 대한 설명으로 옳지 않은 것은?

① 건강과 체력을 증진하여 치료에 도움을 준다.
② 스트레스를 해소하고 심리적으로 안정되게 하는 효과가 있다.
③ 신체기능과 운동기능 발달 정도를 평가한다.
④ 대인 관계 형성과 사회 경험에 효과적이다.

해설

장애인체육은 장애인의 신체기능과 운동기능의 발달을 평가하는 도구가 아니다.

정답 13 ② 14 ② 15 ③

16 패럴림픽에 대한 설명으로 옳지 않은 것은?

○△×

① 1960년 이탈리아 로마에서 제1회 패럴림픽이 열렸다.
② 패럴림픽에 참가할 수 있는 장애유형은 지체장애, 지적장애, 시각장애, 청각장애이다.
③ 매 4년마다 올림픽이 개최되는 나라에서 하계 · 동계 패럴림픽이 열린다.
④ 국제패럴림픽위원회가 주관 · 개최하는 국제대회이다.

해설

패럴림픽에 참가할 수 있는 장애유형은 지체장애, 뇌병변장애, 지적장애, 시각장애이다.

17 다음 중 장애유형에 따라 고려해야 할 사항으로 적절하지 않은 것은?

○△×

① 시각장애인은 동료들을 활용한 또래교수를 진행하기에 적합하지 않으므로, 개인과제 위주로 수행한다.
② 청각장애인에게 순간적으로 많은 힘을 요하는 운동은 주의해야 한다.
③ 자폐성장애인에게는 청각적 지도보다 시각적, 촉각적 지도가 유리하다.
④ 지적장애인에게 성공 경험을 쌓도록 하고 목표를 세분화한다.

해설

동료들을 활용한 또래교수는 시각장애인에게 효율적인 지도방법이다.

18 지적장애인에 대한 스포츠지도 전략에 대한 설명으로 옳은 것은?

○△×

① 운동과제를 제시할 때 지적장애가 심할수록 과제분석은 세분화된다.
② 개개인에 특성에 맞춰 운동과제를 반드시 변형해야 한다.
③ 장비나 규칙의 변형은 활동 시 혼란을 초래할 수 있으므로 피한다.
④ 휴식에 의한 연습구간을 분리하지 않는다.

해설

① 과제분석은 시간의 순서, 과제의 난이도 순서로 분석하는 것이 일반적이며, 장애가 심할수록 세분화된다.
② 운동과제를 반드시 변형해야 하는 것은 아니다.
③ 지적장애인이 수행하기 용이하도록 장비나 규칙을 변형할 필요가 있다.
④ 수업 중간 적절한 휴식을 두어 연습구간을 분리하는 것이 좋다.

16 ② 17 ① 18 ① 정답

19 다음 중 정서 · 행동장애에 대한 설명으로 옳지 않은 것은?

① 정서 · 행동장애의 원인은 생물학적 요인, 가족 요인, 학교 요인, 문화 요인 등으로 구분하여 파악할 수 있다.
② ADHD, 품행장애, 반사회적 공격, 정신병적 행동, 신체 활동 위축 등이 정서 · 행동장애에 속한다.
③ 우리나라 장애인복지법에는 특수교육대상자로서 정서 · 행동장애를 포함 · 규정하고 있다.
④ ADHD로 진단 받는 사람들의 수가 점차 늘어나는데, 특히 남자아이의 발생률이 여자아이보다 3배 정도 높다.

해설

특수교육대상자로서 정서 · 행동장애를 포함하여 규정하는 법은 「장애인 등에 대한 특수교육법」 제15조 및 동법 시행령 제10조이다.

※ 개정 장애인 등에 대한 특수교육법(2025.2.28. 시행)과 동 시행령(2023.4.19. 시행)과 내용의 차이가 없습니다.

20 장애인복지법 시행규칙의 별표 1에서 규정하고 있는 청각장애인에 대한 설명으로 옳지 않은 것은?

① '장애의 정도가 심한 장애인'은 두 귀의 청력을 각각 80데시벨 이상 잃은 사람이다.
② '장애의 정도가 심하지 않은 장애인'은 두 귀에 들리는 보통 말소리의 최대 명료도가 50퍼센트 이하인 사람이다.
③ '장애의 정도가 심하지 않은 장애인'은 두 귀의 청력을 각각 70데시벨 이상 잃은 사람이다.
④ 한 귀의 청력을 80데시벨 이상 잃고, 다른 귀의 청력을 40데시벨 이상 잃은 사람은 '장애의 정도가 심하지 않은 장애인'이다.

해설

장애인복지법 시행규칙 별표1에 따르면 청각장애인 중 '장애의 정도가 심하지 않은 장애인'의 조건은 다음과 같다.

- 두 귀에 들리는 보통 말소리의 최대의 명료도가 50퍼센트 이하인 사람
- 두 귀의 청력을 각각 60데시벨 이상 잃은 사람(40센티미터 이상의 거리에서 발성된 말소리를 듣지 못하는 사람)
- 한 귀의 청력을 80데시벨 이상 잃고, 다른 귀의 청력을 40데시벨 이상 잃은 사람

※ 개정 장애인복지법 시행규칙(2025.1.1. 시행)과 내용의 차이가 없습니다.

정답 19 ③ 20 ③

21 처음의 지원이나 도움을 점진적 · 체계적으로 제거하는 행동유지 및 증가기법으로 옳은 것은?

○△×

① 프리맥의 원리
② 촉 진
③ 용암법
④ 과잉교정

해설

용암법은 공차기를 가르칠 때 두 손으로 보조를 하다가 한 손 보조로 그리고, 언어적 보조를 하다가 혼자서 행동할 수 있게끔 유도하는 것이다.

① 프리맥의 원리 : 빈도가 높은 행동으로 빈도가 낮은 행동을 강화시키는 것이다.
② 촉진 : 참여자의 과제수행을 지도자가 도와주는 것이다.
④ 과잉교정 : 문제행동을 일으켰을 때 강제적으로 반복해서 책임지게 하여 원래대로 되돌리게 하는 방법이다.

22 다음 중 출생 전 시각장애에 속하는 것은?

○△×

① 백색증
② 대뇌피질손상
③ 망막 세포변성
④ 황반변성

해설

대뇌피질손상, 망막 세포변성, 황반변성은 모두 출생 후 시각장애에 속한다.

23 장애인의 체력 육성 시 일반적인 기본원칙에 위배되는 것은?

○△×

① 운동의 강도보다는 운동의 빈도가 중요하다.
② 개인적인 선호나 욕구가 우선되어야 한다.
③ 운동의 강도는 자신이 가진 최대능력의 80%까지 설정해야 한다.
④ 주기적으로 운동을 반복해야 한다.

해설

운동의 강도는 자신이 가진 최대능력의 60~70%가 적정하지만 운동 목적에 따라 차이가 있다.

21 ③ 22 ① 23 ③ 정답

24 ○△× **신체를 조성하고 있는 뼈, 근육, 지방 그리고 그 밖의 조직들의 비율을 측정하는 방법이 아닌 것은?**

① BMI ② 수중 체중법
③ 생체전기저항분석법 ④ 전신반응 검사

해설

전신반응 검사는 민첩성을 측정하기 위한 검사이다.

25 ○△× **다음 중 민첩성을 측정하기 위한 검사는?**

① 하버드 스텝 ② 왕복 오래달리기
③ 12분 달리기 ④ 사이드 스텝

해설

하버드 스텝, 왕복 오래달리기, 12분 달리기는 모두 심폐지구력을 측정하기 위한 검사이다.

PART 3

26 ○△× **체력의 개념으로 적절하지 않은 것은?**

① 신체적 · 정신적 · 사회적으로 완전히 안녕한 상태를 말한다.
② 질병이나 추위 등에 대한 몸의 저항 및 육체활동을 할 수 있는 몸의 힘을 말한다.
③ 외계에 의해 행동을 일으키는 능력과 외계의 활동에서 신체를 지키는 능력을 말한다.
④ 건강이란 질병이 없고 허약하지 않은 체력 상태만을 말한다.

해설

WHO는 건강을 병이 없거나 허약하지 않은 상태만 의미하는 것이 아니라, 신체적 · 정신적 · 사회적으로 완전히 안녕한 상태로 정의한다.

27  **발생 시기에 따른 지적장애의 연결이 옳지 않은 것은?**

① 출생 전 – 대사장애 ② 출생 시 – 신생아 질환
③ 출생 후 – 뇌막염 ④ 출생 후 – 뇌발병장애

해설

뇌발병장애는 출생 전 지적장애에 속하며, 출생 전 지적장애에는 이 외에도 염색체 이상, 대사장애 등이 이에 속한다.

정답 24 ④ 25 ④ 26 ④ 27 ④

28 다운 증후군에 관한 설명으로 옳은 것은?

① 45번 염색체에 X 염색체 하나만 존재한다.
② 2차 성징이 나타나지 않는다.
③ 선천성 심장 결함 및 백혈병이 발생할 가능성이 높고 호흡계 감염이 잦다.
④ 언어 청각 기억력과 얼굴 인식에 강점을 가진다.

해설

다운 증후군은 다른 염색체 이상에 비해 선천성 심장 결함이나 백혈병이 발생할 가능성이 높고, 호흡계 감염에 취약하다.

①·② 터너증후군 : 여성에게만 나타나는 성염색체 이상 증후군으로 작은 키와 사춘기에 성적 발달이 결여되는 것이 특징이다.

④ 프래더 윌리 증후군 : 46개 염색체 중에서 15번 염색체 이상으로 발병하는 유전질환으로 대뇌의 시상하부 기능장애가 발생하며, 연령과 개인에 따라 나타나는 증상이 다르다.

29 다음 보기에서 설명하는 질병으로 옳은 것은?

- 15번 염색체에서 아버지로부터 특정 유전자를 받지 못한 경우
- 불임, 저혈압, 당뇨병, 사시, 척추측만증이 나타나기도 함
- 작은 손과 발, 높고 좁은 이마, 아몬드 모양의 눈
- 관절의 과신전

① 프래더 윌리 증후군 ② 유전자 오류
③ 터너 증후군 ④ 윌리엄스 증후군

해설

그 밖의 프래더 윌리 증후군의 증상에는 손상된 포만감, 탐식 행동과 비만이 있지만, 시각적 처리와 퍼즐을 해결하는 데 강점을 가지고 있다.

30 준거참조검사에 대한 설명으로 옳지 않은 것은?

① 대상자의 점수를 준거와 비교하는 것이다.
② 전문적인 검사 제작자에 의해 개발되어야 한다.
③ 특정 기술이나 체력 수준 등을 알아보는 데 유용하다.
④ 준거는 사전에 설정된 숙달수준을 의미한다.

해설

규준참조검사는 전문적인 검사 제작자에 의해 개발되는 반면, 준거참조검사는 그렇지 않을 수도 있다. 준거참조검사는 검사 제작자에 따라서 표준화된 준거참조검사와 교사제작 준거참조검사로 구분된다.

28 ③ 29 ① 30 ② 정답

31 ○△×

대상자의 수준을 파악하는 선별, 진단, 평가를 모두 포함하는 개념으로 계획적이고 구체적인 지도를 위한 기본적인 전제조건이라 할 수 있는 것은?

① 사 정 ② 평 가
③ 측 정 ④ 검 사

해설

장애인을 대상으로 스포츠를 지도할 때 측정과 검사를 통해 대부분의 사정이 이루어지고 일부는 상담 또는 관찰 등의 사정자료를 참고한다.

32 ○△×

TGMD-2 검사에서 이동기술 검사가 아닌 것은?

① 제자리 멀리뛰기 ② 슬라이드 동작
③ 튀기기 ④ 달리기

해설

치기, 튀기기, 받기, 차기, 던지기, 굴리기는 조작기술 검사에 해당된다.

33 ○△×

장애인스포츠의 검사대상으로 옳지 않은 것은?

① 감각, 특수운동
② 기본 운동기술
③ 게임 운동기술
④ 스포츠 및 전문 여가 운동기술

해설

장애인스포츠 검사대상은 감각, 특수운동이 아니라 인간의 발달단계에 해당하는 감각, 지각운동이다.

34 ○△×

다음 중 장애인체육 학습의 일반화를 촉진시키는 방법으로 적절하지 않은 것은?

① 규칙적으로 반복하여 실시한다.
② 일관된 환경에서 학습할수록 일반화에 유리하다.
③ 스스로 학습하게 할수록 일반화가 쉽다.
④ 다양한 강화물을 이용할 수 있다.

해설

다양한 환경에서 학습해야 학습의 일반화가 용이하다.

정답 31 ① 32 ③ 33 ① 34 ②

35 자폐성장애인에 대한 스포츠지도 전략으로 옳지 않은 것은?

① 스포츠를 지도하기에 매우 어려운 장애이다.
② 행동주의적 접근을 활용할 수 있다.
③ 불연속 동작으로 구성된 스포츠들이 적합하다.
④ 문제행동의 원인은 감각, 회피, 관심 끌기, 선호물건, 활동으로 구분할 수 있다.

해설

자폐성장애인에게는 수영, 사이클, 인라인스케이트 등과 같이 연속 동작으로 구성된 스포츠가 적합하다.

36 IEP에 관한 설명으로 옳지 않은 것은?

① 신체 활동에 대한 독특한 요구가 있을 때 교사나 지도자, 보호자, 개인 등이 교육을 의뢰할 수 있다.
② 대부분의 프로그램이 통합 프로그램으로, 분리 및 배치가 전혀 이루어지지 않는다.
③ 특수학교의 경우 교육 의뢰 시 교사가 가장 주도적인 역할을 할 수 있다.
④ 참가자의 변화를 알아보는 평가도구의 역할을 할 수 있다.

해설

대부분의 IEP 프로그램은 통합 프로그램으로 되어있으나, 필요 시 분리나 배치가 진행될 수 있다.

37 IEP의 기능에 해당하지 않는 것은?

① 검사도구
② 의사소통 수단
③ 평가도구
④ 관리도구

해설

IEP의 기능

- 점검도구 : 관련 서비스의 효율성을 점검하는 기능을 한다.
- 의사소통 수단 : 보호자와 학교 사이에 의사소통의 수단이 된다.
- 평가도구 : 프로그램 목표와 학습자의 달성 정도가 어느 정도 일치하는지 확인 · 평가한다.
- 관리도구 : 보호자, 교사, 행정가가 학습자에게 시행되는 서비스를 파악할 수 있도록 한다.

35 ③ 36 ② 37 ① 정답

38 IEP 작성 시 고려사항으로 적절하지 않은 것은?

○△×

① 지도자를 최우선으로 고려한 지도법
② 전체 동작을 수행할 때 나타나는 세부 동작의 종류
③ 적절한 휴식 시간의 고려
④ 무엇을 가르칠 것인지에 대한 목표

해설

IEP 작성 시에는 지도자와 참여자 모두에게 적합한 지도법을 설정해야 한다. 특히 장애의 특성을 파악하여, 장애로 인해 불가능한 동작을 수정하는 등의 고려가 필요하다.

PART 3

39 IEP 지원팀의 구성에서 필수 참여자가 아닌 사람은?

○△×

① 지역대표
② 물리치료사
③ 전환 서비스 대표자
④ 심리치료사

해설

IEP 지원팀의 참여자 구성

- 필수 참여자 : 참여자, 교사, 보호자, 지역대표, 심리치료사, 전환 서비스 대표자
- 선택 참여자 : 일반 체육지도자, 센터장, 자원봉사자, 물리치료사, 언어치료사, 간호사, 사회복지사 등

40 시각장애인에 대한 운동 지도법으로 적절하지 않은 것은?

○△×

① 신체 활동을 위해서 교수법의 변형이 필요하다.
② 전체적이고 총체적인 경험보다는 세부적인 경험을 중요시한다.
③ 자세한 정보와 안내를 통한 실천적 지도가 필요하다.
④ 언어적 이해와 실제적 이해의 차이가 있으므로 구체적인 경험을 제공해야 한다.

해설

시각장애인은 신체 활동이나 물체와 상황에 대한 총체적인 이해에 어려움이 있기 때문에, 전체적이고 총체적인 경험을 제공해야 한다. 예를 들어, 축구를 지도할 때는 세부 기술보다는 패스, 드리블, 전술 등 축구를 전체적으로 이해할 수 있게 지도해야 한다.

정답 38 ① 39 ② 40 ②

41 시각장애인의 신체 활동을 잘 지도하기 위한 항목이 아닌 것은?

① 전문적인 준비
② 적합한 장비
③ 주변 환경의 정리
④ 적절한 프로그램

해설

시각장애인의 신체 활동을 위해 필요한 것
- 적합한 장비
- 전문적인 준비
- 잘 계획된 시간
- 적절한 프로그램

42 시각장애인의 행동특성이 아닌 것은?

① 관찰과 모방이 어려워서 학습동기가 떨어진다.
② 장애의 정도와 시기에 따라 새로운 운동학습의 능률이 좌우된다.
③ 또래와의 사이에서 심리적 위축으로 낮은 자존감이 나타난다.
④ 의사소통은 수화와 구화로 구분할 수 있다.

해설

의사소통이 수화와 구화로 구분되는 것은 청각장애인의 특성이다.

43 백내장으로 인한 양안의 교정시력이 0.02인 시각장애인에게 농구를 지도하기 위한 전략으로 옳은 것은?

> ㉠ 농구공은 바닥의 색과 대비되도록 한다.
> ㉡ 시각의 사용을 줄여서 시력 감퇴를 예방한다.
> ㉢ 시각 자료는 확대하고 촉각 자료도 활용한다.
> ㉣ 충돌에 의한 부상의 위험이 있으므로 시합에는 참여시키지 않는다.

① ㉠, ㉢ ② ㉠, ㉣
③ ㉡, ㉢ ④ ㉢, ㉣

해설

시각장애인의 스포츠 지도
시각장애의 신체 활동 지도전략으로 언어적 설명, 시범, 신체보조, 시 · 청각 단서 등을 활용할 수 있다.

41 ③ 42 ④ 43 ① 정답

44 시각장애인이 자신의 주거 · 생활환경을 이해하여 현재 자신의 위치를 파악해 가는 과정은?

○△✕

① 이동성 ② 방향정위
③ 버디시스템 ④ 잔존감각

해설

- 방향정위 : 시각장애인이 주변 환경을 이해하고 파악하여 자신의 현재 위치를 인지하는 정신적 과정이다. 자신과 환경과의 공간적 관계 및 이동하고 싶은 방향을 알기 위하여 잔존감각(촉각정보)을 통해 지각되는 환경적 요인과 지표를 활용하여 방향정위를 알아간다.
- 이동성 : 물리적 환경에서 안전하고 독립적으로 다닐 수 있는 능력이다.

PART 3

45 시각장애인의 신체 활동을 위한 교수법을 변형할 때의 3가지 필수 고려사항으로 옳은 것은?

○△✕

① 언어적 이해 ② 구체적인 경험
③ 이상적인 지도 ④ 특수한 경험

해설

시각장애인의 신체 활동을 위한 교수법 변형 중 3가지 필수 고려사항은 구체적인 경험, 실천적인 지도, 통합적인 경험 등이다.

- 구체적인 경험 : 시각장애인은 일상 생활이나 신체 활동에 대한 실제 경험이 부족하고, 언어적 이해와 실제 이해 간의 차이가 있기 때문에 구체적인 경험을 제공해야 한다.
- 실천적인 지도 : 신체 활동 지도 시 동작과 용 · 기구, 체육관 등에 대한 자세한 정보와 안내로 자발적 참여와 흥미, 관심을 갖게 하는 등의 동기유발이 필요하다.
- 통합적인 경험 : 물체와 상황에 대한 총체적인 이해나 신체 활동에 어려움이 있기 때문에 전체적이고 총체적인 경험을 제공하여야 한다.

46 비장애인에 비해 청각장애인의 신체 활동 능력이 떨어지는 요인이 아닌 것은?

○△✕

① 의사소통의 어려움으로 인해 기존 프로그램의 활동에서 배제되기 쉽다.
② 체력 요인 중 평형성의 저하가 운동기능 저하로 연결될 수 있다.
③ 언어장애로 인해 비장애인 선수들과 의사소통이 원활하지 않아 협응력이 떨어진다.
④ 청각장애인은 인지능력의 결핍으로 인하여 운동기능이 떨어지는 경우가 많다.

해설

청각장애와 인지능력의 직접적인 상관관계는 없다.

정답 44 ② 45 ② 46 ④

청각장애인의 체육 활동 지도 시 고려할 사항이 아닌 것은?

① 시범을 보이는 것보다 문자 등의 언어적 지도가 더욱 효과적이다.
② 손짓, 깃발 등으로 주의를 집중하게 하고 약속된 신호를 활용한다.
③ 지도자는 수화, 구화 등 의사소통 수단을 갖추어야 한다.
④ 정확한 입모양으로 크게 말한다.

해설

언어적 지도보다 시범을 통해 지도하는 것이 좋다.

48 신체 활동에 참여하는 지체장애인에 대한 설명으로 옳지 않은 것은?

① 대부분의 지체장애인은 근골격계 질환이나 사고에 의해 장애를 가지게 된다.
② 재가 장애인보다 직장에 다니는 장애인에게 스포츠 활동의 기회가 더 많다.
③ 대부분 보조기구를 이용하여 스포츠 활동에 참여하고, 때로는 규칙의 변형이 필요하다.
④ 지체장애인을 위한 스포츠로는 휠체어 농구가 대표적이다.

해설

지체장애인을 위한 스포츠프로그램은 대부분 일과시간에 진행되기 때문에 재가 장애인 위주로 이루어지고, 직장에 다니는 지체장애인의 참여는 제한되어 있다.

지체장애인에 대한 스포츠지도 전략으로 옳지 않은 것은?

① 장애인들이 사용하는 보조기구에 대한 이해와 이에 맞는 활동 변형이 필요하다.
② 신체 활동 선택 시 참여자의 욕구와 관심을 우선 고려하여 종목과 프로그램을 선정한다.
③ 장애인들의 체력, 재활 정도, 운동 동작의 가능성을 고려하여 스포츠에 참여하게 한다.
④ 지체장애인의 스포츠 활동은 '수술 → 의학적 재활 → 스포츠 활동 → 운동재활'의 단계를 거친다.

해설

지체장애인의 스포츠 활동은 '수술 → 의학적 재활 → 운동재활 → 스포츠 활동'의 단계를 거친다.

47 ① 48 ② 49 ④ 정답

50 강화(Reinforcement)에 대한 설명으로 옳지 않은 것은?

○△✕

① 특수체육지도에서 꼭 필요한 요소로서 학습자의 행동을 지도 · 관리하는 방법이다.
② 타임아웃, 소거, 벌, 과잉교정, 프리맥의 원리, 박탈, 포화는 부적강화 기법이다.
③ 칭찬, 토큰강화, 행동계약, 촉진, 용암법은 정적강화 기법이다.
④ 긍정적인 행동의 빈도를 증가시키기 위해 유쾌자극을 제시하는 정적강화와 혐오자극을 제거하는 부적강화로 구분한다.

해설

프리맥의 원리는 대상이 선호하는 행동을 강화물로 제공하는 정적강화 기법의 하나이다.

51 외상성 뇌손상과 뇌졸중에 의한 장애인에게 가장 적합한 스포츠 체육 활동은?

○△✕

① 보행운동과 수중운동
② 패러글라이딩
③ 스킨스쿠버
④ 인라인스케이트

해설

외상성 뇌손상과 뇌졸중에 의한 장애인들은 신체의 일부 기능을 제어하기 어려울 수 있다. 장애인 스포츠지도사들은 이들의 잔존 능력을 확인하고, 이를 강화하기 위한 트레이닝을 실시한 후에 보행운동, 아쿠아로빅스 등의 수중운동에 참여시키는 것이 바람직하다.

52 스포츠 활동 중 대발작 경련을 일으킨 환자에 대한 응급조치로 적절한 것은?

○△✕

① 환자의 발작시간을 침착하게 기록한다.
② 환자에게 발작 전조가 보이면 재빨리 약과 물을 먹여 정신 차리게 한다.
③ 안경이나 벨트를 착용한 환자는 그대로 둔다.
④ 환자의 발작이 오래 지속되어도 그냥 놔둔다.

해설

스포츠 활동 중 대발작 경련 환자 대처방법
- 발작시간이 5분 이상 되는지 살펴본다.
- 발작 전조가 보이면 바닥에 조심해서 눕히고 허리에 쿠션 등을 대어준다.
- 안경이나 벨트 등의 위험요소를 재빨리 제거한다.
- 발작이 5분 이상 지속되면 신속히 병원으로 옮긴다.

정답 50 ② 51 ① 52 ①

인간의 발달원리에 대한 설명으로 적절하지 않은 것은?

① 인간의 발달 순서는 누구에게나 동일하지만 발달 속도에는 개인차가 있다.
② 인간의 발달은 연속적으로 이루어지는 과정이다.
③ 운동기능의 발달이 선행된 후 신경발달이 이루어진다.
④ 인간 발달은 대근육에서 소근육 순서로 진행된다.

해설

인간의 발달은 신경학적 성숙과 관련이 있어서, 신경계통의 발달 이전에는 운동기능의 발달이 어렵다.

54 ○△✕ **교육적 의사결정에 필요한 자료를 수집하는 과정을 의미하는 것은?**

① 준거참조검사 ② 사 정
③ 원점수 ④ 백분율점수

해설

사정은 자료를 수집하는 것이다. 지도자들은 사정을 통해 장애인들의 요구와 강점을 파악하고, 프로그램을 계획하거나 성과를 체크할 수 있다.

55 ○△✕ **사전에 결정된 평균과 표준편차를 가지고 정규분포를 이루도록 변환된 점수들을 총칭하는 용어로 옳은 것은?**

① 백분율점수 ② 표준점수
③ 구분점수 ④ 원점수

해설

표준점수는 특정 원점수가 평균으로부터 얼마나 떨어져 있는가를 나타낸다. 대표적인 표준점수에는 Z점수, T점수, 능력점수, 척도점수 등이 있다.

53 ③ 54 ② 55 ② 정답

56 장애인과 함께 스포츠 활동을 하기 전에 프로그램에 대한 포괄적인 계획이 선행되어야 하는데, 그 내용으로 옳지 않은 것은?

① 프로그램의 목적과 목표
② 프로그램의 시행일정
③ 지도자의 선정 및 교육
④ 참여자와의 협의 방법

해설

신체 활동 지도순환체계의 포괄적 계획

- 프로그램의 목적과 목표
- 프로그램의 추진 방향
- 프로그램의 시행일정
- 장소, 기구, 재원 확보 방안
- 지도자 및 자원봉사자의 선정 및 교육
- 보호자와의 협의 방법 등

57  장애인 신체 활동 지도순환체계의 과정으로 옳은 것은?

① 포괄적 계획 → 개별화 교육계획 → 사정과 배치 → 지도와 상담 → 평가
② 포괄적 계획 → 사정과 배치 → 개별화 교육계획 → 지도와 상담 → 평가
③ 개별화 교육 → 사정과 배치 → 포괄적 계획 → 지도와 상담 → 평가
④ 개별화 교육 → 포괄적 계획 → 사정과 배치 → 평가 → 지도와 상담

해설

장애인에게 신체 활동을 지도하기 위한 효과적인 절차와 지도방법을 계획하고 시행하는 것은 매우 중요하다. 장애인 스포츠지도의 각 단계와 과정은 유기적인 관계를 형성한다. 장애인 스포츠지도는 처음과 끝이 명확히 구분되는 것이 아니라, 한 단계가 끝나면 다시 목표를 설명하고 이를 달성하기 위해 새로운 내용을 지도하는 절차가 반복되는 순환적인 과정이다.

정답 56 ④ 57 ②

58 특수체육에서 검사 도구에 대한 설명으로 옳은 것은?

① 장애인스포츠 분야에서의 검사는 최종적인 목표가 아니라 효과적으로 지도하기 위한 과정이다.
② TGMD-2는 심폐능력, 근골격계, 신체조성의 장애유형별 특성을 고려한 총 27가지 항목을 측정한다.
③ PAPS-D는 대근운동발달 중 이동기술과 조작기술 검사항목으로 구성되었다.
④ BPFT는 우리나라에서 개발된 체력검사 도구로 장애학생들의 건강체력 수준을 파악하고 관리한다.

해설

특수체육의 검사도구

- TGMD-2 : 대근운동발달 중 기본운동기술에 해당하는 이동기술과 조작기술 검사항목으로 구성되어 있다.
- PAPS-D : 우리나라에서 학령기 장애인들에게 적용하기 위해 개발한 검사이다.
- BPFT : 심폐능력, 근골격계 기능, 신체조성에 대하여 장애유형별 특성을 고려하여 총 27가지 항목으로 측정할 수 있다.

59 국민체육진흥법에 따른 대한장애인체육회에 대한 설명으로 옳지 않은 것은?

① 대한장애인체육회는 필요한 경비를 마련하기 위하여 회원의 회비를 징수할 수 있으며 이를 제외한 수익사업은 할 수 없다.
② 대한장애인체육회는 장애인 체육경기대회 개최와 국제 교류 활동을 할 수 있다.
③ 장애인 체육 진흥에 관한 사업과 활동을 하게 하기 위하여 문화체육관광부장관의 인가를 받아 대한장애인체육회를 설립한다.
④ 대한장애인체육회는 장애인 선수 양성과 경기력 향상 등 장애인 전문체육 진흥을 위한 사업을 할 수 있다.

해설

대한장애인체육회(국민체육진흥법 제34조 제2항)

장애인체육회는 목적 달성에 필요한 경비를 마련하기 위하여 대통령령으로 정하는 바에 따라 수익사업을 할 수 있다.

※ 개정 국민체육진흥법(2025.1.1. 시행)과 내용의 차이가 없습니다.

58 ① 59 ① 정답

60 개별화교육프로그램(Individualized Education Program ; IEP)의 목적이 아닌 것은?

① 측정 활동을 통해 교육적 근거 자료를 수집
② 개인의 능력과 특성에 따른 적절한 지도 보장
③ 유관기관의 협력과 지원
④ 유관기관의 의사소통이나 연대

해설

측정 활동을 통해 교육적 근거 자료를 수집하는 것은 사정(Assessment)의 목적에 대한 설명이다.

61 개별화교육프로그램의 개발 절차로 옳은 것은?

① 의뢰 → 사정 → 통보 → 진단 및 평가 → 실행 → 재검토
② 의뢰 → 사정 → 진단 및 평가 → 통보 → 실행 → 재검토
③ 의뢰 → 통보 → 사정 → 진단 및 평가 → 실행 → 재검토
④ 의뢰 → 진단 및 평가 → 사정 → 통보 → 실행 → 재검토

해설

개별화교육프로그램(IEP ; Individualized Education Program)의 개발 절차

- 의뢰 : 신체 활동에 대한 독특한 요구가 있을 때 교사나 지도자, 보호자, 개인 등이 교육을 의뢰할 수 있다.
- 진단 및 평가 : 이 절차의 목적은 장애에 대한 판단과 교육대상자에 대한 강 · 약점을 파악하기 위한 것이다. 다양한 영역에서 규준지향검사, 준거지향검사, 내용지향검사, 관찰 등을 사용할 수 있다.
- 사정 : 개별화교육지원팀에서는 수집된 자료를 토대로 계획된 프로그램이 대상자에게 적합한지를 확인한다. 필요 시에는 개별화교육계획서를 작성하여야 한다.
- 통보 : 개별화교육지원팀은 판정 결과를 보호자에게 알리고, 프로그램에 대한 설명과 정보를 제공해야 한다.
- 실행 : 대부분의 프로그램은 통합 프로그램으로 계획되어 있으나 필요 시 분리 및 배치를 진행할 수 있다.
- 재검토 : 프로그램 실행 후 개인의 성취수준에 대한 평가를 바탕으로 프로그램의 유지나 중지를 결정한다.

62 정서 · 행동장애인들에게 체육 활동을 지도하는 방법으로 옳지 않은 것은?

① 문제행동에 대한 중재를 통해 긍정적 행동을 형성하는 것이 급선무이다.
② 과잉행동 장애인은 적극적인 게임이나 놀이가 적합하고, 활동이 위축된 장애인은 비경쟁활동이 적합하다.
③ 긍정적 행동이 형성된 정서 · 행동장애인은 아무 제약 없이 체육 활동에 참여할 수 있다.
④ 학습자의 문제행동이 발생한 원인과 환경을 분석하여 제거해야 한다.

해설

과잉행동을 보이는 장애인을 지도할 때는 학습자가 흥분하지 않도록 주의하면서, 정적이고 비경쟁적인 활동을 하는 것이 바람직하다. 반면 신체 활동이 위축된 장애인을 지도할 때는 적극적인 놀이와 게임을 하며, 활발한 활동을 유도한다.

정답 60 ① 61 ④ 62 ②

63 뇌병변장애(Neurological Disorder)에 대한 설명으로 옳은 것은?

① '국제뇌성마비스포츠레크리에이션협회(CP-ISRA)'의 기능적 분류는 1~10등급으로 나뉜다.

② 뇌병변장애는 뇌성마비, 외상성 뇌손상, 뇌졸중을 통칭한 뇌손상 장애이다.

③ 외상성 뇌손상은 증상에 따른 분류, 국소 해부학적 분류, 임상적 분류, 기능적 분류로 구분한다.

④ 뇌졸중은 뇌혈관이 손상을 입었거나 막혀서 신경계통에 문제가 생긴 경우로, 뇌손상 정도를 경도, 중도, 중증, 식물인간 상태로 분류한다.

해설

② 장애인복지법 시행령 제2조의 별표1에서는 뇌병변장애인을 '뇌성마비, 외상성 뇌손상, 뇌졸중 등 뇌의 기질적 병변으로 인하여 발생한 신체적 장애로 보행이나 일상 생활의 동작 등에 상당한 제약을 받는 사람'으로 정의하고 있다.

① '국제뇌성마비스포츠레크리에이션협회(CP-ISRA)'의 기능적 분류는 1~8등급으로 나뉜다.

③ 증상에 따른 분류, 국소 해부학적 분류, 임상적 분류, 기능적 분류로 구분하는 것은 뇌성마비이다.

④ 뇌졸중은 뇌혈관이 손상을 입었거나 막혀서 신경계통에 문제가 생겨 장애를 입는 경우로서, 출혈성 뇌졸중과 허혈성 뇌졸중으로 나눌 수 있다. '중풍'이라고도 한다. 뇌손상 정도를 경도, 중도, 중증, 식물인간 상태로 분류하는 것은 외상성 뇌손상이다.

64 개별화교육프로그램의 구성요소가 아닌 것은?

① 연간 지도목표

② 통합체육에 참여할 시간

③ 평가절차와 시간계획

④ 체육시설과 환경

해설

개별화교육프로그램을 구성하는 요소는 일반적으로 인적사항, 현재의 능력 수준, 연간 지도목표, 단기 지도목표, 관련 보조서비스, 통합체육에 참여할 시간, 시작과 종결 시기, 평가절차와 시간계획 등이 있다.

63 ② 64 ④ 정답

65 뇌병변장애(Neurological Disorder)인의 체육 활동 지도방법으로 옳지 않은 것은?

○△×

① 뇌성마비 장애인은 보행운동부터 시작하는 것이 바람직하다.
② 뇌졸중 장애인은 의학적 · 운동학적 재활을 거친 후에 체육 활동에 참여한다.
③ 체육 활동을 통해 뇌성마비 장애인이 신체기능을 회복하도록 돕는다.
④ 뇌병변장애인들의 잔존 능력을 확인하고 잔존 능력 강화를 위한 훈련을 실시한다.

해설

체육 활동을 통해 뇌성마비 장애인이 신체기능을 회복하기는 어렵다. 다만 근육과 제어능력이 나빠지지 않도록 돕고 추가 손상이 발생하는 것을 막는 것이다.

66 장애인들이 활동하는 체육공간이 갖추어야 할 기본 조건이 아닌 것은?

○△×

① 흥미성 ② 생태성
③ 안전성 ④ 효율성

해설

장애인의 체육공간이 갖추어야 할 기본 조건
- 접근성 : 시설의 지리적 위치와 교통의 편리성, 주차장 확보, 승강기나 경사로 등 편의시설을 확보해야 한다.
- 안전성 : 미끄럼 방지 바닥, 출입문의 안전장치, 안전한 벽과 모서리 마감, 위험한 시설 제거 등 신체 활동 중 발생할 수 있는 위험 요소에 대해 대비해야 한다.
- 흥미성 : 지도 효과를 높이기 위해 학습자의 흥미를 유발할 수 있는 환경을 조성해야 한다.
- 효율성 : 활동 장소의 음향시설, 냉난방시설, 촬영기기, 활동 공간의 크기 등을 조절하여 신체 활동을 효율적으로 할 수 있도록 시설을 조성한다.

67 장애인체육공간에서 갖추어야 할 기본조건 중 다음 보기의 설명에 해당하는 것은?

○△×

> 자원봉사자들은 체육관의 벽에 활기차고 재미있게 운동하는 만화 캐릭터를 그려서 장애인들의 사기를 북돋아 주려고 노력하였다.

① 흥미성 ② 효율성
③ 안전성 ④ 접근성

해설

참여자의 스포츠 활동 효과를 위하여 흥미를 유발하거나 따뜻하고 안정감 있는 시설을 꾸미는 것은 흥미성과 관련 있는 내용이다.

정답 65 ③ 66 ② 67 ①

68 ○△✕

인지적 운동학습능력이 낮아서 시설, 환경, 교수방법 등에 변형이 필요한 참여자는?

① 지체장애인 ② 지적장애인
③ 청각장애인 ④ 시각장애인

해설

지적장애인은 인지적으로 운동학습능력의 저하와 단기기억 저하, 주의집중 저하, 동기부족 등에 어려움이 있으므로, 지도방법과 시설 · 환경, 용 · 기구, 규칙 등의 변형이 필요하다.

○△✕

위닉(J. P. Winnick)은 복잡한 기술이라 하여도 적절하게 변형하면 지적장애인의 성공적인 신체 활동 참여가 가능하다고 주장하였다. 다음 중 위닉의 이론에서 지적장애인을 위한 변형에 해당하지 않는 것은?

① 동작 파트너와 함께 하는 버디시스템을 활용한다.
② 고난도 스포츠기술을 기본운동기술의 단순한 형태로 대체한다.
③ 기술 수행에 요구되는 거리를 축소한다.
④ 기술 수행에 필요한 속도나 힘을 줄인다.

해설

버디시스템은 시각장애인의 성공적인 신체 활동 지도를 위한 변형이다.

○△✕

지적장애인의 신체 활동 참여를 성공적으로 이끌기 위해 고려할 사항이 아닌 것은?

① 경기규칙을 단순하고 쉽게 만든다.
② 개개인의 능력에 맞게 지도한다.
③ 보조지도자를 많이 둔다.
④ 세부동작에서 전체동작 순으로 신체 활동을 지도한다.

해설

기능적 접근법을 활용하여 전체동작에서 세부동작 순으로 지도한다.

68 ② 69 ① 70 ④ 정답

71 자폐성장애인의 행동에서 나타나는 특징이 아닌 것은?

○△✕

① 짧은 집중력 ② 공격적 행동
③ 미약한 청력 ④ 사회적 상호작용의 어려움

해설

자폐성장애인의 행동 특징
- 짧은 집중력
- 공격적 행동
- 사회적 상호작용의 어려움
- 인지적 문제
- 자기 자극 행동
- 부적절한 언어

72 자폐성장애인의 성공적인 신체 활동 참여를 위한 변형사항으로 옳은 것은?

○△✕

① 시범과 함께 움직임에 대한 단서를 제공하고 동작을 만지게 하여 촉각적으로 이해시킨다.
② 경기장이나 체육관 등의 활동 공간은 잘 정돈되어야 하며, 바닥, 벽, 모서리 등을 주의한다.
③ 지도자는 수화, 구화 등 기본적인 능력과 수화통역사, 문자통역사 등 의사소통 수단을 갖추어야 한다.
④ 필요 시 경기규칙을 단순하고 쉽게 익히도록 수정한다.

해설

①·② 시각장애인에 대한 변형사항이다.
③ 청각장애인에 대한 변형사항이다.

73 장애인스포츠지도자에게 요구되는 덕목이 아닌 것은?

○△✕

① 성취력 ② 창의력
③ 전문성 ④ 조직력

해설

특수체육지도자가 갖춰야 할 덕목
- 열정 : 열심히 최선을 다하는 자세
- 전문성 : 전문적 지식을 통해 체육 활동 지도
- 창의력 : 체육 활동의 변형과 새로운 방법 사용
- 안정된 정서 : 성숙한 인품으로 지도하는 능력
- 인내 : 목표 달성이 느리더라도 끈기있게 지도할 수 있는 능력
- 조직력 : 체육 활동을 장애인에게 적합하게 조직하는 능력

정답 71 ③ 72 ④ 73 ①

74 시각장애인의 성공적인 신체 활동 지도를 위한 변형 시 고려할 사항이 아닌 것은?

① 장비나 시설에 대한 위치 정보나 자세한 설명이 필요하다.
② 움직임에 대한 정보를 제공하고 동작을 촉각적으로 느끼게 하여 이해시켜야 한다.
③ 손짓, 수화 등 기본적인 능력과 의사소통 수단을 가진다.
④ 충분한 연습과 지도시간을 가진다.

해설

손짓, 수화를 통한 의사소통 수단의 준비는 청각장애인 지도 시 고려 사항이다.

시각장애인의 지도를 위한 고려사항

- 충분한 연습과 지도시간을 가진다.
- 청각적 단서를 제공하여 활동을 지도한다.
- 경기장이나 체육관 등은 잘 정돈되어야 한다.
- 동료들을 활용한 또래교수는 효율적인 지도방법이다.
- 장비나 시설에 대한 위치 정보나 자세한 설명이 필요하다.
- 시설과 기구 등의 위치와 작동 등은 순서적이면서 계획적으로 구성되어야 한다.
- 움직임에 대한 정보를 제공하고 동작을 촉각적으로 느끼게 하여 이해시켜야 한다.
- 보조자, 친구, 장애가 가벼운 동료 등이 동작 파트너가 되는 버디시스템(Buddy System)을 적극 활용한다.

75 데플림픽에 대한 설명으로 옳지 않은 것은?

① 프랑스 파리에서 제1회 데플림픽이 열렸다.
② 국제청각장애인스포츠위원회에서 데플림픽과 관련된 모든 사항을 결정한다.
③ 청력손실 55데시벨 이상 누구나 참가할 수 있다.
④ 4년마다 올림픽이 개최되는 해에 하계 · 동계 데플림픽이 열린다.

해설

4년마다 올림픽이 개최된 다음 해에 데플림픽이 열린다. 올림픽이 개최된 당해에는 패럴림픽이 열린다.

76 장애인의 신체 활동 수업 스타일에서 지도자 중심의 지도방식이 아닌 것은?

① 참여자의 능동적이고 주도적인 참여를 보장한다.
② 참여자의 자발성이 저하되고 내적 동기유발이 무시될 수 있다.
③ 참여자의 개인능력보다는 기관의 철학과 전통이 중요하다.
④ 원활한 계획 및 진행이 가능하다.

해설

참여자의 능동성과 자기주도적 참여를 보장하는 것은 참여자 중심의 지도방법이다.

74 ③ 75 ④ 76 ① 정답

77 ⓞⓐⓧ

참여자의 특성이 다양하거나 참여 목적이 다를 경우에 사용하는 지도방식은?

① 일대일 방식
② 대그룹 방식
③ 혼합방식
④ 또래교수 방식

해설

시먼(Seaman)과 드포(Depauw)의 지도방식에 따른 접근법에서 혼합방식은 동일한 수업시간 내에 다양한 방법으로 지도하는 것이다.

78 ⓞⓐⓧ

지도 형태에 따른 접근법에서 개인의 능력에 따라 과제를 제시하고 참여자가 그 목표에 도달하게 하는 것은?

① 명령형 지도방식
② 과제형 지도방식
③ 문제해결형 지도방식
④ 동료교수형 지도방식

해설

과제형 지도방식

- 지도자는 활동장소, 시간조절, 과제수행 속도 등을 통제하지 않는다.
- 연습 분위기는 자유롭게 설정하되, 학습자가 책임감을 가지게 한다.
- 집단 내 상호작용이 쉽다.
- 참여자 간에 성, 연령, 능력의 차이가 있을 때 적합하다.

79 ⓞⓐⓧ

다음 중 기능적 접근법에 대한 설명이 아닌 것은?

① 신체 활동 지도 시 전체적 지도에서 세부적인 지도를 한다.
② 중증장애인의 경우 습득이 용이하다.
③ 단계적 지도 시 실질적인 활동 참여에 상당한 시간이 필요하다.
④ 기초기술의 습득 미비로 수정이 요구되기도 한다.

해설

기능적 접근법은 어려운 기술이나 동작에서부터 기초 동작을 가르치는 방법으로, 중증장애인에게는 적합하지 않다.

80 ⓞⓐⓧ

특수체육 지도에서 지도자가 주의해야 할 행동이 아닌 것은?

① 목표, 태도, 행동에 있어 일관성을 가져야 한다.
② 애매하거나 부정적인 말을 하지 않는다.
③ 한 사람으로 인해 모두에게 벌을 내리지 않는다.
④ 참여자의 부적절한 행동을 방치한다.

해설

참여자가 부적절한 행동을 할 경우 적절한 방법으로 부적절한 행동을 감소시켜야 한다.

정답 77 ③ 78 ② 79 ② 80 ④

CHAPTER

02 유아체육론

01 Pre-test

O×문제

01 영아기는 생후 4주~3세까지를 말하며, 영아는 생후 약 12개월이 되면 걸음마를 시작한다. [○/×]

02 피아제(J. Piaget)의 인지발달 이론에 따르면, 전조작기의 아동은 대개 생명이 없는 대상에게 생명과 감정을 부여하는 '물활론적 사고'를 한다. [○/×]

03 갤러휴(D. Gallahue)의 움직임 발달단계 모델에서 기본움직임 단계는 출생 이후부터 1세까지이다. [○/×]

04 영유아보육법(2024.9.20 시행)에서 정의하는 영유아는 7세 이하의 취학 전 아동이다. [○/×]

해설 01 영아기는 생후 4주부터 2세까지를 말한다.
03 갤러휴(D. Gallahue)의 움직임 발달단계 모델에서 기본움직임 단계는 2~7세까지로, 이 단계의 아동은 안정된 직립자세를 취하고, 뛰고, 올라가고, 달릴 수 있다.

01 × 02 ○ 03 × 04 ○ 정답

05 유아의 흥미와 교사의 체계적인 접근방법이 균형을 이룬 방법은 '유아-교사 상호주도적 통합교수방법'이다. [○/×]

06 유아체육의 지도원리 중 흥미를 고려하여 지속적으로 운동에 참여하도록 유도하는 원리는 '생활중심원리'이다. [○/×]

07 유아체육의 지도방법론 중 유아 스스로의 실험과 문제해결, 자기 발견을 통해 학습이 일어나는 과정을 강조하는 방법은 탐색적 방법이다. [○/×]

08 유아기 운동프로그램을 구성할 때는 소근육에서 대근육으로의 발달단계를 고려하여야 한다. [○/×]

09 유아의 기본움직임 발달단계에서 기본적인 운동 능력을 형성하는 시기로 신체 각 기관의 협응력이 미흡한 단계는 초보 단계이다. [○/×]

10 운동시설을 배치할 때는 유아들이 운동기구에 익숙해질 수 있는 병렬식 배치와 시각적 효과를 고려하여 배치하는 것이 효과적이다. [○/×]

PART 3

해설
06 흥미를 고려하여 지속적으로 운동에 참여하도록 유도하는 것은 놀이중심원리이다.
08 아동의 근육사용에서 우선 대근육 활동을 먼저 습득한 후 점차 세분화된 소근육 활동들도 정교화된다.
09 기본적인 운동 능력을 형성하는 시기로 신체 각 기관의 협응력이 미흡한 단계는 입문(시작) 단계이다. 초보 단계에는 대체로 자신의 신체 움직임을 조정할 수 있으나 여전히 서투르고 유연성이 결여되어 있다.

정답 05 ○ 06 × 07 ○ 08 × 09 × 10 ○

단답형 문제

11 유소년은 성인에 비하여 운동 시 1회 박출량과 수축기 혈압이 (　　).

12 피아제(J. Piaget)는 인간의 발달단계를 감각운동기, (　　), 구체적 조작기, 형식적 조작기로 구분하였다.

13 유아체육프로그램을 계획할 때 고려해야 할 중요한 요소는 운동의 (　　), (　　), (　　), (　　)이다.

14 갤러휴(D. Gallahue)가 정의하는 유아기 움직임 발달단계는 '반사 – 초보 – (　　) – 전문화'이다.

15 스밀란스키(S. Smilansky)의 인지적 놀이 발달이론에서는 놀이를 (　　), (　　), (　　), (　　), (　　)(으)로 구분한다.

11 낮다 12 전조작기 13 강도, 빈도, 시간, 형태 14 기본(기초) 정답
15 기능놀이, 구성놀이, 상징놀이, 사회극놀이, 규칙이 있는 게임

16 유아의 학습행동 발달의 순서는 '인식 – (　　) – 탐구 – 활용'이다.

17 (　　)은/는 그의 정신분석 이론에 따라 인간 발달 단계를 구강기, 항문기, 남근기, 잠재기(잠복기), 생식기로 구분한다.

18 유아의 기초적 운동 능력 중 단시간에 근력을 최대한 발휘할 수 있는 능력은?

19 인간의 성장은 (　　)을/를 가지고 일정한 순서로 발달한다.

20 유아기의 기본적인 운동기술로는 이동 운동, 비이동 운동, (　　) 운동 등이 있다.

PART 3

정답 16 탐색 17 프로이트 18 순발력 19 방향성 20 조작

02 필수 개념문제

※ 문제의 이해도에 따라 ○△× 체크하여 완벽하게 정리하세요.

01 영아기의 신체발달에 대한 설명으로 옳지 않은 것은?

○△×

① 일생 중에서 신체발달이 제일 급속하게 이루어지는 시기이다.
② 발달 과정은 계속적으로 이루어지며, 속도나 크기가 일정하다.
③ 생후 1개월경부터 2세까지를 말한다.
④ 키는 생후 1년이 되면 출생 시 키의 1.5배 정도가 된다.

해설

영아기의 발달은 일정한 순서에 따라 계속적으로 나아가지만, 그 속도는 일정하지 않으며 개인차가 존재한다.

02 다음 보기에서 유아체육의 필요성으로 옳은 것을 모두 고른 것은?

○△×

㉠ 학교체육의 원활한 수행을 위해 미리 연습해야 한다. ㉡ 현대 생활환경이 변화하면서, 아이들의 놀이문화가 역동적으로 변했다. ㉢ 유아들의 체육 활동은 건강한 정신과 체력을 길러주어, 긍정적 자아개념을 형성에 도움을 준다. ㉣ 유아기의 두뇌활동을 도와 모든 학습의 기초를 이룬다.

① ㉠, ㉡
② ㉡, ㉣
③ ㉢, ㉣
④ ㉠, ㉡, ㉢, ㉣

해설

㉠ 유아체육은 학교체육을 위한 선행이 아닌, 유아발달을 위한 체육 활동으로서 본질적 의미를 갖는다.
㉡ 유아들이 바깥놀이를 많이 하던 예전에 비해, 현대에는 저출산, 조기교육, 인터넷 발달 등으로 정적인 실내활동을 많이 하여 체력발달이 떨어지는 경향이 있다.

03 영아기에 대한 설명으로 옳은 것은?

① 신체 길이가 빠르게 성장하고 피하조직이 크게 증가한다.
② 피아제(J. Piaget)의 인지발달 단계 중 전조작기에 해당한다.
③ 놀이를 통해 사회성을 발달시킨다.
④ 자기주장을 관철하기 위한 언어 표현을 많이 한다.

해설

②·③·④ 유아기에 대한 설명이다. 영아기는 피아제(J. Piaget)의 인지발달 이론에서 감각운동기에 속한다.

01 ② 02 ③ 03 ① 정답

04 피아제(J. Piaget)의 인지발달 이론에 대한 설명 중 옳지 않은 것은?

○△×

① 인간의 환경 적응 능력을 발견하였다.
② 인간의 발달을 감각운동기, 전조작기, 구체적 조작기 및 형식적 조작기로 구분한다.
③ 아동과 성인의 사고체계가 대동소이하다는 것을 전제로 한다.
④ 피아제 이론의 기본개념으로는 도식, 적응, 평형이 있다.

해설

피아제(J. Piaget)의 인지발달 이론은 아동의 사고체계가 성인의 사고체계와 전적으로 다르다는 사실을 전제로 아동의 사고발달과정에 초점을 둔 이론이다.

05 인지발달 이론에서 '구체적 조작기'의 특징이 아닌 것은?

○△×

① 동일성　② 보존성
③ 가역성　④ 상징성

해설

구체적 조작기(7~11세)
- 동일성, 보존성(보상성), 가역성에 대한 개념 획득
- 탈중심화 가능
- 논리적 사고의 발달 시작
- 이행성, 서열화와 같은 논리적 추론 가능(실제적 대상이 있을 때에만)

PART 3

06 피아제(J. Piaget)의 인지발달 단계 중 〈보기〉에서 설명하는 것은?

○△×

- 지각운동시기로 사물과 사건의 관계를 인식하는 사고능력의 큰 진보가 이루어지지만 자기 중심성이 강하다.
- 게임을 할 때 일반적인 규칙이나 전략을 사용할 수 있지만 완전하지는 못하다.

① 감각운동기
② 전조작기
③ 구체적 조작기
④ 형식적 조작기

해설

피아제(J. Piaget)의 인지발달 단계 이론
전조작기 단계는 2~7세, 머리 속으로 조직적으로 사고하기는 힘든 시기지만 감각이나 동작에 의존하는 것이 줄어드는 단계이다. 이 단계에서는 언어가 급격히 발달, 상징적 사고 증가, 자기중심적 사고, 물활론적 사고, 직관적 사고의 특징을 보인다.

정답 04 ③ 05 ④ 06 ②

인지발달 이론 중 감각운동기에 대한 발달과업이 아닌 것은?

○△✕

① 주변의 대상물로부터 자신을 분리시키기
② 흥미 있는 일 계속하기
③ 빛과 소리 자극에 반응하기
④ 모든 사물에 생명이 있다고 여기기

해설

감각운동기의 발달과업에는 '주변의 대상물로부터 자신을 분리하기, 빛과 소리 자극에 반응하기, 흥미 있는 일을 계속하기, 조작을 통해 물체의 속성 알기, 대상 영속성의 개념 획득하기' 등을 들 수 있다.

08 **유아의 신체적 발달주기와 연령의 연결이 옳은 것은?**

① 제1충실기 – 2~4세
② 제1신장기 – 4~5세
③ 제2충실기 – 5~7세(여)
④ 제2신장기 – 8~10세(남)

해설

유아 발달주기별 연령

- 제1충실기 : 2~4세
- 제1신장기 : 5~7세
- 제2충실기 : 8~12세(남), 8~10세(여)
- 제2신장기 : 13~16세(남), 11~14세(여)

09 **인지발달 이론 중 전조작기의 특징이 아닌 것은?**

○△✕

① 상징적 사고
② 물활론적 사고
③ 직관적 사고
④ 추상적 사고

해설

추상적 사고는 형식적 조작기에 대한 특징이다. 전조작기의 특징으로는 상징적 사고, 자기중심적 사고, 직관적 사고, 물활론적 사고, 인공론적 사고 등이 있다.

07 ④ 08 ① 09 ④ 정답

10 유아기의 특징으로 적절하지 않은 것은?

① 영아기가 끝나는 만 2세부터 초등학교에 입학하기 전까지의 시기이다.
② 성장속도는 다소 느려지지만, 성장은 꾸준히 이뤄진다.
③ 여아가 남아보다 신장이 조금 더 크고 체중도 더 나간다.
④ 머리 크기의 비율이 작아지면서 몸의 무게 중심이 아래로 내려간다.

해설

신장은 매년 7cm 정도씩 증가하여 5세에는 출생 시의 두 배가 되며, 남아가 여아보다 신장이 조금 더 크고 체중도 더 나간다.

11 유아들의 기본 건강생활 수칙으로 옳지 않은 것은?

① 신체, 의복, 놀이교구, 주변 환경을 청결히 해야 한다.
② 불결한 것을 입에 넣지 않도록 해야 한다.
③ 음식에 대한 편식을 하지 않게 해야 한다.
④ 실내에서 놀게 해야 한다.

해설

실내보다는 가능한 한 실외에서 놀게 하는 것이 좋다.

12 〈보기〉에서 설명하는 신생아의 원시반사는?

- 아기가 머리의 갑작스런 위치변화나 강한 소리와 빛에 반응하여 무엇을 껴안으려고 한다.
- 출생 시 나타나지 않으면 중추신경계의 문제가 있을 수 있다.

① 빨기 반사(Sucking Reflex)
② 모로 반사(Moro Reflex)
③ 바빈스키 반사(Babinski eflex)
④ 손바닥 파악 반사(Palmar Grasp Reflex)

해설

원시반사(원초반사)

모로 반사는 보통 태어나자마자 관찰되며 약 3개월 후에 사라지기 시작하여 4~5개월의 아기들에게서는 대부분 관찰되지 않는다. 모로 반사가 사라지는 것은 뇌의 고등기능의 성숙과 관련이 있는 것이라고 알려졌다. 모로 반사는 신생아의 신경결함을 알아보기 위한 신생아 검사에서 가장 많이 관찰하는 행동 중의 하나이다. 예를 들어 신생아에게 모로 반사가 결여되어 있다면 신경계 손상이나 팔의 마비 증상으로 해석되기도 한다.

정답 10 ③ 11 ④ 12 ②

13 연령별 유아 신체 발달 과정에서 1세 때의 특징이 아닌 것은?

○△✕

① 두뇌가 가장 급진적으로 성장한다.
② 다리가 안쪽으로 굽고 손, 발이 작다.
③ 다리는 길며, 팔은 짧다.
④ 뼈와 근육조직이 급속히 발달한다.

해설

1세 때의 신체 발달
- 두뇌가 가장 급진적으로 성장한다.
- 뼈와 근육조직이 급속히 발달한다.
- 허리와 몸통은 굵고, 다리는 짧으며, 팔은 길다.
- 손, 발이 작고 다리가 안쪽으로 굽는다.

14 연령별 유아 신체 발달 과정에서 2세 때의 특징이 아닌 것은?

○△✕

① 다리보다 팔의 성장이 빠르다.
② 숫구멍이 일부 닫힌다.
③ 뼈는 느린 속도로 발달한다.
④ 신장과 체중의 발달이 빠르다.

해설

2세 때의 신체 발달
- 다리보다 팔의 성장이 빠르다.
- 뇌가 급속히 발달한다.
- 숫구멍(숨구멍, 천문)이 모두 닫힌다.
- 뼈는 느린 속도로 발달한다.
- 신장과 체중의 발달이 빠르다.

15 체육 활동이 유아의 발달에 미치는 영향을 모두 고른 것은?

○△✕

> ㉠ 도구 운동을 통해 대근육과 소근육을 발달시킨다.
> ㉡ 단체 운동을 통해 협동을 배우고 사회성을 키운다.
> ㉢ 운동감각을 길러 자기 몸을 스스로 지키며 사고에 대처한다.
> ㉣ 다양한 놀이를 경험하고 새로운 놀이를 만들어내며 창의력을 기른다.

① ㉠, ㉡, ㉢
② ㉡, ㉢, ㉣
③ ㉡, ㉣
④ ㉠, ㉡, ㉢, ㉣

해설

도구를 이용한 조작운동을 통해 두뇌와 소근육을 발달시킨다.

13 ③ 14 ② 15 ② **정답**

16 유아기 인지발달의 특성으로 옳지 않은 것은?

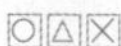

① 주의집중 시간이 길다.
② 신체가 무엇을 할 수 있는가에 대한 관심과 호기심이 많다.
③ 신체조작에 대해 알기를 원하고, 빈번하게 질문한다.
④ 창의적인 생활이 두드러진다.

해설

주의를 관장하는 망상체의 수초화가 덜 이루어져 눈과 손의 협응이 원활하지 못하며, 이로 인해 주의집중 시간이 짧다.

17 유아체육에 대한 설명으로 옳지 않은 것은?

① 유아체육은 유아들을 보호하는 교사 중심적 활동이다.
② 유아체육의 모든 활동은 즐거운 놀이의 성격을 가진다.
③ 유아체육은 신체적 발달뿐만 아니라 인지적 · 정서적 · 사회적 발달에 영향을 준다.
④ 유아체육은 통합적 신체 활동을 통해 이루어지는 전인교육이다.

해설

유아체육은 유아들의 신체발달을 고려하여 유아 중심적으로 진행되는 체육 활동이다.

18 유아기의 신체적 발달에 대한 설명으로 옳지 않은 것은?

① 유아기 때 골격의 경골화가 이루어진다.
② 유아기의 신체적 성숙 정도는 개인차가 존재한다.
③ 일반적으로 성장발육은 다리에서 머리의 순서로 진행된다.
④ 유아는 감각적 자극에 반응하고 처리하는 능력이 있다.

해설

대부분의 운동 발달은 일정한 순서에 따라 발달한다. 일반적으로 유아들은 몸 사용의 발달 과정에서 다리의 사용보다 목가누기를 먼저 습득한다.

정답 16 ① 17 ① 18 ③

19 ○△×

유아기 때의 특징으로 생명이 없는 대상을 살아있는 것으로 여기는 사고는?

① 상징적 사고
② 추상적 사고
③ 물활론적 사고
④ 자기중심적 사고

해설

생명이 없는 대상을 살아있는 것으로 여기는 것을 '물활론적 사고'라고 한다. 유아가 칼이나 가위로 종이를 자르면 종이가 아파할 것이라고 생각하는 것이 그 예이다.

○△×

유아기의 사회적 발달에 대한 특성이 아닌 것은?

① 대인관계의 폭이 좁아 다양한 교류가 어렵다.
② 자아가 발달하기 시작하여 자기의 주장을 굽히지 않는다.
③ 낯선 사람에 대해 불안감을 느낀다.
④ 자기중심적으로 사고하므로, 타인에 대한 이해가 부족하다.

해설

유아기는 대인관계의 폭이 넓어지며, 다양한 교류가 일어나는 시기이다. 동시에, 자기주장을 관철하기 위한 언어 표현을 많이 하는 시기이다.

21 ○△×

구체적 조작기에 해당하는 아동에게 형성되는 개념으로, 사물의 모양이 변하거나 여러 부분으로 나누어져도 그 속성은 변하지 않는다는 것을 이해하는 능력은?

① 대상연속성
② 비가역성
③ 보존개념
④ 서열화

해설

'보존개념'은 어떤 대상의 겉모습이 바뀌어도, 그 속성이 바뀌지 않는다는 것을 이해하는 능력이다. 아동은 보존개념이 발달하면서 동일성, 보상, 역조작의 개념을 이해할 수 있게 된다.

19 ③ 20 ① 21 ③ 정답

22 ○△×

아동기(7~12세)에 관한 설명으로 적절한 것은?

① 추상적 사고와 가설 연역적 사고가 가능하다.
② 분류능력이 발달하기 시작한다.
③ 수와 보존개념을 논리적으로 알 수 있다.
④ 대상영속성을 획득한다.

해설

③ 7~12세는 구체적 조작기로, 타인의 관점에서 사물을 보는 시각이 생기고 보존개념이 형성된다.
① 추상적 사고와 연역적 사고가 가능한 것은 형식적 조작기이다.
② 분류능력은 전조작기에 발달하기 시작하여 구체적 조작기에 완전히 획득된다.
④ 대상영속성은 감각운동기에 획득한다.

PART 3

23 ○△×

전기 아동기의 인지 및 사회정서 발달에 대한 특징이 아닌 것은?

① 비가역적 사고 ② 도덕성 발달
③ 물활론적 사고 ④ 자기중심성 완료

해설

물활론적 사고는 유아기의 인지 및 정서 발달의 특징이다.

○△×

후기 아동기의 정서 발달에 대한 특징으로 옳지 않은 것은?

① 자기중심적 사고가 발달한다.
② 타인의 시각에서 사물을 보는 능력이 발달한다.
③ 서열화 · 유목화 · 보존의 개념을 완전히 획득한다.
④ 때때로 공격적이고 자아비판적이며 과잉반응으로 행동한다.

해설

자기중심적 사고가 발달하는 것은 유아기이다.

정답 22 ③ 23 ③ 24 ①

25 갤러휴(D. Gallahue)가 제시한 운동 발달단계를 순서대로 나열한 것은?

○△×

① 기초 → 초보 → 반사 → 전문화
② 반사 → 초보 → 기본 → 전문화
③ 기본 → 반사 → 초보 → 전문화
④ 초보 → 기본 → 반사 → 전문화

해설

갤러휴(D. Gallahue)의 움직임 발달단계 모델

- 반사운동 단계(태아~1세) : 태아와 신생아들이 무의식적으로 행하는 운동 능력이다. 빨기 반사, 찾기 반사, 쥐기 반사 등이 있다.
- 초보운동 단계(1~2세) : 제자리 운동, 기기와 걷기 같은 이동운동, 물건을 잡는 조작운동을 한다.
- 기본운동 단계(2~7세) : 다양한 기본운동을 수행할 수 있다. 안정된 자세로 뛰고 올라가고 달리는 이동운동이 가능하며, 조작운동이 더 발달하여 물건을 던지고 잡고 놓을 수 있다.
- 전문화된 운동 단계(7세~청년기) : 운동기술이 발달하여 전문화된 운동을 할 수 있다.

26 갤러휴(D. Gallahue)의 운동 발달단계에서 유아들이 이동, 비이동, 조작적 운동 능력을 습득하기에 가장 이상적인 시기로 옳은 것은?

○△×

① 반사적 동작기
② 초보적 동작기
③ 기본적 동작기
④ 전문화된 동작기

해설

기본적 동작기는 유아들이 이동, 비이동, 조작적 운동 능력을 습득하기에 가장 이상적인 시기로서 2세부터 7세까지의 연령을 포함한다. 이 시기의 발달은 전체 운동 능력 발달 단계상의 연속적인 순서에 따라 이루어지며, 초기단계에서 기초단계를 거쳐 성숙단계에까지 이르게 된다.

27 유아기 운동 발달 모형에 근거할 때, 3세 아동이 시행하기 어려운 동작은?

○△×

① 한 발로 뛰기
② 휘파람 불기
③ 글자 쓰기
④ 두발자전거 타기

해설

휘파람 불기는 7세 때 가능하다. 7세 때는 이외에도 등과 목 씻기가 능숙하고, 옷 입기가 완숙단계이며, 리듬을 통하여 표현의 즐거움을 경험할 수 있다.

25 ② 26 ③ 27 ② 정답

유아 지도 요령으로 옳지 않은 것은?

① 지도시간은 30분씩 1주일에 2~3회 실시한다.
② 유아의 운동 능력이 향상될 수 있도록 지도한다.
③ 새로운 것에 대한 적극성을 유도하는 것은 지양한다.
④ 흥미와 의욕을 높일 수 있도록 지도한다.

해설

새로운 것에 대한 적극성을 유도하여 여러 가지를 경험하게 하거나, 심리적 특징을 고려하고 흥미와 의욕을 높일 수 있는 지도와 기술을 고안해야 한다.

유아 지도의 기본 지도 원칙으로 옳지 않은 것은?

① 체육 활동에 국한되는 지도가 필요하다.
② 발달 단계에 적합한 지도가 필요하다.
③ 부모와 긴밀한 연락을 해야한다.
④ 다양한 프로그램을 제공해야 한다.

해설

다른 영역의 주제와 단원에 맞게 프로그램을 구성하여 다른 영역과 적절하게 접목시켜야 한다.

30 **유아운동 권장지침에 해당하지 않는 것은?**

① 건강한 생활에 필요한 습관과 태도
② 여러 가지 운동에 흥미를 가지고 진행
③ 안전한 생활에 필요한 습관과 태도 습득
④ 여가시간과 이동시간을 활용한 운동

해설

여가시간과 이동시간을 활용한 운동은 성인이나 노인의 운동 지침이다.

> 유아운동 권장지침
> - 건강한 생활에 필요한 습관과 태도
> - 여러 가지 운동에 흥미를 가지고 진행
> - 안전한 생활에 필요한 습관과 태도 습득

정답 28 ③ 29 ① 30 ④

31 지각운동발달 프로그램 중 신체지각 발달을 위한 지도방법이 아닌 것은?

① 신체 각 부위 위치 알기
② 신체움직임에 대한 자각
③ 신체를 통한 느낌 표현하기
④ 위치와 거리 등 몸의 움직임 이해

해설

위치와 거리 등 몸의 움직임을 이해하는 것은 공간지각 발달을 위한 지도방법이다.

32 사회학습능력 향상 운동프로그램의 지도방법으로 적절한 것은?

① 자기표현력을 향상시킨다.
② 들은 이야기를 기억하는 능력을 향상시킨다.
③ 들은 이야기를 재구성하는 능력을 향상시킨다.
④ 신체가 공간에서 차지하는 비중을 알 수 있게 지도한다.

해설

사회학습능력 향상 운동프로그램 지도방법

- 부모가 하고 있는 여러 가지 일에 대한 이해
- 바람직한 집단생활 태도를 배움
- 여러 가지 직업을 이해
- 자기표현력을 향상시킴

33 운동기술 습득단계에서 유아가 서로 다른 운동기술을 결합하기 시작하는 과정은?

① 개별화 과정
② 조합 과정
③ 적용 과정
④ 탐색 과정

해설

운동기술 습득단계의 과정

- 개별화 과정 : 유아 개개인 차이와 운동 능력과 발달속도에 따른 학습 과정
- 조합 과정 : 유아가 한 움직임 기술을 다른 기술과 결합하기 시작하는 과정
- 적용 과정 : 특정한 과제를 수행하기 위해 자신의 특성과 한계에 따라 운동기술을 수정하고 조정하는 과정
- 탐색 과정 : 효과적이고 의미 있는 움직임 형태의 탐색을 시작하는 과정

31 ④ 32 ① 33 ② 정답

34 파튼(M. Parten)의 사회성 놀이 발달단계를 순서대로 나열한 것은?

① 비참여행동 → 혼자놀기 → 지켜보기 → 병행놀이 → 연합놀이 → 협동놀이
② 비참여행동 → 지켜보기 → 혼자놀기 → 병행놀이 → 연합놀이 → 협동놀이
③ 지켜보기 → 비참여행동 → 혼자놀기 → 병행놀이 → 협동놀이 → 연합놀이
④ 혼자놀기 → 병행놀이 → 지켜보기 → 비참여행동 → 연합놀이 → 협동놀이

해설

파튼(M. Parten)의 사회성 놀이 발달단계
파튼은 유아의 상호작용 양상에 따라 사회성 놀이 발달단계를 다음과 같이 제시하였다.

- 비참여행동 : 놀이 활동을 하지 않고 일시적인 관심이나 흥미를 따라다닌다. 일부는 자기 몸에 전념하거나 가만히 앉아 있기도 한다.
- 지켜보기 : 다른 아이들이 노는 것을 지켜보며 시간을 보낸다. 가끔 말을 걸기도 하지만 직접 참여하지는 않는다.
- 단독놀이(혼자놀이) : 자기중심적 사고를 하는 2~3세 유아들이 독자적으로 자기놀이에 몰두한다. 다른 아이들과 가까이 있어도 대화가 거의 없다.
- 평행놀이(병행놀이) : 친구 옆에서 친구와 비슷한 놀이를 하면서도 상호작용은 거의 없다. 나란히 놀이를 하면서 함께 놀지는 않는다.
- 연합놀이 : 두 명 이상 유아들이 대화를 하고 놀잇감을 주고받는 등의 상호작용을 하면서 논다. 하지만 역할을 분담하거나 놀이 내용을 체계적으로 조직하지는 못한다.
- 협동놀이 : 5세 이후 유아들이 집단을 이루어 놀이주제를 정한 다음 조직적인 놀이를 한다. 리더가 생기고 역할을 분담하여 놀이가 진행된다.

35 영아기 신체활동 프로그램 지도방법으로 옳지 않은 것은?

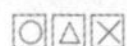

① 신체의 고른 발달 도모
② 신체의 구조와 기능을 학습
③ 엄마와 친밀감을 갖게 함
④ 철저한 비만 관리

해설

영아기 운동지도방법

- 신체의 고른 발달 도모
- 신체의 구조와 기능을 학습
- 엄마와 친밀감 도모

정답 34 ② 35 ④

36 다음 중 유아운동 능력 발달 경향에 대한 설명으로 옳지 않은 것은?

① 운동 능력은 뇌에 가까운 부분부터 발달한다.
② 운동 능력은 일방에서 양방으로 발달한다.
③ 운동 능력은 수평적 동작에서 수직적 동작으로 발달한다.
④ 운동 능력은 큰 근육이 먼저 발달하고 작은 근육이 후에 발달한다.

해설

운동 능력은 양방에서 일방으로 발달한다. 유아시절에는 생리적으로 항상 양쪽이 균형을 이루지만, 점차 한 쪽을 선택하여 발달하게 된다. 어린 시절 두 손을 사용하던 아동이 성장하면서 오른손 또는 왼손잡이가 되는 과정이 대표적인 예시이다.

> **유아기 운동발달의 특성**
> - 뇌에서 가까운 부분부터 발달한다.
> - 중심에서 말초부분으로 발달한다.
> - 대근육이 먼저 발달하고, 소근육이 발달한다.
> - 양방에서 일방으로 발달한다.
> - 수평적인 동작에서 수직적인 동작으로 발달한다.

37 다음 중 안정성 운동의 종류가 아닌 것은?

① 정적 평형성
② 동적 평형성
③ 축성 평형성
④ 조작 운동

해설

안정성 운동은 모든 이동 운동과 조작 운동 습득을 위하여 기본적으로 갖추어야 하는 기초적 운동기능이다. 안정성 운동에는 비이동 운동(축 운동), 정적 평형성, 동적 평형성이 있다.

38 안정성 운동에 대한 설명으로 옳은 것은?

① 정적 평형성은 무게 중심이 이동할 때 평형을 유지하는 능력이다.
② 동적 평형성은 고정된 자세에서 신체의 평형을 유지하는 능력이다.
③ 축성 평형성은 비틀기, 돌기, 스핀 등의 정적자세를 유지하는 능력이다.
④ 안정성 운동은 이동 운동과 조작 운동을 말한다.

해설

① 정적 평형성은 고정된 자세에서 신체의 평형을 유지할 수 있는 능력이다.
② 동적 평형성은 움직이는 상태에서 균형을 유지할 수 있는 능력이다.
④ 안정성 운동은 모든 이동 운동과 조작 운동 습득을 위한 기초 운동이다.

36 ② 37 ④ 38 ③ 정답

39 다음 중 평형성을 기르기 위한 운동으로 옳지 않은 것은?

○△✕

① 한 발로 뛰기 ② 오래 달리기
③ 평균대 운동 ④ 뒤로 걷기

해설

평형성을 기를 수 있는 운동에는 한 발로 뛰기, 발끝 세워 걷기, 뒤로 걷기, 줄 따라 걷기, 뜀틀 운동, 평균대 운동, 매트 운동, 철봉 운동, 수영, 스키, 스케이팅 등이 있다.

40 운동발달 프로그램의 기본 원리 중 '방향성의 원리'에 대한 설명으로 옳지 않은 것은?

○△✕

① 인간의 성장은 방향성을 가지고 순서적으로 발달한다.
② 방향성의 3원칙으로 '머리-발 원리, 중심-말초 원리, 대근육-소근육 원리'가 있다.
③ 하반신에서 상반신으로 진행된다.
④ 방향성은 전반적으로 지켜지지만 개인차가 존재한다.

해설

인간의 발달은 상반신에서 하반신 순서로 이루어지며, 중심부에서 주변부 방향으로 이루어진다.

41 운동발달 프로그램의 기본원리 중 여러 프로그램을 구성하여 이상적인 유아발육을 유도해야 한다는 원리로 옳은 것은?

○△✕

① 특이성의 원리 ② 적합성의 원리
③ 안정성의 원리 ④ 다양성의 원리

해설

다양성의 원리

- 유아기는 골격의 형성과 발달이 시작되는 단계이므로, 특징 부위에 집중된 운동은 전체발육을 저해하는 요인이 된다.
- 유아는 한 가지에 싫증을 빨리 느끼기 때문에, 다양한 프로그램을 구성하여 이상적인 유아발육을 유도해야 한다.

정답 39 ② 40 ③ 41 ④

42 안정성 발달을 위한 균형 운동 중 축성 안정성 운동이 아닌 것은?

① 구르기 ② 늘리기
③ 돌 기 ④ 굽히기

해설

안정성 발달을 위한 균형 운동
- 축성 안정성 운동 : 굽히기, 늘리기, 비틀기, 돌기, 흔들기
- 정적/동적 안정성 발달을 위한 운동
  - 정적 안정성 : 직립균형, 거꾸로 균형(물구나무서기) 등
  - 동적 안정성 : 구르기, 멈추기, 재빨리 피하기

43 유아기의 기본적 움직임 기술이 아닌 것은?

① 이동 운동 ② 비이동 운동
③ 반사 운동 ④ 조작 운동

해설

유아기의 기본적 움직임 기술에는 이동 운동(걷기, 달리기), 비이동 운동(구르기, 비틀기, 회전하기), 조작 운동(던지기, 차기, 때리기)이 있으며, 반사 운동은 영아기의 특징이다.

44 유아기의 기본적 움직임 기술 중 비이동 운동이 아닌 것은?

① 걷 기 ② 구르기
③ 회전하기 ④ 비틀기

해설

걷기는 이동 운동이며, 비이동 운동으로는 구르기, 회전하기, 비틀기 등이 있다.

42 ① 43 ③ 44 ① 정답

45 유아의 기본적 움직임 기술 중 조작적 동작이 아닌 것은?

○△×

① 던지기　　② 튀기기
③ 차 기　　④ 미끄러지기

해설

미끄러지기는 이동 동작이다. 조작적 동작으로는 던지기, 굴리기, 받기, 튀기기, 치기, 차기 등이 있다.

46 유아운동 권장지침에 대한 설명으로 옳지 않은 것은?

○△×

① 직 · 간접적으로 대근육 활동을 할 수 있는 기회를 지속적으로 제공할 것
② 지각운동 기능이 향상될 수 있도록 특별지도 활동을 포함할 것
③ 단체운동으로 협동력을 기르고 안전한 기구사용법을 경험하게 할 것
④ 온 몸을 움직이는 운동보다 손만 움직일 수 있는 운동을 우선 경험하게 할 것

해설

유아운동 권장지침의 세부적 사항으로는 직 · 간접적 상황에서의 대근육 활동, 협응활동, 전신활동, 지각운동 기능을 향상시키는 활동 등이 있다.

PART 3

47 유아기의 권장운동으로 적절하지 않은 것은?

① 걷기, 달리기, 뛰기 등 일상 생활 속에서 행하는 운동
② 술래잡기, 계주 등의 집단적인 운동
③ 비율동적인 운동
④ 이동 놀이기구를 사용하는 운동

해설

유아기의 권장운동

- 걷기, 달리기, 뛰기 등 일상 생활 속에서 행하는 운동
- 던지기, 밀기, 당기기, 구르기 등의 일상 생활 속에서 행하는 운동
- 경주, 도약, 던지기, 줄서기 등의 경쟁적인 운동
- 술래잡기, 계주 등의 집단적인 운동
- 미끄럼틀, 그네 등의 고정된 놀이기구를 사용하는 운동
- 공, 줄, 수레차 등 이동 놀이기구를 사용하는 운동
- 율동적인 운동
- 운동기구의 사용방법이나 뒤처리의 습관을 기르는 운동
- 사이좋게 규칙을 지켜서 즐겁고 안전한 운동

정답 45 ④ 46 ④ 47 ③

유아발달 프로그램의 기본 원리 중 '특이성의 원리'에 대한 설명으로 옳은 것은?

① 다양한 프로그램을 구성하여 이상적인 유아발육을 유도해야 한다.
② 개개인의 유전과 환경요인을 고려한 개인차를 반영해야 한다.
③ 기초부터 향상된 운동까지 조직된 프로그램을 제공해야 한다.
④ 지속적인 체력 향상을 위해서 운동량을 일정하게 유지해야 한다.

해설

특이성의 원리는 유아 간 체력 차이, 개개인의 유전과 환경요인 차이, 성별의 차이, 운동 적성의 차이 등의 개인차를 고려하여야 한다는 것이다.

49 **유아 운동기능 체력 요소 중 협응성에 대한 설명으로 옳은 것은?**

① 신체의 움직임을 얼마나 매끄럽고 정확하게 하는가에 대한 신체 각 분절의 조화
② 아주 짧은 시간에 폭발적으로 힘을 내는 능력
③ 운동의 방향을 신속히 바꿀 수 있는 능력
④ 뻣뻣함이나 딱딱함 없이 관절을 자연스럽게 충분히 움직일 수 있는 능력

해설

② 순발력에 대한 설명이다.
③ 민첩성에 대한 설명이다.
④ 유연성에 대한 설명이다.

50 **유아의 운동 시간으로 가장 적절한 것은?**

① 1회 수업 시 1시간 이상
② 1회 수업 시 30분 정도
③ 1회 수업 시 10분 이내
④ 1회 수업 시 5분 이내

해설

유아 운동놀이는 일주일에 3~4회, 1회 수업 시 30~40분 정도 운영한다. 기관과 유아의 상황을 고려하여 자율적으로 운영한다.

48 ② 49 ① 50 ② 정답

51 1세 아동에게서 나타나는 운동 능력의 발달적 특징에 해당하는 것은?

○△×

① 공을 바구니 안에 던져 넣을 수 있다.
② 안정된 자세로 걷는다.
③ 두 발을 모아 바닥으로 뛰어내리기를 한다.
④ 발끝이나 발꿈치로 걸을 수 있다.

해설

1세 때는 기어 올라가는 것을 좋아하고 난간을 잡고 혼자서 계단을 오르내릴 수 있다. 또, 공을 바구니 안에 던져 넣을 수 있고, 물건을 잡아당기거나 끌고 다니기도 한다.
②·③·④ 2세 때의 발달 특징이다.

52 유아의 기초적 운동 능력 중 유연성을 발달시키는 활동이 아닌 것은?

○△×

① 신체를 깊이 굽히기
② 뒤로 젖히기를 반복
③ 관절 굽히기
④ 좁은 곳 걷기

해설

좁은 곳을 걷는 것은 평형성을 유지하는 운동이다. 평형성이란 신체의 균형을 유지하는 능력으로서 좁은 곳 걷기, 불안정한 상태에서 신체의 균형을 유지하는 놀이 등이 있다.

53 지각운동을 위한 유아의 활동 중 공간지각능력을 발달시키는 활동으로 적합한 것은?

○△×

① 신체를 높게, 낮게, 중간 높이, 앞, 뒤, 옆, 위, 아래, 비스듬히 움직임
② 빠르게, 느리게, 점점 빠르게, 연속적으로 움직임
③ 꼬이게 하고 몸을 부드럽게 흔들어 봄
④ 팔을 약하게, 강하게 또는 위로 아래로 당김

해설

지각운동 능력으로는 신체지각능력, 공간지각능력, 시간지각능력, 무게지각능력 등이 있는데, 공간지각능력을 발달시키는 활동에는 신체를 높게, 낮게, 중간 높이로 움직이며, 방향은 앞, 뒤, 옆, 위, 아래, 비스듬히 움직이는 것이 있다.

정답 51 ① 52 ④ 53 ①

54 지각운동 능력을 키우기 위한 유아의 활동 중 신체의 움직임과 형태, 위치 등을 지각하면서 수행하는 운동으로 옳은 것은?

① 신체지각운동
② 공간지각운동
③ 시간지각운동
④ 무게지각운동

해설

- 신체지각운동 : 신체의 움직임과 형태, 위치 등을 지각하면서 진행하는 운동이다. 유아의 신체 이미지를 형성하는 활동들과 유아의 신체를 이용한 동작활동들로 수행한다.
- 공간지각운동 : 신체가 움직이는 공간의 구조와 공간 안에서 신체가 차지한 범위 및 움직임을 인식하는 운동이다. 유아의 방향지각에 대한 인식은 신체의 높이는 높게, 낮게, 중간 높이로 움직이며, 방향은 앞, 뒤, 옆, 위, 아래, 비스듬히 움직이는 개념으로 신체 활동을 통해 발달한다.
- 시간지각운동 : 시간을 지각하는 능력을 요구하는 운동이다. 이 운동은 속도와 관련된, 즉 동작을 얼마나 빠르게, 느리게 혹은 중간 빠르기로 움직이는가와 리듬 등이 관련된다.
- 무게지각운동 : 무겁고 힘든 동작과 가볍고 쉬운 동작을 대조시키는 움직임과 관련된 지각운동이다. 유아는 물체를 밀고 끌 때, 공을 세게 또는 약하고 부드럽게 차고 굴리고 던질 때 등의 동작 속에서 무게와 힘을 지각하게 된다.

55 유아체육 프로그램을 지도할 때 유아의 흥미를 고려한 지도방법으로 옳은 것은?

① 경쟁만을 유도하는 단계적 목표를 선정하여 프로그램을 구성한다.
② 정적인 운동을 중심으로 프로그램을 구성한다.
③ 수업의 규칙을 지키지 않아도 되는 프로그램을 구성한다.
④ 음악이나 도구를 활용하여 다양한 프로그램을 구성한다.

해설

유아체육 지도방법론
유아체육 프로그램을 지도할 때, 음악이나 도구를 활용하여 다양한 프로그램을 구성한다. 또한, 유아의 흥미나 능력에 맞는 활동이나 자료를 제공해야 한다.

54 ① 55 ④ 정답

56 유아운동 프로그램 계획 시 고려사항이 아닌 것은?

○△×

① 연령에 따른 발달차이와 개인차를 고려해야 한다.
② 소외된 유아를 배려하고 활동적이고 흥미로움을 고려해야 한다.
③ 팀 운동보다 개인 운동에 더 치중해야 함을 고려해야 한다.
④ 신체적, 정서적, 사회적, 인지적 균형발달을 위한 프로그램을 고려해야 한다.

해설

유아운동 프로그램 계획 시 고려사항
- 연령에 따른 발달차이와 개인차를 고려할 것
- 신체적, 정서적, 사회적, 인지적 균형발달을 위한 프로그램 고려할 것
- 시간을 적절하게 배분하고 팀과 개인의 운동을 적절히 배합할 것
- 안전을 우선적으로 고려하고 평가와 피드백을 실시할 것
- 소외된 유아를 배려하며, 활동성과 흥미로움을 고려할 것

PART 3

57 유아운동 프로그램 구성에서 운동 전 고려사항으로 옳은 것은?

○△×

① 운동에 적합한 상태가 되도록 호흡계, 순환계, 근육, 관절을 풀어줌
② 피부 청결이나 혈액순환 촉진을 위해 샤워나 목욕을 함
③ 피로회복을 위해 수면을 취함
④ 걷기나 체조 등으로 정리운동을 실시

해설

운동 전 고려사항
- 신체의 상태점검 : 신체 상태를 점검하여 발열, 설사, 부상 등을 진단한다.
- 준비운동 : 운동에 적합한 상태가 되도록 호흡계, 순환계, 근육, 관절을 풀어준다.
- 복장 : 운동 강도와 날씨에 따라 적절한 복장을 준비한다.
- 식후 경과시간 : 식후 1시간 경과 후에 운동하는 것이 좋다.

58 유아-교사 상호주도적 통합교수법에 대한 설명으로 옳은 것은?

○△×

① 체육 활동이나 운동선택의 기회를 유아에게 제공
② 유아의 흥미와 교사의 체계적인 접근방법이 균형을 이룸
③ 운동기구와 소도구를 자유롭게 이용함
④ 전적으로 유아에게 주도권을 부여함

해설

유아-교사 상호주도적 통합교수법은 교사주도 교수법과 놀이가 주가 되는 유아중심교육법의 균형적 · 통합적 교수법이다.
① · ③ · ④ 유아주도적 교수법에 대한 설명이다.

정답 56 ③ 57 ① 58 ②

59 직접 – 교사 주도적 교수방법에 관한 설명으로 옳지 않은 것은?

① 지시적 방법과 과제제시 방법으로 나뉜다.
② 지시적 방법은 지도사의 시범과 설명이 주로 이루어진다.
③ 과제제시 방법은 유아에게 의사결정을 허용하지 않는다.
④ 대 그룹 활동을 지도할 때 효과적이다.

해설

직접 – 교사 주도적 교수방법에서 과제제시 방법은 지도사가 유아의 활동을 정하지만 유아의 의사결정이 허용된다.

60 유아의 체육 활동 시 안전을 위한 고려사항이 아닌 것은?

① 안전사고에 대한 사전준비와 예방책을 마련한다.
② 발달 수준에 맞게 운동 기구를 선정한다.
③ 도구 사용법이나 운동방법에 대한 사전 교육을 실시한다.
④ 위험하더라도 사회성을 발달시키는 운동을 수행한다.

해설

놀이 전개과정에서 사회성의 발달을 꾀하여야 하지만, 유아의 발달수준에 맞는 적절한 운동을 실시하여야 하며 위험한 운동은 무조건 삼가야 한다.

61 유아체육지도자의 역할로 옳지 않은 것은?

① 활발한 신체 활동을 포함한 놀이를 다양한 형태로 경험하도록 지도한다.
② 유아의 신체 활동을 요구하는 놀이를 통해 신체발달을 촉진하도록 지도한다.
③ 유아의 신체 활동을 통해 지적발달과 정신적 건전성, 정서적 안정성을 기를 수 있다.
④ 놀이를 전개하는 과정에서 지도자가 원하는 놀이를 적극 권장한다.

해설

유아체육지도자의 역할

- 활발한 신체 활동을 포함한 놀이를 다양한 형태로 경험하도록 지도한다.
- 유아의 신체 활동을 요구하는 놀이를 통해 신체발달을 촉진하도록 지도한다.
- 유아 신체 활동을 통해 지적발달을 이룰 수 있다.
- 유아 신체 활동을 통해 정신적 건전성, 정서적 안정성을 기를 수 있다.
- 놀이를 전개하는 과정에서 사회성의 발달을 꾀한다.

59 ③ 60 ④ 61 ④ 정답

62 유아체육지도자의 유의점으로 옳지 않은 것은?

○△✕

① 유아의 생리적, 심리적, 사회적 특성을 충분히 고려하여 운동을 지도한다.
② 수업에 임하는 집단의 크기는 고려하지 않아도 된다.
③ 유아의 흥미나 능력에 맞는 활동이나 자료를 제공한다.
④ 유아의 발달수준에 적절한 내용으로 단계적으로 계획하여 지도한다.

해설

같은 프로그램이라 하여도 수업 집단의 크기가 변화하면 상당한 변인이 발생하기 때문에, 수업에 임하는 집단의 크기가 달라지면 수업의 방법과 내용을 수정해야 한다.

63 유아체육지도 방법 중 기초체력 향상을 위한 운동프로그램 지도방법이 아닌 것은?

○△✕

① 한 발로 오래 뛰기
② 다리 뻗고 앉아서 앞으로 굽히기
③ 눈감고 한발로 서기
④ 거리 판단하기

해설

거리 판단하기는 지각발달을 위한 운동프로그램이다.

기초체력 향상을 위한 운동프로그램 지도방법

- 근지구력 : 한 발로 오래 뛰기
- 유연성 : 다리 뻗고 앉아서 앞으로 굽히기
- 평형성 : 눈감고 한발로 서기
- 협응력 : 제자리 멀리 뛰기

64 조작운동 발달을 위한 유아 운동 중 소근 조작운동이 아닌 것은?

○△✕

① 쓰 기
② 차 기
③ 자르기
④ 그리기

해설

조작운동 발달을 위한 운동

- 소근 조작운동 : 쓰기, 그리기, 자르기 등
- 대근 조작운동 : 던지기, 차기, 치기 등
- 추진 조작운동 : 굴리기, 던지기, 치기, 차기, 튀기기 등
- 흡수 조작운동 : 잡기, 볼 멈추기 등

정답 62 ② 63 ④ 64 ②

65 유아운동 프로그램의 교재 및 교구 배치에 대한 설명으로 옳지 않은 것은?

① 벽에 붙이는 모든 부착물은 유아의 눈높이를 고려하여 낮게 붙인다.
② 유리가 있는 시계나 액자 등은 겉면을 투명비닐로 감싸서 고정해야 한다.
③ 유아가 정리할 때 찾기 쉽도록 그림이나 사진 등으로 원래의 자리를 표시해야 한다.
④ 대부분의 교재나 자료는 적응을 위해 1년에 한 번 학기 초에 교체해야 한다.

해설

매번 사용되는 교구재나 자료 등은 항상 비치해야 하며, 주제나 계절에 따라 주기적으로 교체해야 한다.

66 지각운동발달 프로그램 중 관계지각에 대한 설명으로 옳지 않은 것은?

① 신체부분 – 둥글게, 좁게/넓게, 대칭/비대칭
② 사물과 타인의 관계 – 위/아래, 앞과 뒤, 원근
③ 사람들 간의 관계 – 일치와 대비, 혼자와 짝지어서, 이끌고/따라가고
④ 속도 – 빠른 리듬, 느린 리듬

해설

시간지각에 대한 설명이다. 시간지각은 속도, 리듬과 관련된 지각으로 유아의 리듬동작을 발달시키는 것이다.

67 유아체육지도자의 자세 및 자질 중 인성적 측면이 아닌 것은?

① 유아에 대한 사랑과 이해
② 도덕적으로 건전한 품성
③ 인간에 대한 사랑
④ 단정한 외모

해설

단정한 외모는 건강적인 측면이다. 이 외에도 건강적인 측면으로는 신체적 건강, 정신적 건강, 긍정적 자아개념, 유창한 언어기술 등이 있다.

65 ④ 66 ④ 67 ④ 정답

68 다음 중 유아 학습행동 발달 유형 순서의 나열이 옳은 것은?

○△✕

① 인식 → 탐구 → 탐색 → 활용
② 탐색 → 탐구 → 인식 → 활용
③ 인식 → 탐색 → 탐구 → 활용
④ 탐구 → 인식 → 탐색 → 활용

해설

유아들의 학습은 '인식 → 탐색 → 탐구 → 활용'의 순환적 과정으로 이루어진다.

PART 3

69 유아의 대근육 조작운동을 위한 활동이 아닌 것은?

○△✕

① 그 네
② 미끄럼틀
③ 오르기
④ 그리기

해설

그리기는 소근육 조작운동을 위한 활동이다.

70 유아체육의 지도 원리 중 '탐구 학습 원리'에 해당하는 것은?

○△✕

① 흥미를 고려하여 지속적으로 운동 참여 유도
② 유아가 스스로 움직임의 개념을 탐색하고 발견하도록 학습
③ 유아 개개인 차이와 운동 능력과 발달속도에 따른 체육 활동
④ 기초운동기술, 운동 능력, 지각-운동 능력의 통합적 발달이 이루어짐

해설

유아체육의 지도 원리
- 놀이 중심의 원리 : 흥미를 고려하여 다양한 운동도구를 활용한 지속적 운동참여 유도
- 생활 중심의 원리 : 일상 생활과 연결된 체험을 통해 체육 활동 학습
- 개별화의 원리 : 유아 개개인의 운동 능력과 발달속도의 차이를 고려한 체육 활동
- 탐구 학습의 원리 : 유아가 스스로 움직임의 개념을 탐색하고 발견하도록 학습시킴
- 반복 학습의 원리 : 안정, 이동, 조작운동의 3가지 기초운동을 반복 학습시킴
- 융통성의 원리 : 신체 활동 시 유아 스스로 시간을 결정할 수 있도록 함
- 통합의 원리 : 기초운동, 운동 능력, 지각-운동 능력의 통합적 발달이 이루어지도록 함

정답 68 ③ 69 ④ 70 ②

71 유아체육 지도의 원리와 설명의 연결이 옳지 않은 것은?

① 생활중심 원리 – 일상 생활과 연결된 체험을 통해 체육 활동 학습 지도
② 개별화의 원리 – 유아 개개인 차이와 운동 능력에 따른 발달속도에 맞춰 지도
③ 통합의 원리 – 유아의 신체 활동 시 스스로 시간을 결정할 수 있게 지도
④ 반복학습의 원리 – 안정, 이동, 조작운동의 3가지 기초운동을 반복학습 지도

해설

유아가 스스로 신체 활동 시간을 결정할 수 있게 하는 지도 원리는 '융통성의 원리'이며, '통합의 원리'는 기초운동기술, 운동 능력, 지각-운동 능력의 통합적 발달이 이루어지도록 지도하는 것이다.

72 유아체육 안전지도의 목적으로 옳지 않은 것은?

① 궁극적 목적은 유아의 행복 증진이다.
② 유아의 행복 증진을 위해서 유아체육 시 안전지도는 필수적이다.
③ 안전지도는 아침에 한 번 실시한다.
④ 안전지도는 유아의 전체적 삶의 안전에도 영향을 준다.

해설

안전지도는 매 활동 전에 진행하고, 활동 중간에 그 약속을 지키지 않으면 다시 진행한다.

73 이동 운동의 각 과정을 순서대로 나열한 것은?

① 지지받고 걷기 → 초보적 걷기 → 처음으로 달리기 → 점프 → 갤러핑
② 점프 → 초보적 걷기 → 지지받고 걷기 → 처음으로 달리기 → 갤러핑
③ 초보적 걷기 → 지지받고 걷기 → 갤러핑 → 처음으로 달리기 → 점프
④ 지지받고 걷기 → 초보적 걷기 → 처음으로 달리기 → 갤러핑 → 점프

해설

유아 이동 운동의 순서
기기 → 네발걷기 → 지지받고 걷기 → 초보적 걷기 → 혼자걷기 → 달리기 → 점프 → 갤러핑

71 ③ 72 ③ 73 ① 정답

유아에게 일어날 수 있는 우발적인 사고를 예방하기 위한 방법으로 옳은 것은?

① 환경적 위험요인과 교사의 행동 변화
② 교사의 행동과 부모의 행동의 변화
③ 부모의 행동과 유아의 행동의 변화
④ 환경적 위험요인과 유아 행동의 변화

해설

유아에게 일어날 수 있는 우발적인 사고를 예방하기 위해서는 주변의 환경 위험요인과 유아의 행동을 변화시켜야 한다.

75 운동시설 배치 유형 중 유아들이 운동기구에 익숙해질 수 있게 배치하는 유형으로 옳은 것은?

① 직렬식 배치
② 병렬식 배치
③ 복합식 배치
④ 접이식 배치

해설

병렬식으로 배치하면 유아들이 운동기구에 익숙해질 수 있다.

76 다음 중 유아 운동시설 배치 유형이 아닌 것은?

① 병렬식 배치
② 순환식 배치
③ 직렬식 배치
④ 시각적 효과의 배치

해설

운동시설을 병렬식으로 배치하여 유아들이 운동기구에 익숙해질 수 있게 해야 한다. 또, 기구들을 순환식으로 배치하여 여러 운동기구를 한꺼번에 사용할 수 있도록 하여 흥미와 만족을 주어야 한다. 또한, 시각적 효과의 운동기구를 배치하여 유아의 만족감을 증대시켜야 한다.

정답 74 ④ 75 ② 76 ③

77 유아 기초체력 향상을 위한 운동프로그램의 연결이 옳은 것은?

① 근지구력 – 한 발로 오래 뛰기
② 유연성 – 제자리 멀리뛰기
③ 평형성 – 다리 뻗고 앉아서 앞으로 굽히기
④ 협응력 – 눈 감고 한발 서기

해설

② 유연성 : 다리 뻗고 앉아서 앞으로 굽히기
③ 평형성 : 눈 감고 한발 서기
④ 협응력 : 제자리 멀리뛰기

78 유아운동 프로그램 구성요소로 옳은 것은?

① 운동 빈도, 운동 강도, 운동 시간, 운동 경험
② 운동 강도, 운동 시간, 운동 빈도, 운동 방향
③ 운동 빈도, 운동 시간, 운동 강도, 운동 형태
④ 운동 경험, 운동 강도, 운동 효과, 운동 빈도

해설

유아운동 프로그램 구성의 4요소는 운동 빈도, 운동 강도, 운동 시간, 운동 형태이다.

79 운동프로그램 공간 구성에서 실외놀이 환경에 대한 설명으로 옳지 않은 것은?

① 실외놀이 공간은 다양한 재료로 바닥을 구성한다.
② 실외활동 면적은 조용한 놀이 공간 없이 모두 활동적인 놀이 공간으로 활용한다.
③ 실외놀이 영역의 환경을 구성할 때에는 실내 놀이실과 연결되도록 한다.
④ 햇볕이 드는 공간과 그늘진 공간을 확보하여 안전하게 구성한다.

해설

실외활동 면적 중 1/3은 조용한 놀이 공간으로 활용하고, 나머지 2/3는 활동적인 놀이 공간으로 활용한다.

77 ① 78 ③ 79 ② 정답

80 유아발달 프로그램의 기본 원리가 아닌 것은?

○△✕

① 적합성의 원리 ② 특이성의 원리
③ 보편성의 원리 ④ 다양성의 원리

해설

유아발달 프로그램의 기본 원리

- 적합성의 원리 : 결정적 시기를 고려하여 적합한 운동을 프로그램에 구성해야 한다.
- 방향성의 원리 : 신체발달의 방향성을 고려하여 적절한 운동을 프로그램에 구성해야 한다.
- 특이성의 원리 : 유전과 환경요인에 따른 개인차를 고려하여 프로그램을 구성해야 한다.
- 다양성의 원리 : 전체적인 신체발달을 돕는 다양한 프로그램을 구성해야 한다.
- 안전성의 원리 : 안전을 최우선으로 고려하여 프로그램을 구성해야 한다.
- 연계성의 원리 : 운동발달, 인지발달, 사회성 및 정서발달의 상호작용을 통한 발달이 이루어지도록 프로그램을 연계적으로 구성해야 한다.

PART 3

정답 80 ③

CHAPTER

03 노인체육론

01 Pre-test

O×문제

01 연령이 증가하면서 신체의 생리적 기능이 저하되는 것으로 노화를 구분하는 연령지표는 '기능적 연령'이다. [○/×]

02 점진적 불균형 이론에 따르면, 신체가 노화하면서 호르몬의 불균형 및 부족으로 인해 초래된 생리적 · 대사적 불균형이 노인 발병률 증가의 원인이다. [○/×]

03 노화에 의한 신체기능의 운동생리학적 변화는 근수축 속도 저하, 근력 변화, 지구력 변화, 체성분의 변화 등에 의한 것이다. [○/×]

04 활동 이론에서는 성공적인 노화를 긍정적인 건강 습관, 선택, 생활방식, 인간관계를 중년에서부터 노년까지 지속하는 사람으로 정의한다. [○/×]

해설 04 연속성 이론에 관한 설명이다. 활동 이론에서는 일상 생활의 정신적 · 신체적 활동을 일생에 걸쳐 지속해온 사람이 행복한 노화를 맞이한다고 말한다.

01 ○ 02 ○ 03 ○ 04 × 정답

05 노인운동의 효과 중 전반적인 삶의 질 향상, 자아통찰력 증가, 우울증 해소는 '심리적 효과'에 해당한다. [○/×]

06 저항운동은 인슐린 감수성을 증가시켜 당뇨병 관리에 도움을 준다. [○/×]

07 유산소 운동은 노인의 심장과 혈관을 튼튼하게 만들어 주며, 비만을 예방하는 효과가 있다. [○/×]

08 진행성 신경장애로서, 운동 중 넘어지기 쉬워 트레드밀 운동 시 잘 관찰해야 하는 질환은 알츠하이머병이다. [○/×]

09 운동 중 갑자기 쓰러진 노인의 의식이 돌아오지 않아도 구급요원에게 인계할 때까지 심폐소생술과 가슴 압박을 멈추지 말아야 한다. [○/×]

10 노인의 운동기능상태를 5가지로 분류할 때, 주 2회 운동이 가능하고, 신체적 체력이 요구되는 규칙적인 일과 취미생활이 가능한 노인은 신체적 엘리트 수준에 해당한다. [○/×]

해설 08 알츠하이머병은 흔히 치매라고 불리는 질환으로 인지력이 감퇴하고, 균형감각을 손실하는 병이다. 진행성 신경장애는 파킨슨병과 관련 있다.

10 신체적 건강 수준의 노인에 대한 설명이다. 신체적 엘리트 수준의 노인은 매일 스포츠에 참여하며, 높은 수준의 체력을 요구하는 일과 여가활동에 참여하는 노인이다.

정답 05 ○ 06 ○ 07 ○ 08 × 09 ○ 10 ×

단답형 문제

11 노화로 인한 발병률 · 사망률 증가에 초점을 맞춘 생물학적 노화 이론에는 (　　), (　　), (　　)이 있다.

12 에릭슨(E. Erikson)의 심리사회적발달 이론에서 (　　)은/는 자신의 인생을 평가하고 삶이 의미 있음을 인식하는 시기로서 자아통합 대 절망의 단계이다.

13 노화의 사회적 이론에는 활동 이론, 연속성 이론, (　　) 등이 있다.

14 RICE 응급처치법의 구성요소에는 (　　), (　　), (　　), (　　)이/가 있다.

15 노인체력검사(SFT)에서 2분 제자리 걷기, 6분 걷기, 계단 오르기 등으로 측정할 수 있는 신체 능력은?

16 노화로 인해 (　　)이/가 감퇴되어 동작(반응속도)이 느려지고, 정보처리능력과 주의력, 장기기억 능력이 떨어진다.

11 유전적 이론, 손상 이론, 점진적 불균형 이론　12 노년기　13 분리 이론 정답
14 휴식, 냉찜질(냉각), 압박, 올림(거상)　15 심폐지구력　16 인지능력

17 심혈관계 질환인 (   )은/는 음주, 비만, 스트레스, 운동 부족 등으로 인해 혈관 내 압력이 수축기 140mmHg/이완기 90mmHg 이상인 경우이다.

18 노인들은 넘어지거나 낙상으로 인해 크게 다칠 수 있으므로, 노인운동 프로그램에 (   ) 훈련을 필수적으로 포함시켜야 한다.

19 노인성 질환 중, 순환계 질환으로 혈중 지방이 필요 이상으로 높아지는 질환은 (   )이다.

20 노인의 운동기능상태 분류에서 부분적인 자립적 일상 생활은 가능하나, 모든 생활을 자립적으로 생활하기 어려운 노인은 (   )이다.

정답 17 고혈압 18 평형성 19 이상지질혈증 20 신체적 허약 수준의 노인

02 필수 개념문제

※ 문제의 이해도에 따라 ○△× 체크하여 완벽하게 정리하세요.

01 노인체육학에 대한 설명으로 옳지 않은 것은?

○△×

① 노인학과 체육학의 합성어이다.
② 신체 활동이 노화 및 노인의 건강과 삶에 미치는 영향을 연구한다.
③ 노인운동 프로그램을 효과적으로 설계 · 지도하여 노인의 삶의 질을 높이려 한다.
④ 질환별 운동프로그램을 통해 노인을 건강하게 치료 · 회복하는 것이 목적이다.

해설

질환별 운동프로그램을 설계 · 지도하여 노인들의 체력을 기르고 삶의 질을 높이는 역할을 하지만, 치료를 목적으로 하지는 않는다.

02 노화에 대한 설명으로 옳지 않은 것은?

○△×

① 심리적 연령의 급격한 변화
② 인체의 생리적 기능이 저하되는 과정
③ 시각, 청각, 미각, 반사 신경, 운동 능력 등이 저하되어 가는 과정
④ '잉태 → 성장 → 사춘기 → 성년기 → 노년기의 과정'을 거치는 것

해설

노화의 과정은 생활 연령과 기능적 연령으로 나눌 수 있다.

- 생활 연령 : 잉태 → 성장 → 사춘기 → 성년기 등을 거쳐 생리적으로 노화되어 사망에 이르는 과정
- 기능적 연령 : 연령이 증가함에 따라 인체의 생리적 기능(시각, 청각, 운동 능력, 심리적 동기, 건강상태)이 저하되는 과정

03 노인과 관련된 설명 중 옳지 않은 것은?

① 65세 이상의 노인 인구 비율이 7% 이상 14% 미만인 사회를 고령화 사회라고 한다.
② 노화의 심리적 이론에는 점진적 불균형 이론과 손상 이론 등이 있다.
③ 고령노인은 85~99세의 노인을 말한다.
④ 건강수명이란 신체적, 정서적, 인지적으로 활력이 있는 삶의 기간이다.

해설

- 노화의 생물학적 이론 : 유전적 이론, 손상 이론, 점진적 불균형 이론
- 노화의 심리학적 이론 : 매슬로(Maslow) 욕구 이론, 에릭슨(Erikson) 심리사회발달 이론, 발테스(Baltes) 선택적 적정화 이론
- 노화의 사회학적 이론 : 활동 이론, 연속성 이론, 분리 이론

01 ④ 02 ① 03 ② 정답

04 ○△✕ **노화의 사회학적 이론 중 일생에 걸쳐 일상 생활의 정신적 · 신체적 활동을 지속하는 사람은 건강하고 행복하게 늙는다는 이론은?**

① 분리 이론　　② 연속성 이론
③ 활동 이론　　④ 욕구 이론

해설

① 분리 이론 : 노화를 노인이 삶의 현장과 사회에서 자발적으로 물러나 소극적인 노후 생활에 만족하는 과정이라 말한다.
② 연속성 이론 : 성공적으로 늙는 사람은 긍정적 건강습관, 생활방식, 인간관계를 지속한다고 말한다.
④ 욕구 이론 : 노화의 심리학적 이론으로, 노화를 욕구 충족 측면에서 다룬다.

PART 3

○△✕ **노화의 심리학적 이론 중 발테스(P. Baltes)와 발테스(M. Baltes)의 보상을 수반한 선택적 적정화 이론에 대한 내용으로 옳지 않은 것은?**

① 성공적인 노화를 위해서는 각 단계에서 오는 위기가 성공적으로 잘 해결되어야 한다.
② 삶을 풍요롭게 하고 삶을 향상시키는 데 도움이 되는 자신의 기술과 재능을 최적화한다.
③ 적응을 위해 상실된 능력을 보완하는 방법을 강구하고 외부의 도움을 받는다.
④ 삶의 최우선적 영역인 삶의 만족감과 통제력의 느낌을 가져다주는 영역에 초점을 둔다.

해설

발테스와 발테스(Baltes and Baltes)에 의해 제안된 선택 · 적정화 · 보완(Selective Optimization with Compensation ; SOC) 이론은 노인들이 노화에 따른 상실에도 불구하고 주어진 능력에 적합한 활동을 선택하고 보유한 기술을 최적화하며 상실한 것을 보완함으로써 성공적 노화에 이를 수 있다고 설명하였다. ①은 노화의 심리학적 이론 중 에릭슨(Erikson)의 성격발달 이론이다.

06 ○△✕ **다음 중 노화의 생물학적 이론과 관련 없는 것은?**

① 점진적 불균형 이론　　② 손상 이론
③ 유전적 이론　　④ 활동 이론

해설

활동 이론은 노화의 사회학적 이론으로, 사람이 일생동안 정신적 · 신체적인 일상 활동을 지속하면 건강하고 행복하게 늙어간다는 것이다.

정답 04 ③ 05 ① 06 ④

07 노인 인지기능의 일반적인 변화가 아닌 것은?

OΔX

① 느려진 동작
② 기억력 저하
③ 추상적 사고능력 감퇴
④ 체중 감소

해설

노인의 인지기능의 변화로는 기억력 저하, 인지능력의 저하, 동작의 느려진 반응속도 등이 있다.

08 노화의 연속성 이론에서 '성공적으로 늙은 사람'의 특징이 아닌 것은?

OΔX

① 긍정적 건강습관
② 건전한 생활방식
③ 빠른 은퇴
④ 원만한 대인관계의 지속

해설

노화의 연속성 이론에서 성공적으로 늙는 사람은 긍정적인 건강습관, 선택, 생활방식, 인간관계를 중년에서부터 노년까지 지속하는 사람이다. 즉 과거 자신의 역할과 비슷한 대체 역할을 유사한 수준으로 유지하려고 하는 경향을 통해 성공적 노화를 돕는다는 주장이다.

09 에릭슨(E. Erikson)의 인간발달 이론 중 노년기의 특징으로 옳지 않은 것은?

① 자신의 삶에 자부심과 만족을 느낄 때 긍정적인 성격발달이 이루어진다.
② 자아통합 대 절망의 단계라고도 부른다.
③ 부정적인 성격발달은 삶에 대한 회한과 함께 종말이 다가오는 것을 두려워할 때 발생한다.
④ 자신이 누구인지, 어떤 삶을 살기를 원하는지에 대한 느낌을 발달시킨다.

해설

자신의 정체성에 대한 고민은 청소년기(13~18세)에 이루어진다. 청소년기는 정체성 대 역할혼돈 단계라고도 부르며 자신이 누구인지 그리고 어떻게 삶을 살기 원하는지에 대한 느낌을 발달시킨다. 독자성을 확립할 수 없거나 부정적인 독자성을 수용할 경우 부정적인 성격발달이 이루어진다.

07 ④ 08 ③ 09 ④ 정답

10 다음 중 분리 이론에서 말하는 노화에 대한 설명으로 옳지 않은 것은?

① 자신의 삶의 현장으로부터 벗어나는 과정이다.
② 스스로 사회적 역할을 감소시켜가는 과정이다.
③ 자신이 사회로부터 유리되는 것을 저지하는 과정이다.
④ 소극적인 노후생활을 살아가는 과정이다.

해설

분리 이론은 노인들이 삶의 현장에서 벗어나는 것을 설명하는 이론으로, 노화를 노인이 자신이 맡았던 사회적 역할이 줄어든 것을 인정하고 스스로 사회에서 물러나 소극적인 노후를 살아가는 것이라 말한다.

11 노인의 생리적 특성에 대한 설명으로 옳지 않은 것은?

① 몸을 구성하는 세포 수의 증가
② 골격근 양과 근력의 감소로 유연성, 민첩성, 평형성의 저하
③ 호르몬의 역할 저하로 근육 손실
④ 대뇌의 신경세포 감소로 뇌 무게 감소

해설

몸을 구성하는 세포 수는 줄어든다.

12 노인 신체의 형태적 변화와 관련 없는 것은?

① 골밀도 감소로 신장 감소
② 관절 상태 변화나 발바닥 변형으로 대퇴부의 길이가 줄면서 신장 감소
③ 삼각근의 크기가 감소하면서 어깨 너비가 좁아짐
④ 골반 지름의 감소

해설

노인의 형태적 변화에는 크게 신장의 변화와 체중의 변화가 있다. 골반 지름은 증가한다.

정답 10 ③ 11 ① 12 ④

13 다음 중 노인의 심리적 요구로 옳지 않은 것은?

○△×

① 안정된 노후를 희망한다.
② 사회적 고립감을 즐긴다.
③ 심리적으로 자신의 존재 가치를 인정받고 싶어한다.
④ 많은 사람과 상호작용을 하고 싶어한다.

해설

노인들은 사회와 연결되어 있는 느낌과 이를 통한 신체 활동을 원한다.

14 노인의 활동체력 요소로 옳지 않은 것은?

○△×

① 혈압 체크
② 근 력
③ 유연성
④ 민첩성

해설

활동체력의 요소에는 노인들의 근력, 민첩성, 협응성, 평형성, 유연성, 근지구력 등이 있다.

15 다음 중 운동의 효과에 대한 설명으로 옳지 않은 것은?

○△×

① 인지능력을 증대시킨다.
② 연골조직의 퇴화로 운동 능력이 감퇴한다.
③ 심리적 웰빙, 자아통찰력, 신체적 웰빙이 높아진다.
④ 관절 주위의 인대 및 근육의 신축성이 증대되어 유연성이 개선된다.

해설

노화로 인한 노인의 생리적 특징에 관한 설명이다.

16 노인운동의 역할로 옳지 않은 것은?

○△×

① 노인의 스포츠 활동은 성인이나 청소년의 운동과 전적으로 동일하다.
② 노인은 여가생활이 운동의 전부인 경우가 많다.
③ 노인의 체력증진은 사망률 감소에 중요한 역할을 한다.
④ 운동은 노인 생활의 활력소가 될 수 있다.

해설

노인의 스포츠 활동은 성인, 청소년의 운동과 차이가 있다.

13 ② 14 ① 15 ② 16 ① 정답

다음 보기에서 노인운동의 신체적 효과를 모두 고른 것은?

㉠ 뼈의 골밀도 감소	㉡ 피하지방의 감소
㉢ 유연성의 감소	㉣ 심박수 감소와 1회심박출량 증가
㉤ 유산소 능력의 향상	㉥ 우울증 해소

① ㉠, ㉡, ㉥　　② ㉠, ㉢, ㉤
③ ㉡, ㉣, ㉥　　④ ㉡, ㉣, ㉤

해설

㉠ 골밀도가 증가하며 골다공증 발생을 예방할 수 있다.
㉢ 운동을 하면 관절 주위의 인대 및 근육의 신축성이 증가되어 유연성이 개선된다.
㉥ 우울증 해소는 운동의 심리적 효과이다.

18 **노인의 운동에 의한 사회적 효과로 옳은 것은?**

① 운동참여를 통해 새로운 역할을 습득한다.
② 노화를 늦추고 질병에 걸리지 않는 신체를 만든다.
③ 인지능력을 향상시켜 치매예방에 좋다.
④ 기분상태를 개선하여 노인 우울증을 해소한다.

해설

② 신체적 효과에 대한 설명이다.
③ · ④ 심리적 효과에 대한 설명이다.

노인운동 프로그램의 요소에 대한 내용으로 적절하지 않은 것은?

① 근피로를 제거하고 관절의 가동 범위를 늘리기 위해 노력한다.
② 운동 강도는 일반인의 30% 수준으로 설정하는 것이 적절하다.
③ 근력강화를 위한 운동을 한다.
④ 호흡 및 순환기능의 향상을 위한 운동을 한다.

해설

최대산소섭취량 기준으로 일반인의 50% 이상의 운동 강도가 유효하다.

정답 17 ④ 18 ① 19 ②

20 노인의 운동 지속 시간에 대한 설명으로 옳은 것은?

① 생리적 자극에 대한 회복 능력이 뛰어나므로 운동 지속 시간을 길게 설정하는 것이 좋다.
② 운동 지속 시간은 운동 강도 등과 관계없다.
③ 규칙적인 운동의 경우 1회 운동 시간을 최소 10분 이상으로 설정해야 한다.
④ 건강한 노인의 경우 강도를 낮추어 1시간 정도 운동하면 효과적이다.

해설

노인의 운동 지속 시간

- 자주 반복하여 실시하되, 규칙적인 운동의 경우 1회 운동 시간을 최소 30분 이상으로 설정해야 효과가 있다.
- 운동 지속 시간은 운동 강도에 따라 달라지며, 가벼운 운동은 30~45분, 조금 강한 운동은 20~30분, 강한 운동은 15~20분 정도가 적절하다. 또한 건강한 고령자들의 경우, 운동의 강도를 낮추어 1시간 정도 운동을 지속하는 것이 효과적이다.

21 노인의 특별한 운동원리 중 일상 생활의 동작들을 모방하는 것은?

① 과부하 ② 난이도
③ 기능관련성 ④ 특정성

해설

노인에게 특별한 운동원리

- 기능관련성 : 일상 생활의 동작들을 모방하여 운동을 한다.
- 난이도 : 개인의 고유능력에 맞춰서 운동한다.
- 수용 : 최대한 자신의 능력에 맞게 운동을 수행한다.
- 과부하 : 어떤 신체기관(어깨, 무릎관절, 대퇴부 등)의 기능 향상을 위해 익숙해져 있지 않은 부위를 사용하여 운동한다.
- 특정성 : 운동의 훈련 효과는 운동의 유형과 관계있는 근육에만 효과가 있다.

22 지속적인 운동참여를 위한 동기유발 방법에서 행동변화 이론의 단계와 전략이 잘못 연결된 것은?

① 계획이전단계 – 인지유도
② 준비단계 – 행동실천교육
③ 행동단계 – 중재하기
④ 유지단계 – 관찰하기

해설

행동변화 이론에서 유지단계는 새로운 운동습관이 계속 지속될 수 있게 '지지해 주는' 전략이 필요하다.

20 ④ 21 ③ 22 ④ 정답

23 반두라(A. Bandura)의 자기효능감 이론에서 자기효능감을 발달시키는 요소가 아닌 것은?

① 실제경험 ② 대리경험
③ 언어적 설득 ④ 신체적 자극

해설

자기효능감의 선행요인에는 실제 또는 대리 경험, 언어적 설득, 정서적 각성 등이 있다.

24 다음 중 고령자가 운동에 참여하여 얻을 수 있는 효과로 옳지 않은 것은?

① 활력 증가 및 원기 왕성 ② 우울증 심화
③ 콜레스테롤 감소 ④ 피부탄성 강화

해설

고령자가 규칙적인 운동프로그램에 참가하면 우울증이 완화된다.

25 노인운동의 목표설정에 대한 설명으로 옳지 않은 것은?

① 목표달성 여부를 판단할 수 있어야 한다.
② 참가자 스스로 달성할 수 있다고 확신해야 한다.
③ 참가자는 운동 시간, 강도 등을 구체적으로 명시해야 한다.
④ 행동 지향적 목표보다는 통제 가능한 결과 지향적 목표를 설정해야 한다.

해설

참가자가 통제 가능한 것은 행동 지향적 목표이다.

26 65세 이상 노인을 위한 운동 및 운동지침에 대한 내용이 아닌 것은?

① 관절의 움직임 향상에는 걷기와 유산소 운동, 스트레칭 등이 좋다.
② 노인은 매일 강한 강도로 1시간 이상 운동하는 것이 좋다.
③ 운동은 노인의 삶의 질 향상과 독립성 발달에 기여한다.
④ 운동프로그램을 시작하기 전에 건강검사를 하는 것이 좋다.

해설

미국 스포츠의학회에서는 65세 이상의 노인이 주 3일 이상 신체 활동에 참여할 것을 권장하였다.

정답 23 ④ 24 ② 25 ④ 26 ②

27 노인운동 프로그램 설계 시 고려 사항으로 옳지 않은 것은?

① 건강 증진을 위해 지속적이고 규칙적인 운동이 필요하다.
② 노화에 따른 체력 감소를 최소화해야 한다.
③ 노인은 질환의 잠재가능성과 기능 저하에 대한 개인차가 크다.
④ 노인들의 체력이나 신체조건은 모두 비슷하다.

해설

노인의 경우 체력이나 신체 조건의 개인차가 크므로 운동 전 의학적 진단과 운동 부하검사 및 체력진단을 통해 운동의 안전성 여부를 확인해야 한다.

28 노인에게 유산소성 운동을 지도할 때 고려해야 할 사항으로 옳지 않은 것은?

① 체중부하 운동이 힘든 노인의 경우 고정식 자전거를 활용하도록 한다.
② 운동강도는 운동자각도(RPE)기준에서 '다소 힘들게' 정도로 설정한다.
③ 운동속도는 초기에 최대한 빠르게 하고 점진적으로 느리게 하는 것이 안전하다.
④ 운동은 한 번에 장시간 지속하는 것보다 휴식과 함께 체력 수준에 따라 실시한다.

해설

유산소 운동 지도법
운동 속도를 초기에 최대한 빠르게 하고 점진적으로 느리게 하는 것은 안전하지 않다. 속도는 천천히 점진적으로 진행하고, 저강도에서 점차 운동강도를 증가시키는 것이 바람직하다.

29 다음 중 하체 저항운동으로 옳은 것은?

① 잡초 뽑기
② 욕조에 들어가고 나오기
③ 신발 신기
④ 산책하기

해설

①·④ 평형성 및 기동성 훈련이다.
③ 몸통 유연성 훈련이다.

27 ④ 28 ③ 29 ② 정답

30 ◯△✕ 다음 중 상체유연성 검사로 옳은 것은?

① 집안일 하기 ② 선반에 짐 올리기
③ 잡초 뽑기 ④ 등 긁기

해설

상체유연성 검사에는 등 긁기와 머리 빗기 등이 있다.

31 ◯△✕ 건강한 노인을 위한 프로그램 운동 원리에서 '특정성의 원리'는?

① 참가자들이 자신의 능력에 최대한 맞게 운동을 수행하도록 장려해야 한다.
② 운동의 훈련 효과들은 운동의 유형과 관계되는 근육들에만 특별하다.
③ 일상 생활에서 수행해오는 동작들을 모방한 기능 활동에 초점을 둔다.
④ 신체 조직이나 기관의 기능 향상을 위해 정상적으로 익숙하지 않은 부하에 노출되는 것을 말한다.

해설

노인에게 특별한 운동 원리

- 수용 : 참가자들은 무리하거나 통증을 유발하거나 특정시간에 안전하다고 느끼는 범위를 넘어서지 않고 자신의 능력에 최대한 맞게 운동을 수행하도록 장려해야 한다.
- 특정성 : 운동에서 얻을 수 있는 훈련효과는 운동의 유형과 관계된 근육에만 특별히 적용되는 원리이다.
- 기능관련성 : 일상 생활에서 수행하는 동작들을 모방한 기능 활동에 초점을 둔다.
- 과부하 : 신체기관의 기능 향상을 위해서는 정상적으로 익숙해져 있지 않은 부하에 노출되어야 한다.
- 난이도 : 선별된 활동이나 운동들이 개인의 고유능력(근력, 인지, 감각운동 능력)에 맞는 난이도를 제공해야 하며, 운동의 난이도 수준은 과제요구사항이나 환경요구사항 또는 둘 모두를 바꿈으로써 조절 가능하다.

32 ◯△✕ 혈전이나 출혈로 인하여 뇌순환 기능에 심각한 쇠퇴를 일으키는 질환은?

① 천 식 ② 관상동맥성 심장질환
③ 뇌졸중 ④ 다발성 경화증

해설

뇌졸중

- 출혈성과 허혈성으로 분류된다.
- 지구력 운동, 저항력 훈련, 유연성 운동, 평형성 및 기동성 운동 등이 필요하다.
- 유산소 지구력 훈련이 요구된다.
- 실내 자전거 타기, 걷기운동, 수중운동, 등척성 운동, 마비 부위의 스트레칭 운동이 좋다.

정답 30 ④ 31 ② 32 ③

PART 3

33 ☐☐☐ **뇌졸중 노인을 위한 운동지도에서 고려해야 할 사항으로 옳은 것은?**

① 똑바로 선 상태에서 스텝핑 운동을 빠르게 하도록 한다.
② 마비가 안 된 쪽에 집중적으로 스트레칭 운동을 실시하도록 한다.
③ 낙상위험 때문에 균형감각과 기동성 향상을 위한 운동을 실시하지 않는다.
④ 우측마비 노인의 경우, 언어지시보다 행동적 시범을 보인다.

해설

뇌졸중 노인의 운동지도법
우측마비 노인의 경우, 언어지시보다 행동적 시범을 보이는 것이 옳은 방법이다. 뇌졸중 노인의 운동프로그램은 실내자전거타기, 걷기운동, 수중운동, 등척성 운동 및 마비 부위의 스트레칭 운동이 도움이 된다.

34 **알츠하이머 질환을 앓는 노인의 운동 지도 방법으로 적절하지 않은 것은?**

① 단순하고 반복적인 운동을 준비한다.
② 환자의 흥미를 유발할 수 있는 운동을 실시한다.
③ 평형성 운동을 반복하여 환자의 치료에 도움을 준다.
④ 환자의 행동변화에 유의하며 지도한다.

해설

알츠하이머 환자는 인지력과 균형 감각이 감퇴되어 있으므로, 평형성 운동보다는 가벼운 스트레칭이나 수중 걷기 운동을 실시하는 것이 좋다.

35 ☐☐☐ **관상동맥성 심장질환에 대한 내용이 아닌 것은?**

① 하나 이상의 관상동맥이 죽상경화판이나 혈관경련으로 인하여 좁아진 상태이다.
② 혈전이나 출혈로 발생하는 뇌순환 기능의 갑작스럽고 심각한 쇠퇴현상이다.
③ 80세 이상 노인의 60%가 가지고 있는 심장질환이다.
④ 운동프로그램으로 실내자전거 타기, 스트레칭, 요가 등이 좋다.

해설

혈전이나 출혈로 발생하는 뇌순환 기능의 갑작스럽고 심각한 쇠퇴현상은 뇌졸중의 증상이다.

33 ④ 34 ③ 35 ② 정답

36 심장질환자의 운동 시 주의사항이 아닌 것은?

① 가벼운 운동으로 시작하여 점차 운동의 강도를 높인다.
② 하루 30분 이상, 주 3회 이상 꾸준히 규칙적으로 운동한다.
③ 운동 마무리단계에서 서서히 운동 강도를 줄인다.
④ 심폐지구력 운동이나 등척성 근력 운동 등 높은 강도의 운동이 좋다.

해설

실내 자전거타기, 스트레칭, 요가 스트레칭 등과 같은 낮은 강도의 운동이 좋고, 운동하기 전에 준비운동을 충분히 해야 한다.

PART 3

37 다음 중 아쿠아로빅스 운동이 적합한 사람은?

① 염증성 질환을 앓는 강한이 씨
② 가벼운 골다공증을 앓고 있는 최부자 여사
③ 만성 아토피를 앓는 김만복 씨
④ 평소 어지럼증을 자주 느끼는 박정애 여사

해설

아쿠아로빅스는 몸무게가 많이 나가거나 관절에 통증을 느끼는 골다공증 환자, 관절염 환자, 근력이 부족한 노인 등에게 알맞은 운동이다.

38 노인성 질환의 예방방법으로 옳지 않은 것은?

① 평상시 맨손체조나 걷기 등 규칙적인 운동으로 근력을 유지한다.
② 나트륨 섭취를 줄여야 하는 것은 고혈압에 한정된다.
③ 당뇨병의 경우 반드시 식이요법과 운동요법을 병행하여야 한다.
④ 병을 조기에 정확하게 진단하고 빠르게 치료할 필요가 있다.

해설

고혈압뿐만 아니라 뇌혈관 질환 등도 지방, 나트륨이 높은 식단은 삼가야 한다.

정답 36 ④ 37 ② 38 ②

39 비만 노인의 운동프로그램에 대한 내용이 아닌 것은?

① 운동 강도는 최대 산소섭취량의 50~70%를 유지한다.
② 최소한 30분 이상 운동해야 하며, 1주일에 3회 이상 실시한다.
③ 근력 증강 및 근육의 대사율을 높이는 운동을 병행한다.
④ 심폐기능 향상과 체지방 감소를 위한 스트레칭과 유연성 운동을 하는 것이 좋다.

해설

비만 노인의 운동 강도는 최대 산소섭취량의 40~60%가 적당하다.

40 당뇨병을 앓고 있는 노인을 지도할 때 적합한 방법이 아닌 것은?

① 운동시작 전 혈당치가 250mg/dL 혹은 300mg/dL 이하여야 한다.
② 운동 시작은 식후에 바로 실시한다.
③ 1회 운동 시간은 30~45분 정도가 알맞다.
④ 빠르게 걷기, 달리기, 등산, 수영, 자전거타기 등의 유산소 운동이 좋다.

해설

당뇨병 환자의 경우 식후 1~2시간 후에 운동을 시작하는 것이 좋다.

41 골다공증을 앓고 있는 노인에게 적합한 지도방법으로 옳은 것은?

① 1회 운동은 60분 이상 실시한다.
② 긴 시간 동안 동일한 근육운동을 반복시킨다.
③ 짧은 시간에 다양한 운동을 하는 서킷트레이닝을 권장한다.
④ 유산소 지구력 운동에 주력한다.

해설

근골격계 질환 환자의 운동지도법

- 골다공증 환자 : 긴 시간 동일 근육 반복운동이 어려우므로, 짧은 시간 다양한 운동을 하는 서킷트레이닝을 권장한다.
- 관절염 환자 : 운동할 때 통증 완화가 중요하므로 운동 전후 냉 · 온찜질을 실시하고, 수중운동 등 관절에 무리를 주지 않는 운동을 한다.

39 ① 40 ② 41 ③ 정답

42 노인치매 예방을 위해 반드시 요구되는 항목이 아닌 것은?

○△✕

① 규칙적 운동
② 두뇌손상 주의
③ 지적 활동
④ 성적 만족

해설

치매예방 필요 항목에는 지적 활동, 친구, 행복감, 두뇌손상 주의, 적극적 사고, 영양 섭취, 금주, 규칙적 운동 등이 있다.

43 노인의 호흡 및 순환 기능 향상을 위한 운동이 아닌 것은?

○△✕

① 걷기, 등산, 맨손체조, 스트레칭, 요가 등이 바람직하다.
② 노인의 경우 모두 일괄적인 운동으로 지도할 수 있다.
③ 과다체중의 경우 수영이나 자전거타기 등의 운동이 좋다.
④ 유산소 운동으로 신체 활동 수준을 높인다.

해설

노인 개개인의 차이를 고려하여 운동을 결정하는 것이 좋다.

44 노인운동의 강도에 대한 내용으로 옳은 것은?

○△✕

① 높은 강도의 운동으로 시작하여 점차 강도를 낮추는 것이 좋다.
② 65세 고령자의 최대운동 능력이 7METs 정도이므로 중간 운동 강도 5METs를 일괄 유지한다.
③ 심박수 기준 운동 시 개인차를 고려해서 운동 강도를 설정한다.
④ 최대산소섭취량 기준으로 일반인의 70% 이상의 운동 강도가 좋다.

해설

① 낮은 강도에서 점차 운동 강도를 증가시켜야 무리가 가지 않는다.
② 65세 이상 고령자의 경우 2~3METs의 운동 강도로 시작한다.
④ 최대산소섭취량 기준으로 일반인의 50% 이상의 운동 강도가 유효하다.

정답 42 ④ 43 ② 44 ③

45 고령자의 근력 강화 운동에 대한 설명으로 옳지 않은 것은?

○△×

① 고령자는 대퇴, 복부, 하체부의 근력이 저하된다.
② 몸통 근력은 신체 지지에 중요한 요인이다.
③ 중량운동은 심박수나 혈압과 관련있으므로 조심해야 한다.
④ 등척성 운동은 혈압의 강하를 일으킬 수 있다.

해설

등척성 운동은 근육에 장력이 발생하는 수축형태의 운동으로 혈압이 급상승할 수 있다. 그러므로 고령자의 경우 조심하는 것이 좋다. 예 매달리기, 벽밀기, 버티기

고령자의 운동 지속 시간에 대한 내용으로 옳지 않은 것은?

○△×

① 나이를 고려하여 고강도 운동의 경우 30분 이상 한다.
② 저강도 운동은 30~40분이 적당하다.
③ 규칙적인 운동의 경우 한번 운동할 때 최소 30분 정도가 적당하다.
④ 건강한 노인의 경우 운동 강도를 낮추어 1시간 정도 지속하면 효과적이다.

해설

고령자의 운동 지속 시간은 운동 강도에 따라 다르며, 저강도 운동은 30~40분, 중강도 운동은 20~30분, 고강도 운동은 15~20분 정도가 적절하다.

47 노인 천식에 대한 내용으로 옳지 않은 것은?

① 천식 환자의 경우 운동 후 폐활량이 늘어난다.
② 천식 유발 조건은 감기, 스트레스, 공기 오염 등이다.
③ 운동프로그램과 약물 투여 시간의 조화가 중요하다.
④ 천식 환자는 운동 시에도 흡입기를 항상 휴대해야 한다.

해설

천식 환자가 운동 후에 폐활량이 줄어드는 것을 '운동유발성 천식'이라고 한다.

45 ④ 46 ① 47 ① 정답

48 당뇨병 환자에게 좋은 운동이 아닌 것은?

① 수 영　② 자전거
③ 스쿠버다이빙　④ 걷 기

해설

스쿠버다이빙, 행글라이딩, 자동차 경주 등은 저혈당이나 고혈당에 의한 손상 위험이 높아 삼가야 할 운동이다.

49 노인스포츠지도자의 지도기법으로 적절하지 않은 것은?

① 운동 목적을 설명하여 운동 동기를 증진시킨다.
② 편안하고 강압적이지 않은 분위기를 유지한다.
③ 운동의 명칭을 소개하고 언어적 · 시각적 단서를 제공한다.
④ 지도자 중심적 운동 접근법을 선택한다.

해설

노인 참가자 중심적 운동의 접근법을 선택해야 한다.

50 노인운동 시 위험을 관리하기 위해 노인운동시설에 적용되는 ACSM 규범으로 옳지 않은 것은?

① 운동시설과 장비 사용방법을 설명하고 예측 가능한 위험상황을 미리 알린다.
② 스포츠지도자들을 대상으로 응급 상황 대처 훈련을 정기적으로 실시한다.
③ 스포츠지도자가 안전 관련 전문 능력을 갖추었는지 증명해야 한다.
④ 노인의 운동 수행능력에 맞추어 안전 규정과 규범을 변형 · 적용한다.

해설

운동의 규칙은 변형할 수 있지만, 안전 관련 규정과 법규는 모두 준수해야 한다.

정답 48 ③ 49 ④ 50 ④

51 노인운동 시 주의점이 아닌 것은?

○△✕

㉠ 운동 시 규칙적인 의료 체크	㉡ 단기적 · 일회적 컨디션 조절
㉢ 일괄적이고 획일적인 운동처방	㉣ 템포가 느린 운동 선정
㉤ 부담감이 높은 운동	㉥ 엄격한 운동규정

① ㉠, ㉢, ㉣
② ㉠, ㉤, ㉥
③ ㉡, ㉢, ㉤
④ ㉢, ㉤, ㉥

해설

노인의 운동 시 주의점

- 운동 시 규칙적인 의료 체크
- 개개인의 철저한 운동처방
- 자기페이스 조절
- 템포가 빠른 운동의 회피
- 한랭과 고온을 피함
- 엄격한 운동규정
- 장기적인 컨디션 조절
- 혈압 상승의 저지
- 부담감이 낮은 운동의 선택
- 신체보다 마음을 우선으로 하도록 함

52 노인과의 의사소통 시 효율적인 언어지도로 옳은 것은?

○△✕

① 다양한 수행방법에 대해 복잡하게 설명한다.
② 전문적인 용어를 사용한다.
③ 시각적 이미지를 떠올리게 하는 방법을 사용한다.
④ 어린아이 다루듯이 말한다.

해설

① · ② 모든 참여자가 이해할 수 있는 용어를 사용해야 한다.
④ 어린아이 다루듯 말하는 것은 좋지 않다.

기출유사

53 노인스포츠지도사가 갖추어야 할 요건을 모두 고른 것은?

○△✕

㉠ 우수한 실기 능력과 시범 능력
㉡ 학습자의 요구를 무조건 수용하는 포용력
㉢ 자기 의사를 명확히 표현하는 능력
㉣ 학습자 동기유발 능력

① ㉠, ㉣
② ㉠, ㉢
③ ㉠, ㉡, ㉢, ㉣
④ ㉠, ㉢, ㉣

해설

학습자의 요구를 전면 수용하는 것이 아니라, 학습자의 의견을 경청하고 동시에 자기 의사를 정확하게 표현하는 의사소통 능력이 필요하다.

51 ③ 52 ③ 53 ④ 정답

54 신체적 자립 수준의 노인운동 프로그램으로 적절한 것은?

○△✕

① 낮은 강도의 유산소 운동
② 호흡법과 릴렉스 운동
③ 평형성과 조정력 연습
④ 상 · 하체 저항운동

해설

② · ③ · ④ 신체 허약 수준의 노인운동 프로그램이다.

신체적 자립 수준의 노인운동 프로그램

- 의자에서 하는 유산소 운동
- 수중운동
- 스트레칭
- 낮은 강도 유산소 운동
- 걷기 운동
- 저항성 운동

55 주 2회 건강을 위한 운동이 가능한 노인에게 적합한 운동프로그램은?

○△✕

① 신체적 허약 노인운동 프로그램
② 신체적 엘리트 노인운동 프로그램
③ 신체적 자립 노인운동 프로그램
④ 신체적 건강 노인운동 프로그램

해설

신체적 건강 수준의 노인은 주 2회 정도 운동이 가능하고 취미와 신체적 체력이 요구되는 규칙적인 일이 가능하다.

신체적 건강 수준의 노인에게 적절한 운동프로그램

- 낮은 강도 유산소 운동
- 수중에어로빅
- 수영, 라인댄싱, 포크댄싱
- 요가, 스트레칭
- 게이트볼, 파크골프, 탁구, 배드민턴

정답 54 ① 55 ④

56 노인 응급처치의 중요성에 대한 내용으로 적절하지 않은 것은?

ⓞⓐⓧ

① 질병 등의 병세를 호전시킨다.
② 환자의 고통을 경감시킨다.
③ 환자의 입원기간을 단축한다.
④ 불필요한 의료비의 지출 등을 절감시킨다.

해설

환자의 병세 악화를 방지할 수 있는 것이지 호전시키는 것은 아니다.

57 고령자 응급상황 발생 시 의료기관에 연락할 사항이 아닌 것은?

① 사고 경위
② 환자의 운동 성향
③ 환자 발견 장소
④ 응급처치 실시 여부

해설

고령자의 응급상황 발생 시 부상 상태에 따라 다음의 사항을 의료기관에 전달한다.

- 사고 경위
- 환자 상태
- 환자를 발견한 장소 및 시간
- 응급처치의 실시 여부
- 주위의 환경 및 여건

58 노인 응급처치의 일반원칙이 아닌 것은?

① 환자의 쇼크 예방 조치를 한다.
② 긴급한 상황 시 환자를 위해 구조자의 안전은 무시한다.
③ 환자의 부상 상태를 의료기관에 알린다.
④ 긴급을 요하는 환자부터 우선 처치한다.

해설

긴급한 상황이라도 구조자의 안전에 주의한다.

56 ① 57 ② 58 ② 정답

59 노인 운동시설의 안전한 장비 제공의 내용이 아닌 것은?

ⓞⓐⓧ

① 운동장비의 안쪽이나 뒷면에 안전표시를 부착한다.
② 위기 관리 계획을 서류로 작성한다.
③ 장비 점검을 정기적으로 받는다.
④ 항상 사용하는 시설에는 반드시 안전스티커를 부착한다.

해설

눈에 잘 보이는 위치에 '안전 유념'에 대한 표시를 부착하여야 한다.

PART 3

60 노인의 운동 중 발생한 응급상황에 대한 처치로 옳지 않은 것은?

① 골절이 발생하면 안정을 시키고 손상부위를 고정시킨다.
② 저혈당 쇼크가 발생한 경우 빠르게 흡수될 수 있는 당분이 함유된 간식이나 음료를 섭취시킨다.
③ 저체온증이 발생하면 따뜻한 곳으로 옮기고 서서히 체온을 올려준다.
④ 심정지가 발생하면 즉시 119에 신고하고 구급대가 도착할 때까지 기다린다.

해설

응급처치

심정지가 발생하였을 때는 긴급을 요하는 환자이기 때문에 우선적 응급처치를 시행해야 한다.

61 사람의 세포 손상 누적이 세포의 기능 장애와 괴사의 핵심요소라는 노화 생물학적 이론은?

① 유전적 이론
② 손상 이론
③ 점진적 불균형 이론
④ 적정화 이론

해설

노화의 생물학적 이론에는 유전적 이론, 손상 이론, 점진적 불균형 이론이 있으며, 이 중 손상 이론에는 자유기 이론과 교차결합(DNA 손상) 이론이 있다.

정답 59 ① 60 ④ 61 ②

노인을 위한 안전화 운동에 대한 설명으로 옳지 않은 것은?

① 노인들은 운동을 시작하기 전에 반드시 30분 안팎으로 안전화 운동을 해야한다.
② 조명이나 지면을 변화시키거나, 도구를 활용하여 운동의 난이도를 조절한다.
③ 몸의 흔들림을 제어하는 자세 전략, 평형성 훈련, 감각 통합 훈련 등이 있다.
④ 노인들이 넘어지거나 낙상으로 인해 심각한 건강 문제가 초래되는 것을 막기 위해 필요한 운동이다.

해설

노인운동 프로그램 진행 시, 준비운동과 정리운동에 10분 안팎으로 안전화(안정성) 운동을 포함시키는 것이 좋다.

다음의 보기에서 설명하는 노화 이론은?

단백질 콜라겐 분자가 교차 및 결합함으로써 피부 혈관 등이 탄력성을 잃게 된다.

① 세포막 이론　② 자유기 이론
③ 교차결합 이론　④ 소모 이론

해설

① 나이가 들면서 세포막의 지질층이 감소하는 화학적 변화가 일어나고, 이로 인해 기능이 저하되면서 노화가 진행된다는 이론이다.
② 활성산소에 의한 세포 손상으로 각종 질병 위험이 증가된다는 이론이다.
④ 노화의 원인을 신체와 세포들의 지나친 사용이라고 설명하는 이론이다.

64 

선택적 적정화 이론에서 '어떻게 늙을 것인가'의 결정요소가 아닌 것은?

① 지 능　② 개인통제력
③ 자기효능감　④ 경제 능력

해설

발테스(Baltes)의 선택적 적정화 이론에서는 지능, 인지능력, 자기효능감, 자기존중감, 개인통제력, 대체방식, 복원력 등이 '어떻게 늙을 것인가'에 대한 결정요소로 작용한다.

62 ① 63 ③ 64 ④ 정답

65 ○△×

노인체력검사(SFT) 항목에 해당하지 않는 것은?

① 의자에 앉았다 일어서기
② 100m 걷기
③ 상체 근력 테스트
④ 6분 걷기 테스트

해설

미국형 노인체력검사(SFT) 항목
- 의자에 앉았다 일어서기 : 하체 근력 테스트
- 덤벨 들기 : 상체 근력 테스트
- 6분 걷기, 2분 제자리 걷기 : 심폐지구력 테스트
- 의자에 앉아 손 뻗기 : 하체 유연성 테스트
- 등 뒤로 손 닿기 : 상체 유연성 테스트
- 2.44m 왕복 걷기 : 민첩성과 평형성 테스트

66 ○△×

다음 중 노인체력 검사단계에 대한 설명으로 옳지 않은 것은?

① 사전 동의 – 참가자의 선택권을 보장한다.
② 준비 질문지 – 운동프로그램을 시작하기 전에 참가자의 건강상태를 점검한다.
③ 피드백 – 피드백이 매우 중요하므로 검사 결과를 모든 참가자들이 공유한다.
④ 주치의 동의서 – 참가자 상태에 따른 주치의의 허가가 있어야 한다.

해설

피드백이 매우 중요하므로 검사 결과를 참가자 본인과 공유해야 한다. 지도자는 검사 결과를 운동프로그램 목표 설정과 달성에 활용할 수 있다. 이때 참가자의 검사 결과는 비밀로 유지해야 한다.

정답 65 ② 66 ③

67 다음 보기에서 노인의 생리적 특성을 모두 고른 것은?

㉠ 호르몬 역할 증가로 근육 강화	㉡ 신체 구성의 세포 수 감소
㉢ 개별 세포의 활동력 강화	㉣ 골절 상해 위험 감소
㉤ 유연성, 민첩성, 평형성 상승	㉥ 신경세포의 감소로 뇌 무게 감소

① ㉢, ㉣
② ㉡, ㉥
③ ㉣, ㉤
④ ㉠, ㉣

해설

노인의 생리적 특성
- 항상성의 저하로 각종 수용기의 기능적 저하
- 몸을 구성하는 세포 수 감소
- 개별 세포의 활동력 쇠퇴로 신체수행력 감소
- 미네랄 부족과 같은 뼈 구성의 변화로 골절 상해의 위험도 증가
- 골격근의 양과 근력 감소로 유연성, 민첩성, 속도 및 평형성 저하
- 호르몬 역할 저하로 근육 손실
- 대뇌와 신경세포의 감소로 뇌 무게 감소

68 노인의 심리적 특성이 아닌 것은?

① 과거에 대한 집착
② 신체적 쾌락 감소
③ 경제 불안에서 오는 초조감
④ 정신적 흥미의 편협에서 오는 개방성

해설

정신적 흥미의 편협에서 오는 폐쇄성, 건강 · 생활상에서 오는 불안감 등이 있다.

69 노인의 사회적 특성과 거리가 먼 것은?

① 나이가 들어감에 따라 사회적 지위와 권위가 하락한다.
② 경제적 능력이 약화된다.
③ 배우자나 친구 등과의 사별로 고독감이 발생한다.
④ 신체적으로 건강한 노인들도 여가생활에서 소외된다.

해설

신체적으로 허약한 노인들은 여가생활에서 소외되지만, 건강한 노인의 경우 여가생활을 즐길 수 있다.

67 ② 68 ④ 69 ④ 정답

70 다음 중 방위체력에 대한 설명을 모두 고른 것은?

ⓞⓐⓧ

> ㉠ 세균, 바이러스, 기생충 등 생물학적 스트레스를 견디는 능력을 말한다.
> ㉡ 생활 활동의 기초가 되는 신체적 능력으로서 운동을 일으키는 능력을 말한다.
> ㉢ 긴장, 고민, 슬픔, 고통 등 정신적 스트레스에 대한 저항력을 말한다.
> ㉣ 근력, 민첩성, 평형성, 협응성, 유연성, 지구성 등을 말한다.
> ㉤ 온도 조절 능력, 면역력, 적응력 등을 말한다.

① ㉠, ㉡, ㉤ ② ㉠, ㉢, ㉤
③ ㉡, ㉣, ㉤ ④ ㉠, ㉢, ㉣

해설

체력은 생활 활동의 기초가 되는 신체적 능력으로서 방위체력과 행동체력으로 구분된다. 방위체력이란 방어체력이라고도 하는데, 건강을 위협하는 각종 스트레스를 견디는 능력을 말한다. 행동체력이란 운동을 일으키고 지속할 수 있는 능력을 말한다. ㉡ · ㉣은 행동체력에 대한 설명이다.

71 노인체력검사(SFT)의 상지유연성 검사에 대한 설명으로 옳은 것은?

ⓞⓐⓧ

① 의자에 앉아 한쪽 다리를 쭉 펴고 발끝에 손을 가까이 댄 채 2초간 유지한다.
② 물건을 들거나 나를 때 필요한 상체 근력 검사이다.
③ 의자에 바르게 앉아 덤벨을 잡고 팔을 굽혀 들어올리는 능력을 측정한다.
④ 자기 머리를 빗거나 윗옷을 벗을 때 필요한 유연성을 측정한다.

해설

① 하체 유연성 검사에 대한 설명이다.
② · ③ 상완이두근 검사에 대한 설명이다.

72 어떤 신체기관의 기능향상을 위해 정상적으로 익숙해져 있지 않은 부위를 노출해야 한다는 운동원리로 옳은 것은?

ⓞⓐⓧ

① 과부하 ② 특정성
③ 수 용 ④ 난이도

해설

② 특정성 : 운동에서 얻을 수 있는 훈련효과들은 해당되는 근육에만 효과가 있다.
③ 수용 : 운동 종류나 특정시간의 범위와 상관없이 자신의 능력에 맞게 해야 한다.
④ 난이도 : 개인의 체력과 능력에 따라 운동의 난이도를 조절해야 한다.

정답 70 ② 71 ④ 72 ①

73 노인을 위한 운동프로그램 설계에 관한 내용이 아닌 것은?

① 체력 감소를 줄이고 건강을 증진할 수 있는 프로그램을 설계한다.
② 고령자 질환의 잠재가능성과 기능 저하를 고려한다.
③ 운동 후에 의학적 진단과 안정성 여부를 점검한다.
④ 노인 개개인의 체력과 신체조건을 고려한다.

해설

운동 전 의학적 진단과 운동부하 검사, 체력진단을 통해 안전성 여부를 점검한다.

74 다음 보기에서 설명하는 운동프로그램의 기능성 과제로 옳은 것은?

- 신발 신기
- 머리 빗기
- 발 만지면서 살펴보기

① 몸통유연성 훈련
② 하체 저항운동
③ 유산소성 지구력 훈련
④ 평형성 및 기동성 훈련

해설

② 바닥에서 일어서기, 욕조에 들어가고 나오기, 계단 오르기
③ 일상 생활 걷기, 청소하기, 낙엽 쓸기, 계단 오르기
④ 산책하기, 잡초 뽑기

75 만성폐쇄성 폐질환자들이 피해야 하는 운동은?

① 실내자전거 운동
② 농 구
③ 요 가
④ 산책하기

해설

만성폐쇄성 폐질환자들은 미용체조, 댄스, 농구, 라켓운동 등의 격렬한 운동을 피해야 한다.

73 ③ 74 ① 75 ② 정답

76 ◯△✕ **뼈 바깥쪽 연골이 닳아 얇아져서 생기는 질환은?**

① 골다공증 ② 파킨스병
③ 퇴행성 관절염 ④ 고지혈증

해설

- 퇴행성 관절염은 연골의 마모에 의한 질환이고, 류마티스 관절염은 몸 전체의 자가면역질환이다.
- 운동할 때 통증완화가 중요하다.
- 운동 전후 냉 · 온찜질을 하고, 관절에 무리를 주지 않는 수중운동 등이 적합하다.
- 사지를 동시에 사용하는 운동기구를 사용하는 것이 좋다.

PART 3

77 ◯△✕ **다음 중 파킨슨병의 증상이 아닌 것은?**

① 동작의 둔화 ② 근육경직
③ 균형감각 장애 ④ 인지력 감퇴

해설

인지력 감퇴는 알츠하이머병의 특징이다.

78 ◯△✕ **노인운동 프로그램의 장기적 효과에 대한 설명으로 옳은 것은?**

① 운동은 노화로 인해 중추신경계의 반응속도가 느려지는 것을 지연시키는 데 도움이 된다.
② 운동은 베타 엔도르핀과 세로토닌의 분비를 증가시키지 않는다.
③ 운동은 뇌의 인지기능 향상과는 무관하다.
④ 저항운동은 근육량을 증가시키고 인슐린 감수성을 낮추며 당뇨병 관리에 도움이 된다.

해설

노인운동 프로그램의 효과

노인운동 프로그램의 장기적 효과로 노화로 인해 중추신경계의 반응속도가 느려지는 것을 지연시키는 데 도움이 된다. 운동을 하면 세로토닌과 베타 엔도르핀의 분비가 증가하며, 저항운동은 인슐린 감수성을 증가시킨다.

정답 76 ③ 77 ④ 78 ①

'국민체력100'에 따른 노인체력검사 항목과 검사의 연결이 옳지 않은 것은?

① 심폐지구력 – 6분 걷기(m)
② 평형성 – 의자에 앉아 3m 표적 돌아오기(초)
③ 협응력 – 8자 보행(초)
④ 하지 근기능 – 2분 제자리 걷기

해설

'국민체력100'에 따른 노인체력검사 항목
- 상지 근기능 : 상대악력
- 하지 근기능 : 의자에 앉았다 일어서기(회/30초)
- 심폐지구력 : 6분 걷기(m), 2분 제자리 걷기
- 협응력 : 8자 보행(초)
- 유연성 : 앉아서 윗몸 앞으로 굽히기(cm)
- 평형성 : 의자에 앉아 3m 표적 돌아오기(초)

자기효능감 이론에 대한 설명으로 옳지 않은 것은?

① 주기적인 운동은 개인의 행동변화에 영향을 미친다.
② 개인의 행동변화와 동기유발은 자기효능감과 관련 있다.
③ 실패나 성공에 대한 과거의 경험은 자기효능감을 발달에 영향을 준다.
④ 행동이나 결과에 대한 기대치는 자기효능감과 관련이 없다.

해설

행동변화나 결과에 대한 기대가 자기효능감에 영향을 미친다.

79 ④ 80 ④ 정답

PART 4
최종모의고사

- 최종모의고사 1회
- 최종모의고사 2회
- 최종모의고사 1회 정답 및 해설
- 최종모의고사 2회 정답 및 해설

우리 인생의 가장 큰 영광은

결코 넘어지지 않는 데 있는 것이 아니라

넘어질 때마다 일어서는 데 있다.

-넬슨 만델라-

1회 최종모의고사

정답 및 해설 p.568

01 스포츠사회학

01 스포츠사회학의 거시적 연구영역으로 볼 수 없는 것은?

① 정 치
② 교 육
③ 사회화
④ 사회계층

02 권력 있는 사람이나 정치적으로 살아 있는 사람이 아닌, 영향력을 잃은 사람을 집중적으로 매도하는 자극적인 보도를 지칭하는 용어는?

① 뉴 저널리즘(New Journalism)
② 팩 저널리즘(Pack Journalism)
③ 옐로 저널리즘(Yellow Journalism)
④ 하이에나 저널리즘(Hyena Journalism)

03 〈보기〉에서 설명하는 스포츠의 사회적 기능으로 적절한 것은?

> 영국의 한 도시는 지역 체육관 및 학교에서 '파쿠르' 교육을 실시하였다. 파쿠르를 통해 청소년들은 스트레스를 발산하였으며, 공공기물 파손, 마약 등의 청소년 범죄가 절반 이상 감소하였다.

① 사회통합
② 사회통제
③ 사회정화
④ 사회차별

04 **국제정치에서의 스포츠 역할 중 〈보기〉의 설명에 가장 적절한 것은?**

> 1936년 베를린 올림픽에서 독일은 나치당기를 국기로 사용하고, 시내곳곳에 걸어두었다. 또한 독일대표팀 입장 시에는 정복을 빼입은 군장교들을 기수 뒤에 세워 행진하는 등 올림픽을 정치적으로 이용하였다.

① 외교적 도구
② 체제 선전의 수단
③ 국제이해 및 평화
④ 갈등 및 전쟁의 촉매

05 **신자유주의 시대의 스포츠 세계화에 대한 설명으로 적절하지 않은 것은?**

① 프로스포츠의 이윤 극대화에 기여하였다.
② 세계인이 소비하는 스포츠 용품이 다양화되었다.
③ 스포츠 시장의 경계가 국경을 초월해 전 세계로 확대되었다.
④ 자본의 규모가 스포츠 승패에 영향을 끼치는 경우도 발생하였다.

06 **투민(M. Tumin)의 스포츠계층 형성과정 중 〈보기〉의 설명에 해당하는 것은?**

> 한 프로축구팀은 선수 능력을 고려하여 포메이션을 배치한 후 모의테스트를 진행하였다. 그 결과 상대 선수들 사이를 잘 파고드는 B선수의 공격적인 성향을 고려하여 수비수에서 공격형 미드필더로 포지션을 변경하였다.

① 평 가
② 보수부여
③ 지위의 분화
④ 지위의 서열화

07 〈보기〉에서 설명하는 스포츠일탈에 관한 스포츠사회학 이론은?

> 일탈행위는 학습되는 것으로, 사람들 간의 의사소통 과정에서 발생한다. 스포츠 일탈행위 역시 주로 친밀한 집단 속에서 잘 일어나며, 아주 선한 사람도 일탈유형과의 접촉을 통하여 일탈을 저지르곤 한다.

① 갈등 이론
② 낙인 이론
③ 구조기능 이론
④ 차별교제 이론

08 스포츠의 상업화에 따른 변화 중 〈보기〉의 사례에 해당하는 것은?

> 양궁 경기는 원래 '점수합산제'였으나 런던 올림픽에서는 '세트제'로 시행되었다. 이를 통해 양궁은 더욱 박진감 넘치는 스포츠가 되어 많은 사람들의 사랑을 받고 있다.

① 스포츠 기술의 변화
② 스포츠 규칙의 변화
③ 스포츠 조직의 변화
④ 선수, 코치의 경기성향 변화

09 프로스포츠에서 시행되는 제도 중 구단이 소속팀 선수를 상대로 다음 시즌 연봉계약 우선권을 가질 수 있게 규정한 것은?

① 보류조항(Reserve Clause)
② 최저연봉제(Minimum Salary)
③ 샐러리 캡(Salary Cap)
④ 트레이드(Trade)

10 〈보기〉에서 설명하는 케년(G. Kenyon)의 스포츠 참가(참여) 유형은?

> 학교, 사회기관, 미디어 등을 통해 스포츠에 관한 일정 정보를 수용함으로써 이루어지는 참가를 의미한다.

① 행동적 참가
② 인지적 참가
③ 일탈적 참가
④ 정의적 참가

11 스포츠계층의 특성 중 '보편성'의 사례로 적절한 것은?

① 스포츠는 인기 종목과 비인기 종목으로 나뉜다.
② 골프에 참가하는 사람은 비교적 상류층이 많다.
③ 과거에는 여성의 스포츠 참가가 금지되기도 하였다.
④ 흑인이 수영에서 큰 성과를 못내는 것은 수영이 경제적 여유가 필요한 종목이기 때문이다.

12 정치가 스포츠를 이용하는 방법 중 〈보기〉의 사례에 해당하는 것은?

> 올림픽 등의 스포츠 경기에 참여하는 자국의 선수가 금메달을 획득하면 국민들이 마치 자신의 일인 것처럼 좋아한다.

① 상징화
② 동일화
③ 조작화
④ 우민화

13 〈보기〉의 내용에 해당하는 스포츠사회화의 주관자는?

> 2002년 월드컵에서 한국이 기적적으로 4강에 오르는 것을 TV로 본 많은 아이들이 축구에 흥미를 가지고 축구선수의 꿈을 가지게 되었다.

① 학 교
② 지역사회
③ 대중매체
④ 또래친구

14 스포츠 현장에서 발생하는 일탈적 부정행위가 아닌 것은?

① 승리하기 위한 심판 매수
② 상대방이 다칠 정도의 과감한 태클
③ 경기력 향상을 위한 금지약물 복용
④ 더 나은 대진을 얻기 위한 승부조작

15 코클리(J. Coakley)가 제시한 일탈적 과잉동조를 유발하는 스포츠 윤리규범의 유형과 특징이 바르게 연결되지 않은 것은?

① 몰입규범 – 운동선수는 경기에 헌신하는 것이 가장 우선된다.
② 인내규범 – 운동선수는 위험과 고통을 감내하고 경기에 임해야 한다.
③ 가능성규범 – 운동선수는 자신이 질 가능성을 감안하여 더욱 열심히 운동하여야 한다.
④ 구분짓기규범 – 운동선수는 다른 선수보다 뛰어나기 위해서 온 힘을 다해 열심히 운동하여야 한다.

16 우리나라 학원스포츠의 문화적 특성 중 〈보기〉의 설명에 해당하는 것은?

> 학생선수는 교실공간과 떨어져 있는 합숙소와 운동장에서 수업과 동떨어진 훈련을 통해 운동선수로 점차 변화한다. 이 과정에서 선후배 관계, 집단 문화, 획일적 집단, 복종의 문화 등의 일반학생과는 다른 고립된 문화를 형성하게 된다.

① 섬 문화
② 군사주의 문화
③ 신체소외 문화
④ 승리지상주의 문화

17 스포츠의 상업화에 따른 스포츠와 미디어의 관계에 대한 설명으로 적절하지 <u>않은</u> 것은?

① 스포츠 중계를 위해서 통신 및 촬영 기술이 발전하였다.
② 미디어는 스포츠에 대한 우호적인 여론을 형성하는 데 영향을 주었다.
③ 미디어는 더 많은 수익 창출을 위해 스포츠 경기 규칙 변화를 요구하기도 한다.
④ 뉴미디어가 등장하면서 콘텐츠의 생산자와 소비자가 엄격하게 구분되고 있다.

18 〈보기〉의 빈칸에 들어갈 용어는?

> 부르디외(P. Bourdieu)는 자본의 개념을 4가지 유형으로 본다. 그 중 스포츠는 가족에 의해 전수되거나 교육체계에 의해 생산되는 (　　)에 해당한다.

① 경제자본　　② 사회자본
③ 문화자본　　④ 상징자본

19 스포츠사회학의 정의에 대한 설명으로 적절하지 <u>않은</u> 것은?

① 사회학과 스포츠 과학의 한계과학이라고 할 수 있다.
② 사회행동의 과정과 유형을 스포츠 맥락에서 설명하는 사회학의 하위분과이다.
③ 인간의 사회적 행동을 스포츠의 맥락에서 규명하여 법칙을 찾는다.
④ 선수 개인의 행동과 관련된 인간 내면의 특성 및 과정을 설명한다.

20 **계층별 스포츠 참가에 대한 설명으로 옳지 않은 것은?**

① 계층에 따라 스포츠 참가 유형에 차이가 존재한다.
② 상류층은 하류층에 비해 스포츠에 직접 참가하는 비율이 높다.
③ 하류층은 개인 스포츠를 단체 스포츠보다 선호한다.
④ 상류층은 골프와 같은 특정종목을 강요하는 분위기에 따라 해당종목에 자연스럽게 익숙해진다.

02 스포츠교육학

01 **스포츠교육의 지향점으로 적절하지 않은 것은?**

① 학교체육과 생활체육, 전문체육의 연계적인 발전
② 활동목표와 내용, 방법의 통합화와 다양화 추구
③ 전문적 지도자의 주관에 의존하는 새로운 형태의 수업
④ 유아, 청소년, 성인, 노인, 장애인 등 다양한 학습자 대상 교육

02 **국민체육진흥법(2025.1.1.)과 시행령(2025.1.1.) 제2조에서 규정한 각 명칭에 대한 설명이 적절하지 않은 것은?**

① 전문체육 – 선수들이 행하는 운동경기 활동을 말한다.
② 운동경기부 – 프로선수로 구성된 학교나 아마추어 리그 소속의 운동부를 말한다.
③ 체육동호인조직 – 같은 생활체육 활동에 지속적으로 참여하는 자의 모임을 말한다.
④ 생활체육 – 건강과 체력 증진을 위하여 행하는 자발적이고 일상적인 체육 활동을 말한다.

03 〈보기〉에서 국민체육진흥법(2025.1.1. 시행)에 명시된 내용에 해당하는 것으로만 묶인 것은?

> ㉠ 문화체육관광부장관은 국민체육 진흥에 관한 기본 시책을 수립 · 시행한다.
> ㉡ 체육의 날과 체육 주간 및 그 행사에 필요한 사항은 문화체육관광부령으로 정한다.
> ㉢ 체육단체 및 학교 등에서 체육 지도 업무에 종사하는 체육지도자는 윤리 및 인권의식 향상을 위하여 매 2년마다 성폭력 등 폭력 예방교육 등의 내용이 포함된 재교육을 받아야 한다.
> ㉣ 장애인 체육 진흥에 관한 사업과 활동을 하게 하기 위하여 문화체육관광부장관의 인가를 받아 대한장애인체육회를 설립한다.

① ㉠, ㉡, ㉢　　② ㉠, ㉡, ㉣
③ ㉠, ㉢, ㉣　　④ ㉡, ㉢, ㉣

04 〈보기〉의 대화에서 평가의 개념과 목적을 잘못 이해하고 있는 지도자는?

> • A코치 : 평가의 유사개념에는 측정, 사정, 검사 등이 있다.
> • B코치 : 측정이나 검사는 가치지향적이고 평가는 가치중립적인 활동이다.
> • C코치 : 평가는 학습자의 학습 상태와 지도에 관한 정보를 제공한다.
> • D코치 : 평가는 지도 활동에 대한 일종의 피드백이다.

① A코치　　② B코치
③ C코치　　④ D코치

05 교수 – 학습지도안을 작성할 때 포함할 사항으로 가장 거리가 먼 것은?

① 학습자 특성을 고려하여 학습목표를 선정하고 작성한다.
② 진행할 학습과제, 각 과제에 배정한 시간 등을 포함한다.
③ 과제를 어떻게 전달해야 할지는 수업시간에 결정하는 것이 좋다.
④ 대안적 계획을 수립하여 예상하지 못한 상황에 대비하는 것이 좋다.

06 탐구수업 모형에 대한 설명으로 적절하지 않은 것은?

① 지도방법의 핵심은 교사의 질문이다.
② 문제해결 중심 지도에 활용하기는 어렵다.
③ 교사는 질문을 통해 수업을 이끌지만 답하는 것은 신중해야 한다.
④ 학습영역의 우선순위는 '인지적 – 심동적 – 정의적 영역' 순이다.

07 〈보기〉의 ㉠, ㉡에 들어갈 용어가 바르게 나열된 것은?

> 진보주의 교육론은 신체와 정신은 서로 분리될 수 없으며, 모든 교육적 활동은 지적, 도덕적, 신체적 결과를 동시에 가져와야 한다는 것을 강조한다. 이 이론은 체육교육의 목적이 (㉠)에서 (㉡)으로 전환되는 철학적 근거를 마련해주었다.

	㉠	㉡
①	체조 중심의 체육	신체를 통한 교육
②	체력 중심의 교육	신체를 통한 교육
③	체조 중심의 체육	움직임 중심 교육
④	체력 중심의 교육	움직임 중심 교육

08 〈보기〉는 A코치의 수업을 관찰한 일지의 일부이다. ㉠, ㉡에 들어갈 알맞은 용어로 바르게 묶인 것은?

> A코치는 우선 학습자들에게 배구 토스의 개념과 핵심단서를 설명하고 시범을 보여주었다. 설명과 시범이 끝난 후 A코치는 "정확한 위치에서 공을 떨어뜨리지 않고 10번 토스하세요."라는 과제를 제시하였다. … (중략) … A코치는 (㉠)을 활용하였고, 과제 참여 시간의 비율이 높은 수업을 운영하였다. 또한, 수업의 마지막에는 질문식 수업을 활용했다. "공이 정확히 위로 가지 않고 옆으로 튀어나가는 경우는 어떤 상황이었나요?"라는 (㉡) 질문을 통해 학습자가 자신의 경험을 분석·통합할 수 있도록 하였다.

	㉠	㉡
①	적극적 수업	수렴형
②	과제식 수업	가치형
③	동료 수업	수렴형
④	협동 수업	가치형

09 **개별화지도 모형에 대한 설명으로 옳지 않은 것은?**

① 응용 행동분석학을 이론적 기초로 삼는다.
② 학습자는 각기 다른 학습속도를 보인다는 점을 가정한다.
③ 소요시간을 결정할 때는 교사의 입장을 우선 고려해야 한다.
④ 교사의 기본 역할은 학습과 동기유발을 위해 학습자들과 상호작용하는 것이다.

10 **〈보기〉는 체육 수업에 참가한 한 학생의 일기이다. ㉠, ㉡, ㉢에 해당하는 피드백이 바르게 나열된 것은?**

> 오늘 농구 수업에서는 지난 시간에 이어서 모둠별로 레이업 슛을 연습하였다. 나는 농구를 좋아하고, 평소에도 많이 하기 때문에 정확하게 레이업 슛을 성공하였다. 그러자 선생님께서는 나를 보고 ㉠ 고개를 끄덕이며 엄지손가락을 세워 칭찬하셨다. … (중략) … 하지만 경찬이는 평소 농구를 잘 하지 않는지 어려워하였다. 선생님께서는 그런 경찬이에게 ㉡ "경찬아 오른손으로 레이업 슛을 할 때 첫 디딤발을 왼발로 디디면 안돼!" ㉢ "슛할 손과 같은 쪽 발로 시작해야 레이업 슛을 성공시킬 수 있어!"라고 말씀하셨다.

	㉠	㉡	㉢
①	가치적 피드백	구체적 피드백	중립적 피드백
②	가치적 피드백	중립적 피드백	교정적 피드백
③	비언어적 피드백	긍정적 피드백	일반적 피드백
④	비언어적 피드백	부정적 피드백	교정적 피드백

11 **모스턴(M. Mosston)의 교수(Teaching) 스펙트럼에 대한 설명으로 옳지 않은 것은?**

① A 교수스타일은 주로 교사가 의사결정권을 가지고 있다.
② 모방(Reproduction)이 중심이 되는 교수 스타일은 A~E까지이다.
③ 의사결정권의 권한 주체나 정도에 따라 스펙트럼이 나눠진다.
④ K유형에 가까워질수록 보다 우월한 교수 스타일이라 할 수 있다.

12 〈보기〉에서 설명하는 현장(개선)연구의 특징으로 적절하지 않은 것은?

> 현장(개선)연구는 어떤 문제 상황 내에서 자신들이 하고 있는 일의 합리성과 정당성을 증진시키고, 그 일과 문제 상황에 대한 이해를 증진하여 상황을 개선시키는 것을 목적으로 한다.

① 집단적 협동과정이다.
② 일련의 과정이 반복되는 순환과정이다.
③ 과정보다 결과를 중시한다는 한계가 있다.
④ 자기반성적 탐구의 한 종류라고 할 수 있다.

PART 4

13 〈보기〉에서 설명하는 슬라빈(R. Slavin)의 협동학습 모형의 개념은?

> 팀의 개인에게 기본점수를 제시하고, 각 조원의 향상점수를 더해 가장 높은 팀에게 보상을 제공한다.

① 팀워크
② 팀 보상
③ 개인 책무성
④ 평등한 기회제공

14 〈보기〉에서 설명하는 평가의 유형으로 적절한 것은?

> 수업 시작 전 학생들의 출발점 행동을 파악하기 위한 평가활동으로, 평가결과는 교사의 교수 계획 수립에 중요한 정보를 제공한다.

① 총괄평가 ② 형성평가
③ 진단평가 ④ 임의평가

15 〈보기〉에 해당하는 스포츠지도 활동에 해당하는 용어로 적절한 것은?

> 학생들은 학기 초 연습한 대로 정해진 장소에 집합하였다. 교사는 빈자리를 확인하며 빠르게 출석 확인을 하였고, 체육복 미착용 학생을 체크하였다.

① 사회적 활동
② 전략적 활동
③ 상규적 활동
④ 개인적 활동

16 학교체육진흥법(2024.3.24. 시행)에서 규정하고 있는 학교스포츠클럽에 대한 설명으로 적절하지 않은 것은?

① 학교스포츠클럽이란 체육 활동에 취미를 가진 같은 학교의 학생으로 구성되어 학교가 운영하는 스포츠클럽을 말한다.
② 학교의 장은 학교스포츠클럽을 운영하는 경우 학교스포츠클럽 전담교사를 지정하여야 한다.
③ 학교스포츠클럽 전담교사에게는 학교 예산 범위 밖의 후원금에서 소정의 지도수당을 지급한다.
④ 학교의 장은 일정 비율 이상의 학교스포츠클럽을 해당 학교의 여학생들이 선호하는 종목의 학교스포츠클럽으로 운영하여야 한다.

17 학교체육진흥법 시행령(2023.9.15. 시행)에서 규정하고 있는 '스포츠강사'의 재임용 평가사항이 아닌 것은?

① 복무 태도
② 학생의 만족도
③ 강사로서의 자질
④ 전국대회 성과

18 〈보기〉의 ㉠, ㉡에 해당하는 평가기법으로 적절한 것은?

농구수업 만족도 평가

㉠ 수업 만족도 평가

평가요소		매우만족	만 족	보 통	불 만	매우불만
안전 관리	운동상해 예방 및 관리, 안전사고 대응지식					
시설 관리	시설, 운동기구의 배치 및 관리 지식					
의사 소통	참가자를 대상으로 한 운동상담 기본 지식					

㉡ 농구 흥미도 변화 평가

- 수업 전과 후의 농구에 대한 흥미를 질문함
- 반구조화된 내용으로 질의응답을 함

	㉠	㉡
①	평정 척도	면접법
②	평정 척도	관찰법
③	체크리스트	면접법
④	체크리스트	관찰법

19 링크(J. Rink)의 내용 발달(Content Development)에 대한 설명으로 적절하지 <u>않은</u> 것은?

① 전달과제는 학습자에게 수업관련 정보를 전달하기 위한 기초적인 단계의 학습과제이다.
② 확대과제는 수업 중 배운 운동과제를 실제 삶에 적용시키기 위한 학습자의 모든 행동이다.
③ 세련과제는 전달된 운동 수행의 질을 향상시키는 것과 관련된 언어적 또는 비언어적 행동이다.
④ 응용과제는 학습자가 학습한 내용을 응용하여 실제 상황에서 다양하게 활용하는 것이다.

20 〈보기〉에서 김 코치가 추천한 스포츠교육 전문인의 성장 방식은?

> • 철　수 : 코치님 저도 코치님처럼 훌륭한 스포츠교육 전문가가 되고 싶습니다.
> • 김 코치 : 여러 가지 방법이 있겠지만, 선수시절 경험을 떠올려 정리하는 것이 중요하다고 생각해. 코칭 관련 책과 잡지를 읽으면서 다양한 지식을 얻는 것도 중요하고.

① 형식적 성장
② 의도적 성장
③ 비형식적 성장
④ 무형식적 성장

03 스포츠심리학

01 〈보기〉의 ㉠에 해당하는 스포츠심리학의 하위 분야는?

> • 농구에서 패스를 받은 포워드 선수는 적 수비진의 위치와 경기상황을 고려하여 외곽으로 빠지면서 수비수를 교란하기로 하였다.
> • (㉠) 분야에서는 운동선수가 경기상황에서의 여러 정보를 종합적으로 판단하여, 어떤 동작을 생성하고 조절하는지 그 원리와 법칙을 밝히는 데 목표를 둔다.

① 운동제어
② 운동발달
③ 운동심리학
④ 건강심리학

02 〈보기〉에서 경쟁불안을 증가시키는 요인으로만 나열된 것은?

㉠ 경기의 중요도 ㉡ 사람들의 높은 기대 ㉢ 높은 성취목표성향 ㉣ 능력에 맞는 목표

① ㉠, ㉡
② ㉠, ㉢
③ ㉡, ㉢
④ ㉢, ㉣

03 〈보기〉의 대화 내용 중 지도자의 설명과 관련된 불안 이론은?

• 철　수 : 코치님, 시합이 다가올수록 점점 더 긴장이 되어 잠이 오질 않습니다. • 김 코치 : 시합이 다가올수록 불안을 느끼는 것은 어찌 생각하면 당연한 거야. 중요한 것은 그 불안을 어떻게 해석할지란다. 시합을 조금 더 긍정적이고 희망적인 것으로 해석하도록 노력해보자. 넌 할 수 있단다.

① 욕구(추동) 이론
② 카타스트로피 이론
③ 최적수행지역 이론
④ 심리적 에너지 이론

04 스포츠 심리상담의 윤리규정으로 적절하지 않은 것은?

① 내담자를 인간으로서 존중해야 한다.
② 상담에서 서로 지켜야 할 규칙이나 여러 제한점들에 대해 내담자에게 미리 안내해야 한다.
③ 내담자 내면의 심리를 이끌어내기 위해서 사적인 관계를 깊게 맺는다.
④ 상담자는 자신의 능력, 소속기관의 사정 등으로 인해 상담을 지속할 수 없을 경우 타 상담자에게 의뢰해야 한다.

05 심리적 · 생리적 정보처리 이론에 대한 설명으로 적절하지 않은 것은?

① 자극 전제는 무엇을 상상할 것인지에 대한 내용을 설명해주는 것이다.
② 반응 전제는 심상의 결과로 일어나는 반응을 나타내는 것이다.
③ 심상은 기능적으로 조직되어 뇌의 장기 기억에 저장되어 있다고 전제한다.
④ 게임 종료 몇 초를 남겨두고 자유투 하는 것을 상상할 때, 손에 닿는 공의 느낌은 반응 전제에 해당한다.

06 〈보기〉에 제시된 내용과 관련된 반두라(A. Bandura)의 자기효능감 향상 요인은?

- 자신이 결승골을 넣어 승리한 경험이 많다.
- 시합 전에는 우승 장면을 자주 떠올린다.
- 자신이 판단하기에 자신의 기술이 과거보다 향상되었음을 느낀다.

① 성공경험
② 간접경험
③ 언어적 설득
④ 신체 · 정서상태 향상

07 〈보기〉에 해당하는 와이너(B. Weiner)의 귀인 범주를 바르게 나열한 것은?

농구선수 A는 경기에서 패배한 원인을 파악하다가 상대 팀의 실력이 자신의 팀보다 뛰어났음을 인정할 수밖에 없다고 결론지었다.

	안정성	인과성	통제성
①	안정적 요인	외적 요인	통제가능 요인
②	안정적 요인	외적 요인	통제불가능 요인
③	불안정적 요인	외적 요인	통제가능 요인
④	불안정적 요인	내적 요인	통제불가능 요인

08 〈보기〉의 빈칸에 적절한 이론은?

> (　　)에서는 도파민, 노르에피네프린과 세로토닌 등의 불균형이 우울증 발생에 핵심적인 역할을 한다고 보는데, 운동을 하면 신경원에 의한 신경전달 물질의 분비와 수용이 촉진되어 신경원 사이의 의사소통 기능이 향상된다고 보았다.

① 열발생 가설
② 모노아민 가설
③ 사회심리적 가설
④ 생리적 강인함 가설

PART 4

09 자기목표성향(Ego-goal Orientation)보다 과제목표성향(Task-goal Orientation)이 높은 선수의 특성으로 적절하지 <u>않은</u> 것은?

① 비교의 준거는 자기 자신이다.
② 실패하더라도 다시 도전할 가능성이 높다.
③ 실현 가능하면서도 약간 어려운 과제를 선택한다.
④ 평가 상황에서는 타인을 의식하여 수행능력이 저하될 수 있다.

10 〈보기〉의 운동 수행에 관한 예시를 가장 잘 설명하고 있는 이론은?

> 철수는 테니스 서비스 과정에서 퍼스트 서비스가 너무 길어 폴트가 된 것을 보았다. 그 후 시각 및 운동감각적 피드백을 활용하여 세컨드 서비스에서 공이 서비스 코트를 이탈하지 않도록 하였다.

① 생태학적 이론(Ecological Theory)
② 개방회로 이론(Open Loop Theory)
③ 폐쇄회로 이론(Closed Loop Theory)
④ 다이내믹시스템 이론(Dynamic Systems Theory)

11 **〈보기〉가 설명하는 자기결정성 이론(Self-determination Theory)의 동기 유형으로 가장 적절한 것은?**

> 민수는 야구에 흥미를 느끼고 스포츠클럽 활동을 시작했지만 시간이 지나 호기심이 사라지자 생각보다 재미가 없었다. 그만두고 싶었지만 고문 선생님과 친구들과 서먹해지거나 나쁜 소리를 듣기 싫어서 클럽 활동을 유지하고 있다.

① 무동기(Amotivation)
② 행동규제(Behavior Regulation)
③ 확인규제(Identified Regulation)
④ 의무감규제(Introjected Regulation)

12 **심리요인이 스포츠 수행에 미치는 영향과 관련된 연구주제로 적절하지 <u>않은</u> 것은?**

① 아동 성격발달에 미치는 무도 스포츠의 영향
② 자기효능감이 아동의 수영학습에 미치는 영향
③ 축구선수 불안 수준이 페널티 킥에 미치는 영향
④ 농구팀원 간의 유대감이 경기 성과에 미치는 영향

13 **운동발달의 기본 가정에 대한 설명으로 옳지 <u>않은</u> 것은?**

① 개인차가 존재한다.
② 불연속적인 과정이다.
③ 결정적 시기가 존재한다.
④ 전 생애에 걸쳐서 진행된다.

14 〈보기〉에서 설명하는 심리기술 훈련은?

> 사격선수인 A는 연습 때는 백발백중이란 말이 아깝지 않을 정도로 실력이 좋다. 그러나 실전 경기에서는 심리적 각성상태가 높아져 번번이 올림픽 출전권을 얻지 못하였다. 이에 A의 담당 스포츠지도사는 선수의 어깨와 가슴 등에 긴장도를 측정하는 감지기를 부착하여 불안감이 높아질 때 어깨 근육의 긴장도가 함께 증가하는 것을 시각적으로 보여주었다. 이를 통해 각성 조절능력을 높이도록 돕자 A선수는 탁월한 성적으로 꿈에 그리던 태극마크를 달고 올림픽에 출전하게 되었다.

① 심상 훈련(Imagery Training)
② 자생 훈련(Autogenic Training)
③ 바이오피드백 훈련(Biofeedback Training)
④ 점진적이완 훈련(Progressive Relaxation Training)

PART 4

15 운동 애착(Exercise Adherence)을 촉진하는 스포츠지도사의 전략으로 적절하지 않은 것은?

① 운동에 적절한 음악의 활용
② 가장 효과적인 운동을 지도자가 선정
③ 운동을 자극하는 의도적인 문구의 표어
④ 운동 참가에 대한 확실한 보상과 피드백

16 〈보기〉에서 대한축구협회가 활용한 행동수정 전략은?

> – 공고문 –
> 본 협회는 선수들의 학습권을 보장하기 위하여, 최저학력제를 시행합니다.
> 성적이 소정의 기준에 미달할 시 시행되는 제도에 따라 출전시간이 제한됩니다.
> 2023. 10. 26.
> 대한축구협회

① 정적강화 ② 부적강화
③ 정적처벌 ④ 부적처벌

17 매슬로(A. Maslow)가 제안한 욕구위계 이론에서 다른 욕구가 충족되었을 때 마지막에 나타나는 최상위 욕구는?

① 안전 욕구
② 소속 욕구
③ 생리적 욕구
④ 자아실현 욕구

18 캐론(A. V. Carron)의 응집력 모형에서 응집력과 관련이 있는 팀 요소가 아닌 것은?

① 팀의 능력
② 팀의 크기
③ 팀의 성과규범
④ 팀의 성취욕망

19 테니스를 배운 선수의 기술이 배드민턴을 배우는 과정에 도움이 될 수 있는지를 확인하는 검사로 적절한 것은?

① 전이검사(Transfer Test)
② 파지검사(Retention Test)
③ 수행검사(Performance Test)
④ 효율성검사(Efficiency Test)

20 〈보기〉의 빈칸에 적절한 용어는?

> 피해나 부상을 피하려고 하는 사람에게 피해나 상해를 입히기 위한 목적으로 가해지는 행동을 (　　)이라 하는데, 목표와 분노가 있었는지 여부에 따라 적대적 (　　)과 수단적 (　　)으로 나눌 수 있다.

① 호전성　② 공격성
③ 가학성　④ 위해성

04 한국체육사

01 **체육사 연구에서 활용하는 사료(史料) 중 분류가 가장 이질적인 것은?**

① 활인심방
② 무예도보통지
③ 대한민국 최초의 금메달
④ 태극기말소사건 당시의 신문

02 **〈보기〉의 ㉠, ㉡에 들어갈 알맞은 용어는?**

> 하늘에 감사를 드리기 위해서 부족국가에서 시행했던 행사를 제천행사라고 한다. 대표적인 제천행사에는 고구려의 (㉠), 신라의 (㉡) 등이 있다.

	㉠	㉡
①	가 배	동 맹
②	동 맹	10월제
③	동 맹	가 배
④	가 배	10월제

03 **〈보기〉의 빈칸에 들어갈 공통된 용어는?**

> 우리나라의 역사에서는 ( )을/를 매우 중요시한 경우가 많았다. 예를 들어, 삼국시대에는 고구려의 경당에서 ( )을/를 가르쳤다. 신라의 화랑도 역시나 ( )을/를 매우 중요시하였다. 또한 조선시대에 ( )은/는 무예의 훈련 수단이자 심신 수양의 교육적 수단으로 인정받았다.

① 검 술
② 축 국
③ 수 박
④ 활쏘기

04 〈보기〉에서 설명하는 화랑도의 신체 활동은?

> 신라 화랑도에서는 명산대천(名山大川)을 두루 돌며 야외활동을 하였는데, 이 과정에서 시(詩)와 음악을 비롯한 신체 수련활동이 이루어졌다.

① 수렵(狩獵)
② 궁술(弓術)
③ 편력(遍歷)
④ 기마술(騎馬術)

05 〈보기〉에서 설명하는 고려시대의 민속놀이는?

> • 주로 여자들에 의해 행해진 놀이이다.
> • 긴 널빤지 한가운데에 짚단이나 가마니로 밑을 괴고 양 끝에 한 사람씩 올라서서 마주보고 번갈아 뛰면서 즐기는 놀이이다.

① 저포(樗蒲)
② 축국(蹴鞠)
③ 추천(鞦韆)
④ 도판희(跳板戲)

06 신라 화랑에 대한 설명으로 옳지 않은 것은?

① 심신일체론에 바탕을 두었다.
② 단체활동을 통해 심신을 연마하였다.
③ 신체의 아름다움과 탁월성을 중요하게 여겼다.
④ 전투에서의 개인을 위한 계율로서 임전무퇴를 강조하였다.

07 〈보기〉에서 설명하는 고려 시대의 무예는?

- 맨손으로 하는 일종의 격투기
- 무신정권기 인재 선발의 중요한 수단

① 궁술(弓術)
② 각저(角觝)
③ 수박(手搏)
④ 격구(擊毬)

08 〈보기〉에서 설명하는 단체의 활동으로 옳은 것은?

- 1903년 '황성기독교청년회'라는 이름으로 창설된 단체이다.
- 외국인 선교사를 주축으로 근대스포츠를 도입, 보급하여 한국 근대스포츠 발전에 많은 영향을 미쳤다.
- 1910년 경술국치 이후에도 스포츠 보급 활동에 기여하였다.

① 제1회 전조선야구대회를 개최하였다.
② 초대회장은 아펜젤러(H. Appenzeller)였다.
③ 1916년 우리나라 최초의 체육관을 설립하였다.
④ 헐버트(H. Hulbert)에 의해 야구가 소개된 단체이다.

09 개화기 교육입국조서(教育立國詔書)가 반포된 이후의 체육사적 사실이 아닌 것은?

① 화류회 개최
② 한국 YMCA 설립
③ 원산학사 설립
④ 대한체육구락부 결성

10 개화기에 발생한 체육사적 사실이 아닌 것은?

① 관서체육회(關西體育會)가 전조선빙상대회를 개최하였다.
② 한국 최초의 여성 교육기관인 이화학당이 설립되었다.
③ 배재학당, 이화학당 등은 체조를 정규 교과과정에 편성하였다.
④ 선교사들이 미션 스쿨을 설립하고, 다양한 서구스포츠가 소개되었다.

11 〈보기〉의 ㉠~㉣을 연대순으로 바르게 연결한 것은?

㉠ 김연아가 동계올림픽 경기대회 피겨스케이팅 종목에서 금메달을 획득하였다.
㉡ 박찬숙이 로스앤젤레스 하계올림픽 경기대회 농구 종목에서 은메달을 획득하였다.
㉢ 기보배가 다카 아시아선수권대회 양궁 종목에서 금메달을 획득하였다.
㉣ 방수현이 애틀랜타 하계올림픽 경기대회 배드민턴 종목에서 금메달을 획득하였다.

① ㉣ → ㉠ → ㉡ → ㉢
② ㉡ → ㉣ → ㉠ → ㉢
③ ㉣ → ㉡ → ㉢ → ㉠
④ ㉡ → ㉠ → ㉣ → ㉢

12 개화기 배재학당에 대한 설명으로 옳은 것은?

① 스크랜턴(M. F. Scranton)에 의해 설립된 한국 최초의 사립 여성교육기관이다.
② 아펜젤러(H. G. Appenzeller)가 설립한 학교로 체육시간에 서구식 스포츠를 교수하였다.
③ 조선 정부가 영어교육을 위해서 세운 학교로 다양한 서구 근대 스포츠 문화를 소개했다.
④ 신세대에게 신지식을 교육하여 인재를 양성하기 위한 목표로 민간에 의해 설립된 한국 최초의 근대적 교육기관이다.

13 〈보기〉에서 설명하는 사립학교는?

• 1907년 도산 안창호에 의해 설립되었다.
• 구(舊) 한국군 출신이 체육교사로 부임하였다.
• 군대식 조련을 실시하였다.

① 대성학교 ② 오산학교
③ 배재학당 ④ 원산학사

14 개화기에 질레트(P. Gillette)가 도입한 스포츠를 모두 고른 것은?

㉠ 야 구 ㉡ 농 구 ㉢ 축 구 ㉣ 테니스

① ㉠, ㉡ ② ㉠, ㉢
③ ㉡, ㉣ ④ ㉢, ㉣

15 〈보기〉에서 설명하는 체육 단체는?

• 1989년 공익법인으로 설립되었다. • 체육지도자 국가자격시험을 전담하고 있다. • 국민체력100을 진행하고 있다.

① 대한체육회
② 문화체육관광부
③ 대한장애인체육회
④ 국민체육진흥공단

16 〈보기〉에서 설명하는 인물은?

• 한국에 배구를 최초로 도입하였다. • 실내 체육을 적극적으로 권장하였다. • 농구부를 설립하여 농구의 보급을 도왔다.

① 푸트(L. M. Foote)
② 질레트(P. L. Gillett)
③ 허치슨(W. D. Hutchinson)
④ 반하트(B. P. Barnhart)

17 남한과 북한이 최초로 남북단일팀을 구성하여 참가한 스포츠는?

① 축 구
② 탁 구
③ 태권도
④ 아이스하키

18 우리나라가 대한민국 국호를 걸고 참가한 최초의 하계올림픽 경기대회는?

① 1948년 런던 올림픽
② 1952년 헬싱키 올림픽
③ 1960년 로마 올림픽
④ 1964년 도쿄 올림픽

19 돌을 들고 싸우는 집단 놀이로, 변전 혹은 편싸움이라고도 하는 조선시대의 민속놀이는?

① 사희(柶戲)
② 석전(石戰)
③ 추천(鞦韆)
④ 삭전(索戰)

20 〈보기〉에서 설명하는 장소는?

> • 1955년 육군체육관으로 개관한 뒤 1963년에 본격적인 경기장으로 개보수되었다.
> • 국내 설계로 지은 한국 최초의 돔 경기장이다.
> • 2015년에 리모델링되어 노후화된 시설의 개선이 이루어졌다.

① 장충체육관
② 태릉선수촌
③ 동대문운동장
④ 효창운동장

05 운동생리학

01 운동훈련의 원리와 설명의 연결이 옳지 않은 것은?

① 과부하의 원리 – 신체의 적응능력 이상의 부하로 적응수준을 높여야 한다.
② 개별성의 원리 – 개인의 능력과 필요에 따라 운동의 종류나 강도를 조절해야 한다.
③ 특이성의 원리 – 운동 프로그램에는 다양하고 특이한 프로그램이 포함되어야 한다.
④ 가역성의 원리 – 운동으로 인해 초래된 인체의 변화는 훈련을 중지하면 운동 전의 상태로 돌아간다.

02 근섬유의 형태에 따른 특성으로 적절하지 않은 것은?

① 지근섬유는 붉은색을 띠고 있어 적근이라 한다.
② 지근섬유는 속근섬유에 비해 미토콘드리아 수가 많다.
③ 속근섬유는 지근섬유에 비해 무산소성 대사능력이 높다.
④ 속근섬유는 지근섬유에 비해 피로에 대한 저항성이 높다.

03 〈보기〉에서 설명하는 호르몬은?

• 혈당 조절에 관여한다. • 췌장의 알파세포에서 분비된다. • 운동 중에는 혈당 유지를 위해 빠르게 분비된다.

① 인슐린(Insulin)
② 글루카곤(Glucagon)
③ 알도스테론(Aldosterone)
④ 에피네프린(Epinephrine)

PART 4

04 **고강도 운동 중 젖산역치(LT)가 발생하는 원인으로 적절하지 않은 것은?**

① 근육 내 산소량이 감소하였기 때문이다.
② 속근섬유 사용률이 증가하였기 때문이다.
③ 코리사이클(Cori Cycle)이 증가하였기 때문이다.
④ 무산소성 해당과정 의존율이 증가하였기 때문이다.

05 **호흡교환율(Respiratory Exchange Ratio ; RER)에 대한 설명으로 적절하지 않은 것은?**

① RER은 운동 강도에 비례하여 증가한다.
② RER이 높아질수록 탄수화물의 사용률은 증가한다.
③ 탄수화물의 산화 시에는 지방이 산화할 때보다 더 많은 산소가 필요하다.
④ RER이 0.7일 때는 지방산인 팔미틱산(Palmitic Acid)을 거의 100% 사용한다.

06 **건강체력 요소가 아닌 것은?**

① 근 력
② 유연성
③ 순발력
④ 근지구력

07 **고지대에서 나타나는 생리적 변화로 적절하지 않은 것은?**

① 호흡수가 증가한다.
② 최대산소섭취량이 감소한다.
③ 운동 중 젖산 생성량이 증가한다.
④ 대기압이 낮아져 운동 능력이 증가한다.

08 운동 중 호흡교환율(Respiratory Exchange Ratio ; RER)이 〈보기〉와 같을 때의 설명으로 옳지 않은 것은?

호흡교환율(RER) = 1

① 에너지 대사의 주 연료로 탄수화물을 활용한다.
② 혈중 젖산 농도는 안정 시보다 낮게 나타난다.
③ VO_2Max 80% 이상의 고강도 운동을 수행하고 있다.
④ 에너지 대사의 연료로 지방은 거의 사용되지 않고 있다.

09 자율신경계의 기능에 대한 설명으로 옳은 것은?

① 골격근의 수의적 움직임을 조절한다.
② 신체의 내부 환경을 일정하게 유지한다.
③ 부교감신경계에서는 노르아드레날린이 분비된다.
④ 교감신경계가 활성화되면 심박수가 안정된다.

10 〈보기〉에 제시된 근수축 과정을 단계별로 바르게 나열한 것은?

㉠ ATP 분해에 따라 근세사 활주가 시작된다. ㉡ 축삭종말에서 아세틸콜린(ACh)이 방출된다. ㉢ 근형질세망(SR)에서 칼슘이온(Ca^{2+})이 분비된다. ㉣ 근육세포의 활동전위(Action Potential)가 발생한다.

① ㉠ → ㉡ → ㉣ → ㉢
② ㉡ → ㉣ → ㉢ → ㉠
③ ㉢ → ㉠ → ㉡ → ㉣
④ ㉣ → ㉢ → ㉡ → ㉠

PART 4

11 〈보기〉의 빈칸에 들어갈 내용으로 적절하지 않은 것은?

> 비훈련자가 운동을 하게 되면 최대강도까지 운동 강도에 비례하여 (　　)이/가 증가한다.

① 심박수
② 심박출량
③ 1회 박출량
④ 동–정맥 산소차

12 〈보기〉에 제시된 운동단위(Motor Unit)에 대한 설명 중 옳은 것을 모두 고른 것은?

> ㉠ 하나의 운동신경과 그것이 지배하는 근육섬유들로 정의된다.
> ㉡ 운동신경에 연결된 근섬유의 수가 많으면 큰 힘을 내기에 유리하다.
> ㉢ 단일운동신경에 연결된 근섬유의 수가 적은 근육은 정교한 움직임에 적합하다.

① ㉠
② ㉠, ㉡
③ ㉡, ㉢
④ ㉠, ㉡, ㉢

13 운동 종목에 따른 근섬유 유형 및 에너지 대사에 관한 설명으로 옳은 것은?

① 역도 선수는 Type Ⅱ의 근섬유를 많이 가지고 있다.
② 100m 달리기 선수는 VO_2max 약 50% 수준으로 훈련해야 한다.
③ 장대높이뛰기 선수는 경기 시 유산소성 대사를 주로 사용한다.
④ 마라톤 선수는 경력이 쌓일수록 크레아틴키나아제의 활성도가 높아진다.

14 운동 시 인체의 호르몬 반응에 대한 설명으로 옳지 않은 것은?

① 성장호르몬(Growth Hormone)은 단백질 합성, 간의 당신생, 지방산 동원을 증가시킨다.
② 코르티솔(Cortisol)은 급격하게 작용하여 운동이 종료되면 그 효과가 사라진다.
③ 에피네프린(Epinephrine)은 운동 시간이 지속됨에 따라 지속적으로 증가한다.
④ 글루카곤(Glucagon)이 증가하여 혈당량이 높아진다.

15 에피네프린에 대한 설명으로 적절하지 않은 것은?

① 운동 중 탈수를 방지한다.
② 심박수와 심근의 수축력을 증가시킨다.
③ 운동 시 부신수질로부터 분비가 촉진된다.
④ 간과 근육의 글리코겐 분해를 촉진시킨다.

16 다음 중 지방의 형태와 특성이 적절하게 연결된 것은?

① 인지질 - 근육의 에너지원으로 사용된다.
② 지방산 - 지방세포와 골격근세포의 형태로 저장된다.
③ 글리세롤 - 간에서 신생 반응하여 포도당과 합성된다.
④ 중성지방 - 성호르몬인 에스트로겐, 프로게스테론 등의 합성에 이용된다.

17 근방추에 대한 설명이 아닌 것은?

① 골격근에서 발견된다.
② 근육의 길이를 감지한다.
③ 근육 수축으로 생기는 장력 변화를 감지한다.
④ 근육의 급격한 신전 시 반사적 근육활동을 촉발시킨다.

18 〈보기〉에서 운동 후 초과산소섭취량(Excess Post-exercise Oxygen Consumption ; EPOC)을 발생시키는 원인을 모두 고른 것은?

㉠ 운동 중 상승한 혈압 감소 ㉡ 운동 중 증가한 젖산 제거 ㉢ 운동 중 강하한 체온 상승 ㉣ 운동 중 증가한 산소 제거

① ㉠, ㉡ ② ㉠, ㉢
③ ㉡, ㉣ ④ ㉢, ㉣

19 운동 시 동-정맥 산소차에 대한 설명으로 옳은 것은?

① 고강도 운동의 경우 동-정맥 산소차가 감소된다.
② 동-정맥 산소차가 감소되면 지구력이 증가한다.
③ 동-정맥 산소차와 근육세포의 산소소비량은 서로 비례한다.
④ 골격근의 모세혈관 분포가 증가하면 동-정맥 산소차는 감소한다.

20 고온 환경에서 운동 시 나타나는 인체의 생리적 반응으로 옳지 않은 것은?

① 심박수 증가
② 땀 분비 증가
③ 피부혈관 혈류량 감소
④ 열충격 단백질 생성 증가

06 운동역학

01 운동역학 연구의 주된 목적이 아닌 것은?

① 운동 용기구의 개발 및 평가
② 멘탈 및 인지 강화 프로그램의 구성
③ 역학적 이해를 통한 스포츠 동작의 효율성 극대화
④ 스포츠 상황에서 역학적으로 발생하는 상해 원인 분석

02 농구 수행에 관한 변인 중 벡터(Vector)양에 해당하지 않는 것은?

① 농구공의 가속도
② 농구공의 체공시간
③ 농구공에 가해진 힘
④ 농구공의 위치에너지

03 해부학적 자세(Anatomical Position)에서 방향용어의 표현으로 적절하지 않은 것은?

① 코는 귀의 내측(Medial)에 위치한다.
② 어깨는 목의 외측(Lateral)에 위치한다.
③ 가슴은 머리의 상부(Superior)에 위치한다.
④ 엉덩이는 가슴의 하부(Inferior)에 위치한다.

04 농구선수가 슛을 위한 점프 동작을 할 때 신체의 위치에너지에 대한 설명으로 옳은 것은(단, 공기 저항은 무시함)?

① 위치에너지는 점프 높이와 무관하게 일정하다.
② 위치에너지는 발이 바닥에 닿을 때 최대가 된다.
③ 위치에너지는 신체 상승 운동의 중간 지점에서 최대가 된다.
④ 위치에너지는 상승 운동을 한 신체의 운동방향이 바뀌기 직전에 최대가 된다.

PART 4

05 인체의 좌우축을 중심으로 전후면(시상면)에서 발생하는 관절운동이 아닌 것은?

① 굴곡(Flexion)
② 신전(Extension)
③ 외전(Abduction)
④ 회내(Pronation)

06 〈그림〉에서 아령을 위로 들어 올리는 순간에 적용되는 지레는?

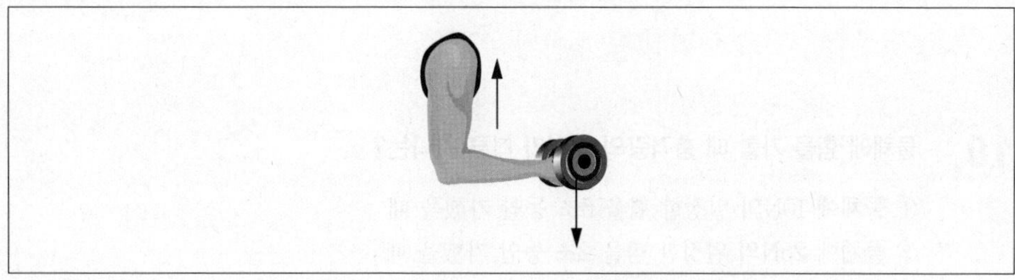

① 1종 지레
② 2종 지레
③ 3종 지레
④ 1종과 2종 지레의 혼합

07 **인체의 운동분석을 운동학(Kinematics)과 운동역학(Kinetics)으로 나눌 때, 이에 대한 설명으로 적절하지 않은 것은?**

① 운동학 – 가속에 영향을 받는 시스템을 연구한다.
② 운동학 – 운동의 변위, 속도, 가속도 등을 기술한다.
③ 운동역학 – 운동의 원인이 되는 힘을 측정한다.
④ 운동역학 – 운동에 관한 신체 움직임 원리와 효과를 연구한다.

08 **운동의 종류에 대한 설명으로 옳지 않은 것은?**

① 철봉 대차돌기는 복합운동 형태이다.
② 던져진 농구공의 무게중심은 선운동을 한다.
③ 인체의 관절운동은 대부분 회전운동으로 이루어진다.
④ 100m를 전력으로 달리는 선수의 무게중심은 병진운동을 한다.

09 **'마찰'에 대한 설명으로 옳은 것은?**

① 마찰력은 저항력 또는 추진력으로 작용하기도 한다.
② 마찰계수는 접촉면의 형태와 성분과 관계없이 동일하다.
③ 마찰력의 크기는 접촉면에 가한 수직 힘의 크기에 반비례한다.
④ 마찰력은 접촉면과 평행하게 작용하며 물체의 운동 방향으로 작용한다.

10 **물체에 힘을 가할 때 충격량의 크기가 다른 하나는?**

① 물체에 10N의 일정한 힘을 5초 동안 가했을 때
② 물체에 25N의 일정한 힘을 2초 동안 가했을 때
③ 물체에 50N의 일정한 힘을 1초 동안 가했을 때
④ 물체에 100N의 일정한 힘을 2초 동안 가했을 때

11 **인체의 무게중심에 대한 설명으로 옳지 않은 것은?**

① 무게중심은 회전력의 합이 '0'인 지점이다.
② 무게중심이 인체 외부에 존재할 수도 있다.
③ 무게중심이 낮을수록 인체의 안정성이 높아진다.
④ 모든 스포츠 종목은 무게중심을 낮춰 안정성을 높이는 것이 중요하다.

12 **다이빙 공중 동작을 할 때 신체의 좌우축에 대한 회전속도(각속도)의 크기가 가장 큰 동작으로 적절한 것은? (단, 각운동량은 동일함)**

① 두 팔과 두 다리 모두 편 자세
② 두 팔과 두 다리를 동시에 몸통 쪽으로 모으는 자세
③ 두 다리를 쫙 펴고 두 팔은 몸통 쪽으로 모으는 자세
④ 두 팔을 편 상태에서 두 다리만 몸통 쪽으로 모으는 자세

13 **걷기 동작에서 측정되는 지면반력(Ground Reaction Force)에 대한 설명으로 옳지 않은 것은?**

① 지면반력기로 측정 가능하다.
② 발이 지면에 가하는 근력과 동일한 수치이다.
③ 뉴턴의 작용-반작용 법칙으로 설명할 수 있다.
④ 지면이 신체에 가하는 압력에 대한 반작용을 측정한 값이다.

14 **근전도(Electromyography ; EMG) 분석에 대한 설명으로 옳지 않은 것은?**

① 운동학적 변인을 측정하는 것이다.
② 근육의 동원 순서를 확인할 수 있다.
③ 운동선수의 상해 방지를 위해 활용할 수 있다.
④ 운동 시의 근전도 분석에는 삽입전극보다 표면전극이 적합하다.

15 〈보기〉의 ㉠, ㉡에 알맞은 내용으로 바르게 나열된 것은?

> 신장성 수축(Eccentric Contraction)은 근육군에 의해 발휘되는 (㉠)가 외력에 의한 (㉡)보다 작아서, 근육이 길어지며 발생하는 수축형태이다.

	㉠	㉡
①	힘 모멘트	저항 모멘트
②	힘 모멘트	관성 모멘트
③	회전 모멘트	저항 모멘트
④	회전 모멘트	관성 모멘트

16 일과 일률을 계산하는 공식으로 옳지 않은 것은?

① 일 = (작용한 힘) × (힘 방향의 변위)
② 일 = (작용한 힘) ÷ 시간
③ 일률 = 일 ÷ 시간
④ 일률 = (작용한 힘) × (힘 방향의 속도)

17 운동 상황에서 운동량 보존과 전이에 대한 설명으로 옳지 않은 것은(단, 공기저항은 무시함)?

① 높이뛰기 상황에서 이륙 후 인체의 총 각운동량은 일정하게 유지된다.
② 체조 도마의 제2비약에서 상 · 하체 각운동량의 합은 일정하지 않다.
③ 테니스 라켓의 속도는 라켓을 휘두르는 팔의 각운동량이 전이되어 발생한다.
④ 축구의 인프런트킥에서 몸통의 각운동량은 하지로 전이되어 발끝 속도에 영향을 준다.

18 다음은 투수가 야구공을 톱스핀으로 회전시켜 커브볼을 던졌을 때 야구공의 운동을 그림으로 표현한 것이다. 이에 대한 설명으로 옳지 않은 것은?

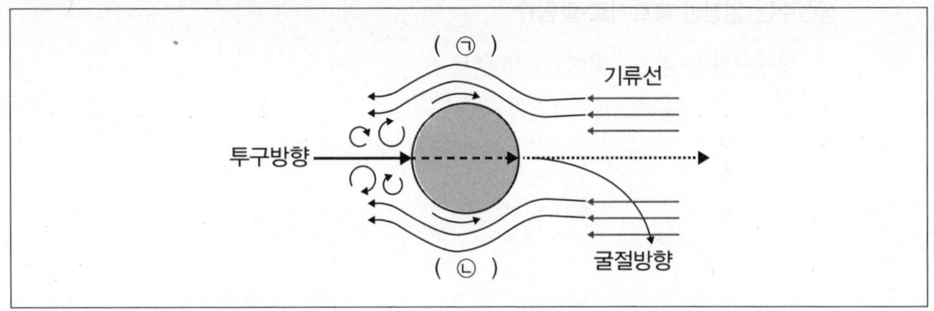

① ㉠은 기류감속이 나타날 것이다.
② ㉡은 기류가속이 나타날 것이다.
③ 회전 방향은 직구와 반대 방향일 것이다.
④ 베르누이의 원리에 따라 ㉠은 저기압대가 될 것이다.

PART 4

19 300N 덤벨을 정지 상태에서 위로 들어 올린 후 다시 정지시키는 암컬 동작에서 바벨에 가한 시간–수직 힘크기 그래프로 가장 적절한 것은?

①
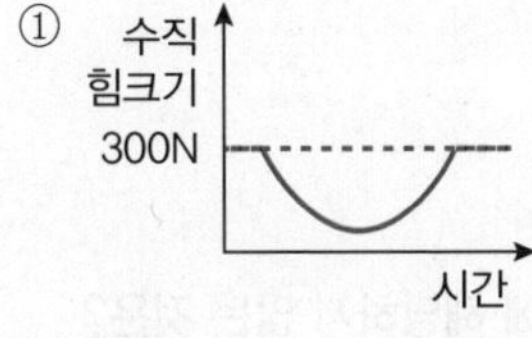

②
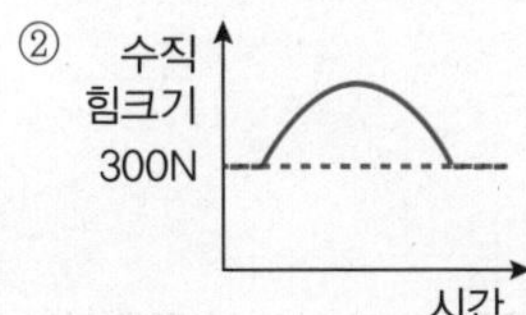

③
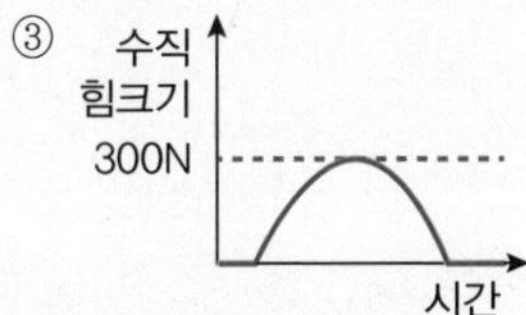

④
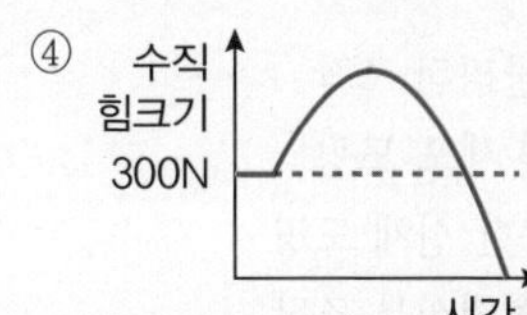

20 400m 원형트랙 한 바퀴를 50초에 달리는 육상선수가 400m 원형트랙을 두 바퀴 달릴 때, 평균속도와 평균속력의 예측 값으로 가장 적절한 것은(단, 출발점과 도착점의 위치는 같으며, 육상선수는 일정한 빠르기로 달림)?

	평균속력(m/s)	평균속도(m/s)
①	0	8
②	0	0
③	8	0
④	8	8

07 스포츠윤리

01 스포츠윤리학의 이론적 토대가 되는 개념을 바르게 묶은 것은?

① 도덕 – 윤리 – 선
② 관습 – 규칙 – 법률
③ 인성 – 경쟁 – 승리
④ 가치 – 인성 – 교육

02 스포츠와 인권에 대한 설명으로 적절하지 않은 것은?

① 대한민국 헌법 제10조와 관련이 있다.
② 최저학력제는 학생선수의 학습권을 위한 제도이다.
③ 학생선수의 인권을 보호하기 위하여 정기적으로 합숙훈련을 해야 한다.
④ 스포츠지도 중 발생하는 폭력 역시 스포츠 선수의 인권을 경시한 사례이다.

03 세계반도핑규약(WADC)에서 규정하고 있는 도핑 금지방법에 해당하지 않는 것은?

① 화학적, 물리적 조작
② 유전자 및 세포 도핑
③ 침술을 통한 신체 도핑
④ 혈액 및 혈액성분 조작

04 〈보기〉에서 B의 윤리적 입장에 대한 설명으로 적절하지 않은 것은?

> • A : 스포츠윤리는 선수들이 규칙과 도덕적 원리만 따르면 확립될 수 있다.
> • B : 아니다. 스포츠윤리에서 중요한 것은 도덕적 원리보다는 행위자의 내면적 품성과 도덕적 행위의 실천이다.

① '어떻게 살아야 하는가'에 중점을 둔다.
② 초점을 행위 주체가 아닌 행위 자체에 둔다.
③ 인간에게 내재되어 있는 감정을 도덕적 동기로 인정한다.
④ 인간 내면의 도덕성의 근원과 개인의 인성을 중요시한다.

05 〈보기〉의 ㉠, ㉡에 알맞은 용어는?

> ㉠ – 심판 개인의 공정성, 청렴성 등
> ㉡ – 협회나 기구의 도덕성

	㉠	㉡
①	개인윤리	사회윤리
②	책임윤리	심정윤리
③	덕윤리	의무윤리
④	배려윤리	공동체윤리

06 〈보기〉에서 (가)의 상황과 동일한 윤리적 입장으로 볼 수 있는 내용을 (나)에서 찾아 바르게 묶은 것은?

> (가) 레드팀과 블루팀의 농구경기는 종료 2분을 남겨두고 있다. 레드팀은 1점차로 지고 있고 팀파울에 걸려있다. 블루팀 선수가 공을 잡자 레드팀의 선수들은 고의적으로 반칙을 하여 공격기회를 얻기 위해 노력하였다.
>
> (나)
> ㉠ 스포츠 상황에서는 팀 승리 및 사기 진작을 위한 위반으로 용인될 수 있다.
> ㉡ 목적이 그릇된 행동이므로 결과와 관계없이 옳지 않다.
> ㉢ 팀원과 팀을 응원하는 관중에 대한 보답을 위한 행위로 볼 수 있다.
> ㉣ 규칙을 위반하는 행위는 형식주의적 관점에서 정당화될 수 없다.

① ㉠, ㉢　　② ㉠, ㉣
③ ㉡, ㉢　　④ ㉡, ㉣

07 〈보기〉에서 설명하는 롤스(J. Rawls)의 '정의의 원칙'으로 가장 적절한 것은?

> 스포츠 선수는 그 선수의 인종, 성별, 국적 등의 요소가 아닌 온전히 실력으로 평가받아야 한다. 동일한 실력의 선수라면 동일한 기회를 얻어야 마땅하다.

① 자유의 원칙
② 차등의 원칙
③ 원초적 원칙
④ 기회균등의 원칙

08 〈보기〉의 상황과 관련된 학자와 이론이 바르게 연결된 것은?

> 학생선수 A는 평소 모범적인 생활을 하고 있다. 수업 시간에 집중하며, 교칙을 준수하며 같은 반의 몸이 불편한 친구를 위해 가방을 들어주기도 한다. 하지만 야구 경기에서는 상대 선수를 심판 모르게 공격하는 등의 반칙을 하거나 상대 선수를 배려하지 않고 팀의 이익을 위해 행동하는 팀 분위기에 동화되고 있다.

① 베버(M. Weber) – 책임윤리
② 요나스(H. Jonas) – 책임윤리
③ 니부어(R. Niebuhr) – 사회윤리
④ 나딩스(N. Noddings) – 배려윤리

09 〈보기〉에서 설명하는 스포츠에 대한 입장으로 적절한 사상가는?

> 승리 지상주의와 이로 인한 선수의 신체소외 현상은 매우 심각한 수준에 이르렀다. 이를 해결하기 위해서는 자신을 낮추고 겸양과 배려로 상대를 대해야 한다. 스포츠윤리의 발현은 인위적 제도나 구속을 통해 발현되는 것이 아니다. 인위를 최소화하고 스포츠 자체를 통해 자연스럽게 발현되도록 할 때 스포츠윤리가 바로 설 것이다.

① 공자(孔子)
② 맹자(孟子)
③ 노자(老子)
④ 순자(荀子)

10 **다음 중 규제적 규칙(Regulative Rules)을 위반한 행위가 아닌 것은?**

① 야구 선수가 스테로이드를 복용하여 실력을 향상시키는 행위
② 태권도 선수가 타격이 없어도 점수가 오르도록 전자호구를 조작하는 행위
③ 사이클 선수가 경기에서 승리하기 위하여 자전거에 전동 모터를 달아 개조하는 행위
④ 수영 선수가 외관상 좋지 않은 화상자국을 가리고자 전신 수영복을 입고 출전하는 행위

11 **레스트(J. Rest)의 도덕성 4구성요소 모형을 스포츠윤리 교육에 적용한 내용으로 적절하지 않은 것은?**

① 도덕적 민감성(Moral Sensitivity) – 스포츠 상황에서 도덕적 딜레마를 지각하게 하는 것
② 도덕적 판단력(Moral Judgement) – 스포츠 상황에서 옳고 그름을 판단하게 하는 것
③ 도덕적 동기화(Moral Motivation) – 스포츠 상황에서 승패를 가장 우선 순위에 두게하는 것
④ 도덕적 품성화(Moral Character) – 스포츠 상황에서 장애 요인을 극복하여 실천할 수 있는 강한 의지, 용기, 인내 등의 품성을 갖게 하는 것

12 **의무론적 윤리이론의 난점으로 가장 적절한 것은?**

① 행위의 본질을 경시한다.
② 행위의 결과를 예측하기 어렵다.
③ 인간의 내적 동기에 소홀할 수 있다.
④ 서로 다른 도덕규칙이 상충될 수 있다.

13 〈보기〉의 (가)에 해당하는 윤리적 관점에서 제기할 수 있는 (나) 상황의 문제점으로 가장 적절한 것은?

> (가) 만약 한 존재가 고통이나 행복이나 즐거움을 느낄 수 없다면, 고려해야 할 것은 아무것도 없다. 이러한 것이 타자의 이익을 고려할 때, '쾌고감수능력'이라는 기준이 유일하게 옹호되는 이유이다.
> (나) 경마(競馬)는 일정 거리를 말을 타고 달려 그 빠르기를 겨루는 경기이다. 이를 위해 말들은 자신의 의지와 무관하게 고통스러운 훈련을 받고 비좁은 축사에 갇혀 살아가게 된다.

① 동물의 개성을 잘 활용해야 한다.
② 모든 생명은 도덕적 고려의 대상이다.
③ 동물도 이익에 맞는 동등한 대우를 받아야 한다.
④ 생태계 전체의 이익을 고려하여 모든 생명의 자율성을 존중해야 한다.

14 카유아(R. Caillois)가 구분한 놀이의 요소 중 경쟁성을 기반으로 하는 스포츠와 관련 있는 것은?

① 아곤(Agon)
② 알레아(Alea)
③ 일링크스(Ilinx)
④ 미미크리(Mimicry)

15 스포츠에서 나타나는 인종차별에 대한 내용으로 볼 수 <u>없는</u> 것은?

① 육상 경기에는 흑인의 폭발적인 하체가 유리하다.
② 여성선수를 탁월성보다 외모에 초점을 두고 보도한다.
③ 흑인선수는 수영에 적합하지 않은 신체조건을 가지고 있다.
④ 남아프리카공화국에서는 1960년까지 흑인선수의 올림픽 참가를 금지하였다.

16 〈보기〉의 대화에서 스포츠와 환경윤리에 대한 견해가 가장 이질적인 사람은?

> • A : 우리 집 근처에 스키장이 생겼으면 좋겠어. 스키장이 너무 멀어서 불편해.
> • B : 스키장 건설은 환경을 파괴하는 행위야. 그래서 나는 환경파괴가 없는 서핑이 좋더라.
> • C : 나는 동물과 함께하는 것이 좋아서 주말마다 승마를 하러 가.
> • D : 나는 쾌적한 환경이 좋아서 집 앞 센터에서 요가를 하고 있어.

① A　　② B
③ C　　④ D

17 관중폭력에 대한 설명으로 적절하지 않은 것은?

① 경기 시설물의 파괴도 관중폭력에 해당한다.
② 경기장의 온도가 높으면 관중폭력이 발생할 확률이 줄어든다.
③ 선수에 대한 모욕적인 비난도 넓은 의미에서 관중폭력에 해당한다.
④ 관중폭력의 실제 사례에는 축구팬의 훌리거니즘(Hooliganism)이 있다.

18 〈보기〉의 대화에서 ㉠, ㉡에 들어갈 학교체육진흥법과 관련된 용어가 바르게 나열된 것은?

> ㉠ – 일정 수준의 학력기준에 도달하지 못한 선수의 출전권을 제한하는 것
> ㉡ – 원하는 것을 배우고, 이를 위해서 필요한 교육을 요구할 권리

	㉠	㉡
①	최저학력제	학습권
②	기초학력제	학습권
③	최저학력제	교육권
④	기초학력제	교육권

19 **〈보기〉의 ㉡이 ㉠에 대해 제기할 수 있는 반론으로 가장 적절한 것은?**

> ㉠ 인(仁), 의(義), 예(禮), 지(智)가 도덕적 성향의 토대가 되면, 윤리적 사고가 필요한 상황에서 자연스럽게 실천적 행위가 가능할 것이다.
> ㉡ 무릇 도(道)는 실재한다는 확실한 믿음이 있지만, 인위적인 행함이 없고, 그 형체도 없다. 마음으로 전할 수는 있으나, 형체가 있는 것처럼 주고받을 수는 없다.

① 내면의 윤리성이 자연스럽게 발현되도록 겸양과 배려가 필요하다.
② 법적인 규제를 통해 사람들이 넘어진 선수를 돕도록 이끌어야 한다.
③ 지속적인 교육으로 도덕성을 발현시켜 넘어진 선수를 돕도록 만들어야 한다.
④ 도덕적 행위 자체가 목적이 되도록 행동한다면 모든 사람이 넘어진 선수를 돕게 될 것이다.

20 **〈보기〉의 내용을 가장 잘 설명할 수 있는 개념과 학자가 바르게 연결된 것은?**

> 스포츠계에서는 오랫동안 폭력이 지속되고 있다. 아무런 죄책감 없이 습관처럼 행해지는 이런 폭력이 악한 의지나 악마와 같은 동기를 바탕으로 하지는 않는다. 그보다는 폭력에 길들여진 위계질서와 문화가 폭력을 폭력으로 인식하지 못하게 하고, 평범한 개인이 이러한 사회구조에 대한 의문을 가지지 않는 사유(思惟)의 부재로 인해 폭력적이고 억압적인 행위가 지속된다.

① 본능 – 로렌츠(K. Lorenz)
② 분노 – 아리스토텔레스(Aristoteles)
③ 책임의 원칙 – 한스 요나스(H. Jonas)
④ 악의 평범성 – 한나 아렌트(H. Arendt)

2회 최종모의고사

정답 및 해설 p.598

01 스포츠사회학

01 스포츠계층의 특성 중 다음 〈보기〉에서 설명하는 것은?

> • 스포츠계층은 사회적 상황에 따라 다르게 형성된다.
> • 대표적인 예시로는 운동선수의 연봉계약이 있다.

① 사회성
② 고래성
③ 보편성
④ 다양성

02 스포츠사회학을 적용한 연구과제로 옳지 않은 것은?

① 운동부 집단이 갖는 공통의 성격연구
② 운동 수행이 사회적 · 심리적 스트레스 감소에 미치는 영향
③ 올림픽 개최가 스포츠 참가에 미치는 영향
④ 경제적 지위에 따른 스포츠 참가 유형 차이

03 다음 중 스포츠사회학의 미시적 연구영역에 해당되는 것은?

① 종교와 스포츠를 통한 의식의 경험
② 대학 및 중등학교에 스포츠가 미치는 영향
③ 계층이동의 요인으로서의 스포츠 영향
④ 승리와 사기와의 관계

04 **스포츠일탈에 대한 설명으로 옳지 않은 것은?**

① 현재의 일탈은 다음 세대의 규범으로 확립되기도 한다.
② 국가 차원에서 벌어지는 도핑은 조직적 일탈에 해당된다.
③ 낙인 이론에 의하면, 일탈은 규범이 붕괴하여 발생한 가치관의 혼란이 원인이다.
④ 시간이나 장소, 사회적 상황, 평가하는 사람에 따라 다양하게 평가된다.

05 **스포츠 세계화의 변화 경향으로 옳은 것은?**

① 스포츠가 행해지는 공간적 거리가 더욱 중요해진다.
② 스포츠정보를 거래하는 데 드는 비용과 시간보다 장소들 간의 절대적 거리가 더 중요하다.
③ 다양한 다국적 스포츠 기업들이 성장하고 있다.
④ 국제스포츠 경쟁에서 국가 간의 경쟁은 점점 커지고 있다.

06 **부르디외(P. Bourdieu)가 정의한 자본의 개념과 설명이 바르게 연결된 것은?**

① 경제자본 – 가족에 의해 전수되거나 교육체계에 의하여 생산되는 자본 유형
② 사회자본 – 사회적 관계의 망을 획득하고 유지하기 위해 동원될 수 있는 자원
③ 문화자본 – 경제자본, 사회자본을 정당한 것으로 승인하여 인위적이고 자의적인 질서를 정당화하는 사회적 의미관계
④ 상징자본 – 재산, 소득 등과 같은 화폐를 매개로 하는 모든 물적 자원의 형태

07 **다음 〈보기〉의 사례에 해당하는 스포츠 참가 유형은?**

> 대학생 A는 주기적으로 참가하던 축구 동호회 활동에 푹 빠진 나머지 학업보다 동호회 활동을 중시하고 있다. 결국 잦은 축구 동호회 활동으로 인하여 학사경고를 받게 되었다.

① 일상적 참가
② 주기적 참가
③ 일차적 일탈 참가
④ 이차적 일탈 참가

08 **스포츠가 미디어에 미치는 영향이 아닌 것은?**

① 매체의 스포츠 의존도 증대
② 스포츠 보도 위상 향상
③ 방송기술의 발달
④ 경기 스케줄 변경

09 **스포츠 세계화에 대한 설명으로 적절하지 않은 것은?**

① 스포츠 세계화는 보편적인 현상으로, 선사시대 때부터 나타났다.
② 스포츠 세계화는 스포츠의 탈영토화를 의미한다.
③ 스포츠 세계화는 스포츠 소비문화의 측면에서도 이루어지고 있다.
④ 스포츠 세계화는 스포츠가 내재한 가치를 전 세계에 전파하는 데 기여하였다.

PART 4

10 **스포츠 탈사회화와 재사회화 과정에 대한 설명으로 옳지 않은 것은?**

① 운동선수의 은퇴는 스포츠 탈사회화의 사례이다.
② 스포츠 탈사회화를 겪은 모든 선수는 스포츠 재사회화 과정을 경험한다.
③ 교육수준이 높아, 재취업의 기회가 많은 운동선수일수록 자발적 은퇴를 선택할 가능성이 높다.
④ 스포츠 탈사회화에 영향을 미치는 요인에는 환경, 취업, 정서 등이 있다.

11 **계층별 스포츠 참가에 대한 설명으로 옳지 않은 것은?**

① 스포츠 참가의 형태는 경제적 계층의 영향을 받는다.
② 상류계층은 직접 스포츠에 참가하는 것보다 관람스포츠를 선호한다.
③ 상류계층이 주로 즐기는 스포츠에는 골프나 테니스 등이 있다.
④ 상류계층은 특정 종목을 강조하는 분위기의 영향을 받아 해당 종목을 익히기도 한다.

12 스포츠 폭력에 대한 정의가 옳은 것은?

① 행동적 정의 – 상대에게 해를 가할 목적의 행위
② 동기적 정의 – 의도보다 결과에 초점
③ 적대적 공격 – 행위의 결과를 중시
④ 도구적 공격 – 승리, 보상, 위광을 위한 외적 목표 추구 행위

13 스포츠와 미디어의 관계에 대한 설명으로 옳지 않은 것은?

① 미디어는 스포츠의 이윤 극대화에 도움을 주었다.
② 미디어는 광고를 많이 싣기 위해서 경기 규칙을 변경하기도 한다.
③ 스포츠 중계를 위해서 미디어 촬영 기법 등이 발전하기도 한다.
④ 미디어가 스포츠 중계에 참여하면서, 전통스포츠의 강세가 두드러지게 나타났다.

14 학원스포츠의 정상화를 위한 정책으로 적절하지 않은 것은?

① 초 · 중학교 상시 합숙제도
② 주말리그제 시행
③ 학교운동부 운영 투명화
④ 최저학력기준 설정

15 다음 〈보기〉에서 설명하는 계층이동 유형은?

20세에 프로팀에 처음 입단했을 때 후보였던 선수가 45세에 코치나 감독이 되었다.

① 수평이동
② 수직이동
③ 집단이동
④ 세대 간 이동

16 스나이더(E. Snyder)와 스프라이처(E. Spreitzer)가 제시한 스포츠 개입의 과정에서 개입의 요소가 아닌 것은?

① 내적 만족
② 외적 만족
③ 투자의 자발성
④ 스포츠의 정체감

17 솔턴(R. Thorton)과 나르디(P. Nardi)가 제시한 스포츠 역할의 사회화 단계에 대한 설명이 적절하지 않은 것은?

① 예상 단계 – 고정된 기대
② 공식적 단계 – 공식적 · 형식적인 기대
③ 비공식적 단계 – 타인의 기대에 걸맞은 역할 수행
④ 개인적인 단계 – 자신의 역할 기대와 개념을 스스로 부여하고 수정함

18 다음 중 탈사회화의 원인이 아닌 것은?

① 운동 기능의 저하
② 새로운 직업에 대한 두려움
③ 재정적 상황의 악화
④ 운동선수의 교육수준 증가

19 랜더스(D. Landers)와 크럼(T. Crum)이 제시한 스포츠 집단의 특성이 아닌 것은?

① 과업 수행을 위한 개인행동
② 집단 성원으로서 가지는 일체감
③ 사회적으로 연계된 역할 및 지위의 체계
④ 집단 성원들 사이에 존재하는 일치된 동질감

20 다음 〈보기〉에서 설명하는 저널리즘의 유형은?

비공개된 정보 등을 발표 · 보도하겠다고 위협하거나, 이를 통해 이익을 얻기 위한 목적으로 이루어진다.

① 하이프 저널리즘(Hipe Journalism)
② 옐로 저널리즘(Yellow Journalism)
③ 뉴 저널리즘(New Journalism)
④ 블랙 저널리즘(Black Journalism)

02 스포츠교육학

01 문제해결 중심 지도에 활용할 수 있는 체육수업 모형 또는 방식으로 가장 적절한 것은?

① 직접교수 모형
② 탐구수업 모형
③ 적극적 교수법
④ 상호학습형 스타일

02 스포츠교육학의 정의로 옳지 않은 것은?

① 스포츠를 통해 삶의 의미를 추구하는 신체 활동을 연구 대상으로 한다.
② 스포츠를 교육적인 수단으로 여기며, 실천의 영역은 학교 현장에 제한된다.
③ 교육적 관점에서 모든 연령층의 신체 활동을 다루는 교육학의 하위분야이다.
④ 신체 기능의 향상뿐만 아니라 스포츠교육을 통한 인성교육도 연구 대상에 포함된다.

03 다음 〈보기〉에서 괄호 안에 들어갈 교육 이론은?

> (　　)(은)는 신체와 정신이 서로 분리될 수 없다고 주장하였다. 이에 따라 모든 교육적 활동은 지적, 도덕적, 신체적 결과를 동시에 가져와야 한다는 것을 강조하였는데, 이로 인해 '체조 중심의 체육'이 '신체를 통한 교육'으로 교육 패러다임이 변화하였다.

① 진보주의 교육이론
② 자유주의 교육이론
③ 문화주의 교육이론
④ 현상학적 교육이론

PART 4

04 다음 〈보기〉에서 설명하는 모스턴(M. Mosston)의 교수 스타일 유형으로 옳은 것은?

> • 교사의 역할은 과제활동 전 · 중 · 후의 모든 사항을 결정하는 것이다.
> • 학습자의 역할은 교사가 내린 결정 사항들에 대하여 교사가 지시하는 대로 따르는 것이다.

① 지시형 스타일
② 자기점검형 스타일
③ 연습형 스타일
④ 유도발견형 스타일

05 생활체육 분야에서 체육지도자의 자질 및 역할로 옳지 않은 것은?

① 스포츠 서비스를 통해 스포츠의 기능과 가치, 문화를 전파한다.
② 다양한 계층의 요구에 맞게 적절한 서비스를 제공한다.
③ 참여자가 지속적으로 스포츠 활동에 참여하도록 안내한다.
④ 스포츠 동기 유발을 위하여 지도자가 운동을 선택해주어야 한다.

06 다음 〈보기〉에서 설명하고 있는 슐만(L. Shulman)의 지식 유형은?

> • 체육 내용을 학생들이 잘 이해할 수 있도록 표현하고 공식화하는 방법
> • 체육교사가 청소년에게 배구 기본 기술을 지도하는 방법에 대한 지식

① 교육과정 지식
② 교육환경 지식
③ 내용교수법 지식
④ 내용 지식

07 다음 중 협동학습 모형의 단점이 아닌 것은?

① 소수의 학생이 팀에서 교사처럼 활동할 위험이 있다.
② 팀원 모두가 개념을 잘못 알고 있을 때 상황을 변경하기 어렵다.
③ 일부 학생은 자신에게 주어진 기회를 회피하는 경향을 보일 수 있다.
④ 교사가 수업의 주도권을 가지므로 학생의 창의성을 억제한다.

08 다음 〈보기〉에서 설명하는 지도기능 연습 방법은?

> 제한된 범주 안에서 한 가지 구체적인 내용으로 소수 학생을 대상으로 실제 수업을 해보는 방법

① 실제 교수
② 마이크로 티칭
③ 스테이션 교수
④ 1인 연습

09 **다음 〈보기〉의 내용을 포함하는 교육과정 개선의 관점은?**

> 교사는 능동적으로 교육과정에 관한 의사결정에 참여하고 변화를 시작하는 주도 세력이다. 교사는 이때 다양한 요인들(시간표, 다양성, 학생 수)을 함께 고려하여 처리한다.

① 기능적 관점
② 생태적 관점
③ 문화적 관점
④ 효율적 관점

10 **파괴적인 행동을 감소시키는 교수행동 중 다음 보기에서 체육교사 A가 사용한 것은?**

> 체육교사 A는 수업 진행 중 과하게 떠드는 학생을 의도적으로 불러 학습지를 가져오게 하였다.

① 신호간섭 ② 접근통제
③ 상규적 행동의 지원 ④ 비정한 제거

11 **다음 〈보기〉에서 국민체육진흥법(2025.1.1. 시행)에 따른 스포츠윤리센터에 관한 내용으로 옳지 않은 것은?**

> ㉠ 체육의 공정성 확보와 체육인의 인권보호를 위하여 스포츠윤리센터를 설립한다.
> ㉡ 스포츠윤리센터는 긴급보호가 필요한 가해자 및 피해자를 위한 임시보호시설을 운영할 수 있다.
> ㉢ 스포츠윤리센터는 대한체육회장이 감독한다.
> ㉣ 스포츠윤리센터는 승부조작 또는 편파판정 등 불공정에 관한 사항에 대한 신고 접수와 조사를 진행할 수 있다.

① ㉠, ㉡
② ㉠, ㉣
③ ㉡, ㉢
④ ㉢, ㉣

PART 4

12 **체육수업 모형 중 다음 〈보기〉에서 제시하고 있는 것은?**

> 둘 이상의 학생들이 교사 역할과 학습자의 역할을 번갈아 맡으며 협력하여 정해진 과제를 학습해 나가는 수업방법

① 직접교수 모형
② 협동학습 모형
③ 동료교수 모형
④ 전술게임 모형

13 **쿠닌(J. Kounin)이 제시한 예방적 수업운영 관련 교수기능 중 교사가 해야 하는 행동이 아닌 것은?**

① 집단 경각
② 동시 처리
③ 상황 파악
④ 모든 과제의 세분화

14 **다음 중 절대평가에 대한 설명이 아닌 것은?**

① 미리 정해놓은 준거와 비교하여 학습자의 성취도 수준을 평가한다.
② 개인의 목표성취 여부에 관심을 가진다.
③ 신뢰할 수 있는 기준을 설정하는 데 어려움이 있다.
④ 집단 내의 상대적인 서열을 중심으로 이루어진다.

15 **다음 중 탐구수업 모형의 특징이 아닌 것은?**

① 학생들이 논리적 사고과정을 통하여 그들의 질문이나 문제를 해결할 수 있도록 학습을 구조화한 수업방식이다.
② 학습자의 탐구과정이 크게 강화되기 때문에 교사의 격려가 필요하다.
③ 교사가 주도적으로 수업을 조직하고 운영하는 지도방법이다.
④ 스스로 깨우치도록 도와주고, 추론과정을 존중해야 한다.

16 체육지도자의 성장방법 중 비형식적 성장에 대한 설명으로 옳은 것은?

① 과거의 선수 경험, 비형식적인 멘토링, 실제적인 코칭 경험, 동료 코치나 선수들과의 대화에서 얻을 수 있다.
② 공식화된 교육기관 밖에서 행해지는 조직적인 학습의 기회로서, 비교적 단기간에 자발적으로 이루어진다.
③ 고도로 제도화되고 관료적이며, 교육과정에 의하여 조직된 교육으로 성적, 학위 또는 자격증을 부여한다.
④ 대규모로 기관에 의하여 이루어지는 특징을 가지고 있다.

17 운동선수를 대상으로 한 스포츠교육에 대한 설명으로 가장 옳은 것은?

① 강력한 훈련 프로그램을 실행하여 운동 능력을 최고로 높인다.
② 운동 과학의 지식을 발판으로 기능을 최대한 발휘할 수 있도록 한다.
③ 승리를 위해서 모든 수단과 방법을 동원하도록 지도해야 한다.
④ 참된 자신과 가능성을 깨닫고 삶 속에서 지속적으로 실천해 가도록 한다.

18 모스턴(M. Mosston)의 교수 스타일 중 다음 〈보기〉에서 설명하는 것은?

> • 학습자에게 정보나 방향을 제시하고 정보의 흐름을 조절
> • 정확한 시범이 중요하고 구체적이며 기준에 근거한 목표로 설정
> • 학습자의 개인차나 다양한 요구를 거의 수용 안 함

① 유도발견형
② 확산발견형
③ 연습형
④ 지시형

19 학교체육진흥법(2024.3.24. 시행)에 따른 학교운동부 운영에 관한 내용 중 옳지 않은 것은?

① 국가 및 지방자치단체는 예산의 범위에서 학교운동부 운영과 관련된 경비를 지원할 수 있다.
② 학교의 장은 학생선수의 학습권 보장 및 신체적·정서적 발달을 위하여 학기 중의 상시 합숙훈련이 근절될 수 있도록 노력하여야 한다.
③ 학교의 장은 학생선수가 최저학력에 도달하지 못한 경우에는 경기대회의 참가를 허용하여서는 안 된다.
④ 학교의 장은 원거리에서 통학하는 학생선수를 위하여 기숙사를 운영할 수 있다.

20 학교체육진흥법(2024.3.24. 시행)에 따른 학교체육 진흥의 조치의 내용이 아닌 것은?

① 학생선수의 운동권을 보장한다.
② 유아 및 장애 학생의 체육 활동을 활성화한다.
③ 비만 판정을 받은 학생에 대한 대책을 마련한다.
④ 교원의 체육 관련 직무연수를 강화하고 장려한다.

03 스포츠심리학

01 다음 〈보기〉의 내용은 무엇에 대한 설명인가?

> 스포츠상황에서 인간행동을 분석하고 이해하며, 통제하고 예측하기 위해 심리학의 다양한 방법 및 원리를 제공하는 것이다. 성격, 동기, 불안, 공격성, 집단응집성, 리더십, 사회적 촉진, 심리기술 훈련 등을 연구한다.

① 건강운동심리학
② 운동학습
③ 운동발달
④ 스포츠심리학

02 운동발달에 대한 설명으로 옳지 않은 것은?

① 성숙과 학습의 정도에 따라 발달이 이루어진다.
② 발달은 예언 가능한 순서로 일어난다.
③ 운동발달의 속도는 개인차가 있다.
④ 연습과 경험에 의해서 나타난다.

03 적정수준 이론에 대한 설명으로 옳은 것은?

① 불안과 수행의 관계는 직선적이다.
② 불안이 증가될수록 수행은 더 떨어진다.
③ 과각성상태가 되면 수행은 최고에 달한다.
④ 최적의 각성수준에 영향을 미치는 요인은 과제의 난이도와 개인의 특성불안 수준 등이 있다.

04 다음 〈보기〉에서 설명하는 '자기결정성 이론'의 규제 유형은?

> 외적보상을 받으려는 욕구가 활동의 원동력이며, 외적보상을 얻기 위해 스포츠 활동에 참여한다.

① 무규제
② 외적규제
③ 부적규제
④ 내적규제

05 다음 〈보기〉에서 설명하는 이론은?

> 자신의 각성수준을 어떻게 해석하느냐에 따라 각성과 정서의 관계가 달라진다. 각성을 어떻게 받아들이느냐에 따라 긍정적인 정서가 부정적으로 변할 수도 있고, 반대로 부정적인 정서가 긍정적으로 전환될 수도 있다.

① 격변 이론
② 전환 이론
③ 불안의 다차원적 이론
④ 최적수행지역 이론

06 와인버그(R. Weinberg)와 굴드(D. Gould)가 제시한 경쟁불안의 요인이 아닌 것은?

① 시합의 중요도
② 높은 특성불안 수준
③ 자아존중감의 하락
④ 승리에 대한 과도한 확신

07 다음 〈보기〉의 A에 해당하는 캐론(A. V. Carron)의 관중 유형은?

> 양궁 선수 A는 자신의 차례가 끝난 후 상대 선수가 활을 쏘는 것을 지켜보았다.

① 공행 관중
② 방관하는 관중
③ 경쟁적 공행 관중
④ 사회적 강화 관중

PART 4

08 다음 중 운동학습과 파지에 대한 설명으로 옳지 않은 것은?

① 파지란 시간의 흐름 속에서도 획득한 정보를 지속적으로 보유하여 활용할 수 있는 역량을 의미한다.
② 정보처리 이론의 관점에서는 파지를 부호화된 표상 기억의 인출 과정으로 본다.
③ 다이내믹시스템 이론의 관점에서는 파지를 운동과제, 환경, 유기체가 지니는 제한요소에 대한 적응과정으로 본다.
④ 운동과제는 파지에 영향을 미친다.

09 다음 〈보기〉에서 설명하는 사회적 촉진 이론은?

> 관중과 공행자의 전문성에 대한 수행자의 인식은 경기의 수행에 영향을 미친다. 예를 들어, 관중의 전문성을 높게 평가할 경우 욕구가 상승하여 단순과제의 수행이 향상된다.

① 단순존재 가설
② 평가우려 가설
③ 자아 이론
④ 주의분산-갈등 이론

10 다음 〈보기〉에서 설명하는 것은?

> • 운동기술 수행과 학습과정에 필수적인 요소로서 운동 수행에 유용한 정보를 제공한다.
> • 목표 상태와 수행 간의 차이에 대한 정보를 되돌려서 운동동작 자체 또는 운동 수행의 결과나 평가정보를 제공하는 것이다.

① 양측성 전이
② 피드백
③ 표 상
④ 영의 전이

11 **운동의 심리적 효과에 대한 설명으로 옳은 것은?**

① 일회성 유산소 운동은 특성불안을 증가시킨다.
② 불안 감소에는 무산소 운동이 유산소 운동보다 효과적이다.
③ 장기간 운동이 단기간 운동보다 우울증 개선 효과가 더 크다.
④ 운동 강도가 강할수록 우울증 개선에 효과가 크다.

12 **사회적 태만 현상이 발생하는 원인이 아닌 것은?**

① 할당 전략
② 최소화 전략
③ 무임승차 전략
④ 전무임승차 전략

13 **다음 중 집단응집력의 요구 수준이 다른 것은?**

① 농 구
② 핸드볼
③ 조 정
④ 아이스하키

14 **다음 중 심상에 대한 설명으로 옳지 않은 것은?**

① 외적인 자극 없이 내적으로 수행하는 과정이다.
② 선수들이 수행 직전에 머릿속으로 평소 잘 되었던 자신의 모습을 상상해 보는 것이다.
③ 심상이 실제로 근육조직의 활동을 일으키지는 않지만, 신체적 경쟁에 준비할 수 있도록 해준다.
④ 심상이 운동 수행의 향상을 가져오기 위한 매개변인은 심상의 지향, 과제를 개념화시킬 수 있는 개인의 능력과 기술수준이다.

15 다음 중 인지적 왜곡의 유형과 설명이 적절하게 연결된 것은?

① 선별적 추상화 – 증거 없이 부정적인 평가를 내리는 것
② 임의적 추론 – 부정적인 사건의 의미를 과대평가하는 것
③ 이분법적 사고 – 더 좋은 증거를 무시하고, 부정적인 사항에 기초하여 결론을 내리는 것
④ 과일반화 – 한 사건으로부터 내린 부정적 결론을 비슷하지 않은 다른 상황에도 적용하는 것

16 심상의 활용방법이 아닌 것은?

① 기술의 학습과 연습
② 전략의 학습과 연습
③ 어려운 문제의 해결
④ 각성반응의 억제

17 다음 〈보기〉에서 설명하는 운동심리 이론은?

- 이론만의 통합 차원을 넘어 개인, 지역 사회, 국가 수준에서 연구와 중재를 목표로 한다는 특징이 있다.
- 개인 차원의 요인과 개인 수준을 넘는 상위 차원의 요인을 모두 고려하기 때문에 운동실천에 대한 설명이 용이하다.

① 합리적 행동 이론
② 계획행동 이론
③ 변화단계 이론
④ 사회생태학 이론

18 운동실천 중재전략 중 '행동수정 전략'에 해당하는 것은?

① 운동실천을 통해 얻는 장점과 단점을 적어 비교한다.
② 운동 강도를 스스로 인식하고 조절할 수 있는 방법을 익힌다.
③ 피드백을 제공한다.
④ 운동 중에 몸에서 나타나는 반응보다는 외부의 환경에 신경을 쓴다.

19 바람직한 코칭행동 지침이 아닌 것은?

① 인간적으로 팀 구성원을 이해하기 위해 노력한다.
② 자신이 지도하는 종목에 대한 전문지식을 배양한다.
③ 팀 구성원에게 차별이나 편애 없이 공정하게 대한다.
④ 지도자 개인의 필요에 따라 팀 구성원을 이용한다.

20 다음 〈보기〉에서 설명하는 성격 이론은?

현재 일어나고 있는 것에 관한 개인의 주관적 관점에 관심을 두고 있다.

① 심리역동 이론
② 현상학적 이론
③ 특성 이론
④ 사회학습 이론

04 한국체육사

01 체육사의 연구내용에 대한 설명으로 옳지 않은 것은?

① 신체 활동의 여러 현상을 문화사 또는 교육사의 측면으로 살펴본다.
② 스포츠 종목의 발생 원인 및 조건을 다룬다.
③ 스포츠의 기원 또는 발달 과정과 체육의 역사적 변화를 이해한다.
④ 스포츠 교육사를 탐구하여 가장 효과적인 교수법을 발견한다.

02 부족국가시대 신체문화의 모습으로 볼 수 없는 것은?

① 각종 제천의식 거행
② 사냥기술과 전투기술 단련을 위한 궁술
③ 수박희가 무인 선발의 주요 수단으로 자리 잡음
④ 생존 수단으로 수렵, 채집, 어로 등 존재

03 **화랑도에 대한 설명으로 옳지 않은 것은?**

① 심신의 조화로운 인간상을 지향하였다.
② 신체적 단련을 통해 강한 청소년을 양성하고자 하였다.
③ '세속오계'를 바탕으로 문무겸비의 인재를 양성하고자 하였다.
④ '활인심방'이라는 보건체조를 실시하여 심신을 단련하였다.

04 **다음 〈보기〉의 내용에 해당하는 화랑도의 신체 활동은?**

• 야외활동이다.
• 화랑도의 교육방식이다.
• 음악과 신체 활동을 포함하고 있다.

① 기마술
② 궁 술
③ 입산수행
④ 편 력

05 **고려시대 때 지방에 설치되었던 교육기관으로서 지방청소년의 교육과 문화 향상이 이루어졌던 곳은?**

① 향 학
② 7재
③ 서 당
④ 향 약

06 **조선시대 무과(武科) 시험방법으로 옳지 않은 것은?**

① 법제상으로는 양반 자제들만 가능하였다.
② 무과는 문과에 비하여 매우 열악한 위치에 있었다.
③ 초시, 복시, 전시의 세 단계로 구성되었다.
④ 궁술, 마술, 총술, 강서 시험으로 나뉘었다.

07 다음 〈보기〉에 해당하는 교육기관은?

> • 조선시대의 고등교육 기관이다.
> • 활쏘기 시합의 한 형태인 대사례(大射禮)를 실시하였다.

① 성균관(成均館)　② 향교(鄕校)
③ 대학(大學)　④ 국학(國學)

08 조선시대 민속놀이의 특징 중 가장 옳지 <u>않은</u> 것은?

① 고려시대 귀족들의 놀이는 소멸되었다.
② 새로운 놀이들이 출현하였다.
③ 일부는 연중행사로 정착되었다.
④ 외국의 근대스포츠가 도입되지는 못했다.

09 다음 〈보기〉에서 설명하고 있는 부족국가 시대의 민속놀이는?

> • 부여의 관직명인 저가, 구가, 우가, 마가, 대사에서 유래되었다.
> • '저포'라는 용어로 지칭되었다.

① 윷놀이　② 궁 술
③ 축 국　④ 수 박

10 삼국시대의 신체 활동 중 다음 보기에 해당하는 것은?

> (　)는 매를 이용하여 사냥을 하는 수렵 활동이다.

① 사 례　② 방 응
③ 축 국　④ 석 전

PART 4

11 고려시대의 석전에 대한 설명으로 옳지 않은 것은?

① 서민사회의 민속놀이이다.
② 군사훈련으로 활용되었다.
③ 관중스포츠 형태도 있었다.
④ 심신단련 체조법이다.

12 다음 〈보기〉에서 설명하는 무예서는?

> 정조 14년 여러 무예 책을 기초로 십팔기(十八技)에 기창, 마상월도, 마상쌍검, 마상편곤, 격구, 마상재를 추가해 24기를 갖추어 (　)을/를 편찬하였다. 4권의 한문본에 1권의 언해본으로 구성되어 있으며, 국립국어원이 100대 한글문화유산으로 선정하였다.

① 무예제보
② 무예제보번역속집
③ 무예신보
④ 무예도보통지

13 조선체육회에 대한 설명으로 옳지 않은 것은?

① 1948년 9월 3일 대한체육회로 명칭을 변경하였다.
② 첫 사업으로 제1회 전조선야구대회를 개최하였다.
③ 일본체육단체에 대한 대응으로 1920년 조선인 중심으로 창립되었다.
④ 광학구락부를 토대로 하여 성립되었다.

14 개화기 스포츠에 대한 설명으로 옳지 않은 것은?

① 신식학교에서는 체조를 교육과정에 포함하였다.
② 민족주의 스포츠가 발달하였다.
③ 1895년 교육입국조서에서 덕양, 지양, 체양을 기본으로 삼았다.
④ 초창기 운동회에서 실시된 종목은 주로 구기종목이었다.

15 다음 〈보기〉에서 설명하는 체육단체는?

> (　　)는 1908년 권성연, 조상호, 이기환 등이 결성하여 사회진화론적 자강론을 내세우고 체육 계몽 운동을 전개하였다.

① 황성기독교청년회 운동부
② 대한국민체육회
③ 회동구락부
④ 대동체육구락부

16 다음 중 개화기에 도입된 서구스포츠가 아닌 것은?

① 축 구
② 농 구
③ 배 구
④ 배드민턴

PART 4

17 우리나라가 참가한 올림픽 중 다음 보기의 설명에 해당하는 것은?

> 우리나라가 최초로 금메달을 획득한 대회로, 금 1개, 은 1개, 동 4개로 종합순위 19위를 차지하였다.

① 1936년 베를린 올림픽
② 1948년 런던 올림픽
③ 1976년 몬트리올 올림픽
④ 1988년 서울 올림픽

18 개화기 교육입국조서(敎育立國詔書)가 반포된 이후의 체육사적 사실이 아닌 것은?

① 한국 최초의 운동회인 화류회가 개최되었다.
② 한국 YMCA를 통해 서구 스포츠가 본격적으로 도입되었다.
③ 한국 최초의 근대적 체육 단체인 대한체육구락부가 결성되었다.
④ 언더우드(H. Underwood)학당의 정식 교과목에 체조가 편성되었다.

19 광복 이후 우리나라 스포츠 발달사에 관한 설명으로 옳지 않은 것은?

① 대한올림픽위원회는 1947년 창설된 후, 2009년 대한체육회로 통합됐다.
② 1954년 마닐라 하계 아시안게임이 우리나라가 참가한 최초의 아시안게임이다.
③ 우리나라가 최초로 참가한 동계 아시안게임은 대회는 1986년 삿포로에서 열렸다.
④ 대한민국이라는 국호로 최초 참가한 올림픽은 생모리츠 동계올림픽이다.

20 다음 〈보기〉에 해당하는 법은?

> • 제정 취지 : 체육정책의 운영에 대한 법적 근거를 마련하기 위함
> • 목적 : 국민체력증진, 체육 활동으로 인한 연대감 상승, 체육인 인권 보호, 국민의 행복과 자긍심 고취

① 학교체육진흥법
② 국민체육진흥법
③ 스포츠산업진흥법
④ 전통무예진흥법

05 운동생리학

01 다음 〈보기〉의 빈칸에 들어갈 용어를 적절하게 나열한 것은?

> • (㉠)은 인간 생활의 기초가 되는 신체적 능력이다.
> • (㉡)은 골격근을 수축하면서 에너지 소비를 하는 모든 신체의 움직임이다.

	㉠	㉡
①	체 력	운 동
②	운 동	체 력
③	체 력	신체 활동
④	신체 활동	운 동

02 **철수가 조깅을 할 때 측정된 산소소비량이 15L이고, 리터당 6kcal의 에너지를 소비한다. 이때의 운동 중 순에너지 소비량은?**

① 80kcal ② 90kcal
③ 100kcal ④ 100kcal

03 **운동 시 체온조절에 관한 설명으로 옳은 것은?**

① 체온조절은 뇌의 전두엽이 담당한다.
② 열을 생성하기 위해서는 수의적인 운동이 필수적이다.
③ 격렬한 운동으로 상승된 체온은 주로 땀의 증발을 통해 조절된다.
④ 운동 강도의 증가는 대류와 복사에 의한 열손실을 증가시킨다.

PART 4

04 **신장에서 물의 재흡수를 촉진시켜 체내 수분량을 조절하는 항이뇨호르몬의 분비와 관련 있는 기관은?**

① 뇌하수체 전엽 ② 뇌하수체 후엽
③ 부갑상선 ④ 갑상선

05 **다음 〈보기〉에서 설명하는 호르몬으로 적절한 것은?**

- 작용 속도가 빠르다.
- 교감신경계의 신경자극에 의해 분비된다.
- 심박출량을 증가시키고, 근육 및 간의 글루코스 분해를 촉진시킨다.

① 갑상선호르몬
② 부신피질호르몬
③ 부신수질호르몬
④ 항이뇨호르몬

06 인체 골격근의 구조를 적절하게 나열한 것은?

① 골격근 > 근섬유다발 > 근섬유 > 필라멘트
② 골격근 > 근섬유다발 > 필라멘트 > 근섬유
③ 골격근 > 근섬유 > 필라멘트 > 근섬유다발
④ 골격근 > 근섬유 > 근섬유다발 > 필라멘트

07 뉴런의 기능에서 전기적 자극을 세포체로 전달하는 역할을 하는 것은?

① 신경세포체
② 미토콘드리아
③ 축 삭
④ 수상돌기

08 운동생리학의 인접학문이 아닌 것은?

① 스포츠의학
② 스포츠영양학
③ 운동역학
④ 생체역학

09 다음 유산소과정에 대한 내용이 아닌 것은?

① 크렙스 회로에 의해 형성된 NADH와 FADH를 통하여 많은 양의 전자수용과 미토콘드리아 내막 외 배출로 많은 양의 에너지를 생산한다.
② 운동이 약 40~60초 이상 지속될 때에는 혈액으로부터 활동 근육의 산소를 공급받아 ATP 합성이 진행된다.
③ 크렙스 회로는 피루브산이 CO_2, 전자 및 수소이온으로 분해되는 과정이다.
④ PCr이 크레아틴(Cr)과 인산(Pi)으로 분해될 때 발생되는 에너지를 이용하여 ATP를 재합성 한다.

10 **감각과 관련된 정보가 들어오는 통로로 뇌간과 시상을 연결하는 기관은?**

① 망상체 ② 척 수
③ 전정기관 ④ 소 뇌

11 **다음 중 속근섬유에 대한 내용이 아닌 것은?**

① 에너지 생성속도가 빠른 반면, 젖산으로 분해하여 에너지를 생성하는 능력을 모두 갖고 있다.
② 산소 부족 상태에서도 탄수화물 분해 능력이 크기 때문에 단시간의 활동에 적합하다.
③ 인원질량이 많고 마이오신 ATPase 활성도가 높기 때문에 무산소적 대사능력이 높다.
④ 유산소성 에너지 대사가 높기 때문에 피로에 내성이 높다.

PART 4

12 **다음 중 갑상선과 관련된 호르몬으로만 나열된 것은?**

① 티록신 – 칼시토닌
② 아드레날린 – 코르티솔
③ 인슐린 – 노르에피네프린
④ 글루카곤 – 에피네프린

13 **운동에 따른 호흡계의 가스 운반에 대한 옳지 않은 것은?**

① 대사활동 결과 생성된 이산화탄소는 모세혈관에 확산되어 정맥혈이 된다.
② 이산화탄소를 조직에 유리하고 나면, '헤모글로빈'이 '환원헤모글로빈'으로 전환된다.
③ 혈중 이산화탄소의 약 10%는 용해 상태로 운반된다.
④ 혈중 이산화탄소의 약 20%는 헤모글로빈과 결합한 '카바미노헤모글로빈'으로 운반된다.

14 **인체의 폐순환 순서가 적절하게 나열된 것은?**

① 우심실 → 폐동맥 → 폐 → 폐정맥 → 좌심방
② 좌심방 → 우심실 → 폐동맥 → 폐정맥 → 폐
③ 우심실 → 좌심방 → 폐 → 폐정맥 → 폐동맥
④ 폐 → 폐정맥 → 좌심방 → 폐동맥 → 우심실

15 **저체온증에 대한 설명으로 옳지 않은 것은?**

① 체온이 35℃ 이하로 떨어진 상태로, 혈액순환과 호흡 · 신경계 기능이 저하된 것이다.
② 외부환경으로 인해 체온이 35℃ 이하로 내려갈 때 발생한다.
③ 주요증상으로는 오한, 혈압저하, 의식혼미, 사지강직 등이 있다.
④ 조직 내 체액이 얼어 세포가 파괴된다.

16 **운동 시 동-정맥 산소차에 대한 설명으로 옳은 것은?**

① 동-정맥 산소차는 근육세포의 산소소비량에 반비례한다.
② 고강도 운동은 동-정맥 산소차를 감소시킨다.
③ 골격근의 모세혈관 분포가 증가하면 동-정맥 산소차가 증가한다.
④ 동-정맥 산소차가 감소하면 지구력이 증가한다.

17 **수축의 유형 중 관절의 각도에 따라 근력의 장력이 변화하는 것은?**

① 단축성 수축
② 신장성 수축
③ 등속성 수축
④ 원심성 수축

18 **세포가 혈액으로부터 산소를 취해 소모하고 대사결과 생성된 이산화탄소를 혈액으로 내보내는 작용은?**

① 환 기
② 확 산
③ 폐호흡
④ 세포호흡

19 **30세 남성 A의 안정 시 환기량과 최대환기량 예측값으로 적절한 것은?**

	안정 시 환기량	최대환기량
①	약 50L/min	110L/min
②	약 60L/min	130L/min
③	약 70L/min	150L/min
④	약 80L/min	180L/min

20 **혈중 이산화탄소의 운반형태 중 약 20% 정도를 차지하는 것은?**

① 중탄산염
② 수소와 결합된 형태
③ 혈액 내 용해되어 운반되는 형태
④ 헤모글로빈과 결합한 카바미노헤모글로빈

06 운동역학

01 **운동역학의 학문 영역과 설명의 연결이 옳지 않은 것은?**

① 운동학 - 공간과 시간을 고려하여 물체나 신체의 움직임을 연구하는 학문이다.
② 운동역학 - 운동에 관한 신체 움직임 원리와 효과를 연구하는 학문이다.
③ 정역학 - 힘이 한쪽으로 쏠려 쉽게 변하지 않는 물체의 운동을 연구한다.
④ 동역학 - 힘의 영향을 받아 운동 상태가 변화하는 것을 연구한다.

02 **운동역학의 목적이 아닌 것은?**

① 동작수행 시 상해의 원인규명
② 선수의 부상 예방을 통한 안정성 향상
③ 효율적인 동작지도를 통한 운동기술 향상
④ 과학적인 스포츠 장비의 개발

03 운동역학(Kinetics)적 분석의 예로 옳은 것은?

① 축구에서 드리블하는 동안의 이동 거리를 측정하였다.
② 보행 시 지면반력을 측정하였다.
③ 100m 달리기 시 신체중심의 구간별 속도를 측정하였다.
④ 멀리뛰기 발구름 시 발목관절의 각도를 측정하였다.

04 '아이스하키선수의 헬멧, 펜싱선수의 보호대, 라켓볼의 보호용 고글' 등과 관계있는 운동역학 연구 분야는?

① 운동기구의 평가와 개발
② 운동기술의 분석과 개발
③ 트레이닝의 평가와 개발
④ 운동 측정방법의 개발

05 뉴턴의 선운동법칙 중에서 '운동량 보존의 법칙'에 대한 설명이 가능한 법칙은?

① 관성의 법칙
② 가속도의 법칙
③ 작용–반작용의 법칙
④ 역학적에너지 보존의 법칙

06 다음 〈보기〉의 빈칸에 들어갈 말로 적절한 것은?

(   )은 물체로 전달된 에너지이고, (   )은 물체가 전달한 에너지이다.

① 일률 – 양의 일
② 양의 일 – 음의 일
③ 음의 일 – 양의 일
④ 음의 일 – 일률

07 800N 바벨을 2m 들어 올린 후 다시 바닥에 내려놓았을 때 역학적 일의 양은?

① 0J
② 400J
③ 800J
④ 1600J

08 물체에 힘을 가할 때 발생하는 충격량의 크기가 다른 것은?

① 한 사람이 3초 동안 30N의 일정한 힘을 발생시켰을 때
② 한 사람이 2초 동안 45N의 일정한 힘을 발생시켰을 때
③ 한 사람이 5초 동안 20N의 일정한 힘을 발생시켰을 때
④ 한 사람이 9초 동안 10N의 일정한 힘을 발생시켰을 때

PART 4

09 다음 중 해부학적 자세에 대한 설명으로 옳지 않은 것은?

① 하부(Inferior)는 발끝을 의미한다.
② 상부(Superior)는 항상 머리쪽(Head)을 향하는 것이다.
③ 양발을 모으고 발끔치는 자연스럽게 벌린다.
④ 손바닥을 앞쪽으로 향하게 하여 팔을 체간에 붙이고 똑바로 선 자세이다.

10 역도선수가 1000N의 바벨을 1.5m 들어올리는 데 3초가 걸렸을 때의 일률은?

① 250J
② 500J
③ 1000J
④ 2000J

11 다음 중 탄성력을 활용한 스포츠가 아닌 것은?

① 양 궁
② 태권도
③ 다이빙
④ 장대높이뛰기

12 스포츠와 안정성에 대한 설명으로 옳은 것은?

① 100m 달리기 출발자세 – 무게중심을 기저면의 진행 방향으로 향하게 한다.
② 유도의 방어자세 – 기저면을 좁히고 몸의 무게중심을 높인다.
③ 평행봉 중심잡기 – 수직중심선을 기저면 바깥으로 향하게 한다.
④ 멀리뛰기 점프 시 – 무게중심을 낮춘다.

13 원심력에 대한 설명으로 옳지 않은 것은?

① 물체가 원 궤도를 따르게 하는 힘이다.
② 질량(m) × 속도(v)^2 ÷ 회전 반지름(r)으로 구할 수 있다.
③ 구심력에 대한 반작용으로 발생한다.
④ 원심력과 구심력은 힘의 작용 방향이 서로 반대이다.

14 다음 〈보기〉의 빈칸에 들어갈 용어로 적절한 것은?

> (   )은 질량, 시간, 밀도, 온도, 면적 등과 같이 방향값 없이 크기만을 나타내는 양이다.

① 벡터양
② 스칼라양
③ 질 량
④ 무 게

15 역학적에너지가 아닌 것은?

① 운동에너지
② 전기에너지
③ 중력에 의한 위치에너지
④ 탄성에 의한 위치에너지

16 다음 〈보기〉에서 설명하는 운동기술 분석은?

> • 근육의 수축을 유발하는 전기적 신호를 측정한다.
> • 근육의 활동에 대한 다양한 정보를 제공한다.

① 동작 분석
② 영상 분석
③ 가속도계 분석
④ 근전도 분석

17 관절의 각도를 감소시키고 두 개의 관절뼈를 가깝게 근접시키는 관절운동은?

① 굴곡(Flexion)
② 신전(Extension)
③ 외전(Abduction)
④ 내번(Inversion)

18 다음 〈보기〉의 빈칸에 들어갈 용어와 공식을 바르게 연결한 것은?

> 역학적에너지 = (㉠) + 위치에너지
> = (㉡) × $mv^2 + mgh$

	㉠	㉡
①	열에너지	2
②	대사에너지	$\frac{1}{3}$
③	힘에너지	2
④	운동에너지	$\frac{1}{2}$

19 영상분석 장비로 산출할 수 있는 정보로 옳은 것은?

① 지면반력의 수직성분
② 근력의 활성시점
③ 압력중심의 궤적
④ 가속도

20 운동역학적 분석의 스포츠 현장적용에 관한 내용 중 빈칸에 알맞은 용어는?

사이클 벨로드롬 경기에서 속도를 줄이거나 회전 반지름을 크게 만드는 것은 (　　)을/를 감소시켜 안정성을 유지하기 위해서이다.

① 토 크　　② 원심력
③ 각속도　　④ 관성 모멘트

07 스포츠윤리

01 스포츠윤리의 독자성에 대한 설명으로 옳지 <u>않은</u> 것은?

① 스포츠를 통한 도덕적 자질과 인격의 함양을 추구한다.
② 스포츠의 구성적 조건으로 경기규칙 준수가 선수의 조건이다.
③ 스포츠의 문제해결과 관련하여 법의 중요성을 강조한다.
④ 스포츠에서의 규칙위반을 경기의 일부로 받아들인다.

02 스포츠 성폭력 방지책으로 적절하지 <u>않은</u> 것은?

① 일관성 있는 정책의 집행
② 피해자를 위한 묵인
③ 체육단체들의 의무적 예방교육의 필요성
④ 내부고발 장치 마련

03 스포츠 역사 중 여성의 경기 참가에 관한 내용으로 옳은 것은?

① 근대 올림픽에서 여성의 참여는 아무런 제한이 없었다.
② 2012년 런던 올림픽에서 여성이 참가하지 못한 종목은 하나도 없었다.
③ 현대 올림픽에서 치러지는 모든 경기종목은 남녀가 함께 참가할 수 있다.
④ 고대 그리스 올림픽에서 여성의 참가는 허용되지 않았지만, 관람은 가능하였다.

04 스포츠맨십, 페어플레이와 같은 윤리적 품성의 실천과 습관화를 강조하는 교육은?

① 정서 교육
② 인지 교육
③ 덕 교육
④ 지식 교육

05 다음 〈보기〉에서 설명하는 심판의 윤리기준은?

> 심판이 내린 결정은 비가역성을 지닌다. 비가역성이란 한번 내린 판정을 거둬들일 수 없다는 성질이다. 따라서 심판은 오랜 공부를 통해 고도의 (㉠)을 기를 필요가 있다.

① 공정성
② 청렴성
③ 전문성
④ 중립성

06 다음 〈보기〉에서 A 투수의 판단에 영향을 준 윤리이론의 난점에 대한 설명으로 옳은 것은?

> 보복성 빈볼을 지시받은 A 투수는 빈볼이 팀 전체에 이익을 줄 수는 있지만, 아무 잘못이 없는 상대 선수에게 위협을 가하거나 부상을 입히는 행위이므로 도덕적으로 옳지 않다고 판단했다.

① 보편적이고 절대적인 도덕 규칙이 상충할 경우 해결책을 제시하기 어렵다.
② 경우에 따라서 보편적인 도덕직관과 상충하는 결론이 도출되기도 한다.
③ 어떤 행동이 윤리적인 행동인지에 대해 답하지 못한다.
④ 결과에 의해 행위를 평가하므로 과정을 소홀히 다룬다.

07 도핑을 방지하기 위한 방안으로 옳지 않은 것은?

① 윤리교육을 통한 의식 변화
② 도핑 검사의 강화
③ 적발 시 강력한 처벌
④ 승리에 대한 보상 강화

08 스포츠 경기의 목적에서 아곤(Agon)과 거리가 먼 것은?

① 탁월함으로 번역된다.
② 스포츠에서 중요한 요소 중 하나이다.
③ 결과를 중시한다.
④ 자신의 능력을 충분히 발휘할 것을 요구한다.

09 페어플레이에 대한 설명으로 옳은 것은?

① 상대를 이기기 위해 수단과 방법을 가리지 않는 것이다.
② 구성적 규칙의 범위 내에서 행해지는 경쟁과 관련이 있다.
③ 승리를 얻으려고 시도하는 것이다.
④ 제로섬 게임은 페어플레이의 사례이다.

10 제도화된 규칙에 의해 규정된 신체적 탁월성을 다투는 활동은?

① 놀 이
② 스포츠
③ 체 육
④ 게 임

11 테일러(P. Taylor)가 제시한 인간의 네 가지 의무 중 다음 〈보기〉에서 설명하는 것은?

자유나 생태계에 간섭해서는 안 된다.

① 신뢰의 의무
② 불간섭의 의무
③ 불침해의 의무
④ 보상적 정의의 의무

12 고통을 느낄 수 있는 존재는 모두 도덕적 고려의 대상이 되어야 한다고 주장한 윤리학자는?

① 싱어(P. Singer)
② 레건(T. Regan)
③ 레오폴드(A. Leopold)
④ 패스모어(J. Passmore)

PART 4

13 스포츠에서 발생하는 차별 해소 방안으로 옳지 않은 것은?

① 실력에 따른 정당한 평가를 받을 수 있는 분위기를 조성해야 한다.
② 누구나 스포츠에 자유롭게 참여할 수 있는 기회를 제공해야 한다.
③ 장애인 등의 약자를 무조건적으로 보호하고 배려해야 한다.
④ 편견을 극복하고 차별하지 않으려는 태도가 필요하다.

14 다음 〈보기〉에서 A 선수의 의도적 반칙을 비난하는 근거로 옳은 것은?

레드팀과 블루팀의 농구경기는 종료 2분을 남겨둔 상황에서, 레드팀은 1점차로 지고 있다. A 선수는 블루팀의 선수가 공을 잡자 고의적으로 반칙을 하여 자유투를 허용하였다.

① 비형식주의에 어긋난 행위이다.
② 농구경기의 공유된 관습에 어긋난 행위이다.
③ 구성적 규칙을 위반한 것은 아니지만, 규제적 규칙에 어긋나는 행위이다.
④ 구성적 규칙과 규제적 규칙에 모두 어긋나는 행위이다.

15 경기장에서 발생하는 관중폭력에 대한 설명으로 옳지 않은 것은?

① 신체 접촉이 적은 종목일수록 증가하는 경향이 있다.
② 팀의 지지를 통한 연대감으로 집단적 과시의 경향이 나타난다.
③ 경기 성격, 라이벌 의식, 배타적 응원문화 등이 원인이다.
④ 경기 중 발생하는 선수들의 폭력은 관중의 폭력성을 자극할 수 있다.

16 다음 〈보기〉의 사례에 해당하는 맹자(孟子)의 사단설 용어는?

> 농구선수 A는 경기 중 상대팀 선수가 다쳐서 넘어지자 공을 밖으로 내보내고 경기를 중단시켰다. 그 후 다친 선수에게 위로의 말을 건넸다.

① 수오지심(羞惡之心)
② 사양지심(辭讓之心)
③ 시비지심(是非之心)
④ 측은지심(惻隱之心)

17 세계도핑방지위원회에서 규정한 금지약물 중 '경기기간 금지되는 약물'이 아닌 것은?

① 흥분제
② 알코올
③ 마약류
④ 카나비노이드

18 **심판의 오심을 바로잡기 위한 대책으로 옳지 않은 것은?**

① 적절한 보수를 통한 전문성 제고
② 심판의 판정능력 향상을 위한 반복훈련
③ 심판의 권위의식 강화 및 명예심 고취
④ 심판의 질적 향상을 위한 교육기회 확대

19 **다음 〈보기〉의 빈칸에 들어갈 용어로 옳은 것은?**

축구경기 중 상대 선수가 부상으로 쓰러진 경우, 공을 밖으로 걷어내어 부상자를 돌보는 행위는 (　　　)을/를 준수한 사례로 볼 수 있다.

① 경기 규칙
② 스포츠 에토스
③ 규제적 규칙
④ 스포츠 법령

20 **장애인의 스포츠권에 대한 설명으로 옳지 않은 것은?**

① 스포츠에서 장애차별이란 장애로 인해 스포츠 참여의 권리와 기회를 비장애인과 동등하게 누리지 못하는 불평등을 말한다.
② 우리나라에서는 장애인이 체육에 참여할 권리에 관한 법이나 규정이 아직 마련되어 있지 않다.
③ 장애인의 스포츠권은 장애인의 기본적인 권리의 충족 이후가 아니라 동시에 보장되어야 한다.
④ 장애를 이유로 스포츠 참여를 원하는 장애인에 대한 제한, 배제, 분리, 거부는 기본권의 침해에 해당한다.

1회 정답 및 해설

01 스포츠사회학

01	02	03	04	05	06	07	08	09	10	11	12	13	14	15	16	17	18	19	20
③	④	③	②	②	④	④	②	①	②	①	②	③	②	③	①	④	③	④	③

01 스포츠사회학 연구의 거시적 영역은 대규모 사회체제를 이루고 있는 사회제도와 스포츠 간의 관계를 연구하는 것으로, 정치, 종교, 교육, 사회계층, 성역할 등이 해당된다. 반면, 스포츠사회학 연구의 미시적 영역은 소집단의 상호작용, 지도자론, 사회화, 사기, 공격성, 비행 등 소규모 사회체제에서 나타나는 사회현상과 스포츠 간의 관계를 연구하는 분야이다.

02 ④ 하이에나 저널리즘 : 권력 있는 사람이나 정치적으로 살아 있는 사람이 아닌 영향력을 잃은 사람을 집중적으로 매도하는 자극적인 보도를 말한다.

① 뉴 저널리즘 : 기존 속보성, 객관성의 관념을 거부하고, 소설의 기법을 적용하여 사건과 상황에 대한 표현을 독자에게 실감나게 전달하는 형태를 뜻한다.

② 팩 저널리즘 : 보도에 독창성과 개성이 없고 단조로운 보도를 말한다.

③ 옐로 저널리즘 : 특정 선수나 코치의 개인 사생활을 의도적으로 파헤치거나 선수나 스포츠 관계자를 웃음거리로 만드는 기사를 보도하는 관행을 뜻한다.

03 ③ 보기의 사례는 스포츠를 통하여 잉여에너지 발산을 통해 누적된 감정 및 공격성을 정화시키는 사회정화 기능의 사례이다.

① 사회체계가 효과적으로 기능할 수 있도록 상이한 개인들 사이의 유대성과 통일성을 형성 · 유지하고 분열을 방지하는 스포츠의 기능이다.

② 지배집단이 자기 이익이나 권력을 위해 스포츠를 도구로 이용하여 구성원을 통제하는 것이다.

④ 사회차별을 스포츠의 사회적 기능이라고 하기는 어렵다.

04 ② 베를린 올림픽을 정치적으로 이용한 독일의 행동은 체제 선전의 수단으로서 스포츠 역할에 해당한다.

① 스포츠적 관점에서 한 국가가 다른 국가와 스포츠 경기를 하게 되면 공식적으로 외교 관계가 성립된 것으로 간주하며, 반대로 특정 국가와의 스포츠 교류를 거절하거나 그 나라의 운동선수에게 비자 및 여행문서 발급을 거부한다면 이는 스포츠 참가를 인정하지 않는 행위이다. 이와 같은 사례는 스포츠를 외교적 도구로 활용하는 것이다.

③ 스포츠는 상호 교류 및 신뢰를 증진시킴으로써 모든 인류를 한 곳으로 모을 수 있는 세계 공통어로서 작용한다.

④ 운동선수는 국가가 보유하고 있는 아주 중요한 외교적 수단이며, 스포츠 과정에서 발생한 갈등이 국가 간 갈등의 촉매가 되기도 한다.

05 세계인이 소비하는 스포츠 용품은 오히려 표준화되었다.

06 ④ 필요한 인재를 적재적소에 효율적으로 배치하는 과정을 '지위의 서열화'라 하며, 개인의 특성, 숙련된 기능과 능력, 역할의 사회적 기능의 세 가지 기준에 의해 역할 비교 및 서열 형성이 가능하다.

① 가치나 유용성의 정도에 따라서 서로 다른 위치에 지위를 적절하게 배열하는 과정을 '평가'라 하며, 평가적 판단의 요소에는 권위, 호감, 인기가 있다.

② 각 지위에 대하여 생활하는데 필요한 여러 가지 좋은 자원이 배분되는 과정을 '보수부여'라 하며, 재산, 능력, 심리적 만족 등이 이에 해당한다.

③ 감독, 코치, 선수와 같은 사회적 지위에 특정한 역할이 정해지면서 다른 지위와 구별되게 되는 과정을 '지위의 분화'라고 한다.

07 ④ 친밀한 집단 속에서 잘 일어나고, 일탈유형과의 접촉에 의하여 일탈이 발생한다고 주장하는 이론은 '차별교제 이론'이며, 대표적인 학자로는 서덜랜드(E. Sutherland)가 있다.

① 갈등 이론에서는 사회구조나 제도의 불합리함과 불평등으로 인하여 일탈이 발생한다고 주장한다.

② 낙인 이론은 특정인의 우연적이고 일시적인 일탈 행위(1차적 일탈)를 다른 사람들이 일탈자로 낙인찍었기 때문에 일탈자로서의 자아정체성이 형성되어 의도적이고 지속적인 일탈(2차적 일탈)이 발생하게 된다는 이론이다.

③ 구조기능주의의 대표적인 일탈 이론에는 머튼(R. Merton)과 뒤르켐(E. Durkheim)의 아노미 이론이 있다. 먼저 뒤르켐은 급격한 사회변동으로 인하여 규범이 붕괴되고 이에 따라 발생한 가치관의 혼란이 일탈의 원인이라 주장했다. 머튼은 목표와 수단의 괴리에 의하여 일탈이 발생한다고 주장하였다. 한편으로 구조기능주의에서는 일탈 역시 사회기능 유지에 긍정적인 영향을 미친다고 주장하기도 한다.

08 보기의 사례는 스포츠 상업화에 따른 스포츠 규칙의 변화에 해당한다. 스포츠가 상업화되면서 많은 스포츠들이 수익성을 극대화하기 위한 목적으로 규칙이 변화하였는데, 양궁 역시 기존 점수합산제를 세트제로 바꾸어 더 많은 시청자를 모을 수 있었다. 이는 곧 더 많은 수익으로 이어졌다.

09 ① 보류조항(Reserve Clause) : 일정 기간 선수들의 자유로운 계약과 이적을 막아 선수단 운영비를 줄이기 위한 목적으로 도입되었다.

② 최저연봉제(Minimum Salary) : 선수들의 기본적인 생활권을 지키기 위하여 선수의 연봉에 하한선을 둔 것으로 선수를 보호하기 위한 제도이다.

③ 샐러리 캡(Salary Cap) : 한 팀 선수들의 연봉 총액이 일정액을 넘지 못하도록 제한하는 제도로, 전체적인 리그의 질 향상에 기여하고, 구단의 재정부담을 줄여준다.

④ 트레이드(Trade) : 구단 사이에서 계약을 양도 · 양수하는 상행위로, 구단끼리 선수를 바꾸는 행위 또는 선수를 사고파는 행위를 모두 포함한다.

10 케년(G. Kenyon)의 스포츠 참가 유형

- 행동적 참가 : 경기자 자신의 직접적인 참가 활동과 선수로서의 참가 이외에 스포츠 생산과 소비자 과정에 포함하는 참가 유형이다.
- 인지적 참가 : 학교, 사회기관, 미디어 등의 매체를 통하여 스포츠에 관한 정보를 수용하고, 이를 통해 이루어지는 스포츠 참가 유형이다.
- 정의적 참가 : 실제 스포츠에 참가하지는 않지만, 간접적으로 특정 선수나 팀 또는 경기상황에 대해 감정적인 태도나 성향을 표출하는 참가 유형이다.
- 일상적 참가 : 스포츠 활동에 정기적으로 참가하여, 개인의 생활과 스포츠 활동이 조화를 이루고 있는 상태이다.
- 주기적 참가 : 일정 주기를 유지하면서 스포츠에 지속적으로 참가하는 상태이다.
- 일탈적 참가 : 스포츠에 과몰입하여 일상 생활에 지장이 발생하는 '일차적 일탈 참가'와 거액의 금전을 스포츠 도박 또는 내기에 걸어 스포츠를 탐닉하는 상태인 '이차적 일탈 참가'를 포함한다.
- 참가 중단 : 모든 스포츠 참가에 대한 거부감으로 어떤 스포츠 역할에도 참가하지 않는 상태이다. 과거에 스포츠를 참가하였더라도 현재 다양한 원인으로 인하여 참가하지 않고 있다면 이 상태에 해당한다.

11 스포츠계층의 특성

- 보편성 : 스포츠계층은 장소와 시간을 불문하고 존재하며, 어디에나 존재하는 보편적 사회 · 문화 현상이다.
- 고래성 : 스포츠계층은 역사 발전 과정을 거쳐 변천해 왔다.
- 사회성 : 사회 · 문화적 여건은 스포츠계층 형성에 영향을 준다.
- 다양성 : 스포츠계층의 형태는 다양하게 나타난다.
- 영향성 : 스포츠계층은 생활기회와 생활양식이 변화하면 영향을 받아 변화한다.

12 정치가 스포츠를 이용하는 방법

- 상징화 : 대표팀이 소속 국가의 국기를 부착하고, 경기 시작 전 국가가 연주되는 등의 행위를 뜻한다. 이런 행동을 통해 해당 선수들이 소속 국가를 상징하고 있음을 나타내 주는 것이다.
- 동일화 : 대중이 선수 개인 또는 대표팀을 자신과 동일화하여 몰입하게 되는 것을 뜻한다. 이를 통해 선수나 팀에 강력한 기대를 품게 되고 스포츠를 보는 재미가 극대화되며, 공동체적 사고를 배양할 수 있게 된다.
- 조작화 : 상징화와 동일화의 극대화를 위하여 정치권력이 인위적으로 스포츠에 개입하는 행위를 '조작화' 또는 '조작'이라고 한다. 목적을 달성하기 위한 인위적인 행위이기 때문에 윤리성, 합리성보다 효율성을 중요시한다.

13 스포츠사회화의 주관자

- 가정 : 출생 후 최초로 접하게 되는 스포츠사회화의 주관자이며 가장 중요한 요인이다. 가정의 경제적 위치나 가족구성원 사이의 인간관계 등으로 인하여 발생하는 스포츠 인식의 차이에 따라 아동의 스포츠 참가가 결정되며, 이를 통해 스포츠사회화가 이루어진다.
- 친구(동료)집단 : 또래집단으로 구성된 스포츠에 참가하며 페어플레이, 스포츠 역할 등을 배우게 된다.
- 학교 : 아동이 처음 접하는 공식적인 체육 활동의 장소로서, 학교의 다양한 체육프로그램을 통하여 인격을 형성하고 스포츠사회화에 영향을 미치게 된다.
- 지역사회 : 지역사회는 영리 및 비영리를 목적으로 한 스포츠 시설을 제공하여 지역주민의 스포츠사회화에 지대한 영향을 미친다.
- 대중매체 : 대중매체를 통해 전달된 스포츠의 정보는 스포츠에 대한 간접경험을 제공함으로써 스포츠사회화의 주관자로 기능하게 된다.

14 부정행위의 유형

제도적 부정행위	관례적으로 용인되거나 경기 전략 상 발생하는 제도화된 일탈 행동으로, 할리우드 액션이나 농구 중 고의반칙이 해당한다.
일탈적 부정행위	일탈적 목적으로 실행되는 금지약물 투여, 상급학교 진학을 위한 승부조작 등의 비윤리적인 행동으로 사회적 비난을 받게 되는 행위이다.

15 코클리(J. Coakley)의 일탈적 과잉동조를 유발하는 스포츠 윤리규범

- 몰입규범 : 운동선수는 경기에 헌신하여야 한다.
- 인내규범 : 운동선수는 스포츠 상황에서 발생하는 다양한 위험과 고통을 감내하고 경기에 임해야 한다.
- 가능성규범 : 운동선수는 불가능은 없다는 긍정적인 마음가짐으로 도전해야 한다.
- 구분짓기규범 : 운동선수는 다른 선수들보다 뛰어난 모습을 보이기 위하여 노력해야 한다.

16 류태호(2014) 교수는 선후배 관계, 집단 문화, 획일적 집단, 복종의 문화 등 일반적인 학생과 구별되어 운동선수들이 겪는 고립된 문화를 '섬 문화'라고 지칭하였다.

17 ④ 뉴미디어의 등장은 콘텐츠의 생산자와 소비자의 경계가 모호해지는 새로운 미디어 현상을 야기하였다.
① 스포츠를 미디어에서 중계하게 되면서 경기 중 발생하는 판정 시비를 가리거나 더욱 생동감 넘치는 스포츠 중계를 위하여 촬영 기법이 발달하게 되었다.
② 미디어에서 스포츠가 방영되면서 더 많은 사람이 스포츠를 접할 수 있게 되었고, 이를 통해 스포츠에 대한 우호적인 여론이 형성되었다.
③ 더 많은 광고 수익을 위하여 스포츠의 규칙이 변화하였다.

18 부르디외(P. Bourdieu)의 자본의 유형
- 경제자본 : 재산, 소득 등과 같은 화폐를 매개로 하는 모든 물적자원의 형태
- 사회자본 : 사회적 관계의 망을 획득하고 유지하기 위해 동원될 수 있는 자원
- 문화자본 : 가족에 의해 전수되거나 교육체계에 의하여 생산되는 자본 유형
- 상징자본 : 경제자본, 문화자본, 사회자본을 정당한 것으로 승인하여 인위적이고 자의적인 질서를 정당화하는 사회적 의미관계

19 ④ 선수 개인의 행동과 관련된 인간 내면의 특성 및 과정에 대해 연구하는 것은 스포츠사회학보다 스포츠심리학에 가깝다.
① 스포츠사회학은 스포츠 현상의 과학적 현상을 사회학적 이론과 탐구 방법을 통해 규명하는 학문이므로, 사회학과 스포츠 과학의 한계과학이라고 할 수 있다.
② 스포츠사회학은 사회행동의 과정과 유형을 사회학적 사고를 통해 규명하기 때문에 사회학의 하위분과라고 할 수 있다.
③ 스포츠사회학은 인간의 사회적 행동을 스포츠의 맥락에서 규명하여 법칙을 찾는다.

20 ③ 하류층은 축구나 야구 같은 단체 스포츠를 선호한다.
① 스포츠 계층은 사회적 지위나 경제적 여건 등의 영향을 받으므로, 계층에 따른 스포츠 참가 유형에 차이가 존재한다.
② 상류층은 하류층에 비해 경제적 · 시간적 여유가 넉넉하여 스포츠에 직접 참가하는 비율이 높다.
④ 상류층은 사회적 분위기 속에서 골프나 테니스와 같은 특정 스포츠에 필수적으로 참여하도록 교육받거나 쉽게 익숙해지는 경우가 많다.

02 스포츠교육학

01	02	03	04	05	06	07	08	09	10	11	12	13	14	15	16	17	18	19	20
③	②	③	②	③	②	①	①	③	④	④	③	③	③	③	③	④	①	②	③

01 전문적 지도자의 주관에만 의존하는 수업 형태는 학습자의 창의적 사고와 효율적인 학습에 도움이 되지 않으므로, 전문적 지도자의 주관과 학생의 능동성을 함께 고려해야 한다.

02 운동경기부란 선수로 구성된 국가, 지방자치단체, 학교나 직장 등의 운동부를 말한다.

※ 개정 국민체육진흥법(2025.1.1. 시행)과 동 시행령(2025.1.1. 시행)과 내용의 차이가 없습니다.

03 ㉡ 체육의 날과 체육 주간에 관한 법률은 국민체육진흥법에서 삭제되었다.

※ 개정 국민체육진흥법(2025.1.1. 시행)과 내용의 차이가 없습니다.

04 평가는 학생의 수준을 파악하거나 지도 활동이 잘 이루어지고 있는지, 수업의 성과를 확인하는 등의 목적을 가지고 이루어지는 가치지향적 활동이다. 반면 평가와 유사개념인 측정, 검사 등은 가치중립적인 활동이다.

05 ③ 과제의 전달 방법은 수업 중 결정하는 것이 아닌 교수 – 학습지도안 작성 단계에서 이루어져야 한다.
① 교수 – 학습지도안을 작성할 때는 학습자 특성을 고려하여 학습목표를 선정하고 작성해야 한다.
② 교수 – 학습지도안에는 해당 수업에서 진행할 과제가 무엇인지, 또 시간 배정은 어떻게 할 것인지에 대한 내용이 포함되어야 한다.
④ 돌발 상황에 대처할 수 있도록 교수 – 학습지도안에 대안적 계획을 포함해야 한다.

06 탐구수업 모형
- 교사의 질문이 주가 되는 학습모형이다.
- 수업계획과 질문구성에 많은 시간을 투자하여야 한다.
- 교사가 던진 질문에 학습자가 스스로 답을 찾는 과정으로 이루어진다.
- 문제를 해결하는 과정이 수업의 핵심이므로 문제해결 중심 지도에 활용가능하다.
- 학습영역의 우선순위는 '인지적 – 심동적 – 정의적 영역' 순이다.

07 진보주의 교육론이 등장하면서 신체와 정신의 불가분성에 대한 논의가 이루어졌고, 이에 따라 모든 교육적 활동은 지적 · 도덕적 · 신체적 결과를 동시에 가져와야 한다고 강조하였다. 체육교육에서도 진보주의의 이와 같은 논의가 받아들여져 기존에 시행되던 체조 중심의 교육이 신체를 통한 교육으로 전환되었다.

08 ㉠ A코치는 직접 배구 토스의 개념과 핵심단서를 설명하고 시범을 보여주었는데, 이는 적극적 수업의 모습으로 볼 수 있다.

㉡ 자신의 경험을 분석 · 통합할 수 있도록 하는 질문 유형은 수렴형 질문이다.

질문의 유형

- 회상형(회고적) 질문 : 기억 수준의 질문 유형이다.
- 가치형(가치적) 질문 : 가치판단에 따른 선택 · 태도 · 의견을 표현하는 질문 유형이다.
- 수렴형(집중적) 질문 : 경험했던 내용을 분석하고 통합하는 데 필요한 질문 유형이다.
- 확산형(분석적) 질문 : 경험한 적 없는 문제 상황을 해결하는 데 필요한 질문 유형이다.

09 개별화지도 모형

- 수업진도를 학습자가 결정한다.
- 응용 행동분석학을 이론적 기초로 삼는다.
- 일정한 계열성을 가지는 과제를 학습자가 자신의 능력에 맞춰 학습할 수 있다.
- 학습자는 각 단계에서 정해진 수행기준을 충족해야 다음 단계로 넘어갈 수 있다.
- 학습과제의 완수 그 자체가 평가가 될 수 있다.
- 소요시간을 결정할 때는 학습자의 입장을 우선 고려해야 한다.

10 피드백의 유형

- 제공자에 따른 분류 : 내재적 피드백, 외재적 피드백
- 내용(정밀성)에 따른 분류 : 일반적 피드백, 구체적 피드백
- 정확성에 따른 분류 : 정확한 피드백, 부정확한 피드백
- 즉시성에 따른 분류 : 즉시적 피드백, 지연적 피드백
- 시기에 따른 분류 : 동시적 피드백, 종말적 피드백
- 양식에 따른 분류 : 언어적 피드백, 비언어적 피드백
- 평가에 따른 분류 : 긍정적 피드백, 부정적 피드백, 중립적 피드백
- 교정특성에 따른 분류 : 교정적 피드백, 교정정보가 없는 피드백(잘못된 부분만 제공)

11 모스턴(M. Mosston)의 교수 스타일

- A~K로 구성되어 있다.
- 의사결정권이 누구에게 있는지에 따라서 스펙트럼이 나뉜다.
- A~E는 모방과 모사 단계로 교사가 의사결정권을 가진다.
- F~K는 발견과 창조 단계로 학생이 능동적이고 자율적인 의사결정권을 가진다.
- A~K의 교수 스타일은 각각의 장단이 있으며, 어느 하나가 우월한 교수 스타일인 것은 아니다.

12 현장(개선)연구

- 집단적 협동과정
- 일련의 과정이 반복되는 순환적 과정
- 자기반성적 탐구의 한 종류
- 결과보다는 실행의 개선에 목적이 있다.

13 슬라빈(R. Slavin)이 제시한 보상중심 협동학습의 개념

- 팀 보상 : 소집단이 주어진 기준 이상의 팀 성적을 거두었을 때 주어지는 보상으로, 팀 전체에게 줄 수도 있고 팀원 개인에게 줄 수도 있다.
- 개인 책무성 : 모든 팀원의 수행이 팀 점수 또는 평가에 포함되므로, 모든 학습자가 팀의 과제수행을 위해 노력해야 한다.
- 평등한 기회제공 : 팀 성적을 구성원들의 향상 점수로 계산함으로써 학습 성공에 대한 균등한 기회가 주어진다.

14 평가의 유형

진단평가	수업을 시작하기 이전에 학생들의 출발점 행동을 파악하기 위하여 실시하는 평가
형성평가	수업이 진행되는 도중에 학생들의 수업진행 상황을 파악하기 위하여 시행하는 평가
총괄평가	일정 기간의 학습과정이 종료된 후 학습목표의 달성도를 확인하기 위하여 개인 또는 집단별로 행해지는 평가

15 상규적 활동

- 상규적 활동이란 빈번히 일어나는 수업 중의 반복적 지도 행동을 뜻한다.
- 수업 시작 전 인사, 환자 파악, 복장 점검, 출석 점검 등의 활동이 포함된다.
- 상규적 활동 시간을 최소화하여 실제 학습 시간을 증가시키는 것이 바람직하다.

16 학교스포츠클럽 운영(학교체육진흥법 제10조 제3항)

학교스포츠클럽 전담교사에게는 학교 예산의 범위에서 소정의 지도수당을 지급한다.

※ 개정 학교체육진흥법(2024.3.24. 시행)과 내용의 차이가 없습니다.

17 스포츠강사의 자격기준 등(학교체육진흥법 시행령 제4조 제3항)

초등학교의 장은 스포츠강사를 재임용할 때에는 다음의 사항을 평가한 후 그 결과에 따라 재임용 여부를 결정하여야 한다.

- 강사로서의 자질
- 복무 태도
- 학생의 만족도

※ 개정 학교체육진흥법 시행령(2023.9.15. 시행)과 내용의 차이가 없습니다.

18 평가기법의 유형

- 관찰법 : 평가대상을 지속적으로 관찰하여 평가하는 기법
- 면접법 : 적절한 질문과 대화로 학습자에 대한 정보를 수집하여 평가하는 기법
- 루브릭 : 평가기준을 학습자에게 미리 고시하고 교사가 검토하는 기법
- 프로젝트 : 소집단별로 주제에 맞는 프로젝트를 진행하고, 과제수행 정도를 평가하는 기법
- 평정 척도법 : 피험자의 속성 또는 반응 등을 단일연속선상에 배열하기 위해서 일정 기준에 따라 일정 수치를 부여하거나 몇 개의 범주로 구별하여 만든 척도를 활용하는 기법
- 체크리스트 : 미리 준비된 평가항목에 따라 평가대상이 스스로 체크하며 자기 평가하는 방법
- 포트폴리오 평가 : 대안적 평가 중 하나로 하나 혹은 그 이상의 영역에서 평가대상이 보인 노력, 진보, 성취와 관련한 지속적 성취과제를 근거로 하는 평가방법
- 일지(일화)기록법 : 평가대상의 행동을 제3자의 입장에서 지속적으로 관찰 · 기록하여 평가하는 기법

19 링크(J. Rink)의 학습과제의 발달과정

- '시작형 – 확장형 – 세련형 – 적용형 과제' 순서로 전개
- 시작형(전달)과제 : 기초적인 단계의 학습과제
- 확장형(확대)과제 : 난도가 높아지고 더욱 복잡해진 형태의 학습과제
- 세련형(세련)과제 : 기능의 질적 측면에 집중된 학습과제
- 적용형(응용)과제 : 학습한 운동 기능을 실제 상황에 활용할 수 있도록 제작한 학습과제

20 스포츠교육 전문인의 성장 방식

- 형식적 성장 : 형식적인 체육전문인 교육을 통하여 이루어지는 성장이다.
- 무형식적 성장 : 단기간의 세미나, 워크숍, 컨퍼런스 등 공식화된 교육기관 밖에서 비교적 단기간에 이루어지는 조직적인 학습의 기회를 통해 이루어지는 성장이다.
- 비형식적 성장 : 일상적인 경험 또는 과거 선수경험 등 형식화되지 않은 개인의 경험을 통해서 이루어지는 성장이다.

03 스포츠심리학

01	02	03	04	05	06	07	08	09	10	11	12	13	14	15	16	17	18	19	20
①	①	④	③	④	①	②	②	④	③	④	①	②	③	②	④	④	②	①	②

01 광의의 스포츠심리학의 영역과 역할

스포츠심리학	• 스포츠상황에서 발생하는 인간의 행동을 분석하여 통제하고 예측하기 위한 심리학의 다양한 방법 및 원리 제공 • 성격, 동기, 불안, 공격성, 집단응집성 등
운동제어	• 인간의 운동 생성의 기전 및 원리 규명 • 정보처리 이론, 운동제어 이론, 운동의 법칙 등
운동학습	• 개인적 특성을 바탕으로 연습이나 경험을 통하여 과제와 환경적 변화에 가장 적합한 협응동작을 형성시켜 나가는 과정연구 • 운동행동 모형, 운동학습 과정, 운동기억 등
운동발달	• 신체 및 신경 · 근육의 발달, 인지능력의 발달과 환경과의 상호작용을 통하여 인간 운동기능의 발달과정 연구 • 유전과 경험, 운동기능의 발달, 학습 및 수행 적정연령 등
건강운동심리학	• 스포츠 활동에 지속적으로 참여하기 위한 방법과 운동을 통한 사회심리적 효과 등 연구 • 운동참가 동기, 운동 수행 지속, 정신건강, 운동의 심리적 효과 등

02 경쟁불안

• 경쟁불안 증가 : 실패에 대한 두려움, 승리에 대한 압박감, 주변 사람들의 과도한 기대 등
• 경쟁불안 감소 : 적절한 목표설정, 높은 성취목표성향 등

03 ④ 심리적 에너지 이론 : 자신의 각성수준을 어떻게 해석하느냐에 따라 불안수준과 정서의 관계가 달라진다는 이론이다.

① 욕구 이론(추동 이론) : 운동 수행의 결과가 경쟁불안의 정도인 각성수준과 비례하여 증가한다는 이론이다.

② 카타스트로피 이론(격변 이론) : 신체적 불안과 운동 수행의 관계는 인지적 불안이 낮을 때 역 U형태를 이루고, 불안수준이 높아지면 운동 수행 능력이 급격하게 추락한다고 주장하는 이론이다.

③ 최적수행지역 이론 : 심리적 불안수준은 경기에 긍정적 또는 부정적 영향을 주는데, 긍정적 영향을 주는 적정 불안수준이 개인별로 차이가 있다는 이론이다.

04 상담자는 내담자와 사적인 관계가 되지 않도록 주의해야 하며, 사적으로 친밀한 관계에 있는 가족, 친구 등의 상담은 다른 상담자 또는 상담기관에 의뢰해야 한다.

05 ④은 자극 전제에 해당한다.

심리적 · 생리적 정보처리 이론

- 심상 : 기억 속에 있는 경험을 회상하여 내적으로 운동 수행 과정을 상상하는 것
- 자극 전제 : 무엇을 상상할 것인지에 관한 내용
- 반응 전제 : 심상의 결과로 일어나는 반응

06 반두라(A. Bandura)의 자기효능감 이론의 선행요인

- 대리 경험 : 타인의 수행으로부터 얻는 정보
- 성공적 수행 : 최적의 수행을 성취한 경험을 떠올리는 것
- 언어적 설득 : 수행자에게 과제를 성취할 수 있는 능력이 있다는 믿음을 주는 것
- 생리적 · 정서적 각성 : 특정 과제를 수행할 때 생리적 · 정서적 각성 수준에 영향을 받음

07 상대 팀의 실력이 더욱 뛰어나 이기기 어려웠다면, 이는 '과제 난이도' 귀인요소에 해당한다.

와이너(B. Weiner)의 귀인 범주

구 분	안정성 차원	내 · 외 인과성 차원	통제가능성 차원
운	불안정	외 적	통제불가능
노 력	불안정	내 적	통제가능
능 력	안 정	내 적	통제불가능
과제 난이도	안 정	외 적	통제불가능

08 ② 모노아민 가설 : 운동을 통해 우울증 완화에 도움이 되는 호르몬이 발생되어 우울증이 완화된다는 가설이다.

① 열발생 가설 : 운동을 통해 발생한 열로 체온이 상승하고, 체온이 상승하면 뇌가 근육을 이완시키려 하기 때문에 편안함을 느끼게 된다는 가설이다.

③ 사회심리적 가설 : 운동을 하면 기분이 좋아질 것이라는 기대 자체만으로도 스트레스가 완화된다는 가설이다.

④ 생리적 강인함 가설 : 규칙적인 운동으로 몸에 부하(스트레스)를 주면 적응되어 스트레스에 대한 내성이 강화된다는 가설이다.

09 과제목표성향과 자기목표성향의 비교

과제목표성향	• 비교의 준거는 자기 자신 • 노력을 통해 자신의 기술이 향상되면 유능성을 느낌 • 실패하더라도 다시 도전할 확률이 높음 • 노력과 협동 중시 • 실현 가능하면서 약간 어려운 과제 선택
자기목표성향	• 타인을 비교의 준거로 삼음 • 성공감을 위해서는 타인보다 뛰어나야 함 • 동일한 성과라면 노력을 덜한 사람이 뛰어나다고 생각 • 중도포기 가능성이 높고 노력하지 않음 • 자기보호 성향으로 아주 쉽거나 아주 어려운 과제를 선택

10 ③ 폐쇄회로 이론 : 오류의 탐지와 수정을 위한 참조기제가 존재하여, 참조기제와 실제 행동의 비교를 통해 행동수정이 이루어진다는 이론이다.

① 생태학적 이론 : 유전적 요소, 가정의 역사, 사회경제적 수준, 가정생활의 질 등의 요인들이 발달과 관계있다고 주장하는 이론이다.

② 개방회로 이론 : 대뇌피질에 미리 저장된 지시가 존재하여, 환경의 영향과 관계없이 동작에 대한 프로그램에 의해 인간의 모든 운동행동이 생성된다는 이론이다.

④ 다이내믹시스템 이론 : 유기체와 환경, 과제의 상호작용으로 자기 조직의 원리와 비선형성의 원리에 의해 인간의 운동생성이 변화한다는 이론이다.

11 자기결정성 이론의 동기 유형

내적동기	• 감각체험 : 운동할 때 느끼는 감각체험이 즐거워서 스포츠 활동에 참여 • 과제성취 : 과제를 성취하는 만족감 때문에 스포츠 활동에 참여 • 지식습득 : 새로운 지식을 획득하는 즐거움으로 인하여 스포츠 활동에 참여
외적동기	• 확인규제 : 건강증진 또는 다이어트 등의 자기 설정 목표달성을 위해 스포츠 활동에 참여 • 외적규제 : 외적보상을 받으려는 욕구로 스포츠 활동에 참여 • 내적(의무감)규제 : 죄책감 · 불안감 같은 심적 압박으로 스포츠 활동에 참여
무동기	스포츠 활동을 하려는 의도나 동기가 없는 상태

12 무도 스포츠가 아동 성격발달에 미치는 영향은 스포츠 수행이 심리적 발달에 미치는 영향에 대한 내용이므로 영향의 방향이 반대이다.

13 운동발달의 기본 가정

• 운동발달에는 개인차가 존재한다.

• 운동발달은 연속적인 과정으로서, 전 생애에 걸쳐서 진행된다.

• 운동발달의 결정적 시기가 존재한다.

14 ③ 바이오피드백 훈련 : 몸에 부착된 감지기를 통해 심박 수, 근육 긴장, 호흡, 발한, 피부온도 등의 생리적 기능 변화를 알려주어 신체기능의 의식적인 조절을 유도하는 기법이다.

① 심상 훈련 : 여러 감각을 동원하여 마음속으로 어떤 경험을 떠올리는 것을 '심상'이라 하는데, 심상을 스스로 통제하고 조절하여 효과적으로 이용할 수 있도록 연습하는 것을 '심상 훈련'이라 한다.

② 자생 훈련 : 연속되는 회기에서 심장과 호흡을 이완하는 방법을 익혀 감각적으로 긴장을 제거시키는 훈련을 말한다.

④ 점진적이완 훈련 : 모든 중요한 근육을 한 번에 하나씩 이완시켜 점차적으로 모든 근육을 이완시키고, 이를 통해 긴장 수준과 스트레스 수준을 낮추는 기법을 말한다.

15 운동 애착을 촉진하는 스포츠 지도전략

- 유인물 또는 운동에 긍정적인 문구의 표어 등을 활용한다.
- 운동을 자율적으로 선택하도록 돕는다.
- 참가에 대한 보상을 제공한다.
- 적절한 피드백으로 참가에 대한 동기부여를 한다.
- 운동의 빈도, 강도, 기간을 적절하게 설정한다.
- 그룹을 지어서 운동하도록 한다.
- 운동하기 편한 장소를 제공한다.
- 음악 등을 활용하여 운동을 즐거운 것으로 인식하게 한다.

16 보기에서는 선수의 경기출전권을 제한하여(유쾌자극의 제거) 선수들의 성적이 기준에 미달되지 않도록(부정적인 행동의 빈도 감소)하여 학습권을 보장하는 '부적처벌'의 사례이다.

강화와 처벌

- 정적강화 : 유쾌자극을 제공하여 긍정적인 행동의 빈도를 증가시킨다.
- 부적강화 : 불쾌자극을 제거하여 긍정적인 행동의 빈도를 증가시킨다.
- 정적처벌 : 불쾌자극을 제공하여 부정적인 행동의 빈도를 감소시킨다.
- 부적처벌 : 유쾌자극을 제거하여 부정적인 행동의 빈도를 감소시킨다.

17 매슬로(A. Maslow)의 욕구위계 5단계

- 1단계 : 생리적 욕구
- 2단계 : 안전의 욕구
- 3단계 : 소속감과 사랑의 욕구
- 4단계 : 자기존중의 욕구
- 5단계 : 자아실현의 욕구

18 캐론(A. V. Carron)의 응집력 모형

환경적 요인	개인적 요인	리더십 요인	팀 요인	
• 계약 책임 • 조직의 성향	• 만 족 • 개인차 • 개인의 성향	• 지도자의 행동 • 리더십 유형 • 코치–선수 대인관계 • 코치–팀 관계	• 집단과제 • 팀의 능력 • 집단의 지향성	• 성취욕망 • 팀의 안정성 • 집단의 성과규범

19 ① 테니스를 배운 선수의 기술이 배드민턴을 배우는 과정에 전이되는 정도를 확인하는 과정이므로 '전이검사'에 해당한다.

② '파지검사'는 수행의 유지력 및 동작 재생능력을 검사하는 것이다.

③ '수행검사'는 특정 과제를 실제로 수행하도록 요구하는 검사형태이다.

④ '효율성검사'는 단위시간에 이루어진 운동 능력의 향상을 측정하는 검사로서, 같은 운동 수행 단계에 도달하기 위해 걸린 시간이 짧을수록 효율성이 높다고 할 수 있다.

20 공격성의 유형

• 적대적 공격 : 해를 입히는 것이 목적이며, 분노가 발생한다.

• 수단적 공격 : 해를 입힐 의도는 있지만, 승리가 목적이며 분노가 발생하지 않는다.

• 권리적 공격 : 해를 입힐 의도 없이 이루어지는 합법적인 폭력 행위이다.

04 한국체육사

01	02	03	04	05	06	07	08	09	10	11	12	13	14	15	16	17	18	19	20
③	③	④	③	④	④	③	③	③	①	②	②	①	①	④	④	②	①	②	①

01 ③은 물적 사료이며, ①·②·④는 문헌 사료에 해당한다.

02 국가별 제천행사의 명칭

- 부여 : 영고
- 동예 : 무천
- 신라 : 가배
- 삼한 : 계절제(5월제, 10월제)
- 고구려 : 동맹

03 궁술(활쏘기)

- 삼국시대에는 군사 훈련을 위해 기마술과 궁술을 매우 중요하게 여겼다.
- 고구려 경당에서는 활쏘기를 교육하였다.
- 백제는 활쏘기를 임금이나 백성이 갖춰야 할 중요한 자질 중 하나로 취급하였다.
- 신라의 화랑도에서는 신체 활동의 일환으로 궁술을 배웠다.
- 고려시대에는 궁술이 인재 등용의 중요한 수단이었다.
- 조선시대 역시 궁술을 심신 수양의 교육적 수단이자 무예의 수단이라 생각하였다.

04 편력(遍歷)이란 명산대천을 두루 돌아다니는 일종의 야외활동으로, 시와 음악 관련 활동 및 각종 신체 수련활동을 포함하였다.

05 ④ 도판희(跳板戱) : 주로 여자들에 의해 행해졌으며, 긴 널빤지 한 가운데 짚단이나 가마니로 밑을 괴고 양 끝에 한 사람씩 올라서서 마주보고 번갈아 뛰면서 즐기는 놀이이다(널뛰기).

① 저포(樗蒲) : 나무로 만든 막대기를 던져서 승부를 겨루는 놀이로, 현재의 윷놀이와 유사하다.

② 축국(蹴鞠) : 가죽 주머니로 공을 만들어 발로 차던 공차기 놀이로, 제기차기 또는 축구와 유사한 놀이이다.

③ 추천(鞦韆) : 그네를 타며 놀던 여성 중심의 역동적인 놀이이다.

06 임전무퇴(臨戰無退)는 개인을 위한 계율이 아니라, 화랑의 생활과 교육에 대한 엄격한 계율과 지도이념이었다.

화랑도의 체육사상

- 신체미 숭배사상
- 심신일체론적 체육관
- 군사주의 체육사상
- 불국토 사상

07 ③ 수박(手搏) : 맨손으로 하는 일종의 격투기이며 무신정권기 인재 선발의 중요한 수단이기도 했던 체육 활동이다.

① 궁술(弓術) : 궁술은 활을 쏘는 무예로, 삼국시대부터 조선에 이르기까지 심신수련의 수단이자 무인 선발의 기준이었다.

② 각저(角羝) : 두 사람이 맨손으로 허리의 띠를 맞잡고 힘과 기를 겨루어 넘어뜨리는 씨름의 일종이다.

④ 격구(擊毬) : 서양의 폴로 경기와 유사하며, 말을 타고 채를 이용하여 공을 치는 경기이다.

08 ③ 황성기독교청년회는 1916년 우리나라 최초의 체육관을 설립하여 생활체육 활성화에 힘썼다.

① 조선체육회의 주최로 이루어진 사업이었다.

② 초대회장은 질레트(P. Gillette)였다.

④ 질레트(P. Gillette)에 의해 야구가 소개되었으며, 헐버트(H. Hulbert)는 고종의 두터운 신임을 얻어 자문관으로 일하였으며, 국문 연구소를 만들도록 건의하기도 하였다.

09 교육입국조서(敎育立國詔書)의 반포는 1895년이다.

③ 원산학사 설립년도는 1883년이므로 교육입국조서 반포 이전의 사건이다.

① 화류회 개최(1896년)

② 한국 YMCA 설립(1903년)

④ 대한체육구락부 결성(1906년)

10 ① 전조선빙상대회는 일제강점기인 1925년 조선체육회에 의해 개최되었다.

② 한국 최초의 여성 교육기관인 이화학당은 스크랜턴(M. Scranton)에 의해 1886년 설립되었다.

③ 배재학당, 이화학당 등은 개화기에 체조를 정규 교과과정에 편성하였다.

④ 개화기에는 다양한 미션 스쿨이 설립되었으며, 선교사들에 의해 야구나 농구와 같은 다양한 서구스포츠가 도입되었다.

11 ㉡ 박찬숙이 은메달을 획득한 로스앤젤레스 올림픽 경기대회는 1984년에 개최되었다.

㉣ 방수현이 금메달을 획득한 애틀랜타 올림픽 경기대회는 1996년에 개최되었다.

㉠ 김연아가 금메달을 획득한 밴쿠버 올림픽 경기대회는 2010년에 개최되었다.

㉢ 기보배가 금메달을 획득한 다카 아시아선수권대회는 2017년에 개최되었다.

12 ② 배재학당은 아펜젤러(H. G. Appenzeller)가 설립한 학교로, 체육시간에 서구식 스포츠를 교수하였고, 체조를 정규 교육과정에 포함시키기도 하였다.

① 스크랜턴(M. F. Scranton)에 의해 설립된 한국 최초의 사립 여성교육기관은 이화학당이다.

③ 조선 정부가 영어교육을 위해서 세운 학교는 관립 한성외국어학교로, 축구를 체육과목에 하나로 채택하면서 정식 축구 보급에 이바지하였다.

④ 신세대에게 신지식을 교육하여 인재를 양성하기 위한 목표로 민간에 의해 설립된 한국 최초의 근대적 교육기관은 원산학사이다.

PART 4

13 도산 안창호는 인재 양성을 통한 교육 구국의 이념을 바탕으로 1908년 대성학교를 설립하였다. 대성학교에는 구(舊) 한국군 출신이 체육교사로 부임하기도 하였으며, 구국에는 힘이 필요하다는 이념으로 체육시간에 군대식 훈련을 강행하였다.

14 ㉠ · ㉡ 질레트(P. Gillette)는 1905년에 황성기독교청년회 회원들에게 야구와 농구를 지도했다.
㉢ 축구는 1896년 외국어학교에서 최초로 전파되었으며, 1897년에는 한국 최초의 성인 축구단인 대한축구구락부가 결성되었다.
㉣ 테니스는 1883년 초대 미국 공사인 푸트(L. Foote)에 의해 도입되었다.

15 국민체육진흥공단은 1989년 공익법인으로 설립되었으며, 체육지도자 국가자격시험을 전담하고 있다. 경륜 · 경정 및 스포츠토토 등을 전담하고 올림픽공원을 관리한다. 또한 국민체력 및 건강증진을 위해 '국민체력100' 등의 사업을 시행하고 있다.

16 반하트(B. P. Barnhart)는 YMCA의 선교사로 한국에 배구를 최초로 도입하였으며, 실내 체육을 적극적으로 권장하였다. 또한 농구부를 설립하여 질레트(P. L. Gillett)에 의해 도입된 농구가 널리 보급되는 것을 도왔다.

17 남한과 북한이 최초로 남북단일팀을 구성하여 참가한 대회는 1991년 지바에서 열린 제41회 세계탁구선수권대회였다.

18 우리나라가 대한민국 국호를 걸고 참가한 최초의 하계올림픽은 1948년 런던 올림픽이다.

19 석전(石戰)
- 돌을 들고 싸우는 집단 놀이이다.
- 변전 또는 편싸움이라고도 한다.
- 전쟁에 대비하는 '전투적 유희'라고 볼 수도 있다.

20 ① 장충체육관 : 1955년 육군체육관으로 개관한 뒤 1963년 본격적인 경기장으로 개보수되었다. 국내 설계로 건설한 한국 최초의 돔 경기장이며, 2015년에 리모델링되어 노후화된 시설이 개선되었다.
② 태릉선수촌 : 1966년 우수선수의 지속적인 강화훈련을 위해 건축되었다.
③ 동대문운동장 : 1925년 5월에 착공하여 1925년 10월에 준공한 종합경기장으로, 1962년 보수공사, 1966년 확장공사, 1968년 보수공사를 진행하였으나, 2007년 철거를 시작하여 결국 폐장되었다.
④ 효창운동장 : 한국 최초의 축구 전용 운동장으로 1960년에 문을 열었다. 축구장을 중심으로 외곽에는 육상 트랙이 있고, 테니스코트도 부설되어 있다. 1983년의 보수를 통해 인조잔디, 등받이의자 등이 설치되었고 트랙이 우레탄으로 포장되었다.

05 운동생리학

01	02	03	04	05	06	07	08	09	10	11	12	13	14	15	16	17	18	19	20
③	④	②	③	③	③	④	②	②	②	③	④	①	②	①	③	③	①	③	③

01 운동훈련의 원리

- 과부하의 원리 : 신체의 적응능력 이상의 부하로 적응수준을 높여야 한다.
- 점진성의 원리 : 운동의 강도를 조금씩 점진적으로 증가시켜야 한다.
- 전면성의 원리 : 다양한 체력요소가 골고루 발전되도록 운동해야 한다.
- 반복성의 원리 : 같은 운동을 단기간이 아닌, 장기간 반복적으로 실시해야 한다.
- 개별성의 원리 : 개인의 운동 능력 수준에 따라 운동의 종류나 강도를 조절해야 한다.
- 특이성의 원리 : 운동을 하고자 하는 목적에 알맞은 운동을 해야 한다.
- 가역성의 원리 : 운동으로 인해 초래된 인체의 변화는 훈련을 중지하면 운동 전의 상태로 돌아간다.
- 다양성의 원리 : 운동이 몸에 적절한 자극으로 작용하고 프로그램이 지루해지지 않도록, 다양하고 새로운 트레이닝 프로그램을 개발하여야 한다.

PART 4

02 근섬유의 유형

구분	내용
지근섬유 (Type Ⅰ)	• 모세혈관망이 발달해 있다. • 붉은 빛을 띠므로 '적근'이라고 한다. • 산소를 저장하는 역할을 하는 마이오글로빈 함량이 높다. • 유산소성 에너지 대사 비중이 높아 피로에 대한 내성이 크다. • 미토콘드리아 수가 많아 장시간 운동에너지 생성에 유리하다. • 지구력이 필요한 저강도 운동에 동원된다.
속근섬유 (Type Ⅱ)	• '백근'이라고도 한다. • 지근섬유에 비해 쉽게 피로해진다. • 탄수화물 분해능력이 크기 때문에 산소가 없어도 에너지를 생성할 수 있고, 단시간의 활동에 적합하다. • 인원질의 양이 많고 마이오신 ATPase 활성도가 높아 무산소성 대사능력이 높다. • 에너지 생성속도가 빨라 젖산을 분해하여 에너지를 생성하는 능력을 가지고 있다. • 폭발적인 근수축이 필요한 운동에 동원된다.

03 ② 글루카곤(Glucagon) : 간에 저장된 글리코겐을 글루코스로 분해하여 혈당량을 높인다.

① 인슐린(Insulin) : 혈당을 낮추는 작용을 하며, 췌장의 베타세포에서 분비된다.

③ 알도스테론(Aldosterone) : 부신피질 호르몬으로, 운동 중 탈수를 방지하고 소듐과 포타슘의 균형을 유지한다.

④ 에피네프린(Epinephrine) : 아드레날린이라고도 하는 부신수질 호르몬으로 혈관을 수축 및 확장하여 심박출량을 늘리고, 혈압을 상승시키고, 근육과 간의 글리코겐 분해를 촉진한다.

04 젖산역치(LT)란 점증부하 운동과정에서 혈중 젖산농도가 급격하게 증가하는 지점을 뜻한다. 젖산역치 이하의 운동에서는 주로 지근섬유가 동원되기 때문에 대부분의 에너지를 유산소성 대사에 의해 공급하고 무산소성 대사의 비중이 낮아 생성된 젖산을 체내 다른 조직에서 충분히 제거할 수 있다. 하지만 무산소성 해당과정의 비중이 높아진다면 젖산 생산율이 크게 증가하여 젖산이 모두 제거되지 못하고 체내에 축적되게 된다. 따라서 젖산역치는 근육 내 산소량이 감소하여 무산소성 해당과정 의존율이 증가하였을 때 발생한다.

③ 코리사이클(Cori Cycle)은 젖산이 혈액–간–혈액–근육을 거쳐 다시 에너지원으로 재사용되는 것으로, 코리사이클이 증가하면 젖산이 에너지원으로 재활용되어 제거되므로 젖산역치가 발생하지 않는다.

① 근육 내 산소량이 감소하면 무산소성 대사 의존율이 높아지게 되어 젖산역치가 발생할 수 있다.

② 속근섬유는 주로 무산소성 대사를 활용하므로 젖산역치의 원인이 된다.

④ 무산소성 해당과정 의존율 증가는 젖산역치를 발생시킨다.

05 ③ 탄수화물 1g의 산화에는 산소 0.75L가 필요한데, 지방 1g의 산화에는 산소 2.27L가 필요하다.

① 고강도 운동일수록 호흡교환율이 높아진다.

② 호흡교환율이 1일때 탄수화물의 사용률은 거의 100%이다.

④ 호흡교환율이 0.7이면 대사 에너지 연료로 지방산인 팔미틱산(Palmitic Acid)을 거의 100% 사용한다.

06 체력의 구분

방위체력		자극에 견디어 생명을 유지 · 발전시키는 능력을 뜻한다.
행동체력	건강체력	• 사람이 활동하는 데 필요한 능력을 말한다. • 근력, 근지구력, 심폐지구력, 유연성 등
	운동체력	• 운동기술을 발휘하는 데 필요한 능력을 말한다. • 순발력, 민첩성, 평형성, 협응성, 스피드 등

07 고지 환경에서의 생리적 변화

- 호흡수 증가
- 심박출량 증가
- 최대산소섭취량 감소
- 산소분압의 감소로 인한 운동 능력 감소
- 산소부족으로 인한 무산소성 대사 과정 의존율 증가로 인한 운동 중 젖산 생성량 증가

08 ② 고강도 운동이므로 무산소성 대사의 비중이 크고, 이에 따라 혈중 젖산 농도는 안정 시보다 높게 나타난다.

①·④ RER이 1이면 에너지 대사의 주 연료로 탄수화물을 거의 100% 사용하고, 지방은 거의 사용되지 않는다.

③ RER이 높아질수록 고강도 운동이다.

호흡교환율과 에너지 대사

호흡교환율 (높을수록 고강도 운동)	탄수화물로부터 소비되는 칼로리(%)	지방으로부터 소비되는 칼로리(%)
0.70	0.0	100.0
0.75	15.6	84.4
0.80	33.4	66.6
0.85	50.7	49.3
0.9	67.5	32.5
0.95	84.0	16.0
1	100.0	0.0

09 골격근의 수의적 움직임을 조절하는 것은 체성신경계의 기능이다.

자율신경계의 기능

- 내장근 · 평활근 · 심근의 운동 및 내분비와 같은 불수의적 작용 조절
- 신체 내부 환경을 일정하게 유지하는 항상성 조절에 중요한 역할
- 교감신경계 : 아세틸콜린과 노르에피네프린 분비, 활성화되면 심박수 증가 및 혈압 상승
- 부교감신경계 : 아세틸콜린 분비 억제, 심박수 감소

10 근육의 수축과정

1. 운동신경 자극이 축삭종말 끝부분에 도달
2. 아세틸콜린 방출로 근세포막이 탈분극됨
3. 종판전위(미약한 전류) 발생
4. 근섬유에서 활동전위 발생
5. 근형질세망에 저장되어 있던 다량의 칼슘이온(Ca^{2+})이 근형질로 방출
6. 칼슘이온(Ca^{2+})과 트로포닌이 결합하여 트로포마이오신 들어 올림
7. 마이오신이 저장된 ATP를 ADP와 인산(Pi)으로 분해시키고 액틴분자와 결합
8. 마이오신이 액틴세사를 근원섬유의 마디로 끌어당기면서 근육이 짧아지고 근수축이 발생
9. 마이오신이 액틴과 분리되고 새로운 근수축이 시작

PART 4

11 고도로 훈련된 사람의 경우 1회 박출량이 최대강도까지 운동 강도에 비례하여 증가하지만, 비훈련자의 경우 40~60% 지점에서 고원현상이 발생하여 정체된다.

12 운동단위(Motor Unit)
- 하나의 운동신경과 그것이 지배하는 근육섬유들을 운동단위라고 한다.
- 자극비율이란 단일운동신경에 연결되어 있는 근섬유의 수이다.
- 자극비율이 낮은 근육은 정교한 움직임에 적합하다.
- 운동신경에 연결된 근섬유 수가 증가할수록 큰 힘을 내는 데 유리하다.
- 안구근과 같은 매우 정밀한 기능이 필요한 근에서는 한 개의 운동 단위에 여러 개의 근섬유가 포함되지만, 정밀한 운동이 필요 없는 대퇴사두근에는 수백 개나 되는 근섬유가 한 개의 운동단위에 포함되어 있다.

13 ① 속근섬유(Type Ⅱ)는 폭발적인 힘이 필요한 운동에서 주로 사용되므로, 역도선수는 속근섬유(Type Ⅱ)를 많이 가지고 있다고 할 수 있다.

② 100m 달리기 경기 상황에서는 속근섬유(Type Ⅱ)가 주로 사용된다. 최대산소섭취량(VO_2max)은 지구성 운동 기록에 영향을 미치는 요인으로 마라톤 선수들은 VO_2max의 약 80% 수준으로 훈련한다.

③ 장대높이뛰기는 속근섬유가 많이 사용되는데, 속근섬유는 주로 무산소성 대사를 활용한다.

④ 크레아틴키나아제는 ATP-PCr 시스템에서 사용되는 효소로 ATP-PCr 시스템은 10초 이내 고강도 근수축에 필요한 에너지를 공급한다. 따라서 단거리 육상 선수의 경력이 쌓일수록 크레아틴키나아제의 활성도가 높아진다.

14 코르티솔, 티록신, 성장호르몬은 서서히 작용하여 오랫동안 효과가 유지된다.

15 운동 중 탈수를 방지하는 것은 알도스테론이다.

에피네프린(아드레날린)
- 작용 속도가 빠르다.
- 심박수와 심근의 수축력을 증가시킨다.
- 간과 근육의 글리코겐 분해를 촉진시킨다.
- 운동 시 부신수질로부터 분비가 증가된다.

16 지방의 형태
- 중성지방(Triglyceride) : 지방세포와 골격근세포의 형태로 저장된다.
- 지방산(Fatty Acid) : 근육 에너지원으로 사용되며, 신체 내에서 중성지방의 형태로 저장된다.
- 글리세롤(Glycerol) : 간에서 신생 반응하여 포도당과 합성된다.
- 인지질(Phospholipid) : 세포막을 구성하고, 신경세포 주위에 절연체를 형성한다.
- 스테로이드(Steroid) : 세포막을 구성하고, 성호르몬인 에스트로겐, 프로게스테론, 테스토스테론 합성에 이용된다.

17 근육 수축으로 생기는 장력 변화를 감지하는 것은 근방추(Muscle Spindle)의 기능이다.

18 초과산소섭취량은 운동 중 상승한 혈압을 낮추고, 증가한 젖산을 제거하며, 높아진 체온을 낮추는 항상성 작용을 위해 발생한다.

초과산소섭취량(EPOC)

- 격렬한 활동 후 신체의 산소 부채를 제거하기 위해 산소섭취량이 증가되는 것을 의미한다.
- ATP-PC시스템의 작용 체내 저장 산소 보충, 젖산 제거, 글리코겐 재합성, 체온 강하, 환기 작용을 위한 산소 소비 등에 산소가 활용된다.

19 ③ 근육세포의 산소소비량이 높아지면 정맥의 산소 농도가 낮아지므로, 동-정맥 산소차는 근육세포의 산소소비량에 비례한다고 할 수 있다.

① 고강도 운동의 경우 더 많은 산소를 사용하여 정맥의 산소량이 감소하므로 동-정맥 산소차가 증가한다.

② 트레이닝으로 인한 동-정맥 산소차의 증가로 인해 지구력이 증가한다.

④ 골격근의 모세혈관 분포가 증가하면 기체교환이 증가하게 되어 동-정맥 산소차가 증가한다.

20 고온 환경에서 운동 시 피부혈관 혈류량은 증가하게 된다.

고온 환경에서의 신체변화

- 피부혈관이 확장되면서 피부혈류량이 증가된다.
- 내장혈관이 수축하면서 심부 온도가 증가한다.
- 교감신경계 자극으로 심박출량 및 심박수가 증가한다.
- 열충격 단백질 생성이 증가한다.

06	운동역학

01	02	03	04	05	06	07	08	09	10	11	12	13	14	15	16	17	18	19	20
②	②	③	④	③	③	①	①	①	④	④	②	④	①	①	②	②	④	②	③

01 멘탈 및 인지 강화 프로그램의 구성은 스포츠심리학의 연구 목적에 가깝다.

운동역학의 목적

- 동작의 효율적 수행을 통하여 운동기술을 향상시킨다.
- 동작수행 시 상해의 원인규명 및 예방을 통해 안전성 향상을 도모한다.
- 위의 두 가지를 고려한 과학적인 스포츠 장비를 개발한다.

02 농구공의 체공시간은 스칼라양이다.

스칼라양과 벡터양

- 스칼라양 : 방향값 없이 크기만을 나타내는 양으로 길이, 질량, 시간, 밀도, 온도, 면적 등이 있다.
- 벡터양 : 크기와 방향을 모두 가지고 있는 양으로 무게, 힘, 속도 등이 있다.

03 가슴은 머리의 하부에 위치한다.

해부학적 자세의 방향 용어

- 상부(Superior) : 두부(Head) 방향
- 하부(Inferior) : 족부(Feet) 방향
- 전부(Anterior) : 복부(Ventral), 인체의 앞 방향
- 후부(Posterior) : 배부(Dorsal), 인체의 뒤 방향
- 내측(Medial) : 인체의 정중 시상면(Midsagittal Plane) 또는 인체의 중심선 방향
- 외측(Lateral) : 인체의 정중 시상면 또는 인체의 중심선과 먼 방향
- 근위(Proximal) : 체간이나 기시점(Point of Origin)에 가까운 방향
- 원위(Distal) : 체간이나 기시점에서 먼 방향
- 표층(Superficial) : 인체 표면에서 가까운 방향
- 심층(Deep) : 인체 표면에서 먼 방향

04 위치에너지는 높이에 비례하여 증가하므로, 상승 운동 중인 신체의 고점에서 가장 크다. 따라서 운동방향이 위에서 아래로 바뀌어 하강이동을 하기 직전에 가장 크다.

05 외전(Abduction)은 좌우면 상의 관절운동이다. 전후면 상의 관절운동에는 굴곡, 신전, 과신전, 배측굴곡, 저측굴곡 등이 있다.

06 아령을 들어 올리는 순간의 팔은 '상완이 받침점'이고, '아래팔이 힘점'이며, '아령이 작용점'인 3종 지레에 해당한다.

07 가속에 영향을 받는 시스템을 연구하는 것은 동역학에 해당한다.

운동역학의 학문영역

- 운동학 : 공간이나 시간을 고려하여 물체 · 신체의 움직임을 연구하는 학문이다.
- 정역학 : 힘의 평형상태를 연구하는 학문이다.
- 동역학 : 힘의 영향으로 발생하는 운동상태의 변화를 연구하는 학문이다.
- 운동역학 : 운동에 관한 신체 움직임 원리와 효과를 연구하는 학문이다.

08 ① 철봉 대차돌기는 철봉을 회전축으로 하는 회전운동 형태이다.
② 던져진 농구공의 무게중심은 포물선을 그리므로 선운동(병진운동)을 한다.
③ 인체의 관절은 근육과 뼈가 자유롭게 움직일 수 있도록 하며, 주로 회전운동을 한다.
④ 100m를 전속력으로 달리는 선수의 무게중심은 직선에 가까운 병진운동을 한다.

09 ① 마찰력은 저항력 또는 추진력으로 작용하기도 한다.
② 마찰계수는 접촉면의 형태와 성분이 변하면 바뀐다. 예를 들어, 사포와 같은 재질은 유리보다 마찰계수가 높다.
③ 마찰력의 크기는 접촉면에 가한 수직 힘의 크기에 비례하여 증가한다.
④ 마찰력은 접촉면에 수직으로 작용하며, 물체의 운동 반대방향으로 작용하여 물체의 움직임을 방해하는 힘이다.

10 충격량은 질량과 충격시간의 곱으로 산출할 수 있다.
④ 물체에 100N의 일정한 힘을 2초 동안 가했을 때의 충격량은 100 × 2로 200N · s이다.
① 물체에 10N의 일정한 힘을 5초 동안 가했을 때의 충격량은 10 × 5로 50N · s이다.
② 물체에 25N의 일정한 힘을 2초 동안 가했을 때의 충격량은 25 × 2로 50N · s이다.
③ 물체에 50N의 일정한 힘을 1초 동안 가했을 때의 충격량은 50 × 1로 50N · s이다.

11 육상의 크라우칭 스타트는 무게중심이 불안정한 자세가 유리한 대표적인 사례이다.

무게중심

- 무게중심이 낮을수록 인체의 안정성이 높아진다.
- 인체의 움직임에 따라 인체 외부에 존재할 수도 있다.
- 무게중심은 중력에 의해 작용하는 회전력의 합이 '0'인 지점이다.
- 성별, 나이, 인종 등의 영향을 받아 무게중심이 다르게 나타날 수 있다.

12 다이빙 공중 동작에서는 두 팔과 두 다리를 모두 편 레이아웃(Layout) 자세보다 사지를 웅크린 턱(Tuck) 자세가 유리하다. 이는 레이아웃 자세의 경우 신체 질량이 회전축으로부터 멀리 분포되어 회전 반지름과 관성 모멘트가 커지기 때문이다.

13 지면반력

- 지면반력이란 움직이기 위해 발을 땅에 디딜 때 이에 대한 반작용으로 발생하는 힘이다.
- 족압력의 반작용이기 때문에 발이 지면에 가하는 근력과 거의 동일한 수치이다.
- 지면반력기를 통해 측정 가능하며, 인체에는 항상 중력이 작용하기 때문에 대부분의 운동이 지면과의 상호작용에 의해 가능하다는 점에서 매우 유용하다.

14 근전도 분석은 운동역학적 변인을 측정하는 것이다.

근전도

- 근전도를 측정하여 근육의 동원 순서를 확인할 수 있다.
- 근전도 분석을 통해 얻은 정보를 활용하면 운동선수의 상해를 방지할 수 있다.
- 운동 시에는 신체가 격렬하게 움직이기 때문에 다치거나 떼어질 우려가 큰 삽입전극보다 표면전극이 적합하다.

15 신장성 수축(Eccentric Contraction)은 근육군에 의해 발휘되는 힘 모멘트가 외력에 의한 저항 모멘트보다 작아서, 근육이 길어지며 발생하는 수축형태이다.

신장성 수축

- 근내 장력은 일정하게 유지된다.
- 저항의 중력을 극복하지 못하여 근 길이가 증가하며 발생한다.
- 부상과 근 염증의 주된 원인으로, 통증과 부종을 유발한다.

16

- 일을 구하는 공식 = 작용한 힘 × 힘 방향의 변위
- 일률을 구하는 공식 = 일 ÷ 시간 = 작용한 힘 × 힘 방향의 속도

17 체조 도마의 제2비약은 도마에서 이륙한 후 착지 전까지의 동작을 뜻한다. 신체의 일부가 각운동량을 만들게 되면 신체의 나머지 부분은 그것을 보상하게 되는데, 이를 각운동량의 보존과 전이라 한다. 따라서 상 · 하체의 각운동량의 합은 일정하게 유지된다고 할 수 있다.

18 ④ 베르누이의 원리는 공기나 물처럼 흐를 수 있는 기체나 액체가 빠르게 흐르면 압력이 감소하고, 느리게 흐르면 반대로 압력이 증가한다는 원리이다. ㉠은 기류가 느리게 형성되었으므로 기압이 상승하여 고기압대가 될 것이다.

① ㉠에서는 야구공의 회전 방향과 기류의 방향이 반대이므로 기류가 느려질 것이다.

② ㉡에서는 야구공의 회전 방향과 기류의 방향이 일치하기 때문에 기류가 빨라질 것이다.

③ 회전 방향은 직구와 반대 방향일 것이다.

19 300N의 덤벨이 정지해 있을 때는 중력의 영향을 받아 300N만큼의 수직 힘을 받는다. 이후 덤벨을 들어 올리게 되면 덤벨의 무게인 300N보다 더 큰 힘이 수직 상방으로 작용해야 하므로 가해지는 수직 힘은 증가하게 된다. 점차 증가하던 수직 힘은 덤벨이 멈추게 되며 서서히 감소하고, 덤벨이 멈추면 다시 하방으로 중력이 작용하여 300N의 힘이 수직 하방으로 작용하게 된다.

20 400m 원형트랙을 한 바퀴 돌 때 50초가 걸렸다면, 이 선수의 평균속력은 8m/s이며, 일정한 빠르기로 달린다는 전제하에 평균속력은 유지될 것이다. 반면, 출발점과 도착점이 같아 변위가 '0'이므로 평균속도는 0m/s일 것이다.

07 스포츠윤리

01	02	03	04	05	06	07	08	09	10	11	12	13	14	15	16	17	18	19	20
①	③	③	②	①	①	④	③	③	②	③	④	③	①	②	④	②	①	①	④

01 스포츠윤리학은 도덕, 윤리, 선을 토대로 하는 학문이다.

02 ③ 정기적인 합숙훈련은 학생의 자유를 억압하거나 학습권을 침해하는 등 인권적인 문제가 발생할 수 있으므로 적절한 수준으로 조절하여야 한다.

① 대한민국 헌법 제10조에서는 모든 국민은 인간으로서의 존엄과 가치를 가지며, 행복을 추구할 권리를 가진다고 말한다. 또한 국가는 개인이 가지는 불가침의 기본적 인권을 확인하고 이를 보장할 의무를 지닌다고 규정되어 있다. 따라서 대한민국 헌법 제10조는 국가가 모든 국민의 최소한의 인권을 보장해야 한다고 천명한 것이다.

② 최저학력제는 학생선수의 성적이 기준에 미치지 못하면 경기 출전권을 제한하는 제도로, 학생선수의 학습권을 보장하기 위한 제도이다.

④ 스포츠지도 중 발생하는 폭력이나 폭언, 성폭행 등은 스포츠 선수의 인권을 경시한 사례이다.

03 세계반도핑규약(WADC, 2021)에서 규정하는 도핑 금지 방법

- 화학적 물리적 조작
- 유전자 및 세포 도핑
- 혈액 및 혈액성분 조작

04 B의 윤리적 입장은 덕윤리라고 볼 수 있다. 덕윤리에서는 '무엇을 해야 하는가'보다는 '어떻게 살아야 하는가'에 초점을 두고 있으며, 행위 자체보다는 행위 주체를 중요하게 여긴다. 동시에 인간에게 내재되어 있는 감정을 도덕적 동기로 인정하고, 인간 내면의 도덕성의 근원과 개인의 인성을 중요하게 생각한다.

05 심판 개인의 공정성, 청렴성 등은 개인윤리라고 할 수 있으며, 협회나 기구의 도덕성은 사회윤리라고 할 수 있다. 개인윤리란 행위의 주체를 개인의 양심 또는 개인의 덕목에 둔 것이며, 사회윤리란 질서 또는 제도와 관련된 윤리 문제에 대한 도덕적 규범을 총칭하는 것이다.

06 (가)의 사례는 규제적 규칙을 위반하였지만 구성적 규칙을 위반한 것은 아니며, 레드팀의 고의적인 반칙은 팀의 승리를 위해 관례적으로 허용된다. 이 같은 고의적 반칙은 팀 승리 및 사기 진작을 위한 과잉동조 사례로 볼 수도 있으며, 팀원과 팀을 응원하는 관중에 대한 보답으로 작용하기도 한다.

07 롤스(J. Rawls)의 정의의 원칙

- 제1원칙(자유의 원칙) : 사회의 모든 가치는 기본적으로 모든 사람에게 평등하게 배분되어야 한다는 원칙이다.
- 제2원칙
  - 차등의 원칙 : 가치의 불평등한 배분은 사회의 최소 수혜자에게 유리한 경우에만 허용될 수 있다는 원칙이다.
  - 기회균등의 원칙 : 사회경제적 불평등은 그 원천이 되는 모든 직무와 직위에 대한 공평한 기회균등 하에 발생한 것이어야 한다는 원칙으로, 동일한 능력을 가진 사람이 동일한 지위를 획득할 수 있어야 한다는 것이다.
- 롤스는 제2원칙과 제1원칙이 충돌할 경우 제1원칙이 우선되어야 한다고 주장하였다.

08 ③ 니부어(R. Niebuhr) : 사람들은 소속된 단체의 이익을 위해서라면, 보다 쉽게 이기적인 행동을 취한다는 사회윤리를 주장하였다.

① 베버(M. Weber) : 동기가 선해도 결과에 대한 책임을 져야 한다는 책임윤리를 주장하였다.

② 요나스(H. Jonas) : 책임을 과거 행위에 대한 소급적 영역으로 한정하지 않을 것을 주장하면서, 과거의 잘못된 행위를 보상하는 것보다 미래에 잘못된 결과가 일어나지 않도록 현재에 조심하는 것이 중요하다고 주장하였다.

④ 나딩스(N. Noddings) : 상대에 대한 배려를 모든 사람으로 점차 확산시켜야 한다는 내용의 배려윤리를 주장하였다.

09 보기에서는 인위적 제도나 구속을 지양하여 인위를 최소화하고, 즐거움이 자연스럽게 발현되도록 할 것을 주장하고 있는데, 이는 노자(老子)의 사상에 가깝다.

10 태권도에서 타격이 없어도 점수가 오르도록 전자호구를 조작한다면 스포츠가 구성되지 않을 것이므로, 구성적 규칙을 위반한 사례라고 할 수 있다.

구성적 규칙과 규제적 규칙

구분	내용
구성적 규칙	• 스포츠의 일반적인 규칙과 경기 진행방식을 서술하는 것으로, 구성적 규칙이 위반될 경우 스포츠가 성립하지 않는다. • 축구는 한 팀에 11명이다, 태권도에서 정확히 타격하면 점수를 준다 등
규제적 규칙	• 개별 행위에 적용되는 세밀한 규칙으로 구체적 · 강제적인 규정으로, 각 종목의 특성에 따라 만들어진 규칙으로 개인의 행동을 규제하는 것이다. • 수영에서의 전신 수영복 금지, 도핑 금지 등

11 레스트(J. Rest)의 도덕성 4구성요소 모형의 스포츠 적용

구 분	스포츠윤리 교육에 적용
도덕적 민감성 (Moral Sensitivity)	스포츠 상황에서 도덕적 딜레마를 지각하게 한다.
도덕적 판단력 (Moral Judgement)	스포츠 상황에서 옳고 그름을 판단하게 한다.
도덕적 동기화 (Moral Motivation)	다른 가치보다 정정당당하게 경기하는 것에 가치를 두게 한다.
도덕적 품성화 (Moral Character)	스포츠 상황에서 장애 요인을 극복하여 실천할 수 있는 강한 의지, 용기, 인내 등의 품성을 갖게 하는 것이다.

12 의무론적 윤리이론은 어떤 행동을 할 때 행위가 가져올 결과나 이익보다는 그 행동자체의 올바름에 의거하여 행동해야 한다는 윤리로, 대표적인 사상가에는 칸트(I. Kant)가 있다. 칸트는 정언명령을 통하여 어떤 행동의 목표가 행동 그 자체가 되어야 한다고 주장하였다. 그러나 의무론적 윤리이론은 서로 다른 도덕규칙이 상충되는 경우 해답을 내리기 어렵다는 난점을 지닌다.

13 ③ (가)는 싱어(P. Singer)의 「동물해방」에 관한 내용으로, 쾌고감수능력이란 고통과 즐거움을 느낄 수 있는 능력이다. 싱어(P. Singer)는 쾌고감수능력이 있는 존재를 도덕적 고려의 대상으로 삼아야 한다고 주장하였다. 싱어(P. Singer)의 주장에 따르면 말과 같은 동물은 쾌고감수능력을 지닌 존재이므로 도덕적 고려의 대상으로 인정해야 하며, 이익에 맞는 동등한 대우를 받아야 한다고 볼 수 있다.

① 동물의 개성을 활용해야 한다는 것은 인간 중심적 사고이므로 거리가 멀다.

② 싱어(P. Singer)는 쾌고감수능력이 있는 대상으로 도덕적 고려 대상 범위를 한정하였으므로, 쾌고감수능력이 있는지 알 수 없거나 없다고 볼 수 있는 식물 등의 생명은 도덕적 고려의 대상이 아니라고 말할 것이다.

④ 생태계 전체의 이익을 고려하여 모든 생명의 자율성을 존중해야 한다고 주장한 것은 싱어(P. Singer)가 아닌, 테일러(P. Taylor)의 주장이다.

14 카유아(R. Caillois)가 구분한 놀이의 요소

- 아곤(Agon) : 경쟁으로 번역되며, 여러 가지 스포츠나 퀴즈, 체스 등 스피드나 체력, 기억력을 다루는 놀이의 특성을 말한다.
- 알레아(Alea) : 우연으로 번역되며, 주사위나 제비뽑기 등과 같은 내기와 같이 운을 다루는 놀이의 특성을 말한다.
- 일링크스(Ilinx) : 현기증 또는 환상으로 번역되며, 그네타기나 춤과 같은 빙글빙글 돌며 노는 놀이를 통해 현기증과 황홀감을 느껴 현실로부터 벗어나려는 놀이의 특성을 말한다.
- 미미크리(Mimicry) : 모방 또는 모의로 번역되며, 소꿉장난이나 가면극과 같이 연극이나 영화, 문학과 같이 상상을 통해 자기를 탈출하여 자기 외적인 무언가가 되고자하는 놀이를 말한다.

15 ② 여성선수를 탁월성보다 외모에 초점을 두고 보도하는 행태는 여성차별의 사례이다.
①·③·④ 스포츠 상황에서의 인종차별이란 스포츠 경기 등에서 발생하는 여러 현상의 원인을 어떤 대상이나 인종의 선천적 신체 특성에서 찾거나, 특정 인종에게 불이익을 주는 것이다.

16 ④ 이학준(2002)은 인간중심 환경윤리에서 벗어나 생태중심 환경윤리로 인식을 전환해야 한다고 주장하였다. 또한 생태중심 환경윤리를 스포츠 환경에서 실천할 수 있는 현실적인 방법으로 기존시설을 최대로 활용할 것을 제시하였다. 이러한 관점에서 기존의 시설을 활용하여 스포츠를 즐기는 D의 경우는 생태중심 환경윤리에 해당한다.
①·②·③ 인간을 위해 자연 환경을 개발하거나, 수단으로 활용하고자 하는 인간중심 환경윤리의 사례이다.

17 관중폭력

- 경기 시설물의 파괴, 선수 폭행, 선수나 심판에 대한 모욕적인 언사, 물건을 던지기 등 경기장에서 벌어지는 관중의 폭력적인 행동 전반을 의미한다.
- 경기장의 온도가 높을수록, 경기의 중요성이 클수록, 사람이 많아 밀도가 높을수록 더 잘 일어난다.
- 스포츠 팀 응원을 빌미로 폭력적 행동을 조장하는 훌리거니즘(Hooliganism)이 대표적인 사례이다.

18 일정 수준의 학력기준에 도달하지 못한 선수의 출전권을 제한하는 것은 최저학력제이며, 원하는 것을 배우고, 이를 위해서 필요한 교육을 요구할 권리는 학습권을 뜻한다. 교육권이란 학습권에 더해 정부나 교육기관이 대상을 교육할 권리를 포함하는 개념이다.

19 ㉠ 맹자(孟子), ㉡ 노자(老子)라고 할 수 있다. 맹자(孟子)는 성선설을 주장하며, 인(仁), 의(義), 예(禮), 지(智)라는 네 가지 선함의 단서[四端]가 발현될 때 실천적 행위가 가능할 것이라 주장하였다. 또한, 이를 위해서는 교육과 개인의 수기가 중요하다고 강조하였다. 그러나 노자(老子)의 경우 인위를 경계하고 자연스럽게 도덕성이 발현되는 무위자연을 강조하였으며, 이를 위해서는 겸양과 배려가 필요하다고 주장하였다.

20 ④ 아렌트(H. Arendt)는 그녀의 저서 『악의 평범성』에서 인간성이나 양심은 개인의 사악하고 악마같은 동기나 쾌락 등에 의해서 발생하는 것이 아니며, 사회적인 여건에 따라 나타난다고 주장하였다. 아렌트는 악의 평범성이란 관습에 대해 의심하거나 틀린 것을 생각하지 않는 사유불능성(思惟不能性)이 한 원인이라고 생각하였다. 이에 더해 인간은 항상 복수성(複數性)을 지닌 존재이므로, 한 쪽에서는 성실하고 착한 사람이면서 동시에 폭력적이고 가학적인 성향을 지닐 수도 있다고 하였다.
① 로렌츠(K. Lorenz)는 '인간동물행동학'이라고도 불리며, 인간이 공격성을 가지고 있는 것은 동물의 공격성과 마찬가지로 공격성을 발휘하는 것이 종의 보존에 유리하기 때문이라고 주장하였다.
② 아리스토텔레스(Aristoteles)는 분노는 예외 없이 특정 개인을 향해 분출된다고 보았다. 또한 분노에는 자신이 특정인에 대해 뭔가 부당한 일을 당했다고 하는 믿음이 포함되어 있다고 주장하였다. 마지막으로 분노란 모종의 쾌락이 포함되어 있는데, 이 쾌락은 복수의 기대감에서 나온다고 주장하였다.
③ 요나스(H. Jonas)는 책임을 과거의 행동에 대한 것에 한정하지 않고, 아직 발생하지 않은 미래에 대해서도 적용해야 한다고 주장하였다. 요나스가 말하는 책임이란 결국 인과적 책임의 범위를 미래까지 확장하여 미래의 벌어질 일들을 예방할 것을 포함하는 개념이다. 그의 논리는 예측할 수 있는 결과 중 최선의 결과를 고려해야 한다는 것이기에 결과주의 윤리의 하나라고 볼 수도 있다.

2회 정답 및 해설

01 스포츠사회학

01	02	03	04	05	06	07	08	09	10	11	12	13	14	15	16	17	18	19	20
①	②	④	③	③	②	③	④	①	②	②	④	④	①	②	③	③	②	①	④

01 스포츠 계층의 특성

- 사회성 : 스포츠 계층은 사회적 상황에 따라 다르게 형성된다.
- 고래성 : 스포츠 계층은 역사발전 과정을 거치며 변천해왔다.
- 보편성 : 스포츠 계층에서의 편재성은 어디에나 존재하고 발견할 수 있는 보편적 사회 · 문화 현상이다.
- 다양성 : 스포츠 계층은 권력, 재산, 위광이 모든 사람에게 동등하게 부여될 수도 그렇지 않을 수도 있다.
- 영향성 : 스포츠 역할과 선호도 또한 사회계층에 의하여 영향을 받으며 여가활동의 사회계층적 차이에 따라 스포츠의 구체적 형태와 의미가 상이하게 나타난다.

02 운동 수행이 스트레스 감소에 미치는 영향에 대한 연구는 스포츠심리학의 연구 분야에 가깝다.

03 ① · ② · ③ 스포츠 연구의 거시적 영역에 해당된다.

스포츠사회학의 연구범위 및 접근방법

- 거시적 영역 : 대규모 사회체계를 이루고 있는 사회제도와 그들 간의 관계에 관한 연구를 말하며, 정치, 종교, 교육, 성역할 등이 해당된다.
- 미시적 영역 : 소규모 사회체계에서 나타나는 사회현상과 스포츠 간의 관계를 연구하며, 사회화, 사기, 공격성 등이 해당된다.
- 전문적 영역 : 스포츠사회학의 학문적 연구에 연관된 과제와 방법을 연구하는 것으로, 학문적 적법성과 스포츠의 본질적 정체를 파악하는 것이 이에 해당한다.

04 ③ 낙인 이론은 특정인의 우연적이고 일시적인 일탈 행위(1차적 일탈)를 다른 사람들이 일탈자로 낙인찍었기 때문에 일탈자로서의 자아정체성이 형성되어 의도적이고 지속적인 일탈(2차적 일탈)이 발생하게 된다는 이론이다.

① 여성의 스포츠 참여는 과거에 일탈에 해당하였으나, 현재에는 당연한 규범으로 자리잡았다.

② 조직적 일탈은 조직을 둘러싸고 있는 규범적 기대를 위반한 이유로 일탈이라는 낙인이 찍힌 조직에 의해 벌여지는 일탈 행동으로, 국가적 차원에서 일어나는 조직적 일탈에 해당한다.

④ 여성의 스포츠 참여는 우리나라와 같은 많은 나라에서는 당연한 것이지만, 중동 일부 국가에서는 일탈로 여겨진다.

05 ③ 나이키, 아디다스 등의 다국적 스포츠 기업들이 성장하고 있다.

①·② 기술과 정보의 혁명을 통한 교통·통신·전자분야의 첨단기술은 공간–조정적 테크놀로지로서 스포츠가 행해지는 공간적 거리를 무의미하게 만들며, 장소들 간의 절대적 거리보다 스포츠정보를 거래하는 데 드는 비용과 시간이 더 중요해질 것이다.

④ 국제스포츠 경쟁에서 국가 간의 경쟁이라는 의미가 축소되고, 국제스포츠 조직의 확대를 위한 범세계적 교류가 증진될 것이다.

06 부르디외(P. Bourdieu)의 자본의 유형

- 경제자본 : 재산, 소득 등과 같은 화폐를 매개로 하는 모든 물적 자원의 형태
- 사회자본 : 사회적 관계의 망을 획득하고 유지하기 위해 동원될 수 있는 자원
- 문화자본 : 가족에 의해 전수되거나 교육체계에 의하여 생산되는 자본 유형
- 상징자본 : 경제자본, 문화자본, 사회자본을 정당한 것으로 승인하여 인위적이고 자의적인 질서를 정당화하는 사회적 의미관계

07 케년(G. Kenyon)과 슈츠(Z.Schutz)가 구분한 스포츠 참가 유형

- 일상적 참가 : 스포츠 활동을 꾸준히 규칙적으로 행하여 일상을 이루는 참가 형태이다.
- 주기적 참가 : 일정 간격을 유지하면서 스포츠에 지속적으로 참가하는 형태이다.
- 일차적 일탈 참가 : 자기 직업을 등한시하고 시간 대부분을 스포츠 참가에 할애하는 참가 형태이다.
- 이차적 일탈 참가 : 경기 결과에 거액의 돈을 걸고 스포츠를 관람하는 참가 형태이다.

08 ④ 미디어가 스포츠에 미치는 영향, ①·②·③ 스포츠가 미디어에 미치는 영향에 해당한다.

미디어가 스포츠에 미치는 영향

- 스포츠의 상품화를 통한 이윤 극대화
- 스포츠에 대한 관심과 인기 증가
- 스포츠의 규칙 변화
- 경기 스케줄 변경
- 스포츠 기술 향상

09 선사시대에는 스포츠의 개념이 제대로 잡혀있지 않은 시기였으며, 시간적·공간적 제약으로 인해 스포츠 세계화가 이루어질 수 없었다. 스포츠 세계화는 교통과 정보·통신 기술이 발달함에 따라 가속화되었다.

10 ② 스포츠 탈사회화를 겪은 선수 중 일부는 연예인, 사업 등 스포츠와 관련 없는 분야로 재사회화되기도 한다.

① 운동선수의 은퇴는 스포츠 탈사회화의 대표적인 사례이며, 취업의 기회, 기량의 하락 등의 요인이 영향을 준다.

③ 운동선수의 자발적 은퇴에 영향을 주는 요인에는 선수의 교육수준, 새로운 직업에 대한 기회, 신체능력의 저하 등이 있다.

④ 스포츠 탈사회화는 환경, 취업, 정서 등 다양한 요인의 영향으로 발생하는 현상이다.

11 상류층은 시간적 · 금전적 여유가 많아 직접 참여하는 스포츠를 선호하며, 그 중에서도 단체 종목보다 테니스, 골프 같은 개인 종목을 선호하는 경향이 있다.

12 스포츠 폭력의 개념과 유형

- 행동적 정의 : 행위의 결과 중시, 상해 결과 강조
- 동기적 정의 : 결과보다 의도 초점
- 적대적 공격 : 타인의 보상, 분노적 공격, 상대에게 해를 가할 목적의 행위
- 도구적 공격 : 승리, 보상, 위광을 위한 외적 목표 추구 행위

13 미디어가 스포츠 중계에 참여하면서, 이윤 추구에 유리한 일부 종목의 강세가 두드러졌다.

14 학원스포츠의 문제점 중 하나는 잦은 합숙으로 인하여 학생들의 학습권이 박탈되는 것이다. 따라서 잦은 합숙을 지양하고, 최저학력제 등의 제도를 시행할 필요가 있다.

15 보기의 사례는 한 세대 내에서 사회적 · 경제적 변화가 이루어진 세대 내 이동이며, 수직이동에 해당한다. 또한 계층이동의 범위가 개인이므로 개인이동에 해당한다.

스포츠 사회이동의 유형

- 수평이동 : 계층적 지위의 변화가 없는 이동
- 수직이동 : 종전의 계층적 지위에 대한 상하 변화를 가리키는 이동
- 집단이동 : 유사한 조건을 갖추고 있는 집단이 어떤 촉매적 계기를 통하여 집합적으로 하는 이동하는 현상
- 개인이동 : 개인의 능력과 노력에 의하여 사회적 상승의 기회가 실현되는 경우
- 세대 내 이동 : 한 개인의 생애주기 가운데 발생하는 사회 · 경제적 지위의 변화가 이루어지는 경우
- 세대 간 이동 : 같은 가족 내에서 한 세대로부터 다음 세대로 이어지는 과정에서 발생하는 사회 · 경제적 지위의 변화

16 스나이더(E. Snyder)와 스프라이처(E. Spreitzer)가 제시한 스포츠 개입의 요소

- 내적 만족 : 스포츠 참가 자체로 발생하는 본질적인 즐거움을 의미한다.
- 외적 만족 : 승리나 금전 등 스포츠 참가로 발생하는 외적 보상에 대한 기대감을 의미한다.
- 사회적 요인 : 사회적 결속, 충성심, 정서, 동료의식, 상호존중 등 중요타자의 인정으로 인해 생긴 만족감을 의미한다.
- 불안감의 회피 : 스포츠 참여를 통해 지위상실이나 불명예 등의 부정적 제재로부터의 회피를 의미한다.
- 스포츠의 정체감 : 스포츠계에 의존하고 있는 개인의 정체의식을 말한다.

17 솔턴(R. Thorton)과 나르디(P. Nardi)의 스포츠 역할의 사회화 단계

- 예상 단계 : 고정된 기대, 역할에 대한 열망 속에서 아직도 확실한 지위나 역할은 부여되어 있지 않으나 고정관념에 의한 역할 기대를 가지는 단계이다.
- 공식적 단계 : 공식적이고 현실적인 기대로, 중요타자와 역할수행자 사이에 일치도가 높아 스포츠 역할에 동조하게 되는 단계이다.
- 비공식적 단계 : 각 개인 사이의 상호작용을 통해 전이되는 역할의 태도적, 인지적 특성이 포함된 비공식적 기대가 존재하는 단계로, 자기형편에 맞는 역할을 수행하게 된다.
- 개인적인 단계 : 역할 경험이나 역할 기대를 스스로 부가하여, 자신의 성격 특성에 따라 자신의 역할 기대와 개념을 수정하는 단계이다.

18 새로운 직업에 대한 기대와 취직의 기회가 탈사회화의 원인이다.

탈사회화의 원인

- 신체 기능 또는 운동 능력의 저하
- 불안정한 미래에 대한 걱정
- 재정적 상황의 악화
- 가정의 형편
- 높은 교육수준으로 인한 취업 기회의 다양성

19 랜더스(D. Landers)와 크럼(T. Crum)이 제시한 스포츠 집단의 특성

- 과업 수행을 위한 집합행동
- 집단 성원으로서의 일체감
- 집단 존재의 당위성에 대한 외부의 인정
- 집단 성원에게 영향을 미치는 규칙, 규범, 가치에 대한 동조
- 사회적으로 연계된 역할 및 지위 체계
- 집단을 유지 발전시키기 위한 노력과 집단의 응집력
- 집단 성원 간의 일치된 동질감

20 저널리즘의 유형

- 블랙 저널리즘 : 비공개된 정보 등을 발표 · 보도하겠다고 위협하거나, 이를 통해 이익을 얻기 위한 목적으로 이루어진다.
- 하이프 저널리즘 : 정보는 전혀 없고 오락만 있는 새로운 유형의 뉴스이다.
- 옐로 저널리즘 : 저널리스트가 특정 선수나 코치의 개인 사생활을 의도적으로 파헤치거나 선수나 스포츠 관계자를 웃음거리로 만드는 기사를 보도하는 관행을 말한다.
- 뉴 저널리즘 : 뉴스를 구체적 · 심층적으로 보도하는 새로운 언론사조이다.

PART 4

02 스포츠교육학

01	02	03	04	05	06	07	08	09	10	11	12	13	14	15	16	17	18	19	20
②	②	①	①	④	③	④	②	②	④	③	③	④	④	③	①	④	④	③	①

01 ② 탐구수업 모형 : 문제해결자로서의 학습자를 강조하는 수업 형태로, 문제해결 중심 수업에 적합하다.

① 직접교수 모형 : 메츨러(J. B. Metzler)의 교수 모형 중 하나로, 교사가 직접 설명하고 지도하는 수업 형태를 말한다.

③ 적극적 교수법 : 링크(J. Rink)의 교수법 유형 중 교사가 직접 설명하고 시범을 보이는 교수법을 말하며, 메츨러의 직접교수 모형과 유사하다.

④ 상호학습형 스타일 : 모스턴(M. Mosston)이 제시한 교수 스타일 중 하나로, 동료교수 모형이 대표적이다. 상호학습형 스타일은 평가에 대한 권한이 대리교사 역할을 하는 학생에게 전가되지만, 피드백을 제시하는 것은 교사이다.

02 스포츠교육학은 학교체육, 생활체육, 전문체육을 모두 포괄하는 개념으로, 실천 영역이 학교 현장에 국한되지 않는다.

03 ① 듀이(J. Dewey)로 대표되는 진보주의 교육이론에서는 신체와 정신의 불가분성을 주장하면서, 모든 교육적 활동은 신체적 결과와 동시에 도덕적, 지적 결과를 가져온다고 주장하였다. 기존의 스포츠교육 패러다임은 신체적 변화를 추구하며 이루어졌던 '체조 중심의 체육'이었는데, 진보주의 교육이론이 도입되면서 신체적 · 도덕적 · 지적인 발달을 함께 도모하는 '신체를 통한 교육'으로 전환되게 되었다.

② 자유주의 교육이론 : 개인에 대한 '구속 없는 상태'를 강조하여, 개성의 자유롭고 활발한 신장을 강조하는 교육이론이다. 대표적인 학자로는 루소(J. Rousseau)가 있다.

③ 문화주의 교육이론 : 자유주의 · 사회적교육 · 인격주의 · 비판주의 교육사상에 딜타이(W. Dilthey)의 생명철학, 리케르트(H. Rickert)의 가치철학, 후설(E. Husserl)의 현상학이 종합된 사상이다.

④ 현상학적 교육이론 : 교육의 사상 자체의 본질을 객관적으로 인식하고 기술하려는 입장을 취하는 교육이론이다.

04 모스턴(M. Mosston)의 교수 스타일 중 지시형 스타일(A)

- 링크(J. Rink)의 적극적 교수법, 메츨러(J. B. Metzler)의 직접교수법과 유사하다.
- 교사가 수업의 모든 것에 대한 결정권을 지닌, 교사 중심 스타일이다.
- 획일적이고 일체된 움직임 목표를 학습하는 데 유리하며, 기능을 빠르게 숙달하는 데 효과적이다.

05 스포츠 동기 유발을 위해서는, 되도록 스포츠 참여자가 자율적으로 자신이 하고 싶은 운동을 선택하도록 하는 것이 효과적이다.

운동애착을 촉진하는 스포츠 지도 전략

- 유인물 또는 운동에 긍정적인 문구의 표어 등을 활용한다.
- 운동을 자율적으로 선택하도록 돕는다.
- 참가에 대한 보상을 제공한다.
- 적절한 피드백으로 참가에 대한 동기부여를 한다.
- 운동의 빈도, 강도, 기간을 적절하게 설정한다.
- 그룹을 만들어서 운동하도록 한다.
- 운동하기 편한 장소를 제공한다.
- 음악 등을 활용하여 운동을 즐거운 것으로 인식하게 한다.

06 슐만(L. Shulman)의 7가지 교사지식

교육과정 지식	참여자 발단 단계에 적합한 내용 및 프로그램에 관한 지식
교육환경 지식	학급 규모와 같이 수업에 영향을 미치는 환경에 대한 지식
교육목적 지식	교육의 목적과 목표, 교육시스템의 구조에 관한 지식
내용 지식	교과 내용에 대한 지식
내용교수법 지식	교과 내용 또는 주제를 참여자 특성에 맞게 지도할 수 있는 방법에 대한 지식
지도방법 지식	모든 교과에 적용되는 지도법에 대한 지식
학습자에 대한 지식	수업에 참여하는 학습자의 특성, 개인차 등 수업에 영향을 주는 학습자에 대한 지식

07 협동학습 모형의 단점

- 팀원이 결과에 집착하면 협동학습 모형의 취지가 무색해질 수 있다.
- 팀원 모두가 개념을 잘못 알고 있을 때 상황을 변경하기 어렵다.
- 소수의 학생이 팀에서 교사처럼 활동할 위험이 있다.
- 일부 학생은 자신에게 주어진 기회를 회피하는 경향을 보일 수 있다.

08 ② 제한된 범주 안에서 한 가지 구체적인 내용으로 소수 학생을 대상으로 실제 수업을 해보는 방법은 마이크로 티칭이다.

① 실제 교수 : 일정 기간 여러 학급에 대해 책임감을 갖고 실제로 수업하는 방법으로, 교생실습이 여기에 해당한다.

③ 스테이션 교수 : 학습 환경을 나누어 학생들이 스테이션을 이동하며 학습하게 하는 방법으로, 둘 이상의 과제를 동시에 진행하기에 용이하다.

④ 1인 연습 : 거울을 보거나 비디오 녹화를 이용하여 혼자서 연습하는 방법이다.

09 교육과정 개선을 바라보는 세 가지 관점

- 기능적 관점 : 교육과정의 개선은 전문가 집단에 의해 개발되는 것이며, 교사의 역할은 단순 지식 전달자에 한정된다고 본다.
- 생태적 관점 : 교육환경의 복잡성에 초점을 두어, 교사는 능동적으로 교육과정에 관한 의사결정에 참여하고, 변화를 시작하는 주도적인 존재라고 생각한다.
- 문화적 관점 : 하나의 문화 속에서 일어나는 교육과정 변화에 초점을 두어, 교사에게 미치는 교육 개선의 영향력에 초점을 둔다.

10 ④ 비정한 제거 : 파괴적인 학생에게 물을 떠오게 하거나 심부름을 보내는 것이다.

① 신호간섭 : 시선의 마주침, 손 움직임, 부주의한 행동을 감소시키는 그 밖의 교사행동을 이용하는 것이다.

② 접근통제 : 교사가 그 행동에 관심을 보이고 있다는 것을 전달하기 위하여 방해 행동을 하는 학생에게 가까이 접근하거나 그를 접촉하는 것이다.

③ 상규적 행동의 지원 : 스케줄, 과제, 수업의 일상적 행동을 제공하는 일반적 수업 습관을 이용하는 것이다.

11 Ⓛ 스포츠윤리센터는 긴급보호가 필요한 신고자 및 피해자를 위한 임시보호시설을 운영할 수 있다.

Ⓒ 스포츠윤리센터는 문화체육관광부장관이 감독한다.

※ 개정 국민체육진흥법(2025.1.1. 시행)과 내용의 차이가 없습니다.

12 ③ 동료교수 모형 : 2~3명의 학생들로 수업단위를 구성하여 수업을 운영하는 것이다. 평가의 주체가 동료 학생이 되지만, 평가의 준거와 피드백은 교사가 제시한다는 특징이 있다.

① 직접교수 모형 : 교사가 직접 시범을 보이는 교사 중심 지도 방법으로, 교사의 전문성이 요구된다.

② 협동학습 모형 : 전통적인 소집단 학습의 단점을 해결하고 학습자 간에 협력적인 상호작용을 촉진하기 위해 긍정적 상호의존, 개인적 책무성, 협동기술, 집단보상 등을 강조한 수업 모형이다.

④ 전술게임 모형 : 게임 수행에 필요한 부분적인 기능의 학습보다는 게임의 특성과 구조, 필요한 기능과 전략이 무엇인지를 이해하도록 가르치는 수업 모형이다.

13 모둠활동이나 전체학습이 가능한 과제를 과도하게 세분화하면, 수업의 흐름을 관리하는 데 방해가 된다.

쿠닌(J. Kounin)의 예방적 수업 운영 관련 교수 기능 중 교사가 해야 할 행동

- 집단 경각 : 학생들이 과제에 몰두하도록 만드는 것이다.
- 동시 처리 : 내용 지도와 수업운영을 동시에 처리하는 것이다.
- 상황 파악 : 학생들의 행동을 교사가 파악하고 있음을 학생들에게 알려 탈선을 방지하는 것이다.
- 유연한 수업 전개 : 수업의 흐름을 끊기지 않고 유연하게 이어가는 것이다.
- 여세 유지 : 학습활동이나 수업을 활력 있게 이어나가는 것이다.
- 학생의 책무성 : 과제수행에 대한 책임감을 부여하는 것이다.

14 집단 내의 상대적인 서열을 중심으로 이루어지는 평가는 상대평가로, 스테나인 점수가 대표적이다.

절대평가

사전에 설정된 교수 · 학습목표를 준거로 하여 그 목표의 달성도를 평가하는 방식으로, 각 개인의 목표 달성 여부를 파악하기 용이하다. 하지만 절대적 기준의 파악 방식이 교사의 주관에 의해 좌우되기 쉬우며, 타 집단과의 비교가 어렵다는 단점이 있다.

15 탐구수업 모형은 학습자가 주도적으로 문제를 해결해 나가는 과정을 통해 학습이 이루어진다. 교사가 주도적으로 수업을 조직하고 운영하는 지도방법은 직접교수 모형에 해당한다.

16 ② 무형식적 성장, ③ · ④ 형식적 성장에 대한 설명이다.

17 운동선수를 대상으로 한 스포츠교육은 운동기술을 익히고 시합을 하는 과정에서 참된 자신과 가능성을 깨닫고, 삶 속에서 지속적으로 실천해 가도록 하는 것이다.

18 ④ 지시형 : 교사가 수업의 중심이 되어 전체 과정을 결정하는 교수 스타일로, 교사의 설명과 시범이 중심이 된다.

① 유도발견형 : 논리적으로 설계된 질문에 대한 해답을 찾아가는 과정을 통해 미리 정해진 개념을 발견하는 교수 스타일이다.

② 확산발견형 : 구체적인 인지작용을 통해 다양한 해답들을 발견해가는 것이다.

③ 연습형 : 교사가 학습자 개개인에게 과제를 제공한 후, 스스로 연습할 수 있는 시간을 제공하고 피드백하는 과정으로 이루어진다. 스테이션수업이 이에 해당한다.

19 학교운동부 운영 등(학교체육진흥법 제11조 제1항 · 제2항)

- 학교의 장은 학생선수가 최저학력에 도달하지 못한 경우에는 교육부령으로 정하는 경기대회의 참가를 허용하여서는 아니 된다. 다만, 「초 · 중등교육법」에 따른 고등학교 또는 이에 준하는 학교에 재학 중인 학생선수가 기초학력보장 프로그램을 이수한 경우에는 그 참가를 허용할 수 있다.
- 학교의 장은 최저학력에 도달하지 못한 학생선수에게 별도의 기초학력보장 프로그램을 제공하여야 한다.

※ 개정 학교체육진흥법(2024.3.24. 시행)과 내용의 차이가 있습니다.

20 학교체육진흥법 제6조 제1항에 의하면 학교의 장은 학생의 체력증진과 체육 활동 활성화를 위하여 학생선수의 학습권을 보장하고 인권을 보호해야 한다.

※ 개정 학교체육진흥법(2024.3.24. 시행)과 내용의 차이가 없습니다.

03 스포츠심리학

01	02	03	04	05	06	07	08	09	10	11	12	13	14	15	16	17	18	19	20
④	④	④	②	②	④	③	①	②	②	③	④	③	③	④	④	④	③	④	②

01 ④ 스포츠심리학 : 스포츠상황에서의 인간행동을 심리학의 다양한 방법과 원리로 이해하고, 통제하는 것을 목표로 하는 연구분야이다.

① 건강운동심리학 : 스포츠 활동에 지속적으로 참여하기 위한 방법과 운동을 통한 사회 · 심리적 효과 등을 연구하는 분야이다.

② 운동학습 : 개인적 특성을 바탕으로 연습이나 경험을 통하여 과제와 환경적 변화에 부합하는 가장 효율적인 협응 동작을 형성시켜 나가는 과정을 연구하는 분야이다.

③ 운동발달 : 신체 및 신경 근육의 발달과 인지능력의 발달과 환경의 상호작용을 통하여 인간의 운동능력 발달에 어떻게 기여하는가를 연구하는 분야이다.

02 운동발달은 성장에 따라 자연스럽게 나타나는 현상이며, 연습과 경험에 의해 나타나는 것은 운동학습에 해당한다.

03 ④ 최적의 각성수준에 영향을 미치는 요인은 개인의 특성불안 수준, 수행자의 과제에 대한 학습단계, 과제의 난이도 등이 있다.

① 불안과 수행의 관계는 곡선적인 개념이다.

② · ③ 불안이 증가할수록 운동 수행이 증진되며, 적정수준의 각성상태에서 운동 수행이 극대화된다. 각성수준이 더욱 증가하여 과각성 상태가 되면 운동 수행은 오히려 저하된다.

04 자기결정성 이론의 스포츠 참가 동기 유형

내적동기	감각체험	운동할 때 느끼는 감각체험이 즐거워서 스포츠 활동에 참여
	과제성취	과제를 성취하는 만족감 때문에 스포츠 활동에 참여
	지식습득	새로운 것을 배우는 것이 즐거워서 스포츠 활동에 참여
외적동기	확인규제	운동 자체의 목표가 아닌, 건강 증진이나 다이어트 같은 자기설정 목표달성을 위해 스포츠 활동에 참여
	의무감규제	외적동기요인이 내면화되어 죄책감 · 불안 같은 압력으로 스포츠 활동에 참여
	외적규제	외적보상을 받으려는 욕구가 활동의 원동력이며, 외적보상을 얻기 위해 스포츠 활동에 참여
무동기	스포츠 활동을 하려는 의도 · 동기가 없는 상태	

05 ① 격변 이론(카타스트로피 이론) : 인지적 불안 수준이 높을 경우 신체적 불안이 일정 수준에 이르면 운동 수행에 급격한 추락현상이 초래되며, 인지적 불안 수준이 낮을 경우에만 신체적 불안과 운동 수행의 관계가 역U자를 이룬다고 보는 이론이다.

③ 불안의 다차원적 이론 : 인지적 불안은 초조함, 걱정과 같은 감정으로 주로 운동 수행에 부정적인 영향을 주는 반면, 신체적 불안은 생리적 각성으로 적정수준이면 운동 수행에 긍정적인 영향을 준다.

④ 최적수행지역 이론 : 선수들의 상태불안 수준은 개인차가 매우 크며 최고의 수행을 발휘하는 데 있어서 반드시 특정수준의 불안이 필요한 것이 아니라 자신만의 고유한 불안수준이 있다는 개념이다.

06 와인버그(R. Weinberg)와 굴드(D. Gould)의 경쟁불안의 요인

- 상황적 요인 : 상황의 중요성, 시합의 불확실성
- 개인적 요인 : 높은 특성불안, 낮은 자아존중감 수준

07 캐론(A. V. Carron)의 관중 유형

수동적 관중	단순 관중	순수하게 방관하듯 존재하는 관중 형태이다.
	공행 관중	선수와의 상호작용 없이 독립적으로 같은 활동을 하는 관중 형태이다.
상호작용적 관중	경쟁적 공행 관중	양궁, 사격 등에서와 같이 선수들이 자신의 경기를 진행하며 동시에 상대 선수의 경기장면을 지켜보는 관중의 역할도 하는 형태이다.
	사회적 강화 관중	일반적인 의미의 관중에 제일 가까우며, 선수의 수행을 격려하거나 야유하는 등 영향을 미치는 관중 형태이다.

08 시간의 흐름 속에서도 획득한 정보를 지속적으로 보유하여 활용할 수 있는 역량은 '기억'이다.

09 사회적 촉진 이론

- 단순존재 가설 : 타인의 존재는 각성을 증가시키고, 각성은 우세반응을 일으킨다는 가설이다.
- 평가우려 가설 : 타인의 존재로 인하여 자신의 수행이 관찰되고 평가되고 있다는 지각 정도에 따라 수행이 달라진다는 것이다. 이 가설에서는 타인의 전문성을 높게 평가할 경우 단순과제의 수행은 향상되고 복잡한 과제의 수행은 감소된다고 주장한다.
- 자아 이론 : 타인에게서 인정받으려는 욕구가 증대되어 동기가 촉진된다는 이론이다.
- 주의분산-갈등 이론 : 관중으로 인한 집중 방해 효과가 잘하려는 노력의 효과보다 크면 주의가 분산되어 수행이 손상되지만, 작을 경우 수행이 향상될 수 있다는 이론이다.

10 운동 수행에 유용한 정보를 제공하여, 목표 상태와 수행 사이의 차이를 개선하는 것은 피드백에 대한 설명이다.

① 양측성 전이 : 어느 한 쪽 손이나 발로 특정의 운동기술을 발전시키면, 그것의 반대편 또는 대각선의 손발에 영향을 주어 발생하는 전이현상이다.

③ 표상 : 파지를 부호화한 것이다.

④ 영의 전이 : 한 가지 과제의 수행이 다른 과제 수행에 아무런 영향도 미치지 않는 경우를 말한다.

11 ① 유산소 운동은 특성불안을 감소시키는 효과가 있다.
② 불안 감소에는 고강도 무산소 운동보다 유산소 운동이 더 효과적이다.
④ 지나치게 높은 강도의 저항운동은 오히려 불안을 상승시킨다.

12 사회적 태만 현상의 발생원인

- 할당 전략 : 혼자일 때 최대의 노력을 발휘하기 위해 집단 속의 에너지를 절약하기 때문에 사회적 태만이 발생한다.
- 최소화 전략 : 가능한 한 최소의 노력을 들여 일을 성취하려는 개인의 선택으로 인하여 사회적 태만이 발생한다.
- 무임승차 전략 : 집단 상황에서 개인은 남들의 노력에 편승해서 그 혜택을 받기 위해 자신의 노력을 줄이고, 이로 인해 사회적 태만이 발생한다.
- 반무임승차 전략 : 열심히 노력을 하지 않는 사람들이 무임승차하는 것을 원하지 않기 때문에 자신도 노력을 줄여 사회적 태만이 발생한다.

13 스포츠 종목에 따른 집단응집력의 요구 수준

집단분류	상호협력집단	상호협력-상호반응집단	상호반응집단
종 목	양궁, 볼링, 골프, 사격, 스키, 레슬링	미식축구, 야구, 소프트볼, 피겨스케이팅, 조정, 수영	농구, 필드하키, 아이스하키, 럭비, 축구, 핸드볼, 배구
상호의존성	낮 음	중 간	높 음
집단응집력의 필요 정도	낮 음	중 간	높 음

14 심상은 근육조직의 활동을 일으키며, 신체적 경쟁에 준비할 수 있도록 도와준다.

15 인지적 왜곡의 유형

- 선별적인 추상화 : 더 좋은 증거는 무시하고, 부정적인 사항에 기초해서 결론을 내리는 것이다.
- 임의적인 추론 : 증거 없이 부정적인 평가를 내리는 것이다.
- 이분법적 사고 : 모든 것이 좋거나 나쁘거나 둘 중 하나로만 생각하는 사고인데, 대부분 나쁜 쪽으로 생각하는 것이다.
- 과일반화 : 한 사건으로부터 부정적인 결론을 내려서 비슷하지도 않은 상황에 부적절하게 적용하는 것이다.
- 과장과 축소 : 부정적인 사건의 의미를 과대평가하거나 확대하는 것이다.

16 각성반응을 억제하는 것이 아닌, 조절하는 것이다.

심상의 활용

- 기술의 학습과 연습 : 시간적 · 공간적 · 환경적 제약 없이 기술의 특정 연습을 반복 또는 창조할 수 있다.
- 전략의 학습과 연습 : 가상적 상대를 설정하고 수비나 공격 전략을 상상 속에서 연습한다.
- 어려운 문제의 해결 : 문제 상황을 머릿속에 떠올리고 그 해결 방안을 심상한다.
- 각성반응의 조절 : 심상을 통하여 성공적으로 수행하는 모습을 떠올림으로써 대처 방안을 구상하고 과제에 집중함으로써 불안과 긴장을 조절한다.

17 ① 합리적 행동 이론 : 원래 투표참가를 설명하기 위한 목적으로 개발된 것이며 개인의 의사결정 측면에서 행동을 예측한다.

② 계획행동 이론 : 합리적 행동 이론의 주요 개념에 행동통제 인식이라는 개념이 추가된다.

③ 변화단계 이론 : 운동행동의 변화는 마음먹은 순간에 실천되는 것이 아니라, 여러 단계를 거치면서 점진적으로 변화한다는 개념이다.

18 ③ 행동수정 전략, ① · ② · ④ 인지전략에 해당한다.

행동수정 전략

- 행동의 실천여부를 결정하는 의사결정 단서
- 출석상황을 제시
- 보상 제공
- 피드백 제공

19 바람직한 코칭행동 지침

- 팀 구성원을 인격적으로 대해야 하며, 자신의 필요에 따라 이용해서는 안 된다.
- 자신이 지도하는 종목에 대한 전문지식을 구비하여야 한다.
- 지도하는 종목에 적합한 코칭 방법에 대한 지식을 구비하여야 한다.
- 팀 구성원을 공평하게 대해야 하며, 인종, 성별 등으로 차별해서는 안 된다.

20 ② 현재 일어나는 상황에 대한 개인의 주관적 관점에 관심을 두는 것은 현상학적 이론에 대한 설명이다.

① 심리역동 이론 : 심리적 결정주의로 인간의 행동은 결코 우연히 일어나지 않으며, 의식적이거나 무의식적인 동기가 있는 것으로 본다.

③ 특성 이론 : 개인의 행동은 외부 환경의 영향보다 개인 내에 존재하는 일관적이고 안정된 특성들에 의해 결정된다.

④ 사회학습 이론 : 개인의 행동은 사회적 학습의 기능이고 상황에 대처하는 힘으로 환경의 제약에 모순되지 않게 행동하기 위하여 습득한 바에 따라 행동한다.

04 한국체육사

01	02	03	04	05	06	07	08	09	10	11	12	13	14	15	16	17	18	19	20
④	③	④	④	①	①	①	①	①	②	④	④	④	④	④	④	③	④	④	②

01 효과적인 교수법에 관한 연구는 스포츠교육학의 연구내용에 해당한다.

체육사의 연구내용

- 스포츠를 통해 시대별로 파생된 여러 문화 현상을 다룬다.
- 스포츠의 기원 또는 발달 과정을 다룬다.
- 스포츠 종목의 발생원인 및 조건을 다룬다.
- 체육의 역사적 변화를 이해함으로써 교훈을 얻는다.
- 각 나라의 체육 역사와 문화를 살펴보는 것이 중요하다.

02 수박희가 무인 선발의 주요 수단으로 자리 잡은 것은 고려시대이다.

03 '활인심방'은 조선시대 이황이 자신의 건강을 다스리기 위해 필사(筆寫)한 것으로, 책의 내용 중 '도인법'은 일종의 보건체조였다.

04 일종의 야외활동으로 시와 음악 관련 활동과 각종 신체 활동 포함하였던 것은 편력이다.

05 고려시대 지방 교육기관으로서 궁사와 음악 교육 등이 이루어졌던 곳은 향학이다. 향학은 궁사와 음악, 무인 선발을 위한 수박희(맨손으로 승부를 가리는 무예)를 개최하였다.

06 무과의 응시자격은 법제상으로는 천민만 아니면 누구나 지원 가능하였지만, 주로 양반 자제들이 어려운 문과를 버리고 무과를 보는 경우가 많았다. 특히 무관의 자손, 향리 등의 응시가 두드러졌다.

07 조선시대 고등교육 기관인 성균관(成均館)에서는 대사례(大射禮)를 실시하였다. 대사례는 국가에 행사가 있을 때 임금과 신하가 한자리에 모여서 활을 쏘아 그 예의 도수를 살피는 의례였다.

08 고려시대에서 주로 귀족에 의해 향유되던 저포는 조선시대에 이르러 대중화되었다.

09 부여의 사출도를 관리하는 관직의 이름에서부터 연유하였으며, 저포라는 용어로 지칭되기도 한 민속놀이는 윷놀이이다.

10 매를 이용하여 사냥을 하는 수렵 활동은 방응이다. 방응은 삼국시대에서 조선시대를 거쳐 일제강점기에 이르기까지 오랜 시간 유행하였다.

11 석전은 군사 훈련의 성격을 가지고 있었지만, 심신단련을 위한 체조법과는 거리가 멀다.

석 전

- 일반적으로 서민에 의해 향유되었다.
- 군사 훈련적 성격을 지니고 있었다.
- 석전을 구경하는 사람들이 모여들어 관중을 이루기도 하였다.
- 위험성 때문에 일정 기간 동안은 금지되기도 하였다.

12 ④ 정조 14년 여러 무예 책을 기초로 편찬된 무예서는 '무예도보통지(武藝圖譜通志)'이다. 정조가 직접 편찬의 방향을 잡은 후 이덕무, 박제가 등에 의해 '무예제보(武藝諸譜)'와 '무예신보(武藝新譜)'를 합하고, 새로운 훈련종목을 추가하여 간행하였다.

① 무예제보(武藝諸譜) : 임진왜란 후 전쟁에 시급한 무예서의 필요에 따라 명나라의 '기효신서(紀效新書)'를 토대로 만들어진 무예서이다.

② 무예제보번역속집(武藝諸譜飜譯續集) : 임진왜란 직후 최기남이 무예제보에서 누락된 부분을 보충하여 속집으로 편찬한 후, 1610년경 훈련도감에서 간행하였다.

③ 무예신보(武藝新譜) : 영조 25년 사도세자가 정리한 18기 무예를 담았다고 전해지지만, 현존하지 않는다.

13 조선체육회는 광학구락부와 관련이 없다. 광학구락부는 운동을 통하여 정신과 육체의 배양, 강장함을 목표로 하여 1908년 발족된 단체로, 남상목 등에 의해 조직되었다.

14 초창기 운동회에서 주로 시행된 종목은 육상이었다.

15 ④ 보기에서 설명하는 것은 1908년 8월 국민체육진흥을 목적으로 조직된 체육단체인 '대동체육구락부'이다.

① 황성기독교청년회 운동부 : 1903년 설립되어 야구, 농구 등의 서구스포츠 도입에 큰 영향을 주었다.

② 대한국민체육회 : 1907년 노백린에 의해 조직된 단체로, 덕육 및 지육에 치우친 교육의 문제점과 병식체조 중심의 학교체육을 비판한 단체이다.

③ 회동구락부 : 1908년에 창립한 단체로, 우리나라에서 연식 정구를 제일 먼저 행하였다.

16 배드민턴은 1945년 해방 후 놀이의 성격으로 도입되었으며, 1957년 대한배드민턴협회 조직과 함께 경기적 배드민턴이 소개되었다.

17 대한민국의 하계올림픽 참가

- 1936년 독일 베를린 올림픽 : 손기정 선수가 일장기를 달고 마라톤 경기에 출전하여 우승하였으며, 이후 일장기 말소 사건의 배경이 된다.
- 1948년 영국 런던 올림픽 : 최초로 '코리아'라는 국가 명칭을 달고 참가한 올림픽이다.
- 1976년 캐나다 몬트리올 올림픽 : 양정모 선수가 우리나라 최초의 금메달을 획득하였으며, 우리나라가 종합순위 19위를 차지하였다.
- 1988년 대한민국 서울 올림픽 : 우리나라에서 개최한 최초의 올림픽으로, 종합 4위의 성적을 거뒀다.

18 ④ 언더우드(H. Underwood)에 의해 체조가 정식 교과목에 편성된 것은 1891년으로 교육입국조서 반포년도인 1895년보다 빠르다.

① 1896년 5월 한성 외국어학교에서 한국 최초의 운동회인 화류회가 개최되었다.

② YMCA의 초대 총무였던 질레트(P. Gillette)에 의해 1907년 농구가 소개되었고, 1915년 반하트(B. P. Barnhart)에 의해 배구가 도입되기도 하였다. 반하트는 한편 농구부를 설립하는 등의 활동으로 서구 스포츠 보급에 큰 영향을 미쳤다.

③ 한국 최초의 근대적 체육 단체인 대한체육구락부의 결성은 1906년이다.

19 대한민국이라는 국호로 최초 참가한 올림픽은 1948년 8월에 개최된 런던 하계올림픽이다. 1948년 생모리츠 동계올림픽은 우리나라가 정식 국호를 달고 참가한 최초의 동계올림픽이다.

20 목적(국민체육진흥법 제1조)

이 법은 국민체육을 진흥하여 국민의 체력을 증진하고, 체육 활동으로 연대감을 높이며, 공정한 스포츠 정신으로 체육인 인권을 보호하고, 국민의 행복과 자긍심을 높여 건강한 공동체의 실현에 이바지함을 목적으로 한다.

※ 개정 국민체육진흥법(2025.1.1. 시행)과 내용의 차이가 없습니다.

05 운동생리학

01	02	03	04	05	06	07	08	09	10	11	12	13	14	15	16	17	18	19	20
③	②	③	②	③	①	④	③	④	①	④	①	②	①	④	③	①	④	④	④

01 • 신체 활동 : 물체의 위치이동에 대한 물리적 용어인 운동과 구별되는 대근을 움직이는 신체의 움직임을 뜻한다(계단 오르기, 물건 들기 등).
• 체력 : 인간 생활의 기초가 되는 신체적 능력을 뜻하는 말로 방위체력, 행동체력으로 분류된다.
• 운동 : 통상 심신단련이나 수련을 목적으로 하는 체계적 · 계획적 · 규칙적인 신체 활동으로, 운동의 특이성은 같은 운동자극이라도 그 반응방식은 사람에 따라 다르다는 것이다.

02 운동 시 순에너지 소비량은 '운동 중 순산소소비량(L) × 산소 1L당 kcal'로 산출 가능하다.
철수가 조깅 시 측정된 산소소비량이 15L이고 리터당 6kcal의 에너지를 소비했으므로, 순에너지소비량은 '15L × 6kcal = 90kcal'이다.

03 ① 체온조절은 시상하부(간뇌)에서 담당한다.
② 추운 환경에서는 불수의적 근수축으로 인한 발열로 체온을 상승시키기도 한다.
④ 대류, 복사는 주변 환경에 의해 일어나는 열손실이기 때문에 운동 강도 증가와 무관하다.

04 뇌하수체 후엽
• 항이뇨호르몬 : 신장에서 물의 재흡수를 촉진시켜 체내 수분량을 조절한다.
• 옥시토신 : 아미노산 9개로 이루어진 펩티드호르몬으로, 자궁 근육을 수축시키고 모유 분비를 촉진하는 작용을 한다.

05 부신수질호르몬
• 부신수질은 에피네프린(아드레날린), 노르에피네프린(노르아드레날린), 도파민을 합성하는데, 이 세 호르몬을 카테콜아민(Catecholamine)이라고 한다.
• 부신수질에서 분비되는 카테콜아민의 약 80%가 아드레날린이고, 나머지가 노르아드레날린이며, 도파민은 소량만 분비된다.
• 아드레날린과 노르아드레날린은 부신수질 외에 인체의 모든 교감신경 끝부분에서 분비되기 때문에 교감신경부신호르몬(Sympatho-adrenalhormone)이라고 한다.

06 골격근의 구조는 골격근 > 근섬유다발 > 근섬유 > 필라멘트 순으로 되어있다.

PART 4

07 ④ 수상돌기 : 전기적 자극을 세포체로 전달하는 기능을 한다.
① 신경세포체 : 세포의 핵을 가지고 있으며, 신경세포의 영향과 대사의 중심이다.
② 미토콘드리아 : 신경세포체 내에 존재하며, 산소 호흡의 과정이 진행되는 세포의 소기관이다.
③ 축삭 : 전기적 자극 정보를 체세포에서 축삭종말 방향으로 전달한다.

08 운동생리학은 체육학을 구성하는 응용적 성격의 학문으로서 다양한 학문에 필요한 기본적 이론을 제공한다. 인접학문에는 스포츠의학, 트레이닝론, 스포츠영양학, 생체역학, 운동처방 등이 있다.

09 ④은 ATP-PCr시스템에 해당한다. ATP-PCr시스템은 무산소성 과정이다.

10 ① 감각과 관련된 정보가 들어오는 통로로 뇌간과 시상을 연결하는 기관은 망상체이다.
② 척수 : 뇌와 연결된 중추신경의 일부분으로 감각신경, 운동신경을 담당한다.
③ 전정기관 : 몸의 평형과 균형을 담당하는 기관이다.
④ 소뇌 : 몸의 운동기능의 조절을 담당하는 기관이다.

11 유산소성 에너지 대사가 높은 것은 지근섬유이다. 지근섬유는 장거리달리기와 같은 지구성 운동에서 주로 사용되며, 피로에 대한 내성이 높다.

12 갑상선과 관련된 호르몬
- 티록신 : 체내 물질대사를 촉진하여 포도당 분해 및 체온을 상승시킨다.
- 칼시토닌 : 혈액 속의 칼슘의 농도를 유지하고 혈액 속의 칼슘의 농도가 높을 때 그 양을 감소시킨다.

13 헤모글로빈이 환원헤모글로빈이 되는 것은 산화헤모글로빈에서 산소가 떨어진 후이다.

14 폐순환과 체순환의 과정
- 폐순환 : 우심실 → 폐동맥 → 폐 → 폐정맥 → 좌심방
- 체순환 : 좌심실 → 대동맥 → 온몸 → 대정맥 → 우심방

15 조직 내 체액이 얼어 세포가 파괴되는 질환은 동상에 해당한다. 동상은 영하 2~10℃의 심한 추위에 노출되어 피부의 연조직이 얼고 그 부위에 혈액이 공급되지 않아 발생한다.

16 골격근의 모세혈관 분포가 증가하면 조직과 혈관 사이의 표면적이 넓어지므로, 기체교환이 촉진되어 동-정맥 산소차가 증가한다.

17 단축성 수축(구심성 수축)

- 근내 장력이 일정하고, 근 길이가 감소하며 발생한다.
- 관절의 각도에 따라 근력의 장력이 변화한다.
- 저항의 중력을 극복하여 장력을 발휘한다.

18 ④ 조직세포가 혈액으로부터 공급받은 산소를 소모하여, 에너지를 얻기 위해 유기물을 산화하면서 이산화탄소를 방출하는 과정은 '세포호흡'에 대한 설명이다.

① 환기 : 공기유입과 유출에 대한 폐의 기계적 과정

② 확산 : 농도가 높은 곳에서 낮은 곳으로의 분자이동

③ 폐호흡 : 환기에 의한 가스교환

19 성인남자의 환기량은 안정 시 약 80~100L/min, 성인여자는 45~80L/min이며, 최대환기량은 남녀 각각 180L/min, 130L/min이다.

20 혈중 이산화탄소의 약 20%는 헤모글로빈과 결합한 '카바미노헤모글로빈'으로 운반된다.

06 운동역학

01	02	03	04	05	06	07	08	09	10	11	12	13	14	15	16	17	18	19	20
③	③	②	①	①	②	①	③	③	②	②	①	①	②	②	④	①	④	④	③

01 정역학은 힘의 평형 상태를 연구하는 학문이다.

02 효율적인 동작지도를 통해 운동기술을 향상시키는 것은 스포츠교육학의 목적에 가깝다. 운동역학은 효율적인 동작수행을 통한 운동기술의 향상을 목적으로 한다.

03 운동역학적 분석은 운동 중 발현되는 힘에 초점을 두어, 인체와 주변 환경 사이의 작용 등에 관심을 가지고 분석하는 것이다. 지면반력의 측정은 족압력에 대한 지면의 반작용을 측정하는 것으로, 운동역학적 분석의 사례에 해당한다.

04 운동기구의 개발은 주로 운동 시 선수의 부상 방지 및 예방을 목적으로 한다. 이때 운동기구는 공학적 측면과 인체의 동작 수행을 충분히 고려해서 개발해야 한다.

05 관성의 법칙이란 물체가 외부로부터 힘을 받지 않을 경우 운동상태를 계속 유지하려고 하는 현상을 말하는데, 이는 운동량 보존의 개념으로 설명이 가능하다.

뉴턴의 선운동법칙

- 제1법칙(관성의 법칙) : 물체는 외부로부터 받는 힘의 합이 '0'이면 현재의 운동 상태를 그대로 유지한다. 즉, 정지해 있는 물체는 그대로 정지해 있고, 움직이고 있는 물체는 그 방향과 속도를 유지하며 운동을 계속한다.
- 제2법칙(가속도의 법칙) : 물체가 외부로부터 힘을 받으면 물체는 힘의 방향으로 가속되며, 이때 가속도의 크기는 힘에 비례하고 질량에 반비례한다.
- 제3법칙(작용과 반작용 법칙) : 물체에 힘이 작용하면 항상 크기가 같고 방향이 정반대인 반작용의 힘이 동시에 작용한다.

06 양의 일은 물체로 전달된 에너지이고, 음의 일은 물체가 전달한 에너지이다.

양의 일(Positive Work)과 음의 일(Negative Work)

- 힘의 방향과 이동방향이 동일하면 곱하여 양(Positive)이 되고 반대의 경우 곱이 음(Negative)이 된다.
- 원심성 수축에서 팔꿈치 관절의 각도가 커지는 동안은 음의 일, 구심성 수축에서 팔꿈치 각도가 작아지는 동안은 양의 일이 된다.

07 역학적 일의 양은 물체에 작용하는 힘과 힘 방향의 변위의 곱으로 구할 수 있다. 바벨을 들어 올렸다 내려놨으므로 힘 방향의 변위 '0'이며, 따라서 역학적 일의 양은 0J이다.

08 충격량의 크기는 '충격력 × 충돌시간'으로 산출한다. ①·②·④는 90만큼의 힘을 발생시켰으므로 충격량은 90J이지만, ③의 경우 100J의 힘을 발생시켜 나머지와 크기가 다르다.

09 해부학적 자세는 양쪽 발꿈치를 모으고, 발끝을 약간 벌리는 형태를 말한다.

10 $일률 = \frac{일}{시간} = \frac{힘 \times 거리}{시간} = 힘 \times 속도$

$\frac{1000 \times 1.5}{3} = 1000 \times \frac{1}{2} = 500$

∴ 일률은 500(J)이다.

11 탄성력이란 외력에 의해 일시적으로 변형된 물체가 원래의 모양으로 돌아가려는 힘을 말하며, 이를 활용한 스포츠에는 양궁, 야구, 다이빙, 장대높이뛰기 등이 있다.

12 ① 100m 달리기 출발자세인 '크라우칭 스타트'는 더 빠르게 출발하기 위해 무게중심을 진행방향의 기저면 가장자리에 위치시켜 고의적으로 안정성을 낮춘 사례이다.
② 유도의 방어자세에서는 기저면을 넓히고 몸의 무게중심을 낮춰 안정성을 높인다.
③ 평행봉 중심잡기 시에는 안정성을 높이기 위해서 수직중심선을 기저면 중심에 가깝게 둔다.
④ 멀리뛰기 점프 시에는 무게중심을 높여 불안정한 자세가 된다.

13 물체가 원 궤도를 따르게 하는 힘은 구심력이며, 원심력은 구심력에 대한 반작용으로 발생하는 힘이다.

14 ② 질량, 시간, 밀도, 온도, 면적 등과 같이 방향값 없이 크기만을 나타내는 양은 스칼라양이다.
① 벡터양 : 크기와 방향을 모두 가지고 있는 양으로 힘, 속도 등이 있다.
③ 질량 : 물체에 존재하고 있는 불변하는 물리량이다.
④ 무게 : 크기와 방향을 가진 벡터양이다.

15 역학적에너지란 물체가 가지는 운동에너지와 위치에너지를 아울러 말하는 것으로, 전기에너지는 포함되지 않는다.

16 근육의 내외부에 위치한 전극을 통해 근육의 수축에 관여하는 운동단위들의 모든 근섬유로부터 발생하는 수많은 개별 활동전위들을 시간적 · 공간적으로 종합 누적하여 검출하는 '근전도 분석'에 대한 설명이다.

17 ① 관절의 각도를 감소시키고 두 개의 관절뼈를 가깝게 근접시키는 관절운동은 '굴곡(Flexion)'이다.
② 신전(Extension) : 굴곡과 반대로 둘 이상의 인접한 관절의 각이 커져 서로 멀어지는 운동이다.
③ 외전(Abduction) : 팔이나 대퇴부를 바깥쪽으로 들어 올리는 운동이다.
④ 내번(Inversion) : 발의 특이한 운동 형태로서, 발바닥이 몸의 정중면을 향하게 하는 운동이다.

18 역학적에너지는 위치에너지와 운동에너지의 총합이며, 위치에너지는 '물체의 질량(m) × 중력가속도(g) × 높이(h)'로 계산한다. 또한 운동에너지는 '$\frac{1}{2}$ × 물체의 질량(m) × 물체의 속력(v)^{2}이다.

19 영상분석은 영상장비를 이용해 운동 수행을 기록하고 정보를 추출하는 측정 방법으로, 변위, 속도, 가속도, 무게중심, 방향, 위치 등을 산출할 수 있다.

20 각속도는 회전 반지름에 반비례하고, 속도에 비례한다. 따라서 사이클 벨로드롬 경기에서 속도를 줄이거나 회전 반지름을 크게 만드는 것은 각속도를 감소시켜 안정성을 유지하기 위한 것으로 볼 수 있다.

07 스포츠윤리

01	02	03	04	05	06	07	08	09	10	11	12	13	14	15	16	17	18	19	20
③	②	②	③	③	①	④	①	②	②	②	①	③	③	①	④	②	③	②	②

01 스포츠윤리의 독자성

- 스포츠 도덕은 스포츠 규칙의 자발적 준수를 의미한다.
- 스포츠의 구성적 조건으로 경기규칙 준수가 선수의 조건이다.
- 스포츠에서는 규칙의 자발적 준수가 도덕적 선수와 비도덕적 선수의 구별기준이 아니다.
- 스포츠에서 규칙위반은 경기의 일부로 받아들인다.
- 경쟁의 도덕적 조건과 가치 있는 승리의 의미를 밝힌다.
- 비도덕적 행위의 유형과 공정성의 조건을 제시한다.
- 스포츠를 통한 도덕적 자질과 인격의 함양을 추구한다.

02 스포츠 성폭력 방지책

- 체육지도자와 청소년들의 성별융합 학습교육 실시
- 체육단체들의 의무적 예방교육의 필요성
- 스포츠 성폭력 전문상담원 배치
- 일관성 있는 정책의 집행과 내부고발 장치 마련
- 가해자에 대한 엄격한 처벌과 관련 시설의 설치 및 운영

03 ② 2012년 런던 올림픽에서는 여성의 스포츠 참가에 대한 인식이 개선되어 모든 종목에 여성이 참가할 수 있게 되었다.

① 근대 올림픽에서 여성 경기인들의 참여는 제한적이었다.

③ 현대 올림픽에서는 싱크로나이즈드스위밍이나 리듬체조 등 여성들만 참가할 수 있는 경기종목들도 있으며, 대부분의 종목이 남자와 여자를 구분하여 이루어진다.

④ 고대 그리스 올림픽에서는 여성은 참가는 물론이고, 관람도 금지되었다.

04 스포츠맨십, 페어플레이와 같은 윤리적 품성을 강조하는 교육은 덕 교육이다.

05 심판의 윤리

- 공정성 : 심판은 모든 선수의 이익을 동등하게 대우해야 한다.
- 청렴성 : 심판은 유리한 판결을 내려준다고 약속하며 금전적인 대가를 요구하거나 받아서는 안 된다.
- 전문성 : 잘못된 판정을 내리지 않기 위해서 심판은 오랜 기간의 교육과 노력을 통해 전문적인 지식에 숙달돼야 한다.
- 중립성 : 심판은 어느 한쪽으로 치우치지 않고 중립을 유지해야 한다.

06 ① 보기에서 A 투수의 판단에 영향을 준 윤리이론은 의무론적 윤리이론이다. 의무론적 윤리이론에서는 보편적이고 절대적인 도덕 규칙이 상충할 경우 해결책을 제시하기 어렵다는 난점이 있다.

② · ③ · ④ 결과론적 윤리이론의 난점이다.

07 승리에 대한 보상을 강화하는 것은 승리 지상주의로 이어져, 도핑을 유발할 가능성이 있다. 도핑을 방지하기 위해서는 도핑 검사의 강화나 적발 시의 강력한 처벌과 같은 외적규제나, 윤리교육을 통한 내면적 인식 개선 등의 방법이 적절하다.

08 탁월함으로 번역되는 것은 아레테(Arete)이다. 아곤(Agon)은 경쟁으로 번역되며 스포츠에서 중요한 요소이다. 승리를 위해서 자신의 능력을 충분히 발휘해야 한다는 것 역시 아곤의 실현과 관련이 있다.

09 페어플레이는 공정성을 내포하고 있으며, 구성적 규칙의 범위 내에서 행해지는 경쟁을 말한다.

페어플레이

- 공평한 조건에서 공정하게 경쟁하는 것이다.
- 보편적인 스포츠윤리이다.
- 스포츠의 규칙 준수를 포함하는 개념이다.

10 ② 제도화된 규칙에 의해 규정된 신체적 탁월성을 겨루는 활동은 스포츠이다.

① 놀이 : 임의적 규칙에 의해 규정된 활동이다.

③ 체육 : 규칙의 성격 및 구분 중 관습화된 규칙에 의해 규정된 활동이다.

④ 게임 : 관례화된 규칙에 의해 규정된 경쟁적 활동이다.

11 테일러(P. Taylor)가 제시한 인간의 4가지 의무

- 신뢰의 의무 : 사냥, 낚시처럼 동물을 속여 신뢰를 깨지 않는다.
- 불간섭의 의무 : 자유나 생태계에 간섭해서는 안 된다.
- 불침해의 의무 : 다른 생명체에 해를 가해선 안 된다.
- 보상적 정의의 의무 : 다른 생명체에 해를 끼쳤을 때 피해를 보상한다.

12 ① 싱어(P. Singer) : 그의 저서인 동물해방 등에서 쾌고감수능력이 있는 존재라면, 도덕적 고려의 대상으로 삼아야 한다고 주장하였다.

② 레건(T. Regan) : 동물이 다른 사람의 이익이나 욕구와는 관계없이 그 자체로 본래적 가치를 지닌다고 생각하였는데, 그 이유는 동물 스스로가 자기 삶의 주체라고 생각하였기 때문이다.

③ 레오폴드(A. Leopold) : 인간중심주의에서 탈피하여, 생태계의 모든 대상을 동등하게 존중받아야 할 고유 내적 가치를 지닌 존재로 간주하였다.

④ 패스모어(J. Passmore) : 인간중심적인 관점에서 미래의 인간에게 해악을 끼쳐서는 안 된다는 것을 근거로 현재의 인간을 위한 생태계 파괴나 환경오염 등을 비판하였다.

13 장애인 등의 약자를 무조건적으로 보호하고 배려하려는 태도는 지양해야 한다. 그보다는 사회적 약자의 자율성을 인정하고 존중하여, 스포츠 활동에 자유롭게 참여할 수 있는 기회를 마련하고 권리를 제공하는 것이 필요하다.

14 농구에서 고의 반칙은 규제적 규칙 위반에 해당하지만, 구성적 규칙을 위반한 것은 아니다.

구성적 규칙과 규제적 규칙

- 구성적 규칙 : 스포츠의 일반적인 규칙과 경기 진행방식을 서술하는 것으로 구성적 규칙이 위반될 경우 스포츠가 성립하지 않는다(축구는 한 팀에 11명이다, 태권도에서 정확히 타격하면 점수를 준다 등).
- 규제적 규칙 : 개별 행위에 적용되는 세밀한 규칙으로 구체적 · 강제적인 규정으로 각 종목의 특성에 따라 만들어진 규칙으로 개인의 행동을 규제하는 것이다(수영에서의 전신 수영복 금지, 도핑 등).

15 신체 접촉이 많은 종목일수록 관중폭력이 증가한다.

관중폭력

- 팀의 지지를 통한 연대감으로 집단적 과시의 경향을 나타난다.
- 관중폭력은 집단속의 무책임성, 몰개인화에 의해 발생된다.
- 경기 중의 선수들의 폭력은 관중의 폭력성을 자극할 수 있다.
- 신체 접촉이 많은 종목일수록 증가하는 경향이 있다.
- 경기 성격, 라이벌 의식, 배타적 응원문화 등이 원인이다.
- 훌리거니즘(Hooliganism)은 스포츠팀 응원을 빌미로 폭력적 행동을 조장하는 것을 말하고, 이러한 무리를 훌리건(Hooligan)이라 한다.
- 스포츠의 구성원에는 관중도 포함되므로, 올바른 스포츠 관람을 통해 스포츠 정신의 진정한 가치와 문화를 발전시켜야 한다.

16 맹자(孟子)의 사단

- 측은지심(惻隱之心) : 남의 불행을 보고 불쌍히 여기고 측은하게 생각하는 것이다. 측은지심이 발현되면 '인(仁)'이 된다.
- 수오지심(羞惡之心) : 자기의 잘못을 부끄러워하고 악을 미워하는 마음이다. 수오지심이 발현되면 '의(義)'가 된다.
- 사양지심(辭讓之心) : 겸손하고 양보하는 마음이다. 사양지심이 발현되면 '예(禮)'가된다.
- 시비지심(是非之心) : 옳고 그른 것을 분별하는 마음이다. 시비지심이 발현되면 '지(智)'가 된다.

17 세계반도핑규약(WADC)에서 규정하는 금지 약물 국제 표준(2021년 1월 발행)

상시 금지 약물	경기기간 금지 약물	특정스포츠 금지 약물
• 비승인 약물 • 동화작용제 • 펩티드 호르몬, 성장인자, 관련약물 및 유사제 • 베타-2 작용제 • 호르몬 및 대사 변조제 • 이뇨제 및 기타 은폐제	• 흥분제 • 마약류 • 카나비노이드류 • 글루코코르티코이드 * 상시 금지 약물 포함	• 베타차단제류

18 심판 오심방지 방안

- 판정능력 향상을 위한 반복훈련을 실시한다.
- 상임심판 제도의 확립과 적절한 보수를 통해 전문성을 제고한다.
- 심판의 질적 향상을 위한 교육의 기회를 확대한다.

19 스포츠 에토스란 규칙 체계에 포함되어 있지 않은 공유된 관습을 의미한다. 축구 경기 중 상대 선수의 부상 시 공을 걷어내야 한다는 규칙이 있는 것은 아니지만, 일반적으로 당연한 도덕적 행위라고 공유되어 있으므로 스포츠 에토스에 해당한다.

20 장애인 차별금지 및 권리구제 등에 관한 법률 제25조 제1항에는 '체육 활동을 주최 · 주관하는 기관이나 단체, 체육 활동을 목적으로 하는 체육시설의 소유 · 관리자는 체육 활동의 참여를 원하는 장애인을 장애를 이유로 제한 · 배제 · 분리 · 거부하여서는 아니 된다.'라고 규정되어 있다.

※ 개정 장애인차별금지법(2023.1.28. 시행)과 내용의 차이가 없습니다.

좋은 책을 만드는 길, 독자님과 함께 하겠습니다.

2025 시대에듀 스포츠지도사 2급 필기 실전문제집 한권으로 끝내기

개정10판1쇄 발행	2024년 10월 15일 (인쇄 2024년 08월 16일)
초 판 발 행	2015년 05월 05일 (인쇄 2015년 03월 11일)
발 행 인	박영일
책 임 편 집	이해욱
저 자	시대스포츠연구소
편 집 진 행	박종옥 · 김희현
표지디자인	하연주
편집디자인	신지연 · 채현주
발 행 처	(주)시대고시기획
출 판 등 록	제10-1521호
주 소	서울시 마포구 큰우물로 75 [도화동 538 성지 B/D] 9F
전 화	1600-3600
팩 스	02-701-8823
홈 페 이 지	www.sdedu.co.kr
I S B N	979-11-383-7717-1 (13690)
정 가	26,000원